Introdução à
# CIÊNCIA ARQUITETÔNICA
A Base do Projeto Sustentável

EQUIPE DE REALIZAÇÃO
Tradução: **Maria Clara Cescato**
Revisão de tradução: **Maria Alice Junqueira Bastos**
Coordenação de texto: **Luiz Henrique Soares e Elen Durando**
Preparação de texto: **Marcio Honorio de Godoy e Luiz Henrique Soares**
Revisão de provas: **equipe da Perspectiva**
Revisão técnica: **Aldomar Pedrini**
Diagramação e editoração: **Studio3/Renato Carbone**
Capa: **Sergio Kon**
Produção: **Ricardo Neves e Sergio Kon**

Introdução à
# CIÊNCIA ARQUITETÔNICA
A Base do Projeto Sustentável

Steven V. Szokolay

Título original: Introduction to Architectural Science: The Basis of Sustainable Design
Copyright@ 2014 Steven V. Szokolay

Dados Internacionais de Catalogação na Publicação (CIP)
(Câmara Brasileira do Livro, SP, Brasil)

Szokolay, Steven V.
   Introdução à ciência arquitetônica : a base do projeto sustentável / Steven V. Szokolay ; [tradução Maria Clara Cescato]. – São Paulo : Editora Perspectiva, 2019.

   Título original: Introduction to architectural science : the basis of sustainable design.
   Bibliografia.
   ISBN 978-85-273-1148-9

   1. Arquitetura sustentável 2. Arquitetura sustentável - Aspectos ambientais 3. Edifícios - Engenharia ambiental 4. Edifícios sustentáveis - Projetos e plantas I. Título.

19-23927                                                          CDD-720.47

Índices para catálogo sistemático:
1. Arquitetura sustentável 720.47
Maria Alice Ferreira - Bibliotecária - CRB-8/7964

1ª edição

[PPD]

Direitos reservados à
EDITORA PERSPECTIVA LTDA.
Avenida Brigadeiro Luís Antônio, 3025
01401-000 São Paulo SP Brasil
Tel.: (11) 3885-8388
www.editoraperspectiva.com.br
2019

# SUMÁRIO

Prefácio à terceira edição — vii
Introdução — ix

**Parte 1. Calor: O Ambiente Térmico** — **1**
    1.1 Física do calor — 5
    1.2 Conforto térmico — 15
    1.3 Clima — 21
    1.4 Comportamento térmico dos edifícios — 35
    1.5 Projeto térmico: controles passivos — 57
    1.6 Controles ativos: AVAC (aquecimento, ventilação e ar-condicionado) — 82
    Planilhas de dados e planilhas de métodos — 101

**Parte 2. Luz: O Ambiente Luminoso** — **139**
    2.1 Física da luz — 142
    2.2 Visão — 149
    2.3 Luz do dia e luz solar — 152
    2.4 Métodos de projeto — 157
    2.5 Iluminação elétrica — 173
    Planilhas de dados e planilhas de métodos — 191

**Parte 3. Som: O Ambiente Sonoro** — **213**
    3.1 Física do som — 216
    3.2 Audição — 222
    3.3 Controle do ruído — 231
    3.4 Acústica do cômodo — 247
    Planilhas de dados e planilhas de métodos — 261

**Parte 4. Recursos** — **277**
    4.1 Água e resíduos — 280
    4.2 Energia — 290
    4.3 Energia renovável — 302
    4.4 Uso de energia
    4.5 Questões de sustentabilidade — 327
    Planilhas de dados e planilhas de métodos — 342

Leituras Adicionais — 365
Bibliografia — 369
Índice — 373

# PREFÁCIO À TERCEIRA EDIÇÃO

Alguns termos usados no título deste trabalho precisam ser definidos e explicados de saída.

## Ciência Arquitetônica

A expressão "ciência da construção" está bem estabelecida desde ao menos 1944, quando Alfred Godwin Geeson publicou seu livro *Building Science* (English Universities Press) e o livro de D.A.G. Reid, com o mesmo título, foi publicado pela Longmans. O assunto ganhou importância após a Conferência do Riba (Royal Institute of British Architects), de Oxford, em 1958, quando tornou-se oficialmente uma parte relevante da educação arquitetônica.

No mesmo ano, a expressão "Ciência Arquitetônica" foi introduzida por Henry Jacob Cowan, o primeiro professor dessa designação na Universidade de Sydney, expressando sua intenção de prover bases científicas para o projeto arquitetônico. Inicialmente, sua principal preocupação era a ciência dos materiais, construção e estruturas. Ele iniciou a revista trimestral *Architectural Science* e fundou a Associação de Ciência Arquitetônica (ANZAScA) como um agrupamento essencialmente informal de professores da disciplina. Originalmente essa associação estava preocupada com a constituição material do edifício, com os aspectos da ciência física do projeto arquitetônico, mais tarde ampliando o campo para incluir a ciência dos ambientes internos, conforto térmico, acústica e iluminação. Durante minha presidência (1982), incluímos as áreas relevantes das ciências sociais.

Logo em seguida, o uso da energia e recursos na construção tornou-se a principal preocupação.

## Sustentabilidade

Em 1972, a Conferência das Nações Unidas sobre o Ambiente Humano (em Estocolmo) gerou o relatório Brundtland e levou à CNUMAD, Conferência das Nações Unidas Sobre o Meio Ambiente e o Desenvolvimento, a Cúpula Mundial, em 1992 no Rio de Janeiro. Esta produziu a "Declaração do Rio" e a Agenda 21, um programa para o século XXI. O extremado *lobby* verde fora veemente na sua oposição a qualquer desenvolvimento, que julgava ser nocivo ao ambiente natural. No entanto, o *lobby* dos países subdesenvolvidos demandara desenvolvimento, como seu direito de recuperar o atraso frente ao mundo desenvolvido. Finalmente, o consenso surgiu na ideia de que o desenvolvimento é necessário e é aceitável, desde que seja sustentável. Essa ideia foi definida por Brundtland como "desenvolvimento que satisfaça as necessidades do presente sem comprometer a capacidade das gerações futuras de satisfazerem suas próprias necessidades".

Isso foi aceito e adaptado pela (*inter alia*) União Internacional dos Arquitetos (UIA) no Congresso de Chicago (1993) e foi, de imediato, endossado pela maioria dos órgãos arquitetônicos nacionais.

### Projeto Sustentável

Desde então, infelizmente, alguns expoentes extremados do pós-modernismo passaram a considerar a arquitetura puramente como uma forma artística, negando o princípio de Sullivan: "a forma segue a função". Isso levou aos edifícios mais extravagantes, heterodoxos, contorcidos e loucos. O pequeno número de excêntricos pode ser tolerado aqui e ali num contexto urbano sólido e sóbrio, mas Deus nos livre de que isso se torne o "normal". Isso é puro formalismo, às custas da decência ambiental e da função.

Esses edifícios tornaram-se dominantes nas publicações vistosas, a moda atual na arquitetura. Muitos consideram "ciência arquitetônica" como um oximoro, alguns sugerem que na educação arquitetônica ela é contraprodutiva, inibindo ou mesmo destruindo qualquer talento imaginativo dos estudantes. Essa posição também alimenta a crença errônea, mas geral no grande público, de que a arquitetura é um luxo, que é irrelevante para a "vida real", para a construção.

É contraditório e quase esquizofrênico (se não fraudulento) que, ao mesmo tempo, muitos desses profissionais afirmem que produzem arquitetura sustentável, projeto sustentável. Aqui é sugerido que, sem ciência, a arquitetura não consegue ser sustentável. A ciência não é contrária ao projeto, ela não compete com ou substitui o projeto, mas é parte e parcela dele. O projetista só pode exercer sua imaginação se a base física estiver compreendida. A compreensão científica deve permear o projeto inventivo e intuitivo. A ciência pode fornecer ferramentas de projeto valiosas, mas também pode prover ferramentas de controle para uso à medida que o projeto progride.

No que tange à própria arquitetura, eu gosto bastante da analogia "coqueteleira". Eu sei que *analogia non probat*, que analogia não é uma prova, mas é um indicador útil. Ciência é um dos insumos na coqueteleira, junto com materiais, estudos de construção e estruturas, bem como algumas ciências sociais. Num coquetel, os insumos individuais, tais como manjericão, pimenta ou bíter, podem não ser apreciados, mas eles são ingredientes essenciais. O estúdio de projeto e a prática de projeto são as coqueteleiras. A técnica de chacoalhar, o ritmo, o movimento, os passos de dança frequentemente associados, possivelmente mesmo algum canto, não têm importância, desde que todos os ingredientes estejam lá e sejam bem chacoalhados.

Alguns anos atrás, o então diretor de uma escola de arquitetura onde *Ciência Arquitetônica* fora abolida como disciplina explicou, em resposta ao meu questionamento, que não havia ninguém que ensinasse o assunto e tão pouco um livro didático que apresentasse o conhecimento relevante de uma maneira disciplinada e rigorosa. Isso me deu o primeiro ímpeto, há cerca de dez anos, de tentar produzir tal livro. Fiz uso de muitas das minhas notas de aula acumuladas ao longo de uma carreira de ensino de cerca de trinta anos, mas as suplementei e ampliei com muitas matérias novas, com avanços recentes. O que segue é o resultado dessa tentativa.

# INTRODUÇÃO

Quatro linhas de pensamento levaram à concepção deste livro e à definição de seu conteúdo:

1 Não é mais possível contestar que os recursos da Terra são finitos, que sua capacidade de absorver nossos resíduos é limitada, e que se quisermos (como espécie) sobreviver, não podemos continuar nossa exploração implacável do ambiente. Onde nossas ações forem afetar o ambiente, é preciso agir de maneira sustentável. Existe um grande número de bons livros que tratam da necessidade de sustentabilidade*. Este livro pressupõe que o leitor está de acordo com essas teses e não precisa de mais persuasão.
2 A arquitetura é a arte e ciência da construção. Existe uma extensa bibliografia sobre a arquitetura como arte, sobre o significado cultural e social da arquitetura – não há necessidade de discutir essas questões aqui.
3 O termo "arquitetura bioclimática" foi cunhado por Victor Olgyay no início da década de 1950 e plenamente explicado em sua obra *Design With Climate* (1963). Ele sintetizou elementos de fisiologia humana, climatologia e física da construção, com uma forte defesa do regionalismo arquitetônico e do projeto em sintonia com o ambiente. Sob muitos aspectos, ele pode ser considerado como um importante precursor do que hoje denominamos "arquitetura sustentável".
4 A arquitetura, como profissão, está envolvida em enormes investimentos de dinheiro e recursos. Nossa responsabilidade profissional é grande, não apenas em relação a nossos clientes e à sociedade, mas também no que diz respeito ao desenvolvimento sustentável. Um grande número de excelentes livros e outras publicações tratam do desenvolvimento sustentável em termos qualitativos. No entanto, a responsabilidade profissional exige perícia e competência. Trata-se de uma área restrita, na qual esta obra pretende complementar a bibliografia existente.

Este livro tem o propósito de ser uma introdução à ciência arquitetônica, oferecer uma compreensão dos fenômenos físicos com que temos de lidar e fornecer instrumentos para a realização de muitas boas intenções. Numerosos projetos nos últimos anos apresentam a intenção de constituir empreendimento sustentável, ser arquitetura sustentável. Mas serão realmente verdes ou sustentáveis? Alguns termos novos começaram a aparecer na literatura, como "greenwash" (algo como "maquiagem verde"), indicando o projeto de uma construção convencional que depois alega ser "verde". Ou "retórica pura – nenhuma substância", com o mesmo significado.

---

\* Por exemplo, B. Vale; R. Vale, *Green Architeture: Design For a Sustainable Future*; J. Farmer, Green Shift; S. Roaf et al., *Ecohouse: A Design Guide*; P. Smith, *Architecture in a Climate of Change*; C. Beggs, *Energy: Management, Supply and Conservation*; V. Brophy; J.O. Lewis, *A Green Vitruvius: Principles and Practice of Sustainable Architectural Design*.

Minha esperança é que, após absorver o conteúdo deste modesto trabalho, o leitor seja capaz de responder a essa pergunta. Afinal, o objetivo principal de toda educação é desenvolver a capacidade crítica.

Os ambientes construídos nos afetam por meio de nossos órgãos sensoriais:

1 O olho, ou seja, a visão, que é condicionada pela luz e iluminação; o objetivo é assegurar o conforto visual, mas também facilitar o desempenho visual;
2 O ouvido, ou seja, a audição: as condições apropriadas para escutar o som desejado devem ser garantidas, mas também a eliminação (ou controle) do som não desejado, o ruído;
3 Sensores térmicos, localizados ao longo de toda a superfície do corpo, na pele: eles não são apenas uma via sensorial, uma vez que o próprio corpo produz calor e tem uma série de mecanismos de ajuste, mas que somente funcionam dentro de uma variação bastante estreita de temperaturas, e apenas uma variação ainda mais estreita pode ser percebida como confortável. As condições térmicas apropriadas para o bem-estar humano devem ser asseguradas.

O importante para o projetista é ser capaz de controlar as condições ambientais internas: calor, luz e som. Reyner Banham, em sua obra de 1969, *Architecture of the Well-Tempered Environment*, postulou que as condições de conforto podem ser oferecidas pelo próprio edifício (controle passivo) ou pelo uso de energia (controle ativo) e que, se tivéssemos um suprimento ilimitado de energia, poderíamos garantir o conforto até mesmo sem um edifício. Na maioria dos casos existentes, o que ocorre é uma mistura (ou sinergia) dos dois tipos de controle com que contamos.

Nos dias de hoje, numa era em que percebemos que nossas fontes tradicionais de energia (carvão, petróleo, gás) são finitas e seu uso em crescimento acelerado traz sérias consequências ambientais (emissões de $CO_2$, aquecimento global, poluição atmosférica local), o objetivo do projetista deveria ser assegurar as condições requeridas para o ambiente interno com pouco ou nenhum uso de energia, além da obtida no próprio meio ambiente ou por fontes renováveis.

Portanto, a tarefa do projetista é:

1 examinar as condições dadas (condições do terreno, clima, luz diurna e ambiente sonoro);
2 estabelecer os limites das condições desejáveis ou aceitáveis (temperaturas, iluminação e níveis aceitáveis de ruído);
3 tentar controlar essas variáveis (calor, iluminação e som) por meios passivos (pela própria construção) na medida do possível;
4 prover serviços dependentes de energia (aquecimento, refrigeração, iluminação elétrica, amplificação ou mascaramento do som) apenas para a tarefa de controle residual.

O edifício não é apenas um abrigo, ou uma barreira contra efeitos indesejáveis (chuva, vento, frio), mas o revestimento do edifício deve ser considerado como um *filtro seletivo*: deve excluir os efeitos indesejáveis, mas admitir os desejáveis e úteis, como a luz do dia, a radiação solar no inverno ou a ventilação natural.

O livro consiste em quatro partes:

1 **Calor: o ambiente térmico;**
2 **Luz: o ambiente luminoso;**
3 **Som: o ambiente sonoro;**
4 **Recursos: energia, água, materiais.**

Em cada parte, os princípios físicos relevantes são revistos, seguidos por uma discussão de sua relação com os seres humanos (requisitos humanos e de conforto). A seguir, as funções de controle do edifício (controles passivos) são examinadas bem como as instalações associadas, os controles "ativos" com uso de energia. A ênfase está em como eles podem ser levados em conta no projeto. A Parte 1 (Calor) é a mais substancial, uma vez que o comportamento térmico de um edifício tem o efeito principal sobre o uso da energia e sobre a sustentabilidade, e seu projeto é de inteira responsabilidade do arquiteto. Em outras áreas, pode haver engenheiros consultores especialistas para prestar assistência.

Cada parte se encerra com uma série de planilhas de dados relativos a seu tema, juntamente com algumas "planilhas de método", descrevendo alguns cálculos e procedimentos de projeto.

# PARTE 1: CALOR: O AMBIENTE TÉRMICO

## ÍNDICE

| | |
|---|---|
| Símbolos e Abreviações | 1 |
| Lista de Figuras | 3 |
| Lista de Tabelas | 4 |
| Lista de Exemplos Trabalhados | 4 |
| Lista de Equações | 4 |

**1.1 Física do Calor** — 5
   1.1.1 Calor e Temperatura — 5
   1.1.2 Fluxo Térmico — 7
   1.1.3 Ar Úmido: Psicrometria — 11
   1.1.4 Fluxo do Ar — 14

**1.2 Conforto Térmico** — 15
   1.2.1 Equilíbrio Térmico e Conforto — 15
   1.2.2 Fatores de Conforto — 16
   1.2.3 Mecanismos de Regulagem — 18
   1.2.4 Índices de Conforto, a Zona de Conforto — 19

**1.3 Clima** — 21
   1.3.1 O Sol — 21
   1.3.2 Clima Global, o Efeito Estufa — 25
   1.3.3 Elementos Climáticos: Dados — 28
   1.3.4 Classificação Climática — 32

**1.4 Comportamento Térmico dos Edifícios** — 35
   1.4.1 Controle Solar — 35
   1.4.2 Ventilação — 41
   1.4.3 Fluxo Térmico em Regime Estacionário — 43
   1.4.4 Resposta Dinâmica dos Edifícios — 50
   1.4.5 Aplicação — 56

**1.5 Projeto Térmico: Controles Passivos** — 57
   1.5.1 Controle Passivo dos Fluxos Térmicos — 59
   1.5.2 Funções de Controle das Variáveis de Projeto — 69
   1.5.3 Arquétipos de Projetos Climáticos — 72
   1.5.4 Controle da Umidade e da Condensação — 76
   1.5.5 Controles Microclimáticos — 78
   1.5.6 Edifícios em Funcionamento Livre (*free-running buildings*) — 81

**1.6 Controles Ativos: AVAC** — 82
   1.6.1 Aquecimento — 82
   1.6.2 Abastecimento de Água Quente — 89
   1.6.3 Ventilação e Ar-condicionado — 92
   1.6.4 Sistemas de Arrefecimento de Ciclo Aberto — 97
   1.6.5 Integração/Discussão — 99

**Planilhas de Dados e Planilhas de Métodos** — 101

## SÍMBOLOS E ABREVIAÇÕES (Símbolo, Definição, Unidades)

| Símbolo | Definição | Unidades |
|---|---|---|
| asg | fator de ganho solar alternado | – |
| asp | proporção | – |
| e | espessura, largura | m |
| clo | unidade de isolamento da roupa | – |
| dTe | temperatura excessiva sol–ar (diferença) | K |
| te | taxa de evaporação | kg/h |
| f | fator de resposta | – |
| g | quantidade de vapor | – |
| k | coeficiente linear de perda térmica | W/m.K |
| met | unidade de calor metabólico (58.2 W/m$^2$) | – |
| mr/im | índice de fluxo de massa | kg/s |
| p | pressão | Pa |
| pt | pressão atmosférica total | Pa |
| pv | pressão do vapor | Pa |
| $pv_s$ | pressão de saturação do vapor | Pa |
| q | condutância da construção (taxa específica de perda de calor) | W/K |
| qa | admitância total | W/K |
| qc | condutância de envoltória | W/K |
| qv | condutância de ventilação | W/K |
| h | condutância superficial | W/m$^2$K |
| $h_c$ | condutância superficial conectiva | W/m$^2$K |
| $h_r$ | condutância superficial irradiante | W/m$^2$K |
| sM | massa específica (por área de piso) | kg/m$^2$ |
| sQ | oscilação no índice de fluxo térmico (a partir da média) | W |

# SÍMBOLOS E ABREVIAÇÕES (continuação)

| | | |
|---|---|---|
| sT | oscilação na temperatura (a partir da média) | K |
| t | Tempo | H |
| v | Velocidade | m/s |
| iv | velocidade de fluxo do volume (índice da ventilação) | m³/s, L/s |
| vR | resistência do vapor | MPa.s.m²/g |
| y | Ano | – |
| A | Área | m² |
| UA | umidade absoluta | g/kg |
| ALT | ângulo de altitude solar | ° |
| AZI | ângulo de azimute solar | ° |
| C | Condutância | W/m²K |
| Cd | condução, calor conduzido (a partir do corpo) | W |
| CDD | Graus-dia de resfriamento | Kd |
| CoP | coeficiente de performance | – |
| ZCP | zona de controle potencial | |
| Cv | calor por convecção (a partir do corpo) | W |
| D | irradiação total diária Wh/m² | MJ/m² |
| Dv | irradiação vertical total diária Wh/m² | MJ/m² |
| TBS | temperatura de bulbo seco | °C |
| DEC | ângulo de declinação solar | ° |
| GD | graus-dias | Kd |
| Gh | graus-horas | Kh |
| TPC | temperatura de ponto de condensação/orvalho | °C |
| DRT | temperatura seca resultante | °C |
| E | emissão térmica irradiante | W |
| AmbT | temperatura ambiente | °C |
| Ev | transferência térmica por evaporação (a partir do corpo) | W |
| ET* | nova temperatura efetiva | °C |
| G | irradiância global | W/m² |
| TG | temperatura de globo | °C |
| H | entalpia (teor de calor) | kJ/kg |
| GDA | graus-dias de aquecimento | Kd |
| $C_L$ | teor de calor latente | kJ/kg |
| $C_S$ | teor de calor sensível | kJ/kg |
| AHS | ângulo horizontal de sombra | ° |
| Htg | Demanda térmica | (kWh)Wh |
| AVAC | Aquecimento, Ventilação e Ar-Condicionado | – |
| INC | ângulo de incidência | ° |
| Kd | dias-Kelvin | Kd |
| Kh | horas-kelvin | Kh |
| L | comprimento (pontes térmicas lineares) | m |
| LAT | ângulo de latitude geográfica | ° |
| M | produção de calor metabólico | W |
| Mc | massa corporal | |
| TRM | temperatura radiante média | °C |
| N | número de renovações do ar por hora | – |

| | | |
|---|---|---|
| ORI | ângulo de orientação | ° |
| Q | fluxo térmico ou índice do fluxo térmico | W |
| Qc | índice do fluxo térmico de condução | W |
| Qe | índice de perda térmica por evaporação | W |
| Qi | índice de ganho térmico interno | W |
| Qs | índice de ganho de calor solar | W |
| Qv | índice de fluxo térmico por ventilação | W |
| R | resistência | m²K/W |
| $R_{a-a}$ | resistência ar-ar | m²K/W |
| $R_c$ | resistência de câmara | m²K/W |
| Rd | radiação, calor irradiado (do corpo) | W |
| UR | umidade relativa | % |
| $R_s$ | resistência superficial | m²K/W |
| $R_{si}$ | resistência superficial interna | m²K/W |
| $R_{se}$ | resistência superficial externa | m²K/W |
| SD | desvio padrão | |
| TEP | temperatura efetiva padrão | °C |
| TRM | temperatura radiante média | °C |
| US | umidade em ponto de saturação | g/kg |
| SI | système international (de unidade) | |
| T | temperatura | °C |
| Tb | temperatura (base~) de ponto de equilíbrio | °C |
| INCL | ângulo de inclinação | ° |
| $T_i$ | temperatura interior | °C |
| Tn | temperatura de neutralidade | °C |
| $T_o$ | temperatura exterior | °C |
| $T_s$ | temperatura superficial | °C |
| $T_{s-a}$ | temperatura sol–ar | °C |
| U | transmissão (térmica) ar-ar | W/m²K |
| V | volume | m³ |
| AVS | ângulo vertical de sombra | ° |
| TBU | temperatura de bulbo úmido | °C |
| Y | admitância | W/m²K |
| α | absortância ou difusividade térmica | – |
| δ | permeabilidade do vapor | Mg/m.s.Pa |
| ε | emissividade | – |
| η | eficiência | – |
| θ | fator de ganho solar | – |
| $θ_a$ | fator de ganho solar alternante | – |
| κ | fator de correção da condutividade | – |
| λ | condutividade | W/m K |
| μ | fator de redução | – |
| π | permeância do vapor | Mg/m²s.Pa |
| ρ | densidade ou refletância | kg/m³ or – |
| τ | transmissão | |
| φ | defasagem temporal | h |
| σ | constante de Stefan–Boltzmann | W/m²K⁴ |
| Σ | somatória de ... | |
| Δp | diferença de pressão | Pa |
| ΔS | índice de variação do calor armazenado | W |
| ΔT | diferença, intervalo ou variação de temperatura | K |

## SUB-ÍNDICES DE G E D:

| Primeiro | | b | feixe (do inglês *beam* ~) | | | v | vertical |
|---|---|---|---|---|---|---|---|
| | | d | difuso ~ | | | p | sobre o plano p |
| | | r | refletido ~ | Para G apenas | | n | normal à radiação |
| Segundo | | h | horizontal | | | | |

# LISTA DE FIGURAS

| | | |
|---|---|---|
| 1.1 | Escala e intervalo de temperatura | 5 |
| 1.2 | Espectro de radiação eletromagnética | 7 |
| 1.3 | Exemplo de seção de parede: $C$ e $U$ | 8 |
| 1.4 | Estrutura do diagrama psicrométrico | 11 |
| 1.5 | Curvas de umidade relativa | 11 |
| 1.6 | Psicrômetro e higrômetro giratório | 12 |
| 1.7 | Linhas de temperatura de bulbo úmido | 12 |
| 1.8 | Escalas de entalpia externamente | 12 |
| 1.9 | Gráfico psicrométrico | 13 |
| 1.10 | Linhas de volume específico | 14 |
| 1.11 | Arrefecimento e aquecimento | 14 |
| 1.12 | Arrefecimento para redução da umidade | 14 |
| 1.13 | Arrefecimento por evaporação: umidificação | 14 |
| 1.14 | Desumidificação adiabática | 14 |
| 1.15 | Efeito chaminé | 15 |
| 1.16 | Efeito do vento: ventilação cruzada | 15 |
| 1.17 | Trocas térmicas do corpo humano | 16 |
| 1.18 | Termômetro globo | 17 |
| 1.19 | Modelo de percepção térmica de Auliciems | 19 |
| 1.20 | Gráfico bioclimático de Olgyay | 20 |
| 1.21 | Zonas de conforto para Budapeste e Darwin | 21 |
| 1.22 | Seção bidimensional da órbita da Terra e Dec | 22 |
| 1.23 | Ângulos de altitude e de azimute | 22 |
| 1.24 | Visão lococêntrica das trajetórias solares | 23 |
| 1.25 | Método de projeção estereográfica | 23 |
| 1.26 | Trajetórias solares *versus* latitudes | 24 |
| 1.27 | Exemplo de gráfico da trajetória solar | 24 |
| 1.28 | Irradiância e irradiação | 25 |
| 1.29 | Ângulo de incidência | 25 |
| 1.30 | Comprimentos das trajetórias de radiação | 25 |
| 1.31 | Equilíbrio da radiação na atmosfera | 26 |
| 1.32 | Padrão global de ventos | 26 |
| 1.33 | Deslocamento norte/sul da ZCIT | 27 |
| 1.34 | Desenvolvimento das células ciclônicas de latitude média | 27 |
| 1.35 | Estrutura da atmosfera | 28 |
| 1.36 | O equilíbrio térmico da Terra: o efeito estufa | 28 |
| 1.37 | Um piranômetro de precisão | 28 |
| 1.38 | Um exemplo de gráfico de clima (Nairóbi) | 30 |
| 1.39 | Conjunto mais simples de dados climáticos | 30 |
| 1.40 | Uma rosa dos ventos para um mês | 31 |
| 1.41 | Uma rosa dos ventos anual | 31 |
| 1.42 | Análise de frequência de ventos | 31 |
| 1.43 | Definição de grau-hora (Kh) | 32 |
| 1.44 | As zonas climáticas de Köppen-Geiger | 33 |
| 1.45 | Gráficos climáticos: quatro tipos de clima | 34 |
| 1.46 | Transferidor de ângulo de sombra | 35 |
| 1.47 | Dispositivos verticais, AHS e máscara de sombra | 36 |
| 1.48 | Um dispositivo horizontal, AVS e máscara de sombra | 36 |
| 1.49 | Relação entre ALT e AVS | 37 |
| 1.50 | Um dispositivo em forma de grelha e as suas máscaras de sombra | 37 |
| 1.51 | Limitação no equinócio (seções) | 37 |
| 1.52 | Procedimento de projeto para sombreamento composto | 37 |
| 1.53 | Transmissão através do vidro | 39 |
| 1.54 | Derivação da temperatura sol-ar | 40 |
| 1.55 | Trajetórias paralelas de perda térmica | 44 |
| 1.56 | Fluxo térmico através de camadas em série | 44 |
| 1.57 | Fluxo térmico através do espaço de um sótão | 46 |
| 1.58 | Ponte térmica em razão da geometria | 47 |
| 1.59 | Ponte térmica em construção mista | 47 |
| 1.60 | Os dois efeitos acima combinados | 47 |
| 1.61 | Uma coluna de concreto numa parede de tijolo | 47 |
| 1.62 | Fluxo de calor "montanha abaixo" | 48 |
| 1.63 | Isotermas de temperatura junto a uma ponte térmica | 48 |
| 1.64 | Trajetórias do fluxo quando a coluna é isolada | 48 |
| 1.65 | Um módulo de parede: faixas de pontes térmicas | 48 |
| 1.66 | Gráfico de equilíbrio térmico | 49 |
| 1.67 | Fluxo de calor (para dentro) através de parede com inércia térmica | 51 |
| 1.68 | Retardo de tempo e fatores de decremento | 51 |
| 1.69 | Sequência temporal de perfis de temperatura | 52 |
| 1.70 | Sequência de camadas numa cobertura | 53 |
| 1.71c | Uma linha climática para Tennant Creek, janeiro | 57 |
| 1.71 | Quatro tipos de clima *versus* zonas de conforto | 58 |
| 1.72 | Pontes térmicas: coeficientes lineares k | 60 |
| 1.73 | Princípios da parede Trombe–Michel | 63 |
| 1.74 | ZCP: aquecimento solar passivo | 64 |
| 1.75 | Um exaustor de ático (ou exaustor "da casa toda") | 65 |
| 1.76 | ZCP: o efeito de massa | 66 |
| 1.77 | ZCP: movimento do ar | 67 |
| 1.78 | Princípios para um resfriador por evaporação direta | 68 |
| 1.79 | ZCP para resfriamento por evaporação | 69 |
| 1.80 | Definição da "proporção" | 70 |
| 1.81 | Tipos de janela por mecanismo de fechamento | 71 |
| 1.82 | Iglus de esquimó | 72 |
| 1.83 | A casa proposta por Sócrates para climas temperados | 73 |
| 1.84 | Uma moderna casa de pátio para climas quentes e secos: planta e vista isométrica | 74 |
| 1.85 | Uma casa para climas quentes e úmidos | 75 |
| 1.86 | Alas estendendo-se para fora da construção | 75 |
| 1.87 | Uma casa híbrida para climas quentes e úmidos | 76 |
| 1.88 | Condensação (gráfico psicrométrico) | 77 |
| 1.89 | Vento catabático | 79 |
| 1.90 | Perfis de velocidade do vento | 79 |
| 1.91 | Pluviosidade na colina | 79 |
| 1.92 | Ventos costeiros | 79 |
| 1.93 | Efeito da ilha de calor urbana | 80 |
| 1.94 | Vento local em um edifício | 80 |
| 1.95 | Um fogão de ferro fundido típico | 84 |
| 1.96 | Um fogão em cerâmica construído *in loco* | 84 |
| 1.97 | Um aquecedor a gás por convecção com duto de exaustão balanceado | 84 |
| 1.98 | Princípios de uma bomba de calor | 85 |
| 1.99 | Cilindros de gás | 87 |
| 1.100 | Compartimento do tanque de armazenamento de óleo | 87 |
| 1.101 | Sistema doméstico de ar quente | 87 |
| 1.102 | Sistema em anel principal de aquecimento central | 88 |
| 1.103 | Sistema de distribuição ascendente de dois dutos | 88 |
| 1.104 | Sistema de distribuição descendente de dois dutos | 88 |

# 4 Introdução à Ciência Arquitetônica

## LISTA DE FIGURAS (continuação)

| | | |
|---|---|---|
| 1.105 | Sistema de distribuição descendente de um duto | 88 |
| 1.106 | Radiadores de aquecimento central | 89 |
| 1.107 | Unidades de convecção | 89 |
| 1.108 | Sistemas de água quente (a-k) | 90 |
| 1.109 | Circulação secundária de água quente | 92 |
| 1.110 | Sistemas de aquecimento solar de água (a – d) | 92 |
| 1.111 | Permutador de calor giratório | 93 |
| 1.112 | Um sistema de recuperação térmica por ventilação | 93 |
| 1.113 | Uma unidade de ar-condicionado de janela | 94 |
| 1.114 | Uma unidade de ar-condicionado do tipo console | 94 |
| 1.115 | Uma unidade de ar-condicionado tipo "split" | 95 |
| 1.116 | Uma unidade central típica para tratamento do ar | 95 |
| 1.117 | Um resfriador por absorção amônia/água | 95 |
| 1.118 | Quatro sistemas básicos de ar-condicionado (a-d) | 96 |
| 1.119 | Efeito do armazenamento estrutural na carga de ar-condicionado | 97 |
| 1.120 | Um resfriador por evaporação | 98 |
| 1.121 | Ar-condicionado de ciclo aberto: absorventes sólidos | 98 |
| 1.122 | Ar-condicionado de ciclo aberto: líquido dessecante | 98 |

## LISTA DE TABELAS

| | | |
|---|---|---|
| 1.1 | Derivação de unidades compostas do SI para quantidades térmicas | 5 |
| 1.2 | Fatores de correção da condutividade (k) | 8 |
| 1.3 | Sumário das expressões de fluxo de calor em regime estacionário | 47 |
| 1.4 | Expressões para a oscilação no fluxo térmico | 53 |
| 1.5 | Comparação de máximos valores U admitidos | 73 |
| 1.6 | Temperaturas externas de inverno para projeto (para o Reino Unido) | 83 |
| 1.7 | Fatores de correção para as exigências de aquecimento | 83 |
| 1.8 | Tipos de aquecedores elétricos | 85 |

## LISTA DE EXEMPLOS TRABALHADOS

| | | |
|---|---|---|
| 1.1 | Calor específico e temperatura | 6 |
| 1.2 | Perda de calor: o valor U | 9 |
| 1.3 | Condutâncias dos elementos | 45 |
| 1.4 | Perdas e ganhos de calor | 49 |
| 1.5 | Uma laje de cobertura: posição do isolamento | 53 |
| 1.6 | Valor-R e isolamento adicional | 59 |
| 1.7 | O efeito das pontes térmicas: $U_{médio}$ | 60 |
| 1.8 | Janelas: perda de calor *versus* ganho solar | 62 |
| 1.9 | ZCP: aquecimento solar passivo (Los Angeles) | 64 |
| 1.10 | ZCP: efeito de massa (Fênix) | 66 |
| 1.11 | ZCP: efeito do movimento de ar (Mombaça) | 67 |
| 1.12 | Condensação | 77 |
| 1.13 | Cálculo de CoP – Coeficiente de performance | 86 |
| 1.14 | Estimativa de tamanhos de duto | 100 |

## LISTA DE EQUAÇÕES

| | | |
|---|---|---|
| 1.1 | Taxa de fluxo de calor por condução | 9 |
| 1.2 | Resistência ar-ar | 9 |
| 1.3 | Resistência de camada única | 9 |
| 1.4 | Taxa de fluxo de calor por convecção | 10 |
| 1.5 | Taxa de ganho de calor solar | 11 |
| 1.6 | Umidade absoluta e pressão do vapor | 11 |
| 1.7 | Construção de uma linha TBU (Temp. de Bulbo Úmido) | 12 |
| 1.8 | Equilíbrio térmico do corpo | 16 |
| 1.9 | Temperatura de neutralidade térmica | 19 |
| 1.10 | Graus-dia | 32 |
| 1.11 | Graus-hora | 32 |
| 1.12 | Requisito de aquecimento | 32 |
| 1.13 | Equilíbrio térmico do edifício | 35 |
| 1.14 | Ganho em calor solar através de uma janela | 39 |
| 1.15 | Entrada de calor solar | 40 |
| 1.16 | Temperatura sol-ar | 40 |
| 1.17 | Temperatura sol-ar na cobertura | 40 |
| 1.18 | Ganho de calor solar | 40 |
| 1.19 | Condutância da ventilação, taxa de fluxo por volume | 42 |
| 1.20 | O mesmo com o número de trocas de ar por hora | 42 |
| 1.21 | Índice de fluxo térmico de ventilação | 42 |
| 1.22 | Condutância do edifício | 42 |
| 1.23 | Taxa de perda térmica do edifício | 42 |
| 1.24 | Efeito aparente de resfriamento do fluxo de ar | 42 |
| 1.25 | Condutância de envoltória | 43 |
| 1.26 | Taxa de fluxo de calor por condução | 44 |
| 1.27 | Fluxo de calor diário médio | 52 |
| 1.28 | Oscilação no fluxo térmico | 52 |
| 1.29 | Fluxo térmico periódico | 52 |
| 1.30 | Admitância | 54 |
| 1.31 | Fator de resposta do edifício | 65 |
| 1.32 | Perda de calor por evaporação | 68 |
| 1.33a | Coeficiente de performance (CoP), aquecimento | 86 |
| 1.33b | CoP, arrefecimento | 86 |

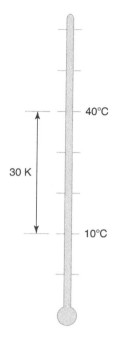

1.1
Escala e Intervalo de Temperatura

## 1.1 FÍSICA DO CALOR

### 1.1.1 Calor e Temperatura

**Calor** é uma forma da energia, contida nas substâncias como movimento molecular ou presente no espaço como radiação eletromagnética. Energia é a aptidão ou capacidade de realizar trabalho, e é medida nas mesmas unidades. A derivação dessa unidade a partir das unidades básicas no Sistema Internacional MKS (metro, kg, segundo) é bastante simples e lógica, como mostra a Tabela 1.1.

**Temperatura** (T) é o sintoma da presença de calor numa substância. A escala Celsius se baseia na água: seu ponto de congelamento é tomado como 0°C e seu ponto de ebulição (sob pressão atmosférica normal) como 100°C. A escala Kelvin começa com o "zero absoluto", a ausência total de calor. Assim, 0°C = 273,15°K. O intervalo de temperatura é o mesmo em ambas as escalas. Por convenção, um ponto na escala é denotado °C (grau Celsius), mas a notação para a diferença ou intervalo de temperatura é K (Kelvin), que é um certo comprimento na escala, sem especificar onde ele está na escala total (Fig. 1.1). Assim 40°C − 10°C = 30 K e, da mesma forma, 65°C − 35°C é 30 K, mas 15°C, como um ponto na escala, é 288.15°K.

O conceito de **calor específico** fornece a conexão entre calor e temperatura. É a quantidade de calor necessária para elevar a temperatura de uma unidade de massa de uma substância em um grau, então ele é medido em unidades de **J/kg.K**. Sua magnitude difere para materiais diferentes e varia entre 100 e 800 J/kg.K para metais, 800–1200 J/kg.K para materiais de construção (tijolo, concreto), até a água, que tem o valor mais alto entre todas as substâncias comuns: 4176 J/kg.K (ver planilha de dados D.1.1).

**Tabela 1.1** Derivação de unidades compostas do SI para quantidades térmicas

| | | |
|---|---|---|
| Comprimento | m | (metro) |
| Massa | kg | (quilograma) |
| Tempo | s | (segundo) |
| Velocidade | m/s | Movimento ao longo da unidade de comprimento pela unidade de tempo, a unidade do dia a dia é km/h, que são 1000 m / 3600 s = 0.278 m/s ou inversamente: 1 m/s = 3.6 km/h |
| Aceleração | m/s$^2$ | Aumento da unidade de velocidade por unidade de tempo: (m/s)/s |
| Força | kg.m/s$^2$ | Aquilo que a unidade de aceleração dá para a unidade de massa denominada newton (**N**) |
| Trabalho, energia | kg.m$^2$/s$^2$ | Aquilo que a unidade de energia fornece quando a unidade de força atua sobre a unidade de comprimento, isto é, N × m chamado joule (**J**) |
| Potência, taxa do fluxo de energia | kg.m$^2$/s$^3$ | Fluxo de unidade de energia por unidade de tempo ou unidade de trabalho executado por unidade de tempo, isto é, J/s denominada watt (**W**) |
| Pressão, tensão | kg/m.s$^2$ | Unidade de força atuando sobre unidade de área (kg.m/s$^2$)/m$^2$, isto é, N/m$^2$ denominada pascal (**Pa**) |

Nota: Os símbolos das unidades do SI derivados de nomes próprios aparecem sempre em maiúsculas.

> **EXEMPLO 1.1  CALOR ESPECÍFICO E TEMPERATURA**
>
> Considerando 0,5 L (=0,5 kg) de água a 20°C numa jarra elétrica com um elemento aquecedor de imersão de 800 W (eficiência: 1,0 ou 100%). Quanto tempo será necessário para atingir o ponto de fervura?
> Requisito: 0,5 kg × 4176 J/kg.K × (100-20) K = 167 040 J
> Entrada de calor 800W, isto é, 800 J/s, de modo que o tempo requerido é de (167 040 J)/(800J/s) ≈ 208 s ≈ 3,5min

O **calor latente** de uma substância é a quantidade de calor (energia) absorvida por unidade de massa da substância em mudança de estado (de sólido para líquido ou de líquido para gasoso) sem qualquer variação na temperatura. Isso se mede em kJ/kg, p. ex., para a água:

calor latente de fusão (gelo para água) a 0°C = 335 kJ/kg (=J/g)
calor latente de evaporação a 100°C = 2261 kJ/kg
por volta de 18°C = 2400 kJ/kg

No caso de uma mudança de estado na direção inversa, a mesma quantidade de calor é liberada.

A **termodinâmica** é a ciência do fluxo de calor e de sua relação com o trabalho mecânico.

A *primeira lei* da termodinâmica é o princípio da conservação de energia. A energia não pode ser criada nem destruída (exceto em processos subatômicos), apenas convertida de uma forma para outra. Calor e trabalho são reciprocamente conversíveis. Em todo sistema, a saída de energia deve igualar a entrada de energia, exceto quando houver um componente de armazenamento para mais ou para menos.

A *segunda lei* da termodinâmica afirma que a transferência de calor (ou energia) pode se realizar espontaneamente em uma única direção: de um corpo mais quente para um mais frio ou, genericamente, de um estado de grau mais alto para um de grau mais baixo (da mesma forma que o fluxo da água ocorre de cima para baixo). Somente com entrada externa de energia, uma máquina pode transmitir calor no sentido oposto (assim como a água se moverá para cima se bombeada). A temperatura apenas pode ser aumentada por meio de entrada de energia (trabalho), a exemplo de uma bomba de calor (Figura 1.98, pg. 85). Para executar trabalho, toda máquina deve ter uma fonte de energia e um sumidouro, isto é, a energia deve fluir pela máquina: somente uma parcela desse fluxo pode ser convertida em trabalho.

A transferência de calor de uma zona de temperatura alta para uma zona de temperatura baixa pode se realizar de três formas: condução, convecção e radiação. A magnitude de qualquer desses fluxos pode ser medida de dois modos:

1 como *taxa de transferência de calor* (Q) ou fluxo de calor. Isto é, a transferência total por unidade de tempo através de uma área definida de um corpo ou espaço, ou dentro de um sistema definido, em unidades de J/s, que corresponde a um watt (W). (Das arcaicas unidades de potência ou taxa de fluxo de energia, aquela que mais persiste é o *cavalo-vapor*, embora em países de padrão totalmente métrico, até mesmo a potência dos motores de veículos é agora medida em kW.)

2 como *densidade de fluxo de calor* (ou densidade da taxa de transferência de calor). Isto é, a taxa de calor transferida por unidade de área de um corpo ou espaço, em W/m². O múltiplo kW (quilowatt = 1000 W) é frequentemente usado para ambas as quantidades. (O termo "densidade" é aqui utilizado de modo análogo, por exemplo, ao de "densidade demográfica", isto é, pessoas por unidade

de área, ou ao de "densidade de superfície", isto é, kg massa por unidade de área de uma parede ou outro componente de construção. )

Uma unidade que não é padrão, mas é uma unidade de energia muito conveniente e aceita, deriva dessa unidade de fluxo de calor: a unidade watt – hora (Wh). É a quantidade de energia gerada ou gasta para que uma taxa de fluxo de 1W seja mantida durante uma hora.

Como 1h = 3600s
e 1W = 1J/s
então 1 Wh = 3600s × 1J/s = 3600J = 3.6 kJ (quilojoules).

O múltiplo kWh (quilowatt-hora) é usado muitas vezes como unidade de energia para finalidades práticas (p. ex., na contabilização do consumo de energia elétrica), sendo 1 kWh = 3 600 000 J = 3600 kJ = 3,6 MJ (megajoules).

### 1.1.2 Fluxo Térmico

Assim como a água flui de uma posição mais alta para uma mais baixa, assim também o calor flui de uma zona de temperatura (ou corpo) mais alta para uma zona de temperatura mais baixa. Esse fluxo de calor pode ocorrer de três formas:

1 *Condução* dentro de um corpo ou corpos em contato, por propagação do movimento molecular.
2 *Convecção* de um corpo sólido para um fluido (líquido ou gás) ou vice-versa (num sentido mais amplo, o termo também é usado para designar o transporte de calor de uma superfície a outra por um fluido em movimento, o que, em termos rigorosos, é uma "transferência de massa"). A magnitude da taxa do fluxo de calor por convecção depende
   a da área de contato (A, m$^2$) entre o corpo e o fluido;
   b da diferença de temperatura ($\Delta$T, em K) entre a superfície do corpo e o fluido;
   c do coeficiente de convecção ($h_c$) medido em W/m$^2$K, que depende da viscosidade do fluido e de sua velocidade de fluxo, bem como da configuração física, que determinará se o fluxo é laminar ou turbulento (cf. Seção 1.1.2.2 abaixo).
3 *Radiação* de um corpo com superfície mais quente para outro que é mais frio. A radiação térmica é uma faixa de comprimento de onda de radiação eletromagnética, normalmente considerada de 700 nm* a 10 000 nm (10 µm)**

"infravermelha curta": 700–2300 nm (2,3 µm) (cf. Seção 1.3.1.2);
"infravermelha longa": 2,3–10 µm (alguns sugerem até 70 µm)

A temperatura do corpo emissor determina o comprimento de onda. O Sol, com sua superfície a 6000°C, emite ondas infravermelhas curtas (bem como ondas no espectro visível e ultravioleta – UV), os corpos com temperaturas terrestres (<100°C) emitem radiação infravermelha longa (a Fig. 1.2 mostra essas faixas em ao espectro eletromagnético inteiro). Ver também Fig. 2.4 na Seção 2.1.1.1.

Em todas as três formas, a magnitude do fluxo (ou da densidade de fluxo) depende da diferença de temperatura entre os pontos (ou superfícies) considerados, enquanto o fluxo (taxa de fluxo de calor) na condução também depende da área de seção transversal do corpo disponível.

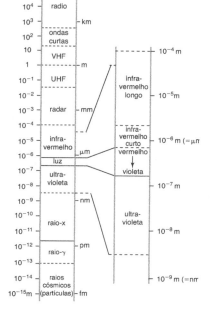

1.2
Espectro de radiação eletromagnética

**SUMÁRIO DAS FAIXAS DE ONDA:**

| | |
|---|---|
| < 280 nm | UV 'C' |
| 280–315 | UV 'B' |
| 380–780 | UV 'A' |
| 380–780 | Luz |
| – | sobreposição com térmicas: |
| 700–2300 | IR [infravermelha] curto |
| 2300–10000 | IR [infravermelha] longo |

* 1nm (nanômetro) = 10$^{-9}$ m
** 1µm (micrômetro) = 10$^{-6}$ m.

### 1.1.2.1 Condução

A condução depende também de uma propriedade do material conhecida como *condutividade* ($\lambda$), medida como a densidade de calor transferida (W/m²) num corpo de 1m de espessura (isto é, o comprimento da trajetória de fluxo de calor transferido é de 1m), com uma diferença de temperatura de um grau, em unidades de W.m/m²K = W/m.K.

Como os materiais de isolamento térmico são fibrosos ou porosos, eles são muito sensíveis ao teor de umidade. Se os poros forem preenchidos com água, a condutividade irá aumentar de forma bastante drástica. Considerando uma placa isolante de fibra de cimento porosa:

|  | *Densidade: kg/m³* | *Condutividade: W/m.K* |
|---|---|---|
| Seco | 136 | 0,051 |
| Úmido | 272 | 0,144 |
| Saturado | 400 | 0,203 |

Materiais com uma estrutura de espuma (poros fechados) não são assim tão sensíveis.

Alguns valores de condutividade aparecem na planilha de dados D.1.1. Destaca-se que esses são "valores declarados", baseados em testes de laboratório. As condições operacionais de transporte e de armazenamento nos locais de construção são tais que danos nos materiais de isolamento são muitas vezes inevitáveis, o que reduz suas propriedades de isolamento. Antes de utilizar esses valores $\lambda$ para cálculo do coeficiente de transmissão de calor (valor-U), eles devem ser corrigidos por um ou mais fatores de correção de condutividade: $\kappa$ (kappa), que são aditivos:

$$\lambda_{projeto} = \lambda_{declarado} \times (1 + \kappa_1 + \kappa_2 \ldots)$$

Se, com base na planilha de dados D.1.1, para poliestireno expandido (EPS), o $\lambda_{declarado} = 0,035$, e ele será usado como isolante externo sobre uma parede de tijolos com uma camada de reboco* aplicada diretamente sobre ela (com a inserção de uma malha de arame), pela Tabela 1.2: $\kappa = 0,25$, então

$$\lambda_{projeto} = 0,035 \times (1 + 0,25) = 0,0438 \text{ W/m.K}$$

A condutividade é uma propriedade do material, independentemente de sua forma ou tamanho. A propriedade correspondente de um corpo físico (p. ex., uma parede) é a *condutância* (C) medida entre as duas superfícies da parede. Para uma única camada, é a condutividade dividida pela espessura ($\lambda/b$). É uma medida raramente usada. A *Transmitância*, ou valor-U, inclui os efeitos de superfície, sendo a medida usada com maior frequência. A transmitância é a densidade do fluxo térmico (W/m²) com 1 K de diferença de temperatura (DT) entre o ar no interior e o ar no exterior (cf. Fig. 1.3), em **W/m²K**.

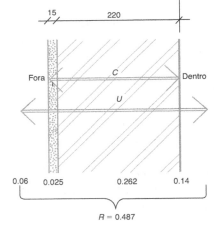

1.3
Exemplo de seção de parede: C e U

**Tabela 1.2** **Fatores de correção da condutividade**

| Material | *Condição de uso* | $\kappa$ |
|---|---|---|
| Poliestireno expandido | Entre camadas de concreto moldado | 0,42 |
| | Entre camadas de parede de alvenaria | 0,10 |
| | No vão de ar ventilado (cavidade) | 0,30 |
| | Com aplicação de mão de cimento | 0,25 |
| Lã mineral | Entre as camadas da parede de alvenaria | 0,10 |
| Poliuretano | No vão de ar ventilado (cavidade) | 0,15 |

---

\* O reboco descrito nesse livro corresponde a uma combinação de gesso e areia, diferente do praticado no Brasil. (N. da T.)

Para valores de U, cf. as planilhas de dados D.1.2 e D.1.3.

Se ΔT for sempre considerado como $T_o - T_i$, então um valor negativo (assim como um Q negativo) indicará a perda de calor, enquanto um valor positivo significará ganho de calor.

---

**EXEMPLO 1.2   PERDA DE CALOR: O VALOR-U**

Se a temperatura exterior for $T_o$ = 10°C e a interior for $T_i$ = 22°C, então ΔT = 10 − 22 = −12 K (o sinal negativo indicando uma perda de calor).

Através de uma parede de tijolo de 10 m² (U = 1,5 W/m²K), a taxa de fluxo de calor será

$$Q = A \times U \times (\Delta T)$$ (equação 1.1)

Q = 10 × 1,5 × (−12) = −180 W

Muitas vezes é útil "conferir dimensionalmente" expressões como:

$$m^2 \times \frac{W}{m^2 K} \times K = W$$

---

A recíproca do coeficiente de condutibilidade térmica (valor-U) é a resistência térmica ar – ar ($R_{a-a}$, em m²K/W), que é a soma das resistências componentes: as resistências das superfícies e do corpo do elemento (parede, telhado etc.), p. ex., para uma parede de duas camadas:

$$R_{a-a} = R_{si} + R_1 + R_2 + R_{so}$$ (1.2)

O valor-R de toda camada homogênea é sua espessura (e) em m, dividida pela condutividade de seu material:

$$R = \frac{b}{\lambda}$$ 1.3)

A recíproca dessa resistência é a *condutância*, C em W/m²K.

As camadas, pelas quais o calor flui, podem ser representadas como resistências em série, assim as resistências delas são aditivas (cf. Fig. 1.56 na p. 44).

Vários elementos de uma envoltória são caminhos para o fluxo de calor (com resistências) em paralelo, e nesse caso as (área ponderada) condutâncias (transmitâncias) são aditivas (cf. Fig. 1.55 na Seção 1.4.3.1).

Por exemplo, a Fig. 1.3 mostra uma parede de tijolos de 220 mm (λ = 0,84 W/m.K), com uma camada de cimento de 15 mm (λ = 0,6 W/m.K) e resistências de superfície de $R_{si}$ = 0,14 e $R_{so}$ = 0,06 m²K.W (valores extraídos das planilhas de dados D.1.1 e D.1.4):

$$R_{corpo} = \frac{0,220}{0,84} + \frac{0,015}{0,06} = 0,287 \text{ então}$$

$$C = \frac{1}{R_{corpo}} = \frac{1}{0,287} = 3,484 \text{ W/m}^2\text{K}$$

$$R_{a-a} = 0,14 + \frac{0,220}{0,84} + \frac{0,015}{0,6} + 0,06 = 0,487$$

$$= 0,14 + 0,287 + 0,06 = 0,487 \text{ então } U = \frac{1}{R_{a-a}} = \frac{1}{0,487} = 2,054 \text{ W/m}^2\text{K}$$

A resistência de superfície depende do grau da exposição e – até certo ponto – de suas características.

*A resistência de superfície combina as resistências à convecção e à radiação, de modo que ela é afetada pelas propriedades de radiação da superfície, como discutido a seguir, na seção 1.1.2.3 sobre radiação.*

### 1.1.2.2 Convecção

A transferência do calor por convecção é uma função do *coeficiente de convecção*, $h_c$ (em W/m²K):

$$\boxed{Q_{cv} = A \times h_c \times (\Delta T)} \quad m^2 \times W/m^2K \times K = W \tag{1.4}$$

A magnitude de $h_c$ depende da posição da superfície, da direção do fluxo de calor e da velocidade do fluido, p. ex.

- para superfícies verticais (fluxo térmico horizontal) $h_c = 3$ W/m²K
- para superfícies horizontais:
  – fluxo de calor ascendente (do ar para o teto, do piso para o ar do recinto) 4,3 W/m²K
  – fluxo de calor descendente (do ar para o piso, do teto para o ar do recinto) 1,5 W/m²K
  (como o ar quente sobe, a transferência térmica ascendente é mais forte).

No caso acima, estamos supondo que o ar está parado (isto é, o fluxo do ar se deve exclusivamente à transferência do calor). Se a superfície for exposta ao vento, ou houver movimento do ar gerado mecanicamente (isto é, se houver convecção forçada), então o coeficiente de convecção será muito mais alto:

- $h_c = 5,8 + 4,1v$, sendo v é a velocidade do ar em m/s.

### 1.1.2.3 Radiação

A transferência do calor por radiação é proporcional à diferença da 4ª potência das temperaturas absolutas das superfícies de emissão e recepção e depende das propriedades de suas superfícies:

- *Refletância* $\rho$ (rô) é uma fração decimal que indica quanto da radiação incidente é refletida por uma superfície.
- *Absortância* $\alpha$ (alpha) é expressa como uma fração do "absorvedor perfeito", o corpo negro teórico (para o qual $\alpha = 1$), sendo que seu valor é alto para superfícies escuras e baixo para superfícies claras ou de metal brilhante. Para superfícies encontradas no dia a dia, ela varia entre $\alpha = 0,9$, para o asfalto negro, e $\alpha = 0,2$ para o alumínio brilhante ou uma superfície pintada de branco. Para qualquer superfície opaca, $\rho + \alpha = 1$.
- *Emissividade* $\varepsilon$ (épsilon) também é uma fração decimal, uma medida da capacidade de emissão de radiação relativa ao "corpo negro", o emissor perfeito. Para uma superfície comum, $\alpha = \varepsilon$ para o mesmo comprimento de onda (ou temperatura) de radiação, mas muitas superfícies têm propriedades seletivas, por exemplo, alta absorção para a radiação solar (6000°C) mas baixa emissão a temperaturas ordinárias (<100°C), por exemplo:

$$\alpha_{6000} > \varepsilon_{60}$$

Essas *superfícies seletivas* são úteis no caso dos painéis absorvedores dos coletores solares, mas o contrário é desejável quando se quer promover a dissipação de calor (radiação para o céu):

$$\alpha_{6000} < \varepsilon_{60}$$

---

A expressão para transferência de calor radiante entre duas superfícies paralelas opostas é

$$Q = A \times \sigma \times \varepsilon \left[ \left(\frac{T'}{100}\right)^4 - \left(\frac{T''}{100}\right)^4 \right]$$

onde (sigma) $\sigma = 5,67$ W/m²K⁴ (essa é a constante de Stefan-Boltzmann) e T é em °K (°C + 273) e (epsilon) $\varepsilon$ é a emissividade efetiva

$$\frac{1}{\varepsilon} = \frac{1}{\varepsilon'} + \frac{1}{\varepsilon''} - 1$$

Para cálculos do dia a dia um coeficiente de radiação ($h_r$) pode ser derivado

$$h_r = 5,7 \times \varepsilon \frac{(T'/100)^4 - (T''/100)^4}{t' - t''}$$

então $Qr = h_r \times A \times (t' - t'')$
tipicamente $h_r = 5,7 \times \varepsilon$ a 20°C
$h_r = 4,6 \times \varepsilon$ a 0°C
$\varepsilon = 0.9$ para superfícies comuns do edifício
$\varepsilon = 0.2$ para alumínio opaco
$\varepsilon = 0.05$ para alumínio polido

Acima T é expresso em °K e t, em °C

As tintas brancas (em especial as de óxido de titânio) têm essas propriedades. Superfícies de metal brilhante são não seletivas:

$$\alpha_{6000} = \varepsilon_{60}$$

*Refletância*, $\rho$, pode ser a mesma para uma superfície branca e para uma superfície de metal brilhante, mas a emissividade $\varepsilon_{branca} > \varepsilon_{brilhante}$, de modo que, por exemplo, num clima quente, um telhado branco é melhor que um brilhante.

O cálculo da troca de calor radiante é complexo, embora bastante simples no que concerne ao efeito mais importante em edifícios: a radiação solar. Se a densidade de fluxo da radiação incidente for conhecida (designada como irradiância global, G), então a taxa de entrada de calor radiante (solar) será

$$\boxed{Q_S = A \times G \times \alpha} \quad m^2 \times W/m^2 \times \text{non-dim.} = W \quad (1.5)$$

### 1.1.3 Ar Úmido: Psicrometria

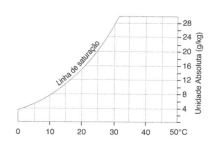

**1.4**
Estrutura do diagrama psicrométrico

**Ar** é uma mistura de oxigênio e nitrogênio, mas a atmosfera ao nosso redor é ar úmido, ela contém quantias variáveis de vapor de água. A uma dada temperatura, o ar pode suportar apenas uma quantidade limitada de vapor de água, quando então se diz estar saturado. A Figura 1.4 mostra a estrutura básica do gráfico psicrométrico: a temperatura de bulbo seco (do ar) no eixo horizontal e o teor de umidade (ou *umidade absoluta*, UA) no eixo vertical (em unidades de g/kg, gramas de umidade por quilograma de ar seco).

A curva superior é a *linha de saturação*, que indica a máxima quantidade de teor de umidade que o ar pode suportar a dada temperatura, ou seja, a *umidade de saturação* (US). Cada ordenada vertical pode ser subdividida (a Fig. 1.5 mostra uma subdivisão em cinco partes iguais), e as curvas que conectam esses pontos mostram a umidade relativa (UR) em porcentagem, isto é, como uma porcentagem da umidade de saturação. No caso, são mostradas curvas de 20%, 40%, 60% e 80% de umidade relativa.

Por exemplo (com referência à Fig. 1.9, o diagrama psicrométrico completo), a 25°C a saturação UA é 20 g/kg. Dividindo a ordenada pela metade, obtemos 10 g/kg, que é a metade da umidade de saturação, ou UR de 50%.

Outra expressão de umidade é a *pressão do vapor* (pv), isto é, a pressão parcial do vapor de água em dada atmosfera. A pressão de saturação do vapor é $pv_s$, que pode ser estimada pela equação de Antonine:

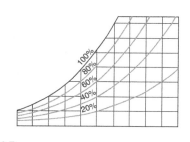

**1.5**
Curvas de umidade relativa

$$pv_s = 0{,}1333222 \times \exp[18{,}686 - 4030{,}183/(T + 235)]$$

Então, UR = (UA/US) × 100 ou $(pv/pv_s) \times 100$ (em %). A pressão do vapor tem uma relação linear com UA e as duas escalas são paralelas:

$$UA = \frac{622 \times pv}{pt - pv} \quad \text{reciprocamente} \quad pv = \frac{UA \times pt}{622 + UA} \quad (1.6)$$

onde pt = pressão barométrica total, considerada como 101,325 kPa (atmosfera padrão).

Por exemplo, se pv = 2 kPa, UA = (622 × 2) / (101,325 - 2) = 12,5 g/kg (cf. Fig. 1.9).

**12** Introdução à Ciência Arquitetônica

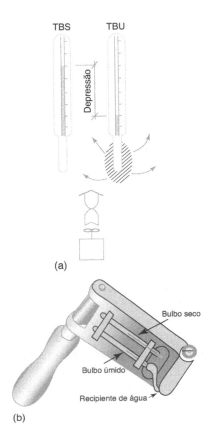

1.6
Psicrômetro e higrômetro giratório

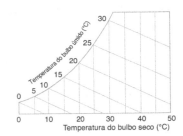

1.7
Linhas de temperatura de bulbo úmido

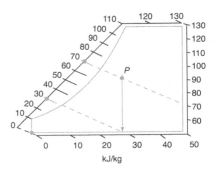

1.8
Escalas de entalpia externamente

**Umidade** é medida de forma mais acurada por meio do psicrômetro de bulbo úmido e bulbo seco (giratório), ou de um psicrômetro aspirado (Fig. 1.6). Eles contêm dois termômetros. Um tem o bulbo envolto numa gaze, que é mantida úmida por meio de um pequeno recipiente com água. Quando girado (ou quando a ventoinha é ligada) para obter a máxima evaporação possível, produz um efeito de resfriamento, mostrando a *temperatura de bulbo úmido* (TBU). O outro termômetro mede a *temperatura do bulbo seco* ou temperatura do ar (TBS). A diferença TBS – TBU é conhecida como *depressão de bulbo úmido* e é indicativa da umidade. Evaporação é inversamente proporcional à umidade. No ar saturado não há evaporação, nem resfriamento, então TBU = TBS. Com baixa umidade há forte evaporação, forte resfriamento e uma grande depressão de bulbo úmido.

A Figura 1.7 mostra as linhas inclinadas de TBU no gráfico psicrométrico. Elas coincidem com a TBS na curva de saturação. Quando uma medição é feita, a interseção das linhas de TBS e de TBU pode ser marcada no gráfico psicrométrico; ela é designada como *ponto de estado*, que indica tanto o valor da UR (interpolado entre as curvas de UR) quanto os valores da UA (lido na escala vertical à direita).

Por exemplo (Fig. 1.9), se a TBS = 29°C e a TBU = 23°C foram medidas e representadas no gráfico, as duas linhas se cruzam na curva de UR no 60% e, na escala vertical, a UA é lida como pouco mais de 15 g/kg.

Para qualquer ponto P de uma linha de bulbo úmido, a intercepção do eixo-X será:

$$T = T_P + UA_P \times (2501 - 1{,}805 \times 24)/1000 \ °C \tag{1.7}$$

Por exemplo, se $T_P = 25$, $UA_P = 10$ g/kg

$$T = 25 + 10 \times (2501 - 1{,}805 \times 24)/1000$$

$$= 49{,}6°C \text{ (verificável na Fig. 1.9)}$$

**Entalpia** (H) é o teor de calor do ar relativo a 0°C e 0 de umidade. É medida em kJ/kg, isto é, o conteúdo de calor de 1 kg de ar. É constituída por dois componentes: o *calor sensível* ($C_S$) que foi tomado para aumentar a TBS (aproximadamente 1,005 kJ/kg.K) e o *calor latente* ($C_L$), isto é, o calor que foi necessário para evaporar a água em estado líquido e formar o teor de umidade do ar. Como as linhas de entalpia constantes quase coincidem com as linhas de TBU (mas não totalmente), para evitar confusão, cada uma é indicada por escalas duplicadas de ambos os lados, fora do corpo do gráfico psicrométrico, que são usadas com uma borda reta (Fig. 1.8).

Se a entalpia é a distância diagonal entre o ponto de estado a partir do 0°C e ponto 0 de UR, então o componente horizontal é $C_S$ e o componente vertical é o $C_L$.

**Volume específico** do ar em qualquer condição também é mostrado no gráfico por um conjunto de linhas acentuadamente inclinadas (Fig. 1.10). Esse é o volume de ar ocupado por 1 kg de ar (sob pressão normal), em m³/kg. É a recíproca da densidade, kg/m³.

**Processos psicrométricos** ou mudanças podem ser traçados no gráfico na Fig. 1.9.

*Aquecimento* é representado pelo ponto de estado que se move horizontalmente para a direita. À medida que a TBS aumenta, sem mudança no teor de umidade, a UR diminui (Fig. 1.11).

*Resfriamento* abaixa a TBS e o ponto de estado se desloca horizontalmente para a esquerda. Isso faz com que a UR aumente, mas a UA não é alterada. No ponto em que essa linha horizontal alcança a curva de saturação, a *temperatura do ponto*

Calor: O Ambiente Térmico **13**

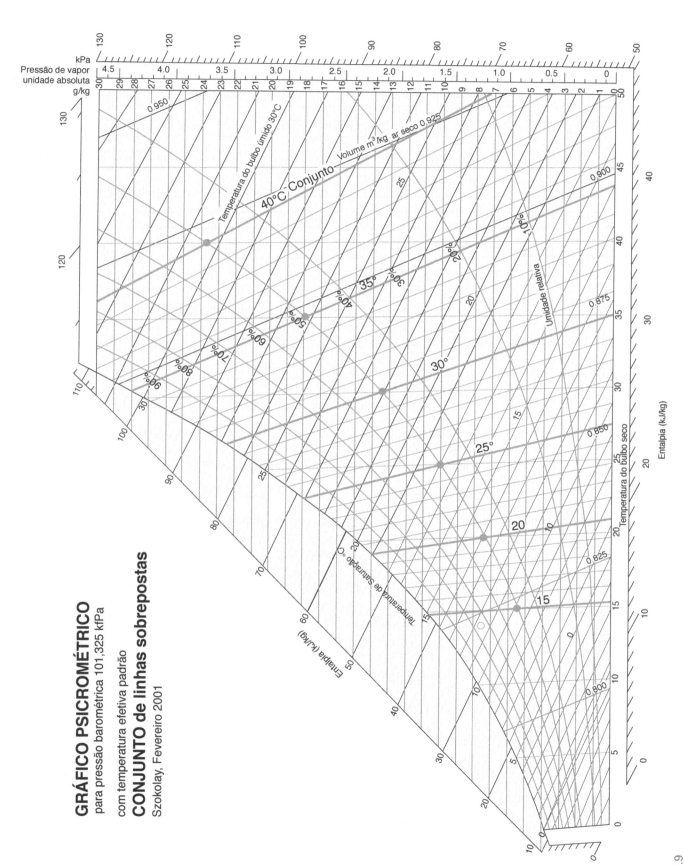

1.9 Gráfico psicrométrico

**14** Introdução à Ciência Arquitetônica

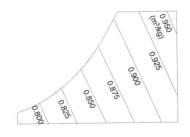

1.10
Linhas de volume específico

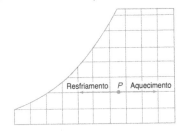

1.11
Resfriamento e aquecimento

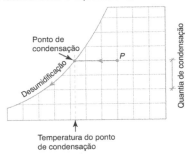

1.12
Resfriamento para redução da umidade

1.13
Resfriamento por evaporação: umidificação

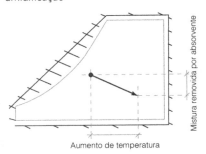

1.14
Desumidificação adiabática

*de condensação* ou ponto de orvalho (correspondente à UA dada) pode ser lida. Para o exemplo acima, isso ocorrerá por volta de 20,5°C. Nesse ponto, a UR será de 100%. Se o ar for resfriado abaixo desse ponto, terá início a condensação e haverá formação de gotículas ou orvalho. Abaixo do ponto de condensação, o ponto de estado se desloca ao longo da curva de saturação e a umidade absoluta correspondente à queda vertical se condensa.

Dando continuidade ao exemplo acima, o ar a 29°C de 15,2 g/kg de UA (60% de UR) tem seu ponto de condensação em 20,5°C e, se for resfriado a, digamos, 15°C, nesse ponto sua UA (saturada) seria de 10,5 g/kg, de modo que a diferença de 15,2 – 10,5 = 4,7 g/kg irá se condensar na forma líquida (Fig. 1.12).

*Umidificação*, isto é, a evaporação da umidade num volume de ar, é dita adiabática, se nenhum calor for acrescentado ou retirado. Isso provoca uma redução da temperatura (TBS), mas um aumento da umidade (tanto da UA quanto da UR). O ponto de estado se desloca para a esquerda, ao longo de uma linha de TBU constante (Fig. 1.13).

*Desumidificação* adiabática ocorre quando o ar passa através de algum adsorvente químico (sólido, como o gel de sílica, ou líquido, como um borrifo de glicol) que retira um pouco do teor de umidade (por absorção ou adsorção). Esse processo libera calor, de modo que a TBS aumenta, enquanto a umidade (tanto a UA quanto a UR) diminui (Fig. 1.14).

### 1.1.4 Fluxo de ar

O fluxo de ar pode ser caracterizado por:

| velocidade | v | m/s |
| índice de fluxo de massa | im | kg/s |
| índice de fluxo de volume | iv | m³/s ou L/s |

O índice de fluxo de volume através da abertura de uma área A é **iv = v × A**, por exemplo, uma velocidade de v = 0,5 m/s, através de uma janela de A = 1,5 m² dará um índice de fluxo de volume de iv = 0,5 × 1,5 = 0,75 m³/s ou 750 L/s.

Fluxo natural de ar é causado por diferença de pressão: o ar flui de uma zona de pressão mais alta para uma de pressão mais baixa. As diferenças de pressão podem ocorrer devido a dois efeitos: o efeito chaminé e o efeito do vento.

O **efeito chaminé** ocorre quando o ar dentro de um duto vertical é mais quente que o ar externo (desde que haja aberturas tanto de entrada quanto de saída). O ar mais quente irá subir e será substituído na parte inferior do duto pelo ar externo mais frio. Um bom exemplo desse efeito é o tubo de exaustão de uma chaminé: quando aquecido, ele produzirá uma considerável corrente de ar. Dutos de ventilação são muitas vezes usados no caso de banheiros ou lavabos internos, o que é bastante eficiente em climas frios.

O efeito chaminé também pode ocorrer num cômodo de altura considerável, desde que ele tenha tanto uma saída de ar em altura elevada quanto uma entrada de ar numa altura baixa. O fluxo do ar será proporcional à diferença de altura entre as aberturas de entrada e de saída e à diferença de temperatura entre o ar interno (ou o ar do recinto) e o ar do lado de fora (Fig. 1.15). No caso de construções baixas, esse efeito chaminé é bastante pequeno, mas – por exemplo – na escadaria de um edifício de vários andares, ele pode evoluir para um vento uivante. Em climas quentes, o ar quente externo pode ser tão quente quanto o ar do duto de escape, de

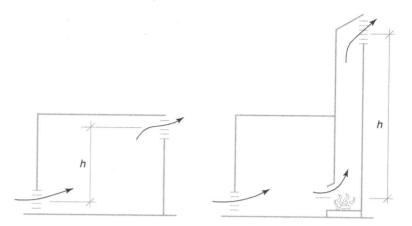

1.15
Efeito chaminé

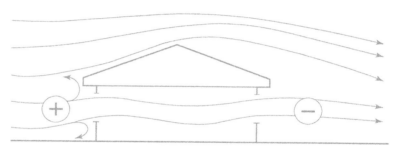

1.16
Efeito do vento: ventilação cruzada

modo que não há fluxo de ar, ou, se o ar do duto for mais frio, ele pode produzir uma corrente de ar descendente.

Um caso especial que pode ser considerado como "efeito chaminé intensificado" é o da *chaminé solar*, em que ao menos um lado do duto fica exposto à radiação solar e tem alta absorção. Esse lado será aquecido, irá aquecer o ar interno, assim a diferença de temperatura interna-externa irá aumentar, o que, por sua vez, aumentará o fluxo de ar.

**Efeitos de vento** são em geral muito mais potentes. No lado em que o vento sopra no edifício vai se formar um campo de pressão positivo, em que a pressão é proporcional ao quadrado da velocidade. Ao mesmo tempo, um campo de pressão negativo (reduzido) pode se desenvolver no lado protegido do vento e a diferença entre as duas pressões pode gerar forte ventilação cruzada (Fig. 1.16).

A planilha de método M.1.4 fornece formas de avaliar o fluxo de ar resultante do efeito chaminé e do efeito de vento.

## 1.2 CONFORTO TÉRMICO

### 1.2.1 Equilíbrio Térmico e Conforto

O corpo humano produz calor continuamente por meio de seus processos metabólicos. A produção de calor de um corpo médio é, em geral, considerada como 100 W, mas pode variar de aproximadamente 70 W, durante o sono, até mais de 700 W,

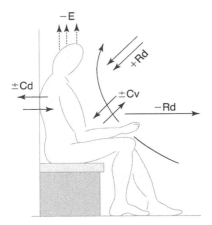

1.17
Trocas térmicas do corpo humano

num trabalho pesado ou atividade vigorosa (p. ex., jogando *squash*). Esse calor precisa ser dissipado no ambiente, caso contrário, a temperatura do corpo irá subir. Essa temperatura interna do corpo é normalmente próxima de 37°C, enquanto a temperatura da pele pode variar entre 31 e 34°C.

O equilíbrio térmico do corpo pode ser expresso como (cf. Fig. 1.17):

$$M \pm Rd \pm Cv \pm Cd - Ev = \Delta S \tag{1.8}$$

onde

M = produção metabólica de calor
Rd = taxa de troca de radiação
Cv = convecção (incluindo respiração)
Cd = condução
Ev = evaporação (incluindo respiração)
$\Delta S$ = alteração no calor armazenado.

Uma condição de equilíbrio é aquela em que a soma (isto é, $\Delta S$) é zero e esse equilíbrio é uma precondição do conforto térmico. Contudo, o conforto se define como "a condição da mente que expressa satisfação com o ambiente térmico, o que requer uma avaliação subjetiva" (ASHRAE Standart 55). Isso, é claro, envolve fatores que vão além do físico/fisiológico.

### 1.2.2 Fatores de Conforto

As variáveis que afetam a dissipação de calor do corpo (e, assim, também o conforto térmico) podem ser separadas em três grupos:

| Ambientais | Pessoais | Fatores Contribuintes |
|---|---|---|
| Temperatura do Ar | Taxa metabólica (atividade) | Alimento e bebida |
| Movimento do ar | Roupas | Forma do corpo |
| Umidade | Estado de saúde | Gordura subcutânea |
| Radiação térmica | Aclimatação | Idade e gênero |

A temperatura do ar é o fator ambiental dominante, uma vez que ela determina a dissipação de calor por convecção. O movimento do ar acelera a convecção, mas também modifica o coeficiente de transferência do calor da superfície da pele e da roupa (reduz a resistência térmica superficial), além de aumentar a evaporação da pele; assim, ele produz um efeito fisiológico de resfriamento. Isso pode ser estimado pela equação (1.24), dada na Seção 1.4.2. As reações subjetivas ao movimento do ar são:

| | |
|---|---|
| <0,1 m/s | Abafado |
| Até 0,2 | Despercebido |
| Até 0,5 | Agradável |
| Até 1 | Perceptível |
| Até 1,5 | Ventoso (corrente de ar frio) |
| >1,5 | Desagradável |

---

Maslow (1948) propôs uma "hierarquia das necessidades humanas" e sugeriu que começando com o item dominante 1, quaisquer outras necessidades só podem ser satisfeitas se todos os níveis abaixo estiverem satisfeitos.

1. Físico/ biológico
2. Segurança/ sobrevivência
3. Afeição/pertencimento
4. Estima (própria e por outros)
5. Autoatualização

Conforto térmico é uma das necessidades físico/biológicas básicas. Para sobrevivência, nossa temperatura interna precisa ficar ao redor de 37°C. Assim é imperativo manter as condições térmicas nos edifícios dentro de limites aceitáveis, antes que qualquer outra necessidade de "nível mais alto" possa ser sequer considerada.

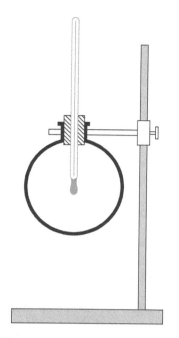

1.18
Termômetro de globo

mas, em condições de sobreaquecimento, velocidades de até 2 m/s podem ser bem-vindas.

Umidades médias (UR 30-65%) não têm muito efeito, mas altas umidades restringem a evaporação através da pele e na respiração, reduzindo assim o mecanismo de dissipação, enquanto umidades muito baixas levam as membranas mucosas (boca, garganta) e a pele a secar, causando desconforto.

A troca de radiação térmica depende da temperatura das superfícies ao redor, medidas pela TRM, ou temperatura radiante média. A TRM é a temperatura média das superfícies dos elementos circundantes, cada qual ponderado pelo ângulo sólido em relação ao ponto de medição.

A unidade de ângulo sólido é o esterradiano (sr), que [é] subtendido por unidade de área ($r^2$) de superfície no centro de uma esfera de raio unitário (r) (cf. também a Fig. 2.7). Como a área da superfície é $4\pi r^2$, o ponto central terá um total de $4\pi$ sr (por analogia: o radiano é uma medida angular, uma unidade na qual o comprimento de arco é igual ao raio; como a circunferência de um círculo é $2\pi r$, o círculo completo, 360°, é $2\pi$ radianos).

A TRM não pode ser medida diretamente, mas apenas por um termômetro de globo negro, que responde às incidências de radiação bem como à temperatura do ar. Esse termômetro pode ser uma bola de cobre de diâmetro de 150 mm, pintada em preto fosco, com um termômetro no centro (Fig. 1.18), embora, recentemente, bolas de pingue-pongue pintadas de preto fosco tenham sido usadas para medir a temperatura de globo (TG), com o mesmo efeito. Quando a velocidade do ar é zero, TRM = TG, mas há uma correção para o movimento do ar:

$$\text{TRM} = \text{TG} \times (1 + 2{,}35 \sqrt{v}) - 2{,}35 \times \text{TBS} \sqrt{v}$$

onde v = velocidade do ar em m/s.

O efeito dessa TRM depende da roupa. Em climas quentes (com roupas leves) ele é cerca de duas vezes tão significativo quanto a TBS, que deu origem à

*temperatura do ambiente*: $\text{AmbT} = \dfrac{2}{3}\text{TRM} + \dfrac{1}{3}\text{TBS}$

mas em climas mais frios (com roupas mais pesadas) ela tem quase o mesmo efeito que a TBS, daí

*a temperatura seca resultante*: $\text{TSR} = \dfrac{1}{2}\text{TRM} + \dfrac{1}{2}\text{TBS}$.

Uma exigência para o conforto é que a diferença entre a TBS e a TRM não seja maior que 3 K.

A taxa metabólica é uma função do nível de atividade. A unidade criada para ela é a *met*, que corresponde a 58,2 W/m² da área de superfície do corpo.

D. Du Bois e E. F. Du Bois (1916) propuseram a seguinte equação para a área de superfície do corpo (a área Du Bois): $A_D = 0{,}202 \times \text{Mc}^{0{,}425} \times h^{0{,}725}$, onde Mc é a massa corporal (kg) e h é a altura (m). Para um homem de Mc = 80 kg, h = 1,80 m, essa área é 2 m².

Para uma pessoa média a met seria aproximadamente 115 W. Com níveis mais altos de met, será preferível um ambiente mais frio, para facilitar a dissipação do calor.

A roupa é o isolante térmico do corpo. Esse isolamento é medido em unidades de *clo*, que significa um valor-U de 6,45 W/m²K (ou uma resistência térmica de 0,155 m²K/W) sobre toda a superfície do corpo. A medida de 1 clo corresponde à proteção de um terno, com roupas de baixo de algodão. Bermudas e camisas de mangas curtas dariam em torno de 0,5 clo, um sobretudo pode acrescentar 1 ou 2 unidades de clo a um terno e o tipo mais pesado de roupa para climas árticos seria 3,5 clo (cf. a Seção 1.2.4, abaixo). Se a roupa puder ser livremente escolhida, ela será um mecanismo importante de regulagem, mas se a escolha for constrangida (p. ex. por convenções sociais ou requisitos de segurança no trabalho) num ambiente quente, ela deverá ser compensada por uma temperatura mais baixa do ar. A aclimatação e o hábito (a pessoa estar acostumada...) são influências importantes, tanto em termos fisiológicos quanto psicológicos.

Hábitos alimentares e de bebida podem ter influência sobre as taxas metabólicas e, assim, um efeito indireto sobre as preferências térmicas. Esses efeitos podem mudar com o tempo, dependendo do consumo de alimentos e bebidas. A forma do corpo é relevante pelo fato de que a produção de calor é proporcional à massa corporal, mas a dissipação do calor depende da área de superfície do corpo. Uma pessoa alta e magra tem uma relação maior entre superfície e volume, podendo dissipar o calor mais prontamente e tolerar temperaturas mais altas que uma pessoa com uma forma de corpo mais arredondada. Esse efeito é aumentado pelo fato de que a gordura subcutânea é um isolante térmico excelente e, assim, irá abaixar as temperaturas de preferência. A certa altura se sugeriu que as mulheres preferiam temperaturas em torno de 1K mais altas do que os homens, mas recentemente tal preferência foi atribuída às diferenças de vestimenta. A idade não faz muita diferença na preferência de temperatura, mas pessoas mais idosas têm menos tolerância a desvios da condição ideal, provavelmente porque os seus mecanismos de regulagem estão debilitados.

### 1.2.3 Mecanismos de Regulagem

O corpo não é puramente passivo, ele é *homeotérmico*, ou seja, possui vários mecanismos de regulagem térmica. O primeiro nível é o da regulagem vasomotora: a *vasoconstrição* (em ambientes frios) vai reduzir o fluxo sanguíneo para a pele, reduzir a temperatura da pele, e a dissipação do calor\*; a *vasodilatação* (em situações de temperatura alta) vai aumentar o fluxo do sangue para a pele e, assim, a transferência de calor vai elevar a temperatura da pele, aumentando a dissipação do calor.

Se, apesar da regulagem vasomotora ainda permanecer um desequilíbrio, em ambientes de alta temperatura terá início a produção de suor, que fornece um mecanismo de resfriamento por evaporação. A taxa de transpiração sustentável é de aproximadamente 1 L/h, o que absorve cerca de 2,4 MJ/L do calor corporal (o que constitui uma taxa de resfriamento de aproximadamente 660 W). Se essa taxa for insuficiente, terá início a *hipertermia*, que consiste na falência circulatória, a temperatura do corpo podendo chegar a 40°C o que aumenta o risco de ocorrer insolação. Inversamente, em ambientes frios, a pessoa começará a tremer, uma ação muscular involuntária que aumenta a produção de calor num fator de até 10. Se isso não for suficiente para restaurar o equilíbrio, terá início a *hipotermia*, com consequências possivelmente fatais. Há também a regulagem de longo prazo, depois de uns poucos dias de exposição até aproximadamente seis meses. Ela pode envolver ajustes cardiovasculares e endócrinos. Em climas quentes, ela pode consistir no aumento do volume sanguíneo, que aumenta a eficácia de vasodilatação, melhora o desempenho dos mecanismos de transpiração, além de provocar o reajuste das preferências térmicas.

---

\* Esse é um mecanismo sacrificial: pode levar ao congelamento das extremidades (orelhas, dedos) para preservar a temperatura do corpo.

## MODELO DE ADAPTABILIDADE

Humphreys (1978) examinou um grande número de estudos sobre o conforto térmico, correlacionando a neutralidade térmica com o clima predominante, e sugeriu, para edifícios com ventilação natural, a seguinte equação

$$Tn = 11,9 + 0,534\, To_{av}$$

(onde $To_{av}$ é a temperatura média do mês ao ar livre)

Dessa maneira criou a base do modelo de adaptabilidade.

Auliciems (1981) fez a revisão dos dados acima, complementando-os com outros e propôs a equação

$$Tn = 17,6 + 0,31\, To_{av}$$

Desde então, muitos outros pesquisadores encontraram correlações semelhantes, p. ex.:
Griffiths (1990):

$$Tn = 12,1 + 0,534\, To_{av}$$

Nicol e Roaf (1996):

$$Tn = 17 + 0,38\, To_{av}$$

Um amplo estudo levado a cabo por Dear et al. (1997) produziu correlações e sugeriu a eq. (1.9), que é praticamente idêntica à expressão de Auliciems. É ela que adotamos aqui.

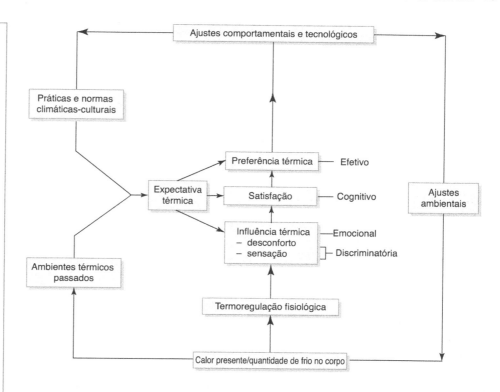

1.19
Modelo de percepção térmica de Auliciems

Sob condições de baixa temperatura contínua, a vasoconstrição pode se tornar permanente, com redução do volume de sangue, enquanto a taxa metabólica do corpo pode aumentar. Contudo, essas regulagens não são apenas fisiológicas, há também um forte aspecto psicológico: o acostumar-se às condições dominantes, aceitando as condições prevalecentes como "normais".

O ajustamento de preferências sazonais pode ser bastante significativo, até acima de um período de um mês. Amplos estudos têm mostrado que a "temperatura de neutralidade" (o número médio de votos de muitas pessoas) muda com a temperatura média do mês, da seguinte forma

$$Tn = 17,8 + 0,31 \times To_{av} \qquad (1.9)$$

Onde $To_{av}$ é a temperatura média do mês.

Auliciems (1981) fornece um modelo psico-fisiológico da percepção térmica, que é a base do modelo da adaptabilidade (Fig. 1.19).

### 1.2.4 Índices de Conforto, a Zona de Conforto

O intervalo das condições de conforto aceitáveis é geralmente designado como zona de conforto. Os limites de temperatura dessa zona de conforto podem ser considerados, com relação à Tn (temperatura de neutralidade) acima, para uma aceitação de 90%, como

sendo de $(Tn - 2,5)°C$ até $(Tn + 2,5)°C$.

Mas, +/− 3,6K serão ainda aceitáveis para 80% das pessoas.

Yaglou (1923) elaborou a escala de temperatura efetiva (TE) para identificar o efeito da umidade na sensação térmica. TE coincide com TBS na curva de saturação do gráfico psicrométrico e "linhas de conforto igual" declinam à direita.

A escala e o nomograma derivado têm sido amplamente utilizados, não apenas nos EUA (e. g., por muitas das publicações da ASHRAE), mas também no Reino Unido (e. g., Vernon e Warner, 1932; Beford, 1936; Givoni, 1969; Koenigsberger et al., 1973). À luz das mais recentes pesquisas, Gagge et al. (1974) criaram a escala da "nova temperatura efetiva" denotada TE* (TE estrela). Ela coincide com a TBS em 50% da curva da UR. Até 14°C a umidade não tem efeito no conforto térmico (TE* = TBS), mas além desse ponto as linhas TE* têm um aumento da inclinação. As inclinações são analiticamente derivadas, diferindo conforme as diversas combinações de atividade e vestuário. Reconhecendo essa dificuldade, Gagge et al. (1986) elaboraram a escala TEP (temperatura efetiva padrão), que é a adotada aqui.

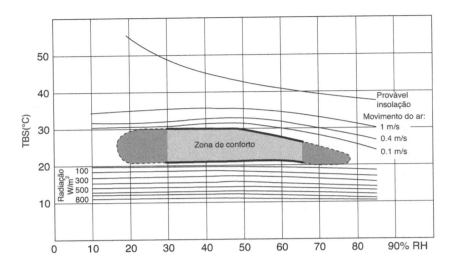

1.20
Gráfico bioclimático de Olgyay

Como o conforto térmico é influenciado por outras três variáveis ambientais, já desde o início do século XX vêm sendo feitas tentativas de se criar um único índice de conforto, que possa exprimir o efeito combinado de todas as quatro (ou pelo menos diversas dessas) variáveis. A primeira delas, proposta por Houghten e Yaglou em 1923, foi a "temperatura efetiva". Pelo menos trinta índices diferentes desse tipo foram desenvolvidos no decorrer dos anos por vários pesquisadores, todos baseados em estudos diferentes, todos seguindo distintas linhas e denominações.

Olgyay (1953) introduziu o "gráfico bioclimático" (Fig. 1.20), que tem a UR no eixo horizontal e a TBS no eixo vertical, sendo que a forma de aerofólio no centro corresponde à "zona de conforto". As curvas na parte superior mostram como o movimento do ar pode estender os limites superiores e as linhas na parte inferior mostram a extensão por radiação térmica.

O último índice de conforto agora em geral aceito é o ET* (ET asterisco), ou nova temperatura efetiva e sua versão padrão **TEP** (Temperatura Efetiva Padrão). O ET* construído para 0,57 clo e 1,25 met foi considerado válido para pares de condições tais como (um aumento na unidade met pode ser compensado por uma redução na unidade clo):

| met | clo |
|---|---|
| 1 | 0,67 |
| 1,25 | 0,57 |
| 2 | 0,39 |
| 2 | 0,26 |
| 4 | 0,19 |

dessa forma, ele é agora designado como TEP (Temperatura Efetiva Padrão)*.

As linhas isotérmicas TEP são mostradas na Fig. 1.9, desenhadas no gráfico psicrométrico. A TEP coincide com a TBS na curva de 50% da UR. A inclinação nas li-

---
* Ver *Architectural Science Review*, v. 44, n. 2, p. 187.

Calor: O Ambiente Térmico **21**

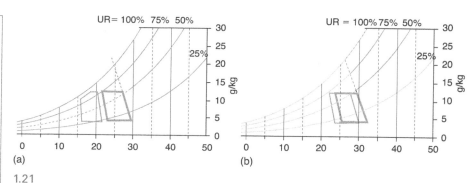

(a)  (b)

1.21
Zonas de conforto para Budapeste e Darwin

Por exemplo, para Budapeste, o mês mais quente, julho

$To_{av} = 23°C$
$Tn = 17,8 + 0,31 \times 23 = 24,9°C$

Então os limites de conforto são

$T_L = 22,4$ e $T_U = 27,4°C$

Marcar esses limites na curva de 50% de UR.

Para ambos os limites laterais, seguir a inclinação das linhas de TEP ou observar a UA para esses dois pontos: 8,5 e 11,5 g/kg então a intercepção da linha de base será

para $T_L = 22,4 + 0,023 \times (22,4 - 14) \times 8,5 \approx 24°C$
para $T_U = 27,4 + 0,023 \times (27,4 - 14) \times 11,5 \approx 31°C$

Desenhar os limites laterais (estendendo-os acima da curva de 50%)

Os limites superior e inferior estão nos níveis de 12 e 4 g/kg.

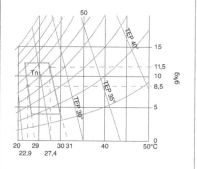

nhas TEP indica que, sob valores de umidade mais alta, a tolerância à temperatura fica reduzida, enquanto, sob valores de umidade mais baixa, temperaturas mais altas são aceitáveis. Até 14°C, as linhas TEP coincidem com a TBS. Acima dessa temperatura, a inclinação dessas linhas isotérmicas aumenta progressivamente, com o coeficiente de inclinação considerado como X/Y ou TBS/UA = $0,023 \times (T - 14)$, o que dá o desvio da linha correspondente vertical da TBS para cada g/kg UA positivo, abaixo de 50%, e negativo, acima desse valor. Por exemplo, para TBS = 30°, UR = 50%, então UA = 13,4 g/kg, o deslocamento do eixo x de 30° TEP será $13,4 \times 0,023 \times (30-14) = 4,93$ K, isto é, na TBS = 34,93°C.

A TEP assim definida combina o efeito da temperatura e da umidade, as duas determinantes mais importantes. A zona de conforto pode ser traçada na Fig. 1.21, que irá variar com o clima e ser diferente a cada mês. O procedimento pode ser o seguinte.

Encontrar a neutralidade térmica (como na equação 1.9: $Tn = 17,8 + 0,31 \times To_{av}$) tanto para o mês mais frio quanto para o mais quente e considerar os limites de conforto como $Tn \pm 2,5°C$. Marcar esses valores na curva de 50% de UR. Esses valores definirão os limites "laterais" da zona de conforto como as linhas TEP correspondentes. Os limites de umidade (superior e inferior) serão de 12 e 4 g/kg respectivamente (1,9 e 0,6 kPa de pressão de vapor). A Figura 1.21 mostra as zonas de conforto para as cidades de Darwin e Budapeste, para os meses de janeiro (verão) e julho (inverno) (cf. também a planilha de método M.1.7).

Observe-se que Darwin tem muito pouca variação sazonal (clima úmido e quente), enquanto em Budapeste (clima temperado e frio) há uma grande diferença entre o inverno e o verão.

## 1.3 CLIMA

O **tempo meteorológico** é o conjunto de condições atmosféricas que prevalecem num dado lugar e período de tempo. O **clima** pode ser definido como a integração no tempo das condições atmosféricas, características de certa localização geográfica.

### 1.3.1 O Sol

O clima da Terra é conduzido pela entrada de energia do Sol. Para os arquitetos existem dois aspectos essenciais a serem compreendidos: o movimento aparente do Sol (a geometria solar), e os fluxos de energia solar e como lidar com eles (excluí-los ou utilizá-los).

A Terra se move em torno do Sol numa órbita ligeiramente elíptica. Em seu máximo (afélio), a distância entre o Sol e a Terra é de 152 milhões de km e, em seu

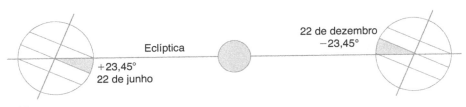

1.22
Seção bidimensional da órbita da Terra e DEC

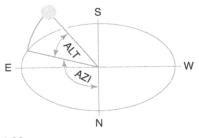

1.23
Ângulos de altitude e de azimute

mínimo (periélio), 147 milhões de km. O eixo da Terra não é normal em relação à horizontal de sua órbita, mas inclinado a 23,5°. Em consequência, o ângulo entre o plano equatorial da Terra e a linha Terra-Sol (ou a eclíptica, o plano da órbita terrestre) varia no decorrer do ano (Fig. 1.22).

Esse ângulo é conhecido como declinação (DEC) e varia da seguinte forma

- + 23,45° em 22 de junho (solstício no hemisfério norte)
- 0 em 21 de março e 22 de setembro (datas dos equinócios)
- –23,45° em 22 de dezembro (solstício no hemisfério sul).

Enquanto a concepção heliocêntrica acima é necessária para a compreensão do sistema, em termos de problemas de construção, a visão *lococêntrica* fornece todas as respostas necessárias. Nessa visão, a posição do observador está no centro do hemisfério celeste, no qual a posição do Sol pode ser determinada por dois ângulos (Fig. 1.23):

- altitude (ALT): para cima a partir do horizonte, o zênite sendo 90°
- azimute (AZI): medido no plano horizontal a partir do norte (0°), passando pelo leste (90°), sul (180°) e oeste (270°) até norte (360°).

Esses ângulos podem ser calculados em qualquer época do ano pelas equações trigonométricas apresentadas na planilha de método M.1.1. Convencionalmente $\alpha$ é usado para ALT e $\gamma$ é usado para AZI, mas as abreviaturas de três letras são adotadas para todos os ângulos solares, a fim de evitar confusão com outros usos das letras gregas.

O Sol tem a órbita mais alta e parecerá estar no zênite ao meio-dia do dia 22 de junho ao longo do Trópico de Câncer (LAT = + 23,45°, ver Fig. 1.22) e, ao longo do Trópico de Capricórnio (LAT = – 23,45°), no dia 22 de dezembro. A Figura 1.24 mostra a visão lococêntrica das trajetórias do Sol de uma posição no hemisfério norte e de uma posição no hemisfério sul (traçada para LAT = 28° e – 28°).

O Sol nasce no leste exato, nas datas de equinócio. No hemisfério norte, ele viaja pelo sul no sentido horário, mas no hemisfério sul (para um observador de frente para o equador) ele viaja pelo norte no sentido anti-horário, para se pôr no oeste exato.

### 1.3.1.1 Diagramas da Trajetória Solar

Os diagramas da trajetória do Sol, ou gráficos solares, são os instrumentos práticos mais simples para descrever o movimento aparente do Sol. O hemisfério celeste é representado por um círculo (o horizonte). Os ângulos de azimute (isto é, a direção do Sol) são dados ao longo do perímetro e os ângulos de altitude (para cima a partir do horizonte) são indicados por uma série de círculos concêntricos, com 90° (o zênite) sendo o centro.

Calor: O Ambiente Térmico  **23**

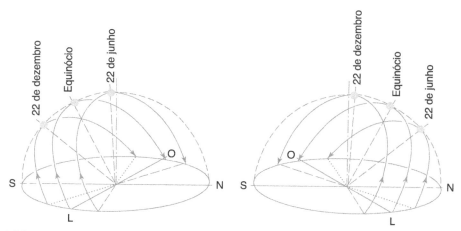

1.24
Visão lococêntrica das trajetórias solares

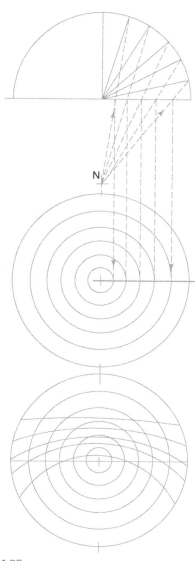

Vários métodos são usados para a construção desses gráficos. O método ortográfico, ou de projeção paralela, é o mais simples, mas próximo ao horizonte ele produz círculos de altitude muito comprimidos. O método equidistante é em geral utilizado nos Estados Unidos, mas não se trata de uma projeção geométrica verdadeira. Os gráficos mais amplamente usados são os estereográficos. Estes são construídos por um método de projeção radial (Fig. 1.25), no qual o centro de projeção (N) fica verticalmente abaixo do ponto do observador, a uma distância igual ao raio do círculo de horizonte (o ponto nadir).

As linhas da trajetória solar são traçadas nesse gráfico para uma latitude dada para os dias de solstício, para os equinócios e para as datas intermediárias, como descrito na planilha de método M.1.2. Para uma posição no equador (LAT = 0°), o diagrama será simétrico próximo à trajetória do Sol de equinócio, que é uma linha reta; para latitudes mais altas, as linhas da trajetória do Sol irão se afastando do equador.

Para uma posição polar, as trajetórias do Sol serão círculos concêntricos (ou, antes, uma espiral subindo e descendo) durante metade do ano, a trajetória de equinócio sendo o círculo do horizonte, e durante a outra metade do ano, o Sol ficará abaixo do horizonte. O deslocamento das trajetórias do Sol com as latitudes geográficas é ilustrado na Fig. 1.26.

As linhas das datas (linhas de trajetória do Sol) são cortadas pelas linhas horárias. A linha vertical no centro é o meio-dia. Note que nas datas de equinócio, o Sol nasce no leste exato às 06h00 e se põe no oeste exato às 18h00. Como exemplo, mostramos um gráfico da trajetória solar completa para a latitude de 36° na Fig. 1.27.

A hora usada nos gráficos solares é a hora solar, que coincide com a hora de relógio local somente na longitude de referência de cada fuso horário. Cada faixa de 15° de longitude dá 1 hora de diferença (360/24 = 15), dessa forma, cada grau de longitude corresponde a uma diferença horária de 60/15 = 4 minutos.

Por exemplo, para Brisbane, longitude 153°E, a longitude de referência é 150° (10 horas à frente de Greenwich); a diferença de 3° significa que a hora local é 3 × 4 = 12 minutos de atraso com relação ao tempo solar (isto é, no meio-dia solar, o relógio indica apenas 11h48).

1.25
Método de projeção estereográfica

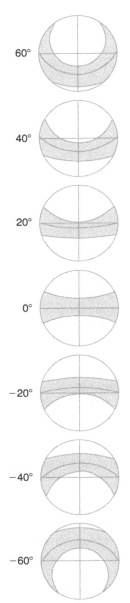

1.26
Trajetórias solares versus latitudes

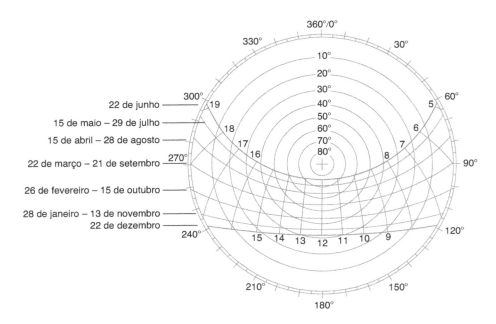

1.27
Exemplo de gráfico da trajetória solar

### 1.3.1.2 Radiação Solar

A quantidade de radiação solar pode ser medida de duas formas (Fig. 1.28):

1 irradiância, em W/m² (em textos mais antigos designada como "intensidade");
2 irradiação, em J/m² ou Wh/m², uma quantidade de energia integrada por um período específico de tempo (hora, dia, mês ou ano).

Ver também a Seção 1.4.1

A superfície do Sol está a uma temperatura de cerca de 6000°C, assim, o pico de seu espectro de emissão de radiação está em torno de 550nm de comprimento de onda, estendendo-se de 20 a 3000nm.

Conforme os padrões humanos de percepção, podemos distinguir:

1 radiação ultravioleta, 20–380 nm (a maior parte da radiação UV abaixo de 200nm é absorvida pela atmosfera, assim algumas fontes dão 200 nm como o limite inferior). Produz efeitos fotoquímicos, descoloração, queimaduras de sol etc.
2 luz, ou radiação visível, de 380 (violeta) a 700 nm (vermelho)
3 radiação infravermelha curta, de 700–3000 nm, ou radiação térmica, com alguns efeitos fotoquímicos

Para comprimentos de onda, cf. também a Fig. 1.2.

Se um gráfico de radiação solar em mudança contínua for traçado ao longo do tempo (Fig. 1.28), a ordenada representa a irradiância e a área sob a curva é irradiação (a irradiância às 10h00 [W/m² média entre 9h30 e 10h30] é numericamente a mesma que a irradiação [Wh/m²] para o horário de 9h30–10h30).

Nos limites externos da atmosfera terrestre, o valor anual médio da irradiância é de 1353W/m², medido na incidência normal, isto é, num plano perpendicular à direção da radiação. Isso é designado como "constante solar", embora varie em ±2%

Calor: O Ambiente Térmico **25**

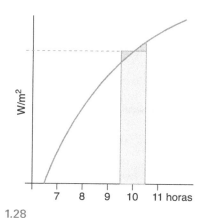

1.28
Irradiância e irradiação

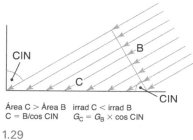

1.29
Ângulo de incidência

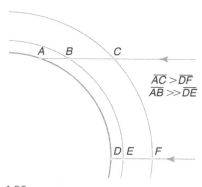

1.30
Comprimentos das trajetórias de radiação

devido a variações na própria emissão solar e em ±3,5% devido à variação na distância entre o Sol e a Terra.

Como o raio da Terra é de 6376 km (6,376 × 10$^6$m), sua área de projeção circular é (6,376 × 10$^6$)$^2$ × 3,14 ≈ 127 × 10$^{12}$ m$^2$, ela recebe continuamente uma entrada de energia radiante de 1,353 × 127 × 10$^{12}$ ≈ 170 × 10$^{12}$kW. Cerca de 50% alcança a superfície da Terra e entra no sistema terrestre. No final, tudo isso é re-irradiado, sendo essa uma condição do equilíbrio (cf. Fig. 1.36 na p. 28).

Há grandes variações de irradiação entre os diferentes locais na Terra, por três razões:

1 o ângulo de incidência: de acordo com a lei do cosseno (Fig. 1.29), a irradiância recebida por uma superfície é a irradiância normal vezes o cosseno do ângulo de incidência (CIN);
2 a depleção atmosférica, um fator que varia de 0,2 a 0,7, sobretudo porque, nos ângulos de altitude mais baixa, a radiação tem que viajar pela atmosfera ao longo de um trajeto muito mais longo (em especial através da camada mais baixa, mais densa e mais poluída), mas também em razão de variações na camada de nuvens e na poluição atmosférica (Fig. 1.30);
3 a duração da luz solar, isto é, a extensão do período de luz do dia (do nascer ao pôr do sol) e, em menor grau, também devido à topografia local.

A irradiância máxima na superfície terrestre é de aproximadamente 1000 W/m$^2$, e a irradiação horizontal total anual varia de cerca de 400 kWh/m$^2$ano, próximo aos polos, até um valor excessivo de 2500 kWh/m$^2$ano no deserto do Saara ou no interior noroeste da Austrália.

### 1.3.2 Clima Global, o Efeito Estufa

No nível global, os climas são formados pelo diferencial entre o calor solar que entra e a emissão de calor quase uniforme ao longo da superfície da Terra. As regiões equatoriais recebem uma entrada de energia muito maior do que áreas mais próximas dos polos. Até cerca de 30° de latitude N e S, o diferencial de radiação é positivo (isto é, a "contribuição" solar é maior do que a perda radiante), mas em latitudes maiores, a perda térmica excede em muito a entrada de radiação solar. O aquecimento diferencial provoca diferenças de pressão e estas são a principal força motriz dos fenômenos atmosféricos: ventos, movimento e formação de nuvens (e também correntes marítimas), que oferecem um mecanismo de transferência de calor do equador para os polos.

Como mostra a Fig. 1.31, cerca de 31% da radiação solar que chega na Terra é refletida, os remanescentes 69% entram no sistema terrestre. Parte é absorvida pela atmosfera e pouco mais de 50% atinge a superfície do solo.

Em pontos de forte aquecimento o ar sobe e numa localização fria (relativamente) ele baixa. O movimento das massas de ar e das nuvens carregadas de umidade é impulsionado por diferenciais de temperatura, mas fortemente influenciados pela Força de Coriolis, explicada abaixo (Fig. 1.32).

*Na ausência desse mecanismo de transferência de calor, a temperatura média no Polo Norte seria –40°C, e não os atuais –17°C e, no equador, seria em torno de 33°C e não 27°C, como no presente.*

Uma massa de ar "estacionária" na zona subtropical, por exemplo, se desloca com a rotação da Terra e tem uma certa velocidade circunferencial, consequente-

**26** Introdução à Ciência Arquitetônica

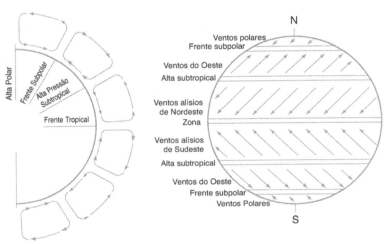

1.31
Equilíbrio da radiação na atmosfera
INPUT: 24 + 22 + 25 + 6 + 23 = 100%
OUT: 25 + 6 +9 + 60 = 100%

Refletido: 25 + 6 = 31%
Emitido: 9 + 60 = 69% = 100%

1.32
Padrão global de ventos

mente ela tem um momento de inércia. À medida que essa massa se move em direção aos polos, a circunferência da Terra (o círculo na latitude) diminui, portanto, a massa de ar consegue ultrapassar a rotação da superfície. Inversamente, uma massa de ar na zona subtropical, quando se move em direção ao equador (uma circunferência maior), irá ficar atrás da rotação da Terra. Esse mecanismo produz os ventos alísios de sudeste e nordeste.

A frente tropical, ou **ZCIT** (zona de convergência intertropical) se desloca sazonalmente para o norte ou o sul (com um atraso de cerca de um mês com relação ao solstício; ou seja, julho para o norte e janeiro para sul), como mostra a Fig. 1.33. Observe-se que o movimento é muito mais amplo sobre os continentes que sobre os oceanos.

A atmosfera é um sistema tridimensional muito instável, assim, pequenas diferenças no aquecimento local (que podem ser resultado da topografia e da cobertura do solo) podem ter efeitos significativos sobre a movimentação do ar e influenciar os padrões de giro das zonas de pressão baixa e alta (ciclônicos e anticiclônicos).

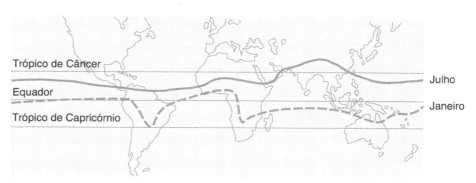

1.33
Deslocamento norte/sul da ZCIT

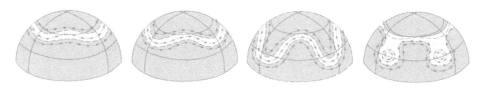

1.34
Desenvolvimento das células ciclônicas de latitude média

Observe-se que as zonas de pressão paralelas sugeridas pela Fig. 1.32 aos poucos desenvolvem células de circulação ciclônica, como mostra a Fig. 1.34.

A Terra, que tem um raio médio de 6376 km, é circundada por uma atmosfera muito fina. Sua profundidade é em geral considerada como de 80 km, que é o topo da mesosfera, onde a pressão cai para praticamente zero, embora traços de alguns gases ainda possam ser encontrados até aproximadamente 160 km. Se a Terra fosse representada por uma esfera do tamanho de uma bola de futebol, a espessura de sua atmosfera seria de apenas cerca de 1,5mm.

A primeira camada, com uma espessura de 9 km, contém cerca da metade da massa total da atmosfera e uma camada de 18 km (a *troposfera*) abriga praticamente toda a vida. Todos os nossos fenômenos climáticos ocorrem dentro dessa fina camada. Continuando com a analogia da bola de futebol, isso corresponderia a uma camada da espessura de 0,3mm. De fato, trata-se de um manto muito delicado, altamente frágil e vulnerável.

A Figura 1.35 mostra a estrutura secional da atmosfera. A pressão é praticamente zero na *mesopausa* (80 km) e aumenta para baixo, até aproximadamente 1010 hPa (1,01 kPa) no nível do solo. A temperatura diminui para cima através da troposfera, até cerca de –60°C (a 20 km), mas aumenta acima dessa altitude através da estratosfera até aproximadamente 80°C na *estratopausa*, para depois diminuir novamente até –40°C na mesopausa.

O **efeito estufa** é causado pelo seguinte mecanismo. A entrada de radiação solar (*I* na Fig. 1.36) no sistema terrestre ocorre numa taxa de aproximadamente $170 \times 10^{12}$kW (como mostrado acima na Seção 1.3.1.2). O equilíbrio é mantido com uma taxa igual de emissão de energia (E) para o espaço (E = I, *input*). A emissão de energia E é determinada pela temperatura (t) da superfície da Terra e a transparência óptica (efeito de retardamento) da atmosfera. A transparência óptica da atmosfera é bastante alta para a radiação solar de ondas curtas, mas muito menor para o infravermelho de ondas longas, emitido pela superfície da Terra.

Se ela for reduzida além disso por um aumento no teor de $CO_2$ (ou outros gases do efeito estufa), a temperatura aumentará até que a emissão de energia seja res-

**28** Introdução à Ciência Arquitetônica

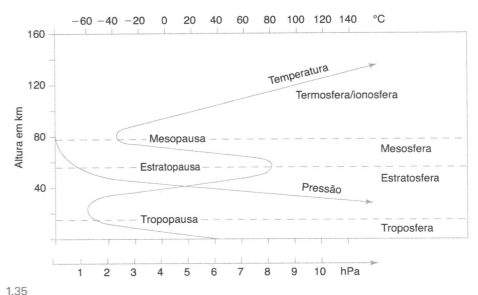

1.35
Estrutura da atmosfera. Mudanças de temperatura e pressão com a altura (hPa = hectoPascal = 100 Pa. ! hPa = 1 milibar)

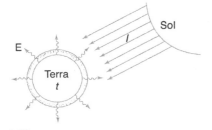

1.36
O equilíbrio térmico da Terra: o efeito estufa

1.37
Um piranômetro de precisão

taurada para alcançar novo equilíbrio. Isso é designado como *efeito estufa*, e é a causa do *aquecimento global*.

### 1.3.3 Elementos Climáticos: Dados

Os principais elementos climáticos regularmente medidos pelas instituições meteorológicas e publicados na forma de sumários são:

1. Temperatura (TBS), medida à sombra, normalmente numa caixa ventilada, a tela de Stevenson, 1,2–1,8 m acima do nível do solo.
2. Umidade, em geral medida por um psicrômetro aspirado (Fig. 1.6a), pode ser expressa como UR ou UA, ou a TBU ou a temperatura do ponto de saturação pode ser estabelecida.
3. Movimento do ar, isto é, o vento, normalmente medido a 10m acima do solo em campo aberto, mas a altitudes mais elevadas em áreas urbanas, para evitar obstruções; tanto a velocidade quanto a direção são registradas.
4. Precipitação, isto é, a quantidade total de chuva, granizo, neve ou orvalho, medida por meio de pluviômetros e expressa em mm por unidade de tempo (dia, mês ou ano).
5. Cobertura de nuvens, baseada na observação visual, expressa como uma fração do hemisfério celeste ("octas" = oitavos, ou, mais recentemente, décimos) coberto por nuvens.
6. Duração da luz solar, isto é, o período de luz solar clara (quando se formam sombras acentuadas), medida por um heliógrafo no qual uma lente produz um traço sobre uma tira de papel; é expressa em horas por dia ou mês.
7. Radiação solar, medida por um piranômetro (solarímetro) sobre uma superfície horizontal desobstruída (Fig. 1.37) e registrada como a irradiação de variação contínua (W/m$^2$) ou por um integrador eletrônico, como irradiação no decorrer de uma hora ou dia. Se o valor por hora de irradiação for dado em Wh/m$^2$, ele será

numericamente o mesmo que a irradiação média (W/m²) durante essa hora (cf. Fig. 1.28 na p. 25).

Quatro variáveis ambientais afetam diretamente o conforto térmico: temperatura, umidade, radiação e movimento do ar. Esses são os quatro constituintes do clima mais importantes para os propósitos do projeto de edificação.

O problema na apresentação dos dados climáticos está em obter um equilíbrio entre os extremos de:

- detalhes em demasia: p. ex., temperaturas por hora durante um ano, 24 × 365 = 8760 itens; seria extremamente difícil extrair algum significado em meio a tal massa de números e, se muitos anos tivessem de ser levados em consideração, essa seria uma tarefa impossível;
- simplificação em excesso: p. ex., a informação de que a temperatura anual média é de (digamos) 15°C, que pode indicar tanto uma variação entre 10°C e 20°C quanto uma entre −10°C e +40°C. Quanto maior a simplificação, mais detalhes são ocultados.

Para todas, exceto para a análise de desempenho térmico detalhada ao máximo, os seguintes dados são adequados como requisito mínimo (cf. a tabela detalhada na Fig. 1.39 na p. 30):

- Temperaturas médias mensais de máxima diária (°C)
    - desvio-padrão de sua distribuição (K)
- Temperaturas médias mensais de mínima diária (°C)
    - desvio-padrão de sua distribuição (K)
- Umidade:
    - UR (%) no início da manhã máximo aproximado
    - UR (%) no início da tarde mínimo aproximado
- Pluviosidade: totais mensais (mm)
- Irradiação:  médias mensais dos totais diários (Wh/m²)

Esses dados também podem ser apresentados na forma de gráfico, como, p. ex., nas Figs. 1.38 e 1.45.

A Fig. 1.39 é na verdade uma amostra do banco de dados climáticos do pacote de programas ARCHIPAK, que é resumidamente descrito na planilha de método M.1.9. A inclusão dos desvios-padrão das temperaturas permite o cálculo de diversos valores percentuais da variável.

Dados muito mais detalhados podem ser necessários no caso de alguns programas de simulação de resposta térmica, como os dados por hora durante um ano que, por sua vez, pode ser uma composição de muitos anos de dados efetivos. Esses dados estão disponíveis para algumas localizações em formato digital, designados como "arquivos climáticos". Muito esforço tem sido investido na produção de um ano de dados climáticos por hora, designado tanto como TRY (do inglês *test reference year*, ou ACR, *ano climático de referência*, em português) quanto como TMY (*typical meteorological year*, ou AMT, *ano meteorológico típico*) ou ainda como WYEC (*weather year for energy calculations*, ou ACCE, *ano climático para cálculos de energia*). Esses dados são exigidos e utilizados por vários programas computacionais, para simular o desempenho de edifícios e o consequente uso de energia.

O programa norte-americano DoE-2 (http://doe2.com) inclui um grande número de "arquivos climáticos", dados por hora para um ano amostra de toda uma gama de variáveis. O TMY2 é derivado do banco de dados SAMSON do NREL (National

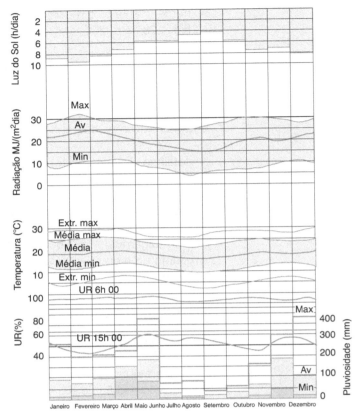

1.38
Um exemplo de gráfico de clima (Nairóbi)

| Dados Climáticos para Nairóbi | | | | | | | | | | | | | Latitude: –1,2° |
|---|---|---|---|---|---|---|---|---|---|---|---|---|---|
| | Jan | Fev | Mar | Abr | Maio | Jun | Jul | Ago | Set | Out | Nov | Dez | |
| T.max | 25 | 26 | 26 | 24 | 23 | 22 | 21 | 22 | 24 | 25 | 23 | 23 | °C |
| SD. max | 1.7 | 1.7 | 1.5 | 1.1 | 1.7 | 1.6 | 1.5 | 1.5 | 1.5 | 1.1 | 1.1 | 1.2 | K |
| T.min | 11 | 11 | 13 | 14 | 13 | 11 | 9 | 10 | 10 | 12 | 13 | 13 | °C |
| SD min | 2 | 1.7 | 1.2 | 1.2 | 2.2 | 2.5 | 2.5 | 2 | 1.6 | 1.2 | 1.7 | 2 | K |
| UR a.m. | 95 | 94 | 96 | 95 | 97 | 95 | 92 | 93 | 95 | 95 | 93 | 95 | % |
| UR p.m. | 48 | 42 | 45 | 55 | 61 | 55 | 57 | 53 | 48 | 45 | 56 | 55 | % |
| Chuva | 88 | 70 | 96 | 155 | 189 | 29 | 17 | 20 | 34 | 64 | 189 | 115 | mm |
| Irrad | 6490 | 6919 | 6513 | 5652 | 4826 | 4664 | 3838 | 4047 | 5245 | 5629 | 5489 | 6024 | Wh/m$^2$ |

(Desvios padrão são apenas estimados)

1.39
Conjunto mais simples de dados climáticos

Renewable Energy Laboratories, Laboratório Nacional de Energia Renovável). A fonte primária é o NCDC (National Climatic Data Center, Centro Nacional de Dados Climáticos) dos Estados Unidos. Os anos de clima típico (TWY) para o Canadá foram desenvolvidos pela Universidade de Waterloo. Muitos conjuntos de dados TRY não incluem dados de radiação solar. Na Austrália, os dados são fornecidos pela Agência de Meteorologia (www.bom.gov.au). O banco de dados mais abrangente é o METEONORM, (www.kornicki.com/meteonorm/EN/), que inclui dados de mais de 7400 localizações no mundo inteiro.

Calor: O Ambiente Térmico **31**

Existem muitos níveis da simplificação, como a utilização de dados de períodos de três horas ou a representação de cada mês por uma sequência típica de três dias de dados por hora. Para os objetivos de todos os cálculos deste livro, os dados médios mensais descritos acima são adequados.

### 1.3.3.1 Dados de Vento

Os dados relativos ao vento são mais bem representados graficamente. Alguns tipos diferentes de rosa dos ventos podem ser usados para esse fim. Um dos métodos consiste em apresentar uma rosa dos ventos individual (Fig. 1.40) para cada mês (ou, às vezes, uma rosa dos ventos representando três meses, isto é, quatro rosas dos ventos representando as quatro estações do ano). O comprimento das linhas partindo radialmente a partir de um pequeno círculo é proporcional à frequência do vento proveniente daquela direção. Espessuras diferentes de linha podem indicar categorias de velocidade dos ventos.

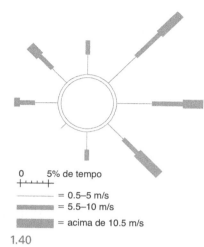

1.40
Uma rosa dos ventos para um mês

Para objetivos arquitetônicos, a forma mais útil de rosa dos ventos é um octógono, com doze linhas em cada lado, correspondendo aos doze meses, de janeiro a dezembro no sentido horário, onde o comprimento de uma linha é proporcional à frequência (% de observações) dos ventos a partir dessa direção nesse mês. Se os ventos fossem distribuídos uniformemente, todas as linhas iriam se estender até o octógono exterior, que indica um comprimento de linha de 12,5%. Os traços pequenos no interior do octógono de base indicam que não houve ventos nesse mês provindo dessa direção (Fig. 1.41).

Os doze números no interior do gráfico dão a porcentagem de períodos de calma total durante os doze meses. O habitual é apresentar uma rosa dos ventos para cedo da manhã e uma para alguma hora após o meio-dia. Frequentemente são apresentados dois desses gráficos, um para as 9h00 e um para as 15h00.

Esses dados podem ser complementados pela análise tabulada da frequência dos ventos, como a apresentada na Fig. 1.42, para um mês.

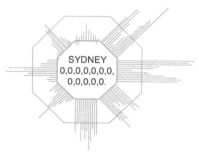

1.41
Uma rosa dos ventos anual

| 9h00 Janeiro calmo 25 km/h | N | NE | L | SE | S | SO | O | NO | Total |
|---|---|---|---|---|---|---|---|---|---|
| | | | | | 1859 observações | | | | |
| 1–10 | 1 | 1 | 1 | 9 | 22 | 3 | 1 | 1 | 39 |
| 11–20 | 1 | – | – | 5 | 21 | 2 | – | 1 | 30 |
| 21–30 | – | | | 1 | 4 | – | – | – | 6 |
| >30 | | | | – | – | – | | | 1 |
| Total | 2 | 1 | 1 | 15 | 47 | 5 | 1 | 2 | 100 |

| 15h00 Janeiro calmo 5 km/h | N | NE | L | SE | S | SO | O | NO | Total |
|---|---|---|---|---|---|---|---|---|---|
| | | | | | 1854 observações | | | | |
| 1–10 | 6 | 5 | 3 | 2 | 2 | 2 | – | 1 | 20 |
| 11–20 | 12 | 14 | 9 | 8 | 4 | – | – | 1 | 50 |
| 21–30 | 2 | 3 | 5 | 10 | 3 | – | – | – | 23 |
| >30 | – | | | 2 | – | – | – | | 3 |
| Total | 20 | 22 | 17 | 22 | 10 | 1 | 1 | 2 | 100 |

– menos que 1%    sem vento dessa direção

1.42
Análise de frequência de ventos

**Graus-dia** (GD ou Kd, Kelvin-dia), ou graus-dia de aquecimento (GDA), é um conceito climático que pode ser definido como "o déficit cumulativo de temperatura abaixo de uma temperatura base (Tb) estabelecida". Em outras palavras: o déficit de temperatura multiplicado por sua duração, totalizado para o ano. Ele pode ser obtido da seguinte forma: a partir de 1º de janeiro e ao longo do ano todo, dia a dia, sempre que a temperatura média do dia ($T_{av}$) for menor que a Tb, a diferença é anotada e adicionada (as diferenças negativas são ignoradas). Dessa forma, durante o ano, se Tb = 18°C:

$$GD = Kd = \sum (18 - T_{av}) \text{ (desde o dia 1 ao 365)}$$

ou, genericamente

$$\boxed{GD = Kd = \sum (Tb - T_{av})} \quad (1.10)$$

Essas somas podem ser obtidas separadamente para cada mês. A planilha de dados D.1.9 fornece alguns dados típicos de graus-dia.

**Graus-hora** podem ser estimados como GH = Kh = Kd × 24, porém, mais precisamente, uma totalização do mesmo tipo que a acima pode ser executada em base horária. Se

$T_h$ = temperatura por hora:

$$Kh = \sum (18 - T_h) \text{ (desde a hora 1 à 8760)} \quad (1.11)$$

ou, na verdade, separadamente para cada mês.

Isso também pode ser visualizado, por meio de um gráfico de temperatura contínuo (Fig. 1.43), como a área sob a curva medida abaixo do nível da Tb, onde a ordenada está em K (diferença de temperatura em graus) e a abscissa em h (horas), dessa forma, a área (sombreada) é Kh, horas-Kelvin ou horas-grau.

A planilha de método M.1.5 mostra o cálculo para conversão de graus-dia em graus-hora a partir de dados médios mensais para qualquer temperatura base, que pode ser utilizada se o desvio-padrão da distribuição de temperatura for conhecido.

O conceito é útil para estimar o requisito anual (ou mensal) de aquecimento. Horas-Kelvin é o parâmetro climático empregado e o parâmetro de construção é a condutância da construção (taxa de perda térmica específica) (q). O requisito de aquecimento (Htg) é o produto das duas:

$$Htg = Kh \times q \text{ (Kh × W/K = Wh)} \quad (1.12)$$

Às vezes o conceito de "graus-dia (GD) de resfriamento" (ou graus-hora) é empregado para estimativa dos requisitos de resfriamento. Este é conceitualmente semelhante ao que desenvolvemos acima, mas a temperatura base é em geral considerada como 26°C e as temperaturas em excesso dessa base são consideradas:

$$\text{GD de resfriamento} = \sum (T_{av} - 26) \text{ (desde o dia 1 ao 365)}$$

### 1.3.4 Classificação Climática

Muitos e diferentes sistemas de classificação climática (alguns muito complexos) são usados para diferentes objetivos. Alguns se baseiam na vegetação, outros na evapotranspiração. Alguns se prestam aos propósitos da agricultura, outros para estudos da saúde humana. O sistema mais amplamente utilizado é o da classificação de Köppen–Geiger, que distingue cerca de 25 tipos de clima. Vem mostrado na Fig. 1.44, seguido por uma catalogação dos principais tipos.

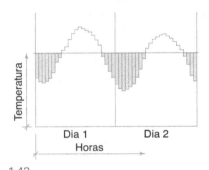

1.43
Definição de grau-hora (Kh)

---

**GD RESFRIAMENTO**

Não é, nem de longe, tão confiável quanto o cálculo do requisito de aquecimento, mas pode ser tomado como indicativo.

Os requisitos de resfriamento também dependem do ganho de calor solar (que é diferente para cada superfície da edificação e também depende das aberturas), do ganho interno de calor e da umidade atmosférica (a determinante da carga de calor latente). Existem métodos para levar esses dados em conta em certa medida (pela suposição de "condições médias"), mas eles não têm validade geral.

Calor: O Ambiente Térmico **33**

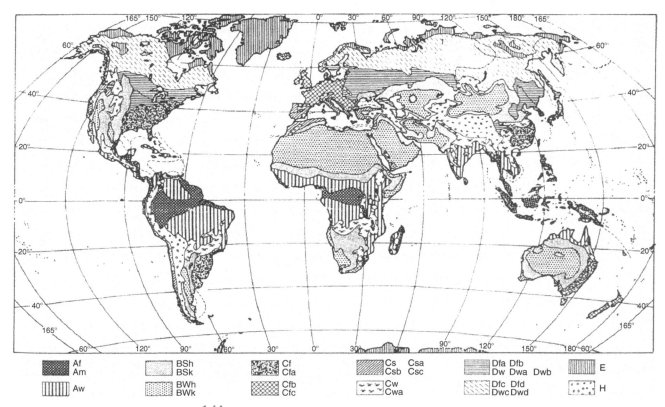

1.44
As zonas climáticas de Köppen-Geiger

## A Classificação Climática de Köppen-Geiger (principais tipos)

| Tipo | Grupo Principal | Subgrupo | Segundo subgrupo |
|---|---|---|---|
| Af | Quente | Chuvoso em todas as estações | |
| Am | | Chuvas de monção | |
| As | | Verão seco | |
| Aw | | Inverno seco | |
| Bsh | Seco | Estepe semi-árida | Muito quente |
| Bsk | | | Frio ou fresco |
| Bwh | | Árido | Muito quente |
| Bwk | | | Frio e fresco |
| Cfa | Inverno brando | Úmido em todas as estações | Verão quente |
| Cfb | | | Verão brando |
| Cfc | | | Verão curto e fresco |
| Cwa | | Inverno seco | Verão quente |
| Cwb | | | Verão brando |
| Csa | | Verão seco | Verão quente |
| Csb | | | Verão brando |
| Dfa | Inverno rigoroso | Úmido em todas as estações | Verão quente |
| Dfb | | | Verão brando |
| Dfc | | | Verão curto e fresco |
| Dfd | | | Inverno muito frio |
| Dwa | | Inverno seco | Verão quente |
| Dwb | | | Verão fresco |
| Dwc | | | Verão curto e fresco |
| Dwd | | | Inverno muito frio |
| ET | Clima polar | Verão curto permite vegetação de tundra | |
| EF | | Gelo e neve perpétua | |

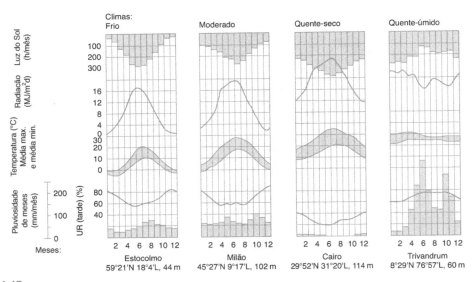

1.45
Gráficos climáticos: quatro tipos de clima

Para os objetivos de um projeto de edificação, um sistema simples é adequado (seguindo Atkinson, 1953), que distingue apenas quatro tipos básicos. Ele é baseado na natureza do problema térmico humano num determinado lugar:

1 *Climas frios*, onde o principal problema é a falta de calor (subaquecimento), ou uma excessiva dissipação do calor durante todo o ano ou a maior parte do ano.
2 *Climas temperados* (moderados), onde há uma variação sazonal entre subaquecimento e superaquecimento, mas nenhum deles muito severo.
3 *Climas quentes secos*, onde o principal problema é o sobreaquecimento, mas o ar é seco, de modo que o mecanismo de resfriamento evaporativo do corpo não é restringido. Em geral há uma grande variação da temperatura diurna (dia-noite).
4 *Climas quentes úmidos*, onde o sobreaquecimento não é tão intenso quanto em áreas secas e quentes, mas é agravado pela alta umidade, que restringe o potencial de evaporação. A variação da temperatura diurna é pequena.

Às vezes consideramos também os seguintes subtipos:

- clima de ilha ou de vento alísio
- clima desértico marítimo
- clima tropical de altitude

ou, na verdade, "climas compostos", com características que mudam de acordo com a estação.

O uso dos gráficos climáticos compostos permite uma avaliação visual imediata das diferenças entre os quatro climas básicos (Fig. 1.45).

Há variações sazonais distintas nos três primeiros. Neles, tanto a curva de temperatura quanto a de radiação solar são acentuadas, já o último mostra variações sazonais muito pequenas. A largura das faixas de temperatura indica pequenas variações diurnas, sendo muito estreitas em ambos os extremos: em climas frios e quentes úmidos. Climas quentes secos (como no Cairo, Egito) têm a maior parte de horas de insolação e radiação solar, as faixas mais largas de temperatura e as mais baixas umidade relativa e pluviosidade. Compare os histogramas de precipitação de chuvas e as curvas de umidade do Cairo e de Trivandrum (sul da Índia).

## 1.4 COMPORTAMENTO TÉRMICO DOS EDIFÍCIOS

Um edifício pode ser considerado como um sistema térmico, com uma série de ganhos e perdas de calor (análogo à equação 1.8 para o corpo humano):

Qi – ganho de calor interno
Qc – ganho ou perda de calor condutivo
Qs – ganho de calor solar
Qv – ganho ou perda térmica por ventilação
Qe – perda térmica por evaporação.

O sistema pode ser representado pela seguinte equação:

$$Qi \pm Qc + Qs \pm Qv + Qe = \Delta S \qquad (1.13)$$

onde $\Delta S$ significa uma mudança no calor armazenado no edifício.

Equilíbrio térmico existe quando a soma de todos os termos para o fluxo térmico, isto é $\Delta S$, for zero: se a soma for maior que zero, a temperatura no interior do edifício está aumentando, se for menor que zero, o edifício estará esfriando.

O sistema pode ser analisado supondo-se condições de regime permanente (ou *estado estacionário*), isto é, que as condições tanto do ambiente interior quanto do ambiente exterior são constantes, sem mudanças, ou pode-se considerar a resposta dinâmica do edifício, em regime transiente. A primeira alternativa pode ser válida quando as mudanças diurnas são pequenas em comparação à diferença de temperatura entre o ambiente interior e o exterior, ou como base para se determinar a capacidade de aquecimento ou de resfriamento exigida, sob as condições supostas pelo "projeto", ou – na verdade – como uma primeira abordagem do projeto da envoltória da edificação.

O ganho de energia mais importante em um edifício é a radiação solar. A próxima seção examinará o ganho de calor solar e seu controle, em seguida serão examinados outros componentes da equação 1.13.

### 1.4.1 Controle Solar

A primeira tarefa no controle solar é determinar quando a radiação solar torna-se um ganho bem-vindo (aquecimento solar durante o período de subaquecimento) ou quando deve ser excluída (período de sobreaquecimento). Esse período de sobreaquecimento pode então ser delineado no diagrama da trajetória solar: tomando as datas da trajetória solar como eixo Y e as horas como eixo X, a única diferença aqui é que ambos os eixos são curvos (ver planilha de método M 1.8). O desempenho de um dispositivo de sombreamento é representado por uma *máscara de sombra*, que pode ser construída com a ajuda do transferidor de ângulo de sombra (Fig. 1.46). Ela é então sobreposta ao diagrama, em correspondência com a orientação da janela. Deve ser encontrado um dispositivo cuja máscara de sombra cubra o período de sobreaquecimento.

1.46
Transferidor de ângulo de sombra

#### 1.4.1.1 Projeto de Sombreamento

O projeto de sombreamento para exclusão de entrada de radiação solar direta é uma tarefa de caráter geométrico. Os dispositivos externos de sombreamento são os

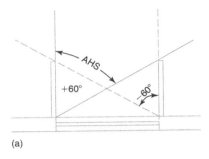

1.47
Dispositivos verticais, AHS e máscara de sombra

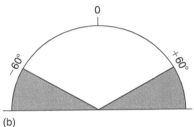

1.48
Um dispositivo horizontal, AVS e máscara de sombra

instrumentos mais eficazes para o controle da entrada da radiação solar. Podemos distinguir três categorias básicas de dispositivos de sombreamento:

1 *Dispositivos verticais*, p. ex., persianas verticais, ou proteções laterais. São caracterizados por *ângulo horizontal de sombra* (AHS) e sua máscara de sombra terá a forma de um setor circular (Fig. 1.47). Por convenção, o AHS é medido a partir da direção da orientação da fachada (isto é, a partir do vetor perpendicular à superfície), sendo de valor positivo no sentido horário e negativo no sentido anti-horário. O AHS não pode ser maior do que 90° ou menor que – 90°, pois isso indicaria que o sol está atrás do edifício. Esses dispositivos podem ser simétricos, com desempenho idêntico à esquerda e à direita, ou assimétricos. São mais eficientes quando a insolação atinge um lado da direção para a qual a janela está virada. Podemos distinguir entre o "dispositivo AHS" (como acima) e o "AHS solar", que é o desempenho requerido num dado momento.

2 *Dispositivos horizontais*, p. ex. beirais salientes, toldos horizontais, ou persianas horizontais (Fig. 1.48). Esses dispositivos são caracterizados por *ângulo vertical de sombra* (AVS). Um elemento grande ou vários elementos pequenos podem produzir o mesmo desempenho, o mesmo AVS. Sua máscara de sombra, construída com o uso do transferidor de ângulo de sombra (cf. a planilha de método M.1.2), terá a forma de um segmento. Esses dispositivos são mais efetivos quando o sol está quase em frente à janela em questão.

O "AVS solar" é idêntico à ALT (altitude) somente quando o sol está em posição diretamente oposta à janela (quando AZI = ORI, ou AHS solar = 0). Quando o sol está para um dos lados da perpendicular da superfície, sua altitude deve ser projetada sobre um plano vertical perpendicular à janela (Fig. 1.49). Para o cálculo desses ângulos, ver a planilha de método M.1.1.

3 *Dispositivos em forma de grelha*, como blocos grelha de concreto ou grelha metálica. Esses dispositivos produzem máscaras de sombra complexas, combinações dos dois acima e não podem ser caracterizados por um ângulo único. Um exemplo aparece na Fig. 1.50.

Uma janela de frente para o equador (para o sul, no hemisfério norte, e para o norte, no hemisfério sul) é a mais fácil de lidar; ela pode oferecer um ajuste sazonal automático: sombra plena no verão, mas admitindo ganho para aquecimento solar durante o inverno (Fig. 1.51). Para completa exclusão solar durante seis meses no verão (obstrução entre os equinócios), o ângulo vertical de sombra terá que ser AVS = 90° – LAT; p. ex., para LAT = 36°, será AVS = 90 – 36 = 54°.

Essa máscara de sombra corresponde exatamente à linha da trajetória do sol no equinócio. Para outras datas, a correspondência não é tão exata, mas ainda é bastante próxima à linha da trajetória do sol. Para outras orientações que não o norte, a solução não é tão simples. Uma combinação de dispositivos verticais e horizontais pode ser a resposta mais apropriada.

O procedimento sugerido é o seguinte (cf. Fig. 1.52):

1 Desenhar uma linha passando pelo centro do diagrama da trajetória do sol, representando o plano da face da parede em questão (isto é, a superfície perpendicular é a orientação). Durante todo o período quando o sol está atrás dessa linha, sua radiação não alcançará essa parede, assim ela não apresenta interesse. A Fig. 1.52 mostra uma orientação nordeste (LAT = – 36°, ORI = 45°).

2 Marcar sobre o diagrama da trajetória do sol o período em que o sombreamento é desejado. Na ilustração, esse período de sombreamento é considerado como sendo os seis meses de verão, isto é, seu limite é a linha da trajetória do sol de equinócio (traçado forte).

Calor: O Ambiente Térmico **37**

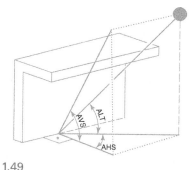

1.49
Relação entre ALT e AVS

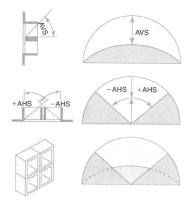

1.50
Um dispositivo em forma de grelha e as suas máscaras de sombra construído a partir de seus componentes horizontais e verticais

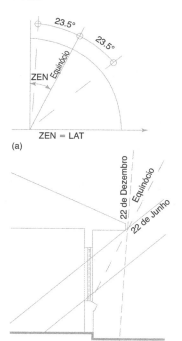

1.51
Limitação no equinócio (seções)

3 Selecionar uma máscara de sombra, ou uma combinação de máscaras de sombra, que possa cobrir esse período de sombreamento com a correspondência mais próxima possível.

Várias combinações de ângulos de sombra verticais e horizontais podem produzir resultados satisfatórios:

- uma combinação de AVS = 30° e AHS = + 20° forneceria o sombreamento necessário, mas também eliminaria o sol de inverno a partir das 10h00 aproximadamente, o que não é desejável;
- uma combinação de AVS = 47° e AHS = 0° também forneceria sombreamento completo durante seis meses, mas ainda excluiria o sol no meio do inverno após as 12h00 (meio-dia)
- uma combinação de AVS = 60° e AHS = + 20° pode ser um meio-termo aceitável: no dia 28 de fevereiro, o sol permaneceria das 09h20 às 11h00 (um pouco mais no início de março).

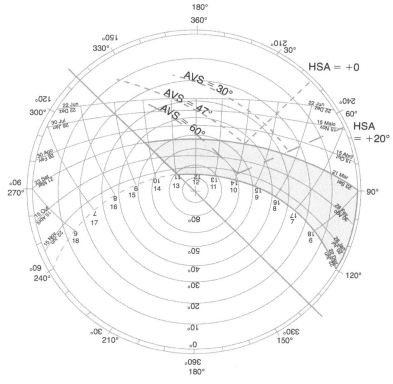

1.52
Procedimento de projeto para sombreamento composto

### 1.4.1.2 Cálculos de Radiação

Em qualquer localização, com respeito a uma superfície de qualquer orientação (ORI) e qualquer ângulo de inclinação (INCL), o ângulo de incidência (INC) muda continuamente. Para qualquer ponto desejado no tempo, ele pode ser calculado pelas expressões dadas na planilha de método M.1.1.

A irradiação global (G) incidente sobre uma determinada superfície consiste em dois componentes principais:

- Gb = feixe ou componente direta, alcança a superfície ao longo de uma linha reta a partir do sol (essa é uma quantidade vetorial e depende do ângulo de incidência).
- Gd = componente difusa, isto é, a radiação disseminada pela atmosfera, que assim chega à superfície provinda de todo o hemisfério celeste (dependendo de quanto do hemisfério é "visto" pela superfície).

Possivelmente também:

- Gr = componente refletida; se a superfície não for horizontal, ela pode ser atingida pela radiação refletida do solo ou de superfícies próximas.

G = Gb + Gd (+Gr)

Um segundo subscrito é necessário para especificar a superfície na qual a irradiação é considerada:

h = horizontal
n = normal ao raio de sol (vetor perpendicular)
p = em um plano de uma dada orientação (ORI) e inclinação (INCL)
v = vertical, de uma dada orientação (ORI).

Para detalhes sobre esses cálculos de radiação, consultar a planilha de método M.1.3.

Na bibliografia, o símbolo H muitas vezes é utilizado para a irradiação (p. ex. para total diário ou por hora). Aqui, adotamos o símbolo D, para evitar a confusão com entalpia.

D pode ter os mesmos subscritos que G (exceto n), isto é:

b = feixe ou componente direto
d = componente difuso
p = sobre um dado plano
r = componente refletido
v = plano vertical de uma dada ORI
sem subscrito = total.

Gb muda continuamente, mas pode ser integrado no decorrer de um dia para obter o Db.

Muitas vezes, os dados disponíveis dão apenas a irradiação horizontal total de um dia médio de cada mês. Antes que esta possa ser transposta para outros planos, ela deve ser dividida nos componentes direto e difuso e, então, os valores por hora de ambos os componentes devem ser estimados. Esse é um longo cálculo, mais apropriado para programas de computador, mas a planilha de método M.1.3 fornece os algoritmos apropriados.

### 1.4.1.3 Ganho de Calor Solar

O ganho de calor solar é considerado de forma diferente para superfícies transparentes e opacas. A irradiação global que incide sobre a superfície (Gv ou Gh, em W/m$^2$) deve ser conhecida em ambos os casos.

**Elementos transparentes** (janelas): o ganho solar é o produto desse G pela área da janela e pelo *fator solar* ($\theta$ ou FS). Este é uma fração decimal que indica que parte da radiação incidente alcança o interior (nos EUA, isso é designado como SHGC, *solar heat gain coefficient*, o coeficiente de ganho de calor solar, CGCS). Os

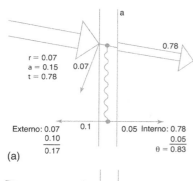

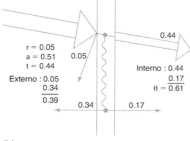

**1.53**
Transmissão através do vidro

## Calor: O Ambiente Térmico

valores do FS dos diferentes sistemas de envidraçamento são dados na planilha de dados D.1.3.

Parte da radiação incidente é transmitida ($\tau$), parte é refletida ($\rho$) e o resto é absorvido ($\alpha$) para o interior do corpo do vidro.

$$\tau + \rho + \alpha = 1$$

A parte absorvida aquecerá o vidro, que emitirá parte desse calor para o exterior e parte para o interior, por rerradiação e convecção (Fig. 1.53). O $\theta$ é a soma desse calor reemitido para o interior com a transmissão direta. Dessa forma, o ganho solar através de uma janela é:

$$Qs = A \times G \times \theta \quad (1.14)$$

Nos EUA, o *ASHRAE Handbook of Fundamentals* define "fator solar"(F) por meio de um significado análogo, como a soma da transmissão direta com parte da absortância:

$$F = \tau + \alpha \times U/h_o$$

Ele também fornece uma série de tabelas de *fatores de ganho de calor solar* (FGCS) para várias latitudes, orientações e horas do dia, para o dia 21 de cada mês. Não se trata realmente de "atores", mas sim de valores calculados da irradiação solar, em W/m². Esses valores deverão ser multiplicados pelo coeficiente de sombreamento (CS) de determinada opção de janelas. Isso é definido como

$$CS = \frac{\text{Ganho de calor solar da janela em questão}}{\text{Ganho de calor solar através do vidro de referência}}$$

O vidro de referência é definido como "vidro de resistência dupla" (VRD) de cerca de 3 mm de espessura, com as propriedades de

$\tau = 0{,}86$
$\rho = 0{,}08$
$\alpha = 0{,}06$

Se $U = 5$ W/m²K e $h_o = 16{,}66$ W/m²K, temos um valor para o vidro de referência

$$F_{VRD} = 0{,}86 + 0{,}06 \times 5/16{,}66 = 0{,}86 + 0{,}018 = 0{,}878$$

O coeficiente de sombreamento (CS) também pode ser definido em termos de fator solar como

$$CS = \frac{F \text{ de fenestração}}{F_{VRD}}$$

e o ganho de calor solar será

$$Qs = A \times FGCS \times CS$$

Esse método indireto foi suplantado pelo uso do coeficiente de ganho de calor solar (CGCS), que é um termo não dimensional (como nosso FS ou $\theta$)

$$CGCS = \frac{\text{calor solar transmitido}}{\text{irradiação solar da superfície da janela}}$$

e o ganho de calor solar será

$$Qs = A \times G \times CGCS$$

E G deve ser encontrado em outras fontes ou por algum outro método.

**Elementos opacos**: a entrada de calor solar é tratada com o uso do conceito sol-ar de temperatura. Isso pode ser explicado da seguinte forma:

A entrada de calor radiante numa superfície depende de sua absortância ($\alpha$, cf. a planilha de dados D.1.4)

$$Q_{ganho} = G \times A \times \alpha \qquad (1.15)$$

Essa entrada de calor vai elevar a *temperatura da superfície* ($T_s$), o que provocará uma dissipação de calor para o ambiente. A perda térmica depende da condutância da superfície (h):

$$Q_{perda} = A \times h \times (T_s - T_o)$$

Conforme a temperatura da superfície aumenta, o equilíbrio será alcançado quando:

$$Q_{ganho} = Q_{perda}$$
Isso é: $G \times A \times \alpha = A \times h \times (T_s - T_o)$

E então a temperatura vai se estabilizar (Fig. 1.54).
A partir disso, $T_s$ pode ser expressa como

$$T_s = T_o + G \times \alpha/h \text{ ou}$$
$$= T_o + G \times \alpha \times R_{so} \text{ (uma vez que } 1/h = R_{so}) \qquad (1.16)$$

Esta derivação não considera qualquer fluxo de calor que parta da superfície para o corpo do elemento, de forma que $T_s$ não é uma verdadeira temperatura de superfície, ela é a *temperatura nacional sol-ar* ($T_{sa}$) que constitui a força motriz do fluxo térmico.

Para superfícies expostas ao céu (cobertura), um termo de emissão radiante deve ser incluído na expressão da temperatura sol-ar:

$$T_{sa} = T_o + (G \times \alpha - E)/h \quad \text{ou} \quad T_o + (G \times \alpha - E) \times R_{so} \qquad (1.17)$$

sendo que a emissão radiante é em geral considerada como um valor entre E = 90 W/m², para um céu sem nuvens, e 20 W/m², para um céu nublado. Para paredes, não é necessário tal termo de emissão, uma vez que se voltam para superfícies com temperatura semelhante.

O fluxo térmico através de um elemento opaco iluminado pelo sol será então

$$Qc = A \times U \times (T_{sa} - T_i)$$

A temperatura do ar ($T_o$) é considerada como sendo a mesma em todo o entorno, mas a $T_{sa}$ é diferente para cada face do edifício. Assim é conveniente dividir essa temperatura sol-ar em temperatura do ar e temperatura excedente sol-ar (dTe, em K), que é a temperatura equivalente à entrada de calor solar além e acima do efeito de temperatura do ar. O efeito da temperatura do ar é estimado pela expressão de condução (Qc), como na equação 1.26, usando qc = Σ (A × U) e ΔT = $T_o - T_i$ para o edifício inteiro, sendo que o fluxo extra de calor causado pela radiação solar será calculado separadamente para cada face:

$$Qs = qc \times dTe \qquad (1.18)$$

**1.54** Derivação da temperatura sol-ar

onde

$dTe = (G \times \alpha - E) \times R_{so}$ para as coberturas
$dTe = G \times \alpha \times R_{so}$ para as paredes
sendo que qc é definido pela equação 1.25
tomado para os elementos daquele lado do edifício.

Pode haver uma situação em que o Qc através de um elemento é negativo, mas Qs é positivo.

### 1.4.1.4 Vidros Especiais

Vidros especiais são uma importante ferramenta para o controle solar. A planilha de dados D.1.3 mostra que a qualidade do vidro pode afetar significativamente o ganho solar enquanto tem pouco ou nenhum efeito sobre o valor-U. A coloração da superfície (vidro simples de 6 mm) pode reduzir o fator de ganho solar (q) de 0,76 para 0,6 mas a coloração do corpo irá reduzi-lo para 0,52. Este último tem diversas variedades, conhecidas como "vidro absorvente de calor", que irá reduzir o ganho solar em (0,76-0,52)/76 = 0,32, ou 32%. No entanto, o próprio vidro vai ficar quente e contribuir para o ganho de calor pela convecção.

Os vidros de "controle solar" podem reduzir o FS a 0,18, pela reflexão seletiva do infravermelho. O problema com todos eles é que são fixos, enquanto as circunstâncias podem requerer ajustes: isso normalmente por excluir o ganho de calor solar, mas é possível usá-lo no inverno, similarmente ao uso de dispositivos ajustáveis de sombreamento, em oposição aos fixos.

Um novo desenvolvimento é a introdução de "vidros inteligentes". Vidros *fotocromáticos* escurecem quando expostos a forte radiação (como por exemplo certos óculos). Vidro *termocromático* escurece quando sua temperatura aumenta, ou, por exemplo, um revestimento (pintura de tungstênio) de dióxido de vanádio ($VO_2$) torna o vidro reflexivo quando ele atinge 29°C. O tipo mais promissor é o vidro eletrocromático; por exemplo, o "Switchglass" transforma o vidro transparente em translúcido quando uma pequena voltagem é aplicada. Ele é comercializado para fins de "privacidade" (por exemplo, divisórias de escritório em vidro). Alguns vidros comutáveis usam um filme LED laminado entre duas folhas de vidro, que se torna reflexivo quando uma voltagem é ligada. Outros são baseados em alguma forma de cristal líquido.

### 1.4.2 Ventilação

O termo "ventilação" é usado para designar três processos totalmente diferentes e serve a três objetivos:

1 suprimento de ar fresco, para remoção de odores, $CO_2$ e outros contaminantes
2 remoção de parte do calor interno, quando $T_o < T_i$
3 promover a dissipação do calor da pele, isto é, resfriamento fisiológico.

Os dois primeiros requerem taxas de troca bastante pequenas (índice de fluxo por volume, iv, em m³/s ou L/s), enquanto para o último, é a velocidade do ar sobre a superfície do corpo que é crítica (em m/s).

Tanto a ventilação deliberada quanto a infiltração incidental do ar causam fluxos de calor, por exemplo, quando em um edifício aquecido o ar quente é substituído pelo ar frio proveniente do exterior. Se a taxa de ventilação (índice de fluxo por volume, iv) for conhecida, então a *condutância da ventilação* (taxa específica de fluxo de calor pela ventilação) do edifício pode ser encontrada da seguinte forma:

$$qv = 1200 \times iv \qquad (1.19)$$

onde 1200 J/m³K é a capacidade média de calor volumétrico do ar úmido.

Frequentemente apenas o número de trocas do ar por hora (N) é conhecido (isto é, o número de vezes em que o volume total de ar do edifício é substituído em uma hora), mas a partir disso a taxa de ventilação pode ser encontrada:

$iv = N \times V/3600$ (m³/s)

onde V é o volume do cômodo ou do edifício (m³).

Substituindo:

$$qv = 0{,}33 \times N \times V \qquad (1.20)$$

onde 0,33 é 1200 J/3600 s.

A infiltração incidental do ar em uma casa construída inadequadamente pode chegar a N = 3 renovações de ar por hora, mas com detalhamento e construção cuidadosos, ela pode ser reduzida a N = 0,5. O ar fresco, isto é, o requisito de ventilação deliberada (para o objetivo 1, acima) é normalmente N = 1 para cômodos habitáveis, N = 10 para uma cozinha (quando em uso), mas até N = 20 para algumas situações industriais ou cozinhas de restaurantes (cf. a planilha de dados D.1.8).

O próprio índice de fluxo térmico de ventilação (que pode servir ao objetivo 2, acima) será

$$Qv = qv \times \Delta T \qquad (1.21)$$

onde $\Delta T = T_o - T_i$

Na prática, qc e qv são muitas vezes acrescentados para se obter a *condutância do edifício* (ou, em algumas fontes, coeficiente de perda térmica do edifício, um termo que pressupõe a situação de perda térmica, enquanto a condutância do edifício é válida também para o ganho térmico).

Observe que não se trata da mesma "condutância" (C) definida na Seção 1.1.2.1.

$$q = qc + qv \qquad (1.22)$$

e então multiplicado por $\Delta T$, para se obter a taxa de fluxo térmico total

$$Q = Qc + Qv = q \times \Delta T \qquad (1.23)$$

Onde Qc é como a equação 2.26.

Para o objetivo 3, o resfriamento fisiológico, o efeito aparente de resfriamento devido ao movimento do ar (dT) pode ser estimado como

$$dT = 6 \times v_e - 1{,}6 \times v_e^2 \qquad (1.24)$$

onde a velocidade efetiva do ar é $v_e = v - 0{,}2$ e v é a velocidade do ar (m/s) na superfície do corpo, sendo que a expressão é válida até 2 m/s.

Para a estimativa de ventilação, ver a planilha de método M.1.4, mas para um cálculo mais acurado ou representação do padrão de fluxo do ar, devem ser usados a fluidodinâmica computacional ou medições em túnel de vento.

O fluxo de calor para dentro ou para fora de um edifício pode ser previsto usando um modelo de regime estacionário ou dinâmico. O **modelo de regime estacionário** é baseado na suposição de condições estáveis de temperaturas tanto internas como externas (bem como ocupação imutável). Seu uso pode ser válido se as mudanças diurnas forem pequenas comparadas à diferença de temperatura dentro-fora. Então as temperaturas médias diárias podem ser usadas. Ele dará resultados razoavelmente confiáveis no caso de um edifício com grande capacidade térmica.

É normalmente usado para o cálculo da capacidade de aquecimento necessária (por exemplo, no inverno de um clima moderado) ou para o requisito de aquecimento anual. Isso pode ser considerado um "instantâneo" do comportamento térmico do edifício sob condições adotadas (ou "recomendadas"). Ele é útil como uma primeira aproximação ao projeto da construção. Ele é menos confiável para descobrir o requisito de resfriamento nas condições de verão, devido à grande influência do ganho de calor solar. Pode ser empregado apenas para descobrir a carga de pico.

**Modelos dinâmicos** devem usar dados climáticos horários para pelo menos um dia, dados horários para os ganhos internos de calor que devem levar em consideração a capacidade térmica do fechamento do edifício. Esses modelos são utilizados como o algoritmo de programas de computador e devem prever a dinâmica resposta térmica de dado edifício. Isso deve fornecer resultados realistas se as informações descreverem com precisão as condições reais.

O primeiro passo em qualquer cálculo de resposta termal é identificar os vários canais de fluxo de calor entre o interior e o exterior, tanto para o modelo de regime estacionário quanto para a análise dinâmica de fluxo de calor periódico.

### 1.4.3 Fluxo Térmico em Regime Estacionário

**Ganho interno** inclui todo calor gerado no interior do edifício: o calor produzido pelos ocupantes, aparelhos e iluminação. A planilha de dados D.1.7 mostra a geração de calor pelo corpo humano (em vários níveis de atividade) e pelos aparelhos. Tanto para os aparelhos quanto para a iluminação elétrica, a taxa de consumo total (potência, em W) deve ser levada em conta como geração de calor, pelo tempo de duração de seu uso (potência × duração = energia, W × h = Wh).

Para os objetivos da análise em regime estacionário, costuma-se utilizar a taxa média diária de ganho térmico interno, isto é, somar todos os ganhos para o dia (em Wh) e dividir por 24 h, para se obter a taxa média em W.

#### 1.4.3.1 Fluxo de Calor Por Condução

O fluxo térmico por condução corresponde à equação 1.1, exceto que a soma dos produtos de A × U é encontrada para a envoltória do edifício inteiro. Vamos nos referir a isso como condutância da envoltória (Fig. 1.55)

$$\boxed{q_c = \Sigma(A \times U)} \quad (m^2 \times W/m^2K = W/K) \tag{1.25}$$

Essa é a taxa de fluxo de calor por condução através da envoltória total do edifício com um $\Delta T = 1$ K de diferença de temperatura entre o interior e o exterior.

A resistência ao fluxo de calor de uma camada de material é $R = b/\lambda$, isto é, a espessura dividida pela condutividade térmica (cf. a Seção 1.1.2.1 e a equação 1.3). Para uma edificação com sistema construtivo multicamada, devem ser somadas as **resistências** de todas as camadas. As superfícies fornecem resistências adicionais

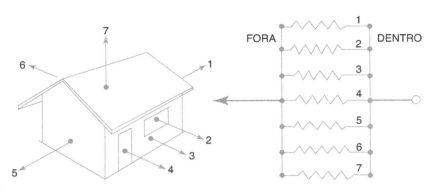

1.55
Trajetórias paralelas de perda térmica

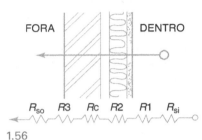

1.56
Fluxo térmico através de camadas em série

(ar-para-superfície e superfície-para-ar) que também devem ser adicionadas à soma. A planilha de dados D.1.4 fornece os valores de resistência de superfície apropriados ($R_{si}$ e $R_{so}$) para superfícies interiores e exteriores. A recíproca dessa resistência de superfície é a condutância de superfície (h), que é, por sua vez, a soma dos componentes convectivos ($h_c$) e radiativo ($h_r$). Em cada caso, a resistência de superfície é:

$$R_s = 1/h = 1(h_c + h_r) \text{ (em m}^2\text{K/W)}$$

Toda câmara ou cavidade de ar também pode oferecer resistência (Rc), de modo que a resistência ar-para-ar de um elemento será (Fig. 1.56)

$$R_{a-a} = R_{si} + R1 + R2 + Rc + R3 + R_{so}$$

onde

R1, R2 = resistência das camadas de material
Rc = a resistência de qualquer câmara de ar.

A planilha de dados D.1.4 também fornece os valores de resistência de câmara de ar.

O valor-U é a recíproca desse $R_{a-a}$.

Os valores-U de diversos elementos são fornecidos nas planilhas de dados D.1.2 e D.1.3, mas eles também podem ser calculados a partir das resistências de seus componentes.

A taxa do fluxo de calor de condução efetiva total do edifício será

$$\boxed{Qc = qc \times \Delta T} \quad \text{(W/K} \times \text{K = W)} \qquad (1.26)$$

ou

$$Qc = \Sigma(A \times U) \times \Delta T$$

onde $\Delta T = T_o - T_i$, a diferença de temperatura entre o ar externo e interno, $\Delta T$, e portanto Qc são negativos para perda térmica, e positivos para ganho térmico. Qualquer cálculo de perda (ou ganho) de calor deve começar pela identificação dos possíveis trajetos de fluxo térmico (como Fig. 1.55) e é útil tabulá-los como no exemplo 1.3.

> **EXEMPLO 1.3   CONDUTÂNCIAS DOS ELEMENTOS**
>
> Refere à Fig. 1.55 (considerando a janela na face norte)
>
> | Elemento | Dimensões | Área | Transmitância | Condutância |
> |---|---|---|---|---|
> |  | m | A (m$^2$) | U (W/m$^2$K) | qc = A × U (W/K) |
> | 1 parede oeste | 5 × 3,4* | 17 | 1,53 | 26,01 |
> | 2 janela | 2 × 1,2 | 2,4 | 2,9 | 6,96 |
> | 3 parede norte** | 7 × 2,8 – (2,4 + 1,6) | 15,6 | 1,53 | 23,87 |
> | 4 porta | 0,76 × 2,1 | 1,6 | 2,2 | 03,52 |
> | 5 parede leste | 5 × 3,4 | 17 | 1,53 | 26,01 |
> | 6 parede sul | 7 × 2,8 | 19,6 | 1,53 | 29,99 |
> | 7 cobertura | 7 × 5 | 35 | 0,51 | 17,85 |
> | 8 piso | 7 × 5 | 35 | 0,85 | 29,75 |
> | Condutância da envoltória 163,96 ≈ 164 W/K |
>
> Notas:
> * altura de 2,8 no beiral, 4 m na cumeeira, média de 3,4 m
> ** área efetiva, subtraídas áreas de janela e porta
> Considerando a seguinte construção (da planilha de dados D.1.2 e 1.4):
> paredes    270 mm tijolo furado
> janela     20% esquadria de madeira, vidro transparente duplo
> porta      45 mm núcleo maciço
> cobertura  telhas, tábuas finas, 50 EPS com 25 cobertura inclinada de madeira
>
> Volume = 35 × 3,4 = 119 m$^3$, então considerando três trocas de ar, da equação 1.20
>
> qv = 0,33 × 3 × 119 = 117,81 ≈ 118 W/K
>
> Então a condutância total q = 164 + 118 = **282 W/K**
>
> Se esse edifício for localizado em Camberra, onde a temperatura externa de inverno "projetada" é 0,5°C e a temperatura interna é 22°C, o número anual de graus hora é 64125 Kh (ver equação 1.12).
>
> A necessidade de aquecimento será Htg = 64125 Kh × 282 W/K = 18083 Wh ≈ **18 kWh.**
>
> Como o ΔT "projetado" é 0,5–22 = – 21,5 K, a capacidade de aquecimento requerida será
> (equação 1.21 – equação 1.23). (Valor negativo implica perda de calor.)
>
> Q = 282 W.K × – 21,5 K = 6063 W = **6,1 kW.**

### 1.4.3.2 Isolamento Térmico

Isolamento significa o controle do fluxo de calor, para o qual podemos distinguir três mecanismos diferentes: reflexivo, resistivo e capacitivo.

**Isolamento reflexivo**: quando a transferência de calor é sobretudo por radiação, como quando o calor atravessa uma câmara de ar ou o espaço de um sótão, a emissividade da superfície mais quente e a absortância da superfície receptora determinam o fluxo térmico.

Uma lâmina de alumínio brilhante tem tanto baixa emissividade quanto baixa absortância, ela é, portanto, um bom isolante reflexivo. Ela será eficaz somente se estiver de frente para uma câmara de ar, portanto ela própria não tem uma resistência térmica, mas modifica o valor de R da câmara de ar. Por exemplo, uma cavidade de ar com pelo menos 25 mm de largura numa parede teria as seguintes resistências:

| | |
|---|---|
| com materiais de construção comuns | 0,18 m²K/W |
| se uma das superfícies estiver revestida com a lâmina metálica | 0,35 |
| se ambas as superfícies estiverem revestidas com a lâmina metálica: | 0,6 (cf. a planilha de dados D.1.4 para dados adicionais). |

Uma superfície reflexiva em contato com algum outro material não teria efeito algum, uma vez que o fluxo de calor ocorreria por condução.

Uma pergunta feita com frequência (em climas quentes) é: o que seria mais eficiente para reduzir o fluxo térmico descendente no espaço de um sótão? Ter uma lâmina metálica (a) no alto da cobertura, com a face voltada para cima (contando com sua baixa absortância) ou (b) sob a cobertura do telhado, com a face para baixo (contando com sua baixa emissividade)? Ambas as soluções seriam igualmente eficientes, de início. Contudo, em menos de um ano, a lâmina metálica sobre o teto estaria coberta de pó, de modo que sua reflexividade (baixa absortância) estaria destruída; assim, a solução (b) seria a melhor a longo prazo.

Em um clima quente, onde é preciso reduzir o fluxo térmico descendente, essa solução (b) pode ser muito eficiente, mas é praticamente inútil em climas frios, para reduzir o fluxo térmico ascendente. Nesse caso, o alto do teto (de um cômodo aquecido) é quente, o que irá aquecer o ar adjacente no ático (ou sótão), que se elevará e irá transmitir seu calor para a face interna do telhado. Assim, a transferência térmica ascendente é predominantemente convectiva, não sendo afetada pela lâmina metálica.

A Figura 1.57 mostra que a transferência térmica descendente é sobretudo radiante (fortemente afetada pela lâmina metálica): o ar aquecido irá permanecer próximo da cobertura do telhado, uma vez que é mais leve que o resto do ar do sótão, não havendo assim quase nenhuma transferência convectiva.

Com base nisso, alguns autores sugerem que em climas quentes o isolamento com lâmina metálica sob a cobertura do telhado é preferível ao isolamento resistivo. Ele irá reduzir o fluxo térmico descendente, mas permitirá a fuga de calor à noite, deixando assim que o edifício resfrie, atuando, dessa forma, praticamente como um "diodo térmico". Um isolamento resistivo pode afetar o fluxo térmico para cima e para baixo de forma quase igual.

**Isolamento resistivo**: de todos os materiais comuns, o ar tem a condutividade térmica mais baixa – 0,025 W/m.K (outros valores são dados na planilha de dados D.1.1), desde que esteja parado. Contudo, em uma câmara de ar, as correntes de

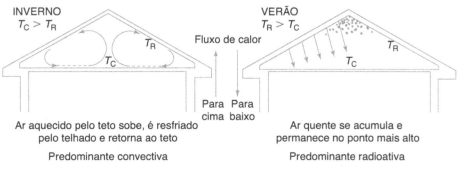

1.57
Fluxo térmico no espaço de um sótão

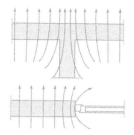

1.58
Ponte térmica em razão da geometria

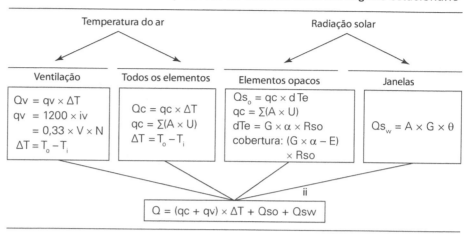

**Tabela 1.3** Sumário das expressões de fluxo de calor em regime estacionário

Temperatura do ar → Ventilação; Todos os elementos
Radiação solar → Elementos opacos; Janelas

Ventilação:
$Qv = qv \times \Delta T$
$qv = 1200 \times iv$
$\phantom{qv} = 0{,}33 \times V \times N$
$\Delta T = T_o - T_i$

Todos os elementos:
$Qc = qc \times \Delta T$
$qc = \Sigma(A \times U)$
$\Delta T = T_o - T_i$

Elementos opacos:
$Qs_o = qc \times dTe$
$qc = \Sigma(A \times U)$
$dTe = G \times \alpha \times Rso$
cobertura: $(G \times \alpha - E) \times Rso$

Janelas:
$Qs_w = A \times G \times \theta$

$Q = (qc + qv) \times \Delta T + Qso + Qsw$

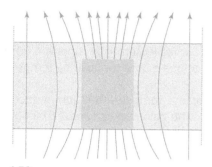

1.59
Ponte térmica em construção mista

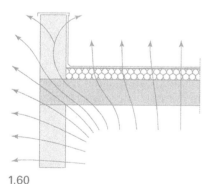

1.60
Os dois efeitos acima combinados

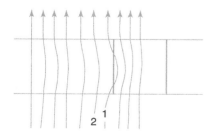

1.61
Uma coluna de concreto numa parede de tijolo

convecção irão transferir efetivamente o calor da superfície mais quente para a mais fria. O objetivo do isolamento resistivo é apenas manter o ar em repouso, dividindo-o em pequenas células, com a mínima quantidade de material para esse fim. Esses materiais muitas vezes são designados como "isolamento de volume". Os melhores têm uma fina estrutura de espuma, composta de pequenas células de ar fechadas e separadas por membranas ou bolhas muito finas, ou compõem-se de materiais fibrosos com o ar preso entre as fibras.

Os materiais isolantes mais comuns são as espumas de plástico expandido ou extrudado, como o poliestireno ou o poliuretano, ou os materiais fibrosos na forma de acolchoado ou manta, como lã mineral, fibras de vidro ou mesmo lã natural.

Fibras de celulose soltas ou vermiculite esfoliada solta podem ser usadas como preenchimento de câmaras de ar ou podem ser distribuídas sobre o teto. Entre os isolantes de segunda classe estão o aglomerado, os aglomerados de aparas de madeira (frouxamente ligadas por cimento), as placas porosas de fibra de madeira e vários tipos de concreto leve (tanto usando agregado leve como o concreto celular autoclavado).

O fluxo de calor para o interior (e para fora) dos edifícios é causado por duas forças externas (climáticas): a temperatura do ar e a radiação solar. As expressões empregadas para o cálculo desses fluxos de calor estão resumidas na Tabela 1.3.

### 1.4.3.3 Pontes Térmicas

Pontes térmicas em geral causam fluxos térmicos multidimensionais (regime estático). Na discussão anterior, foi considerado que o calor flui através de um elemento envoltório com uma trajetória de fluxo perpendicular ao plano desse elemento, isto é, o fenômeno foi analisado como um fluxo de calor unidimensional. Estritamente falando, isso é verdade apenas para elementos infinitamente grandes com superfícies planas paralelas e seção transversal uniforme. Os resultados obtidos com as técnicas de cálculo apresentadas anteriormente são, portanto, apenas aproximados.

Na realidade dos elementos da edificação, os critérios do fluxo de calor unidimensional muitas vezes não são cumpridos. Nos casos em que os limites não são superfícies planas paralelas, ou em que o material não é homogêneo, desenvolvem-se fluxos de calor bidimensionais ou tridimensionais. As áreas em que fluxos térmicos multidimensionais aumentam são denominadas pontes térmicas. Esses fluxos podem ser consequência da forma geométrica (Fig. 1.58), o que inclui os efeitos de

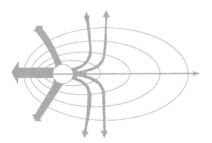

1.62
Fluxo de calor "montanha abaixo"

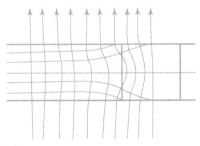

1.63
Isotermas de temperatura junto a uma ponte térmica

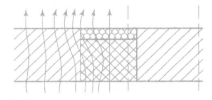

1.64
Trajetórias do fluxo quando a coluna é isolada

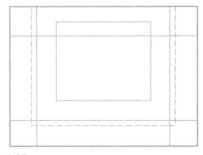

1.65
Um módulo de parede: faixas de pontes térmicas

canto, a combinação de materiais de condutividades diferentes (Fig. 1.59) ou ambos (Fig. 1.60).

**Distribuição da temperatura e pontes térmicas**
O fluxo térmico será maior ao longo do trajeto mais curto, o trajeto de menor resistência. Na Fig. 1.61, a resistência ao longo do trajeto de fluxo 1 é menor do que seria ao longo de uma linha perpendicular à superfície, devido à maior condutividade da coluna. Ao longo do trajeto de fluxo 2 a resistência é menor, devido à maior seção transversal, não "ocupada" por outros fluxos. Numa situação de perda de calor, a densidade do fluxo será maior nas pontes térmicas, dessa forma, a temperatura da superfície no exterior será aumentada e no interior, reduzida.

O calor flui em direção ao gradiente de temperatura mais acentuado, assim como a água flui em direção à maior inclinação (Fig. 1.62). Assim os trajetos do fluxo de calor são perpendiculares às isotérmicas (uma isotérmica é o lugar geométrico dos pontos de igual temperatura). Na Fig. 1.63 a densidade dos trajetos do fluxo térmico indica um aumento no fluxo de calor, enquanto as curvas isotérmicas mostram um aumento na temperatura da superfície exterior da coluna e uma redução na temperatura da superfície interior.

Se, como mostra a Fig. 1.64, um elemento isolante for inserido (aqui: na face exterior da coluna de concreto), bloqueando o fluxo de calor, a temperatura na coluna altamente condutiva será mais alta que na parede contígua, com isso ocorrerá um fluxo térmico lateral, aumentando a densidade do fluxo próximo à coluna. A temperatura na superfície exterior acima do isolante inserido será mais baixa e, junto a esse isolante inserido, mais alta que a da parede sem isolante.

Como regra prática, o efeito das pontes térmicas diminui a níveis negligenciáveis para além de uma faixa de largura de duas vezes a espessura da parede. Se a espessura da parede for de 300 mm, a largura dessa faixa será de aproximadamente 600 mm, em ambas as direções a partir da borda.

Considerando-se um elemento de fachada de um cômodo de tamanho normal e marcando-se essas faixas ao longo das junções com elementos contíguos e ao redor da janela, pode-se observar que não há nenhuma área nesse elemento que esteja livre dos efeitos das pontes térmicas e da distribuição multidimensional de temperatura (Fig. 1.65). Para discussão complementar sobre as pontes térmicas, cf. a Seção 1.5.1 (Exemplo 1.7) e a planilha de dados D.1.6.

Isolamento capacitivo será considerado na Seção 1.4.4.

*1.4.3.4 Equilíbrio de Regime Estacionário*

Com referência à equação de equilíbrio térmico (equação 1.13), pode ser visto que a maioria dos itens foi incluída no Exemplo 1.3 mas não o ganho interno de calor Qi e o ganho solar Qs. O primeiro está discutido na Seção 1.4.3 acima e o último na Seção 1.4.1.3, mas não numa forma que pudesse ser usada nessa equação. Ambos irão reduzir a exigência de aquecimento. Para ambos, o valor médio diário deve ser estimado e incluído como constante para o dia e para o edifício. A perda de calor é variável como uma função da condutância do edifício (q). É conveniente comparar o total de perdas com o total de ganhos numa forma gráfica, que pode tornar-se uma ferramenta de projeto importante para se examinar o benefício de diversas melhorias.

Então o Exemplo 1.3 pode ser continuado:

## EXEMPLO 1.4  PERDAS E GANHOS DE CALOR

Qi:  2 pessoas × 120 W =                                    240 W
     Computador etc. 320                600 W × 10 h =  6000 Wh
     Cafeteira                          600 W × 1 h =    600
     Lâmpadas: 400 lux × 0,04* × 35 m² = 560 W × 4 h =  2240
                                                        8840

Qs   área exposta 52 m² × 550 W/m² × 0,4 × 5 h =  57200  Wh
                                              66040 / 24 = 2752 W
                                              ou              2,75 kW

Nota: *da tabela 2.5 para uma lâmpada fluorescente em uma calha aberta

Desenhar um gráfico com kW no eixo vertical e temperatura no horizontal. Marcar a linha horizontal (constante) Qs + Qi em **2,75** kW.

Marcar a Ti mais baixa aceitável (pegue por exemplo 18°C) como o valor alvo no eixo horizontal. No ponto de origem (nesse caso, –5°C) ΔT = 18 + 5 = 23 K

Do exemplo 1.3, q = 282, então a perda de calor Q = 282 W/K × 23 = 6486 W ≈ **6,5** kW. Marcar essa medida no eixo vertical e conectar com o valor alvo, essa linha inclinada mostra a perda de calor em qualquer temperatura externa.

A intersecção das duas linhas dá a temperatura do "ponto de equilíbrio", em que a perda de calor é a mesma que o ganho de calor (Q = Qs + Qi), nesse caso, **8,4**°C. Isso significa que nessa temperatura não há exigência de aquecimento (Fig. 1.66).

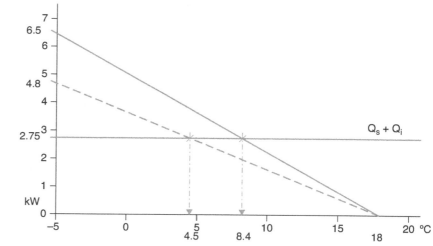

1.66
Gráfico de equilíbrio térmico

O efeito de várias melhorias deve então ser examinado. Reduzindo a ventilação para N = 2,25 daria um qv = 0,33 × 2,25 × 119 = **88,36** W/K.

Para as paredes sul, leste e oeste, coloque um EPS de 25 mm na cavidade (pela planilha de dados D 1.2) U = 0,72 W/m.K, então a tabulação do exemplo 1.3 seria:

| | | | | |
|---|---|---|---|---|
| 1 parede oeste | 17 m² | 0,72 | 12,24 W/K | |
| 2 janela | | | 6,96 | (do ex. 1.3) |
| 3 parede norte | | | 23,87 | (do ex. 1.3) |

| | | | | | |
|---|---|---|---|---|---|
| 4 porta | | | 3,52 | (do ex. 1.3) |
| 5 parede leste | 17 | 0,72 | 12,24 | |
| 6 parede sul | 19,6 | 0,72 | 14,11 | |
| 7 cobertura | | | 17,85 | (do ex. 1.3) |
| 8 piso | | | 29, 75 W/K | (do ex. 1.3) |
| | | qc = | 120,54 | |
| | | qv = | 88,36 | |
| | | total q = | **208,9** W/K | |

A intercepção no eixo vertical ficará 208,9 × 23 = 4804, ou seja, **4,8** kW. Este pode ser então o ponto a ser ligado ao valor alvo, e o ponto de equilíbrio de temperatura será 4,5°C.

### 1.4.4 Resposta Dinâmica dos Edifícios

**Isolamento capacitivo**, isto é, as camadas de material de alta capacidade térmica (construção maciça), afeta não apenas a magnitude do fluxo térmico, mas também seu tempo de transferência de calor. Tanto o isolamento reflexivo quanto o isolamento resistivo respondem instantaneamente a mudanças de temperatura. Tão logo ocorre uma entrada de calor em uma superfície, uma saída de calor ocorrerá no outro lado, embora numa taxa controlada. O mesmo não ocorre com o isolamento capacitivo. Isto se deve à capacidade térmica dos materiais e à sua ação de tornar lento o fluxo de calor.

Em um ambiente térmico não estacionário, variando aleatoriamente, a detecção dos fluxos de calor requer métodos de cálculo sofisticados e extensos, que somente são viáveis se incluídos em programas de computador. Há um subconjunto de regimes de fluxo térmico não estacionário, *o fluxo de calor periódico*, cuja análise é relativamente fácil. Felizmente, a maioria das variáveis meteorológicas (temperatura, radiação solar) apresenta uma variação regular, um ciclo repetitivo de 24 horas. A discussão que se segue está vinculada à análise de tal fluxo de calor periódico.

**Fluxo de calor periódico** está ilustrado na Fig. 1.67, para um período de 24 horas. A linha contínua representa o fluxo térmico através de uma parede de alvenaria real e a linha pontilhada representa o fluxo térmico através de uma parede de "massa zero" de mesmo valor-U. O resultado seria essa curva, se o fluxo térmico fosse calculado para cada hora, por um método de estado estacionário, e os pontos fossem ligados.

Ambas as curvas mostram um ciclo de 24 horas, mas elas diferem de duas formas:

1. A curva do fluxo de calor real está um certo tempo atrasada em relação à curva de massa zero. Esse atraso do pico da curva contínua em relação ao pico da linha pontilhada é designado como **atraso térmico** (ou diferença de fase, denotado como ϕ) e é medido em horas.
2. A amplitude ou a oscilação do pico do fluxo de calor médio diário é menor para a linha contínua (sQ) que para a linha pontilhada que mostra a parede de massa zero (sQ$_0$). A razão entre as duas amplitudes é designada como **fator de decremento**, ou decremento de amplitude, denotado como μ:

$$\mu = \frac{sQ}{sQ_0}$$

Calor: O Ambiente Térmico **51**

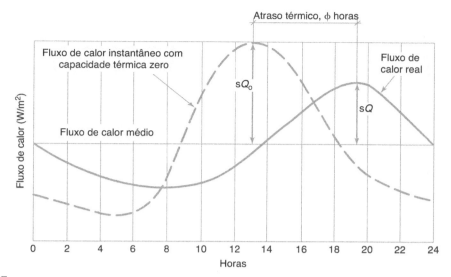

1.67
Fluxo de calor (para dentro) através de parede com inércia térmica (m e f)

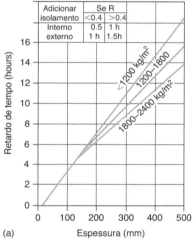

(a)

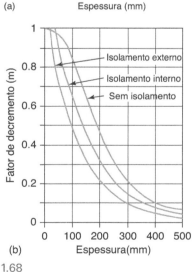

(b)

1.68
Retardo de tempo e fatores de decremento

Um diagrama do mesmo tipo pode ser desenhado com a temperatura na escala vertical. A linha pontilhada irá então mostrar as temperaturas da superfície externa e a linha contínua indicará as temperaturas na superfície interna. Disso podem ser derivadas as mesmas duas propriedades.

O cálculo dessas duas propriedades é razoavelmente conectado, em particular para elementos multicamadas, mas as planilhas de dados D.1.2 e D.1.3 fornecem esses valores para um grande número de construções mais comuns, juntamente com seus valores U. A Figura 1.68 mostra gráficos para as propriedades de retardo de tempo e fator de decremento de paredes maciças, espessas e homogêneas (tijolo, alvenaria, concreto ou terra) e o efeito do isolamento aplicado ao interior ou exterior da parede maciça. Esses dados se baseiam no trabalho de Danter (1960) no BRE (Building Research Establishment, Reino Unido), também encontrados em Petherbridge (1974), citado com frequência em diversas publicações, porém parecem ter sido superados por Milbank e Harrington-Lynn (1974) e, para cálculos mais exatos e confiáveis desses fatores, cf. a planilha de método M.1.11. Esse método foi usado para encontrar os valores $\phi$ e $\mu$ apresentados nas planilhas de dados D.1.2 e D.1.3.

Se pegarmos uma parede de tijolo de 220 mm com U de 2,26 W/m²K e uma placa de poliestireno com a espessura de aproximadamente 10 mm, com aproximadamente o mesmo U, sob condições de estado estacionário, o fluxo térmico através das duas será idêntico e os cálculos baseados em premissas de estado estacionário darão os mesmos resultados. Na vida real, seu comportamento será bastante diferente. A diferença está em que a parede de tijolo tem uma densidade de superfície de aproximadamente 375 kg/m² e a placa de poliestireno apenas cerca de 5 kg/m². As capacidades térmicas respectivas seriam de 300 kJ/m² e 7 kJ/m². Na parede de tijolo, cada camada pequena do material irá absorver um pouco de calor para aumentar sua temperatura antes que possa transmitir qualquer calor à camada seguinte. O calor armazenado será então emitido com um atraso de tempo considerável.

Uma sequência temporal dos perfis de temperatura através dessa parede está apresentada na Fig. 1.69. Pode ser observado que a partir das últimas horas da tarde (aproximadamente das 16h00 em diante) a parte do meio da parede é a mais quente e o calor armazenado também começará a fluir de volta. Assim (supondo-se

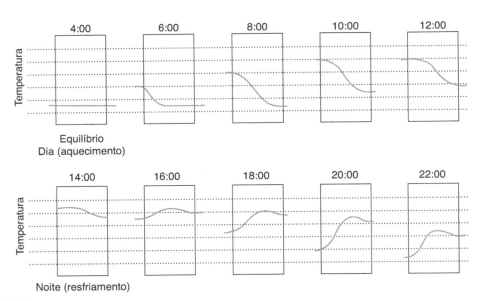

**1.69**
Sequência temporal de perfis de temperatura

um fluxo de calor para dentro), apenas uma parte do calor que tiver penetrado na superfície externa irá atingir a superfície interna. Na placa de poliestireno, o perfil de temperatura seria uma linha reta inclinada se movendo para cima e para baixo à medida que a temperatura fosse mudando do lado da entrada.

O procedimento para cálculo do fluxo térmico periódico consiste em duas partes, p. ex., para um elemento sólido:

**1** encontrar o fluxo de calor médio diário, $\overline{Q}c$.
**2** encontrar o desvio (ou variação) desse fluxo médio para o tempo (hora) "t" do dia:

$sQc_t$

Primeiramente encontre a temperatura média sol-ar da superfície externa: $\overline{T}_{sa}$, então encontre a diferença de temperatura média $\Delta T$, então

$$\overline{Q}c = qc \times \Delta \overline{T} \qquad (1.27)$$

Calcule então a variação no fluxo térmico no tempo t devido ao desvio das condições $\phi$ horas antes (no tempo $t - \phi$) a partir da média do dia

$$sQc_t = qc \times \mu \times (T_{sa'(t-\phi)} - \overline{T}_{sa}) \qquad (1.28)$$

Por exemplo, se o cálculo for feito para as 14h00 e $\phi = 5$ h, então pegue a temperatura sol-ar em $14 - 5 = 9$ horas ($T_{sa9h00}$).

O fluxo de calor no tempo t será então a soma da média e da variação:

$Qc_t = \overline{Q}c + sQc_t$

substituindo:

$$Qc_t = A \times U \times [(\overline{T}_{sa} - T_i) + \mu \times (T_{sa.(t-\phi)} - \overline{T}_{sa})] \qquad (1.29)$$

Calor: O Ambiente Térmico 53

**Tabela 1.4** Expressões para a oscilação no fluxo térmico

|   | Parâmetro do edifício | Parâmetro ambiental |
|---|---|---|
| 1 Ventilação | $sQv = qv$ | $\times (T_{o.t} - T_{o.av})$ |
| 2 Condução, vidro | $sQc_v = A \times U$ | $\times (T_{o.t} - T_{o.av})$ |
| 3 Condução, opaca | $sQc_o = A \times U \times \mu$ | $\times (T_{o(t-\phi)} - T_{o.av})$ |
| 4 Solar, vidro | $sQs_v = A \times \theta_a$ | $\times (G_t - G_{av})$ |
| 5 Solar, opaca | $sQs_o = A \times U \times \mu \times \alpha \times R_{so}$ | $\times (G_{t-\phi} - G_{av})$ |
| 6 Ganho interno | $SQi = Qi_t - Qi_{av}$ |  |

onde $\mu$ = fator de decremento, $\phi$ = defasagem de tempo, $\theta_a$ = fator de ganho solar alternado, $qv = 0{,}33 \times N \times V$ ou $1200 \times iv$ (N = número de trocas do ar, iv = taxa de volume).

O desvio da taxa de fluxo de calor médio ($sQc_t$) no tempo t pode ser calculado com base na equação 1.28 (incluída na equação 1.29) para um único elemento. A Tabela 1.4 resume os seis componentes dessa variação de fluxo. Os itens 3, 4 e 5 terão que ser repetidos para cada elemento de envoltória de orientação diferente.

Os benefícios do isolamento capacitivo (ou efeito de massa) serão maiores em climas secos e quentes que apresentam grandes variações de temperatura diurna. Algumas fontes sugerem que uma variação média (entre a média mensal máxima e a mínima, calculada para um período de doze meses) de 10 K justificaria a construção pesada, outras colocam esse limite em 8 K. O isolamento capacitivo tem um efeito de amortecimento e estabilização, pode aumentar o conforto ou, se o edifício for provido de ar-condicionado, gerar economia de energia.

As propriedades dinâmicas (atraso térmico, fator de decremento e admitância) dos elementos em multicamada dependem não apenas do material e da espessura das camadas, mas também da sequência dessas camadas com relação à direção do fluxo térmico. Isso fica mais bem ilustrado por meio de um exemplo (Fig. 1.70).

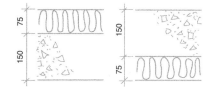

1.70
Sequência de camadas numa cobertura

**EXEMPLO 1.5  UMA LAJE DE COBERTURA: POSIÇÃO DO ISOLAMENTO**

Tome uma laje de concreto armado de 150 mm, com 75 mm de isolamento de EPS (a membrana de impermeabilização é termicamente insignificante) e considere uma situação de verão (ganho térmico).

A resistência ar-a-ar será

$$R_{a-a} = R_{so} + R_{EPS} + R_{concr} + R_{si}$$
$$= 0{,}04 + \frac{0{,}075}{0{,}035} + \frac{0{,}150}{1{,}4} + 0{,}14 = 2{,}43$$
$$U = 1/R_{a-a} = 1/2{,}43 = 0{,}41 \text{ W/m}^2\text{K}$$

Será o mesmo, independentemente da sequência de camadas, mas para propriedades dinâmicas:

|  | $\Phi$ | $\mu$ | $Y_{interno}$ |  |
|---|---|---|---|---|
| EPS externamente | 6,28 h | 0,3 | 5,41 | (W/m²K) |
| EPS internamente | 5,03 h | 0,56 | 0,44 |  |
| Diferença | 1,25 h | 0,26 | 4,97 |  |

A última coluna (Y) é a admitância térmica do elemento, que é a medida de sua capacidade de captar (e liberar) calor do ambiente interno à medida que a temperatura muda (oscila). Y tem forte influência no cálculo das temperaturas do ambiente interior resultantes dos fluxos de calor.

A admitância total de um edifício (ou sala) é

$$qa = \Sigma(A \times Y) \text{ em W/K} \tag{1.30}$$

O EPS externamente produz um atraso térmico de cerca de 1,25 h a mais, reduz o fator de decremento de 0,56 para um pouco mais da metade (0,3) e fornece uma admitância de superfície interna de aproximadamente 4,97 W/m²K a mais que a ordem inversa de camadas. Dessa forma, a massa dentro de um isolamento resistivo irá reduzir o ganho térmico, retardá-lo mais e resultar numa temperatura interna mais estável.

Para uma síntese das propriedades térmicas dinâmicas, ver a planilha de método M.1.10.

### 1.4.4.1 Fluxo Térmico Dinâmico

Este foi analisado pela primeira vez por Fourier (1768-1830), um matemático francês. Ele desenvolveu a expressão para fluxo de calor através de uma placa fina:

$$\frac{\partial T}{\partial t} = \alpha \times \left[ \frac{\partial^2 T}{\partial x^2} + \frac{\partial^2 T}{\partial y^2} \right]$$

onde

$T$ = temperatura em qualquer ponto (x,y) no instante t
$\alpha$ = difusividade térmica (ver planilha de método M. 1.10) do material

e a taxa de fluxo térmico será

$$Q = -\lambda \times A \times \frac{\partial T}{\partial x}$$

que ficou conhecida como a lei de Fourier.

O sistema térmico de um edifício pode ser descrito por uma rede de equações diferenciais desse tipo. Soluções dessas equações diferenciais simultâneas podem ser de dois tipos principais:

1 *Método de diferenças finitas*, em que os fluxos térmicos induzidos pelas mudanças no ambiente ou na ocupação são traçados de ponto a ponto, com o equilíbrio de energia calculado para cada ponto em intervalos frequentes. Em alguns sistemas isso pode envolver a solução de até dez mil equações diferenciais simultâneas.
2 *Método fator de resposta*, em que a resposta térmica de um elemento do edifício a um único pulso é calculada primeiro, isto é, o fator de resposta daquele elemento, e então as mudanças efetivas ambientais e ocupacionais são aplicadas a esses fatores de resposta. Um desenvolvimento posterior disso produz um fator de resposta do edifício.

A execução manual desses cálculos é impraticável, mas eles formam a base dos algoritmos para numerosos programas computacionais de simulação.

### 1.4.4.2 Simulação de Resposta Térmica

A simulação do desempenho térmico de edifícios tornou-se ferramenta de projeto usada no dia a dia devido ao rápido desenvolvimento dos computadores, desde a década de 1970. Os PCs são hoje mais potentes que os primeiros computadores *mainframe* e podem rodar os mais sofisticados programas de simulação. Programas relativamente simples têm sido criados, que usam basicamente cálculos do tipo estado estacionário, acrescentando algum "fator de correção" para aproximar do comportamento dinâmico, p. ex., o QUICK ou o BREDEM (BRE Domestic Energy Model).

Diversos programas se baseiam nos conceitos de atraso térmico e fator de decremento apresentados acima (uma análise harmônica) e empregam o "procedimento de admitância" do BRE britânico (p. ex., ADMIT e ARCHIPAK) para determinar as temperaturas resultantes desses fluxos térmicos. Esses programas analisam a resposta térmica dinâmica, mas em estrito senso, não "simulam" os vários fluxos térmicos. O mais refinado desses é o ECOTECT, com gráficos de ganho e perda térmica do edifício que permitem otimização de subsistemas.

Há um grande número de programas que traçam o fluxo térmico hora a hora através de todos os componentes do edifício, usando um banco de dados climático horário anual (como os mencionados na Seção 1.3.3). Esses programas podem prever as temperaturas do ambiente interior de hora em hora ou a carga térmica de aquecimento/resfriamento se as condições estabelecidas do ambiente interno forem mantidas. Alguns deles fazem mais que isso e simulam sistemas mecânicos (AVAC – aquecimento, ventilação ou condicionamento do ar) e, assim, preveem o consumo de energia para a hora, dia, mês ou ano.

O programa CHEETAH (da CSIRO) tornou-se base para os programas australianos NatHERS (National House Energy Rating Scheme) e AccuRate (accurate rating [classificação precisa]). O ENERGY10 ou EnergyPlus do National Renewable Energy Laboratory – NREL (Laboratório Nacional de Energia Renovável, do Colorado) é uma ferramenta de projeto especialmente desenvolvida para edifícios de energia solar passiva, mas geralmente para edifícios de baixo consumo de energia. O mais sofisticado deles é provavelmente o ESPr, da Universidade de Strathclyde, e é agora o programa de simulação de referência para a Europa (ele foi originalmente escrito para computadores *mainframe*, mas agora pode ser rodado em PCs com o sistema operacional Linux).

O mais amplamente usado é o norte-americano DoE-2 (ele atingiu sua versão 46 e é gratuito, pode ser baixado do http://doe2.com/DOE2). Está disponível agora para rodar em PCs no sistema Windows. Hong et al. (2000) fez resenhas para mais de uma dezena desses programas.

Sistemas gráficos de computador foram desenvolvidos a um tal ponto que, em sua maioria, se não todos, os escritórios de arquitetura os usam para a produção de desenhos. Por outro lado, programas de simulação térmica (e de outros tipos de simulações) raramente são usados por arquitetos; sugerem que tais territórios são dos engenheiros. Para tais simulações, a tarefa mais trabalhosa é a descrição do edifício (digitalização). Então, para matar dois pássaros com uma pedra só é desejável tentar o uso de sistemas gráficos (projeto) como base também para as simulações. Recentemente, apareceram vários desses pacotes integrados. O pacote chamado TAS do EDSL (Environmental Design Solutions Ltda, de Milton Keynes, Inglaterra) tem um módulo CAD 3-D eficiente, como *front-end*, para simulações até um módulo CFD (dinâmica de fluidos computadorizada) para estudos de fluxo de ar.

O COMBINE (do programa Joule, da UE) integra uma série de programas CAD e de simulação, inclusive o ESPr, o SUPERLITE e o VENT. De modo análogo, nos Estados Unidos, o EnergyPlus combina os programas DOE2, BLAST (Building Loads and System Thermodynamics [Cargas de Edifícios e Sistemas Termodinâmicos]) e COMIS, um programa de fluxo de ar para múltiplas zonas.

Provavelmente o pacote mais completo é o sistema do programa IES-VE (Integrated Environmental Solutions – Virtual Environmental). Suas unidades-chave são as CUI (interface de uso comum) e o IDM (modelo integrado de dados). Os principais módulos que os usam são:

- Modelo IIT, modelo construtor, para criar e editar a geometria do edifício.
- SunCast, visualização e análise de sombreamento.
- ApacheSim, simulação térmica, combinado com ApacheHVAC para sistemas mecânicos.
- ApacheCALC para análise de cargas e MacroFlo para simulação da ventilação natural.
- MicroFlow, para tridimensional CFD (dinâmica de fluidos computadorizada).
- FlucsPro e RadianceIES para iluminação elétrica e luz do dia. A última pode produzir modelagem de iluminação natural de interior fotorrealista, incluindo distribuição de luminância.
- LifeCycle para análise de energia e ciclo de custo de vida.

Uma discussão mais detalhada deste tópico foge ao escopo deste trabalho.

### 1.4.5 Aplicação

*O todo é maior que a soma de suas partes* – uma afirmação tão verdadeira para o comportamento térmico dos edifícios quanto para a psicologia da percepção.

Na psicologia da percepção, há duas escolas principais de pensamento: os behavioristas, que analisam simples relações de estímulo e resposta e tentam montar um quadro geral a partir desses blocos básicos, e os seguidores da escola da Gestalt, que defendem que o importante é a "configuração", isto é, a totalidade da experiência, a interação entre todos os canais sensoriais. De modo análogo, podemos discutir o efeito térmico dos componentes individuais de um edifício, mas o comportamento térmico de qualquer edifício será o resultado da interação de todos os seus elementos, o sistema térmico corporificado na relação entre usuário, serviços, edifício e clima. Nesse sentido, podemos falar de "Gestalt térmica" de um edifício.

Um exemplo simples dessa interdependência está na questão do isolamento da cobertura em climas quentes. Sem dúvida, um isolamento maior da cobertura vai reduzir o ganho de calor (solar) durante o dia, mas também impedirá a dissipação do calor durante a noite. Somente uma análise cuidadosa dará a resposta correta, a melhor para ambas as situações.

Deve-se distinguir entre um elemento fixo e um variável (ajustável). No segundo caso podemos ter amplo isolamento da cobertura, se houver pouca massa térmica e qualquer calor acumulado puder ser dissipado na noite pela ventilação.

Podemos citar o exemplo de janelas voltadas para o equador, que são desejáveis no inverno, porém, se o edifício for leve, sem massa de armazenamento térmico adequada, o ganho térmico resultante pode produzir sobreaquecimento durante o dia; o usuário poderá evitar isso abrindo as janelas, desta forma não restará calor para abrandar o frio da noite.

Alguns textos defendem o uso de claraboias como medida eficiente de conservação de energia. Elas são sem dúvida vantajosas para luz do dia, mas produzem maior ganho de calor solar durante o verão (com sol em ângulo elevado) do que no inverno, e no inverno, na maioria dos casos, seu uso acarretará, em uma perda líquida de energia. Essa perda pode ser evitada por meio de cortinas isoladas, controladas do interior. No verão, isso pode causar sobreaquecimento: depende de como é feito. Pode ter seu próprio sistema de sombreamento regulável, com possibilidade até de um controle automático (acionado por sensor).

Calor: O Ambiente Térmico **57**

Durante os últimos dez anos – aproximadamente – foi travada uma batalha quanto à utilidade de pátios em climas secos e quentes. Tanto os defensores quanto os adversários apresentaram resultados medidos, para respaldar seus pontos de vista. A conclusão foi que tudo depende de como se lida com o pátio. O resultado tanto pode ser positivo quanto negativo. Até mesmo o resultado negativo pode ser melhorado com sombreamento, vegetação e água (um lago ou chafariz).

Frequentemente se fala que para cada questão difícil há uma resposta simples, porém, em geral, errada. A resposta correta é muitas vezes complicada e do tipo "se ... então ..." Quando o projetista pergunta para um consultor (por exemplo, um especialista em ciência da arquitetura) que largura deve ter o beiral de uma casa, a resposta só pode ser, "depende...", seguida de uma longa série de perguntas, como: onde é a casa? Qual o clima? Quando é o período de sobreaquecimento? Qual a orientação? É de um ou dois andares? Está pensando numa janela ou numa porta com vidro até o chão?

O arquiteto deve tomar milhares de decisões (maiores ou menores) durante a elaboração do projeto até mesmo do edifício mais simples. Não há tempo para analisar cada questão detalhadamente. Contudo, a atitude analítica é importante. O projetista que trabalha num determinado clima, numa determinada cultura e com determinada indústria de construção, provavelmente examinará essas perguntas uma vez e vai se lembrar da resposta. Muitas dessas respostas, obtidas por análise rigorosa, irão enriquecer sua experiência. Educação é, ou deveria ser, um processo de aceleração da experiência; o estudo da ciência arquitetônica deverá prover tal experiência. Ainda que os detalhes sejam esquecidos, a "experiência" deverá influenciar a reflexão em projetos subsequentes.

A experiência acumulada (inclusive fracassos ou a experiência de outros) deve tornar possível que decisões rápidas sejam tomadas, mas também são capazes de sugerir quais fatores e condições podem ter impacto sobre uma dada questão. E é isso o que constitui o conhecimento profissional.

## 1.5 PROJETO TÉRMICO: CONTROLES PASSIVOS

O primeiro passo na abordagem de qualquer projeto bioclimático é examinar o clima dado, estabelecer a natureza do problema climático e relacionar o clima com as necessidades humanas. Uma boa forma de fazer isso é usar o gráfico psicrométrico como base.

Uma vez que a zona de conforto para o inverno e o verão esteja traçada (como na Seção 1.2.4, Fig. 1.21), o clima pode ser traçado no mesmo gráfico.

Assinalar no gráfico dois pontos para cada um dos doze meses: um deles dado pela temperatura máxima média com a UR da tarde, e o outro, pela temperatura mínima média com a UR da manhã. Unir os dois pontos por uma linha (Fig. 1.71c). As doze linhas assim produzidas devem indicar a zona mediana de condições climáticas.

A relação dessas linhas com a zona de conforto indica a natureza do problema climático. As linhas à direita da zona de conforto indicam o sobreaquecimento, as situadas à esquerda, o subaquecimento. As linhas acima do limite de 12 g/kg indicam que a umidade pode ser um problema. As linhas longas indicam grandes variações diurnas e as curtas são características de climas úmidos com pequenas variações diurnas.

A Figura 1.71 (impressa do programa ARCHIPAK) mostra os gráficos psicrométricos de cada um dos quatro tipos de clima básicos. (Fig. 1.71c mostra como uma linha climática é gerada.)

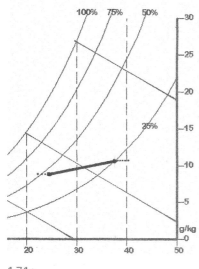

1.71c
Uma linha climática para Tennant Creek, janeiro

**58** Introdução à Ciência Arquitetônica

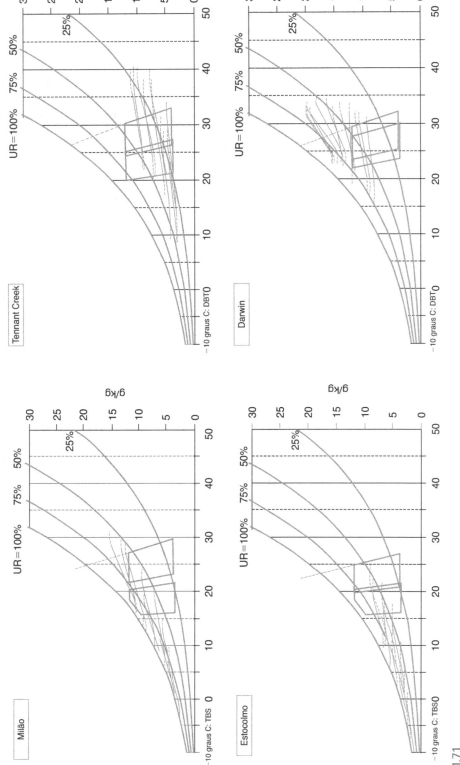

1.71
Quatro tipos de clima *versus* zonas de conforto

Calor: O Ambiente Térmico **59**

O passo seguinte deve ser então a escolha da estratégia de controle passivo. Podem ser distinguidas quatro estratégias básicas, cada uma com alguma subdivisão:

1. aquecimento solar passivo (com eficiência ou capacidade de utilização de 0,5 e 0,7);
2. efeito de massa (verão e inverno + para verões com ventilação noturna);
3. efeito de movimento do ar (resfriamento fisiológico), para 1 e 1,5 m/s;
4. resfriamento evaporativo (direto e indireto).

A variedade das condições do ambiente externo, para as quais cada uma dessas estratégias tem o potencial de garantir conforto em ambientes internos (designado como ZCP, ou zona de controle potencial), pode ser traçada no gráfico psicrométrico. O método é descrito na planilha de método M.1.7, mas é apresentado aqui para cada uma dessas estratégias.

### 1.5.1 Controle Passivo dos Fluxos Térmicos

Em climas em que há uma grande diferença de temperatura entre o ambiente interior e exterior (as linhas do clima se estendem para além da zona de conforto), nos quais alguma forma de aquecimento ou resfriamento será necessária, o isolamento térmico da envoltória é o mais importante meio de controle. Na maioria dos países existem requisitos regulatórios para o isolamento dos elementos de envoltória, paredes, coberturas e janelas. Esses requisitos podem estipular um valor-U máximo (que não pode ser ultrapassado) ou um valor-R mínimo ($R_{a\text{-}a}$) que devem ser atingidos na construção (ver exemplo Tabela 1.5 na Seção 1.5.3.2).

---

**EXEMPLO 1.6  VALOR-R E ISOLAMENTO ADICIONAL**

Supondo o projeto de uma parede de tijolo com cavidade interna de 260 mm (105 + 50 + 105), com o reboco de 10 mm no lado interno. As condutividades são:

Tijolo à vista (revestimento externo):  $\lambda = 0,84$ W/m.K
Revestimento interno de tijolo:  $\lambda = 0,62$
Reboco  $\lambda = 0,5$

| | | |
|---|---|---|
| Interior | $R_{si}$ | = 0,12 m²K/W |
| 10 mm de reboco 0,010/0,5 | | = 0,02 |
| 105 mm de tijolo interno 0,105/0,62 | | = 0,17 |
| Câmera | Rc | = 0,18 |
| 105 mm de tijolo externo 0,105/0,84 | | = 0,12 |
| Superfície externa | $R_{so}$ | = 0,06 |
| | $R_{a\text{-}a}$ | = 0,67    U = 1/0,67 = 1,49 W/m²K |

Os regulamentos exigem (digamos):
U ≤ 0,8 W/m²K   $R_{a\text{-}a}$ > 1/0,8   = 1,25
R adicional exigido: 1,25 − 0,67   = 0,58

Considerando-se a utilização de placas de EPS no interior da câmara, presas junto ao revestimento interno de tijolo, que tem uma condutividade de $\lambda = 0,033$ W/m.K.
A espessura exigida (b para "largura") será:
uma vez que R = b/λ,
precisamos de   0,58 m²K/W = b/0,033   b = 0,58 × 0,033 = 0,019 mm
isto é, será preciso instalar uma placa de EPS de 20 mm.

Esse método pode ser generalizado: tome a resistência da construção selecionada para fins outros que o térmico, e calcule a resistência adicional necessária. A partir daí, a espessura necessária para o isolamento acrescentado pode ser encontrada.

---

**EXEMPLO 1.7  O EFEITO DAS PONTES TÉRMICAS: $U_{MÉDIO}$**

Supondo-se que um elemento de parede de 5 m de comprimento e 3 m de altura esteja no canto de um edifício e que inclua uma janela medindo 2,5 m × 1,5 m. Conectada à outra extremidade, há uma divisória interna. A parede pertence à construção examinada acima (U = 0,8 W/m²K) e a janela é de vidro duplo, com um valor U de 3,6 W/m²K (Fig. 1.72).

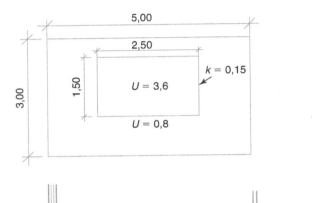

**1.72**
Pontes térmicas: coeficientes lineares *k*

A parede mede 5 × 3 = 15 m², menos a janela: 2,5 × 1,5 = 3,75 m², totalizando uma área líquida de parede = 11,25 m².

Os produtos de A × U são:

| parede | 11,25 × 0,8 | = | 9 W/K |
| janela | 3,75 × 3,6 | = | 13,5 |
|        |             |   | 22,5 W/K |

As seguintes perdas lineares devem ser acrescentadas (valores da planilha de dados D.1.5):

| para o perímetro da janela | 8 m × 0,15 | = 1,2 |
| para o canto externo | 3 m × 0,1 | = 0,3 |
| para a junção parede/divisória | 3 m × 0,12 | = 0,36 |
| para as juntas parede/laje do chão | 2 × 5 m × 0,06 | = 0,6 W/K |
|  |  | 2,46 W/K |

$$U_{av} = \frac{22,5 + 2,46}{15} = 1,66 \text{ W/m}^2\text{K}$$

na forma generalizada:

$$U_{av} = \frac{\Sigma(A \times U) + \Sigma(L + k)}{\Sigma A}$$

onde L é o comprimento de cada componente linear.

Os efeitos de ponte térmica (discutidos na Seção 1.4.3.3) podem ser levados em conta usando-se coeficientes de perda de calor linear, k (cf. a planilha de dados D.1.6), em adição ao cálculo com base no valor-U. Em termos dimensionais, esses coeficientes são W/m.K e devem ser multiplicados pelo comprimento, para se obter W/K. Isso está ilustrado no Exemplo 1.7.

Uma rápida olhada em qualquer tabela de valores U irá mostrar que o ponto mais fraco em qualquer envoltória de edifício é a janela. Enquanto mesmo uma parede de tijolo sem isolamento (como no Exemplo 1.4) terá um valor-U de aproximadamente 1,5W/m²K, uma janela comum de vidro simples terá aproximadamente quatro vezes esse valor, 5,5–6,5W/m²K.

O valor-U de uma janela depende de:

1 vidros: simples, duplo, de baixa emissividade etc.
2 esquadria: de madeira, metal, metal descontínuo.
3 espessura da esquadria: 10-30% da área de elevação da janela.
4 exposição: protegida, normal, exposta.

Uma janela com uma unidade vedada de vidro duplo teria um valor-U de 2,7 a 4,5 W/m²K, dependendo da esquadria. Uma esquadria de madeira tem um valor-U menor que uma de metal, mas a última pode ser melhorada por uma descontinuidade embutida (que interromperia o efeito de ponte térmica da esquadria).

Um revestimento de baixa emissividade do lado interno de uma unidade vedada de vidro duplo reduziria a transferência de calor radiante e um preenchimento (vácuo parcial) com gás inerte de baixa pressão (criptônio ou argônio) poderia reduzir a transferência condutiva. Esse vidro, com uma esquadria de metal descontínuo de 10% (na qual a esquadria pode ocupar até 10% da área total da janela) teria um valor-U tão baixo quanto 2,0 W/m²K. Para uma discussão de vidros especiais, ver Seção 1.4.1.4.

Uma boa janela deve desempenhar cinco funções:

1 fornecer uma vista;
2 admitir a luz do dia;
3 reduzir perda térmica;
4 admitir o calor solar (numa situação de baixa temperatura);
5 permitir uma ventilação controlável.

Em uma situação de baixa temperatura, uma janela grande pode ser uma deficiência. Elas podem provocar grandes perdas térmicas, mas também produzir ganhos importantes em aquecimento solar. É possível fazer uma comparação entre a perda e o ganho térmicos de uma forma muito simples, tomando como base a área de uma janela, como no Exemplo 1.8.

> **EXEMPLO 1.8 JANELAS: PERDA DE CALOR *VERSUS* GANHO SOLAR**
>
> Tomando Canberra como exemplo, calcular os ganhos e perdas durante um dia do mês mais frio (julho). A comparação pode ser feita por unidade de área:
>
> $T_{o.av}$ = 5,8°C. Considerar $T_i$ como 23°C, de modo que $\Delta T$ é 17,2 K
>
> Tomando-se uma janela de vidro simples:
>
> U = 5,3 W/m²K e o fator de ganho solar: θ = 0,76
> Orientação: Norte
> irradiação vertical diária $D_{v.360}$ = 2801 Wh/m²
>
> Supondo uma "eficiência" solar (aproveitamento) de 0,7
>
> Ganho: 2801 × 0,76 × 0,7 = 1490 Wh/m²
> Perda: 5,3 × 17,2 × 24 = 2188
> Perda > Ganho, portanto a janela não é vantajosa.
>
> Contudo, se for utilizado vidro duplo,
>
> U = 3 W/m²K, θ = 0,64.
> Ganho: 2801 × 0,64 × 0,7 = 1255 Wh/m²
> Perda: 3 × 17,2 × 24 = 1238
> Perda < Ganho, portanto, é vantajosa (marginalmente).
>
> Se observamos a mesma janela, na face leste:
>
> $Dv_{90}$ = 1460 Wh/m²
> Ganho: 1460 × 0,64 × 0,7 = 654 Wh/m²
> Perda: a mesma acima = 1238
> Perda >> Ganho, a janela será uma deficiência.
>
> A situação muda se usarmos uma persiana para isolamento térmico durante a noite.
> Supondo-se uma persiana que reduziria o U a 1,5 W/m²K, com vidro simples, e a 1,3 W/m²K, com vidro duplo, e que ficaria fechada por 14 horas. O ganho (diurno) será o mesmo que o anterior. A perda será:
>
> vidro simples: (1,5 × 14 + 5,3 × 10) = 1272 Wh/m²  1490 > 1272 ∴ OK
> vidro duplo: (1,3 × 14 + 3 × 10) = 829  1255 > 829 ∴ OK

### 1.5.1.1 Aquecimento Solar Passivo

O aquecimento solar passivo não requer, em sua forma mais simples, nada além de uma boa janela com face para o equador. Um dispositivo horizontal de sombreamento pode prover sombra no verão, mas permitir a entrada de radiação solar durante o inverno (cf. Fig. 1.51). Um dispositivo regulável de sombreamento também pode ser considerado (um sistema de "ganho direto").

O desempenho de um sistema como esse também dependerá da massa térmica disponível de armazenamento. Em construções leves a entrada de calor solar irá aquecer em excesso o interior, o que pode resultar em desconforto, mas também em uma grande perda térmica para o exterior.

Paredes e pisos espessos (especialmente quando recebem insolação) irão absorver muito calor, reduzir o aquecimento excessivo e o calor armazenado será liberado à noite. A necessidade de massa não precisa ser muita. Para um ciclo de 24 horas, a profundidade da penetração do calor não deve ser mais de 100-120 mm (isto é, o

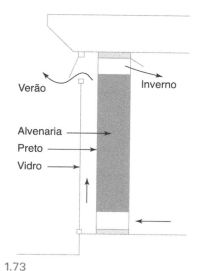

1.73
Princípios da parede Trombe–Michel

armazenamento eficiente, em que a superfície de entrada e a de perda de calor são iguais, assim haverá uma reversão cíclica de fluxo térmico).

Uma parede espessa exposta à radiação solar também atuará como dispositivo de armazenamento e coletor térmico, mas muito calor será perdido pela superfície externa, tanto enquanto ela é aquecida pelo sol quanto após o pôr do sol. Essa perda pode ser reduzida pelo uso de vidro ou uma cobertura de isolamento transparente do lado externo. Isso pode ser classificado como um sistema de aquecimento solar passivo de "parede espessa". Contudo, à medida que a superfície da parede por trás do vidro é aquecida, ela vai aquecer o ar na cavidade e ocasionará uma grande perda térmica, de volta, através do vidro.

Esse efeito pode ser reduzido pelo sistema de "Trombe-Michel", (assim nomeado devido a Jacques Michel, arquiteto, e Felix Trombe, físico) (Fig. 1.73), que incorpora aberturas de ventilação próximo ao piso e ao teto. À medida que o ar quente sobe, ele deve penetrar no cômodo através da abertura superior, atraindo o ar frio do cômodo próximo ao nível do piso e formando uma circulação em termossifão.

Outro sistema de aquecimento solar passivo é a "estufa anexa". Ela pode ser considerada um prolongamento da câmara de ar do sistema acima descrito (de cerca de 100 mm) até talvez 2 m ou mais. A função térmica é a mesma da parede Trombe–Michel, mas ao aquecer o cômodo atrás dela, ela também fornece um espaço útil para plantas e mesmo para uma área de estar, um "jardim de inverno" ou uma estufa. À noite esse tipo de estufa pode perder muito calor, de modo que é essencial providenciar o isolamento do cômodo servido por ela ou ela se tornará um claro fator de desperdício de calor.

A ZCP (cf. acima, Seção 1.5) para o aquecimento solar passivo (por qualquer dos sistemas) pode ser calculada com base no que se segue. O parâmetro crítico é a radiação solar sobre a superfície vertical voltada para o equador, para um dia médio do mês mais frio ($D_v$). Encontre a temperatura mais baixa na qual o ganho solar pode equivaler às perdas térmicas.

A condição limitadora será:

$$D_v \times A \times \eta = q \times (T_i - T_o) \times 24$$

onde

$D_v$ = irradiação vertical (Wh/m² dia)
$A$ = área de abertura solar
$\eta$ = eficiência, considerada como 0,5 ou 0,7
$q$ = qc + qv, condutância do edifício (W/K)
$T_i$ = limite da temperatura no ambiente interno, considerado como Tn – 2,5
$T_o$ = temperatura limite a ser encontrada

Supondo-se uma casa simples de 100 m² de área de piso e 20% (=20 m²) de janela solar e uma condutância de edifício de 115 W/K.
Substituindo:

$$D_v \times 20 \times 0{,}5 = 115 \times (T_i - T_o) \times 24$$

reordenando para $T_o$

$$T_i - T_o = D_v \times 20 \times 0{,}5 /(115 \times 24) = D_v \times 0{,}0036$$
$$T_o = T_i - 0{,}0036 \times D_v$$

Ou com eficiência mais alta:

$$T_i - T_o = D_v \times 20 \times 0{,}7 /(115 \times 24) = D_v \times 0{,}005$$

$$T_o = T_i - 0{,}005 \times D_v$$

O uso desse coeficiente estimado (0,0036 e 0,005) é ilustrado pelo Exemplo 1.9.

---

**EXEMPLO 1.9  ZCP: AQUECIMENTO SOLAR PASSIVO (LOS ANGELES)**

Se, em Los Angeles, no mês de janeiro

$D_{V.180} = 3774$ Wh/m² e $T_{o.av} = 13°C$, $Tn = 21{,}6°C$

assim, o limite mais baixo de $T_i = 19{,}1°C$, então com $\eta = 0{,}5$, o $T_o$ mais baixo que o ganho solar pode compensar é

$T_o = 19{,}1 - 0{,}0036 \times 3774 = 5{,}5°C$

ou com $\eta = 0{,}7$

$T_o = T_i - 0{,}005 \times D_V$
$T_o = 19{,}1 - 0{,}005 \times 3774 = 0{,}2°C$

o que significa que a temperatura externa baixando até 5,5°C (ou mesmo 0,2°C), o sistema de aquecimento solar passivo tem o *potencial* de manter o interior confortável.

---

Os resultados são mostrados na Fig. 1.74, representando a zona de controle potencial (ZCP) devido ao aquecimento solar passivo.

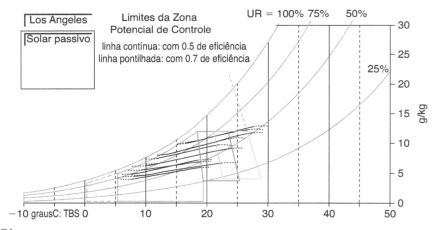

1.74
ZCP: aquecimento solar passivo

### 1.5.1.2 O Efeito de Massa

O efeito de massa fornecido por uma construção pesada é vantajoso em diversas situações, até mesmo sem quaisquer dos tais dispositivos especiais: ele é especialmente vantajoso num clima frio, no caso de edifícios ocupados ininterruptamente (p. ex., uma casa ou um hospital), nos quais ele vai permitir o uso de aquecimento intermitente e ainda assim manter uma temperatura estável. Num edifício usado intermitentemente e aquecido (um escritório ou uma escola), a construção leve (com isolamento) pode ser melhor. A construção pesada terá um período de aquecimento mais longo de manhã e o calor armazenado será dissipado durante a noite, sendo dessa forma desperdiçado.

O mesmo argumento é válido para um edifício com ar-condicionado em um clima quente e úmido, onde mesmo as noites são excessivamente quentes.

O "efeito de massa" é uma das mais importantes estratégias de controle passivo. Se houver massa de armazenamento, ela pode ser manipulada de acordo com as necessidades climáticas. Num clima seco e quente típico, com ampla variação diurna, em que a temperatura varia no decorrer do ciclo diário entre muito alta e muito fria (onde a média diária fica dentro da zona de conforto), a construção pesada pode ser a solução, uma vez que pode garantir condições confortáveis no ambiente interno sem necessidade de resfriamento mecânico (ou aquecimento noturno).

Qual a definição de construção "pesada" e construção "leve"? O critério pode ser a massa específica da construção:

sM = massa total da construção kg/ área de piso da construção m²

ou o "fator de resposta" (f) da CIBSE (Chartered Institution of Building Services Engineers), que é definido como

$$f = \frac{qa + qu}{qc + qv} \qquad (1.31)$$

em que

qa = admitância total (cf. a Seção 1.4.4, equação 1.30)
qv e qc foram definidos nas Seções 1.4.2 e 1.4.3.1.

Os limites para duas ou três divisões (arbitrárias) são

|        | sM          | f    |        | sM        | f    |
|--------|-------------|------|--------|-----------|------|
| Leve   | <150 kg/m²  | <3   | Leve   | ≤250 kg/m²| ≤=4  |
| Médio  | 150–400     | 3–5  |        |           |      |
| Pesado | > 400       | >5   | Pesado | >250      | > 4  |

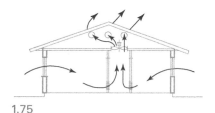

1.75
Um exaustor de ático (ou exaustor "da casa toda")

A **ventilação noturna** pode ser utilizada para modificar o efeito de massa, nos casos em que a média diurna fica acima do limite de conforto, para auxiliar no processo de dissipação do calor. Isso é factível recorrendo-se à ventilação natural através das janelas e outras aberturas, mas também há possibilidade de ser auxiliado por um exaustor de teto ou ático, ativado quando $T_o < T_i$ (Fig. 1.75).

Trata-se de um exaustor de grande diâmetro, de movimento lento, embutido no teto na área central da casa. Ele tem que ser posicionado de forma a sugar o ar de todas as salas (ar fresco entra nas salas servidas) e forçar o ar para fora, passando pelo sótão, expelindo o ar quente desse espaço. Isso não deve provocar qualquer movimentação sensível do ar, mas ajudará a dissipar o calor armazenado na construção.

O potencial de um tal efeito de massa (o alcance da ZCP) pode ser avaliado da seguinte forma: em uma construção muito pesada, a temperatura interna será praticamente constante e próxima da média do ambiente externo.

A média externa será considerada como $(T_{o.max} + T_{o.min}) \times 0,5$.

A amplitude (média-à-máxima) será $(T_{o.max} - T_{o.min}) \times 0,5$ mas, como o edifício não irá resfriar até o mínimo, ela será considerada como

$(T_{o.max} - T_{o.min}) \times 0,3$

Para que a média fique dentro da zona de conforto, a temperatura máxima externa precisa ser menor que o limite de conforto mais a amplitude. Assim, o limite da zona de controle potencial (ZCP) será o limite de conforto superior + a amplitude. Isso está ilustrado no exemplo 1.10.

Em um clima no qual as temperaturas do ar estão abaixo do nível de conforto, a radiação solar pode ser utilizada para complementar o efeito de massa, com melhora das condições internas, possibilitando garantir o conforto, e com certeza reduzindo qualquer requisito de aquecimento.

---

**EXEMPLO 1.10   ZCP: EFEITO DE MASSA (FÊNIX)**

Se, em Fênix (Arizona), no mês mais quente (agosto)

$T_{o.max} = 38°C$, $T_{o.min} = 25°C$, $T_{o.a} = 31,5°C$
$Tn = 27,3°C$

então, o limite de conforto superior = 29,8°C

Amplitude = (38 − 25) × 0,3 = 3,9 K
Limite da ZCP = 29,8 + 3,9 = 33,7°C

Se o efeito de massa for auxiliado pela ventilação noturna, a construção será resfriada de modo mais eficiente, então a amplitude será considerada como $(T_{o.max} - T_{o.min}) \times 0,6$, então

amplitude = (38 − 25) × 0,6 = 6,5 K
limite da ZCP = 29,8 + 6,5 = 36,3°C

Todas essas temperaturas são tomadas na curva de 50% de UR e as linhas TEP correspondentes são os limites da ZCP. A Figura 1.76 ilustra o exemplo acima.

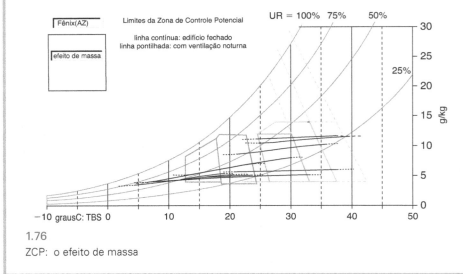

1.76
ZCP: o efeito de massa

---

*1.5.1.3 Movimento do Ar*

O movimento do ar, isto é, uma velocidade sensível do ar (como discutido na Seção 1.4.2), pode prover resfriamento fisiológico. Ele é uma ferramenta importante do controle térmico passivo. Seu efeito perceptível de resfriamento pode ser estimado usando a equação 1.24 (ou conforme planilha de dados D.1.8). Uma velocidade de ar na superfície do corpo dos ocupantes ocorre necessariamente ou por ventilação cruzada, contando com o efeito do vento, ou por ventiladores elétricos, mais comumente por ventiladores de teto de baixa potência. O efeito chaminé, baseado na ascensão do ar quente, não se presta a esse fim. Em primeiro lugar, ele só ocorre quando $T_i > T_o$, e se $T_o$ for alto, então $T_i$ terá de ser ainda maior. Em segundo lugar, mesmo que ocorra, ele pode gerar uma significativa troca de ar, mas não uma velocidade de ar perceptível. (A planilha de método M.1.4 fornece um método estimativo para ambos.) A ventilação cruzada requer que exista tanto uma abertura de entrada quanto uma de saída. A diferença entre a pressão positiva a barlavento e a pressão negativa a sotavento fornece a força motriz. A abertura de entrada deve ficar dentro de 45° contra a direção do vento dominante durante os períodos superaquecidos.

O potencial do efeito de resfriamento do movimento do ar pode ser determinado usando a equação 1.24, assim ele será:

para a velocidade do ar de 1 m/s:
$v_e = 1 - 0{,}2 = 0{,}8$     $dT = 6 \times 0{,}8 - 1{,}6 \times 0{,}8^2 = 3{,}8\ K$

para 1,5m/s:
$v_e = 1{,}5 - 0{,}2 = 1{,}3$     $dT = 6 \times 1{,}3 - 1{,}6 \times 1{,}3^2 = 5{,}1\ K$

Para definir a ZCP para o efeito do movimento do ar, esses valores dT são somados ao limite superior de conforto ao longo da curva de UR de 50%. Acima desse valor, o limite será a linha da TEP correspondente, mas abaixo de 50% há um efeito de

---

**EXEMPLO 1.11   ZCP: EFEITO DO MOVIMENTO DE AR (MOMBAÇA)**

Em Mombaça (latitude = – 4°), o mês mais quente é março, com

$T_{o.av} = 29°C$, então $Tn = 17{,}6 + 0{,}31 \times 29 = 26{,}6°C$

e

limite superior de conforto = 29,1°C

Os limites das ZCPs do movimento do ar serão então

para 1 m/s: 29,1 + 3,8 = 32,9°C
para 1,5 m/s: 29,1 + 5,1 = 34,2°C, como ilustra a Fig. 1.77.

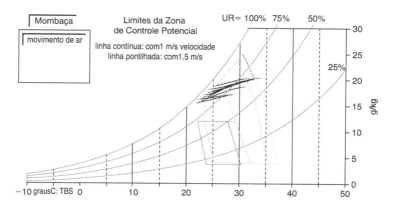

1.77
ZCP: movimento do ar

resfriamento mesmo sem movimento do ar, uma vez que o ar está seco, de modo que o efeito adicional do movimento do ar é considerado como apenas a metade do acima: então a linha-limite estará mais próximo da vertical. Esses limites definem a variação das condições no ambiente externo sob as quais o movimento do ar tem o potencial de tornar confortáveis as condições internas.

Para produzir o máximo de fluxo total do ar através de um espaço, tanto a abertura de entrada quanto a de saída devem ser o mais largas possível. A abertura de entrada irá definir a direção de entrada da corrente de ar. Para se obter a velocidade máxima de ar no local, a abertura de entrada deve ser muito menor que a de saída. O posicionamento da abertura de entrada, de seus acessórios (p. ex., persianas ou outros dispositivos de sombreamento) bem como os efeitos aerodinâmicos no exterior (antes que o ar entre) determinarão a direção da corrente de ar no ambiente interno.

### 1.5.1.4 Resfriamento Por Evaporação

O resfriamento por evaporação pode ser obtido como parte de um sistema passivo, por exemplo, por um espelho de água no telhado ou uma piscina no pátio, ou por um esguicho sobre o telhado ou alguma outra superfície do edifício. Quando a evaporação ocorre em espaço fechado, ela pode reduzir a TBS, mas aumenta a umidade e, assim, o teor de calor latente; na verdade, ela converte calor sensível em calor latente. O teor total de calor do sistema não se altera, isto é, o processo é dito adiabático.

Indiretamente, a perda por evaporação ocorre quando há alguma evaporação dentro do espaço ou sala, que é adiabático, mas o ar úmido é então removido por ventilação. Esse processo é chamado "transferência de massa" e deve ser considerado nos cálculos da capacidade do ar-condicionado.

Se a taxa de evaporação (te, em kg/h) for conhecida, a perda de calor correspondente será

$$Q_e = (2400/3600) \times t_e = 666 \times t_e \text{ (W)} \tag{1.32}$$

onde 2400 kJ/kg corresponde ao calor latente da evaporação da água.

Um *resfriador por evaporação direta* (Fig. 1.78) suga o ar através de meios fibrosos, que são mantidos úmidos por um duto perfurado e abastecido no espaço a ser resfriado. No processo, o calor latente da evaporação é extraído do ar e, assim, este é resfriado, mas a umidade (portanto também o teor de calor latente) do ar de alimentação é aumentada. O ponto de equilíbrio no gráfico psicrométrico vai subir e se deslocar para a esquerda ao longo de uma linha de TBU constante (cf. Fig. 1.13).

Por essa razão, a ZCP para o resfriamento por evaporação pode ser definida pela linha da TBU tangencial aos cantos superior e inferior da zona de conforto. É impraticável obter mais de cerca de 11K de efeito de resfriamento (a partir da temperatura Tn), assim a ZCP é delimitada por uma linha vertical na temperatura Tn + 11°C (Fig. 1.79).

A eficácia desse sistema é limitada pelo potencial de evaporação do ar úmido mas pode ser melhorada com o uso de um resfriador por evaporação indireta. Este usa dois ventiladores e um permutador de calor de placas (ver Fig. 1.120). Ele ainda pode ser considerado um sistema "passivo", uma vez que o resfriamento é feito por evaporação. O fluxo de ar de retorno é resfriado por evaporação e passa através do permutador de calor, para resfriar a entrada de ar fresco a ser favorecido pelo espaço, sem acréscimo de umidade. O ar de exaustão é então descarregado. Um leve aumento na tolerância à umidade (até 14g/kg) é aceitável se o ar for resfriado, daí o limite superior da ZCP ser uma linha horizontal nesse nível, enquanto o limite de temperatura estaria em Tn + 14 (Fig. 1.79).

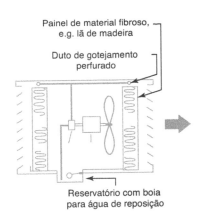

1.78
Princípios para um resfriador por evaporação direta

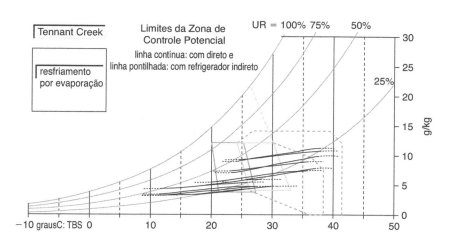

1.79
ZCP para resfriamento por evaporação

## 1.5.2 Funções de Controle das Variáveis do Projeto

Nesta seção, como um resumo das discussões anteriores, serão buscadas respostas para duas perguntas:

1 Que fatores influenciam a magnitude de cada um dos componentes da equação 1.13?
2 Que atributos das principais variáveis do projeto afetam o comportamento térmico do edifício?

### 1.5.2.1 Componente Fluxos de Calor

Quais variáveis de construção determinam ou afetam o componente fluxos de calor?

1 **Qi – ganho de calor interno** pode ser influenciado de modo mínimo apenas, pelo planejamento: separando todas as funções emissoras de calor dos espaços ocupados ou tentando dissipar o calor gerado na fonte, ou próximo a ela. A serpentina de condensação de um refrigerador pode ser colocada fora ou pelo menos ventilada separadamente, ou o acessório elétrico da iluminação fluorescente pode ficar fora do espaço habitável. Um ventilador de exaustão local pode ser usado próximo de um aparelho gerador de calor, como um forno de cozinha.
2 **Qs – ganho de calor solar** sobre superfícies opacas é influenciado não apenas por propriedades da superfície (refletância), mas também pela forma e orientação do edifício. Caso ele necessite de redução, a geometria solar deve determinar a forma: as superfícies maiores têm de ficar voltadas para o lado de menor exposição ao sol. O ganho de calor solar através das janelas oferece o controle passivo mais potente. Ele é afetado pelo tamanho da janela, sua orientação, tipo de vidro e pelos dispositivos de sombreamento.

O sombreamento ajustável pode oferecer flexibilidade em situações climáticas variáveis. O movimento sazonal aparente do sol dá a possibilidade de um ajuste verão/inverno automático. A vegetação e os objetos ao redor podem ter forte influência na penetração do sol. Plantas caducifólias são usadas frequentemente para dar sombra no verão, mas permitir a entrada de sol no inverno. Enquanto a instalação de janelas determina a admitância de radiação solar, a massa térmica do edifício afeta sua retenção e liberação.

3 **Qc – fluxo térmico por condução** é afetado pela forma do edifício, pela razão superfície-volume e pelas qualidades do isolamento térmico da envoltória. O isolamento reflexivo e resistivo afeta a magnitude do fluxo de calor, enquanto o isolamento capacitivo também afeta o tempo da entrada de calor. Num elemento multicamada, a sequência das camadas resistivas e capacitivas é um fator importante. Condições internas mais estáveis são obtidas quando a massa térmica fica localizada no interior do isolamento resistivo.

4 **Qv – fluxo térmico pela ventilação** é influenciado pela instalação de janelas e outras aberturas, sua orientação com respeito à direção do vento, seus mecanismos de fechamento e, em geral, a constrição ou a permeabilidade ao vento da envoltória. A forma de edifício pode ter forte influência na criação de zonas de pressão positivas e negativas que, por sua vez, influenciam na entrada do ar. Objetos externos, como cercas, muros anexos ou até mesmo a vegetação também podem ter algum efeito. Em condições frias, a troca de ar indesejada, mas inevitável, é chamada infiltração. Essa pode ser mantida em um mínimo por um bom fechamento de janelas e portas e selando fissuras ou vãos nas juntas da construção.

5 **Qe – resfriamento evaporativo** é uma técnica útil, especialmente em condições secas e quentes. Pode ser obtido por meio de equipamento mecânico, mas também por meio de sistemas puramente passivos, como um tanque ou um esguicho. Não deve ser considerado de forma isolada: o ar resfriado tem que ser retido, se não for pelo ambiente interno, então, por exemplo, por um pátio ou algum outro espaço externo cercado por uma cerca maciça. O projetista precisa se assegurar de que o efeito de resfriamento ocorra onde ele é necessário e que não seja neutralizado pelo vento ou pelo aquecimento solar.

*1.5.2.2. Variáveis de Projeto*

As variáveis de projeto com maior influência sobre o desempenho térmico são: forma, material de fechamento, janelas e ventilação. Elas serão agora examinadas rapidamente, como um resumo das discussões anteriores.

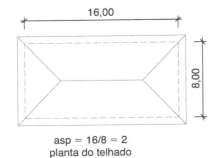

asp = 16/8 = 2
planta do telhado

1.80
Definição da "proporção"

1 **Forma**
   a *Razão superfície-volume*: como a perda ou o ganho térmico dependem da área da envoltória, em particular em climas severos, é aconselhável apresentar a menor área de superfície para um volume dado. Desse ponto de vista, o hemisfério é a forma mais eficiente, mas uma planta compacta é sempre melhor que uma disposição fragmentada e dispersa.
   b *Orientação*: se a planta não for um círculo, a orientação em relação ao ganho solar terá um forte efeito. A expressão "proporção" (Fig. 1.80) muitas vezes é utilizada para designar a razão entre a dimensão mais longa de um plano oblongo e a mais curta. Na maioria dos casos, as paredes N e S devem ser mais longas do que as L e O, e a razão deve ser aproximadamente de 1,3 a 2,0, dependendo das condições de temperatura e radiação. Isso pode ser otimizado em termos da incidência solar e do ganho de calor solar desejado ou indesejado ou da dissipação térmica.

2 **Material de fechamento**
   a O *sombreamento* das superfícies das paredes e do telhado pode controlar a entrada de calor solar. Em situações extremas, uma "cobertura para-sol" pode ser usada sobre a própria cobertura para fornecer sombra ou uma parede voltada para oeste pode receber sombreamento para eliminar a entrada solar do final da tarde. Se a forma da planta for complexa, então deve-se considerar o sombreamento de uma superfície por outra ala.

Em muitos países, o isolamento é especificado em termos de seu valor R, em vez de sua recíproca, o valor U. Em climas frios, R3 ou R4 não são incomuns (valor U de 0,33 ou 0,25) e "casas com super isolamento" foram construídas com até R8 (valores U que decaem até 0,125).
Ver tabela 1.5

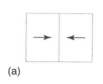

**1.81**
Tipos de janela por mecanismo de fechamento
(a) deslizamento horizontal
(b) deslizamento vertical (folha dupla)
(c) batentes
(d) basculante (fricção permanece)
(e) basculante invertida
(f) persianas de vidro
(g) pivotamento vertical
(h) pivotamento horizontal

b *Qualidades da superfície*: a absortância/refletância irá influir fortemente na entrada de calor solar; caso ele deva ser reduzido, serão preferíveis as superfícies reflexivas. Uma superfície branca e uma metálica brilhante podem ter a mesma refletância, mas a branca terá uma emissividade semelhante à de um corpo negro em temperaturas terrestres, enquanto a emissividade do metal brilhante é praticamente negligenciável. Assim se o objetivo for a dissipação de calor, será preferível uma superfície branca.

c O *isolamento resistivo* controla o fluxo térmico em ambas as direções, é especialmente importante em climas muito frios (edifícios aquecidos) ou em climas muito quentes (edifícios com ar-condicionado). Usualmente a cobertura é o elemento mais exposto, então seu isolamento é mais importante.

d *Isolamento reflexivo*: o melhor efeito é obtido quando a folha de metal (de dupla-face) fica suspensa no meio de uma cavidade, para que sejam utilizadas tanto a alta refletância quanto a baixa emissividade. Isso dificilmente pode ser atingido. Não há nenhuma diferença de magnitude entre os efeitos da baixa emissividade e da alta refletância. Deve ser levada em conta a deterioração devida ao tempo, como, por exemplo, depósitos de poeira, assim, uma folha de metal sob o revestimento do telhado e voltada para baixo é melhor que sobre o teto e voltada para cima. Ela afeta o fluxo térmico descendente mais que o fluxo ascendente. Ver discussão do isolamento do sótão na Seção 1.4.3.2 (e Fig. 1.57).

e O *isolamento capacitivo* oferece um controle muito potente do tempo de entrada do calor, em especial em climas com grande oscilação na temperatura diurna, uma vez que pode armazenar o calor excedente de um dia, para liberação em outra ocasião, quando for necessário. É importante em todos os edifícios, exceto aqueles ocupados por um período muito curto.

**3 Janelas**

a O *tamanho*, a *posição* e a *orientação* das janelas afetam a penetração do sol e, assim, a entrada do calor solar, mas também afetam a ventilação, em especial quando ventilação cruzada (esfriamento fisiológico) é desejável.

b *Vidros*: simples, duplo, múltiplo e qualidade do vidro: vidros especiais (por exemplo, vidros que absorvem calor, vidros que refletem calor ou vidros de baixa emissividade) podem ser empregados para melhorar uma situação de outra forma ruim, ao reduzir a entrada de calor solar. Suas qualidades são constantes, eles vão reduzir o aquecimento solar mesmo quando ele é desejável e também podem reduzir a incidência de luz diurna. Devem ser considerados como último recurso.

c *Mecanismo de fechamento*: vidro fixo, persianas, abertura de correr, tipos de mecanismos de correr utilizados (Fig. 1.81).

d *Cortinas e venezianas internas* podem reduzir levemente a entrada de calor solar, pela redução dos feixes de radiação (direta), mas elas terminam por se aquecer e reemitem esse calor, causando assim ganhos convectivos.

e *Dispositivos externos de sombreamento* são o modo mais positivo de controlar a entrada de calor solar. O efeito desses dispositivos sobre o vento (e, assim, sobre a ventilação) e sobre a iluminação diurna e a vista (panorama) deve ser levado em conta.

f *Telas contra insetos* (parte da guarnição das janelas) podem ser uma necessidade em climas úmidos e quentes, mas seu efeito sobre o fluxo do ar e sobre a iluminação diurna deve ser levado em conta. O fluxo do ar pode ser reduzido em 30% até mesmo pela melhor tela de náilon, sendo que a iluminação diurna também pode ser reduzida em 25%. Para manter o mesmo efeito, o tamanho de janela talvez tenha que ser aumentado.

### 4 Ventilação

a Uma construção com boa vedação para reduzir a infiltração do ar é importante tanto em climas frios quanto em climas quentes nos edifícios com ar-condicionado.

b Além da provisão de ar fresco, pode-se recorrer à ventilação para dissipar o calor indesejável, quando $T_o < T_i$.

c Resfriamento fisiológico pode ser obtido mesmo quando $T_o > T_i$ (levemente, isto é, $T_o < T_i + 4$) e para isso o importante não é a vazão, mas a velocidade do ar. Isso só será obtido por meio de completa ventilação cruzada (ou por meios mecânicos, p. ex., ventiladores), que tem a possibilidade de ser o principal fator determinante, não apenas na instalação das janelas e orientação, mas também na disposição interna (p. ex., salas dispostas numa única fileira) ou para definir que as divisórias não se estenderão até o teto.

### 1.5.3. Arquétipos de Projetos Climáticos

#### 1.5.3.1 Climas Frios

Em climas frios, onde o problema dominante é o aquecimento insuficiente, onde mesmo o melhor edifício vai precisar de algum aquecimento ativo, a principal preocupação é minimizar qualquer perda térmica. A razão superfície-volume é importante e, embora nem sempre seja possível construir iglus de esquimó (Fig. 1.82) (que têm a melhor razão superfície-volume), essa ideia deveria ser mantida na mente. Em todo caso, uma forma compacta de edifício é desejável.

1.82
Iglus de esquimó

O **isolamento** da envoltória é de importância essencial. Os valores U menores que 0,5 W/m²K são comuns na maioria das localizações nesse tipo de clima. As janelas devem ser pequenas, guarnecidas com pelo menos vidro duplo, mas de preferência com vidro triplo, ou com vidro duplo com tratamento de baixa emissividade e parcialmente esvaziado e preenchido com o gás inerte.

Onde é necessário aquecimento, o isolamento capacitivo (construções pesadas) pode ser benéfico em edifícios ocupados de forma contínua, pois permite aquecimento intermitente (mantendo o edifício razoavelmente quente durante os períodos de não aquecimento). No caso de ocupação intermitente, é preferível uma construção leve, com bom isolamento, pois tem um período mais curto de aquecimento. Nesses edifícios, as temperaturas noturnas podem ser muito baixas e, se a proteção de equipamento ou congelamento (p. ex. da água em dutos) é um risco, então uma construção pesada pode economizar em aquecimento noturno.

A insolação de inverno para uma janela vertical de frente para o equador, em ângulos solares de baixa altitude, pode ser significativa. Todas as outras janelas têm que ser tão pequenas quanto possível. É preciso verificar se uma janela bem orientada traz vantagens, mas muito provavelmente o aquecimento solar só irá funcionar se for mantida alguma forma de isolamento à noite. Todo aquecimento solar passivo desse tipo irá funcionar apenas se houver uma adequada massa térmica de armazenamento disponível. Uma parede pesada, isolada externamente, talvez seja uma boa escolha.

Cabe dar atenção à vedação da envoltória, para garantir que não haja infiltração de ar maior que aproximadamente 0,5 trocas de ar por hora. Se for muito bem-feita e reduzida a um valor menor que esse, a ventilação deve ser prevista de modo a elevar esse valor para 0,5 renovações por hora. Uma ventilação inadequada pode levar ao acúmulo de gases indesejáveis (formaldeídos ou até mesmo radônio) emitidos pelos materiais de construção. As entradas precisam ser seladas e protegidas externamente contra o vento frio.

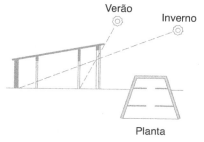

1.83
A casa proposta por Sócrates para climas temperados

### 1.5.3.2 Climas Temperados

Em climas temperados, as exigências no inverno serão semelhantes às mencionadas acima para climas frios, mas podem ser um pouco menos rigorosas, dependendo da intensidade do inverno. São comuns valores U na ordem de 0,7. As soluções de construção podem ser diferentes, para levar em conta as exigências do verão. Quaisquer janelas grandes (de frente para o equador) usadas para o aquecimento solar durante o inverno podem causar superaquecimento no verão.

Beirais salientes ou outros dispositivos de sombreamento podem garantir sombreamento no verão, mas permitir a entrada de radiação solar no inverno (Figs. 1.51 e 1.83). Uma interrupção completa no equinócio será fornecida com um AVS de 90° menos a latitude, mas isso deve ser ajustado de acordo com as temperaturas. Para um clima temperado e fresco, um AVS mais elevado pode permitir maior entrada de radiação solar, o que em geral é positivo durante o semestre de inverno, mas não durante o verão. Caso ocorra aquecimento em excesso durante o verão, é possível recorrer-se à ventilação para dissipar o calor não desejado, uma vez que é pouco provável que as temperaturas do ar sejam demasiado altas. Não são necessárias providências especiais para ventilação além das instalações para fornecimento de ar fresco.

Na maioria dos climas temperados, as temperaturas noturnas são demasiado baixas mesmo no verão. Por essa razão, pode ser preferível uma construção maciça (isolamento capacitivo). O lapso de tempo de uma parede espessa aquecida pelo sol pode ser ajustado para ser igual à diferença de tempo entre a máxima entrada solar e o momento em que o aquecimento se torna bem-vindo.

---

Na maioria dos países de clima temperado existem hoje exigências de isolamento regulamentadas. No Reino Unido não havia exigências desse tipo até 1965. Então, foi introduzido um limite superior aceitável para o valor U de 1,7 W/m²K, para paredes e 1,42, para coberturas. Desde então essa exigência se tornou cada vez mais rigorosa e, atualmente, é de 0,35 W/m²K (= R2,8) para paredes, e 0,25 (=R4) para coberturas. Na Austrália, as primeiras tentativas de controles regulatórios foram nos anos de 1990. Pode ser de algum interesse comparar as variações de valores U prescritos em alguns grupos de países da Organização para Cooperação Econômica e Desenvolvimento. A tabela 1.5 compara os valores U que não devem ser ultrapassados, (assim como o "valor U global", que é definido pela UE como $U_{r/c} + U_w + U_{fl} + 0,2 U_{wi}$).

**Tabela 1.5** Comparação de máximos valores U admitidos

|  | UE | América do Norte | AUSTRÁLIA/ NOVA ZELÂNDIA |
|---|---|---|---|
| Cobertura/forro | 0,13-0,55 | 0,12-0,22 | 0,20-0,35 |
| Paredes | 0,19-0,82 | 0,20-0,42 | 0,45-1,25 |
| Pisos | 0,16-1,20 | 0,19-0,42 | 0,63-1,42 |
| Janelas | 1,40-2,80 | 1,60-3,70 | 3,20-3,80 |
| U global* | 0,80-2,60 | 0,90-1,95 | 2,45-2,60 |

Nota: Suécia 0,7, Dinamarca 0,77, Noruega 0,84, Finlândia 0,94, Ontário 0,93. A ampla gama de valores (especialmente para UE) é devida às grandes diferenças climáticas (por exemplo, entre Suécia e Espanha). Alguns países exigem isolamento até duas vezes superior para elementos leves do que para construção pesada, outros variam a exigência de valor U da cobertura como uma função da absortância da superfície da cobertura.

Nos EUA, existem variações locais, regulamentos diferentes por estado e até mesmo por municípios, todavia a maioria dos estados segue o Padrão ASHRAE 90.1. As exigências são estabelecidas como uma função das características climáticas (por exemplo, graus-dia).

O BCA (Building Code of Australia, emenda 2003) divide o país em oito zonas climáticas e estabelece exigências diferentes para cada uma. Em todos os casos, a escolha deve atender às cláusulas de prescrições básicas (DTS, *deemed to satisfy*, considerado satisfatório) ou apresentar cálculos de energia (por uma pessoa autorizada ou software certificado) demonstrando que a proposta do edifício equivale a qualquer outra que atenda tais exigências elementares. Isso também é discutido na Seção 4.4.4.

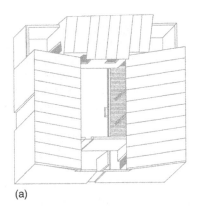

1.84
Uma moderna casa de pátio para climas quentes e secos: planta e vista isométrica

### 1.5.3.3 Climas Quentes e Secos

Em climas quentes e secos, as temperaturas durante o dia podem ser muito altas, mas a variação diurna é grande, muitas vezes mais de 20K. As temperaturas noturnas podem ser extremamente frias. Em consequência, a característica mais importante deve ser a grande massa térmica: paredes espessas, mas também uma cobertura com alta capacidade térmica.

As superfícies da construção devem ser brancas, o que pode funcionar como superfície seletiva. Isso é sobretudo importante no caso de coberturas expostas ao céu noturno. O efeito de resfriamento radiante pode ajudar a dissipar o calor armazenado durante o dia. A pintura branca tem alta emissividade, ao contrário de superfícies metálicas brilhantes (ver também Seção 1.1.2.3).

O ambiente externo muitas vezes é hostil, quente e árido, assim, a melhor solução pode ser um edifício voltado para o interior, construído em torno de um pátio. A massa de ar cercada pelo edifício, por cercas ou paredes maciças, provavelmente será mais fria que o ambiente, e mais pesada, ela irá assentar como se estivesse numa bacia. Esse ar pode ser resfriado por evaporação através de um tanque ou esguicho de água. O reservatório de ar frio criado nesses moldes pode então ser usado para fornecer ar fresco aos espaços habitáveis. Complementado por vegetação adequada, um pátio como esse pode se tornar um agradável espaço de estar ao ar livre (Fig. 1.84).

No entanto, depende muito de como o pátio é tratado. Um pátio sem sombra, sem água, pode ser uma deficiência, mais quente que o ambiente externo, não apenas no "inverno", mas também durante os períodos de maior calor. Há registro de um aquecimento indesejável de até 5K acima da temperatura ambiente. Os pátios tradicionais com sombra, árvores e algum componente com água podem ser substancialmente mais frescos que o ambiente no ápice do verão.

A ventilação, exceto por um pequeno suprimento de ar fresco proveniente do pátio, é indesejável, uma vez que o ar no ambiente externo é quente e poeirento.

### 1.5.3.4 Climas Quentes e Úmidos

Os climas quentes e úmidos são os que oferecem maior dificuldade na elaboração do projeto. As temperaturas máximas não podem ser tão altas quanto nos climas quentes e secos, mas a variação diurna é muito pequena (muitas vezes menos de 5K), assim o "efeito de massa" não pode ser invocado. Como a umidade é alta, a evaporação da pele fica limitada e o resfriamento evaporativo não é eficaz nem desejável, uma vez que tende a aumentar a umidade. É possível utilizar o resfriamento evaporativo indireto, pois não acrescenta umidade ao ar de abastecimento e oferece sensível resfriamento.

É típica desse tipo de clima a casa em posição elevada (para "capturar a brisa" acima de obstruções locais) e construção leve. O melhor que o projetista pode fazer é garantir que o interior não fique (muito) mais quente que o exterior (não deve ser mais frio), o que se consegue com uma ventilação adequada que elimine toda entrada de calor em excesso. Os climas quentes e úmidos ficam próximos ao Equador, onde a trajetória do sol fica próxima do zênite, de modo que o telhado recebe irradiação muito intensa. Manter baixa a temperatura do ar no ambiente interno não é suficiente. A temperatura do teto pode ser elevada devido à entrada de calor solar na cobertura, assim a TRM sofreria um aumento. Quando as pessoas usam roupas leves, a TRM tem o dobro do efeito da TBS.

O aumento excessivo da temperatura no teto pode ser evitado pelas seguintes medidas:

Calor: O Ambiente Térmico **75**

1.85
Uma casa para climas quentes e úmidos

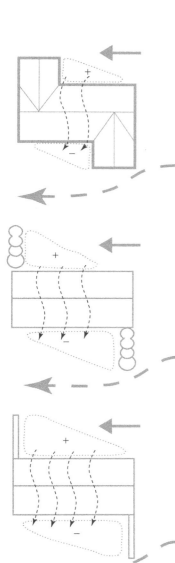

1.86
Alas estendendo-se para fora da construção

1 utilizar uma superfície reflexiva na cobertura;
2 ter um teto separado, formando o espaço de um sótão;
3 garantir ventilação adequada do espaço do sótão;
4 utilizar uma superfície reflexiva no revestimento interno da cobertura;
5 utilizar algum isolamento resistivo no teto.

As paredes dos lados leste e oeste não devem ter janelas, para evitar entrada de calor com o sol em ângulo baixo, e devem ser reflexivas e guarnecidas com isolamento. A temperatura sol–ar dessas paredes pode ser muito mais elevada do que a temperatura do ar.

Além da prevenção (ou redução) dos ganhos térmicos, a única estratégia possível de resfriamento passivo é o efeito de resfriamento fisiológico do movimento do ar. Para garantir máxima ventilação cruzada, as principais aberturas devem ficar em um limite de até 45° da direção do vento predominante. Porém é preciso ter em mente que há meios de interferir sobre o vento, mas não sobre a incidência solar.

Assim, a orientação solar deve ter prioridade. As paredes norte e sul podem ter grandes aberturas. As salas podem ser dispostas numa linha, para permitir aberturas tanto de entrada quanto de saída para cada recinto (portanto, ventilação cruzada). A Figura 1.85 mostra uma tal casa típica tropical.

Com uma parede de frente para o norte, se o vento vier do leste ou próximo a leste, a parede de uma ala situada na extremidade oeste de uma janela pode ajudar a criar uma zona de pressão positiva (Fig. 1.86). Ao mesmo tempo, a parede de uma ala posicionada na extremidade leste de uma janela de frente para o sul ajudará a criar uma zona de pressão negativa. A diferença entre a pressão positiva e negativa irá produzir uma ventilação cruzada, provavelmente melhor do que com a incidência normal do vento. Isso pode funcionar mesmo se a direção do vento for exatamente leste ou oeste. Uma ala que se projeta do prédio ou mesmo vegetação (p. ex. uma sebe) conseguem alcançar o mesmo resultado.

A discussão acima aplica-se a uma casa razoavelmente isolada. Com o desenvolvimento urbano e densidades populacionais cada vez maiores nas zonas tropicais quentes e úmidas, o efeito de ventilação desaparece. A solução é então utilizar um ventilador de teto de baixa potência, de movimento lento e baixa velocidade, que pode gerar a velocidade adequada para resfriamento fisiológico. Em todo o caso, esse é um útil recurso alternativo, para ocasiões em que não há brisa disponível.

Em casos de maior densidade (quando todas as outras casas também estão em posição elevada), o benefício da casa em posição elevada também pode desapare-

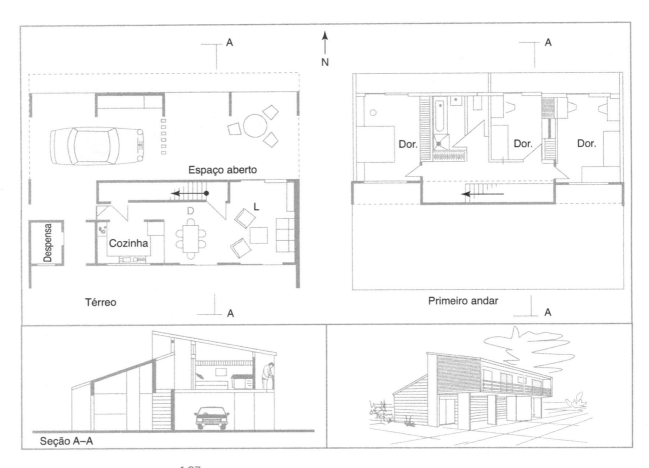

**1.87**
Uma casa híbrida para climas quentes e úmidos

cer. Um piso de laje de concreto sobre o solo pode fornecer um desejável dissipador de calor. No caso de salas de uso diurno (sala de estar, de jantar, cozinha), uma construção pesada pode garantir temperaturas internas próximas da temperatura mínima diurna. A temperatura dos dormitórios deve cair rapidamente após o pôr do sol, assim, uma construção leve e com ventilação cruzada seria desejável. Nessa base, uma forma de casa e construção híbrida foram sugeridas para se obter o melhor dos dois mundos (Fig. 1.87).

### 1.5.4 Controle da Umidade e da Condensação

Condensação ocorre sempre que o ar úmido resfria ou entra em contato com uma superfície abaixo de sua *temperatura de ponto de condensação* (TPC). O processo pode ser inferido no gráfico psicrométrico e é mais bem ilustrado por um exemplo. Isso em geral pode ser observado no espelho do banheiro ou no lado interno das janelas no inverno. Condensação superficial pode ser admitida, p. ex., com uma "calha de condensação" incluída no trilho inferior de uma janela, sendo assim drenada para o exterior. Mais difícil de lidar e potencialmente mais prejudicial é a condensação intersticial, que tem a possibilidade de ocorrer no interior dos materiais dos elementos da envoltória, especialmente no inverno.

O vapor irá penetrar no material da envoltória, devido à diferença de pressão de vapor interna-externa. A seção transversal de um componente da envoltória, como

## EXEMPLO 1.12  CONDENSAÇÃO

Marcar a posição no gráfico correspondente a (digamos) 26°C e UR de 60% (Fig. 1.88). A umidade absoluta (UA) é de 12,6 g/kg e a pressão do vapor está apenas um pouco acima de 2 kPa. Se essa linha horizontal é prolongada até a curva de saturação, obtém-se a TPC de 17,5°C. Isso significa que se o ar entrar em contato com uma superfície de 17,5°C ou menos, ocorrerá condensação.

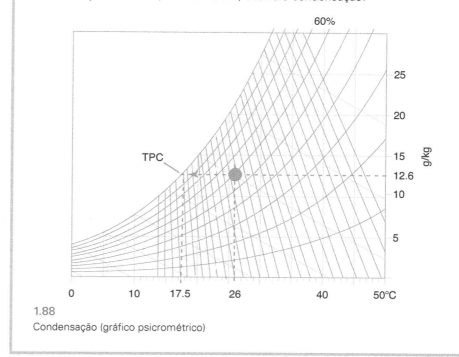

1.88
Condensação (gráfico psicrométrico)

uma parede, tem um gradiente de temperatura entre o interior quente e o exterior frio. Quando o vapor atinge uma camada à temperatura de condensação (TPC) ou abaixo dela, ocorre condensação no interior dos poros do material. A água em estado líquido é capaz de encher os poros, reduzindo assim as qualidades isolantes do material; o componente resfria, o que aumenta ainda mais a condensação. Em muitos casos, em invernos muito frios, houve a suspeita de vazamento na cobertura, que posteriormente se verificou ser "apenas" condensação.

Condensação leva muitas vezes ao desenvolvimento de mofo sobre essas superfícies úmidas e provoca danos no edifício (p. ex., o revestimento pode cair). Em situações de baixa temperatura, o risco é maior na borda externa da junção cobertura/parede, onde o material fica frio (devido ao efeito de ponte térmica); em especial nas residências de baixa renda, nas quais os quartos nem sempre têm aquecimento, quaisquer aberturas devem ser seladas "para conservar o calor", mas a porta da cozinha é deixada aberta para permitir que o ar quente (mas carregado de umidade) vá até os dormitórios.

Entre as causas da condensação estão

1 Entrada de umidade, aumento da umidade do ar no cômodo. Uma pessoa média é capaz de exalar aproximadamente 50g de vapor de água por hora. Um chuveiro chega a contribuir com 200g de vapor e a atividade de cozinhar ou a secagem de roupas dentro de casa podem produzir grandes quantidades de vapor (cf. a planilha de dados D.1.5 para taxas de produção de umidade).

2 Falta da ventilação, o que significa que o vapor gerado permanece no cômodo.
3 Aquecimento inadequado e isolamento precário podem provocar temperaturas muito frias nas superfícies internas.

As quantidades de fluxo de vapor são análogas às quantidades de fluxo de calor:

| Calor | J | Quantidade de Vapor | g | (em geral µg = $10^{-6}$ g) |
|---|---|---|---|---|
| Temperatura | T | Pressão do vapor | pv | Pa |
| Condutividade | λ | Permeabilidade | δ | µg/m.s.Pa |
| Transmitância | U | Permeância | π | µg/m².s.Pa |
| Resistência | R | Resistência do vapor | vR | Mpa.s.m²/g* |

Cf. a folha de método M.1.6, para o processo de cálculo.

Num espaço com grande produção de vapor (p. ex., um local de reunião), que no inverno poderia tornar a condensação incontrolável, um método passivo simples de desumidificação consiste no uso de uma "janela condensadora". Se todas as janelas tiverem vidro duplo, instale uma (ou várias) janelas estreitas de vidro simples, equipadas do lado interno com uma calha para condensação, a qual é drenada para consumir o vapor. Como essa janela será a superfície mais fria nesse ambiente, será nela que a condensação terá início e, se funcionar de modo adequado, irá precipitar boa parte do vapor da atmosfera interna, reduzindo assim a umidade e o risco de condensação em outros lugares. Essa é sem dúvida uma forma simples de desumidificação passiva.

### 1.5.5 Controles Microclimáticos

A maior parte dos dados climáticos publicados é coletada em estações meteorológicas, em geral situadas em locais abertos, muitas vezes em aeroportos. O clima de um dado local pode diferir de modo considerável do indicado nos dados disponíveis. As medições no local são impraticáveis, uma vez que isso exige nada menos que um ano, sendo que raramente um projeto dispõe de tal prazo. A melhor alternativa está em obter dados da estação meteorológica mais próxima e fazer uma avaliação qualitativa sobre como e de que forma o clima do local pode diferir.

Os principais fatores locais que vão interferir no clima do lugar são os seguintes:

- *topografia*, declive, orientação, exposição, elevação, morros ou vales no local ou próximo;
- *superfície do terreno*, natural ou artificial, sua refletância (muitas vezes designada como *albedo*), permeabilidade, temperatura do solo, áreas pavimentadas ou vegetação;
- *objetos tridimensionais*, como árvores, cinturões de árvores, cercas, muros e edifícios, uma vez que podem interferir nos ventos, produzir sombra e subdividir a área em zonas menores e distinguíveis de clima.

A radiação solar é afetada pela limpidez da atmosfera: ela será reduzida pela poluição, fumaça e poeira. O declive e sua orientação têm efeito sobre a irradiação, aqueles voltados para o equador recebem mais radiação e os voltados para os polos recebem menos radiação. Os morros, árvores e edifícios ao redor do local também afetam a hora aparente do nascer e do pôr do sol, portanto, a duração do dia e, consequentemente, a irradiação diária. A temperatura durante o dia é provavelmente mais alta próximo ao solo que nos níveis mais elevados. Isso é considerado uma estratificação "normal". À noite, em particular quando o céu está límpido, à medida

Calor: O Ambiente Térmico  **79**

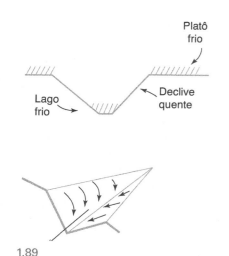

1.89
Vento catabático

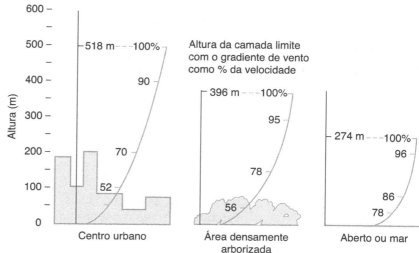

1.90
Perfis de velocidade do vento

1.91
Pluviosidade na colina

que a superfície irradia para o céu, a temperatura do ar próxima ao solo cai, ocorrendo uma "inversão". Esse resfriamento pode ser mais acentuado nos morros e montanhas; esse ar frio vai se comportar como a água: flui para baixo da montanha, acumula-se no vale e forma um *vento catabático* (Fig. 1.89).

O vento é desacelerado pela superfície do solo e um fluxo turbulento é gerado próximo ao solo, formando uma camada limite. A profundidade dessa camada limite depende da superfície e dos objetos que se encontram nela, podendo variar de cerca de 270m em terreno aberto a mais de 500m sobre a área de uma cidade (Fig. 1.90). Todas as nossas construções e a maior parte de nossas atividades se situam nessa camada. A topografia pode defletir o vento, mas também afetar a precipitação. Como indica a Fig. 1.91, um morro deflete o fluxo de ar quente e úmido para cima, ele resfria e gera precipitação. No lado do morro a sotavento, o fluxo do ar descendente raramente produz alguma precipitação.

Os ventos costeiros ocorrem próximo ao mar ou a outros grandes volumes de água (a menos que sejam suprimidos por ventos macroclimáticos). Durante o dia, a superfície terrestre esquenta, fazendo com que o ar aquecido se eleve, atraindo ar mais frio da água, como um vento do mar para a praia. À noite, a água permanece mais quente que a terra, fazendo com que o ar quente se eleve, produzindo uma brisa terrestre, um vento da praia para o mar (Fig. 1.92).

O fenômeno das ilhas de calor urbanas está atualmente bem documentado. A massa de ar sobre as cidades provavelmente é mais quente que a da zona rural ao redor, tendo sido verificadas diferenças (intensidades de ilha de calor) de até 10K.

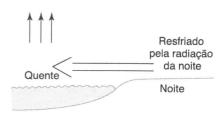

1.92
Ventos costeiros

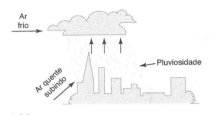

1.93
Efeito da ilha de calor urbana

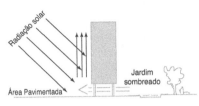

1.94
Vento local em um edifício

Esse efeito é mais pronunciado quando há pouco ou nenhum vento. Geralmente é causado por superfícies mais absorventes, redução nas perdas de radiação devido à poluição, e também pela perda de energia de edifícios, de torres de resfriamento e de veículos, e é referido como calor antropogênico. Uma corrente de ar ascendente que se eleva, provavelmente produzirá mais chuva que na zona rural próxima, um processo que pode ser intensificado pela presença da poluição urbana: as emissões de partículas que "semearão" o ar úmido e darão início à precipitação (Fig. 1.93).

Um único edifício é capaz de provocar fluxo de ar local muito forte. A face de um grande edifício laminar voltada para o equador pode ser intensamente aquecida pela radiação solar, o que provoca um fluxo de ar ascendente. Se o edifício estiver sobre *pilotis* (o andar térreo fica aberto), o ar mais frio será sugado da face que está do lado da sombra, alcançando consideráveis velocidades sob o edifício (Fig. 1.94).

Estudos recentes mostram possíveis diferenças no interior de um edifício. A maioria de nossos cálculos pressupõe que a temperatura em torno de uma casa é uniforme e, agora, está demonstrado que isso é incorreto. Um bolsão de ar entre dois edifícios pode ter temperaturas bastante diferentes com relação ao ar próximo a um lado exposto. Presume-se que a perda térmica através do piso de uma casa elevada flui a um $T_o$ igual ao de todo o contorno do edifício, mas de fato a temperatura do ar sob o piso pode ser bastante diferente.

O microclima ao redor de um edifício pode apresentar variações substanciais, mas é possível que essa variação também seja produzida deliberadamente, sendo designada como "controles microclimáticos". Esses controles em geral servem a dois objetivos:

1 controlar as condições (sol, vento) nos espaços externos;
2 contribuir no desempenho do edifício, ao melhorar as condições externas adjacentes a ele.

Os controles microclimáticos são capazes de afetar as condições de inverno e de verão, mas são mais eficientes nas estações "intermediárias" (primavera, outono) quando podem ampliar significativamente o período de operação puramente passiva do edifício.

Na escala do projeto urbano, é útil tentar manter em todas as ruas um lado da calçada com sombra no verão e um lado ensolarado no inverno, para que as pessoas possam escolher de que lado andar. Da mesma forma, nos parques e jardins públicos, deve haver bancos disponíveis tanto em áreas com sombra quanto em áreas ensolaradas.

Esses "controles" são de dois tipos:

• vegetação, árvores, arbustos, trepadeiras e coberturas verdes;
• objetos construídos, cercas, muros, telas, pérgulas, estruturas de sombra e pavimentos.

Em um clima frio, uma proteção contra os ventos frios pode ser obtida com um cinturão de árvores. A seleção das plantas é crucial e deve ser feita a partir de uma consulta a peritos. As árvores que perdem folhas no inverno não irão oferecer muita proteção quando seria mais desejável. Algumas árvores têm tronco alto, o que permite a livre passagem do vento próximo ao solo. Se a finalidade for proteção, elas devem ser complementadas por arbustos. Uma cerca ou uma tela, ou mesmo construções externas bem posicionadas conseguem servir ao mesmo objetivo.

Em um clima quente, a sombra lançada pelas árvores tende a ser um grande alívio. A temperatura na superfície de uma cobertura pode ficar acima de 70°C, mas à sombra, em geral não ultrapassa 35°C. A temperatura das superfícies do solo pode mostrar diferenças análogas, mas isso depende da natureza dessas superfícies. Os pavimentos serão muito mais quentes que a grama ou outra cobertura verde do solo. À noite os pavimentos ficam muito mais frios que as coberturas vegetais. Os pavimentos apresentam uma ampla oscilação diurna, sendo o asfalto preto até mesmo pior que o concreto.

Uma outra vantagem das coberturas vegetais do solo é que são permeáveis, assim elas reduzem o escoamento da água das chuvas e permitem que a água do solo seja reposta. Muitos autores recomendam o uso de árvores que perdem folhas no inverno, com o objetivo de obter sombra no verão, mas permitir que a radiação solar alcance o edifício no inverno. Isso pode dar certo em alguns climas, mas em muitos casos as árvores não seguem o calendário (em especial, em climas de "inverno" brando), e às vezes produzem sombra em demasia no inverno e sombra insuficiente no verão.

Um outro aspecto que muitos arquitetos tendem a se esquecer é que as árvores crescem, assim seu efeito vai se alterar com o passar dos anos. Se for feito o plantio de árvores, deve-se buscar orientação paisagística sobre como será sua aparência num período de dez, vinte ou até mais anos. No entanto, alguns cínicos dizem que as árvores (e a vegetação em geral) são os melhores amigos do arquiteto: elas cobrem muitos erros e muita feiura.

### 1.5.6. Edifícios em Funcionamento Livre (Free-Running Buildings)

Esse é um termo usado para edifícios que podem operar sem qualquer controle térmico "ativo" (baseado em energia). Eles seriam projetados para um dado clima, com o melhor uso de controles microclimáticos e controles passivos térmicos (talvez incorporando os adequados sistemas passivos), para garantir boas condições térmicas internas aos usuários. A tarefa aqui é controlar não apenas a magnitude, mas também o tempo dos fluxos de calor. Alguns ajustes tanto na escala de tempo diária quanto na anual devem ser incorporados.

A situação mais clara ocorre em climas muito frios, onde o principal problema térmico é a falta de calor: a tarefa então é evitar perda de calor e fazer uso de qualquer ganho de calor solar interno. O Exemplo 1.4 (e Fig. 1.66) mostra como examinar a temperatura do "ponto de equilíbrio" (quando ganhos equilibram as perdas), por exemplo, para a condição média diária. O projeto de sombreamento, dispositivos fixos e ajustáveis, fornece uma ferramenta importante para qualquer clima. Ele precisa estar relacionado com a orientação e o uso do cômodo. E também deve ser considerado junto com a massa térmica, conforme comentado na Seção 1.5.1.2.

A massa pode ser usada de duas formas: para a entrada de calor de fora ou de dentro. Com a primeira, o calor que entra na superfície externa das paredes, da cobertura (a partir do ar quente ou da radiação solar), terá um efeito na superfície interna com um atraso de tempo de retardo ($\phi$) em horas (ver Fig. 1.67). O projetista deve relacionar o tempo de entrada ao cômodo, o tempo necessário para uma entrada de calor (por exemplo, dependendo do uso do aposento).

A entrada de calor nas superfícies internas pode ocorrer devido à radiação solar que entra através de uma janela. Aqui o efeito de aquecimento é quase simultâneo, mas se a radiação for recebida por uma superfície densa, uma parede ou cobertura maciça, ou uma parede baixa compacta, então essas massas vão estocar boa parte do calor e liberá-lo gradualmente, um reduzido (melhorado) fator de decremento, mas o principal benefício é o forte aumento da admitância.

O exemplo 1.5 (e Fig. 1.70) mostra a importância da sequência de camadas. Uma camada interna maciça (isolamento exterior) fornece um retardo de tempo levemente superior, um fator de decremento menor (melhor) e uma admitância substancialmente maior que o reverso. Isolamento no topo reduz a entrada de calor externo, especialmente entrada de calor solar. A grande admitância permite captar calor interno. Em um dia quente isso pode manter o ambiente interno suficientemente fresco, sem resfriamento "ativo". Isso certamente irá garantir um ambiente interno mais estável termicamente.

Isso é desejável? Certamente sim, para um cômodo de ocupação contínua, mas não para, digamos, uma sala de café da manhã com face leste, onde um aquecimento quase instantâneo é muito bem-vindo numa manhã fria de inverno.

A Fig. 1.119 na p. 97 indica o "ato de equilíbrio" executado pela massa térmica em um edifício com ar-condicionado. Essa irá mudar a carga, certamente reduzindo a capacidade de instalação necessária e possivelmente até reduzindo a carga. Em muitos casos pode resultar num edifício de funcionamento livre. Um edifício de funcionamento livre (uma "casa zero energia") pode ser o ideal, mas mesmo se tais esforços de projeto não são 100% bem-sucedidos, o uso de energia do edifício terá sido minimizado.

## 1.6 CONTROLES ATIVOS: AVAC

Em geral, onde os controles passivos não têm como garantir plenamente o conforto térmico, algum sistema mecânico movido por energia pode ser utilizado para complementar seu desempenho. Entre as opções nesse caso, temos aquecimento, ventilação ou ar-condicionado (AVAC) e é tarefa dos engenheiros mecânicos. Aqui apenas uma breve visão geral é tentada, em parte para auxiliar no entendimento do que esses sistemas fazem, em parte para introduzir algo da linguagem dos engenheiros, dessa forma encorajando a cooperação.

A performance requerida de tais sistemas é usualmente chamada de "carga" (carga de aquecimento, carga de ar-condicionado). Do ponto de vista do engenheiro mecânico, a tarefa do projeto do edifício (isto é, dos controles passivos) é reduzir tal carga até onde for viável.

### 1.6.1 Aquecimento

O projeto de sistemas de aquecimento, após a escolha de um sistema apropriado, visa estabelecer duas quantidades:

1 o tamanho (capacidade) do sistema;
2 a necessidade de aquecimento anual (sazonal) ou mensal.

A primeira delas é baseada no cálculo da perda térmica sob as condições pressupostas pelo projeto, sendo que a capacidade de aquecimento terá de corresponder à da perda térmica. Se a condutância do edifício (q, como na Seção 1.4.2, equação 1.23) for conhecida, então a taxa de perda térmica será:

$$Q = q \times \Delta T$$

onde $\Delta T = T_o - T_i$ (W/K × K = W)

e $T_o$ é considerada com um valor próximo às "piores condições", a fim de garantir que o sistema dê conta de condições extremas.

Sob condições menos severas, o sistema pode operar com capacidade reduzida. $T_i$ é estabelecida pelas exigências de conforto relativas ao tipo de edifício em questão e os valores $T_o$ podem ser encontrados em diversas publicações de referência como *temperaturas externas para projetos*. Esse $T_o$ é em geral considerado como um valor percentual de temperatura de 10% ou 20%, dependendo da inércia térmica do edifício.

Em edifícios de construção leve e de resposta térmica rápida, a ocorrência de temperaturas muito baixas, mesmo que por um curto período, terão um efeito perceptível, então o dimensionamento do sistema deve ser baseado numa $T_o$ mais baixa, p. ex., o valor percentual de 10%. Edifícios pesados podem atenuar as grandes depressões, assim é suficiente utilizar um valor percentual de 20% como a $T_o$.

Muitos sistemas têm *capacidade de sobrecarga*, que será ativada nas piores condições, assim o dimensionamento pode usar uma temperatura mais alta. A Tabela 1.6 mostra alguns valores típicos para o Reino Unido.

$$Htg = q \times Kh \qquad (W/K \times Kh = Wh) \text{ (como na equação 1.12)}$$

O resultado será válido para aquecimento contínuo e deve ser ajustado, de acordo com os fatores apresentados na Tabela 1.7, para a duração da ocupação, massa térmica do edifício e resposta do sistema.

**Tabela 1.6** Temperaturas externas de inverno para projeto (para o Reino Unido)

| Inércia térmica | Se capacidade de sobrecarga for | Então projetar para |
|---|---|---|
| Alta, p. ex., edifícios de vários andares com divisórias e andares sólidos | 20% Nada | −1°C −4°C |
| Baixa, na maioria, edifícios de um único andar | 20% Nada | −3°C −5°C |

Nota: A necessidade de aquecimento anual (ou sazonal) pode ser estimada como na Seção 1.3.3.2

**Tabela 1.7** Fatores de correção para as exigências de aquecimento

| | | |
|---|---|---|
| Pela duração da semana de trabalho | 7 dias | 1 |
| | 5 dias edifícios pesados | 0,85 |
| | edifícios leves | 0,75 |
| Pela resposta do edifício e das instalações: | aquecimento contínuo | 1 |
| Aquecimento intermitente (interrupção à noite) | | se a resposta da instalação for |
| | | rápida / lenta |
| Se o edifício for de construção | leve | 0,55 / 0,70 |
| | média | 0,70 / 0,85 |
| | pesada | 0,85 / 0,95 |
| Apenas para aquecimento intermitente, duração do aquecimento ao dia | | se o edifício for de construção |
| | | leve / pesada |
| | 4 h | 0,68 / 0,96 |
| | 8 h | 1 / 1 |
| | 12 h | 1,25 / 1,02 |
| | 16 h | 1,4 / 1,03 |

#### 1.6.1.1 Aquecimento Local

Em alguns casos, o calor pode ser gerado no espaço em que é necessário; isso é chamado "aquecimento local". As fontes de energia disponíveis e a maneira de entrega de energia para o aquecimento do local podem ser:

| | |
|---|---|
| eletricidade | por fios |
| gás | canalizado, da rede ou de bujão situado no exterior |
| combustível líquido (óleo, querosene) | canalizado de um tanque externo ou em lotes (latas, garrafas) |
| combustível sólido | (carvão, coque, lenha) em lotes (latas, caixas, cestos). |

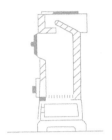

1.95
Um típico fogão de ferro fundido

Em todos esses casos (exceto nos aparelhos elétricos), o calor é produzido pela queima de algum combustível. Isso exige oxigênio, então um suprimento de ar deve ser garantido, e os produtos da combustão precisam ser removidos. Isso requer que estejam conectados a um duto de exaustão.

Os **aquecedores a óleo** estão disponíveis na forma portátil. Eles utilizam o ar da sala e ali descarregam seus resíduos da combustão. Um aspecto muitas vezes ignorado é que a combustão de 1L de óleo produz aproximadamente 1kg de vapor de água, o que aumenta a pressão do vapor na sala e, assim, o risco de condensação. Portanto, é essencial uma ventilação adequada.

Os **utensílios de combustível sólido** (ou fornos) podem ser produtos industrializados feitos de metal (p. ex., ferro fundido, Fig. 1.95) ou construídos no local com blocos cerâmicos (estes últimos têm grande inércia térmica, Fig. 1.96). Ambos são conectados a um duto de exaustão. Esses dutos têm capacidade de eliminar quantidades significativas de ar e só funcionarão adequadamente se o ar do cômodo puder ser reabastecido através de aberturas apropriadas. Lareiras abertas muitas vezes são usadas como elementos decorativos (muitas pessoas gostam de observar o fogo crepitando), mas não devem ser consideradas como dispositivos de aquecimento sérios, por causa da sua eficiência muito baixa.

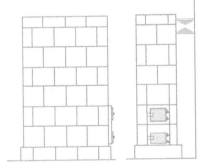

1.96
Um fogão em cerâmica construído *in loco*

Os **aquecedores a gás** podem ter um "duto de exaustão balanceado" (Fig. 1.97), no qual o fornecimento de ar fresco e a exaustão dos resíduos combustíveis formam um circuito isolado do ar do cômodo. Em espaços amplos (uma igreja ou edifícios industriais), radiadores a gás sem duto de exaustão, podem ser usados, em geral montados suspensos, numa posição basculante. Os queimadores aquecem uma chapa refratária (de elementos de cerâmica moldados e perfurados) a 800-900°C, que assim se torna incandescente e emite calor sobretudo por radiação.

Os **aquecedores elétricos** têm a maior variedade em termos de forma e produção de calor (radiante/por convecção), embora todos eles se baseiem em elementos de aquecimento por resistência. A tabela 1.8 lista os tipos básicos de aquecedores elétricos, mas dentro de cada um deles existe uma grande variedade de produtos.

A eletricidade é muitas vezes designada como o "combustível" mais conveniente, devido à sua facilidade de transporte, por ser controlada facilmente (ao toque de um botão), por não ter resíduos da combustão no ponto de fornecimento do calor e por sua eficiência na conversão ser de praticamente 100%. Esse é um ponto de vista bastante sedutor, mas enganoso. Suas características negativas são apenas deslocadas para as usinas geradoras, com suas emissões que poluem a atmosfera e contribuem para o efeito estufa bem como sua baixa eficiência na conversão da queima de combustível em eletricidade, de aproximadamente 33% (em média [no caso, por exemplo, das usinas a carvão]). Assim, o uso de 1 kW/h de eletricidade

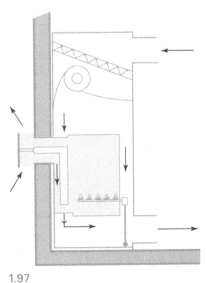

1.97
Um aquecedor a gás por convecção com duto de exaustão balanceado

**Tabela 1.8** Tipos de aquecedores elétricos

| Tipo | Emissão de calor (%) Radiante | Convectiva |
|---|---|---|
| Lâmpadas infravermelho | 100 | – |
| Radiadores incandescentes | 80 | 20 |
| Radiadores de temperatura média (duto ou painel) | 60 | 40 |
| Painéis de convecção de baixa temperatura (a óleo) | 40 | 60 |
| Convecção por movimentador de ar | – | 100 |
| Aquecedores de armazenamento (bloco) | 10 | 90 |
| Aquecimento do piso | 20 | 80 |
| Aquecimento do teto | 70 | 30 |

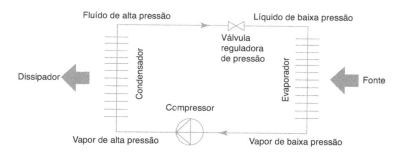

1.98
Princípios de uma bomba de calor

significa o uso do combustível de cerca de 3 kW/h de teor de energia e a emissão de cerca de 3 kg de $CO_2$ na atmosfera.

Uma forma especial de aquecimento elétrico se baseia na *bomba de calor*, na qual a entrada de eletricidade a uma taxa de 1 kW pode produzir um aquecimento de até 4 kW, o que parece contradizer a Primeira Lei da Termodinâmica, mas o calor não é de fato produzido pelo mecanismo. A entrada de 1 kW para acionar o compressor facilita a transferência do calor de uma fonte de baixa temperatura, aumentando e transferindo-o numa temperatura útil a uma taxa de 4 kW. A Figura 1.98 mostra os princípios desse tipo de bomba de calor.

O compressor põe em circulação, num ciclo fechado, um fluido apropriado ou de refrigeração (como um fluoreto orgânicos ou hidrocarbonetos). Uma válvula reguladora de pressão mantém o lado do condensador sob alta pressão e o lado do evaporador sob baixa pressão e baixa temperatura. Quando o fluido é comprimido, ele se aquece e liquefaz, ao mesmo tempo ele transfere calor para o *dissipador* de calor, nesse caso, o ar do cômodo. Ao passar pela válvula, ele evapora e sua temperatura cai para que possa coletar calor de uma *fonte*. Essa fonte de calor pode ser a atmosfera (com o evaporador conformado como um trocador de calor ar-para-líquido), ou pode ser água quente "de reuso", descarregada em um reservatório ou um corpo natural de água (um rio ou o mar), onde o evaporador é conformado como um trocador de calor líquido-para-líquido.

> Os fluoretos orgânicos (fréons, CFCs) foram em grande parte responsáveis pela depleção da camada de ozônio na atmosfera superior (os buracos de ozônio) e o consequente aumento da radiação UV no nível do solo. Esses estão agora quase que completamente banidos do uso, em consequência do "Protocolo de Montreal", de 1987, tendo sido substituídos pelos hidrocarbonetos.

Se o objetivo de se usar essa máquina for obter calor, então o coeficiente de performance (CoP) é definido como

$$\text{CoP} = \frac{Q}{W} = \frac{\text{Calor transferido para o dissipador}}{\text{Entrada de trabalho do compressor}} \quad (1.33a)$$

Esse CoP é mais elevado no caso de um pequeno aumento de temperatura (ou intensificação), mas ele reduz se a intensificação necessária for grande. No ciclo ideal (Carnot), o CoP é inversamente proporcional ao aumento da temperatura:

$$\text{CoP} = \frac{T'}{T' - T''}$$

onde

T' = temperatura do dissipador
T'' = temperatura da fonte (em °K).

mas um ciclo efetivo produzirá 0,82 a 0,93 (uma média de 0,85) do coeficiente de performance de Carnot. Isso será reduzido ainda mais em função da eficiência dos componentes efetivos, como

motor elétrico    0,95
compressor        0,8
trocas térmicas   0,9

Se a mesma máquina for usada para resfriamento, isto é, para redução de calor, então a definição de CoP é ligeiramente diferente:

$$\text{CoP} = \frac{Q}{W} = \frac{\text{Calor removido da fonte}}{\text{Entrada de trabalho do compressor}} \quad (1.33\ b)$$

A diferença é que em um dispositivo de bomba de calor, a entrada feita pelo compressor é somada ao calor ganho, está incluída no valor de Q, mas no dispositivo de resfriamento, não está.

---

**EXEMPLO 1.13   CÁLCULO DE COP**

Se houver uma fonte de 10°C (=283°K) e o calor deve ser entregue a 55°C (=328°K)

$$\text{CoP} = 0{,}85 \times 0{,}95 \times 0{,}8 \times 0{,}9 \times \frac{328}{328 - 283} = 4{,}24$$

mas se a fonte for de 0°C (=273°K) e 60°C (333°K) for o desejado, então

$$\text{CoP} = 0{,}85 \times 0{,}95 \times 0{,}8 \times 0{,}9 \times \frac{333}{333 - 273} = 3{,}23$$

---

*1.6.1.2 Aquecimento Central*

O calor pode ser produzido centralmente em um edifício (ou grupo de edifícios), distribuído para os espaços ocupados por um fluido de transporte de calor e emitido para fornecer o aquecimento necessário. Esquematicamente:

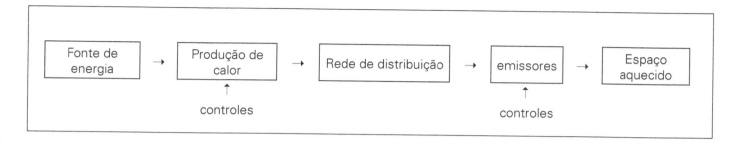

Entre as fontes de energia possíveis, temos os combustíveis fósseis, carvão, óleo ou gás; ou eletricidade produzida por combustíveis fósseis; nuclear ou hidroelétrica; ou fontes renováveis, como energia solar, eólica, das marés, das ondas, energia oceano-térmica, geotérmica ou biogás. Em certo momento, o carvão era a fonte mais comumente usada, mas hoje dependemos mais frequentemente do petróleo ou do gás. O fluido de transporte pode ser a água ou o ar. O calor é produzido em caldeiras, no caso de sistemas baseados na água, e fornalhas, no caso de sistemas baseados no ar.

Quanto às implicações arquitetônicas enquadram-se a acomodação de qualquer estoque de combustível, da instalação de produção de calor e seu duto de exaustão, o trajeto e a acomodação da rede de distribuição: encanamento para um sistema a água, e dutos, para um sistema a ar, bem como a escolha e colocação dos emissores.

A Figura 1.99 mostra a disposição de um depósito externo para uma bancada de cilindros de gás. Vazamentos de gás internos misturados ao ar são capazes de produzir uma mistura altamente explosiva, com grande chance de ser acesa pela menor das fagulhas. A Figura 1.100 mostra o corte de uma câmara de tanque de armazenamento de óleo. Aqui predominam as precauções contra incêndio: note a válvula de entrada da espuma e o limiar alto, que deve ser elevado o suficiente para que a câmara possa conter o volume completo do tanque de óleo, em caso de vazamento. O armazenamento de óleos mais pesados deve ser aquecido a pelo menos as seguintes temperaturas:

classe E – 7°C
classe F – 20°C
classe G – 32°C

O **emissor** de um sistema de ar quente pode ser um radiador ou um difusor (em raras ocasiões, um jato direcionado). Esse sistema tem por desvantagem que as temperaturas das superfícies do cômodo ficam abaixo da temperatura do ar, enquanto os seres humanos preferem uma TRM ligeiramente acima (1–2 K) da temperatura do ar.

A Figura 1.101 mostra a disposição dos dutos de um sistema de ar quente doméstico. A taxa do fluxo volumétrico (m³/s) em um duto é de

iv = A × v

onde

A = área da seção transversal do duto (m²)
v = velocidade do ar (m/s).

A velocidade do ar em dutos pode ser de 2,5 a 7,5 m/s para sistemas de baixa velocidade, mas de até 25 m/s para sistemas de alta velocidade (alta pressão). Esse

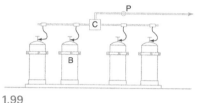

1.99
Cilindros de gás

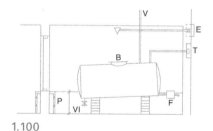

1.100
Compartimento do tanque de armazenamento de óleo: V = ventilação, T = tubo de preenchimento, VI = válvula de lodo, P= profundidade para conter o volume total, E = entrada de espuma, B = bueiro, F = corte de fogo

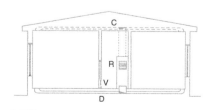

1.101
Sistema doméstico de ar quente

último requer dutos menores, mas resulta em uma resistência de fluxo muito maior, requer potência maior do ventilador, e tende a ser mais ruidoso. Em cômodos habitáveis, é preferível uma velocidade de saída de não mais de 2,5m/s e, em caso algum, essa velocidade deve exceder a 4 m/s.

Nos sistemas modernos, em especial nos casos em que é necessário ar-condicionado no verão, o sistema de aquecimento central do ar é combinado com o de ar-condicionado. Muitas vezes utiliza-se uma caldeira para produzir água quente, que vai alimentar uma serpentina incluída na unidade de tratamento do ar.

Os sistemas à base de água (*hydronic*, nos EUA) podem depender da circulação por gravidade (termo-sifão) ou serem acionados por bomba. O primeiro deles requer tubulação de dimensões maiores, sendo raramente (se é que chega a ser) utilizado hoje. Para sistemas acionados por bomba, em geral se emprega tubulação de cobre de pequeno calibre. Para casas térreas, um sistema de circuito anelar de dois tubos é usual (Fig. 1.102).

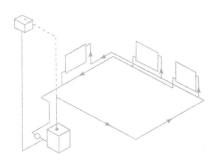

1.102
Sistema em anel principal de aquecimento central

Para uma casa de dois ou mais andares, sistemas de dois tubos são mais apropriados, e eles podem ser de distribuição ascendente (Fig. 1.103) ou descendente (Fig. 1.104), mas também é possível um sistema de um único tubo (Fig. 1.104). Em sistemas domésticos são comuns tubos de pequeno calibre (13–20 mm), mas recentemente o sistema de microcalibre (6 mm) ganhou popularidade, onde cada emissor é servido por canos separados de fluxo e retorno, conectados a um tubo de distribuição. O projeto de sistemas de maior porte é tarefa de consultores mecânicos.

Os emissores, mais comumente, são painéis "radiadores" de aço prensado (pelo menos metade da emissão é por convecção) (Fig. 1.106), mas várias unidades de convecção também podem ser empregadas (Fig. 1.107). Praticamente todos os tipos de aquecedores locais também podem ser adaptados para uso em sistemas centrais de aquecimento de água quente, inclusive o aquecimento do piso, com serpentinas tubulares embutidas (em vez de cabos elétricos de aquecimento). O aquecimento do piso é essencialmente um sistema de resposta muito lenta e, com frequência, é projetado para fornecer o aquecimento de fundo (digamos, 16°C) com emissores ou aquecedores locais de resposta rápida para completo aquecimento, como requerido.

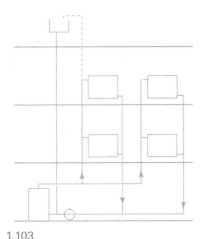

1.103
Sistema de distribuição ascendente de dois dutos

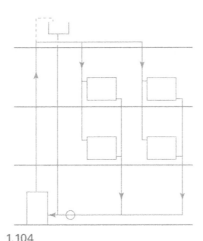

1.104
Sistema de distribuição descendente de dois dutos

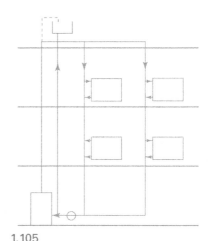

1.105
Sistema de distribuição descendente de um duto

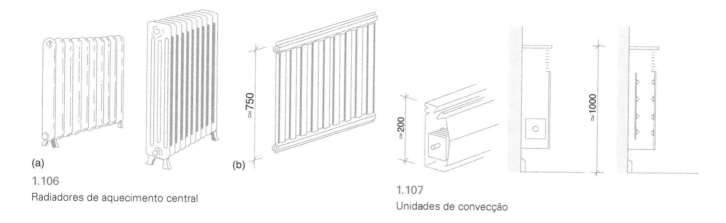

1.106
Radiadores de aquecimento central

1.107
Unidades de convecção

### 1.6.2 Abastecimento de Água Quente

A grande variedade disponível de sistemas de abastecimento de água quente pode ser categorizada de acordo com quatro aspectos:

1 Pela fonte de calor:
   - acoplado ao sistema de aquecimento central
   - independente
   - por caldeira separada
   - elétrico
   - a gás
   - solar
2 Pelo modo operacional:
   - tipo de armazenamento
   - semiarmazenamento
   - instantâneo
3 Pela pressão
   - pressão da rede
   - pressão reduzida
   - baixa pressão
   - saída livre (válvula de entrada apenas)
4 pela forma de entrada de calor
   - direta
   - indireta.

A Fig. 1.108 mostra os dez sistemas mais populares em termos gráficos, as letras que designam os parágrafos explicativos seguintes se referem aos gráficos.

a *Acoplado, de armazenamento, baixa pressão, direta*: uma ramificação do circuito central de aquecimento da água é conduzida através de um trocador de calor submerso no cilindro de água quente. A água quente consumida é substituída a partir de um tanque principal (cisterna). A pressão da água nas saídas é apenas a da altura do tanque principal.

90 Introdução à Ciência Arquitetônica

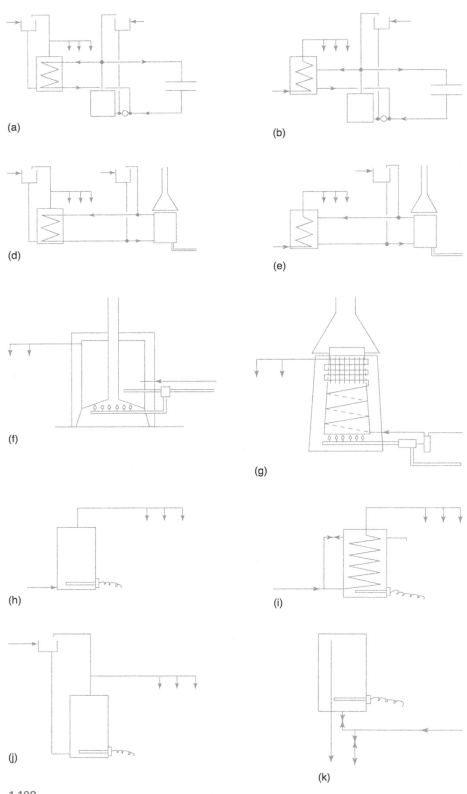

1.108
Sistemas de água quente (a-k)

b *Acoplado, de armazenamento, pressão da rede, indireta*: como acima, mas sem o tanque principal, alimentado diretamente da rede; a água é aquecida ao passar pelo permutador de calor.

c *Caldeira separada, de armazenamento, baixa pressão, direta*: o mesmo que (a) acima, sem o circuito emissor.

d *Gás, de armazenamento, baixa pressão, direta*: um aquecedor a gás de dimensões modestas faz circular a água através de um permutador de calor submerso no cilindro de água quente.

e *Gás, de armazenamento, pressão da rede, indireta*: o mesmo que (d), mas o "circulador" a gás é conectado ao tanque (e não à serpentina). A serpentina é alimentada diretamente a partir da rede; a água é aquecida ao passar através do permutador de calor.

f *Gás, semiarmazenamento, pressão reduzida ou baixa pressão, direta*: um aquecedor a gás de tamanho modesto, com um volume de armazenamento de 60-80 L. O bico de gás acende, assim que ocorre a drenagem. Ao ser utilizado, pode produzir um fluxo morno (e não quente), instantâneo e lento. A plena recuperação deve levar cerca de vinte minutos.

g *Gás, instantâneo, saída livre, direta*: um potente bico de gás aquece a água, enquanto ela passa. O fluxo de água é controlado na entrada. Uma unidade de 10-15 KW pode servir um único ponto de drenagem. Unidades multiponto de até 35 KW ficam sob a pressão da rede. Uma unidade de 30 KW pode aquecer a água de 10° para 65°C, numa taxa de 0,1 L/s. A ignição do gás é controlada por uma válvula a gás operada por meio de pressão da água. Os modelos mais antigos têm chama–piloto a gás, enquanto as novas unidades são equipadas com ignição por centelha elétrica.

h *Elétrico, de armazenamento, pressão da rede, direta*: tanto o cilindro quanto a tubulação ficam expostos à pressão da rede. Se a conexão da rede está equipada com uma válvula redutora da pressão, ela se torna uma unidade de pressão reduzida e é possível se utilizar um cilindro de calibre mais leve.

i *Elétrico, armazenamento, pressão da rede, indireta*: o volume do tanque esquentado por um aquecedor de imersão não é consumido. A água sob pressão da rede é aquecida enquanto flui pela serpentina.

j *Elétrico, armazenamento, baixa pressão, direta*: semelhante a (h), mas é alimentado a partir de um tanque principal.

k *Elétrico, semiarmazenamento, saída livre, direta*: uma torneira controla a entrada de água fria, a saída é livre. Em geral, uma unidade de pequeno volume (15–50 L), com uma recuperação de 15-20 minutos.

Algumas máquinas de lavar roupas e de lavar louça só podem funcionar com água sob pressão da rede. Os sistemas do tipo entrada indireta (b, e, i) têm a vantagem de que a pressão da rede é produzida sem o custo de um cilindro pesado. Em grande parte do Reino Unido, esses sistemas não têm qualquer relevância, uma vez que a totalidade da instalação da água deve ser alimentada a partir de uma cisterna de armazenamento (a conexão da rede é autorizada apenas para uma torneira na cozinha).

As unidades elétricas de armazenamento podem ser utilizadas nas horas em que a eletricidade está fora do pico, o que é muito mais barato. A distância entre o aquecedor de água e os pontos de drenagem deve ser mantida num mínimo, a fim de evitar a água parada desperdiçada (à medida que esfria) a cada vez que a torneira quente é aberta.

Em instalações de maior porte, um sistema secundário de circulação da água quente (fluxo e retorno) pode ser instalado, como o mostrado na Fig. 1.109, com

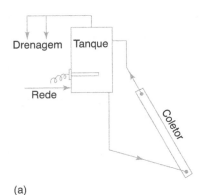
(a)

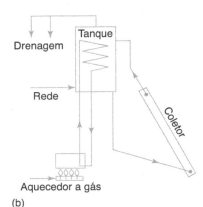
(b)

(c)

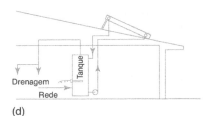
(d)

1.110
Sistemas de aquecimento solar de água (a – d)

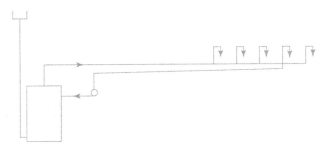
1.109
Circulação secundária de água quente

tubos bem isolados. Isso garante água quente instantaneamente em todos os pontos de drenagem. O cano de retorno pode ser de tamanho bem reduzido.

O uso de aquecedores de água abastecidos por energia solar está se tornando cada vez mais comum. Os sistemas mais bem-sucedidos utilizam coletores de chapa plana. Esses coletores consistem em uma chapa absorvente (em geral, cobre) com tubos conectados (ou canais de água formados pela chapa) com um acabamento seletivo em preto ($\alpha_{solar} \gg \varepsilon_{100}$) em uma proteção em forma de bandeja com tampa de vidro.

A Figura 1.110 mostra algumas sugestões de conexão de um coletor desse tipo a um tanque de água quente, fornecendo um aquecedor auxiliar (intensificador).

**a** sistema de termo-sifão (circulação propelida por gravidade) com intensificador elétrico;
**b** o mesmo, com um intensificador "circulador" a gás;
**c** sistema de termo-sifão de *acoplamento fechado* (com tanque integrante) – esse parece ser o sistema mais bem-sucedido, mas bastante caro;
**d** instalação equipada com bomba, na qual o tanque fica no nível do piso térreo.

As muitas combinações e permutações resultam numa grande variedade de sistemas, que vão de unidades de pressão de rede a sistemas de baixa pressão (baixo custo), alimentados a partir de uma cisterna em posição elevada, e pré-aquecedores a energia solar conectados a algum tipo de sistema de água quente convencional. Tem sido sugerido que o sistema (b) acima é o mais consistente em termos ecológicos.

Em climas favoráveis, um bom sistema pode fornecer até 90% da demanda de água quente de uma residência, a 60 – 65°C (100%, caso o usuário esteja disposto a fazer concessões e obter água menos quente, digamos, a 50°C), mas 50% é bastante possível, mesmo em climas com menos sol.

### 1.6.3 Ventilação e Ar-Condicionado

Esses dois sistemas devem fornecer um suprimento suficiente de ar fresco para espaços ocupados. Quando se depende de ventilação natural, as exigências são estabelecidas apenas em termos qualitativos, mas no caso de edifícios fechados servidos por algum tipo de sistema mecânico, há regulamentações estabelecendo as exigências relativas à renovação do ar. As exigências de ventilação são em geral estabelecidas em função da densidade de ocupação (em ambos os termos, volumétricos e de área de piso) em L/(s × número de pessoas), ou se tal informação não estiver disponível, então, em termos de renovações do ar por hora (o número de vezes em que todo o volume do ar deve ser substituído a cada hora). Ver a planilha de dados D.1.9 sobre as exigências de ventilação típicas. Esses valores servem apenas de orientação geral, podendo variar de acordo com as regulamentações válidas localmente.

### 1.6.3.1 Sistemas de Ventilação Mecânicos

Os sistemas de ventilação mecânicos podem ser de três tipos:

1 extração
2 suprimento
3 balanceado.

Os sistemas de extração são úteis próximos a uma fonte de contaminação, como banheiros, coifas de cozinha, exaustores de laboratório. Esses criam uma pressão negativa; o alívio deve ser fornecido por meio de aberturas de ventilação.

Os sistemas de suprimento fazem entrar o ar filtrado do exterior e criam uma pressão positiva. O ar precisa ser liberado através de aberturas de ventilação. Isso é útil onde a entrada de poeira deve ser prevenida. Uma forma especial desse tipo de sistema é a ventilação de incêndio, que força o ar sob alta pressão (cerca de 500 Pa) para escadarias e corredores, a fim de manter as rotas de fuga livres de fumaça.

Os sistemas balanceados têm tanto o suprimento quanto a exaustão do ar supridos por meios mecânicos. Esses sistemas podem fornecer alto grau de controle, mas são caros. O fluxo do suprimento é em geral mantido mais elevado que a exaustão, para manter uma pressão levemente positiva e, assim, impedir a entrada de poeira indesejada.

A perda de calor por ventilação (Qv, em climas frescos) pode ser reduzida por um sistema de recuperação de calor por ventilação. Esse sistema emprega um permutador de calor (do tipo giratório, como na Fig. 1.111, ou do tipo chapa) ou um circuito de transferência de calor (Fig. 1.112), para preaquecer a entrada do ar por meio do ar de exaustão, sem misturar os dois fluxos de ar. O segundo pode ser auxiliado por uma bomba de calor para elevar a temperatura do ar de exaustão antes que ele aqueça a entrada do ar. Um sistema reversível é uma possibilidade de escolha para auxiliar o resfriamento. A técnica pressupõe um sistema de ventilação balanceado, isto é, o uso de dois ventiladores.

Os ventiladores são usados para impelir o ar; há dois tipos principais deles:

1 Ventiladores de hélice ou axial: muito eficazes quando operam em oposição a uma pequena contrapressão (resistência ao fluxo). O segundo termo é empregado quando embutido no interior de um invólucro cilíndrico.
2 Ventiladores centrífugos (ou de fluxo radial): a entrada é axial, a saída é tangencial. Os impulsores podem ter lâminas radiais retas, ou lâminas em forma de

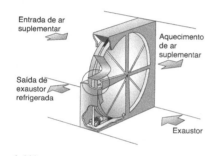

1.111
Permutador de calor giratório

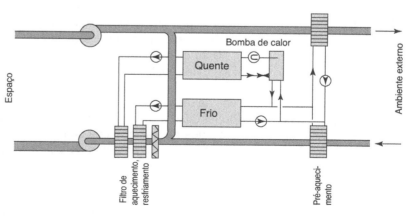

1.112
Um sistema de recuperação térmica por ventilação

aerofólio ou curvas para frente ou para trás. Esses ventiladores podem ser otimizados para a instalação específica, com ênfase na quantidade do fluxo, ou operar em oposição a grande contrapressão, ou em silêncio. Os grandes ventiladores são quase sempre desse tipo e, para rede de dutos extensa, deve-se utilizar os do segundo tipo.

As opções de filtros são as seguintes:

1 Filtros secos: 25-50 mm de espessura, normalmente descartáveis, tipo painel ou rolo, em tecido ou papel poroso ou algum outro material fibroso. Alguns tipos podem ser limpos com água. Os filtros secos tendem a ser mais eficientes que os úmidos, mas em geral costumam ficar cheios (entupidos) mais rápido.
2 Filtros úmidos: almofadas com espessura de 12-100 mm, p. ex., aparas de metal entre malhas de arame, revestidas com óleo (filtros saturados com material viscoso). Esses filtros são laváveis, reutilizáveis e eficientes com partículas de até 10 μm.
3 Purificadores de ar: jatos finos contra o fluxo de ar que entra, úteis em especial nos casos em que o ar é muito seco e precisa de umidificação, mas são também utilizados como um pré-resfriador. Os purificadores devem ser acompanhados por um conjunto de "placas eliminadoras", para capturar gotículas de água carregadas pelo fluxo de ar e drená-las para um reservatório.
4 Filtros eletrostáticos: cargas estáticas até 12 kV sobre placas de metal. Esses filtros são eficientes para partículas de até 0,01 μm, sendo em geral utilizados com um pré-filtro menos sofisticado. São os melhores para áreas que precisam estar especialmente limpas, como laboratórios ou salas de cirurgia.

Dutos usados para transportar e distribuir o ar, normalmente eram feitos com folhas de metal e tinham seção transversal retangular, mas em tempos recentes materiais plásticos são frequentemente usados com seções circulares ou ovais. No caso de obras arquitetônicas de maior porte, podem ser empregados dutos moldados em tijolo ou concreto, ou uma estrutura de metal revestida com chapas. Esses dutos podem apresentar maior atrito na superfície (apropriado para velocidades de fluxo mais baixo), sendo difícil impedir vazamentos de ar.

### 1.6.3.2 Sistemas de Ar-Condicionado

Os sistemas de ar-condicionado controlam a temperatura e a umidade, bem como a pureza do ar. O sistema mais simples é o condicionador para cômodos: uma unidade compacta que pode ser instalada numa janela ou numa parede externa. Sua capacidade chega até 10 kW. São equipados com uma serpentina de resfriamento evaporativo de expansão direta e um condensador resfriado pelo ar externo.

Uma unidade desse tipo é mostrada em termos esquemáticos na Fig. 1.113, e a Fig. 1.114 mostra uma unidade similar, na forma de console. Ambas são adaptações do circuito mostrado na Fig. 1.98. As unidades separadas (ou *splits*) têm a serpentina de resfriamento (evaporador, E) e um ventilador que ficam no interior do cômodo, enquanto o compressor e o condensador (C), que produzem mais ruído, ficam incluídos na unidade colocada do lado externo (Fig. 1.115). Alguns modelos são equipados com o recurso de ciclo reverso, que permite seu funcionamento como bombas de calor (fonte de ar), para aquecimento no inverno. Essas unidades constituem o modo mais eficiente de utilização da eletricidade para aquecimento, mesmo nos casos em que o CoP não é maior que 2.

Em sistemas de maior porte, o ar é tratado numa unidade de tratamento do ar, que inclui o ventilador, e é distribuído por meio de um sistema de dutos. A serpentina de aquecimento da unidade de tratamento do ar é servida por uma caldeira que

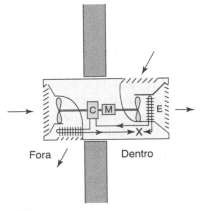

1.113
Uma unidade de ar-condicionado de janela

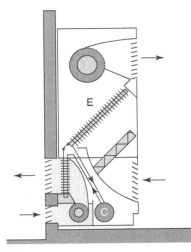

1.114
Uma unidade de ar-condicionado do tipo console

Calor: O Ambiente Térmico **95**

fornece a água quente. A serpentina de resfriamento pode ser do tipo expansão direta, isto é, o próprio evaporador da máquina de resfriamento, ou a máquina de resfriamento pode se tornar um *chiller* (resfriador de água) (evaporador configurado como permutador de calor refrigerante-para-água), fornecendo água fresca para a serpentina de resfriamento.

A Figura 1.116 mostra uma unidade central de tratamento do ar e a Fig. 1.118 apresenta os quatro tipos básicos de sistema, de forma esquemática.

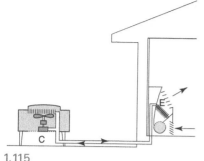

1.115
Uma unidade de ar-condicionado tipo "split"

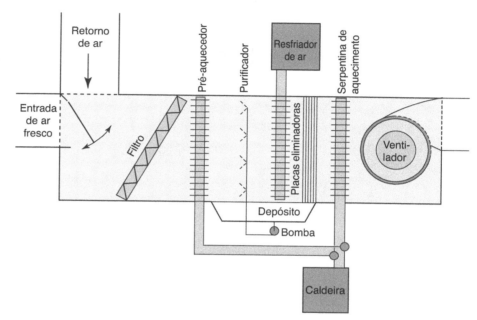

1.116
Uma unidade central típica para tratamento do ar

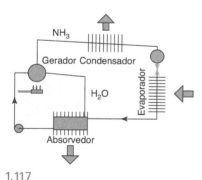

1.117
Um resfriador por absorção amônia/água

O resfriador de água de um ar-condicionado pode ser do tipo compressor, como o mostrado na Fig. 1.98, ou por absorção. A Fig. 1.117 é um diagrama esquemático desse tipo de resfriador, que utiliza amônia como elemento refrigerante e água como absorvente. Uma fonte de calor (p. ex., uma chama de gás) expele a amônia da solução. O gás de amônia quente é resfriado para a atmosfera através do condensador. Esse gás sob alta pressão é lançado para o evaporador, onde se expande e resfria, pronto para coletar o calor de seu ambiente. Ele é então reabsorvido na água.

Ambos os resfriadores (*chillers*) podem ser utilizados para produzir água fresca, que é então posta em circulação na serpentina de resfriamento da unidade de ar-condicionado, ou em uma serpentina de expansão direta, onde o evaporador se torna a serpentina de resfriamento.

Em sistemas totalmente a ar (Fig. 1.118a), a instalação é centralizada e o ar tratado é distribuído por uma rede de dutos. Esse é um sistema bastante inflexível, que utiliza dutos grandes tanto para o fornecimento quanto para o retorno. A taxa de volume do fluxo de ar para cada cômodo é constante e a condição necessária é estabelecida na instalação central. Ela pode incluir uma unidade de reaquecimento terminal, para fornecer alguma flexibilidade, mas haverá um custo em energia.

Um avanço importante é o sistema de volume de ar variável (VAV), no qual a condição de fornecimento do ar é constante e as exigências de resfriamento de cada cômodo podem ser alcançadas pela redução ou aumento do fluxo de ar no difusor. Esse é o sistema mais eficiente em termos de energia.

**96** Introdução à Ciência Arquitetônica

No outro extremo, está o sistema local de tratamento do ar (Fig. 1.118d), no qual cada cômodo ou conjunto de cômodos tem sua própria unidade de serpentina-ventilador, abastecida por água fresca e quente a partir de uma central. Cada cômodo pode ter seus próprios controles. O tratamento descentralizado do ar é semelhante ao apresentado acima, mas toda uma zona ou andar pode ter sua própria unidade de tratamento do ar.

Em um sistema por indução, a central é capaz de produzir ar excessivamente resfriado e muito seco e enviar para unidades de indução em cada cômodo, onde o

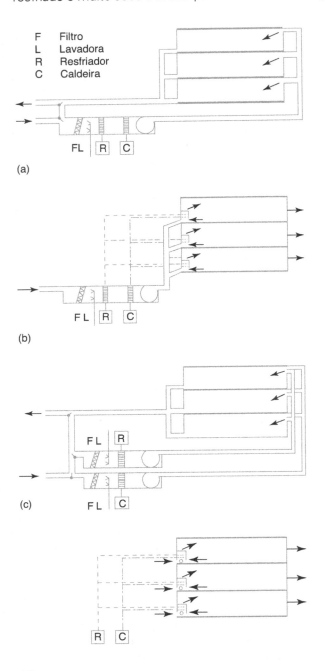

1.118
Quatro sistemas básicos de ar-condicionado (a-d)

jato de ar fornecido induz um fluxo e a mistura com o ar do cômodo, criando assim uma recirculação. As serpentinas de aquecimento e resfriamento podem ou não estar incluídas nessas unidades, que podem ser abastecidas a partir de uma caldeira e resfriador de água central (Fig. 1.118b).

Em sistemas de dutos duplos, é possível haver duas unidades centrais de tratamento do ar, fornecendo ar resfriado ou aquecido, respectivamente, que são distribuídos para cada cômodo e podem ser misturados na saída para a condição desejada. É um sistema muito flexível, mas que desperdiça muita energia (Fig. 1.118c).

Esses são apenas os tipos básicos: um número muito grande de variantes e permutas estão disponíveis, tanto em termos de configuração do sistema quanto em termos de tamanho. Nos grandes sistemas, as unidades de tratamento do ar chegam a alcançar o tamanho de uma sala e são capazes de fornecer um suprimento de ar-condicionado a diversas zonas separadas. Um edifício, seja de que tamanho for, pode (e deve) ser dividido em zonas térmicas, de acordo com a exposição à carga externa, com as variações em termos de ocupação e com a distribuição no tempo dessas cargas.

Uma economia significativa em energia pode ser obtida por meio do controle dos sistemas de ar-condicionado. Todos os sistemas devem fornecer um suprimento de ar fresco, pelo menos tanto quanto necessário para os objetivos de ventilação. Contudo, as cargas internas podem ser removidas, com um aumento no suprimento do ar externo, se for mais frio que o ar interno, sem ligar o resfriador. Isso muitas vezes é conhecido como ciclo econômico.

Em muitos casos, é aconselhável fornecer uma descarga noturna de ar externo (frio) para eliminar o calor armazenado nos componentes do edifício (paredes, piso, forro), reduzindo assim as exigências de resfriamento para o dia seguinte. Também é possível utilizar o armazenamento do calor nos componentes do edifício para reduzir o pico de exigência de refrigeração, como indicado na Fig. 1.119. Uma outra possibilidade é fornecer controles individuais na estação de trabalho: o fornecimento de um mínimo de ar-condicionado para o ambiente geral (p. ex., um grande escritório), com ar suplementar controlado individualmente para cada estação de trabalho.

Esses controles podem se tornar parte de um SGEE (sistema de gerenciamento de energia do edifício), que deve coordenar a energia de todo o edifício utilizando o equipamento de maneira responsável, para minimizar o uso de energia. Em última análise, esses sistemas são capazes de tornar possível o que é conhecido como edifícios inteligentes.

### 1.6.4 Sistemas de Resfriamento de Ciclo Aberto

Em máquinas convencionais de resfriamento (como a da Fig. 1.98), o fluido refrigerante circula em circuito fechado. Sua evaporação produz esfriamento e é então "reativado" (condensado) pela ação de um compressor. Nos sistemas de ciclo aberto, ao contrário, a água funciona como resfriador, sua evaporação produz esfriamento e ela é então descartada. Todo o sistema fica aberto para a atmosfera.

O sistema de ciclo aberto mais simples é o resfriador por evaporação direta (Fig. 1.78), que foi discutido na Seção 1.5.1.4. Foi considerado um "sistema passivo", embora possa utilizar uma pequena bomba e um ventilador, mas o resfriamento é produzido por evaporação natural. Sua desvantagem é aumentar a umidade do ar de alimentação (cf. a Fig. 1.13).

Isso pode ser evitado pelo resfriador por evaporação indireta, no qual o ar expelido é esfriado e por sua vez esfria o ar que entra através de um permutador de calor, sem acrescentar umidade ao ar de alimentação. O elemento crucial é a placa do permutador de calor, apresentada na Fig. 1.120.

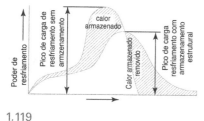

1.119
Efeito do armazenamento estrutural na carga de ar-condicionado

**98** Introdução à Ciência Arquitetônica

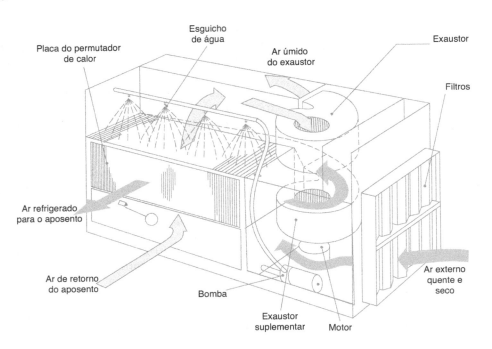

1.120
Um resfriador por evaporação indireta

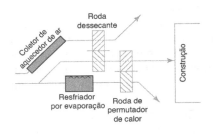

1.121
Ar-condicionado de ciclo aberto: absorventes sólidos

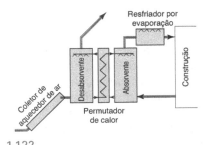

1.122
Ar-condicionado de ciclo aberto: líquido dessecante

Um sistema mais sofisticado é mostrado na Fig. 1.121. Esse usa um "dessecante" ou roda de transferência de umidade, que é envolvida com gel de sílica (ou algum outro absorvente ou adsorvente) entre duas malhas de arame. Em sua posição superior, ela é seca (recondicionada) pelo ar aquecido pelo sol. Girando lentamente, esse adsorvente seco alcança o trajeto do ar de alimentação e coleta boa parte de seu conteúdo de umidade. A absorção é um processo exotérmico (cf. Fig. 1.114), assim, tanto a roda quanto o ar vão aquecer. O ar irá passar através e será esfriado por um permutador de calor rotativo (roda de transferência de calor). Esse, em sua metade inferior, é arrefecido pela corrente de ar esfriado por evaporação, que é então descarregado. Além da passagem do ar de alimentação, o sistema tem duas passagens auxiliares abertas para a atmosfera: uma para remover a umidade, a outra para proporcionar resfriamento.

Outro sistema de ciclo aberto é apresentado na Fig. 1.122. Nesse caso, é usado um líquido adsorvente (como glicol) na solução aquosa. O produto é borrifado por baixo no "desadsorvente" contra uma corrente ascendente de ar aquecido pelo sol, que "resseca" a solução, evaporando grande parte da água. A solução quente e enriquecida passa através de um permutador de calor e é borrifada por baixo numa segunda coluna (o absorvente) contra uma corrente de ar ascendente (ar expelido da casa, possivelmente misturado com ar fresco), no qual grande parte do conteúdo em umidade é absorvido pela solução rica (que fica diluída e volta ao desadsorvente). O ar é então fornecido para a casa através de um resfriador por evaporação.

Esses dois e diversos outros sistemas de ciclo aberto têm sido produzidos e alguns alcançaram um estágio de desenvolvimento comercial. Seu consumo em eletricidade para uma dada capacidade de arrefecimento é de apenas 15-20% do requerido por um ar-condicionado convencional. Infelizmente eles tendem a ser volumosos e o desempenho dos materiais adsorventes tende a decair com o tempo, no decorrer de milhares de ciclos.

### 1.6.5 Integração/Discussão

Os serviços de AVAC devem estar integrados com o projeto arquitetônico, de duas formas:

1 no desempenho;
2 no equipamento.

Exemplos de integração de desempenho foram dados no decorrer deste capítulo. O último deles foi em conjunção com a Fig. 1.119, que mostrou que a massa do edifício pode reduzir a capacidade instalada necessária ao sistema de AC.

A tabela 1.6 e a discussão a ela vinculada mostrou a interdependência entre o padrão de ocupação, a massa do edifício e a resposta da instalação. As tabelas 1.7 e 1.8 sugerem que mesmo os aquecedores elétricos devem ser utilizados de acordo com o padrão de ocupação e constituição do edifício.

O aquecimento do piso é apropriado para edifícios ocupados de forma contínua e uniforme. O aquecimento por meio de convectores pode ser utilizado quando o ar deve ser aquecido rapidamente, mas, no caso de uma construção pesada, isso deixaria as superfícies dos cômodos mais frias. Os radiadores de painel são bons nos casos em que não é necessário um aquecimento rápido, mas calor constante é desejável. As lâmpadas infravermelhas e os radiadores incandescentes são a opção nos casos em que não há possibilidade de aquecimento da construção em si, ou do ar do cômodo, mas o efeito de aquecimento instantâneo na superfície corporal das pessoas pode melhorar a situação (p. ex., numa igreja).

Em edifícios maiores que casas, sistemas ativos são normalmente projetados por engenheiros mecânicos. Cooperar com eles é importante tanto em termos de desempenho como de integração de equipamentos. Isso inclui a previsão de espaço adequado, o que pode causar discussão profissional e mútuas reclamações. Onde devem ser colocados os espaços de serviço, sem serem "espremidos" em cantos, sobras e fendas? Há uma lógica arquitetônica que às vezes não coincide com a lógica da engenharia. O entendimento do pensamento de cada um é capaz de evitar problemas.

"Alojamento dos equipamentos de serviço" não é suficiente, não é substituto para "integração". Discussões no início do processo de projeto em muitos casos evitam problemas mais tarde. Em grandes edifícios, a disposição dos equipamentos de serviço tornar-se, por vezes, um fator dominante no projeto arquitetônico. Pode ser benéfico incluir um piso intermediário completo para serviços, mas mesmo em edifícios menores, devem ser previstas áreas para o armazenamento de combustível, cômodos de instalações, torres de arrefecimento (ou condensadores secos) e, por último, mas não menos importante, o sistema de dutos necessário. Esse sistema, na maioria das vezes, fica sob a laje do piso, coberto por um teto suspenso, mas também existe a opção de ficar situado sobre uma laje de piso, com um piso suspenso elevado. Em ambos os casos, tal espaço de serviço aumenta a altura do edifício.

Esses dutos podem ser bastante volumosos. A taxa de fluxo do volume é o produto da velocidade do ar pela área da seção transversal, assim ambas estão inversamente relacionadas. As velocidades alcançam entre 10 e 20 m/s. As velocidades mais altas requerem dutos menores (mais fáceis de acomodar), mas vão produzir maior atrito e precisar de maior potência de ventilação; também podem produzir muito ruído. Muitas vezes, são necessários dois conjuntos de dutos: para fornecimento e para retorno/exaustão do ar. Os dois jamais devem se cruzar, pois isso fixaria a altura do espaço de forro necessário.

Os dutos também têm que ser coordenados com o sistema estrutural, por exemplo, para evitar cruzar com vigas profundas. Os próprios elementos estruturais podem ser usados como dutos, p. ex., vigas ocas. Às vezes, como quando uma longa fileira de escritórios é servida por um corredor central, o corredor serve de duto de retorno do ar (grande seção transversal, baixa velocidade), sendo o ar de retorno coletado por um duto de subida junto ao vestíbulo do elevador.

Esses são apenas exemplos, que não abordam a questão de forma sistemática, mas indicam o tipo de raciocínio exigido.

Nas primeiras etapas da elaboração do projeto, pode-se chegar a uma ideia aproximada do tamanho necessário dos dutos. Isso é mais bem ilustrado pelo exemplo 1.14.

Há também implicações econômicas. Não é incomum que os espaços de forro necessários para o sistema de dutos sejam tão grandes que, em edifícios de mais de dez andares, acrescentem a altura de um piso extra. Isso implica custos extras de estrutura e envoltória, que não vão produzir qualquer retorno. A redução do espaço de forro irá permitir um piso extra para a mesma altura total do edifício. Num sistema de ar-condicionado médio a grande, o condensador pode ser arrefecido pelo ar externo (condensador seco) ou pode ser arrefecido à água. A água de refrigeração irá então dissipar seu calor através de uma torre de refrigeração. Essa fornece um solo fértil ideal para a bactéria Legionella. Uma manutenção regular com desinfetante é necessária. O uso de condensadores secos pode evitar isso, mas esses são menos eficientes em termos de gasto de energia do que as torres de refrigeração. A escolha é uma das decisões estratégicas críticas.

Nas etapas iniciais do projeto, decisões estratégicas devem ser tomadas em consulta aos engenheiros de instalação predial, como onde situar o(s) espaços(s) das instalações, a rede do sistema de distribuição, os dutos verticais de maior porte etc. Um bom início é capaz de evitar muitos problemas mais tarde e impedir um trabalho cheio de remendos.

---

**EXEMPLO 1.14   ESTIMATIVA DE TAMANHOS DE DUTO**

Num edifício de escritórios haverá 6000 m² de espaço por andar. A planilha de dados D.1.9 mostra que para cada pessoa deve-se destinar 10 m², assim, seiscentas pessoas poderão ocupar esse andar. A exigência de ventilação (ar fresco) é de 10 L/s por pessoa, isto é, 6000L/s ou 6 m³/s. Para remover ou fornecer calor, isto é, seria necessário pelo menos duas vezes esse fluxo, digamos 12 m³/s.

Supondo-se uma velocidade média de 15m/s, a seção transversal necessária do duto seria de 12/15 = 0,8 m², o que poderia ter um tamanho de 1 m × 0,8 m. Para minimizar a profundidade do espaço do forro, seria utilizada uma forma oblonga, mas a razão entre os dois lados não poderia exceder a 2. Algo em torno de 1,25 m de largura e 0,64 m de altura seria o limite. Do ponto de vista aerodinâmico, seria preferível um duto circular (o ar flui em um movimento espiral), pois esse oferece a mínima resistência e exige a mínima potência de ventilação. A área de um círculo é $\pi r^2$, o que dá um r de aproximadamente 0,5 m, isto é um diâmetro de 1 m (!). No entanto, num duto circular (com menor resistência), uma velocidade mais alta pode ser aceitável.

# PLANILHAS DE DADOS E PLANILHAS DE MÉTODOS

## PLANILHAS DE DADOS

| | | |
|---|---|---|
| D.1.1 | Propriedades Térmicas dos Materiais | 102 |
| D.1.2 | Propriedades Térmicas das Paredes | 104 |
| D.1.3 | Propriedades Térmicas de Janelas, Telhados e Pisos | 106 |
| D.1.4 | Propriedades Térmicas de Superfícies e Cavidades | 109 |
| D.1.5 | Dados do Movimento da Umidade | 110 |
| D.1.6 | Pontes Térmicas, Piso Térreo e Paredes do Porão | 112 |
| D.1.7 | Emissão de Calor de Seres Humanos e Aparelhos | 113 |
| D.1.8 | Requisitos Típicos de Ventilação | 114 |
| D.1.9 | Graus-Dia de Algumas Localidades | 116 |

## PLANILHAS DE MÉTODOS

| | | |
|---|---|---|
| M.1.1 | Geometria Solar | 117 |
| M.1.2 | Construção de Diagramas Estereográficos do Trajeto Solar | 118 |
| M.1.3 | Cálculos da Radiação Solar | 120 |
| M.1.4 | Efeito Chaminé e Efeito Vento | 122 |
| M.1.5 | Cálculo de Graus-Hora | 124 |
| M.1.6 | Gradientes de Temperatura e de Pressão de Vapor | 126 |
| M.1.7 | A Construção da Zona de Conforto e ZCPs | 128 |
| M.1.8 | Determinar Período (Sobreaquecido) de Sombreamento | 131 |
| M.1.9 | Esquema do Programa Archipak | 132 |
| M.1.10 | Propriedades Termodinâmicas | 135 |
| M.1.11 | Cálculo do Retardo de Tempo e do Fator de Decremento | 136 |

## PLANILHA DE DADOS D.1.1
Propriedades Térmicas dos Materiais

|  |  | Condutividade W/m.K | Densidade kg/m³ | Calor específico J/kg.K |
|---|---|---|---|---|
| MATERIAIS DE PAREDE | Blocos de adobe | 1,250 | 2050 | 1000 |
|  | Alvenaria, camada externa | 0,840 | 1700 | 800 |
|  | Alvenaria, camada interna | 0,620 | 1700 | 800 |
|  | Tijolo, areia–cal | 1,080 | 1840 | 840 |
|  | Tijolo, sílica | 0,890 | 2240 | 840 |
|  | Tijolo, sílica, mas denso | 1,900 | 2300 | 840 |
|  | Concreto, moldado, denso | 1,400 | 2100 | 840 |
|  | Leve | 0,380 | 1200 | 1000 |
|  | Aerado | 0,140 | 400 | 1000 |
|  | Concreto, celular, leve | 0,084 | 320 | 960 |
|  | Denso | 0,650 | 1600 | 1050 |
|  | Concreto, agregado de clínquer | 0,330 | 1520 | 75 |
|  | Agregado de argila expandida | 0,290 | 800 |  |
|  | – até | 0,480 | 1280 |  |
|  | Agregado de vermiculita | 0,190 | 580 |  |
|  | – até | 0,430 | 2340 |  |
|  | Bloco de concreto, pesado | 1,630 | 2300 | 1000 |
|  | Bloco de concreto, médio | 0,510 | 1400 | 1000 |
|  | Bloco de concreto, leve | 0,190 | 600 | 1000 |
|  | Placa porosa de fibra (macia) | 0,060 | 300 | 1000 |
|  | Placa de fibrocimento | 0,360 | 700 | 1050 |
|  | Lajes de fibrocimento | 0,580 | 1500 | 1050 |
|  | Vidro | 1,100 | 2500 | 840 |
|  | Placa de gesso | 0,160 | 950 | 840 |
|  | Compensado | 0,138 | 620 | 1300 |
|  | Placa de fibra de madeira de alta densidade (Masonite) | 0,220 | 1025 | 1675 |
|  | Areia (seca) | 0,300 | 1500 | 800 |
|  | Pedra:   Mármore | 2,000 | 2500 | 900 |
|  | Arenito | 1,300 | 2000 | 800 |
|  | Granito | 2,300 | 2600 | 820 |
|  | Ardósia | 1,530 | 2950 | 750 |
|  | Telhas encaixadas | 0,840 | 1900 | 800 |
|  | Madeira de conífera (pinheiro) | 0,115 | 544 | 1220 |
|  | Outras coníferas | 0,130 | 610 | 1420 |
|  | Madeira de lei | 0,150 | 680 | 1200 |
|  | Aglomerado de fragmentos de madeira, leve | 0,078 | 592 | 1300 |
|  | Média | 0,108 | 660 | 1300 |
|  | Pesada | 0,170 | 1000 | 1300 |
| SUPERFÍCIE | Reboco externo | 0,500 | 1300 | 1000 |
|  | Gesso, denso | 0,500 | 1300 | 1000 |
|  | Leve | 0,160 | 600 | 1000 |
| MATERIAIS DE COBERTURA E PISO | Laje de concreto, densa | 1,130 | 2000 | 1000 |
|  | Aerada | 0,160 | 500 | 840 |
|  | Assoalho de metal | 50,000 | 7800 | 480 |
|  | Linóleo | 0,220 | 1300 | 840 |
|  | Contrapiso de areia/cimento | 0,410 | 1200 | 840 |
|  | Asfalto | 1,200 | 1550 | 1600 |
|  | Forro de telhado betuminoso | 0,500 | 1700 | 1000 |
|  | Cascalho | 0,960 | 1800 | 1000 |
|  | Telhas | 0,840 | 1900 | 800 |
|  | Sapé (palha) | 0,070 | 240 | 1420 |
|  | Assoalhamento de madeira | 0,140 | 640 | 1200 |

## Planilha de dados D.1.1 (continuação)

|  |  | Condutividade W/m.K | Densidade kg/m³ | Calor específico J/kg.K |
|---|---|---|---|---|
|  | Tacos de madeira (assoalho) | 0,140 | 650 | 1200 |
|  | Granilite | 1,600 | 2440 | 1000 |
| MATERIAIS DE ISOLAMENTO | Cortiça | 0,038 | 144 | 1800 |
|  | Cortiça, densa | 0,049 | 224 | 1800 |
|  | Fibra de algodão | 0,042 | 150 | 1340 |
|  | EPS (poliestireno expandido) | 0,035 | 25 | 1400 |
|  | até | 0,038 | 50 | 1675 |
|  | Manta em fibra de vidro | 0,040 | 12 | 840 |
|  | Manta feltrada | 0,035 | 25 | 880 |
|  | até | 0,040 | 80 | 880 |
|  | Placa de fibra mineral | 0,035 | 35 | 1000 |
|  | Mais densa | 0,044 | 150 | 920 |
|  | Espuma fenólica | 0,040 | 30 | 1400 |
|  | Placa de poliuretano | 0,025 | 30 | 1400 |
|  | Espuma de ureia–formaldeído | 0,040 | 10 | 1400 |
|  | Aglomerado de Palha | 0,037 | 250 | 1050 |
|  | Zostera marina | 0,046 | 21 |  |
|  | Revestida em papel comprimido | 0,081 | 320 | 1450 |
|  | Manta Têxtil | 0,035 | 12 |  |
|  | até | 0,045 | 48 |  |
|  | Aglomerado de lã de madeira | 0,100 | 500 | 1000 |
|  | Camada de borracha | 0,160 | 930 | 2010 |
|  | Borracha, celular | 0,040 | 80 | 1670 |
|  | até | 0,084 | 480 | 1670 |
| ENCHIMENTOS SOLTOS | Serragem | 0,059 | 192 |  |
|  | Fibra de juta | 0,036 | 107 |  |
|  | Fibra de celulose (à prova de fogo) | 0,039 | 42 |  |
|  | Fibra de celulose mais densa | 0,047 | 83 |  |
|  | Palha de fibra de coco | 0,053 | 48 |  |
|  | Enchimento de perlita, solta | 0,046 | 65 |  |
|  | Vermiculita, esfoliada | 0,069 | 128 |  |
|  | até | 0,110 | 270 |  |
| METAIS | Alumínio | 236 | 2700 | 877 |
|  | Cobre | | | |
|  | 384 | 8900 | 380 | |
|  | Zinco | 112 | 7200 | 390 |
|  | Ferro | 78 | 7900 | 437 |
|  | Estanho | 64 | 7300 | 230 |
|  | Níquel | 59 | 8890 | 440 |
|  | Aço, brando | 47 | 7800 | 480 |
|  | Aço inoxidável | 24 | 7900 | 510 |
|  | Chumbo | 37 | 11 300 | 126 |
| DIVERSOS | Ar (25°C, 50% UR, parado) | 0,025 | 1,15 | 1063 |
|  | Água (parada) | 0,58 | 1000 | 4187 |
|  | Gelo (-1°C) | 2,200 | 918 |  |
|  | Terra solta | 0,370 | 1200 | 1100 |
|  | Média | 0,710 | 1300 | 1170 |
|  | Densa | 1,210 | 1500 | 1260 |

Note que os dados acima são valores de condutividade "declarados" com base em testes de laboratório. Antes de ser usados para cálculo de valor-U, eles devem ser corrigidos por fatores κ, como mostra a Seção 1.1.2.1 e na Tabela 1.2.

## PLANILHA DE DADOS D.1.2
### Propriedades Térmicas de Paredes

| Obs.: EPS = poliestireno expandido<br>fc = chapa de fibrocimento | | Valor–U<br>(W/m²K) | Admitância<br>(W/m²K) | φ Retardo<br>de tempo<br>(hora) | μ Fator de<br>decremento |
|---|---|---|---|---|---|
| TIJOLO E BLOCO | | | | | |
| Tijolo, parede simples | 105 mm | 3,28 | 4,2 | 2,6 | 0,87 |
| | 220 mm | 2,26 | 4,7 | 6,1 | 0,54 |
| | 335 mm | 1,73 | 4,7 | 9,4 | 0,29 |
| Parede simples | 105 mm rebocada | 3,02 | 4,1 | 2,9 | 0,83 |
| | 220 mm rebocada | 2,14 | 4,5 | 6,5 | 0,49 |
| | 335 mm rebocada | 1,79 | 4,5 | 9,9 | 0,26 |
| Parede simples | 105 mm + reboco leve de gesso e areia de 13 mm | 2,59 | 3,3 | 3,0 | 0,82 |
| | 220 mm + reboco leve de 13 mm | 1,91 | 3,6 | 6,6 | 0,46 |
| | 335 mm + reboco leve de 13 mm | 1,50 | 3,6 | 10,0 | 0,24 |
| Parede simples | 105 mm + placa de gesso de 10 mm | 2,70 | 3,5 | 3,0 | 0,83 |
| | 220 mm + placa de gesso de 10 mm | 1,98 | 3,8 | 6,5 | 0,47 |
| | 335 mm + placa de gesso de 10 mm | 1,60 | 3,8 | 10,0 | 0,25 |
| Cavidade | 270 mm | 1,53 | 4,2 | 6,9 | 0,52 |
| | 270 mm reboco leve de gesso e areia | 1,47 | 4,4 | 7,4 | 0,47 |
| | – o mesmo, + 25 mm de EPS na cavidade | 0,72 | 4,6 | 8,9 | 0,34 |
| | – o mesmo, + 40 mm de EPS na cavidade | 0,55 | 4,7 | 9,1 | 0,32 |
| | – o mesmo, + 50 mm de EPS no cavidade | 0,47 | 4,7 | 9,2 | 0,31 |
| | 270 mm + 13 mm de reboco* leve | 1,36 | 3,4 | 7,5 | 0,44 |
| | + 10 mm de placa de gesso | 1,12 | 2,3 | 8,1 | 0,36 |
| | + enchimento de cavidade com espuma de ureia–formaldeído | 0,57 | 4,6 | 8,7 | 0,35 |
| Tijolo 105, cavidade, 100 blocos de concreto leve, reboco* leve | | 0,92 | 2,2 | 7,0 | 0,55 |
| – + 25 mm de EPS | | 0,55 | 2,3 | 8,0 | 0,43 |
| – o mesmo, mas com 50 mm de EPS | | 0,40 | 2,4 | 9,0 | 0,41 |
| Bloco de concreto, sólido 200, placa de gesso | | 1,83 | 2,5 | 6,8 | 0,35 |
| – o mesmo, mas com placa de gesso revestida com papel laminado | | 1,40 | 1,82 | 7,0 | 0,32 |
| – o mesmo, mas com uma cavidade de 25, EPS de 25, placa de gesso | | 0,70 | 1,0 | 7,3 | 0,29 |
| – o mesmo, mas em concreto leve | | 0,69 | 1,8 | 7,4 | 0,46 |
| – o mesmo, mas com placa de gesso/ revestida com papel laminado | | 0,61 | 1,5 | 7,7 | 0,42 |
| – o mesmo, mas com cavidade de 25, 25 de EPS, placa de gesso | | 0,46 | 1,0 | 8,3 | 0,34 |
| Bloco de concreto, leve 200, cavidade de 25 + 10 de placa de gesso | | 0,69 | 1,8 | 7,0 | 0,47 |
| – o mesmo, mas com placa de gesso revestida com papel laminado | | 0,64 | 1,6 | 8,0 | 0,44 |
| – o mesmo, mas com EPS de 20 mm | | 0,55 | 1,2 | 8,0 | 0,39 |
| – o mesmo, mas com EPS de 25 mm | | 0,51 | 1,1 | 8,0 | 0,37 |
| – o mesmo, com poliuretano de 25 | | 0,45 | 1,0 | 8,0 | 0,34 |
| Bloco de concreto, vazado 100 mm + placa de gesso | | 2,76 | 3,4 | 1,8 | 0,93 |
| 200 mm + placa de gesso revestido com reboco* isolante/ | | 2,42 | 4,1 | 3,0 | 0,83 |
| Concreto, denso, moldado, 150 mm | | 3,48 | 5,3 | 4,0 | 0,70 |
| – o mesmo + aglomerado de lã de madeira de 50 mm, reboco* | | 1,23 | 1,7 | 6,0 | 0,50 |
| – o mesmo, mas com reboco* de gesso leve | | 1,15 | 1,7 | 6,3 | 0,49 |
| Concreto, denso, moldado, 200 mm | | 3,10 | 5,5 | 5,4 | 0,56 |
| – o mesmo + aglomerado de lã de madeira de 50 mm, reboco* | | 1,18 | 2,2 | 7,7 | 0,36 |
| – o mesmo, mas com reboco* de gesso leve | | 1,11 | 1,7 | 6,2 | 0,35 |
| Concreto, painel pré-moldado, 75 mm | | 4,28 | 4,9 | 1,9 | 0,91 |
| – o mesmo + cavidade de 25 + EPS de 25 + placa de gesso | | 0,84 | 1,0 | 3,0 | 0,82 |
| Concreto, pré-moldado de 75, EPS de 25 + concreto leve de 150 | | 0,58 | 3,8 | 9,5 | 0,41 |
| – o mesmo, mas com EPS de 50 mm | | 0,49 | 3,8 | 9,2 | 0,26 |

## Planilha de dados D.1.2 (continuação)

| Obs.: EPS = poliestireno expandido<br>fc = chapa de fibrocimento | Valor–U<br>(W/m²K) | Admitância<br>(W/m²K) | φ Retardo de<br>tempo<br>(hora) | μ Fator de<br>decremento |
|---|---|---|---|---|
| **PLACAS DE REVESTIMENTO PARA TIJOLO/BLOCO** | | | | |
| Tijolo 105 + cavidade (armação) + placa de gesso | 1,46 | 2,4 | 3,6 | 0,99 |
| – o mesmo, mas com placa de gesso revestida com papel laminado | 1,35 | 1,7 | 3,7 | 0,75 |
| – o mesmo com fibra de vidro ou EPS de 25 mm | 0,72 | 1,1 | 4,0 | 0,77 |
| – o mesmo com fibra de vidro ou EPS de 50 mm | 0,47 | 0,8 | 4,2 | 0,72 |
| – o mesmo com EPS de 25 mm + placa de gesso revestida com papel laminado | 0,64 | 1,0 | 4,1 | 0,81 |
| Bloco de 100 + cavidade (armação) + placa de gesso | 1,57 | 2,1 | 4,1 | 0,72 |
| – o mesmo, mas placa de gesso revestida com papel laminado | 1,24 | 1,7 | 4,3 | 0,69 |
| – o mesmo com fibra de vidro ou EPS de 25 mm | 0,74 | 1,1 | 4,7 | 0,65 |
| – o mesmo com fibra de vidro ou EPS de 50 mm | 0,48 | 0,9 | 4,9 | 0,62 |
| – o mesmo com EPS de 25 + placa de gesso revestida com papel laminado | 0,66 | 1,0 | 4,7 | 0,64 |
| **ESTRUTURA** | | | | |
| Estrutura, aço galvanizado ou de fc simples | 5,23 | 5,2 | 0 | 1 |
| – o mesmo + cavidade + placa de gesso | 2,20 | 2,2 | 0,3 | 1 |
| – o mesmo com EPS de 25 mm ou fibra de vidro | 0,86 | 1,1 | 0,5 | 0,99 |
| – o mesmo com EPS de 50 mm ou fibra de vidro | 0,53 | 0,9 | 0,7 | 0,99 |
| Estrutura, revestimento de madeira de 20 mm | 3,19 | 3,2 | 0,4 | 1 |
| – o mesmo + cavidade + placa de gesso | 1,68 | 1,8 | 0,8 | 0,99 |
| – o mesmo com EPS de 25 mm ou fibra de vidro | 0,68 | 1,0 | 0,9 | 0,99 |
| – o mesmo com EPS de 50 mm ou fibra de vidro | 0,46 | 0,8 | 1,0 | 0,98 |
| Estrutura, telhas encaixadas + papel + cavidade + EPS de 50 + placa de gesso | 0,54 | 0,78 | 1,0 | 0,99 |
| – o mesmo, mas EPS de 100 mm ou fibra de vidro | 0,32 | 0,71 | 1,0 | 0,99 |
| Revestimento reverso para tijolo: 5 mm fc + cavidade + 105 tijolo | 1,39 | 4,13 | 3,70 | 0,97 |
| – o mesmo + EPS de 25 mm na cavidade | 0,70 | 4,53 | 4,50 | 0,68 |
| – o mesmo, mas EPS de 50 mm | 0,47 | 4,62 | 4,80 | 0,61 |
| – o mesmo, mas apenas lâmina de alumínio na cavidade | 1,14 | 4,22 | 3,90 | 0,99 |
| – o mesmo, mas com lâmina e o EPS de 25 mm | 0,63 | 4,54 | 4,50 | 0,70 |
| Revestimento reverso para bloco: fc de 5 mm + cavidade + 100 blocos vazados | 1,41 | 3,14 | 2,20 | 1,00 |
| – o mesmo, mas bloco de concreto sólido de 100 mm | 1,63 | 6,05 | 4,40 | 0,79 |
| – o mesmo, mas EPS de 50 na cavidade + bloco vazado de 100 | 0,47 | 3,59 | 3,20 | 0,85 |
| – o mesmo, mas EPS de 50 na cavidade + bloco sólido de 100 | 0,49 | 6,45 | 5,20 | 0,46 |
| – o mesmo, mas EPS de 50 na cavidade + bloco sólido de 200 | 0,48 | 6,16 | 7,70 | 0,21 |
| **PAINÉIS-SANDUÍCHE** | | | | |
| Fibrocimento de 6 mm + EPS de 25 + fc de 6 mm | 1,20 | 1,1 | 0,5 | 1 |
| Fibrocimento de 6 mm + poliuretano de 50 + fc de 6 | 0,45 | 0,9 | 0,7 | 1 |
| **PORTAS** | | | | |
| Madeira  35 mm  painéis embutidos de 10 mm | 3,24 | 3,24 | 0,6 | 1 |
| 45 mm  com cavidade | 2,44 | 2,44 | 0,4 | 1 |
| 45 mm  Maciça | 2,20 | 2,10 | 1,0 | 0,97 |
| Metal  (de enrolar, basculante) | 5,54 | 5,00 | 0 | 1 |

## PLANILHA DE DADOS D.1.3
Propriedades Térmicas de Janelas, Telhados e Pisos

| | | | | Valor-U (W/m²K) | Admitância (W/m²K) | sgf/fgs (θ) | asg¹ leve | asg² pesado |
|---|---|---|---|---|---|---|---|---|
| **JANELAS** | | | | | | | | |
| Esquadria de madeira | 10% | Simples | 6 mm de vidro transparente | 5,3 | 5,3 | 0,76 | 0,64 | 0,47 |
| | | | Vidro com superfície colorida | 5,3 | 5,3 | 0,60 | 0,53 | 0,41 |
| | | | Vidro com corpo colorido | 5,3 | 5,3 | 0,52 | 0,47 | 0,38 |
| | | | Vidro reflexivo | 5,3 | 5,3 | 0,18 | 0,17 | 0,15 |
| | | Duplo | Vidro transparente | 3,0 | 3,0 | 0,64 | 0,56 | 0,42 |
| | | | Superfície colorida + transparente | 3,0 | 3,0 | 0,48 | 0,43 | 0,34 |
| | | | Corpo colorido + transparente | 3,0 | 3,0 | 0,40 | 0,37 | 0,30 |
| | | | Reflexivo + transparente | 3,0 | 3,0 | 0,28 | 0,25 | 0,21 |
| | | | Reflexivo + transparente + selado | 3,0 | 3,0 | 0,15 | 0,14 | 0,11 |
| | 20% | Simples | 6 mm/ vidro transparente | 5,0 | 5,0 | 0,76 | 0,64 | 0,42 |
| | | | Vidro com superfície colorida | 5,0 | 5,0 | 0,60 | 0,53 | 0,41 |
| | | | Vidro com corpo colorido | 5,0 | 5,0 | 0,52 | 0,47 | 0,38 |
| | | | Vidro reflexivo | 5,0 | 5,0 | 0,18 | 0,17 | 0,15 |
| | | Duplo | Vidro transparente | 2,9 | 2,9 | 0,64 | 0,56 | 0,42 |
| | | | Vidro com superfície colorida + transparente | 2,9 | 2,9 | 0,48 | 0,43 | 0,34 |
| | | | Vidro de corpo colorido + transparente | 2,9 | 2,9 | 0,40 | 0,37 | 0,30 |
| | | | Reflexivo + transparente | 2,9 | 2,9 | 0,28 | 0,25 | 0,21 |
| | | | Selado, reflexivo + transparente | 2,9 | 2,9 | 0,15 | 0,14 | 0,11 |
| | 30% | Simples | 6 mm/ vidro transparente | 4,7 | 4,7 | 0,76 | 0,64 | 0,47 |
| | | | Vidro com superfície colorida | 4,7 | 4,7 | 0,60 | 0,53 | 0,41 |
| | | | Vidro de corpo colorido | 4,7 | 4,7 | 0,52 | 0,47 | 0,38 |
| | | | Vidro reflexivo | 4,7 | 4,7 | 0,18 | 0,17 | 0,15 |
| | | Duplo | Vidro transparente | 2,8 | 2,8 | 0,64 | 0,56 | 0,42 |
| | | | Superfície colorida + transparente | 2,8 | 2,8 | 0,48 | 0,43 | 0,34 |
| | | | Corpo colorido + transparente | 2,8 | 2,8 | 0,40 | 0,37 | 0,30 |
| | | | Reflexivo + transparente | 2,8 | 2,8 | 0,28 | 0,25 | 0,21 |
| | | | Selado, reflexivo + transparente | 2,8 | 2,8 | 0,15 | 0,14 | 0,11 |
| Esquadria de Metal | 10% | Simples | 6 mm/ vidro transparente | 6,0 | 6,0 | 0,76 | 0,64 | 0,47 |
| | | | Vidro com superfície colorida | 6,0 | 6,0 | 0,60 | 0,53 | 0,41 |
| | | | Vidro com corpo colorido | 6,0 | 6,0 | 0,52 | 0,47 | 0,38 |
| | | | Vidro reflexivo | 6,0 | 6,0 | 0,18 | 0,17 | 0,15 |
| | | Duplo | Vidro transparente | 3,6 | 3,6 | 0,64 | 0,56 | 0,42 |
| | | | Superfície colorida + transparente | 3,6 | 3,6 | 0,48 | 0,43 | 0,34 |
| | | | Corpo colorido + transparente | 3,6 | 3,6 | 0,40 | 0,37 | 0,30 |
| | | | Reflexivo + transparente | 3,6 | 3,6 | 0,28 | 0,25 | 0,21 |
| | | | Selado, Reflexivo + transparente | 3,6 | 3,6 | 0,15 | 0,14 | 0,11 |
| | 20% | Simples | 6 mm / vidro transparente | 6,4 | 6,4 | 0,76 | 0,64 | 0,47 |
| | | Duplo | Vidro transparente | 4,3 | 4,3 | 0,64 | 0,56 | 0,42 |
| Esquadria de Metal | 10% | Simples | Esquadria descontínua | 5,7 | 5,7 | 0,76 | 0,64 | 0,47 |
| | | | o mesmo, corpo colorido | 5,7 | 5,7 | 0,52 | 0,47 | 0,38 |
| | | Duplo | Esquadria descontínua | 3,3 | 3,3 | 0,64 | 0,56 | 0,42 |
| | 20% | Simples | Esquadria descontínua | 5,8 | 5,8 | 0,76 | 0,64 | 0,47 |
| | | Duplo | Esquadria descontínua | 3,7 | 3,7 | 0,64 | 0,56 | 0,42 |
| Esquadria de vinil | | | Bronze + vidro transparente | 2,8 | 2,8 | 0,58 | 0,50 | 0,39 |
| | | | vidro transparente + vidro transparente | 2,8 | 2,8 | 0,48 | 0,43 | 0,34 |
| | | | Transparente preenchido com argônio + vidro transparente | 1,9 | 1,9 | 0,55 | 0,49 | 0,39 |
| | | | Transparente, baixa emissividade preenchido com argônio+ transparente | 1,7 | 1,7 | 0,32 | 0,28 | 0,23 |

## Planilha de dados D.1.3 (continuação)

|  |  |  | Valor-U (W/m²K) | Admitância (W/m²K) | sgf/fgs (θ) | asg¹ leve | asg² pesado |
|---|---|---|---|---|---|---|---|
| Esquadria de vinil isolada | Triplo | vidro transparente, preenchimento de criptônio | 1,9 | 1,9 | 0,5 | 0,47 | 0,38 |
|  |  | Vidro, 2 de baixa emissividade, preenchimento de criptônio | 0,9 | 0,9 | 0,37 | 0,34 | 0,27 |
| Cobertura envidraçada | Simples | vidro de 6 mm | 6,6 | 6,6 | 0,76 | 0,64 | 0,47 |
|  |  | vidro de corpo colorido | 6,6 | 6,6 | 0,52 | 0,47 | 0,38 |
|  | Duplo | vidro transparente | 4,6 | 4,6 | 0,64 | 0,56 | 0,42 |
|  |  | Com corpo colorido + transparente | 4,6 | 4,6 | 0,40 | 0,37 | 0,30 |
| Horizontal |  | Painel envidraçado + claraboia, ventilada | 3,8 | 3,8 | 0,60 | 0,56 | 0,42 |

| Obs.: fc = fibrocimento | Valor-U (W/m²K) | Admitância (W/m²K) | atraso térmico horas | fator de decremento |
|---|---|---|---|---|
| **COBERTURAS PLANAS** |  |  |  |  |
| Laje de concreto de 150, reboco*, contrapiso de 75 + asfalto | 1,80 | 4,50 | 8 | 0,33 |
| – o mesmo, mas concreto leve | 0,84 | 2,30 | 5 | 0,77 |
| 25 deque de madeira, forro betuminoso, forro de placa de gesso | 1,81 | 1,90 | 0,9 | 0,99 |
| – o mesmo + EPS de 50 mm | 0,51 | 0,80 | 1,3 | 0,98 |
| Deque de fc, de 10, chapa de fibra de 13, asfalto, forro de fc | 1,50 | 1,90 | 2 | 0,96 |
| – o mesmo + EPS de 50 mm | 0,49 | 0,88 | 1,93 | 0,95 |
| ww de 50, contrapiso de 13, asfalto de 20, forro de placa de gesso | 1,00 | 1,40 | 3 | 0,93 |
| chapa de fibra de 13, asfalto de 20, placa de gesso revestida com papel laminado de 10 | 1,20 | 1,30 | 1 | 0,99 |
| – o mesmo + EPS de 50 mm | 0,44 | 1,1 | 1,2 | 0,98 |
| Deque de metal, EPS de 25, forro betuminoso | 1,10 | 1,20 | 1 | 0,99 |
| – o mesmo + chapa de fibra de 13 + forro de placa de gesso | 0,73 | 0,91 | 1 | 0,99 |
| – o mesmo, mas EPS de 50 mm | 0,48 | 0,75 | 1 | 0,98 |
| – o mesmo, mas EPS de 75 mm | 0,38 | 0,86 | 1,4 | 0,98 |
| **COBERTURAS INCLINADAS** |  |  |  |  |
| Telha de fibrocimento ondulada | 4,9 | 4,9 | 0 | 1 |
| – o mesmo + sótão + forro de placa de gesso | 2,58 | 2,6 | 0,3 | 1 |
| – o mesmo + EPS de 50 mm ou fibra de vidro | 0,55 | 1 | 0,7 | 0,99 |
| – o mesmo + EPS de 75 mm ou fibre de vidro | 0,4 | 0,73 | 0,77 | 0,99 |
| Telhas, estrutura do telhado + sótão + forro de placa de gesso | 2,59 | 2,6 | 0,5 | 1 |
| – o mesmo + EPS de 50 mm ou fibra de vidro | 0,54 | 1,0 | 1,5 | 0,97 |
| Telhas, estrutura do telhado, teto de madeira de 25 (inclinado) | 1,91 | 2,1 | 1,0 | 0,99 |
| – o mesmo + EPS de 50 mm ou fibra de vidro | 0,51 | 1,5 | 1,4 | 0,97 |
| – o mesmo mas EPS de 75 mm ou fibra de vidro | 0,4 | 1,5 | 1,77 | 0,96 |
| Chapa de metal (ondulada ou perfilada) | 7,14 | 7,1 | 0 | 1 |
| Chapa de metal + sótão + forro de placa de gesso | 2,54 | 2,6 | 0,3 | 1 |
| – o mesmo mas EPS de 75 mm ou fibra de vidro | 0,39 | 0,86 | 1,07 | 0,99 |
| – o mesmo + EPS de 50 mm ou fibra de vidro | 0,55 | 1,0 | 0,7 | 0,99 |
| **PISO** |  |  |  |  |
| Madeira suspensa, sem revestimento ou linóleo |  |  |  |  |
| 3 × 3 m | 1,05 | 2,0 | 0,7 | 0,99 |
| O mesmo + 50 EPS | 0,44 | 1,35 | 1,6 | 1 |
| 7,5 × 7,5 m | 0,68 | 2,0 | 0,8 | 0,98 |

## Planilha de dados D.1.3 (continuação)

| | Valor-U (W/m²K) | Admitância (W/m²K) | atraso térmico horas | fator de decremento |
|---|---|---|---|---|
| 15 × 7,5 m | 0,61 | 2,0 | 0,8 | 0,98 |
| 15 × 15 m | 0,45 | 2,0 | 0,9 | 0,97 |
| O mesmo + 50 EPS | 0,30 | 1,35 | 1,59 | 1 |
| 30 × 15 m | 0,39 | 2,0 | 0,9 | 0,97 |
| 60 × 15 m | 0,37 | 2,0 | 1,0 | 0,97 |
| Laje de concreto sobre a terra, 2 bordas adjacentes expostas | | | | |
| 3 × 3 m | 1,07 | 6,0 | – | 0,01 |
| 6 × 6 m | 0,57 | 6,0 | – | 0 |
| 7,5 × 7,5 m | 0,45 | 6,0 | – | 0 |
| 15 × 7,5 m | 0,36 | 6,0 | – | 0 |
| 15 × 15 m | 0,26 | 6,0 | – | 0 |
| 30 × 15 m | 0,21 | 6,0 | – | 0 |
| 60 × 15 m | 0,18 | 6,0 | – | 0 |
| 100 × 40 m | 0,09 | 6,0 | – | 0 |
| Laje de concreto sobre a terra, 2 bordas paralelas expostas | | | | |
| 3 × 3 m | 1,17 | 6,0 | – | 0,01 |
| 6 × 6 m | 0,58 | 6,0 | – | 0 |
| 7,5 × 7,5 m | 0,48 | 6,0 | – | 0 |
| 15 × 7,5 m | 0,32 | 6,0 | – | 0 |
| 10 × 10 m | 0,30 | 6,0 | – | 0 |
| 15 × 15 m | 0,29 | 6,0 | – | 0 |
| 30 × 15 m | 0,25 | 6,0 | – | 0 |
| 60 × 15 m | 0,21 | 6,0 | – | 0 |
| 100 × 40 m | 0,13 | 6,0 | – | 0 |
| Laje de concreto sobre a terra, 4 bordas expostas (ver correções abaixo) | | | | |
| 3 × 3 m | 1,47 | 6,0 | – | 0,02 |
| 6 × 6 m | 0,96 | 6,0 | – | 0,01 |
| 7,5 × 7,5 m | 0,76 | 6,0 | – | 0,01 |
| 15 × 7,5 m | 0,62 | 6,0 | – | 0 |
| 10 × 10 m | 0,62 | 6,0 | – | 0 |
| 15 × 15 m | 0,45 | 6,0 | – | 0 |
| 30 × 15 m | 0,36 | 6,0 | – | 0 |
| 60 × 15 m | 0,32 | 6,0 | – | 0 |
| 100 × 40 m | 0,16 | 6,0 | – | 0 |

Correções para isolamento de borda (min. R=4) de pisos de laje de concreto sobre o solo (4 bordas expostas) multiplicado para o valores–U

| | Profundidade ou espessura: 0,5 | 1 m |
|---|---|---|
| 3 × 3 m | 0,82 | 0,72 |
| 6 × 6 m | 0,85 | 0,75 |
| 10 × 10 m | 0,86 | 0,78 |
| 15 × 15 m | 0,87 | 0,80 |
| 60 × 15 m | 0,88 | 0,82 |
| 100 × 40 m | 0,89 | 0,83 |

# PLANILHA DE DADOS D.1.4
Propriedades Térmicas de Superfícies e Cavidades

|  |  | Para 6000°C de radiação solar |  | A 50°C |
|---|---|---|---|---|
|  |  | Absortância e emitância $\alpha$ ou $\varepsilon$ | Refletância $\rho$ | Absortância e emitância $\alpha$ e $\varepsilon$ |
| **PROPRIEDADES DE RADIAÇÃO** | | | | |
| Tijolo | Branco, vitrificado | 0,25 | 0,75 | 0,95 |
|  | Cores claras | 0,40 | 0,60 | 0,90 |
|  | Cores escuras | 0,80 | 0,20 | 0,90 |
| Coberturas | Asfalto ou betume | 0,90 | 0,10 | 0,96 |
|  | Telhas vermelhas | 0,65 | 0,35 | 0,85 |
|  | Telhas brancas | 0,40 | 0,60 | 0,50 |
|  | Alumínio, oxidado | 0,30 | 0,80 | 0,11 |
|  | Alumínio brilhante, cromo, níquel | 0,10 | 0,90 | 0,05 |
|  | Lâmina de alumínio brilhante (nova) | 0,03 | | |
| Superfícies do edifício desgastadas pelo tempo/ Leve | | 0,50 | 0,50 | 0,60 |
|  | Média | 0,80 | 0,20 | 0,95 |
| Tinta | Branca | 0,30 | 0,70 | 0,92 |
|  | Preto fosco | 0,96 | 0,04 | 0,96 |
| Em geral: | Refletância = $(V \times V - 1)/100$ onde V = valor Munsell da tinta | | | |

| *RESISTÊNCIAS DE SUPERFÍCIE ($m^2$K/W)* | | Superfícies normais | Superfícies de Baixa emitância |
|---|---|---|---|
| Interior | Paredes | 0,12 | 0.30 |
|  | Forro, piso: fluxo de calor ascendente | 0,10 | 0.22 |
|  | fluxo de calor descendente | 0,14 | 0.55 |
|  | forro de 45° | | |
|  | fluxo de calor ascendente | 0,11 | 0.24 |
|  | fluxo de calor descendente | 0,13 | 0.39 |
| Exterior | Paredes protegidas | 0,08 | 0.11 |
|  | exposição normal | 0,06 | 0.07 |
|  | exposição intensa | 0,03 | 0.03 |
| coberturas | protegidas | 0,07 | 0.09 |
|  | exposição normal | 0,04 | 0.05 |
|  | exposição intensa | 0,02 | 0.02 |

| *RESISTÊNCIAS EM CAVIDADES ($m^2$ K/W)* | | Superfícies Normais | Superfícies de Baixa emitância |
|---|---|---|---|
| Não-ventilados: | | | |
| cavidade de 5 mm | Qualquer posição | 0,10 | 0,18 |
| cavidade >25 mm, | Fluxo de calor horizontal | 0,18 | 0,35 |
|  | Fluxo de calor ascendente | 0,17 | 0,35 |
|  | Fluxo de calor descendente | 0,22 | 1,06 |
|  | 45°, fluxo de calor ascendente | 0,19 | 0,40 |
|  | 45°, fluxo de calor descendente | 0,20 | 0,98 |
| Folha multipla | Fluxo de calor horizontal ou ascendente | – | 0,62 |
|  | Fluxo de calor descendente | – | 1,76 |
| Com ventilação: | | | |
| Entre o forro de placa de fibrocimento e a cobertura de metal escuro | | 0,16 | 0,30 |
| Entre o forro de placa de fibrocimento e a cobertura de fibrocimento | | 0,14 | 0,25 |
| Entre o forro de placa de fibrocimento e a cobertura de telhas | | 0,18 | 0,26 |
| Entre as telhas e a estrutura do telhado | | 0,12 | – |
| Espaço de ar por trás da colocação das telhas (incl. a telha) | | 0,12 | – |
| Nas paredes de cavidades normais | | 0,18 | |

## PLANILHA DE DADOS D.1.5
Dados do Movimento da Umidade

### A PRODUÇÃO DE UMIDADE NO AMBIENTE INTERNO

| | | |
|---|---|---|
| Uma pessoa | Descansando | 40 g/h |
| | Atividade sedentária | 50 g/h |
| | Ativa | 200 g/h |
| Cozinhando (gás) | Café da manhã | 400 g |
| | Almoço | 500 g ≈ 3000 g/dia |
| | Jantar | 1200 g |
| Lavando louça | Café da manhã | 100 g |
| | Almoço | 100 g |
| | Jantar | 300 g |
| Esfregando o chão | | 1100 g |
| Lavando roupas | | 2000 g |
| Secando roupas (interior) | | 12 000 g |
| Chuveiro | | 200 g |
| Banheira | | 100 g |
| Combustível (querosene) | aquecedor (sem exaustor) | 1kg por kg de combustível queimado |
| Estábulos: vacas de ordenha | por kg de massa corporal | 1–1,5 µg/s |

### B PERMEABILIDADE (δ) DE ALGUNS MATERIAIS

| | | mg/s.m.kPa ou µg/s.m.Pa |
|---|---|---|
| Alvenaria | | 0,006–0,042 |
| Mão de cimento | | 0,010 |
| Concreto | | 0,005–0,035 |
| Painel de cortiça | | 0,003–0,004 |
| Ebonite expandida (Onozote) | | <0,0001 |
| Poliestireno expandido | | 0,002–0,007 |
| Placa porosa de fibra (macia) | | 0,020–0,070 |
| Placa de fibra de alta densidade (Masonite) | | 0,001–0,002 |
| Lã mineral | | 0,168 |
| Reboco* | | 0,017–0,025 |
| Placa de gesso | | 0,017–0,023 |
| Compensado | | 0,002–0,007 |
| Espuma de poliuretano | Célula aberta | 0,035 |
| | Célula fechada | 0,001 |
| Placa de Palha | | 0,014–0,022 |
| Madeira | Seca ao ar | 0,014–0,022 |
| | Verde | 0,001–0,008 |
| Espuma de ureia–formaldeído | | 0,031–0,053 |
| Aglomerado de lã de madeira | | 0,024–0,070 |

### COEFICIENTES DE SUPERFÍCIE (permeância)

| | | µg/s.m²Pa |
|---|---|---|
| Com o ar parado | se h = 4,5 W/m²K | 25,5 |
| Com o ar em movimento | se h = 11,4 W/m²K | 62,3 |
| | se h = 17 W/m²K | 96,3 |

## Planilha de Dados D.1.5 (continuação)
### C Permeância (π) de alguns elementos e superfícies

|  |  | mg/s.m²kPa ou μg/s.m²Pa |
|---|---|---|
| Folha de acrílico | 1,5 mm | 0,007 |
| Folha de alumínio |  | < 0,006 |
| Papel betuminoso |  | 0,090 |
| Alvenaria | 105 mm | 0,04–0,060 |
| Blocos de concreto | 200 mm vazado | 0,140 |
| Acetato de celulose | 0,25 mm | 0,260 |
|  | 3 mm | 0,018 |
| Mão de cimento, ou contrapiso |  |  |
|  | 25 mm, 4:1 | 0,670 |
|  | 25 mm, 1:1 | 0,400 |
| Placa de cortiça | 25 mm | 0,40–0,540 |
| Placa de fibra de vidro | 1,2 mm | 0,003 |
| Placa de fibrocimento | 3 mm | 0,20–0,500 |
| o mesmo com tinta a óleo |  | 0,02–0,030 |
| Tijolo vitrificado | 105 mm | 0,007 |
| Placa de fibra de alta densidade (Masonite) | 3 mm | 0,630 |
| o mesmo, temperado |  | 0,290 |
| Papel Kraft | Simples | 4,540 |
|  | 3 camadas | 2,000 |
|  | 5 camadas | 1,600 |
| Tinta a óleo, 2 camadas | Sobre gesso | 0,09–0,170 |
| 3 camadas | Sobre madeira | 0,02–0,060 |
| Gesso sobre armação | 25 mm | 0,630 |
|  | 20 mm | 0,830 |
|  | 12 mm | 0,930 |
| Placa de gesso | 10 mm | 1,70–2,800 |
| Compensado |  |  |
|   qualidade externa | 6 mm | 0.026–0.041 |
|   qualidade interna | 6 mm | 0,106–0,370 |
| Película/filme de poliestireno | 0,06 mm | 0,009 |
|  | 0,1 mm | 0,005 |
|  | 0,2 mm | 0,002 |
| Placa de PVC | 0,05 mm | 0,040 |
| o mesmo, plastificado | 0,1 mm | 0,050–0.080 |
| Madeira conífera (pinho) | 25 mm | 0,080 |
|  | 12 mm | 0,10–0,170 |
| Aglomerado de Palha | 50 mm | 0,13–0,260 |
| Aglomerado de lã de madeira | 25 mm | 3,08–4,140 |
| Superfície | Interna | 25 |
|  | Externa | 100 |

Obs.: toda camada com permeância de menos de 0,067 mg/s.m²kPa (μg/s m²Pa) é considerada como barreira de vapor.

A resistência ao vapor é a recíproca da permeância: $vR = 1/\pi$ ou $vR = b/\delta$.

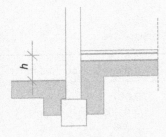

*h* = distância entre o nível do terreno e do piso.

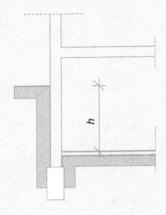

## PLANILHA DE DADOS D.1.6
### Pontes Térmicas, Piso Térreo e Paredes do Porão

| COEFICIENTES DE PERDA DE CALOR LINEAR | k |
|---|---|
| Perímetro da janela | 0,15 W/m.K |
| O mesmo, mas se a janela estiver no plano do isolamento e juntas seladas | 0 |
| Canto externo da parede homogênea | 0,10 |
| Canto externo da parede com isolamento externo | 0,15 |
| Parede externa com isolamento interno | 0 |
| Junção de parede homogênea externa e parede interna (contando-se ambas as bordas) | 0,12 |
| Junção de parede externa com isolamento externo e parede interna (contando-se ambas as bordas) | 0,06 |
| Junção de parede externa homogênea e laje do piso com uma tira isolante (contando-se ambas as bordas) | 0,15 |
| Junção de parede externa com isolamento externo e laje do piso (contando-se ambas as bordas) | 0,06 |
| Parede do parapeito, cornija | 0,20 |
| Laje da varanda em balanço | 0,3 |

**PERDAS DO PISO SOBRE O SOLO**
Coeficientes de transmissão linear de calor **W/m.K**

| Altura (a) relativa ao nível térreo (m) | Se a resistência térmica do piso for ($m^2K/W$) ||||||||
|---|---|---|---|---|---|---|---|---|
| | Sem isolamento/ vedação | 0,2–0,35 | 0,4–0,55 | 0,6–0,75 | 0,8–1,0 | 1,05–1,5 | 1,55–2 | 2,05–3 |
| >\|6,0\| | 0 | 0 | 0 | 0 | 0 | 0 | 0 | 0 |
| –6,00 a –4,05 | 0,20 | 0,20 | 0,15 | 0,15 | 0,15 | 0,15 | 0,15 | 0,15 |
| –4,00 a –2,55 | 0,40 | 0,40 | 0,35 | 0,35 | 0,35 | 0,35 | 0,30 | 0,30 |
| –2,50 a –1,85 | 0,60 | 0,55 | 0,55 | 0,50 | 0,50 | 0,45 | 0,45 | 0,40 |
| –1,80 a –0,25 | 0,80 | 0,70 | 0,70 | 0,65 | 0,60 | 0,60 | 0,55 | 0,45 |
| –1,20 a –0,75 | 1,00 | 0,90 | 0,85 | 0,80 | 0,75 | 0,70 | 0,65 | 0,55 |
| –0,70 a –0,45 | 1,20 | 1,05 | 1,00 | 0,95 | 0,90 | 0,80 | 0,75 | 0,65 |
| –0,40 a –0,25 | 1,40 | 1,20 | 1,10 | 1,05 | 1,00 | 0,90 | 0,80 | 0,70 |
| –0,20 a +0,20 | 1,75 | 1,45 | 1,35 | 1,25 | 1,15 | 1,05 | 0,95 | 0,85 |
| +0,25 a +0,40 | 2,10 | 1,70 | 1,55 | 1,45 | 1,30 | 1,20 | 1,05 | 0,95 |
| +0,45 a +1,00 | 2,35 | 1,90 | 1,70 | 1,55 | 1,45 | 1,30 | 1,15 | 1,00 |
| +1,05 a +1,50 | 2,55 | 2,05 | 1,85 | 1,70 | 1,55 | 1,40 | 1,25 | 1,10 |

**PERDAS ATRAVÉS DAS PAREDES PROTEGIDAS PELA TERRA**
Coeficientes de transmissão linear de calor . **W/m.K**

| Altura (a) abaixo do nível do solo (m) | Se o valor–U da própria parede for [W /$m^2$K] |||||||
|---|---|---|---|---|---|---|---|
| | 0,4–0,49 | 0,5–0,59 | 0,6–0,79 | 0,8–0,99 | 1–1,19 | 1,2–1,49 | 1,5–1,79 | 1,8–2,2 |
| > 6,0 | 1,40 | 1,65 | 1,85 | 2,05 | 2,25 | 2,45 | 2,65 | 2,80 |
| 6,00 a 5,05 | 1,30 | 1,50 | 1,70 | 1,90 | 2,05 | 2,25 | 2,45 | 2,65 |
| 5,00 a 4,05 | 1,15 | 1,35 | 1,50 | 1,65 | 1,90 | 2,05 | 2,24 | 2,45 |
| 4,00 a 3,05 | 1,00 | 1,15 | 1,30 | 1,45 | 1,65 | 1,85 | 2,00 | 2,20 |
| 3,00 a 2,55 | 0,85 | 1,00 | 1,15 | 1,30 | 1,45 | 1,65 | 1,80 | 2,00 |
| 2,50 a 2,05 | 0,70 | 0,85 | 1,00 | 1,15 | 1,30 | 1,45 | 1,65 | 1,80 |
| 2,00 a 1,55 | 0,60 | 0,70 | 0,85 | 1,00 | 1,10 | 1,25 | 1,40 | 1,55 |
| 1,50 a 1,05 | 0,45 | 0,55 | 0,65 | 0,75 | 0,90 | 1,00 | 1,15 | 1,30 |
| 1,00 a 0,75 | 0,35 | 0,40 | 0,50 | 0,60 | 0,65 | 0,80 | 0,90 | 1,05 |
| 0,70 a 0,45 | 0,20 | 0,30 | 0,35 | 0,40 | 0,50 | 0,55 | 0,65 | 0,75 |
| 0,40 a 0,25 | 0,10 | 0,15 | 0,20 | 0,25 | 0,30 | 0,35 | 0,40 | 0,45 |

## PLANILHA DE DADOS D.1.7
### Emissão de Calor de Seres Humanos e Aparelhos

| EMISSÃO DE CALOR DO CORPO HUMANO em W (watts) | Total | A 20°C Sensível | Latente | A 26°C Sensível | Latente |
|---|---|---|---|---|---|
| Sentado em repouso | 115 | 90 | 25 | 65 | 50 |
| Trabalho sedentário | 140 | 100 | 40 | 70 | 70 |
| Sentado, comendo | 150 | 85 | 65 | 70 | 80 |
| Caminhada lenta | 160 | 110 | 50 | 75 | 85 |
| Trabalho de bancada do tipo leve | 235 | 130 | 105 | 80 | 55 |
| Trabalho de esforço médio | 265 | 140 | 125 | 90 | 175 |
| Trabalho pesado | 440 | 190 | 250 | 105 | 335 |
| Trabalho muito pesado (quadra de esportes) | 585 | 205 | 380 | 175 | 420 |

| CARGA DA ILUMINAÇÃO ELÉTRICA | | W / (m² lux) |
|---|---|---|
| Incandescente | Refletor esmaltado aberto | 0,125–0,160 |
| | Difusão Geral | 0,160–0,225 |
| Fluorescente | Branca, canaleta aberta | 0,037 |
| | Fechado, difusor | 0,050 |
| | Branco quente de luxe, fechado, difusor | 0,075–0,100 |
| | Com persianas, embutido | 0,085–0,110 |
| Mercúrio MBF* refletor industrial | | 0,050–0,075 |

| EQUIPAMENTOS ELÉTRICOS | | Sensível (W) | Latente (W) |
|---|---|---|---|
| Secador de cabelo (portátil) | | 700 | 100 |
| Secador de cabelo de coluna | | 600 | 100 |
| Cafeteira | 14–23 L | 800–1000 | 900–1200 |
| Computador (PC) | unidade central de processamento | 200–300 | – |
| | monitor de vídeo | 150–300 | – |
| | impressora | 30–300 | – |
| Preparador de alimentos | por m² superfície de topo | 1000 | 1000 |
| Fritadeira | (300 × 350 mm) | 1100 | 1700 |
| Grelha, carne | (250 × 300 de área de cozimento) | 1200 | 600 |
| Grelha, sanduíche | (300 × 300 de área de cozimento) | 800 | 200 |
| Jarra ou chaleira | | ≈1800 | 500 |
| Forno de micro-ondas | | ≈1300 | – |
| Refrigerador | 1 porta, manual | 150–260 | – |
| | 2 portas, descongelamento automático | 350–400 | – |
| | 2 portas, *frost free* | 500–600 | – |
| Esterilizador, total | (600 × 600 × 900) | 10000 | 6500 |
| Esterilizador, água | 45 L | 1200 | 4800 |
| Esterilizador, instrumento | (150 × 100 × 450) | 800 | 700 |
| Torradeira automática | 2 fatias | 700 | 200 |
| Torradeira, sanduicheira | 4 fatias | 1800 | 800 |
| Aspirador de pó | | 600–1200 | – |
| Máquina de *waffle* | | 400 | 200 |
| Aquecedor de água (doméstico) | | 2400–3600 | – |

| APARELHOS A GÁS | | | |
|---|---|---|---|
| Cafeteira | 14–23 L | 900–1200 | 900–1200 |
| Aquecedor de alimento | por m² de superfície de topo | 2700 | 1600 |
| Fritadeira | 280 × 410 | 2100 | 1400 |
| Grelha, de mesa | 0,13 m² de superfície | 4400 | 1100 |
| Torradeira, contínua | (2 fatias) | 2200 | 1000 |
| Fogão, portátil, de chamas vedadas | por m² de superfície de topo | 11000 | 11000 |
| Queimadores de laboratório (bunsen), 10 mm de diâmetro (gás natural) | | 500 | 100 |

\* MBF: lâmpadas de vapor de mercúrio (M), de alta pressão (B) e de revestimento fluorescente (F). (N. da T.)

## PLANILHA DE DADOS D.1.8
Requisitos Típicos de Ventilação

| | | |
|---|---|---|
| Ar inalado | Em atividades sedentárias | 0,5 m³/h |
| | No trabalho pesado, até | 5 m³/h |
| Limitação | Conteúdo de $CO_2$, limite absoluto | 0,5% |
| | Efeito acentuado de "ar viciado" | 0,15% |

Efeito aparente de resfriamento do fluxo de ar pela pele

$$dT = -1{,}2844\, v^2 + 5{,}9331\, v - 1{,}0136$$

ou

$$dT = 6 \times (v-0{,}2) - 1{,}6 \times (v-0{,}2)^2$$

Ou aproximadamente

$$dT = 3{,}2\, v \qquad \text{onde } v \text{ é em m/s e } dT \text{ em K}$$

| Se o volume do cômodo por pessoa (m³) | Então taxa de suprimento de ar puro | por pessoa |
|---|---|---|
| | Mínimo | Recomendado |
| 3 | 12 | 17 |
| 6 | 7 | 11 |
| 9 | 5 | 8 |
| 12 | 4 | 6 |

| | |
|---|---|
| Cozinha, outras que não a doméstica | 20 renovações de ar por hora |
| Cozinha, doméstica | 10 |
| Lavanderia, sala da caldeira, sala de operações | 15 |
| Cantina, restaurante, salão de dança | 10–15 |
| Cinema, teatro, lavatório | 6–10 |
| Banheiro, saguão de banco, estacionamento | 6 |
| Escritório, laboratório | 4–6 |
| Biblioteca | 3–4 |
| Caixa de escada, corredor (não doméstico) | 2 |
| Todos os outros cômodos domésticos | 1 |

Para taxas de ventilação como uma função da densidade ou na base de área de piso, ver página seguinte.
Para estimativa de taxa de ventilação produzidas pelo efeito do vento e efeito chaminé ver M. 1.4.

| *Exigência* | *Se densidade (área/ pessoa)* | *Tipo de ocupação do cômodo (apenas exemplos)* |
|---|---|---|
| 4 L/s.pessoa | Número dado | Sauna, banho turco |
| 10 L/s.pessoa | Número dado | Dormitório, bilheteria |
| | 0,6 m² | Saguão de espera de transporte, plataforma, capela funerária |
| | 1 m² | Sala de descanso, provador de loja, quiosque, sala de recepção funerária |
| | 1,5 m² | Sala de espera de consultório médico, área de exibição de museus, estúdio de transmissão |
| | 2 m² | Sala de aula em escola >16 anos, sala de música, vestiário, área de espera |
| | 5 m² | Andar de vendas em lojas, galeria comercial, sala de arte e escritório, sala de fisioterapia, estúdio de desenho, biblioteca, lavanderia operada por fichas, farmácia |

## Planilha de Dados D.1.8 (continuação)

| Exigência | Se densidade (área/pessoa) | Tipo de ocupação do cômodo (apenas exemplos) |
|---|---|---|
| | 10 m² | Quarto escuro para revelação de fotos, florista, lavagem a seco, quarto de hotel, escritório geral, cofre bancário, edifícios residenciais |
| | 20 m² | Depósito |
| | 25 m² | Sala de computador |
| | 50 m² | hangar |
| | 100 m² | estufa |
| 12 L/s.pessoa | 2 m² | Salas de aula de escola <16 anos |
| 15 L/s.pessoa | 0,6 m² | Teatro, teatro de ópera, sala de concerto, saguão, sala de conferências |
| | 1 m² | Cafeteria, *fast-food*, grande sala de reunião, discoteca, sala de conferências |
| | 1,5 m² | Sala de jantar de hotel, salão de baile, cassino |
| | 2 m² | pequena sala de conferência |
| | 4 m² | Teatro, sala de concerto, sala de conferências, loja de cabeleireiro, salão de beleza |
| | 5 m² | Sala de estar de suíte em hotel, coxia de teatro, bloco de celas de prisão |
| 20 L/s.pessoa | 1 m² | Bar, salão de coquetel |
| | 1,5 m² | Cabaré |
| | 2 m² | Sala de controle de tráfego aéreo |
| | 5 m² | Edifícios hospitalares: salas de parto e de operação |
| 25 L/s.pessoa | 1,5 m² | Sala de fumantes |
| 50 L/s.pessoa | 5 m² | Sala de autópsias |
| Com base na área do piso: | | |
| | 1 L/s.m² | corredor, saguão, escadas, túnel para pedestres, área de serviço |
| | 3,5 L/s.m² | Área da piscina, deque |
| | 4 L/s.m² | Sala do medidor ou de distribuição da eletricidade, sala de controle de incêndio |
| | 5 L/s.m² | Canil veterinário, acomodações dos animais, sala de operações, lojas de produtos para animais de estimação |

## PLANILHA DE DADOS D.1.9
### Graus-dia de Algumas Localidades

*Kelvin-dia, base 18°C*

| AUSTRÁLIA | | | AMÉRICA DO NORTE | |
|---|---|---|---|---|
| Adelaide | | 1000 | Chicago | 3311 |
| Alice Springs | | 618 | Dallas | 1260 |
| Brisbane | | 245 | Denver | 3456 |
| Camberra | | 2186 | Los Angeles | 771 |
| Hobart | | 2063 | Miami | 112 |
| Kalgoorlie | | 914 | Nova York | 2375 |
| Melbourne | cidade | 1378 | Fênix | 609 |
| | aeroporto | 1629 | St. Louis | 2504 |
| Newcastle | | 681 | Montreal | 4137 |
| Perth | | 778 | Ottawa | 4338 |
| Port Headland | | 24 | Toronto | 3450 |
| Sydney | | 642 | Vancouver | 2934 |
| | | | | |
| EUROPA | | | AMÉRICA DO SUL | |
| Amsterdã | | 2795 | Brasília | 170 |
| Berlim | | 3076 | Buenos Aires | 930 |
| Berna | | 3666 | Campo Grande | 156 |
| Budapeste | | 3005 | Córdoba (Argentina) | 1145 |
| Copenhague | | 3238 | Florianópolis | 260 |
| Genebra | | 2463 | Lima | 226 |
| Hamburgo | | 3160 | Porto Alegre | 622 |
| Lausanne | | 3375 | Rio de Janeiro | 8 |
| Lucerna | | 3654 | Río Gallegos | 3823 |
| Paris | | 2544 | Santiago do Chile | 1841 |
| St. Gallen (São Galo) | | 4644 | São Paulo | 343 |
| Viena | | 2974 | Valparaíso (Chile) | 1841 |
| | | | | |
| REINO UNIDO | | | ÁSIA/ÁFRICA | |
| Inglaterra | Yorkshire | 2987 | Altai (Mongólia) | 7806 |
| | Midlands | 2922 | Pequim | 2967 |
| | Oeste | 2332 | Islamabad | 781 |
| | Sul | 2509 | Kushiro | 4121 |
| | Londres | 2610 | Novosibirsk | 6254 |
| Escócia | Oeste | 3244 | Osaka | 1504 |
| | Sul/Leste | 3112 | Seul | 2995 |
| País de Gales | Cardiff | 2634 | Xangai | 1645 |
| | Swansea | 2711 | Tóquio | 2795 |
| | Holyhead | 2811 | Cidade do Cabo | 909 |
| Irlanda do Norte | Belfast | 3080 | Joanesburgo | 1131 |
| | Derry (Doire) | 2631 | Nairóbi | 327 |

Fatores de conversão para outras bases que não 18°C (multiplicadores)

| Para 17 °C: 0,91 | Para 15 °C: 0,72 | Para 12 °C: 0,44 |
|---|---|---|
| 16 °C: 0,82 | 14 °C: 0,63 | 10 °C: 0,25 |

Calor: O Ambiente Térmico **117**

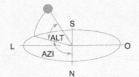

## PLANILHA DE MÉTODO M.1.1
### Geometria Solar

*DEFINIÇÕES:*

AZI = Azimute solar (0 a 360°)
ALT = Altitude solar (desde a horizontal; zênite = 90°)
ZEN = Ângulo de zênite (desde a vertical); ZEN = 90–ALT
ORI = Orientação (azimute da normal da superfície, 0 a 360°)
AHS = Ângulo horizontal de sombra (diferença de azimute)
AVS = Ângulo vertical de sombra (sobre o plano normal perpendicular)
INC = Ângulo de incidência (desde a normal da superfície)
LAT = Latitude geográfica (sul negativo)
DEC = Declinação (entre a linha Terra–Sol e o plano do equador)
AHR = Ângulo–hora desde o meio-dia solar, 15° por hora
ANS = Azimute do nascer do sol, isto é, azimute na hora do nascer do sol
HNS = Hora do nascer do sol

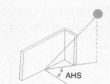

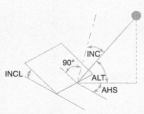

## EXPRESSÕES:

DEC = 23,45 × sen[0,9836 × (284 + NDA)]     (resultado em graus)
    onde NDA = número de dias do ano
            0,9836 = 360°/365 dias
    Ou mais precisamente:

DEC = 0,33281 – 22,984 × cos N + 3,7872 × sen N–
    – 0,3499 × cos(2 × N) + 0,03205 × sen(2× N)–
    – 0,1398 × cos(3 × N) +0,07187 × sen(3 × N)

onde N = 2 × π × NDA/366 em radianos (se funções trigonométricas forem medidas em radianos)
    N = 0,9836 × NDA     em graus (se funções trigonométricas forem medidas em graus)
                (em qualquer caso DEC resulta em graus)

AHR = 15 × (hora – 12)
ALT = arcsen(sen DEC × sen LAT + cos DEC × cos LAT × cos AHR)

$$AZI = \arccos \frac{\cos LAT \times \sin DEC - \cos DEC \times \sin LAT \times \cos AHR}{\cos ALT}$$

dá resultado 0–180°, isto é, apenas para antes do meio-dia, para depois do meio-dia deve-se considerar o AZI = 360 – AZI (como obtido pela expressão acima).

AHS = AZI – ORI
    se 90° < abs|AHS| < 270° então o sol está atrás da fachada, ela está na sombra
    se AHS > 270° então AHS = AHS – 360°
    se AHS < – 270° então AHS =AHS + 360°

$$AVS = \arctan \frac{\tan ALT}{\cos AHS}$$

INC = arcos(sen ALT × cos INCL + cos ALT × sen INCL × cos AHS)
    onde INCL = ângulo de inclinação do plano de recepção desde a horizontal.

Para planos verticais, como INCL = 90, cos INCL = 0, sen INCL = 1:
INC = arcos(cos ALT × cos AHS)

Para o plano horizontal:
INC = ZEN = 90 – ALT
ANS = arcos (cos LAT × sen DEC + tan LAT × tan DEC × sen LAT × cos DEC)

$$HNS = 12 - \frac{\arccos(-\tan LAT \times \tan DEC)}{15}$$

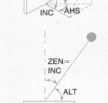
ZEN = Ângulo de Zênite (desde a vertical)

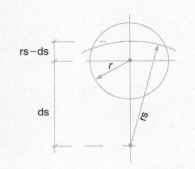
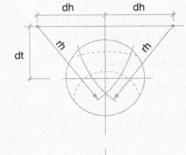

## PLANILHA DE MÉTODO M.1.2
### Construção de Diagramas Estereográficos do Trajeto Solar

**1** Traçar um círculo de raio (r) selecionado, na maioria das vezes considerado como 75 mm (diâmetro de 150 mm). Traçar um diâmetro horizontal e um vertical para indicar os quatro pontos da bússola. Estender a vertical na direção do polo, para obter o lugar dos centros de todos os arcos do trajeto solar.

**2** Para cada arco da trajetória do sol (cada data) calcular seu raio (rs) e a distância entre seu centro e o centro do círculo (ds)

$$rs = r \times \frac{\cos DEC}{\text{sen } LAT + \text{sen } DEC} \qquad ds = r \times \frac{\cos LAT}{\text{sen } LAT + \text{sen } DEC}$$

onde  LAT = latitude geográfica
      DEC = ângulo de declinação solar

21 de março e 23 de setembro    DEC = 0
22 de junho                     DEC = 23,45°
22 de dezembro                  DEC = –23,45°

Para as linhas intermediárias, são sugeridas as seguintes datas:
12 de maio + 1º de agosto       DEC = 18°
14 de abril + 28 de agosto      DEC = 9°
11 de novembro + 30 de janeiro  DEC = –18°
14 de outubro + 27 de fevereiro DEC = –9°

**3** Para a construção das linhas das horas, calcular a distância do lugar dos centros com relação ao centro do círculo (dt) e traçar esse lugar em paralelo com o eixo leste-oeste:
$dt = r \times \tan LAT$
Para cada hora, calcular o deslocamento horizontal do centro desde a linha central vertical (dh) e o raio do arco da hora (rh):

$$dh = \frac{r}{\cos LAT \times \tan AHR} \qquad rh = \frac{r}{\cos LAT \times \text{sen } AHR}$$

onde AHR ângulo-hora desde o meio-dia, 15° para cada hora
     p. ex., para as 8h00: AHR = 15 × (8 – 12) = –60°
     para as 16h00: AHR = 15 × (16 – 12) = 60°

Traçar os arcos, para as horas da tarde, a partir de um centro do lado direito e, para as horas da manhã, do lado esquerdo. Uma forma útil de verificação está em que as linhas das 6h00 e 18h00 devem encontrar a trajetória solar de equinócio exatamente nos pontos leste e oeste, respectivamente.

**4** Marcar os ângulos de azimute sobre o perímetro de qualquer dos incrementos desejados de 0° a 360°(norte) e construir um conjunto de círculos concêntricos para indicar a escala do ângulo de altitude.
Para qualquer altitude (ALT), o raio será

$$ra = r \times \frac{\cos ALT}{1 + \text{sen } ALT}$$

## Planilha de Método M.1.2 (continuação)

5 Para um **transferidor de ângulo de sombra**, traçar um semicírculo para o mesmo raio que o gráfico. Estender o eixo vertical para baixo, para dar o lugar dos centros de todos os arcos do AVS (ângulo vertical de sombra). Para cada incremento escolhido do AVS, encontrar o deslocamento do centro (dv) e o raio do arco (rv):

$$dv = r \times \tan AVS \qquad rv = \frac{r}{\cos AVS}$$

6 Marcar a escala do AHS (ângulo horizontal de sombra) ao longo do perímetro: a linha central é zero, então até 90° para a direita (sentido horário) e até – 90° à esquerda (sentido anti–horário).

Uma forma útil de verificação está em que, ao longo da linha central do transferidor, os arcos do AVS devem coincidir com os círculos de altitude correspondentes do diagrama do trajeto solar.

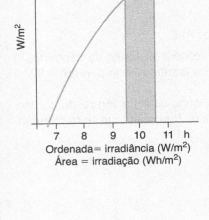

Ordenada = irradiância (W/m²)
Área = irradiação (Wh/m²)

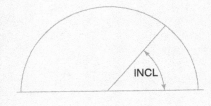

## PLANILHA DE MÉTODO M.1.3
### Cálculos da Radiação Solar

| | |
|---|---|
| Notação | G = irradiância ou densidade de potência (W/m²) |
| | D = irradiação (Wh/m²) ao longo de um período especificado, p. ex., dia ou mês |
| Primeiro subscrito | f = feixe (direto) |
| | d = difuso |
| | r = refletido se nenhum, então significa Global |
| Segundo subscrito (superfície de incidência) | |
| | n = normal com relação à direção do feixe |
| | p = num plano (a ser definido) |
| | v = vertical (p. ex., $G_{v270}$ = irradiância de um plano vertical de face oeste) |
| | h = horizontal (pode ser omitido) |

INCL = ângulo de inclinação de um plano com relação à horizontal
ρ = (rô) refletância

Se for dada a irradiação horizontal (Dh) total diária para um dia médio do mês

**1** estimar os componentes feixe e difuso do total
   **a.** encontrar a normal de irradiância vinda de fora da terra (W/m²) com relação à direção da radiação

$$G_{on} = 1353 \times [1 + 0{,}033 \times \cos(2 \times \pi \times NDA/365{,}24)$$
onde NDA = número de dias do ano, considerado como mês-intermediário

   **b.** a irradiação diária total (Wh/m²) num plano horizontal será

$$D_h = (24/\pi) \times G_{on} \times \cos LAT \times \cos DEC \times (\sen APS - APS \times \cos APS)$$
onde LAT = latitude
DEC = declinação solar (cf. planilha de método M.1.3)
APS = ângulo-hora do pôr do sol = arcos (–tan LAT × tan DEC)

   **c.** o índice de limpidez da atmosfera é k' = $D_h/D_{oh}$

   **d.** a fração difusa será

   se j = APS – 0,5 × π
   df = 0,775 + 0,347 × j – (0,505 + 0,261 × j) × cos[2 × (k' – 0,9)]

   **e.** então o componente difuso será $D_{dh}$ = Dh × df

   **f.** e o componente feixe $D_{fh}$ = Dh – $D_{dh}$

**2** calcular os valores hora a hora da radiação global e do componente difuso
   **a.** calcular previamente cinco fatores
   f1 = sen(APS – 1,047)
   f2 = 0,409 + 0,5016 × f1
   f3 = 0,6609 – 0,4767 × f1
   f4 = (π/24)/[sen APS – (APS × cos APS)]

   **b.** para cada hora do nascer ao pôr do sol, a fração do total do dia para esse período r ($_t$) será

   f5 = cos AHR – cos APS

## Planilha de Método M.1.3 (continuação)

fração do total: $rt_t = f4 \times f5 \times (f2 + f3 \times \cos AHR)$
fração do difuso: $rf_t = f4 \times f5$
c. irradiação total para a hora   $Dh_t = Dh \times rt_t$
   irradiação difusa para a hora   $Dd_t = Ddh \times rf_t$
   o componente feixe será a diferença entre os dois
   $$Db_t = Dh_t - Dd_t$$

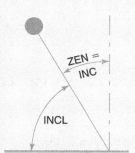

| | |
|---|---|
| Em termos gerais | $G = Gb + Gd (+Gr)$ |
| Difuso | $Gdv = Gdh \times 0,5$ |
| | $Gdp = Gdh \times (1 + \cos INCL)/2$ |
| | quando INCL = 0, então cos INCL = 1, (1 + 1)/2 = 1 |
| | quando INCL = 90° então cos INCL = 0, (1 + 0)/2 = 0,5 |
| Refletido | $Grv = Gh \times \rho \times 0,5$ |
| | $Grp = Gh \times \rho \times (1 - \cos INCL)/2$ |
| | quando INCL = 0, então cos INCL = 1, (1 – 1)/2 = 0 |
| | quando INCL = 90° então cos INCL = 0, (1 – 0)/2 = 0,5 |
| Horizontal/normal | $Gh = Gn \times \cos ZEN$ |
| | $Gn = Gh/\cos ZEN$ |
| | $= Gh \times \sen ALT$ (como ALT = 90°– ZEN) |

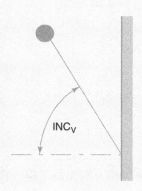

**Feixe:**
Vertical/normal   $Gfv = Gn \times \cos INCv$
  $Gh \times \cos INCv/\sen ALT$
  $Gfp = Gh \times \cos INCp/\sen ALT$

**Total:**
$Gp = Gh \times \cos INCp/\sen ALT + Gdh \times (1 + \cos INCL)/2 + Gh \times \rho \times (1 - \cos INCL)/2$
$Gv = Gh \cos INCv/\sen ALT + Gdh \times 0,5 \times Gh \times \rho \times 0,5$

## PLANILHA DE MÉTODO M.1.4
### Efeito Chaminé e Efeito Vento

### EFEITO CHAMINÉ

O fluxo do ar numa chaminé é impelido pela diferença de densidade entre o ar interno e o ar externo.

A densidade do ar a 0°C é $\quad d_o = 1{,}293 \text{ kg/m}^3$

e a qualquer outra temperatura T: $\boxed{d_T = 1{,}293 \times 273 / T}$ (1)

onde T é temperatura absoluta em °K
  A aceleração gravitacional é $\quad g = 9{,}81 \text{ m/s}^2$.
  A "pressão da chaminé" $(p_i - p_o)$ é $\quad \Delta p = h \times g \times (d_o - d_i)$.
  Substituindo a partir da equação (1) $\quad \Delta p = h \times 9{,}81 \times (1{,}293 \times 273/T_o - 1{,}293 \times 273/T_i)$

$$\boxed{\Delta p = h \times 3462 \times (1/T_o - 1/T_i)} \quad (2)$$

(como $9{,}81 \times 1{,}293 \times 273 = 3462$)

onde T é medido em K
  a altura (h) é em m (entre os centros de entrada e saída),
então $\Delta p$ está em Pa (Pascal)

A taxa do fluxo do volume será então $iv = 0{,}827 \times A \times \sqrt{\Delta p}$. (3)
onde A é em m² e iv é em m³/s

Se as aberturas estiverem em série (p. ex. entrada e saída)

então a área efetiva será $\quad A' = \dfrac{A_1 + A_2}{\sqrt{A_1^2 + A_2^2}}$

---

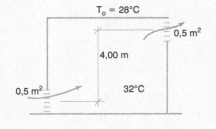

p.ex: se $T_o = 28°C = 301°K$, o que dá uma densidade de $1{,}293 \times 273/301 = 1{,}173$ kg/m³

$T_i = 32°C = 305°K$, o que dá uma densidade de $1{,}293 \times 273/305 = 1{,}157$ kg/m³

e se $\quad h = 4 \text{ m}$

Então $\quad \Delta p = 4 \times 3462 \times (1/301 - 1/305) = 0{,}6 \text{ Pa} \quad$ ou $\quad \Delta p = 4 \times 9{,}81 \times (1{,}173 - 1{,}157) = 0{,}6 \text{ Pa}$

e se $\quad$ a entrada = saída = área em seção transversal do duto: $A = 0{,}5 \text{ m}^2$

Então $\quad iv = 0{,}827 \times 0{,}5 \times = 0{,}32 \text{ m}^3/\text{s} \quad$ ou $\quad 320 \text{ L/s}$

### EFEITO VENTO

A pressão do vento é $\quad p_w = 0{,}5 \times d \times v^2$

onde $d$ = densidade, como acima (muitas vezes considerada como 1,224 kg/m³, correspondendo a 15,5°C)

$v$ = velocidade em m/s

Assim em geral considerada como $\quad \boxed{p_w = 0{,}612 \times v^2}$ (4)

## Planilha de Método M.1.4 (continuação)

Para a superfície de um edifício isso deve ser multiplicado por um coeficiente de pressão $c_p$
para o qual os valores típicos são

à barlavento    $c_{pW} = 0,5$ até $0,8$
à sotavento    $c_{pL} = -0,3$ até $-0,5$

A ventilação cruzada é impelida pela diferença na pressão do vento

$$\Delta p_w = p_w \times (c_{pW} + c_{pL}) \tag{5}$$

e a resultante taxa de fluxo do volume será

$$iv = 0,827 \times A \times c_e \times \sqrt{\Delta p_w} \tag{6}$$

onde    $A$ = área efetiva das aberturas (como acima)
         $c_e$ = "coeficiente de efetividade"

para o qual os valores são
de    0,1   se as janelas estiverem numa só parede (sem ventilação cruzada)
até   1    com plena ventilação cruzada, entrada e saída iguais, sem compartimentalização

---

p. ex.    se $v = 3$ m/s    $c_{pW} = 0,8$                  $c_{pL} = -0,4$
Então                      $\Delta_{pW} = 0,612 \times 3^2 \times [0,8 - (-0,4)]$
                              $= 0,612 \times 9 \times 1,2$
                              $= 6,61$ Pa
e se    $A = 3$ m²    $c_e = 1$ (ventilação cruzada plena)
então                   $iv = 0,827 \times 3 \times 1 \times \sqrt{6,61} = 6,38$ m³/s

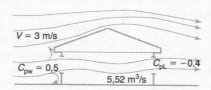

## PLANILHA DE MÉTODO M.1.5
Cálculo de Graus-Hora

### GRAUS-HORA DE AQUECIMENTO POR UM MÊS

Dados exigidos:  $\overline{T}$ = temperatura média no ambiente externo
Tdp = desvio-padrão das temperaturas
Tb = temperatura de base (p. ex., o limite inferior de conforto).

Admita-se     dT seja Tb – $\overline{T}$
              X seja dT/Tdp

A função de densidade de probabilidade é

$$\varphi = \frac{1}{\sqrt{2 \times \pi} \times \exp[-(X^2/2)]} \quad (1)$$

Se t é considerada como

$$t = \frac{1}{1 + 0{,}33267 \times X} \quad (2)$$

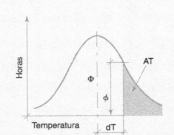

A curva em forma de sino
da distribuição de temperatura
(presume uma distribuição normal ou gaussiana)

então a "área de cauda" será

$$AT = \varphi \times (0{,}43618 \times X - 0{,}12016 \times X^2 + 0{,}93729 \times X^3) \quad (3)$$
(uma aproximação numérica da integral)

A fração abaixo da temperatura de base será
se dT > 0 então     Φ = 1 – AT
caso contrário      Φ = AT

Por fim     Kh = 24 × N × (Φ × dT + Tdp × φ)     (4)
onde N = número de dias no mês.

P. ex., para Camberra, em julho
T = 5,3°C
Tdp = 2,7 K
dT = 15,4 °C

dT = 15,4 – 5,3 = 10,1

$X = \dfrac{10{,}1}{2{,}7} = 3{,}74$

como $\dfrac{1}{\sqrt{2*\pi}} = 0{,}3989$

$\varphi = 0{,}3989 \times \exp[-(3{,}74^2/2)] = 0{,}000365$

$t = \dfrac{1}{(1 + 0{,}33267 \times 3{,}74)} = 0{,}45$

AT = 0,000365 × (0,43618 × 0,45 – 0,12016 × 0,45² + 0,93729 × 0,45³)
   = 9,25 × 10⁻⁵

Como dT 10,1 > 0     P = 1–AT = 0,9999
Kh = 24 × 31 × (0,9999 × 10,1 + 2,7 × 0,000365) = **7514**

Calor: O Ambiente Térmico **125**

Planilha de Método M.1.5 (continuação)

A suposição por trás da equação (4) acima é de que Kh = 24 × Kd (ou 24hN (Tb – T), o que nem sempre é verdade. Pode ser necessário acrescentar um termo de correção ao valor Kh assim obtido. Os critérios serão a posição relativa de Tb, T, $T_{max}$ e $T_{min}$ e as intersecções com a curva de temperatura diurna (N = número de dias no mês)

1. Se Tb > $T_{max}$ então Kh = 24 × Kd, a área A compensa a área B, a suposição está correta
2. Se $T_{max}$ > Tb > T então A compensa B, mas deve-se acrescentar C
   supondo o semicírculo, r = $T_{max}$ – Tb, então C = $r^2\pi/2$.
   Assim Kh = 24 × Kd + N × C
3. Se T > Tb > $T_{min}$ então Kd = 0, mas a área D indica exigência de aquecimento, se o semicírculo r = Tb – $T_{min}$
   então Kh = N × D = N × $r^2\pi/2$
4. Se Tb < $T_{min}$ então Kh = 0, nenhuma exigência de aquecimento

no exemplo acima (Camberra, julho), $T_{max}$ = 11,1°C, Tb = 15,4, Tb > $T_{max}$, assim o caso 1 se aplica.

Obs.: dois semicírculos representam as curvas seno de variação de temperatura.

## PLANILHA DE MÉTODO M.1.6
### Gradiente de Temperatura e de Pressão de Vapor

Adicione as resistências térmicas de todas as camadas. Divida a diferença de temperatura total por essa resistência total. Essa é a "queda unitária", isso é a queda de temperatura por unidade de resistência. Multiplicada pela resistência de cada camada, isso dará a queda de temperatura de cada uma delas. Começando pela temperatura interna, subtrair as quedas de temperatura para obter a temperatura em cada ponto de junção das camadas. A partir disso, pode-se traçar o gradiente de temperatura.

Repita o mesmo procedimento para a resistência do vapor, para a queda de pressão do vapor e para a pressão do vapor em cada ponto de junção de camada. A correspondente temperatura do ponto de condensação (TPC) deve ser lida no gráfico psicrométrico.

O método pode ser ilustrado por um exemplo:

Tome uma parede simples com cavidade, que consiste em uma camada exterior de tijolo de 110 mm e uma camada interior de 100 mm de CCA (concreto celular autoclavado, como blocos Hebel ou Termalite), com 12 mm de revestimento interno de gesso.

Supondo-se que $T_i = 22°C$ e $T_o = 0°C$, $vp_i = 1,34$ kPa, $vp_o = 0,4$ kPa

|  | Gradiente de temperatura ||| | Gradiente de pressão do vapor |||
|---|---|---|---|---|---|---|---|
|  | R | ΔT | T na junção |  | vR | Δvp | vp | TCP na junção |
| Ar externo |  |  | 0°C |  |  | 0,4 kPa | −5,0°C |
| Superfície externa | 0,06 | 1,42 K |  |  | 0,01 | 0,001 kPa |  |  |
|  |  |  | 1,42 |  |  |  | 0,401 | −4,8 |
| Tijolo $\frac{b}{\lambda} = \frac{0,110}{0,84} =$ | 0,13 | 3,07 |  | $\frac{b}{\delta} = \frac{0,110}{0,02} =$ 5,50 | 0,538 |  |  |
|  |  |  | 4,49 |  |  |  | 0,939 | 6,4 |
| Cavidade | 0,18 | 4,26 |  |  | 0,02 | 0,002 |  |  |
|  |  |  | 8,75 |  |  |  | 0,941 | 6,5 |
| CCA $\frac{0,100}{0,24} =$ | 0,42 | 9,94 |  | $\frac{0,100}{0,03} =$ 3,33 | 0,326 |  |  |
|  |  |  | 18,69 |  |  |  | 1,267 | 10,6 |
| Gesso $\frac{0,012}{0,5} =$ | 0,02 | 0,47 |  | $\frac{0,012}{0,017} =$ 0,71 | 0,069 |  |  |
|  |  |  | 19,16 |  |  |  | 1,336 | 11,5 |
| Superfície interna | 0,12 | 2,84 |  |  | 0,04 | 0,004 |  |  |
| Ar do interior |  |  | 22 |  |  |  | 1,340 | 11,7 |
|  | 0,93 | 22 K |  |  | 9,61 | 0,94 kPa |  |  |

Como ΔT = 22 K, a "queda unitária" é $\frac{22}{0,093} = 23,65$ a queda T em cada camada é de R × 23,65

Como Δvp = 1,34 − 0,4 = 0,94 kPa então a "queda unitária" é $\frac{0,94}{9,61} = 0,098$ então a queda na pressão do vapor em cada camada é vR × 0,098

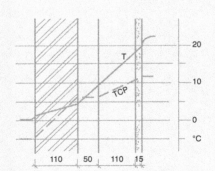

Os valores R, λ, vR e δ foram extraídos das planilhas de dados D.1.2 e D.1.6.

Onde a temperatura T cai abaixo de TCP, há risco de condensação.

A partir da representação gráfica dos perfis T e TCP numa seção transversal da parede, observa-se que há um risco de condensação na face interna da camada de tijolo.

## Planilha de Método M.1.7 (continuação)

Os gradientes também podem ser determinados graficamente. Isso pode ser apresentado de forma mais clara dando continuidade ao exemplo acima.

O total da resistência do vapor total é 9,61. Trace a espessura da parede e suas camadas numa escala adequada de resistência do vapor. Aqui supomos uma escala de 5 mm = 1 unidade vR, de modo que a "espessura" total é de 48 mm. Traçar essa seção (**A**) ao longo de uma parte do gráfico psicrométrico, para que a escala de pressão do vapor desse gráfico (em kPa) possa ser usada para a escala vertical nessa seção. Marcar o nível da pressão de vapor interna na superfície interna dessa seção e a pressão do vapor externa na superfície externa. Unir esses dois pontos por uma linha reta: a interseção com cada linha divisória vai marcar a pressão do vapor naquele plano.

Para converter essas pressões de vapor em valores de temperatura do ponto de condensação, projete todos os pontos de intersecção através da curva de saturação do gráfico psicrométrico. Projete essas interseções verticalmente para baixo até a linha de base, onde as temperaturas do ponto de condensação podem ser lidas.

Pode ser conveniente usar essa escala de temperatura (horizontal) também numa posição vertical, com a seção física da parede. No diagrama abaixo, foram usados arcos de quadrante para traduzir a escala para vertical, para uma seção efetiva de parede (**B**), aqui desenhada numa escala de 1:10. As temperaturas do ponto de condensação podem ser transferidas para essa seção e vão definir o gradiente da temperatura do ponto de condensação.

Uma terceira seção deve ser desenhada ao longo da descrita acima, na qual a espessura está em escala com a resistência térmica de cada camada. Uma escala de 10 mm para 0,1 de unidade de resistência ($m^2K/W$) é adequada. (**C**) A escala vertical (temperatura) deve ser compartilhada com a seção efetiva. Se os pontos de temperatura interna e externa forem marcados nas superfícies e ligados por uma linha reta, a interseção dessa com cada limite de camada vai determinar a temperatura naquele ponto. A linha ligando esses pontos será o gradiente de temperatura através da parede.

Sempre que o gradiente de ponto de condensação cair abaixo do gradiente de temperatura, haverá um risco de condensação (neste caso, na superfície interna da camada externa de tijolo).

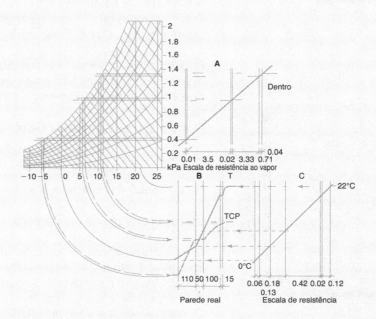

## PLANILHA DE MÉTODO M.1.7
### A Construção da Zona de Conforto e ZCPs

1. Estabelecer a temperatura média dos meses mais quentes e mais frios (Tmed).
2. Encontrar a temperatura de neutralidade para ambos e os limites de conforto

$$Tn = 17{,}6 + 0{,}31 \times Tmed \; °C$$
$$\text{limite inferior: } T_L = Tn - 2{,}5°C$$
$$\text{limite superior: } T_U = Tn + 2{,}5°C.$$

Marcar esses valores na curva de UR de 50%.

3. Construir as linhas TEP inclinadas correspondentes, determinando a intersecção do eixo × de $\quad T = T_L + 0{,}023 \times (T_L - 14) \times UA_{50}$
onde $UA_{50}$ é a umidade absoluta (g/kg) no nível da UR de 50%, na temperatura TL isso pode ser lido no diagrama psicrométrico (Fig. 1.9) ou calculado como a metade da US. A pressão do vapor de saturação é

$$p_{vs} = 0{,}133322 \times \exp[18{,}6686 - 4030{,}183/(T_L + 235)]$$

a umidade de saturação será $US = 622 \times p_{vs}/(101{,}325 - p_{vs})$
e $\quad UA_{50} = 0{,}5 \times US$
repetir para $T_U$ e repetir ambos os cálculos para o mês mais quente.

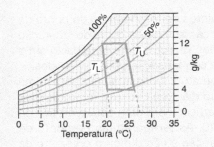

### ZCP: Aquecimento Solar Passivo

Em relação à zona de conforto de julho (ver também o Exemplo 1.7 na Seção 1.5.1.1)
a extensão é se $\quad \eta = 0{,}5 \quad$ então $0{,}0036 \times D_{v.360}$
$\quad\quad\quad\quad\quad\quad \eta = 0{,}7 \quad$ então $0{,}005 \times D_{v.360}$
Traçar linhas verticais nessas temperaturas limites.
O limite superior será a curva de UR de 95%.

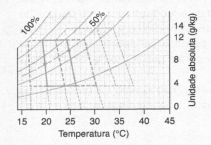

### ZCP: Efeito de Massa

Para o verão, em relação à zona de conforto de janeiro
se a "amplitude" = $(T_{max} - T_{min})$ então para a massa: $\quad\quad dT = $ amplitude $\times 0{,}3$
com ventilação noturna de $\quad\quad\quad\quad\quad\quad\quad\quad\quad\quad\quad dT = $ amplitude $\times 0{,}6$

A temperatura limite = $T_U + dT$
Traçar as linhas da TEP correspondentes como em (3), acima.
O limite superior da ZCP são os 14 g/kg.

Repetir para o "inverno" em relação à zona de conforto de julho ZCP à esquerda.
Marcar a temperatura limite na curva da UR de 50%.
Encontrar a interseção do eixo × como em (3), acima; traçar o limite lateral (quase vertical).
O limite superior não pode ser mais elevado que a curva da UR de 95%

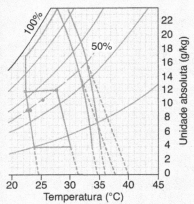

### ZCP: Efeito do Movimento do Ar

Para o verão, em relação à zona de conforto de janeiro para 1 e 1,5 m/s
$\quad\quad\quad\quad\quad\quad\quad\quad$ Velocidades efetivas de 0,8 e 1,3 m/s
Efeitos aparentes do resfriamento dT (da equação 1.21) temperaturas
$\quad\quad\quad\quad\quad\quad\quad\quad\quad\quad\quad\quad\quad\quad\quad\quad$ limite: $T_U + dT$.
Marcar esses dados na curva de UR de 50%.
Encontrar a interseção do eixo × nocional como em (3), acima.
Traçar o limite a partir dessa interseção para cima a partir da curva de 50% apenas.
Para a metade inferior, considerar a metade desse incremento.
O limite superior é a curva da UR de 95%.

## Planilha de Método M.1.7 (continuação)

### ZCP: Resfriamento Por Evaporação

Tomar o canto inferior esquerdo da zona de conforto de janeiro (ponto S).
Traçar a linha da TBU correspondente para o eixo x.
Interseção do eixo $x = S + UA \times (2501 - 1{,}805 \times T)/1000$.
Traçar a linha paralela a partir do canto superior direito da zona de conforto.
O limite de temperatura é a vertical em Tn + 11°C
Para indireto isso está em Tn + 14°C e o limite superior é a linha horizontal de 14 g/kg, p. ex., para **Brisbane**.

### Solar Passivo

Julho: temperatura média T = 15,1°C irradiação vertical norte $D_{v.360}$ = 3094 Wh/m²

$T_n$ = 17,8 + 0,31 × 15,1 = 22,5°C
$T_L$ = 20°C
$T_U$ = 25°C
Temperaturas externas limites para aquecimento solar passivo:
20 − 0,005 × 3094 = 4,5°C
20 − 0,0036 × 3094 = 8,9°C

### Efeito de Massa

Julho (como acima)                          $T_{ampl}$ = 20,4 − 9,8 = 10,6 K
$T_L$ = 20           $p_{vsL}$ = 2,3 kPa    $US_L$ = 14,6 g/kg     $AH_{50:L}$ = 7,3 g/kg
$T_U$ = 25°C         $p_{vsU}$ = 3,15 kPa   $US_U$ = 20 g/kg       $AH_{50:U}$ = 10 g/kg
                     Interseção:            T1 = 20 + 0,023 × (20 − 14) × 7,3 = 21°C
                                            T2 = 25 + 0,023 × (25 − 14) × 10 = 27,5°C

Limite inferior: 20 − (10,6 × 0,3) = 16,8°C

Temperatura média de janeiro         T = 25°C          $T_{ampl}$ = 29,1 − 21 = 8,1 K
Tn = 17,8 + 0,31 × 25 = 25,5°C
$T_L$ = 23°C          $p_{vsL}$ = 2,79       $US_L$ = 17,6         $UA_{50:L}$ = 8,8
$T_U$ = 28°C          $p_{vsU}$ = 3,75 kPa   $US_U$ = 23,9 g/kg    $UA_{50:U}$ = 11,9 g/kg
                      Interseção:            T3 = 23 + 0,023 × (23 − 14) × 8,8 = 24,4°C
                                             T4 = 28 + 0,023 × (28 − 14) × 11,9 = 31,8°C
                      Limite superior: 28 + (14,5 × 0,3) = 32,3°C
                      Com ventilação noturna: 28 + (14,5 × 0,6) = 36,7°C

### Efeito do Movimento do Ar

Janeiro (como acima)
$T_L$ = 23°C
$T_U$ = 28°C
Limites superiores: para 1 m/s    T1 = 28 + 6 × 0,8 − 1,6 × 0,8² = 31,8°C
UA1 = 15,2 g/kg
   Para 1,5 m/s T2 = 28 + 6 × 1,3 − 1,6 × 1,3² = 33,1°C
UA2 = 16 g/kg
Para interseção nocional     dT1 = 0,023 × (31,8 − 14) × 15,2 = 6,2 K
                             dT2 = 0,023 × (33,1 − 14) × 16 = 7 K
     Interseção nocional     T1 = 31,8 + 6,2 = 38,0 °C
                             T2 = 33,1 + 7 = 40,1°C

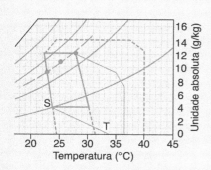

## Planilha de Método M.1.6 (continuação)

Interseção efetiva      T1 = 31,8 + 6,2/2 = 34,7°C
                        T2 = 33,1 + 7/2 = 36,3°C

*Resfriamento Por Evaporação*

Janeiro (como acima)
Tn = 25,5 °C
resfriador indireto:     25,5 + 14 = 39,5°C
$T_L$ = 23°C             UA diff = $UA_L$ – 4 = 9 – 4 = 5 g/kg
Ponto de saturação: 23 + 0,023 × (23 – 14) × 5 = 24°C
Interseção inferior do eixo x (como UA dif = 4):
T = 24 + 4 × (2501 – 1,805 × 24)/1000 = 33,8°C

## PLANILHA DE MÉTODO M.1.8
### Determinar Período (Sobreaquecido) de Sombreamento

Limites de conforto (Fênix, Arizona):

|  | janeiro | julho |
|---|---|---|
| $T_U =$ | 23,5 | 30,2 |
| $Tn =$ | 21,0 | 27,7 |
| $T_L =$ | 18,5 | 25,2 |

A entrada do calor solar pode ser tolerada até To = Tn (desde que a temperatura no ambiente externo seja menor que a neutralidade) e é sem dúvida desejável quando To está abaixo do limite mínimo de conforto (como equação 1.9 na seção 1.2.3).

Tome-se como exemplo Fênix (Arizona, EUA). A tabela mostra temperaturas de hora a hora para um dia médio de cada mês, bem como a neutralidade com limites de conforto superior e inferior de ± 2,5 K (como, por exemplo, equação 1.9 na seção 1.2.3). Tn varia entre 21°C (janeiro) e 27,7°C (julho). O limite inferior em janeiro é 18,5°C. Abaixo de 21°C, a entrada de calor solar é bem-vinda, mas definitivamente abaixo. Acima de 27,7°C, sombreamento é uma exigência. Essas três isopletas são traçadas num gráfico de horas *versus* meses (o período sobreaquecido está impresso em negrito).

| mth \ hr | 1 | 2 | 3 | 4 | 5 | 6 | 7 | 8 | 9 | 10 | 11 | 12 | 13 | 14 | 15 | 16 | 17 | 18 | 19 | 20 | 21 | 22 | 23 | 24 | av |
|---|---|---|---|---|---|---|---|---|---|---|---|---|---|---|---|---|---|---|---|---|---|---|---|---|---|
| 1 | 7,1 | 6,1 | 5,2 | 4,5 | 4,1 | 4,0 | 4,5 | 6,1 | 8,3 | 11,0 | 13,7 | 15,9 | 17,5 | 18,0 | 17,9 | 17,5 | 16,8 | 15,9 | 14,9 | 13,7 | 12,4 | 11,0 | 9,6 | 8,3 | 11,0 |
| 2 | 9,3 | 8,2 | 7,3 | 6,6 | 6,1 | 6,0 | 6,6 | 8,2 | 10,6 | 13,5 | 16,4 | 18,8 | 20,4 | 21,0 | 20,9 | 20,4 | 19,7 | 18,8 | 17,7 | 16,4 | 15,0 | 13,5 | 12,0 | 10,6 | 13,5 |
| 3 | 11,6 | 10,3 | 9,3 | 8,6 | 8,2 | 8,0 | 8,6 | 10,3 | 12,9 | 16,0 | 19,1 | 21,7 | 23,4 | 24,0 | 23,9 | 23,4 | 22,7 | 21,7 | 20,4 | 19,1 | 17,6 | 16,0 | 14,4 | 12,9 | 16,0 |
| 4 | 14,6 | 13,5 | 12,7 | 12,2 | 12,0 | 12,5 | 13,9 | 16,0 | 18,6 | 21,4 | 24,0 | 26,1 | **27,5** | 28,0 | 27,8 | 27,3 | 26,5 | 25,4 | 24,0 | 22,5 | 20,8 | 19,2 | 17,5 | 16,0 | 20,0 |
| 5 | 18,8 | 17,6 | 16,7 | 16,2 | 16,0 | 16,5 | 18,0 | 20,2 | 23,0 | 26,0 | **28,8** | **31,0** | **32,5** | **33,0** | **32,8** | **32,3** | **31,4** | **30,2** | **28,8** | 27,1 | 25,4 | 23,6 | 21,9 | 20,2 | 24,5 |
| 6 | 22,9 | 21,8 | 21,2 | 21,0 | 21,4 | 22,6 | 24,5 | 26,9 | **29,5** | **32,1** | **34,5** | **36,4** | **37,6** | **38,0** | **37,8** | **37,2** | **36,1** | **34,8** | **33,2** | **31,4** | **29,5** | **27,6** | 25,8 | 24,2 | 29,5 |
| 7 | 27,5 | 26,4 | 25,6 | 25,2 | 25,0 | 25,5 | 26,8 | **28,8** | **31,2** | **33,8** | **36,2** | **38,2** | **39,5** | **40,0** | **39,8** | **39,4** | **38,6** | **37,5** | **36,2** | **34,8** | **33,3** | **31,7** | **39,2** | **28,8** | **32,5** |
| 8 | 26,3 | 25,3 | 24,6 | 24,2 | 24,0 | 24,4 | 25,6 | 27,5 | **29,8** | **32,2** | **34,5** | **36,4** | **37,8** | **38,0** | **37,8** | **37,4** | **36,7** | **35,7** | **34,5** | **33,2** | **31,7** | **30,3** | **28,8** | 27,5 | 31,0 |
| 9 | 23,5 | 22,4 | 21,6 | 21,2 | 21,0 | 21,5 | 22,8 | 24,8 | 27,2 | **29,8** | **32,2** | **34,2** | **35,5** | **36,0** | **35,8** | **35,4** | **34,6** | **33,5** | **32,2** | **30,8** | **29,3** | 27,7 | 26,2 | 24,8 | 28,5 |
| 10 | 16,8 | 15,5 | 14,4 | 13,6 | 13,2 | 13,0 | 13,6 | 15,5 | 18,2 | 21,5 | 24,8 | 27,5 | **29,4** | **30,0** | **29,8** | **29,4** | **28,6** | 27,5 | 26,2 | 24,8 | 23,2 | 21,5 | 19,8 | 18,2 | 21,5 |
| 11 | 10,8 | 9,5 | 8,4 | 7,6 | 7,2 | 7,0 | 7,6 | 9,5 | 12,2 | 15,5 | 18,8 | 21,5 | 23,4 | 24,0 | 23,8 | 23,4 | 22,6 | 21,5 | 20,2 | 18,8 | 17,2 | 15,5 | 13,8 | 12,2 | 15,5 |
| 12 | 8,2 | 7,0 | 6,0 | 5,1 | 4,5 | 4,1 | 4,0 | 4,7 | 6,8 | 9,8 | 13,2 | 16,2 | 18,3 | 19,0 | 18,9 | 18,5 | 17,9 | 17,0 | 16,0 | 14,8 | 13,6 | 12,2 | 10,8 | 9,4 | 11,5 |

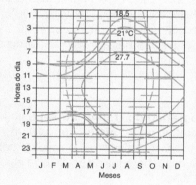

No diagrama do trajeto do sol, os longos arcos leste-oeste correspondem às linhas do mês da tabela acima e as curtas curvas norte-sul são as linhas das horas. Assim, as isopletas acima podem ser transferidas para essa base gráfica "torcida", exceto que cada curva do trajeto do sol é válida para duas datas, de modo que devem ser utilizados dois gráficos solares, um de dezembro a junho e outro, de julho a dezembro.

Além da isopleta do topo de 18,5°C a entrada do sol é bem-vinda. Dentro da curva de 27,7°C deve-se prevenir a entrada do sol, mas o limite do período de sombreamento deve ser tão baixo quanto a isopleta de 21°C, dependendo de condições específicas. Pode-se observar que o semestre de dezembro a junho requer menos sombreamento que o semestre de junho a dezembro (as temperaturas estão atrasadas em relação à entrada solar em 4 a 6 semanas), assim a solução terá de ser um meio-termo entre os limites de primavera e de outono. A decisão final somente poderá ser tomada quando forem consideradas a orientação do edifício (janela) e a forma do sistema de sombreamento. O projeto do sombreamento foi discutido na Seção 1.4.1.1, sendo que há um exemplo apresentado na Fig. 1.52, com o transferidor colocado sobre o gráfico solar.

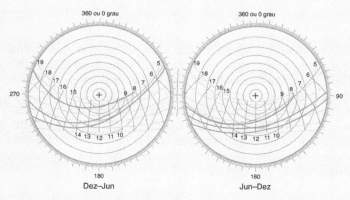

## PLANILHA DE MÉTODO M.1.9
### Esquema do Programa Archipak

*Vários pequenos programas foram escritos pelo autor ao longo da década de 1980, para geometria solar, radiação solar, tratamento de dados climáticos, graus-dia, cálculos para a perda de calor em edifícios etc. Esses programas foram reunidos no início da década de 1990 para formar um pacote arquitetônico (daí seu nome, Archipak) e foram complementados por um sistema de banco de dados. O pacote foi reformulado a partir de 1995, empregando o Visual Basic, para rodar no Windows. Hoje em dia há muitos programas mais potentes e fáceis de se usar, mas sugere-se que esse programa continua útil como uma ferramenta de ensino, uma vez que o usuário pode seguir cada passo: ele é exatamente um MÉTODO MANUAL COMPUTADORIZADO.*

### Banco de Dados

Inclui quase duzentos arquivos de **dados climáticos**, da forma apresentada na Fig. 1.39 (Seção 1.3.3, acima). Um arquivo de **materiais** contém dados do tipo aqui apresentado na planilha de dados D.1.1, com um código de dois dígitos para cada. O arquivo **elementos** contém cerca de quinhentas construções de pisos, paredes, telhados e divisórias (de modo análogo às planilhas de dados D.1.2 e D.1.3. acima) com um código de três dígitos para cada. Novos itens podem ser criados especificando-se a espessura e o código dos materiais para cada, e as propriedades (valor–U, retardo temporal, fator de decremento e Admitância) são calculadas e enumeradas sob o código que lhes foi atribuído. Há recursos para criação, edição e recuperação de qualquer entrada.

### Análise Climática

É possível realizar a análise da "tabela Mahoney" (c.f. Koenigsberger et al., 1973), produzindo algumas recomendações simples para projetos. Os dados climáticos podem ser tabulados ou representados graficamente. Distribuições de frequência das temperaturas podem ser produzidas (curvas de Gauss). Uma análise baseada no **método ZCP** também tem como ser efetuada (p. ex., as Figs. 1.70, 1.73, 1.75, 1.76, 1.79 e a planilha de método M.1.7) para obtenção de orientação estratégica. Com isso somos capazes de calcular os graus-hora e estimar a fração de tempo sobreaquecido, subaquecido ou excessivamente úmido.

### Projeto Solar

Esta seção pode produzir um **diagrama estereográfico do trajeto do sol** para a exata posição especificada e tem um recurso interativo para o projeto de sombreamento (cf., p. ex., a Fig. 1.52). Ela também nos possibilita calcular a posição do sol e os ângulos de sombra, bem como os valores diários ou horários de irradiância para qualquer momento do ano e para qualquer orientação.

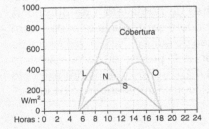

**1 Irradiância nas Fachadas**
A curva superior é horizontal, as outras duas (simétricas) são para leste e oeste, a seguinte para o sul e a inferior para a fachada norte.

### Projeto Térmico

Esta seção permite a análise da entrada solar em uma casa (ou edifício igualmente simples), uma análise de regime permanente e uma análise termodinâmica. A casa é descrita em forma tabular: uma linha para cada elemento, fornecendo-se os dados de tamanho, códigos de elemento e orientação (horizontal é definido como –1 e todas as coberturas são consideradas como a área horizontal projetada: supondo-se que se uma parte da cobertura recebe mais entrada de sol, outra parte receberá menos, isto é, a entrada solar total é a mesma que na área horizontal projetada). A linha é então prolongada com base em dados coletados no arquivo de elementos e alguns atributos calculados (p. ex., $A \times U$ ou $A \times Y$).

Calor: O Ambiente Térmico **133**

## Planilha de Método M.1.9 (continuação)

A análise de regime permanente (para o projeto de aquecimento), QBALANCE, calcula as condutâncias da envoltória e da ventilação e mostra a taxa de perda térmica como uma função da temperatura externa. Onde essa função de perda térmica tem o mesmo valor que qualquer ganho térmico (Qs + i, isto é, ganho solar + ganho de calor interno), obtém-se a "temperatura de ponto de equilíbrio". Pode-se testar uma sequência de alternativas e selecionar a melhor (ver abaixo).

HARMON, que incorpora análise dinâmica, é baseado no método do BRE (Building Research Establishment; como na Seção 1.4.4, acima) e na execução do "procedimento de admitância". Aqui o resultado é dado na forma de um gráfico de 24 horas dos perfis de temperatura nos ambientes interno e externo, com a faixa de conforto sobreposta, ou na forma tabulada: 24 colunas das "forças motrizes" (temperaturas externas e entrada solar em cada face do edifício) e o resultado: a temperatura interna. Isso pode ser complementado pelas temperaturas internas que resultam de 14% de percentuais de mínima e 86% de percentuais de máxima. As tabulações podem ser obtidas com os fluxos de calor de hora por hora e as oscilações no fluxo térmico. Alternativamente, os valores de hora em hora da carga do ar-condicionado podem ser tabulados ou mostrados na forma gráfica (3, abaixo), tanto para modo climatizado artificialmente, em kWh, quanto em modo de funcionamento passivo, em K.h. Uma tabela-sumário anual também pode ser fornecida (4, abaixo).

> Linha pontilhada inclinada: versão 1.
> Linha contínua: melhorada, versão 2:
> A função de perda térmica q × dT intercepta o Eixo X na temperatura estabelecida de 16°C (opcional).
> Linha horizontal Qs + i, ganho solar e ganho interno, média de 24 horas, a intersecção desta com a linha de perda térmica dá a temperatura de ponto de equilíbrio (daí o nome do módulo: QBALANCE). Para qualquer To (eixo X), a linha de perda térmica dá as exigências de aquecimento subindo a partir da linha Qs + i.

### Saída de QBALANCE

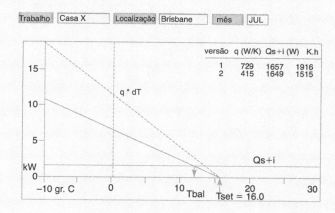

> Linha fina inferior: To; linha contínua: Ti.
> A curva pontilhada é o que seria a Ti (7h30-16h00), se em funcionamento livre.
> Histograma: carga a/c, parte inferior sensível, parte superior latente.
> Duas linhas horizontais paralelas: faixa de conforto.

### Estimativa da carga do ar-condicionado

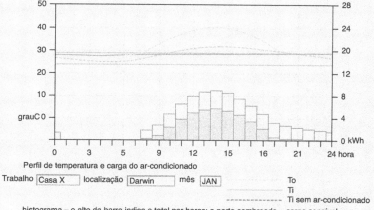

Perfil de temperatura e carga do ar-condicionado

histograma – o alto da barra indica o total por horas; a parte sombreada = carga sensível

## Planilha de Método M.1.9 (continuação)

### Exemplo de sumário anual

**SUMÁRIO Para Casa Y** em Brisbane

| Mês | $To_{média}$ | $Ti_{min}$ | $Ti_{max}$ | Controlado Aquecimento (kWh) | Resfriamento (kWh) | Funcionamento livre Subaquecido (K/h) | Super-aquecido (K/h) |
|---|---|---|---|---|---|---|---|
| janeiro | 25,0 | 22,9 | 27,9 | – | 3931 | – | 400 |
| fevereiro | 24,8 | 22,8 | 27,8 | – | 2883 | 01 | 304 |
| março | 23,6 | 22,4 | 27,4 | – | 1592 | 108 | 111 |
| abril | 21,8 | 21,9 | 26,9 | 423 | – | 445 | – |
| maio | 18,4 | 20,8 | 25,8 | 843 | – | 1545 | – |
| junho | 16,2 | 20,1 | 25,1 | 1130 | – | 2468 | – |
| julho | 15,0 | 19,8 | 24,8 | 1378 | – | 3149 | – |
| agosto | 16,5 | 20,2 | 25,2 | 1158 | – | 2331 | – |
| setembro | 18,6 | 20,9 | 25,9 | 826 | – | 1389 | – |
| outubro | 21,1 | 21,6 | 26,6 | 529 | – | 661 | – |
| novembro | 23,0 | 22,2 | 27,2 | – | 1794 | 217 | 101 |
| dezembro | 24,1 | 22,6 | 27,6 | – | 2988 | 66 | 263 |

Calor: O Ambiente Térmico **135**

## PLANILHA DE MÉTODO M.1.10
### Propriedades Termodinâmicas

**Difusividade** é um índice composto de propriedades do material:

$$\alpha = \frac{\lambda}{\rho \times C} \tag{1}$$

Dimensionalmente $\dfrac{W/m.K}{kg/m^3 \times Wh/kg.K} = m^2/h$

ou se c está em J/kg.K, então $\alpha$ está em $m^2/s$.

**O fator de decremento** (não dimensional) e o atraso de tempo (hora) são discutidos na Seção 1.4.4 e na planilha de método M 1.11.

**Admitância específica** (ou coeficiente de penetração de calor, ou "efusividade")

$$\beta = \sqrt{\lambda \times \rho \times c} = \sqrt{\frac{W}{m.K} \times \frac{kg}{m^3} \times \frac{Wh}{kg.K}} = \frac{W}{m^2.K} h^{½} \tag{2}$$

**Admitância**, para um elemento sólido homogêneo
onde $\omega$ é a velocidade angular, para 1 ciclo por dia: 2/24 = 0,2618 rad/h

$$Y = \sqrt{\lambda \times \rho \times c \times \omega}$$

Como $\sqrt{\omega} = \sqrt{0,2618} = 0,5117\ h^{-1/2}$  (3)

Como $\beta$ tem $h^{1/2}$ em sua dimensão $h^{1/2} \times h^{-1/2} = 0$, o h cancela

$Y = 0,5117 \times \beta\ W/m^2K$

Alguns autores utilizam o conceito de **constante de tempo**, o produto entre a capacidade térmica e a resistência:

$$\gamma = \frac{b}{\lambda} \times b \times \rho \times c = \frac{b^2 \times \rho \times c}{\lambda}$$

e se o termo $\alpha$ for substituído, fica

$$\gamma = \frac{b^2}{\alpha}, \text{ e considerado por unidade de área, sua dimensão será} \tag{4}$$

s (segundo) se $\alpha$ estiver em $m^2/s$, ou em h (hora), se $\alpha$ estiver em $m^2/h$.
Para o último

se $\rho$ for a densidade – $\qquad\qquad\qquad\qquad$ $kg/m^3$
S é a densidade de superfície – $\qquad\qquad$ $kg/m^2$
H é a capacidade térmica de superfície – $\quad$ $Wh/m^2K$

A constante de tempo tem duas derivações:

– razão capacidade/transmitância $\qquad \dfrac{H}{U} = \dfrac{Wh/m^2K}{W/m^2K} = h$

– produto resistência-capacidade $\qquad R \times H = m^2K/W \times Wh/m^2K = h$

O **índice de inércia térmica** é um índice numérico não dimensional, a razão da admitância (Y) para o valor–U (ambos estão em unidades de $W/m^2K$).

## PLANILHA DE MÉTODO M.1.11
### Cálculo do Retardo de Tempo e do Fator de Decremento

**Símbolos** (que não os anteriores ou em geral utilizados)
M coeficiente da matriz resultante   i número imaginário   m coeficiente da matriz
t temperatura                        T período de tempo    p (uma subsoma)

A temperatura e os ciclos de fluxo de energia podem ser ligados usando-se a álgebra matricial

$$\begin{bmatrix} t_1 \\ q_1 \end{bmatrix} = \begin{bmatrix} m_1 m_2 \\ m_3 m_1 \end{bmatrix} \times \begin{bmatrix} t_2 \\ q_2 \end{bmatrix}$$

Para um material homogêneo, os coeficientes da matriz são dados como:

$$m_1 = \cosh(p + ip) \tag{1}$$

$$m_2 = \frac{b \, \operatorname{senh}(p + ip)}{\lambda (p + ip)} \tag{2}$$

$$m_3 = \frac{\lambda (p + ip) \operatorname{senh}(p + ip)}{b} \tag{3}$$

Para uma parede de múltiplas camadas, as matrizes de cada camada e as duas matrizes das superfícies devem ser multiplicadas:

$$\begin{bmatrix} t_i \\ q_i \end{bmatrix} = \begin{bmatrix} 1 & R_{si} \\ 0 & 1 \end{bmatrix} \times \begin{bmatrix} m_1 m_2 \\ m_3 m_1 \end{bmatrix} \times \begin{bmatrix} n_1 n_2 \\ n_3 n_1 \end{bmatrix} \times \cdots \cdots \begin{bmatrix} 1 & R_{so} \\ 0 & 1 \end{bmatrix} \tag{4}$$

As funções trigonométricas hiperbólicas de (1), (2) e (3) acima podem ser resolvidas como

$$\operatorname{senh}(x) = \tfrac{1}{2} [e^x - e^{-x}] \qquad \cosh(x) = \tfrac{1}{2} [e^x + e^{-x}]$$

para um número imaginário

$$\operatorname{senh}(i.x) = i \operatorname{sen}(x) \qquad \cosh(i.x) = \cos(x)$$

e a função exponencial está em termos trigonométricos

$$\exp(i.x) = e^{i.x} = \cos(x) + i.\operatorname{sen}(x)$$

mas se x for um número complexo (aqui p + ip), elas podem ser resolvidas como:

$$\cosh(p + ip) = \tfrac{1}{2} [(e^p + e^{-p})\cos p + i (e^p - e^{-p}) \operatorname{sen} p] \tag{5}$$

$$\operatorname{senh}(p + ip) = \tfrac{1}{2} [(e^p - e^{-p})\cos p - i (e^p + e^{-p}) \operatorname{sen} p] \tag{6}$$

$$\text{onde } p = b \sqrt{\frac{\pi}{86400}} \sqrt{\frac{\rho c}{\lambda}} \quad (\text{como } 24 \times 3600 = 86400) \tag{7}$$

Os coeficientes da matriz serão então [de (5) e (6)]:

$$m_1 = \frac{1}{2} \times [(e^p + e^{-p}) \cos p + i (e^p - e^{-p}) \operatorname{sen} p] \tag{8}$$

## Planilha de Método M.1.11 (continuação)

$$m_2 = \frac{b[(e^p - e^{-p})\cos p + (e^p + e^{-p})\operatorname{sen} p - i(e^p - e^{-p})\cos p + i(e^p + e^{-p})\operatorname{sen} p]}{4\lambda p} \quad (9)$$

$$m_3 = \frac{\lambda p[(e^p - e^{-p})\cos p - (e^p + e^{-p})\operatorname{sen} p + i(e^p - e^{-p})\cos p + i(e^p + e^{-p})\operatorname{sen} p]}{2b} \quad (10)$$

então

$$\mu = \frac{1}{U \times \mu_{imaginário}} \text{ e } \varphi = \frac{12}{\pi} \times \operatorname{atn} \frac{\mu}{\mu_{parte\ real}}$$

e para multiplicação de matrizes

$$\begin{bmatrix} a & b \\ c & d \end{bmatrix} \times \begin{bmatrix} A & B \\ C & D \end{bmatrix} \times \begin{bmatrix} aA + bC & aB + bD \\ cA + dC & cC + dD \end{bmatrix}$$

Tome como exemplo uma parede de tijolos simples

$\rho = 1700$ kg/m³  
$\lambda = 0{,}84$ W/m.K  
$c = 800$ J/kg.K  
$b = 0{,}22$ m (220 mm)

Considerando-se as resistências de superfície como:  
$R_{si} = 0{,}12$ m²K/W  
$R_{so} = 0{,}06$

*de (7):*

$$p = \left(0{,}22 \sqrt{\frac{\pi}{86400}} \sqrt{\frac{1700 \times 800}{0{,}84}}\right) = (0{,}22 \times 0{,}006 \times 1272{,}418) = 1{,}688$$

*de (8):* $m_1 = \tfrac{1}{2}[(e^{1,688} + e^{-1,688})\cos 1{,}688 + i(e^{1,688} - e^{-1,688})\operatorname{sen} 1{,}688]$ (radianos)

$= \tfrac{1}{2}[(5{,}4 + 1{,}849)(-0{,}1169) + i(5{,}4 - 0{,}1849) 0{,}9931]$

$= \tfrac{1}{2}(-0{,}6531 + i\,5{,}179)$

**$m_1 = -0{,}3265 + i\,2{,}5896$**

*de (9):*

$m_2 = b[(e^{1,688} - e^{-1,688})\cos 1{,}688 + (e^{1,688} + e^{-1,688})\operatorname{sen}1{,}688 - i(e^{1,688} - e^{-1,688})\cos 1{,}688 + i(e^{1,688} + e^{-1,688})\operatorname{sen}1{,}688)] / 4 \times 0{,}84 \times 0{,}8$

$$m_2 = \frac{b[5{,}4 - 0{,}1849)(-0{,}1169) + (5{,}4 + 0{,}1849)0{,}9931 - i(5{,}4 - 0{,}1849)(-0{,}1169) + i(5{,}4 + 0{,}1849)0{,}9931]}{4 \times 0{,}84 \times 1{,}688}$$

$= 0{,}22\,[5{,}2151 \times (-0{,}1169) + 5{,}5849 \times 0{,}9931 - i\,.\,5{,}2151 \times (-0{,}1169) + i\,.5{,}5849 \times 0{,}9931] / 2{,}69$

$= 0{,}22\,[-0{,}6096 + 5{,}5464 - i\,0{,}6096 + i\,5{,}5464]/5{,}67$

$= 0{,}22\,[0{,}8707 + i\,1{,}0857]$

Planilha de Método M.1.11 (continuação)

**$m_2 = 0,1916 + i0,2389$**

*de (10)*:

$m_3 = \lambda\ 1,868[(e^{1,688} - e^{-1,688})\cos 1,688 - (e^{1,688} + e^{-1,688})\sen 1,688 + i(e^{1,688} - e^{-1,688})\cos 1,688 + i(e^{1,688} + e^{-1,688})\sen 1,688]/2b$

$m_3 = \lambda\ 1,868\ [(5,4 - 0,1849)(-0,1169) - (5,4 + 0,1849)\ 0,9931 + i(5,4 - 0,1849)(-0,1169) + i(5,4 + 0,1849)0,9931]/2 \times 0,22$

$= 0,84 \times 1,688\ [5,2151 \times (-0,1169) - 5,5849 \times 0,9931 + i\ 5,2151 \times (-0,1169) + i5,5849 \times 0,9931]\ /0,44$

$= 1,4179\ [-0,6096 - 5,5464 + i\ 0,6096 + i\ 5,5464]\ /0,44$

$= 1,4179\ (-13,99 + i\ 11,2199)$

**$m_3 = -19,8377 + i\ 15,9087$**

Resistência: $\qquad\qquad\qquad\qquad\qquad R = 0,12 + 0,22/0,84 + 0,06 = 0,4419\ m^2K/W$

Transmitância: $U = 1/R = 1/0,4419 = 2,2629\ W/m^2K$

A matriz resultante deve ser multiplicada pela matriz da superfície interna, na qual todos os quatro componentes imaginários serão zero

$$\begin{bmatrix} 1 & R_{si} \\ 0 & 1 \end{bmatrix} \times \begin{bmatrix} 0,3265 + i2,59 & 0,1916 + i0,239 \\ -19,84 + i15,9 & 0,3265 + i2,59 \end{bmatrix} = \begin{bmatrix} -2,72 + i4,5 & -0,15 + i0,51 \\ -19,84 + i15,9 & 0,3265 + i2,59 \end{bmatrix}$$

Por fim, isso deve ser multiplicado pela matriz da superfície externa (é suficiente obter apenas os produtos da segunda coluna, $M_2$ e $M_4$). Observe que os coeficientes de matriz são denotados como "m", mas as matrizes dos produtos são "M"

assim temos $\begin{bmatrix} M_1 M_2 \\ M_3 M_4 \end{bmatrix}$

$$\begin{bmatrix} -2,72 + i\ 4,5 & 0,15 + i\ 0,551 \\ -19,84 + i15,9 & -0,3265 + i\ 2,59 \end{bmatrix} \times \begin{bmatrix} 1 & 0,06 \\ 0 & 1 \end{bmatrix} = \begin{bmatrix} * & -0,013 + i0,821 \\ * & -1,52 + i3,54 \end{bmatrix}$$

Como $\mu = \dfrac{1}{U.M_2}$ $\qquad\qquad \mu = \dfrac{1}{2,263\ (-0,013 + i\ 0,821)}$

Para eliminar "i" do denominador, para "racionalizá-lo", multiplicar tanto o numerador quanto o denominador por $(-0,013 + i0,821)$:

$\mu = abs\ \dfrac{-0,013 + i0,821}{2,263(0,013^2 + 0,821^2)} = abs\dfrac{-0,013 + i0,821}{1,5257} = abs\ [0,0085 + i\ 0,5381]$

**$\mu = 0,538$**

$\varphi = 12/\pi \times atn\ (\mu/\mu_{(real)}) = 3,82 \times atn\ (0,538/0,0085) = 3,82 \times 1,556 = 5,94$

**$\varphi \approx 6$ horas**

# PARTE 2   LUZ: O AMBIENTE LUMINOSO

## ÍNDICE

| | |
|---|---|
| Símbolos e abreviações | **139** |
| Lista de Figuras | **140** |
| Lista de Tabelas | **141** |
| Lista de Exemplos Trabalhados | **141** |
| Lista de Equações | **141** |

**2.1 Física da Luz** **142**
    2.1.1 Atributos da Luz — 142
    2.1.2 Cores de Superfície — 144
    2.1.3 Fotometria — 146
    2.1.4 Transmissão da Luz — 148

**2.2 Visão** **149**
    2.2.1 O Olho e o Cérebro — 149
    2.2.2 Desempenho Visual — 150
    2.2.3 Exigências de Iluminação — 150
    2.2.4 Ofuscamento — 151

**2.3 Luz do Dia e Luz Solar** **152**
    2.3.1 Condições do Céu — 153
    2.3.2 Iluminância da Luz do dia — 154
    2.3.3 Distribuição da Luminância — 155
    2.3.4 Sombreamento — 156

**2.4 Métodos de Projeto** **157**
    2.4.1 Método de Fluxo Total — 158
    2.4.2 Fator de Luz Diurna — 159
    2.4.3 Modelos — 164
    2.4.4 Ferramentas da Computação — 166
    2.4.5 Planejamento Para a Luz Diurna — 168
    2.4.6 Controle da Luz Solar — 169
    2.4.7 Fator de Utilização da Luz Diurna — 172

**2.5 Iluminação Elétrica** **173**
    2.5.1 Lâmpadas — 173
    2.5.2 Luminárias — 176
    2.5.3 Iluminação Local: O Método Ponto a Ponto — 179
    2.5.4 O Método Lúmen — 180
    2.5.5 Ofuscamento em Interiores Iluminados Artificialmente — 182
    2.5.6 Integração/Discussão — 185
    2.5.7 O método TL — 188
    2.5.8 Estratégias de Projeto de Iluminação — 189

**Planilhas de dados e planilhas de método** **191**

## SÍMBOLOS E ABREVIAÇÕES

| | |
|---|---|
| a | acuidade (visual) |
| asb | apostilb (medida de luminância) |
| c | velocidade da luz ($3 \times 10^8$ m/s) |
| cd | candela (intensidade da fonte) |
| d | distância |
| f | frequência (ou um "fator") |
| o | constante de ofuscamento |
| lm | lúmen (fluxo luminoso) |
| lx | lux (iluminância) |
| p | índice da posição |
| A | área |
| AAS | ângulo de altitude solar |
| B | fator barras (esquadrias) |
| BRE | Building Research Establishment (Reino Unido) |
| C | contraste |
| TCC | temperatura correlata da cor |
| CIE | Commission Internationale d'Éclairage |
| IRC | índice de reprodução cromática |
| TC | temperatura da cor |
| FLD | fator de luz diurna |
| FFD | fator de fluxo descendente |
| TRFLD | taxa de rendimento do fluxo luminoso descendente |
| FULD | fator de utilização da luz diurna |
| E | iluminância (éclairage), lux |
| CRE | componente refletido externamente (do FLD) |
| EL | eficiência luminosa |
| RFF | razão de fração de fluxo |
| V | fator do vidro |
| IO | índice de ofuscamento |
| $A_m$ | altura da montagem |

## SÍMBOLOS E ABREVIAÇÕES (continuação)

| | | | |
|---|---|---|---|
| I | intensidade (da fonte de luz), cd | V | valor (valor Munsell) |
| AIN | ângulo de incidência | $\alpha$ | absortância |
| CRI | componente refletido internamente (do FLD) | $\beta$ | ângulo de incidência |
| L | luminância (cd/m$^2$) | $\gamma$ | ângulo de altitude celeste |
| LED | diodo emissor de luz | $\eta$ | eficiência |
| TRFL | taxa de rendimento do fluxo luminoso | $\theta$ | ângulo (fonte) de visão (ou ângulo de deslocamento vertical) |
| TL | análise térmica e luminosa (pré-projeto) | | |
| M | fator de manutenção (limpeza do vidro) | $\lambda$ | comprimento de onda |
| FM | fator de manutenção (método lúmen) | $\rho$ | refletância |
| IACPI | iluminação artificial complementar permanente do interior | $\sigma$ | ângulo visual |
| | | $\tau$ | transmitância |
| IR | índice do recinto | $\varphi$ | ângulo de retardo da fase (ou ângulo de deslocamento horizontal) |
| CC | componente céu (do FLD) | | |
| FU | fator de utilização | | |
| FFA | fração de fluxo ascendente | $\omega$ | ângulo sólido |
| TUO | taxa unificada de ofuscamento | $\Delta$ | diferença |
| TRFLA | taxa de rendimento do fluxo luminoso ascendente | $\Phi$ | fluxo luminoso (lm) |

## LISTA DE FIGURAS

| | | |
|---|---|---|
| 2.1 | O triângulo de cores | 142 |
| 2.2 | Quadro do diagrama de cromaticidade da CIE | 142 |
| 2.3 | O diagrama de cromaticidade da CIE | 143 |
| 2.4 | Emissão espectral de corpo negro | 144 |
| 2.5 | A Roda de Cores de Munsell e sua vista em planta | 145 |
| 2.6 | Um sistema luminoso simples | 146 |
| 2.7 | Definição do esterradiano (sr) | 146 |
| 2.8 | A curva de eficácia luminosa da CIE | 147 |
| 2.9 | Interpretação da lei do inverso do quadrado | 148 |
| 2.10 | O efeito ângulo de incidência | 148 |
| 2.11 | Transmissão da luz | 148 |
| 2.12 | Superfícies reflexivas | 148 |
| 2.13 | Seção do olho humano | 149 |
| 2.14 | Curva de eficiência visual | 150 |
| 2.15 | Relação de temperatura da cor e iluminância | 153 |
| 2.16 | Distribuição de frequência de iluminância ao ar livre | 154 |
| 2.17 | Interpretação da razão vetor/escalar | 154 |
| 2.18 | Vetores de iluminância numa sala iluminada lateralmente | 155 |
| 2.19 | Preferências para altitude de vetor | 155 |
| 2.20 | Razões vetor/escalar preferidas para olhar para um rosto humano | 155 |
| 2.21 | Avaliação de sombreamento | 156 |
| 2.22 | Um caso com algo mais envolvido | 157 |
| 2.23 | Fluxo entrando por uma janela | 158 |
| 2.24 | Diagrama de projeto para luz do dia | 159 |
| 2.25 | Correções para obstruções e para outras janelas que não a infinita | 159 |
| 2.26 | Fluxo da luz do dia dividido em três componentes | 159 |
| 2.27 | Determinar o componente céu inicial | 160 |
| 2.28 | Fator de correção para o componente céu | 161 |
| 2.29 | Uso do nomograma CRI | 162 |
| 2.30 | Fatores de luz do dia nos pontos da grelha | 163 |
| 2.31 | Um céu artificial sólido reflexivo | 165 |
| 2.32 | Um céu artificial translúcido iluminado por trás | 165 |
| 2.33 | Um céu artificial de tipo espelho | 165 |
| 2.34 | Isopletas de luminância de zênite | 166 |
| 2.35 | Um estudo da distribuição da luz do dia | 167 |
| 2.36 | O trecho de céu visível por uma janela | 168 |
| 2.37 | Uso de indicadores da altura admissível | 168 |
| 2.38 | Construção da penetração do sol | 169 |
| 2.39 | Vidro prismático para incidência do feixe de luz solar | 170 |
| 2.40 | Chapa acrílica sulcada a laser | 170 |
| 2.41 | Claraboia zenital sulcada a laser: em ângulo baixo, o sol é admitido, em ângulo alto, excluído | 170 |
| 2.42 | Prateleiras de luz externas e internas | 171 |
| 2.43 | Uma prateleira de luz inteiramente envolvida | 171 |
| 2.44 | Heliostato para iluminação por feixe de luz solar | 171 |
| 2.45 | Feixe de iluminação solar por helióstato e tubos de iluminação | 172 |
| 2.46 | Um duto de forro: forro "anidólico" | 172 |
| 2.47 | Um concentrador + sistema de iluminação por fibra óptica | 172 |
| 2.48 | Interpretação do FULD | 172 |
| 2.49 | Uma lâmpada arco de xenônio de 2 kW | 173 |
| 2.50 | O efeito da carga indutiva | 174 |
| 2.51 | Uma lâmpada de mercúrio típica | 174 |
| 2.52 | Uma lâmpada de sódio tubular de alta pressão | 174 |
| 2.53 | Circuito de controle para uma lâmpada fluorescente | 175 |
| 2.54 | Alguns tubos de LED múltiplo | 176 |
| 2.55 | Algumas lâmpadas de LED múltiplo | 176 |
| 2.56 | Um spot de feixe estreito, topo prateado | 177 |
| 2.57 | Tipos de luminárias e suas frações de fluxo | 178 |
| 2.58 | Uma luminária difusora e sua curva polar | 179 |
| 2.59 | Uma luminária de canaleta aberta e suas curvas polares | 179 |
| 2.60 | Lâmpadas fluorescentes compactas | 179 |

## LISTA DE FIGURAS (continuação)

| | | |
|---|---|---|
| 2.61 | Spot sobre uma superfície horizontal | 179 |
| 2.62 | Difusor iluminando uma superfície horizontal | 179 |
| 2.63 | Interpretação do fluxo instalado e do fluxo recebido | 180 |
| 2.64 | Interpretação da razão direta | 181 |
| 2.65 | Adição de vetores | 186 |
| 2.66 | Arranjo dos comutadores em fileiras de luminárias | 186 |
| 2.67 | Fluxos de energia considerados no modelo TL | 188 |
| 2.68 | Um gráfico TL típico | 189 |

## LISTA DE TABELAS

| | | |
|---|---|---|
| 2.1 | Cor da luz | 142 |
| 2.2 | Alguns valores fotométricos típicos | 142 |
| 2.3 | Eficácias luminosas (EL) de algumas fontes de luz natural | 154 |
| 2.4 | Propriedades de cor das lâmpadas fluorescentes tubulares | 175 |
| 2.5 | Categorias de tarefas de reprodução cromática | 175 |
| 2.6 | Índices de reprodução cromática (IRC) de alguns tipos de lâmpadas | 175 |
| 2.7 | Potência requerida da lâmpada: o método Watt | 180 |
| 2.8 | Razões E/L mínimas para limitar reflexões ofuscantes | 184 |

## LISTA DE EXEMPLOS TRABALHADOS

| | | |
|---|---|---|
| 2.1 | Componente refletido internamente (CRI) | 163 |
| 2.2 | Leitura das curvas polares | 178 |
| 2.3 | Iluminação com foco direcionado de uma superfície horizontal | 179 |
| 2.4 | Iluminação difusa sobre uma superfície horizontal | 179 |
| 2.5 | Lâmpada linear para um quadro de avisos | 179 |
| 2.6 | O método Watt | 180 |
| 2.7 | Iluminação geral para um escritório | 182 |

## LISTA DAS EQUAÇÕES

| | | |
|---|---|---|
| 2.1 | Comprimento de onda e frequência | 142 |
| 2.2 | Refletância a partir do valor | 146 |
| 2.3 | Iluminância (lei do inverso do quadrado) | 148 |
| 2.4 | Contraste (da luminância) | 150 |
| 2.5 | Distribuição da luminância celeste | 153 |
| 2.6 | Iluminância vs. altitude solar (céu claro) | 153 |
| 2.7 | O mesmo, para céu intermediário | 153 |
| 2.8 | Razão vetor/escalar | 154 |
| 2.9 | Fluxo total através de uma janela | 158 |
| 2.10 | Fluxo efetivo entrando | 158 |
| 2.11 | Iluminância (método de fluxo total) | 158 |
| 2.12 | Definição do fator de luz diurna | 159 |
| 2.13 | Componentes do fator de luz diurna | 160 |
| 2.14 | Expressão CRI | 163 |
| 2.15 | Luminância do zênite | 166 |
| 2.16 | Fator de utilização de luz do dia | 172 |
| 2.17 | Método Lúmen: fluxo recebido | 181 |
| 2.18 | Índice de cômodo | 181 |
| 2.19 | Fluxo a ser instalado | 181 |
| 2.20 | Constante de ofuscamento (o) | 183 |
| 2.21 | Índice de ofuscamento (IO) | 183 |
| 2.22 | Taxa unificada de ofuscamento (TUO) | 184 |

## 2.1 FÍSICA DA LUZ

Uma faixa restrita de comprimento de onda da radiação eletromagnética (de cerca de 380 nm a 780 nm, como mostra a Fig. 1.2) é percebida por nossos olhos como luz.

### 2.1.1 Atributos da Luz

Como para qualquer outra radiação eletromagnética, a velocidade da luz (c) é de aproximadamente $3 \times 10^8$ m/s (ou 300 000 km/s). Seus dois principais atributos são sua quantidade e sua qualidade. Seus aspectos quantitativos são discutidos na Seção 2.1.3 (fotometria). Sua qualidade é caracterizada pelo comprimento de onda ($\lambda$) e sua recíproca, a frequência (f). O produto dos dois, por definição, fornece a velocidade:

$$c = f \times \lambda \tag{2.1}$$

assim, se um deles for conhecido, o outro pode ser determinado dividindo-se a velocidade pelo conhecido.

#### 2.1.1.1 A Cor da Luz

A cor da luz é determinada por seu espectro ou composição espectral. A luz de um determinado comprimento de onda, ou de uma faixa restrita de comprimento de onda é designada como *monocromática*. A cor de uma faixa ampla de luz depende da magnitude relativa de seus componentes, em sua composição espectral. Um espectro contínuo de luz branca pode ser decomposto por um prisma em seus componentes, que são percebidos como cores, mostradas na Tabela 2.1.

A teoria das três cores de luz distingue o vermelho, o verde e o azul como cores primárias e toda e qualquer cor pode ser definida em termos de sua "vermelhidão", "verdor" e "azulidade". Se forem considerados como frações decimais, esses três componentes devem somar 1. Isso foi descrito como um "triângulo cor" (Fig. 2.1), que tem as três cores primárias nos três vértices e qualquer mistura estará no interior do triângulo. No centro está o "ponto branco" (B), equidistante dos três vértices, indicando uma contribuição igual das três cores primárias. Para cores mistas, a magnitude da contribuição para cada primária é proporcional à distância ao lado oposto (b, g, e r). Isto foi desenvolvido depois em um sistema de coordenadas 3-D (Fig. 2.2), configurado para representar os três componentes. Em sua representação na forma 2-D, os eixos vermelho (X) e verde (Y) são desenhados e o azul está implícito, como $Z = 1 - (X + Y)$. Esse diagrama é chamado gráfico de cromaticidade CIE (Fig. 2.3).

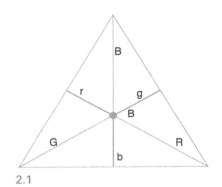

2.1
O triângulo de cores: se B = G = R então b + g + r = branco. Sempre b + g + r = 1.

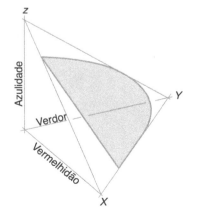

2.2
Quadro do diagrama de cromaticidade da CIE

**Tabela 2.1** Cor da luz

| Cor | Faixa do comprimento de onda (em nm) |
|---|---|
| Vermelho | 780–660 |
| Laranja | 660–610 |
| Amarelo | 610–570 |
| Verde/amarelo | 570–550 |
| Verde | 550–510 |
| Azul/verde | 510–480 |
| Azul | 480–440 |
| Violeta | 440–380 |

Esse é um recurso muito inteligente: a curva exterior em parábola indica o *locus* das cores espectrais (puras), do vermelho ao violeta, em sentido anti-horário (com os comprimentos de onda indicados em nm). A linha reta conectando as duas extremidades dessa curva indica as cores não espectrais (misturas) magentas, do rosa ao violeta.

O centro do diagrama é o "ponto branco", onde a luz deve conter quantidades iguais (1/3) de todos os três componentes. Uma reta, disposta através do ponto-B, indica (em lados opostos do *locus* espectral) um par de cores do espectro que somadas formam o branco (por exemplo, um amarelo-laranja de 600 nm misturado com um azul-verde de 490 nm seria percebido como luz branca). Esses pares são denominados cores complementares.

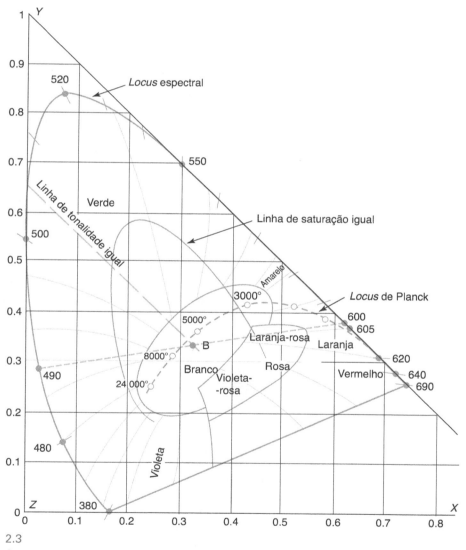

2.3
O diagrama de cromaticidade da CIE

O *locus* espectral indica cores de saturação completa e o raio a partir do ponto-B fornece uma escala de saturação. Contornos de "saturação igual" podem ser interpolados entre o ponto-B e a localização no espectro. Um exemplo de tal linha (parabólica) de saturação igual é mostrado na Fig. 2.3. A área em formato oval em torno do ponto-B indica cores percebidas como "branco", mas com um ligeiro tom das cores adjacentes.

Um corpo aquecido emite radiação, cuja composição do comprimento de onda depende da temperatura do corpo. Até cerca de 1500°K, os comprimentos de onda são mais longos que a faixa visível, isto é, radiação infravermelha percebida como calor radiante. Para além desse limite, eles se tornam visíveis e sua cor é uma função da temperatura do corpo, de modo que a cor pode ser definida por essa *temperatura de cor* (TC). A Fig. 2.4 mostra a emissão espectral de um corpo negro em várias temperaturas, como uma função do comprimento de onda. A extensão visível (luz) está indicada pelas duas linhas verticais. A temperatura do emitente dentro dessa faixa é tomada como a TC.

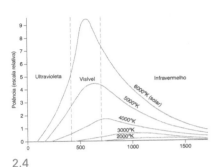

2.4
Emissão espectral de corpo negro sob várias temperaturas

A linha tracejada mais grossa da Fig. 2.3 corresponde ao *locus* de Planck (em homenagem ao físico Max Planck), indicando as temperaturas de cor das emissões de corpo negro, de cerca de 1500°K (laranja), passando pelos 3000°K (branco-amarelado) de uma lâmpada incandescente de baixa potência e a emissão solar de 6000°K (até os 24000°K de um céu azul). (Note que a temperatura de cor é o inverso da designação da cor usada no cotidiano, por exemplo, o vermelho de 1200°K é referido como uma cor "quente", enquanto o azul de 24000°K, como uma cor "fria").

Cores outras que não aquelas do *locus* de Planck podem ser designadas por sua TCC, ou *temperatura de cor correlata*, isto é, onde a direção radial da cor a partir do ponto-B intercepta o *locus* de Planck, p. ex., a linha tracejada da Fig. 2.3 marcada como "linha de tonalidade igual" (verde) intercepta o *locus* de Planck em aproximadamente 6000°K, que será sua designação TCC.

A cor da luz depende da fonte (a composição espectral da emissão), mas também pode ser produzida pelo uso de filtros. Um filtro pode refletir ou absorver a maior parte dos comprimentos de onda dados e transmitir apenas uma faixa estreita de comprimento de onda especificada. Por exemplo, um filtro vermelho admitiria apenas uma faixa estreita, em torno de 690 nm, absorvendo ou refletindo todos os outros componentes. Como a filtragem é um processo de subtração, se a luz recebida não tiver algum componente vermelho, nenhuma luz será transmitida. Um filtro amarelo pode admitir o vermelho e o verde (mas não o azul ou o violeta), que serão percebidos como amarelo.

### 2.1.2 Cores de Superfície

Enquanto a luz colorida de várias fontes será aditiva (por exemplo, os acima mencionados azul-esverdeado e amarelo-alaranjado, ou qualquer outro par de cores complementares, que se somam formando o branco), cores de superfície são subtrativas, ou melhor, suas absortâncias são aditivas. Uma superfície pintada de vermelho parece ser dessa cor, uma vez que absorve tudo e reflete apenas o componente vermelho da luz incidente. Se uma superfície vermelha for iluminada por uma luz branca, que é a soma dos acima mencionados azul-esverdeado e amarelo-alaranjado, ela vai parecer ser de um cinza sujo, pois como a luz não tem nenhum componente vermelho, o vermelho não vai ser refletido. A iluminação precisa ser um branco de espetro contínuo para revelar todas as cores, inclusive o vermelho, então produzindo boa *reprodução da cor*.

A classificação mais abrangente das cores de superfície é o *sistema de Munsell*. Ele distingue três atributos (Fig. 2.5):

Luz: O Ambiente Luminoso **145**

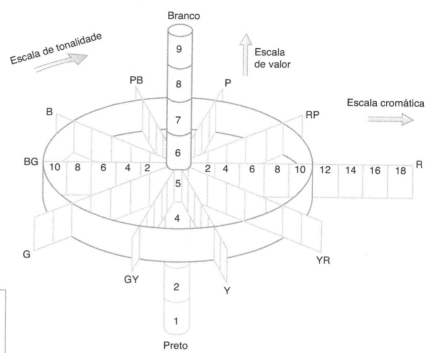

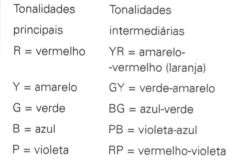

| Tonalidades principais | Tonalidades intermediárias |
|---|---|
| R = vermelho | YR = amarelo-vermelho (laranja) |
| Y = amarelo | GY = verde-amarelo |
| G = verde | BG = azul-verde |
| B = azul | PB = violeta-azul |
| P = violeta | RP = vermelho-violeta |

As siglas correspondentes às cores permanecem de acordo com a notação original em inglês

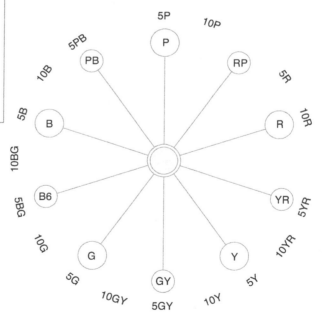

2.5
A Roda de Cores de Munsell e sua vista em planta

1. **Tonalidade**: o conceito de cor, usando-se os termos habituais: vermelho, amarelo, azul etc., com cores de transição (por exemplo, verde/amarelo) e outras subdivisões incluídas.
2. **Valor** (V) ou luminosidade: a medida subjetiva da refletância, aparência clara ou escura, medida em uma escala de 0 (negro absoluto) a 10 (branco perfeito). Na prática, são encontrados valores de 1 a 9. Esse valor pode ser convertido em refletância: $\rho = V \times (V - 1)/100$ ou mais precisamente,

$$\rho = (0{,}5796\, V^2 + 0{,}0435\, V^3 - 0{,}089\, V)/100 \tag{2.2}$$

3. **Croma** ou saturação: a plenitude ou intensidade da cor. Todas as cores têm pelo menos dez classes (por exemplo, azul-esverdeado), mas algumas cores podem ser muito "fortes", tendo um croma de até 18.

Qualquer cor pode ser designada pelas três facetas, *tonalidade-valor/croma*, por exemplo, **5R – 4/10** = uma tonalidade de vermelho 5 – o valor de 4/croma de 10 (os separadores devem ser hífen e barra, como mostrado). A "roda de cores" de Munsell (Fig. 2.5) apresenta a estrutura de dois cones (irregulares) (unidos por suas bases), em que a direção radial é a tonalidade (como mostra a "planta" da circunferência de base), a escala vertical indica o valor, e a distância radial a partir do eixo indica o croma, ou intensidade. O eixo vertical em si irá conter as cores neutras, do preto, passando por tons de cinza, até o branco brilhante. Os catálogos de tintas mais elaborados fornecem as designações de Munsell acompanhadas dos nomes mais "poéticos" (ou da moda) das cores.

Se não for necessária uma precisão desse tipo, pode-se utilizar a norma britânica BS 4800, que apresenta também um conjunto de amostras de cores. Nos EUA, o ISCC-NBS (Inter-Society Color Council – National Bureau of Standards) publica um conjunto de "Tabelas de Cores Centroides" (Centroid Colour Charts). As cores estão numeradas de 1 a 267 e têm nomes de senso comum (como azul-claro, ou verde-esmeralda). Algumas fontes usam o sistema de cores de Ostwald ou o dicionário da cor de Maerz e Paul.

Alguns fabricantes de tintas têm seus próprios sistemas, por exemplo, a Dulux ou a Goodlass. Esta última toma como base a "Faixa de 101 Cores" da norma britânica BS 2600, mas também fornece a denominação de Munsell.

### 2.1.3 Fotometria

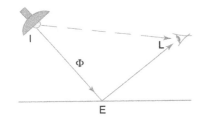

2.6
Um sistema luminoso simples

O sistema luminoso mais simples consiste em uma fonte de luz (uma lâmpada), uma superfície iluminada e um olho que percebe a luz, tanto da fonte quanta refletida pela superfície (Fig. 2.6). As quatro quantidades fotométricas mensuráveis são:

- I, a *intensidade luminosa* de uma fonte, medida em unidades de *candela* (cd), que é o padrão internacional vela, definido como a intensidade de um corpo negro de 1/60 cm$^2$, quando aquecido à temperatura do ponto de fusão da platina. Essa é a unidade básica, a partir da qual todas as outras são derivadas. Φ (phi), o *fluxo luminoso* (ou fluxo de luz), medido na unidade *lúmen* (lm), que é definido como o fluxo emitido no interior de 1 esterradiano (sr) por uma fonte pontual I = 1 cd, emitindo luz uniformemente em todas as direções (Fig. 2.7). Assim, um cd emite um total de $4\pi$ lúmens.

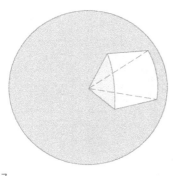

2.7
Definição do esterradiano (sr)

- E, ou *iluminância* (o símbolo E provém do francês, *Éclairage*), a medida da iluminação de uma superfície (observe-se que *iluminação* é o processo, *iluminância* é o produto). A unidade é o *lux*, (lx), que é a iluminância provocada pela incidência de 1 lm sobre uma área de 1 m$^2$ (isto é, a densidade do fluxo incidente de 1 lm/m$^2$).

Como a unidade do ângulo 2-D é o *radiano*, onde o comprimento do arco é o mesmo que o raio (um círculo completo corresponde a 2 π radianos), então o *esterradiano* (estéreo-radiano), sr é a unidade de ângulo sólido (3-D), que é subtendida por uma área $r^2$ da superfície de uma esfera de raio r. Como a área da superfície de uma esfera é $4\pi r^2$, o centro de uma esfera contém $4\pi$ esterradianos.

- L, ou *luminância*, é a medida do brilho de uma superfície, quando vista de uma dada direção. Sua unidade é a cd/m2 (às vezes designada como um *nit*, raramente utilizada em inglês), que é a unidade de intensidade unitária de uma fonte de área unitária (intensidade da fonte dividida por sua área aparente vista da direção designada).

  (um ponto de origem de 1 cd dentro de um difusor esférico de 1 m de raio, tem uma área projetada de $\pi$ m$^2$, de modo que sua luminância será $1/\pi$ cd/m$^2$.)

- Para superfícies iluminadas, em geral é utilizada uma unidade métrica que não faz parte do Sistema Internacional (SI), o *apostilb* (asb). É a luminância de uma superfície difusora completamente refletora ($\rho = 1$), que tem uma iluminância de 1 lux. Assim, asb = $\rho \times$ E. Ambas as unidades medem a mesma quantidade, mas o asb é uma unidade pequena: 1 cd/m$^2$ = asb.

O fluxo luminoso (lm) é da mesma dimensão física que o watt (W), enquanto a iluminância (lx) é o mesmo que a irradiância (W/m$^2$), mas as duas últimas são unidades de energia, enquanto as duas primeiras são quantidades luminosas (isso é aplicáveis à radiação nos comprimentos de onda visíveis).

As quantidades de energia não são diretamente convertidas em quantidades fotométricas sem uma especificação do comprimento de onda, uma vez que a sensibilidade do olho humano varia com o comprimento da onda de luz. Ele é mais sensível a um amarelo-claro, de 555 nm, mas sua sensibilidade (ou eficácia, EL) se reduz em ambas as direções, como mostra a curva de eficácia luminosa da CIE (Fig. 2.8). Isso indica a ponderação de qualquer faixa estreita de energia radiante (em W) em fluxo de luz (lm). A Tabela 2.2 fornece alguns valores típicos do fluxo de saída de fontes de luz, as iluminâncias e a luminância de algumas fontes e superfícies, apenas para dar uma "ideia" da magnitude dessas quantidades.

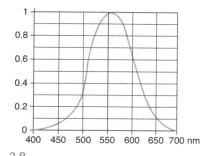

2.8
A curva de eficácia luminosa da CIE: sensibilidade espectral do olho humano F vs. l

**Tabela 2.2** Alguns valores fotométricos típicos

| Fluxo de saída total de algumas fontes | lm | Iluminância típica | Lux |
|---|---|---|---|
| Lâmpada de bicicleta | 10 | Dia claro de sol brilhante, ao ar livre | 80000 |
| Lâmpada incandescente de 40 W | 325 | Dia nublado, ao ar livre | 5000 |
| Lâmpada fluorescente de 30 W | 2800 | Mesa moderadamente iluminada | 300 |
| Lâmpada de sódio de 140 W | 13000 | Iluminação geral média | 100 |
| Lâmpada de mercúrio de 400 W | 20000 | Noite de lua cheia, exterior | 0,1 |

| *Valores típicos de luminância* | cd/m$^2$ |
|---|---|
| Sol (1650 Mcd/m$^2$) | 1 650 000 000 |
| Filamento em lâmpada incandescente clara | 7 000 000 |
| Lâmpada fluorescente (superfície do tubo) | 8000 |
| Lua cheia | 2500 |
| Papel com 400 lx de iluminância: | |
|     branco ($\rho = 0,8$) | ≈ 100 ou 400 × 0,8 = 320 asb |
|     cinza ($\rho = 0,4$) | ≈ 50 ou 400 × 0,4 = 160 asb |
|     preto ($\rho = 0,04$) | ≈ 5 ou 400 × 0,04 = 16 asb |

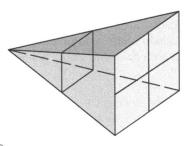

2.9
Interpretação da lei do inverso do quadrado

### 2.1.4 Transmissão da Luz

No vácuo ou num meio homogêneo transparente (ar) a luz viaja em linha reta. A *lei do inverso do quadrado* estabelece que a iluminância diminui na proporção do quadrado da distância da fonte. A Fig. 2.9 mostra que o fluxo, o qual, a uma dada distância, atravessa uma unidade de área, ao dobro dessa distância vai atravessar quatro vezes essa área, então a densidade do fluxo (= iluminância) se reduz de um quarto.

Uma fonte de uma candela (I) de intensidade emite 1 lúmen em um esterradiano e produz uma iluminância de 1 lux a uma distância de 1 m, assim, numericamente, E = I e, portanto, a uma distância d

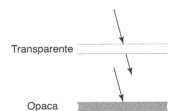

$$E = \frac{I}{d^2} \tag{2.3}$$

A *lei do cosseno* relaciona a iluminância de uma superfície (E) à iluminância da normal à direção do feixe de luz ($E_n$, $E_{normal}$), que depende do ângulo de incidência. Se o ângulo de incidência for β, (Fig. 2.10) e a área da superfície normal ao feixe for $A_n$, então, A > $A_n$ de modo que E < $E_n$

$$A = \frac{A_n}{\cos \beta} \quad e \quad E = E_n \times \cos \beta$$

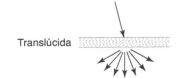

2.11
Transmissão da luz

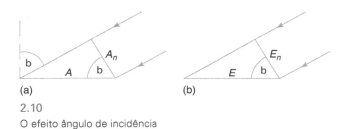

2.10
O efeito ângulo de incidência

(a) Especular

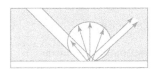
(b) Espalhada

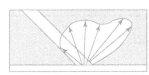
(c) Semidifusa

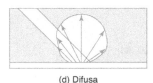
(d) Difusa

2.12
Superfícies reflexivas

Os corpos materiais expostos à luz comportam-se de várias maneiras. Uma lâmina de vidro é dita ser *transparente*, uma placa de madeira compensada é *opaca*. Uma placa acrílica "opala" é translúcida (Fig. 2.11). A luz incidente sobre a superfície pode ser distribuída de três formas: refletida, absorvida ou transmitida. As propriedades correspondentes são a refletância (ρ), a absortância (α) e a transmitância (τ) e, em todos os casos, ρ + α + τ = 1 (como discutido na Seção 1.1.2.3 e na Seção 1.4.1.3, em relação à radiação solar). Todos os três termos são funções do comprimento de onda da radiação e, quando aplicados aos comprimentos de onda visíveis (luz), podem ser designados como "ópticos", por exemplo, transmitância óptica ou absortância óptica.

Materiais que com espessura pequena podem ser transparentes podem se tornar opacos com uma espessura maior. O termo *absortividade* é uma propriedade do material e indica a absorção por unidade de espessura, enquanto a *absortância* é a propriedade de um corpo de uma dada espessura.

As superfícies podem ser classificadas em termos de suas propriedades refletoras (Fig. 2.12), como *especular* (um espelho), como *difusa* (superfície comum dos edifícios) ou de transição (*espalhada* ou *semidifusa*): produz uma reflexão basicamente difusa, mas com algum viés direcional.

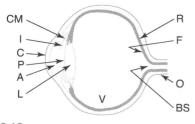

2.13
Seção do olho humano

## 2.2 VISÃO

### 2.2.1 O olho e o Cérebro

A luz é percebida pelo olho. Sua seção diagramática (Fig. 2.13) pode ser comparada a uma câmara:

- A abertura, controlada por um medidor de luz: a pupila (P), cujo tamanho varia por meio da íris (e é controlado pela retina), que é o principal mecanismo de *adaptação* do olho.
- Focalização, controlada por um distanciômetro acoplado: mudando a forma da lente pelos músculos ciliares (MC), variando assim sua distância focal, que é o mecanismo de *acomodação*.
- A adaptabilidade da retina só pode ser assemelhada usando filmes de diferentes "velocidades" ou classificação ISO (ASA).

A retina (que é na verdade uma extensão do córtex visual e nervo óptico) incorpora dois tipos de terminações nervosas: cones e bastonetes. Um olho normal tem cerca de 6,5 milhões de *cones* (dentro e ao redor da *fóvea*), que são sensíveis tanto à quantidade quanto à qualidade (cor) da luz, mas que só operam sob boa iluminação (*visão fotópica*). A retina tem também cerca de 125 milhões de *bastonetes*, que são mais sensíveis que os cones, mas percebem apenas a quantidade de luz e não distinguem cores (*visão escotóptica*).

A resposta da pupila é praticamente instantânea. Um segundo mecanismo de adaptação do olho é a variação na sensibilidade da retina pela variação dos componentes fotoquímicos presentes (por exemplo, do *púrpura visual*). Enquanto a resposta da pupila à alteração das condições da iluminação é quase instantânea, a adaptação da retina a ambientes escuros pode levar até trinta minutos, à medida que mais púrpura visual é produzido. A adaptação à luz mais brilhante não excede a cerca de três minutos, enquanto o púrpura visual é removido.

Ambos os mecanismos de adaptação respondem à luminância média do campo de visão. A partir da escuridão:

| | |
|---|---|
| a 0,001 cd/m$^2$ | a pupila está bem aberta e os bastonetes começam a operar |
| acerca de 3 cd/m$^2$ | os cones começam a operar |
| a 1000 cd/m$^2$ | a pupila fecha a seu mínimo. |

Sem luz não há visão, mas a percepção visual depende tanto do cérebro quanto do olho. Ela depende em grande parte do reconhecimento. A vida é um aprendizado contínuo (mais rápido no berço e gradualmente desacelerado), novas imagens visuais são comparadas e incorporadas às conexões de imagens já armazenadas e às percepções provenientes de outros sentidos. A percepção visual se apoia na memória de tal maneira que nossas expectativas podem influenciar a própria percepção.

Como diz um antigo ditado árabe: "o olho é cego para o que a mente não pode ver".

### 2.2.2 O desempenho visual

A *sensibilidade ao contraste* do olho é muito boa sob boa iluminação. Em plena luz do dia, pode-se distinguir uma diferença de luminância de apenas 1% entre as superfícies, mas, sob condições de pouca luz, superfícies com uma diferença de luminância de até 10% podem ser percebidas como iguais. O contraste é expresso como a razão entre a diferença de luminância e a menor das duas luminâncias:

$$C = \frac{L_1 - L_2}{L_2} \quad (2.4)$$

A *acuidade visual*, ou nitidez da visão, depende da iluminância. A acuidade (a) é medida pelo menor detalhe percebido, expresso como a recíproca do ângulo visual ($\sigma$, em minutos de arco) subtendido pelo olho por extremos opostos do mínimo detalhe perceptível:

se $\sigma = 2'$ então $a = 1/2 = 0,5$

ou

se $\sigma = 3'$ então $a = 1/3 = 0,33$.

Da mesma forma como a sensibilidade ao contraste, a lei de retorno decrescente se aplica: um pequeno aumento num nível baixo de iluminância produz uma grande melhora na acuidade visual, mas um mesmo aumento num nível mais elevado de iluminância é quase imperceptível.

O *desempenho visual* é uma função do tempo necessário para ver um objeto, ou do número de itens (por exemplo, caracteres) percebidos por unidade de tempo. O tempo necessário para executar uma certa tarefa visual diminui (isto é, o desempenho melhora) com o aumento da iluminação.

As três condições acima são medidas da mesma relação estímulo-resposta. Juntas, as três fornecem uma boa medida da eficiência do processo visual, e todas elas se reduzem com a idade (presbiopia). A Fig. 2.14 mostra a variação da eficiência visual conforme a iluminância. A curva é um bom exemplo da lei de retorno decrescente.

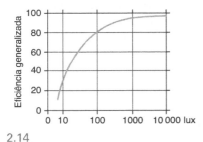

2.14
Curva de eficiência visual: $\eta$ vs. E.

### 2.2.3 Exigências de Iluminação

A **adequação** da iluminação é um requisito quantitativo que depende da tarefa visual: o contraste, a precisão no detalhe e a velocidade de mudança do que é visto. Para definir o nível de iluminação necessário, o risco de erros possíveis deve ser avaliado e equilibrado em relação à acessibilidade da iluminação. Como a eficiência visual das pessoas diminui com a idade, é aconselhável proporcionar melhor iluminação para pessoas mais idosas. A duração da tarefa visual é também um fator: para evitar fadiga visual, níveis mais altos são necessários.

Os valores de iluminância recomendados ou prescritos também dependem de fatores socioculturais tanto quanto de fatores econômicos. A planilha de dados D.2.6 fornece valores de iluminância para diversas tarefas visuais de acordo com recomendações de diversos códigos do Reino Unido e da Austrália. As fontes norte-americanas distinguem nove categorias de iluminância (A até I), que correspondem aproximadamente às categorias de "tarefas visuais" da planilha de dados D.2.6, exceto que os requisitos de iluminância são um pouco mais elevados, em especial nos níveis mais altos (G-I). Ao longo do século XX, os níveis recomendados

Luz: O Ambiente Luminoso **151**

de iluminância tenderam a aumentar, em parte devido à disponibilidade de mais lâmpadas eficientes, e em parte devido ao aumento da riqueza e das expectativas. Houve também diferenças entre países plenamente desenvolvidos e em desenvolvimento, isto é, o que pode ser bancado e o que é esperado. Mais recentemente essas diferenças diminuíram. Como a conservação de energia tornou-se um tópico importante, algumas recomendações elevadas foram também reduzidas.

A **adequação da iluminação** é uma exigência qualitativa e tem pelo menos quatro fatores componentes.

1 Aparência da cor e reprodução da cor. Como nossos olhos se desenvolveram ao longo de milhões de anos para operar sob condições de iluminação natural, sua sensibilidade corresponde ao espectro da luz solar. Algumas pesquisas sugerem que, em níveis altos de iluminância, esperamos luz com maior temperatura de cor (a luz do dia, por exemplo), sendo que a luz do dia dá a norma da reprodução da cor e é a mais adequada para revelar todas as cores. Com níveis baixos de iluminância, uma luz com temperatura de cor mais baixa é esperada e preferida (Fig. 2.15) (cores "quentes": a luz do fogo ou de uma vela, ou uma lamparina).
2 A aparência da cor de um ambiente está associada ao humor e à "atmosfera" esperada. Esses são efeitos psicológicos e estéticos. O caráter arquitetônico de um espaço pode ser acentuado, mas também neutralizado, modificado ou até mesmo destruído pela iluminação. Por exemplo, não é desejável uma iluminância de 1000 lx de uma cor branco-azulada (temperatura de cor >10000°K) em um restaurante intimista. A luz pode ser abordada de forma puramente funcional, mas também pode ser um elemento importante do projeto, do ponto de vista estético.
3 A direcionalidade da luz deve ser adequada tanto às exigências funcionais quanto aos requisitos psicológicos de uma tarefa visual. Uma luz mais difusa é em geral considerada mais "agradável", mas vai lançar pouca ou nenhuma sombra, por isso pode criar uma atmosfera enevoada ou até mesmo fantasmagórica. Nos casos em que a percepção em 3-D é essencial, uma iluminação mais direcional é necessária, uma vez que as sombras revelarão formas e texturas.
4 O ofuscamento deve ser evitado, mas o grau de ofuscamento aceitável (desejável?) deve ser adequado à tarefa visual. Isso é discutido com mais detalhes na próxima seção.

## 2.2.4 Ofuscamento

Ofuscamento pode ser causado por um efeito de saturação ou por contraste excessivo. Podemos distinguir entre o ofuscamento desconfortável e o ofuscamento incapacitante, dependendo da magnitude do efeito.

*Ofuscamento por saturação* pode ser causado quando a luminância média do campo de visão apresenta um excesso de 25000 cd/m$^2$ (80000 asb). Isso pode ocorrer numa praia de areia branca ($\rho = 0,9$) com sol pleno (100000 lx), dando 90000 asb (ou 28600 cd/m$^2$), ou quando se olha diretamente para uma fonte de luz brilhante. Nuvens brancas, isoladas e brilhantes, quando iluminadas pelo sol, podem atingir luminâncias similares. Isso pode provocar *ofuscamento incapacitante*, isto é, a visão será prejudicada. Algumas fontes distinguem entre "ofuscamento direto" causado pela própria fonte de luz e "ofuscamento indireto" causado por superfícies reflexivas iluminadas.

O olho (tanto a pupila quanto a retina) adapta-se à luminância média do campo visual. Quando dirigimos à noite, essa luminância média é bastante baixa, mesmo

2.15
Relação de temperatura da cor e iluminância: com alta temperatura de cor, espera-se alta iluminância. As áreas "a" são as não apreciadas

quando a iluminação de farol alto ilumina parte dele. Assim, a retina contém um alto nível de púrpura visual e a pupila fica bem aberta.

Um carro que se aproxima, viajando com farol alto ligado, pode causar ofuscamento incapacitante ("cegueira"), uma vez que a pupila se fecha até o mínimo em poucos segundos, de modo que apenas os faróis são visíveis, mas não o resto do campo. Esse tipo de ofuscamento incapacitante normalmente pode ser evitado, mas o ofuscamento desconfortável é um problema maior.

Uma das causas do ofuscamento é o contraste, e se a taxa de luminância ($L_{max}/L_{med.}$) dentro de um campo visual for maior que cerca de 15 (algumas fontes sugerem 10), a eficiência visual ficará reduzida e a pessoa experimentará desconforto. Quando se olha para um palco de teatro (com baixo nível de iluminação no auditório) e um sinal brilhantemente iluminado "Saída" aparece na margem de meu campo de visão, minha visão vai ficar apenas um pouco prejudicada, mas sem dúvida ocorrerá desconforto e irritação.

Olhar para a tela de um computador quando se está de frente para uma janela com fundo iluminado pelo sol é muito desconfortável. Pode ocorrer brilho refletido quando uma lâmpada atrás de mim é refletida pela tela do computador, ou quando tento olhar para uma foto brilhante e minha lâmpada de mesa provoca reflexão em meus olhos. Esse tipo de reflexão é muitas vezes designado como "ofuscamento por reflexão". Num escritório coletivo equipado em todo o teto com lâmpadas fluorescentes descobertas, essas podem ficar em meu campo visual e causar ofuscamento desconfortável.

A gradação do contraste é uma forma de reduzir o ofuscamento. Se a luminância da tarefa visual sobre minha mesa for considerada como 100%, o ambiente imediatamente ao redor não poderá ser inferior a 50% e o restante do campo visual não será inferior a 20%:

*Algumas fontes distinguem entre o "campo de visão" (= campo visual), a área observada quando nem a cabeça nem os olhos se movem (um ângulo visual de cerca de 20°), e o "campo de visibilidade" (o ambiente imediatamente ao redor), que é visível com a cabeça fixa mas com os olhos em movimento (um ângulo visual de até cerca de 40°). O "ambiente" é considerado como o que fica ao alcance com a cabeça virada, mas o corpo (os ombros) fixo (até 120°, na vertical e 180°, na horizontal).*

O uso da gradação do contraste (abaixo dos limites acima) vai ajudar a concentrar a atenção na tarefa. As normas e padrões mais recentes (por exemplo, a união BS EM ISO 29241, ou o europeu EM 12964) tendem a mudar a ênfase das exigências de iluminância (lux) para o controle e distribuição da luminância. Esses são mais relevantes para iluminação elétrica, mas talvez ofereçam uma orientação para o projeto de iluminação natural.

O conceito de índice de ofuscamento será discutido na Seção 2.5.5, no contexto de projeto de iluminação elétrica, em conjunto com discussão adicional da distribuição de luminância.

## 2.3 LUZ DO DIA E LUZ SOLAR

A luz ao ar livre é em geral designada como luz natural. Ela possui dois componentes principais: o que chega diretamente do sol é denominado *luz solar* (ou "raio de luz solar"). Frações variadas dessa luz são difundidas pela atmosfera, por exemplo, pelas nuvens, o que é conhecido como *luz do dia* (alguns autores referem-se a esta última como "luz zenital", mas, no uso geral, também aqui adotado, "luz zenital" significa uma janela na cobertura).

O termo *luz do dia*, em um sentido não rigoroso é, com frequência, utilizado para ambos os componentes, mas em linguagem técnica (também aqui adotada), essa palavra significa apenas a luz difusa que chega do hemisfério celeste.

## 2.3.1 Condições do Céu

A luz disponível é determinada pelas condições do céu. O *céu nublado* completamente atua como fonte de luz difusa, isto é, o hemisfério celeste por inteiro é fonte de luz. O padrão da CIE para céu nublado tem uma distribuição de luminância (3 para 1) definida como uma função do ângulo de altitude (γ). Se a luminância do zênite é $L_z$, então em qualquer ângulo de altitude

$$L\gamma = \frac{L_z}{3} \times (1 + 2 \sin\gamma) \qquad (2.5)$$

isto é, a luminância do zênite é três vezes aquela no horizonte e aumenta gradualmente do horizonte ao zênite.

A iluminância produzida por um céu nublado depende fortemente do ângulo de altitude solar (AAS) por trás das nuvens. Na ausência de dados mensurados, ela pode ser estimada como

$$E \approx 200 \times AAS \qquad (2.6)$$

Sob condições de *céu limpo* a luz solar direta pode produzir uma iluminância de 100 klx (1 kilolux = 1000 lux), mas se a própria luz solar for excluída, o céu pode produzir 40-50 klx de iluminância difusa. Com céu limpo, a luminância celeste é considerada uniforme.

Em muitos climas, condições de céu *intermediárias* ocorrem na maior parte do tempo. A iluminância média produzida por um céu assim (excluindo-se a luz solar direta) pode ser estimada como

$$E \approx 500 \times AAS \qquad (2.7)$$

Dados de medida de iluminância são raramente disponíveis. Um número maior de localidades mediu dados de irradiância solar. Com base nesses dados, a iluminância pode ser estimada usando os valores de eficácia* luminosa da radiação solar. Isso é definido como

$$\text{Eficácia Luminosa: } EL = \frac{\text{iluminância}}{\text{irradiância}} = \frac{\text{lux}}{W/m^2} = \frac{lm/m^2}{W/m^2} = \frac{lm}{W}$$

A eficácia luminosa de lâmpadas elétricas varia de 10 a 200 lm/W.

Na iluminação natural, o conceito de eficácia luminosa é útil quando a disponibilidade de luz deve ser estimada a partir dos dados de radiação solar. Ver a planilha de método M.2.1 quanto aos vários modelos para estimar a iluminância da luz do dia com base nos dados de irradiância solar.

Para a eficácia de outras fontes de luz, ver Seção 2.5.1 e Tabela 2.4.

---

* Note que enquanto *eficiência* é um número não dimensional que compara quantidades de mesma dimensão, *eficácia* é o termo usado para comparar quantidades dessemelhantes, portanto sua dimensão deve ser estabelecida.

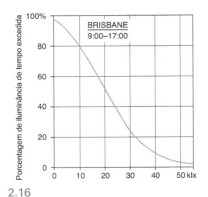

**2.16**
Distribuição de frequência de iluminância ao ar livre (excluída a iluminação solar direta)

**Tabela 2.3** Eficácias luminosas (EL) de algumas fontes de luz natural

| Luz solar | AAS = 7,5° | EL = 90 lm/W |
|---|---|---|
|  | AAS > 25° |  |
|  | Média |  |
| Luz do céu | Limpo |  |
|  | Médio | 125 |
| Global (sol + céu) |  | 100–115 |
|  | Céu nublado | 110 |

Sobre a eficácia de outras fontes de luz, consultar a Seção 2.5.1 e a Tabela 2.4.

### 2.3.2 Iluminância da Luz do Dia

Os dados medidos da iluminância externa são em geral apresentados em termos da frequência de ocorrência (em %), na forma de uma curva ogival, como a mostrada na Fig. 2.16. As medições em geral excluem a luz solar direta, de modo que a escala horizontal desse diagrama é a iluminância difusa (sobre uma superfície horizontal, com céu límpido) e a escala vertical é a frequência percentual. Com base no exemplo de Brisbane, pode-se perceber que, por exemplo, em cerca de 22% do tempo (medidos o ano todo, das 9h00-17h00), os dados medidos ultrapassam os 30 klx e, em cerca de 80% desse mesmo período de tempo, eles ultrapassam os 10 klx.

Os dados acima são de iluminância planar, isto é, medições de iluminância num plano, neste caso, uma superfície horizontal plana. Isso, no entanto, não dá o quadro completo.

A iluminância com céu nublado é difusa, isto é, a luz é recebida num ponto provindo de todas as direções do hemisfério celeste. Em termos teóricos, um campo de luz perfeitamente difuso resultaria numa iluminância esférica uniforme. Um medidor de luz esférica vai medir a *iluminância esférica média* (isto é, uma iluminância escalar, $E_s$) quer seja uniforme ou não.

O *vetor de iluminância* é dado pela maior diferença entre as iluminâncias provenientes de duas direções diametralmente opostas ($\Delta E_{max} = E_{max} - E_{min}$). Essa é a magnitude do vetor e sua direção é definida por um ângulo horizontal (rumo ou azimute) e um ângulo vertical (altitude ou elevação). A razão do vetor pela quantidade escalar (v/s) é uma medida da direcionalidade da luz (Fig. 2.17)

$$v/s = \Delta E_{max}/E_s \qquad (2.8)$$

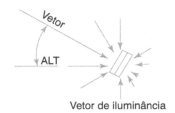

**2.17**
Interpretação da razão vetor/escalar

por exemplo, se a maior diferença encontrada for $E_{max}$ = 200 lx e a iluminância esférica média for $E_s$ = 100 lx, então a razão será v/s = 200/100 = 2, mas se $E_s$ = 400 lx, então v/s = 200/400 = 0,5.

Num campo difuso completamente uniforme $\Delta E_{max}$ = 0, assim, v/s também é 0.

Sob luz monodirecional, se o feixe de luz (dentro de 1 sr) dá 800 lx, o $\Delta E_{max}$ também será 800 lx e $E_s$ provavelmente será 800/4 = 200 lx (os 800 lx de 1 sr serão calculados sobre a superfície da esfera, $4\pi r^2$, de modo que v/s = 800/200 = 4). Esse é o valor máximo possível, com luz monodirecional, de modo que os limites teóricos para a razão v/s irão de 0 a 4, sendo que, em situações reais, são encontrados valores entre 0,2 e 3,5.

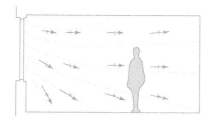

2.18
Vetores de iluminância numa sala iluminada lateralmente

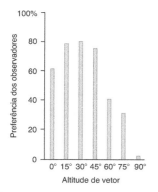

2.19
Preferências para altitude de vetor

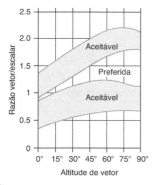

2.20
Razões vetor/escalar preferidas para olhar para um rosto humano

Em ambiente externo, sob céu nublado, o vetor de iluminância provavelmente é vertical e são encontradas razões v/s em torno de 2,5, dependendo da refletância do solo. A luz proveniente de um céu nublado que entra por uma janela, provavelmente tem uma altitude de vetor de 42° (a altitude de luminância média), próximo à janela. Mais para dentro do recinto, ela tende a se tornar quase horizontal (Fig. 2.18). Se uma pessoa A está de frente para a janela, conversando com B, de costas para a janela, A vai ver B apenas em silhueta (isso pode ser atenuado por superfícies de cor clara no cômodo, com $\Delta E_{max}$ reduzido pela luz refletida). Há evidência de que, ao olhar para um rosto humano, a maioria das pessoas prefere que ele esteja iluminado com uma razão v/s entre 1,1 e 1,5 e uma altitude de vetor de 15-45° (Figs. 2.19 e 2.20), mas uma razão v/s de até 2,2 é aceitável com altitudes maiores.

### 2.3.3 Distribuição da Luminância

A entrada de luz solar através de uma janela pode ou não ser desejável; isso depende em grande parte da tarefa visual a ser executada. A luz do sol (radiação solar) tem forte efeito de aquecimento, o que pode ser desejável no inverno, mas não em condições de calor. A questão do "direito à luz do sol" será discutida na Seção 2.3.4, aqui consideramos seus efeitos de iluminação.

Sobre a superfície de uma escrivaninha próxima a uma janela, a iluminância da luz do dia pode ser em torno de 200 lux. A luminância do papel branco ($\rho$ = 0,8) pode ser de cerca de 160 asb. Se um feixe de luz solar atingir parte dessa superfície, dando uma iluminância de 10 klx, isso produzirá uma luminância de cerca de 8000 asb. A taxa da luminância dentro do campo de visão será de 8000:160 = 50, o que é demasiado, quando qualquer coisa acima de 15 vai causar ofuscamento.

A taxa de luminância preferida será:

tarefa: ambiente ao redor: segundo plano = 1:0,5:0,2.
(mencionado na Seção 2.2.4 como 100:50:20%).

A resposta imediata das pessoas será se afastar ou puxar as cortinas. Mas, então, a luz do dia não será suficiente, assim ligarão a luz elétrica.

Para tarefas visuais críticas, como o estúdio de um artista, são preferíveis janelas grandes com "luz provindo do norte" (no hemisfério sul, "luz provindo do sul"), o que deve maximizar a luz difusa, mas evitar a luz solar direta.

O projeto de abertura de janelas é afetado por requisitos conflitantes. A dependência maior de iluminação natural, como medida de economia de energia, pode tornar desejáveis janelas maiores. Isso pode aumentar o risco de ofuscamento. Mesmo se a luz do sol for eliminada, a vista, através da janela, de uma parede iluminada pelo sol, de uma superfície de água, ou uma praia, de nuvens iluminadas pelo sol ou um céu brilhante pode provocar ofuscamento. O ofuscamento sob iluminação natural pode ser reduzido adotando-se as seguintes medidas:

1. **Reduzir** a luminância da vista usando vidro de baixa transmitância ($\tau \approx 0,3$), pelo menos nas partes críticas (superiores) da janela, talvez alguma "película de controle solar" autoadesiva ou uso de persianas ou cortinas.
2. **Aumentar** a luminância de áreas próximas à vista de luminância elevada, por exemplo, instalando janelas em outras paredes (opostas), para iluminar as superfícies adjacentes à janela em questão, ou pelo uso de iluminação superior suplementar.
3. **Aumentar** a luminância em torno da janela, usando superfícies de cores claras e gradação de contraste: dispor as superfícies de refletância elevada próximas à

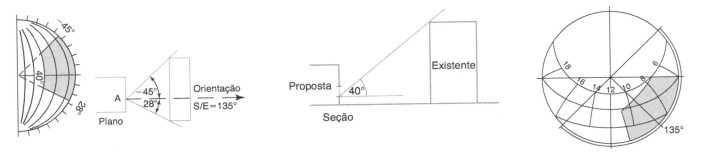

2.21
Avaliação de sombreamento

janela, reduzindo seu uso ao afastar da janela. Com janelas muito grandes, essa medida não vai funcionar.

4 **Usar** dispositivos de proteção externos (semelhantes aos dispositivos de sombreamento), para bloquear a visão das áreas problemáticas mais brilhantes, na maioria dos casos, o céu.

Deve-se tomar cuidado com o projeto de dispositivos desse tipo. Se o próprio dispositivo iluminado pelo sol ficar visível (em especial, dispositivos metálicos brancos ou brilhantes), ele pode também provocar ofuscamento. Se o dispositivo ou uma tela permitir a penetração do sol em feixes estreitos, produzindo faixas alternadas de luz solar e sombra, isso pode ser pior do que deixar a janela sem proteção.

O tratamento quantitativo do ofuscamento é apresentado na Seção 2.5.5, no contexto do projeto de iluminação artificial.

### 2.3.4 Sombreamento

Os efeitos térmicos da radiação solar foram discutidos na Parte 1 (em especial, na Seção 1.4.1), onde também foi introduzido o uso do transferidor de ângulo de sombra e de diagramas da trajetória solar. Esses recursos também podem ser utilizados no controle da luz solar.

Em climas temperados, é desejável admitir alguma luz solar nos cômodos habitáveis (incluindo escolas ou alas hospitalares), se não por razões físicas, certamente por razões psicológicas. Alguns códigos de procedimento determinam que esses cômodos devem poder receber luz solar por pelo menos 1 h/dia durante dez meses do ano (se disponível). Esse "direito à luz do sol" teve origem no século XIX, mas o problema se tornou mais acentuado após a crise energética de 1973, quando proliferaram instalações de diversos dispositivos de energia solar (e mais ainda em tempos recentes) e seu acesso à radiação solar precisou ser protegido. Isso será discutido com certo detalhe na Parte 4.

Uma tarefa prévia ao começo de um projeto será avaliar eventuais obstruções ao redor do local e estabelecer o alcance e a duração da sombra. A Fig. 2.21 mostra um método para avaliar a sombra lançada por obstruções num caso simples.

Tomar o ponto A, no nível do parapeito da janela do piso térreo do edifício projetado. As linhas traçadas num plano com relação às extremidades do edifício existente que obstrui a luz podem ser transpostas para o transferidor de ângulo de sombra, para delinear o alcance horizontal da sombra (neste caso, –45° e +28°). Em seguida, numa seção, a linha traçada a partir do ponto A até a extremidade superior

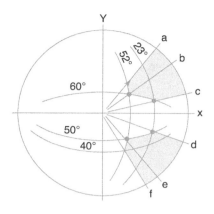 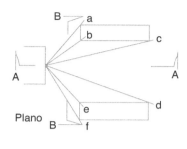 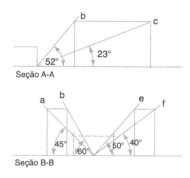

**2.22**
Um caso com algo mais envolvido

do edifício existente fornece o AVS (ângulo vertical de sombra), nesse caso, 40°, o que é representado pelo arco de 40° do transferidor.

Isso completa a máscara de sombreamento. Se ela for sobreposta ao diagrama da trajetória solar para o local, de acordo com a orientação (neste caso, sudeste, ou 135°), será possível ler as horas e datas de sombra: no solstício de verão, apenas por alguns minutos por volta das 7h30, mas em datas do equinócio, de 6h00 até por volta das 11h00.

A Fig. 2.22 mostra o mesmo procedimento para o efeito de dois edifícios opostos, mas deslocados lateralmente. Aqui são necessárias duas seções (A-A e B-B). Utilizar o transferidor de ângulo de sombra de modo que sua linha central fique no plano da seção.

A planilha de método M.2.2 apresenta o uso dessa técnica para o levantamento de um sítio, visando examinar o alcance da sombra de um determinado ponto no sítio.

## 2.4 MÉTODOS DE PROJETO

A luz do dia pode ser introduzida num edifício usando uma diversidade de técnicas, estratégias de iluminação lateral ou de cima. A integração da iluminação natural com o projeto do edifício pode ter influência decisiva sobre a forma arquitetônica. No projeto de iluminação natural, para o posicionamento e dimensionamento das aberturas, há três grandes questões a serem consideradas:

- satisfazer as tarefas visuais (fornecer luz do dia suficiente);
- criar a "atmosfera" desejada e fornecer focos visuais;
- integrar a iluminação natural à arquitetura.

Para a primeira delas, quantificar a luz do dia em edifícios (ou a previsão do desempenho da luz do dia a partir de uma planta), serão descritos quatro métodos nesta seção. Alguns deles utilizam quantidades luminosas (fluxo, iluminância), outros se baseiam em quantidades relativas: fatores de luz do dia.

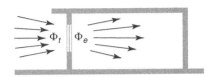

2.23
Fluxo entrando por uma janela

### 2.4.1 Método de fluxo total

O edifício (ou um cômodo num edifício) é considerado como uma caixa fechada, com uma abertura (janela) que admite um fluxo de luz. A iluminância no plano da janela ($E_w$) deve ser conhecida. Se ela for multiplicada pela área da janela, o fluxo total que entra no cômodo é obtido (Fig. 2.23).

$$\Phi_t = E_W \times A \text{ (lm)} \tag{2.9}$$

Esse valor, no entanto, será reduzido por três fatores:

1 M, *fator de manutenção*, que leva em conta a sujeira ou outra deterioração do envidraçamento utilizado;
2 V, ou *fator vidro*, que leva em conta o tipo de vidro, que não o vidro transparente;
3 B, fator barras ou esquadria, que leva em conta a obstrução produzida por elementos sólidos da armação e dos caixilhos, que podem reduzir a área efetiva.

(Ver a planilha de dados D.2.2 para todos os três fatores, M V B.)
Assim, o fluxo de entrada efetivo será

$$\Phi_e = \Phi_t \times A \times M \times V \times B \text{ (lm)} \tag{2.10}$$

Se esse fluxo for distribuído uniformemente sobre a área do piso, a iluminância será

$$E_{av} = \Phi_e / A \tag{2.11}$$

o que não é o caso, mas pode ser tomado como a iluminância média. A iluminância efetiva em qualquer ponto específico da sala (no plano de trabalho) vai depender do *fator de utilização* (FU) nesse ponto. Esse é determinado por:

1 as proporções geométricas da sala, expressas pelo índice do cômodo: IC

$$IC = \frac{C \times L}{(C + L) \times A} = \frac{\text{superfícies horizontais}/2}{\text{superfícies verticais}/2}$$

onde C, L e A correspondem ao comprimento, largura e altura do cômodo
2 refletância das superfícies de teto e parede
3 tipo de fenestração
4 posição do ponto em relação à(s) janela(s).

Esses fatores de utilização em geral são apresentados em tabelas detalhadas. O método tem sido amplamente utilizado nos EUA, mas sugere-se que sua utilização seja limitada à iluminação pela cobertura, para iluminação geral do plano de trabalho. A planilha de dados D.2.1 é um exemplo de uma tabela de FU desse tipo, que também fornece critérios de homogeneidade para os principais tipos de iluminação pela cobertura.

#### 2.4.1.1 Diagramas de Projeto Para Luz do Dia

Diagramas de projeto para luz do dia foram desenvolvidos (Paix, [1962] 1982) pela EBS (Experimental Building Station) australiana, baseados nas iluminâncias "celestes para projeto" horizontais externas; essas foram excedentes em 90% do tempo (das 5h00 às 17h00) (ver também a Fig. 2.16, acima, e a planilha de método M.2.1).

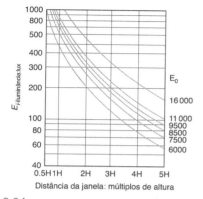

**2.24**
Diagrama de projeto para luz do dia: iluminância do plano de trabalho como função de distância da janela para vários níveis de iluminância ao ar livre

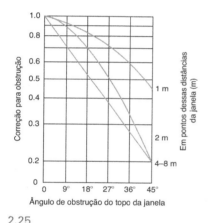

**2.25**
Correções para obstruções e para outras janelas que não a infinita

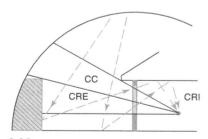

**2.26**
Fluxo da luz do dia dividido em três componentes

Para as cidades australianas, isso varia de 6000 lx (Hobart) a 16000 lx (Darwin), com outros estados no meio (7500 para Melbourne, 8500 para Sidney, Canberra e Adelaide, 9500 para Perth e 11000 para Brisbane).

O primeiro diagrama usado (Fig. 2.24) mostra a iluminância no plano de trabalho, conforme diminui com o aumento da distância desde a janela. Essa distância é expressa como um múltiplo da altura do topo da janela acima do plano de trabalho. Os valores de iluminância obtidos são válidos para uma faixa de janela horizontal de comprimento infinito. Para janelas de comprimento finito e para toda e qualquer obstrução externa, devem ser aplicados os fatores de correção fornecidos no segundo diagrama (Fig. 2.25).

| *Para janelas estreitas* | | | |
|---|---|---|---|
| Largura/altura | 2 | 1 | 0,5 |
| Correção | 0,8 | 0,6 | 0,4 |

### 2.4.2 Fator de Luz Diurna

Foi observado que, embora a iluminância do céu nublado possa variar entre limites bastante amplos, a razão entre a iluminância num ponto do ambiente interno e a existente no ambiente externo permanece constante. Essa razão é o fator de luz diurna (FLD), expresso na forma de porcentagem.

$$FLD = \frac{E_1}{E_0} \times 100. (\%) \tag{2.12}$$

Como as condições de iluminação ao ar livre são extremamente variáveis, o projeto somente pode se basear nas "piores condições" (que forem consideradas "razoáveis"). Essa abordagem tem a mesma base teórica que a seleção de "temperaturas externas para projetos", discutida na Seção 1.6.1. Essas "piores condições" vão ocorrer quando o céu está nublado. No norte da Europa e na América do Norte, o percentual de iluminância de 15% ao ar livre (no período de luz do dia, em geral considerado entre 9h00 e 17h00) é aceito, esse será ultrapassado em 85% do tempo.

No entanto, em muitos países, essa iluminância celeste para projeto foi padronizada em 5000 lx. Assim, por exemplo, um fator de luz do dia de 2% significará 5000 × 2/100 = 100 lx de iluminância interna para "projeto", que provavelmente será excedido em 85% do tempo. Para os restantes 15% do tempo, a iluminação elétrica pode ser ligada ou podem ser feitos ajustes comportamentais (por exemplo, ficar mais próximo da janela). Os mecanismos de adaptação do olho humano são tais que uma iluminância de 1000 lx pode ser tão confortável quanto 100 lx e – como mostra a Fig. 2.14 – acima de 100 lx há pouca mudança em termos de eficiência visual. Além de qualquer limite individual de conforto, é fácil o controle negativo, mas o equipamento necessário para isso deve ser fornecido (como uma cortina ou persiana). Desse modo, a previsão do fator de luz do dia vem a ser uma importante ferramenta na elaboração do projeto.

A luz do dia pode atingir um ponto do plano de trabalho por três percursos (Fig. 2.26), então três componentes do fator de luz do dia são distinguíveis:

**1** CC, o componente céu: a luz de uma parte do céu visível do ponto considerado;

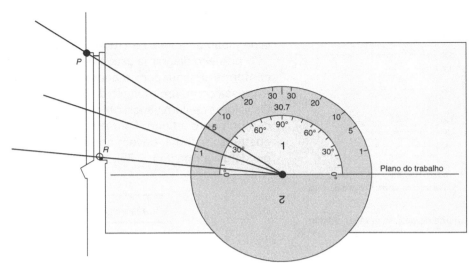

2.27
Determinar o componente céu inicial

2 CRE, o componente refletido externamente: a luz refletida pelos objetos no ambiente externo, por exemplo, outros edifícios;
3 CRI, o componente refletido internamente: toda luz que entra pela janela e não atinge o plano de trabalho diretamente, mas apenas após reflexão por superfícies internas, sobretudo o teto.

Então

$$FLD = CC + CRE + CRI \qquad (2.13)$$

Em consequência, isso é denominado *método de fluxo dividido*.

Para a previsão do componente céu, o BRE britânico produziu um conjunto de transferidores (Longmore, 1968). Esse tipo de transferidor (circular) é constituído por dois lados: o primeiro deve ser usado com um desenho em corte do cômodo e da janela (Fig. 2.27), para se obter o componente céu inicial (para uma faixa de janela infinitamente longa); o segundo deve ser usado com uma planta do cômodo (Fig. 2.28), para se obter um fator de correção para a janela de comprimento finito. O conjunto é constituído por dez transferidores, um dos quais, o N. 2, para uma janela vertical sob um céu nublado de acordo com o padrão da CIE, é apresentado na planilha de dados D.2.3 e sua imagem reduzida é utilizada nas explicações a seguir, com as Figs. 2.27 e 2.28.

Para o lado 1: colocar o transferidor sobre a seção, com sua base no plano de trabalho e seu centro no ponto considerado. Traçar duas linhas: até o topo da janela (P) e o parapeito (R). Ler os valores na escala externa: neste caso, 5,0 e 0,4. A diferença entre os dois, de 4,6%, é o componente céu inicial. Ler o ângulo de altitude média, nesse caso, 20°.

Para o lado 2: colocar o transferidor sobre a planta (Fig. 2.28), com seu centro no ponto considerado e sua linha base paralela ao plano janela. Existem três escalas semicirculares concêntricas, para ângulos de altitude de 30°, 60° e 90°.

Interpolar um arco para o ângulo de altitude média (neste caso, 20°, entre 0 e 30°). Traçar linhas radiais a partir do ponto 0 para as duas extremidades da janela (M e N) e marcar os pontos onde elas intersectam o arco interpolado. Ler os valores na

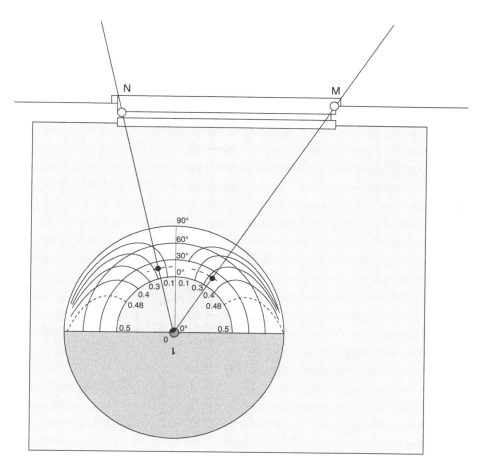

**2.28**
Fator de correção para o componente céu

escala interna, seguindo as linhas descendentes: neste caso, 0,32 e 0,18. Uma vez que esses valores se encontram em ambos os lados da linha central, o fator de correção será a soma dos dois. Se ambos estivessem do mesmo lado, isto é, se o ponto considerado estivesse fora das linhas da largura da janela, o fator de correção seria a diferença entre os dois valores. Neste caso, a soma é igual a 0,5 (que é o fator de correção), de forma que o componente céu será

$$CC = 4{,}6 \times 0{,}5 = 2{,}3\%$$

Existem outros transferidores disponíveis para envidraçamento inclinado e horizontal bem como para aberturas não envidraçadas, tanto para céu uniforme quanto para céu no padrão da CIE.

Caso haja uma obstrução do lado de fora da janela, sua linha de contorno deve ser estabelecida no corte e a linha O-R deve ser traçada até a parte superior dessa obstrução, em vez de até o parapeito da janela. O CC será tomado somente acima dessa linha. O ângulo abaixo dessa linha também deve ser lido e abordado como se fosse uma outra parte do céu, mas, por fim, deve ser multiplicado pela refletância da superfície dessa obstrução (se ela não for conhecida, utilizar $\rho = 0{,}2$). Isso dará o CRE, ou o componente refletido externamente.

O CRI pode ser determinado usando-se o nomograma (fornecido na planilha de dados D.2.4), conforme indicado na Fig. 2.29.

# 162 Introdução à Ciência Arquitetônica

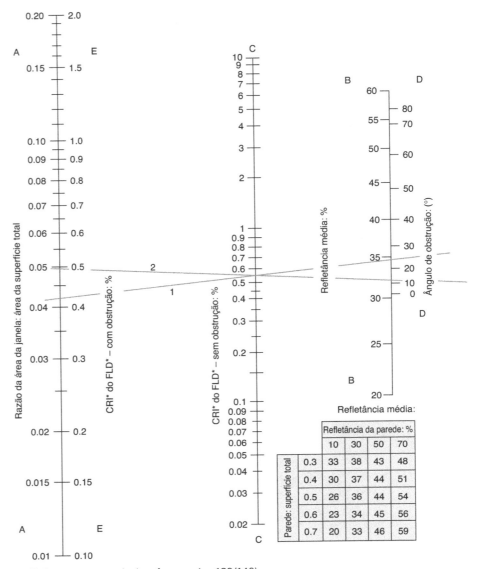

* Siglas em português (conforme pág. 139/140)

**2.29**
Uso do nomograma CRI (ver tabela de dados 2.4 para a versão em tamanho real)

1. Encontrar a razão entre a área da janela e a área total de superfície do cômodo (teto + piso + paredes, incluindo a janela) e localizar esse valor na escala.
2. Encontrar a refletância média das superfícies do cômodo, que devem ser a média ponderada das áreas, mas, se o teto $\rho \approx 0{,}7$ e o piso $\rho \approx 0{,}15$, então pode-se utilizar a pequena Tabela 1 incluída no nomograma. Primeiro encontrar a razão entre a área da parede e a área de superfície total (como em 1., acima) e localizar esse valor na primeira coluna.
3. A refletância média é então verificada na coluna encabeçada pela refletância da parede. Localizar esse valor $\bar{\rho}$ na escala B.
4. Colocar uma borda reta entre esses dois pontos, para achar o CRI na escala C.
5. Se houver uma obstrução do lado de fora da janela, determinar o ângulo de altitude de sua borda superior e localizá-la na escala D.

Luz: O Ambiente Luminoso **163**

**6** Uma borda reta disposta através desse ponto (D) e o ponto C previamente determinado vai dar o CRI na escala E.

Um fator de correção deve ser aplicado a esse CRI para a deterioração da decoração interna (fator D), que depende da localização e da utilização do cômodo, como apresenta a Tabela 2 da planilha de dados D.2.4.

---

**EXEMPLO 2.1 COMPONENTE REFLETIDO INTERNAMENTE (CRI)**

Supondo-se um cômodo de 5 × 4 × 2,7 m, com uma janela de 2,5 × 1,5 m. A área de superfície total é de 5 × 4 × 2 + 2 × (5 + 4) × 2,7 = 88,6 m². A área da janela é de 3,75 m², de modo que a razão é de 3,75/88,6 = 0,042. Marcar esse valor na escala A. A razão entre a parede e a superfície total é 48,6/88,6 = 0,549. Se $\rho_{paredes}$ = 0,3 (30%), pela pequena tabela a média será 34,9% (interpolado entre 34 e 36). Marcar esse valor na escala B, para definir a linha 1 na Fig. 2.29. A intersecção dessa com a escala C dá um CRI de 0,55%. Se o ângulo de altitude da obstrução for de 12° (na escala D) isso dará a linha 2 e o CRI corrigido será de 0,5% na escala E.

---

Os três componentes podem então ser adicionados (conforme equação 2.13) e três correções adicionais devem ser aplicadas à soma: M (fator de manutenção), V (fator vidro) e B (fator barras, ou esquadria), que são os mesmos utilizados no método de fluxo total e são apresentados na planilha de dados D.2.2.

*Similiar a esse, a divisão LBL Environment and Energy Technologies usa um conjunto de nomogramas para projeto de iluminação com a luz do dia desenvolvidos por SERI assim como gráficos da usabilidade da luz do dia para muitas localidades nos EUA.*

Se um reticulado de (digamos) 1 m de espaçamento for disposto sobre uma planta do cômodo, o fator de luz diurna poderá ser calculado em cada um desses pontos do quadriculado e as linhas de fator de luz diurna poderão ser traçadas por interpolação (Fig. 2.30). Se o cômodo for simétrico, isso pode ser feito para metade do cômodo e espelhado para a outra metade. Isso dará uma indicação da distribuição da luz por toda a área do plano de trabalho (ver também a Fig. 2.35).

Se for necessária uma precisão maior para a determinação do CRI, a expressão de inter-reflexão do BRE pode ser usada:

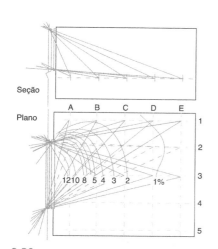

2.30
Fatores de luz do dia nos pontos da grelha e interpolação de contornos DF

$$CRI = \frac{0,85 \cdot W}{A(1 - R)} \times (C \cdot R_{fw} + 5 \cdot R_{cw}). \tag{2.14}$$

Onde:

W = área da janela(s) m²
A = área total das superfícies do cômodo (teto, piso, paredes, incluindo janelas)
R = área de refletância média ponderada (de todas as superfícies de A)
$R_{fw}$ = refletância média de piso e paredes (excluindo janela), até o nível médio da janela
$R_{cw}$ = refletância média do teto e paredes acima do nível médio da janela
C = coeficiente que leva em conta obstruções externas.

| Ângulo: | 0° | 10° | 20° | 30° | 40° | 50° | 60° | 70° | 80° |
|---|---|---|---|---|---|---|---|---|---|
| C: | 39 | 35 | 31 | 25 | 20 | 14 | 10 | 7 | 5 |

*2.4.2.1 O Diagrama de Pleijel*

O diagrama de Pleijel é um derivativo do método de fluxo dividido. O próprio diagrama está apresentado na planilha de dados D.2.5 e deve ser utilizado com uma perspectiva interna da janela e da parede em que ela está. Trata-se de uma perspectiva de ponto único, e deve ser traçada para uma distância de perspectiva de 30 mm, como explicado na planilha de método M.2.3.

Uma vez isso feito, colocar o diagrama de Pleijel (uma cópia transparente) sobre a janela, com sua linha de base no nível do plano de trabalho e seu ponto central (o ponto 0) correspondendo ao ponto considerado (o ponto de vista, PV). Contar o número de pontos no interior da área da janela. Cada ponto representa 0,1% do CC. No exemplo que aparece na planilha de método M.2.3, temos 11 pontos e dois meios pontos, isto é, um total de 12, de modo que o CC = 1,2%.

Todas as obstruções externas podem ser traçadas em perspectiva, nos limites do vão da janela. Todo ponto que recair sobre essas obstruções pode ser contado da mesma forma, mas o resultado deve ser multiplicado pela refletância daquela obstrução, para obtenção do CRE. Por exemplo, se tivéssemos seis pontos recaindo sobre a obstrução, isso contaria como 0,6%, mas multiplicado-se esse valor por uma refletância de, digamos, 0,3, temos um CRE de 0,18%.

O CRI deve ser encontrado da mesma forma que acima, usando o nomograma ou a equação dada acima.

### 2.4.3 Modelos

Os métodos acima são bastante fáceis de usar no caso de cômodos simples e convencionais e com janelas simples e convencionais. No caso de geometrias mais complexas e situações menos usuais, a maneira mais segura de previsão da iluminação natural é pelo uso de modelos físicos. O modelo não pode ser demasiado pequeno, uma escala de 1:20 é frequentemente usada, e é importante que as refletâncias da superfície interna correspondam à realidade o mais fielmente possível. Se apenas o componente céu tiver que ser determinado, o interior do modelo pode ser pintado em preto fosco.

Esses modelos podem ser testados sob condições externas, se uma condição de céu nublado representativa estiver disponível. A espera de condições adequadas para teste pode interromper programas de teste, assim foram desenvolvidos céus artificiais, que simulam condições de céu encoberto, permitindo, dessa forma, que testes sejam realizados independentemente das mudanças climáticas, sob condições controladas com precisão.

Céus artificiais podem ser de dois tipos: retangular ou hemisférico. O segundo pode ser de dois tipos:

1 uma cúpula sólida opaca, com uma superfície interna refletindo difusamente e com a instalação da iluminação embaixo (iluminação de baixo para cima) em toda a volta de um espaço anular (Fig. 2.31).
2 um difusor hemisférico translúcido (dentro de uma cúpula estrutural) com a iluminação instalada por trás (Fig. 2.32)

Em todos os três casos, deve haver uma mesa de modelo no centro, com um espaço ao redor para os observadores, em geral com acesso por baixo. Algumas instalações permitem a seleção (por alternância) entre um céu com luminância uniforme e um céu com distribuição de luminância de acordo com o padrão da CIE (1:3).

Muitos dos que trabalham no campo preferem um céu artificial retangular, tipo espelho. Nesse caso, todas as quatro paredes são revestidas com espelhos desde

Luz: O Ambiente Luminoso **165**

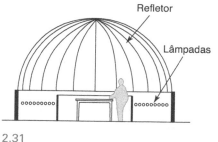

2.31
Um céu artificial sólido reflexivo

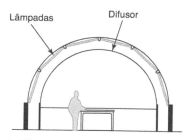

2.32
Um céu artificial translúcido iluminado por trás

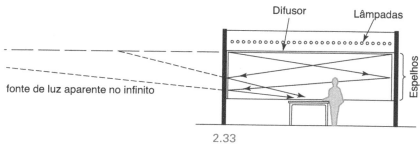

2.33
Um céu artificial de tipo espelho

a altura da mesa até o teto. Esse teto é feito de material difusor translúcido, com a instalação de iluminação por trás. As múltiplas inter-reflexões entre os espelhos opostos criam o efeito de horizonte infinito (Fig. 2.33), que é muito mais próximo da realidade que as cúpulas limitadas a 6-8 m de diâmetro.

A técnica de estudo de modelos, em si mesma, é bastante simples, desde que o modelo seja bem feito, suas refletâncias interiores sejam realistas e a infiltração da luz através das fendas e junções seja evitada. Medir a iluminância no "ambiente externo", em geral na parte superior do modelo, medir a iluminância no "ambiente interno" em vários pontos e encontrar o fator de luz diurna em cada um desses pontos, como FLD = $(E_i/E_o) \times 100$. Instrumentos podem medir a iluminância em vários pontos (com sensores de luz em miniatura colocados nos pontos do reticulado) e apresentar o fator de luz diurna automaticamente.

Esses céus artificiais foram desenvolvidos há mais de cinquenta anos e foram amplamente utilizados por pesquisadores. Na verdade, o método para o cálculo do fator de luz diurna (fluxo dividido) discutido acima foi criado com a ajuda desses céus artificiais. Após a conferência do RIBA (Royal Institute of British Architects) de Oxford em 1958 (que reconheceu a grande importância da ciência na educação arquitetônica e no projeto arquitetônico), praticamente todas as escolas de arquitetura montaram laboratórios e construíram céus artificiais.

Com o surgimento das ideologias pós-modernas e desconstrutivistas e o predomínio de atitudes formalistas, a maioria desses laboratórios caiu em desuso. Somente na última década – ou coisa assim –, quando a iluminação natural passou a ser reconhecida como uma ferramenta para a conservação de energia e uma colaboradora da sustentabilidade, é que esses laboratórios foram revitalizados e reconquistaram seu papel. Nós agora temos sistemas de medição conectados a um PC, podemos exibir na tela os valores do FLD nos pontos do reticulado e gerar as linhas de FLD, bem como converter esses valores em linhas de iluminância (isolux).

### 2.4.4 Ferramentas da Computação

A Fig. 2.35 na p. 167 é um resumo em escala reduzida de um estudo que examina o efeito do tamanho, forma e posição da janela sobre a distribuição da luz do dia. Pode-se observar que a altura da janela determina a profundidade de penetração da luz diurna, enquanto a largura influencia a propagação lateral da luz diurna. Esse é o resultado quando se usa um programa de computador muito simples que emprega o algoritmo do método de "fluxo dividido" do BRE. Atualmente, existe um grande número de programas de computador que empregam uma diversidade de algoritmos, os mais sofisticados sendo baseados em técnicas de traçado de raios, que podem apresentar os resultados em vistas internas fotorrealistas, com indicação da distribuição da iluminância em gradação sobre as superfícies do cômodo.

O método de fluxo dividido para cálculo do fator de luz diurna é baseado na suposição de um céu nublado, originalmente de luminância uniforme, mas posteriormente utilizando a distribuição de luminância do "céu padrão CIE" (como na equação 2.5 acima). Foi demonstrado (Robledo et al., 1999) que, mesmo com céu nublado (cobertura de nuvens de 7-8 octas [unidade de medida que permite avaliar a nebulosidade ou cobertura de nuvens no céu]), a própria luminância do zênite muda como uma função da altitude solar:

$$L_z = 0{,}0803 + 10{,}54597\,a - 0{,}6364\,a^3 \text{ (em kcd/m}^2\text{)} \quad (2.15)$$

onde $a = \tan\text{ALT}$

A variação anual de $L_z$ (para Madri) é mostrada na Fig. 2.34.

Os programas de previsão da luz diurna mais recentes incluem um modelo de céu muito mais sofisticado e consideram não apenas a luz diurna difusa que entra no cômodo, mas também os raios de luz solar e seus efeitos de iluminação interna. A iluminação vai então variar não apenas com a localização e as condições do céu, mas também com a hora do dia.

O SUPERLITE pode, inicialmente, calcular a iluminância ao ar livre, em seguida ele fornece as iluminâncias no ambiente interno sob diferentes condições de céu. O SUPERLINK pode prever economias de energia na iluminação.

O RADIANCE é talvez o programa mais bem conhecido para produzir imagens fotorrealistas representando a distribuição da luz diurna e pode fazer isso em etapas de hora a hora. O SUPERLITE 2.0 tem um modelo CAD integrado. Em diversos casos, a simulação da luz do dia está incluída num pacote mais amplo de projeto (por exemplo, o ECOTECT) e alguns deles estão anexados a programas de CAD existentes (por exemplo, o LIGHTSCAPE ao AUTOCAD). O PERFECT LITE e o LIGHTSOFT destinam-se exclusivamente a projetos de iluminação elétrica (ver também a Seção 1.4.1, para programas térmicos).

O GENELUX e, particularmente, o DELight são destinados aos estágios iniciais do processo de projeto. Este último tem um sistema gráfico de entradas-saídas fácil de usar. Vários desses programas (por exemplo, o ADELINE) têm um modelo que pode ser usado tanto para projetos de iluminação diurna quanto para projetos de iluminação elétrica (ver, por exemplo, o relatório Daylighting Buildings do IEA/SHC Task 21: *Survey of Simple Design Tools*, The Fraunhofer Institute, Stuttgart).

Uma produção fotorrealista é, sem dúvida, uma impressionante ferramenta de apresentação, mas só deverá ser usada como uma ferramenta para desenvolvimento de projeto se seu funcionamento, seus algoritmos e seus pressupostos forem completamente compreendidos. A responsabilidade pelo desempenho de um edifício é do projetista da obra, e não dos autores do programa.

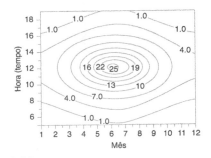

2.34
Isopletas de luminância de zênite em kcd/m². Gráfico de hora × mês

Luz: O Ambiente Luminoso **167**

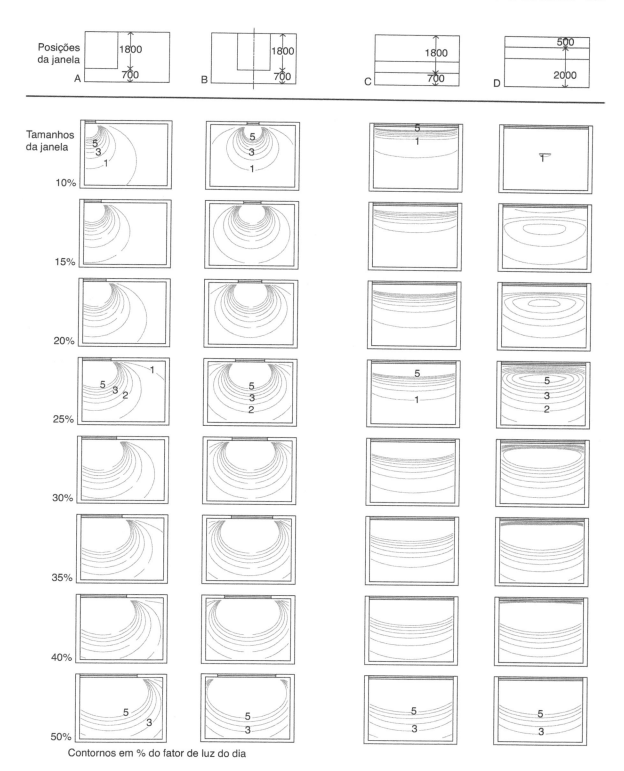

**2.35**
Um estudo da distribuição da luz do dia. Coluna A: batentes direito e esquerdo fixos, largura variável; B: altura fixa, linha central da janela é a linha central do cômodo; C: largura total, peitoril fixo, parte superior variável; D: largura total, parte superior fixa, peitoril variável. Cada variante é examinada em tamanhos de 10 a 50% da área da parede (segundo T. Yamaguchi, 1983). Originalmente, cada plano tinha o tamanho A4.

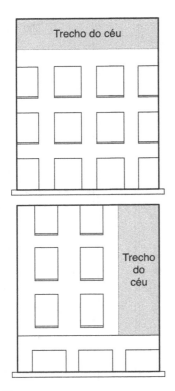

2.36
O trecho de céu visível por uma janela: ambos poderiam ser aceitáveis

## 2.4.5 Planejamento Para a Luz Diurna

Em áreas urbanas densamente construídas, a iluminação natural de um edifício pode ser afetada adversamente por outros edifícios. O conceito de "direito à luz" surgiu já no século XIX, especialmente em relação às casas em fileira: a altura permitida foi limitada em função da largura da rua. Na segunda metade do século XX, no Reino Unido, esse conceito foi superado. A base lógica adotada era que qualquer torre bem alta podia ser permitida se o céu permanecesse visível ao lado dela (Fig. 2.36). Conjuntos de "indicadores de altura permitida" foram concebidos para facilitar a verificação da geometria.

Um conjunto pode ser aplicado à parte da frente de um edifício existente (ao parapeito da janela mais baixa), para verificar um edifício projetado do lado oposto, um outro conjunto para os limites ou a linha central da rua. Fora dos limites em forma de "V" (cunhas), qualquer obstrução é permitida, mas dentro do limite em V são aplicadas restrições de altura. Com um limite em V estreito, as restrições de altura são bastante rigorosas, com um mais amplo, elas são mais brandas. Existem três indicadores em cada conjunto, com 20°, 45°, ou 90° de largura aceitável, e qualquer um deles pode ser usado para demonstrar conformidade.

Esses indicadores estão disponíveis num certo número de escalas (1:200, 1:500, 1250) e cada conjunto é válido para uma latitude específica. Como exemplo, a planilha de método M.2.5 fornece um conjunto (D) desses indicadores.

A Fig. 2.37 mostra um exemplo de como esses indicadores são utilizados. Tanto a técnica quanto os critérios por trás da técnica estão sob contínua revisão, uma vez que essa não é tanto uma questão técnica, mas sim uma questão socioeconômica.

O bloco existente, de suas extremidades até os pontos A e B respectivamente, recebe luz suficiente, que passa pelos lados do bloco proposto.

O ponto mais crítico é C, a meio caminho de A e B.

O indicador mais permissivo, "D" mostra uma altura permitida de 13 m no ponto "x" (medida a partir do nível do peitoril do piso térreo no ponto C.)

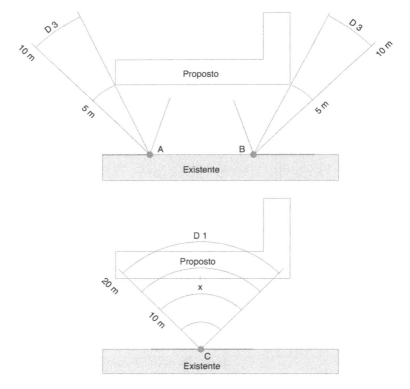

2.37
Uso de indicadores da altura admissível

## 2.4.6 Controle da Luz Solar

A geometria solar foi discutida com certo detalhe na Seção 1.4.1 e a planilha de Método M.1.1 fornece todos os algoritmos necessários. Aqui, o assunto é o efeito de iluminação da radiação solar (muitas vezes denominada *feixe de iluminação solar*) e seu controle.

Dados climáticos, como horas de sol claro, podem dar uma indicação dos recursos disponíveis ou da magnitude do problema de luz solar. Os dados de irradiação solar podem ser convertidos em quantidades luminosas pelo uso de valores de eficácia luminosa (como discutido na Seção 2.3.1 e na planilha de Método M.2.1).

Em climas frios predominantemente nublados, a maioria das pessoas vai acolher com prazer a luz solar, sempre que disponível. Em locais em que o brilho intenso ou o contraste excessivo podem ser um problema, o projetista deve avaliar a situação: os ocupantes têm condições de fazer ajustes comportamentais (por exemplo, puxar as persianas ou cortinas ou se afastar da área do cômodo iluminada pelo sol)? Caso não, quais são as consequências da luz solar direta?

Se for verificado que a luz solar deve ser controlada, a primeira questão é: o sol vai atingir a janela considerada, ou vai ser obstruído por objetos externos, tal como outros edifícios?

As técnicas apresentadas na Seção 2.3.4 e na planilha de Método M.2.2 são úteis para avaliar a duração da obstrução e da exposição de um ponto específico. Após selecionar o tempo crítico, então pode ser examinado o alcance da penetração do sol, pressupondo que as condições atmosféricas sejam tais que haja luz do sol disponível. Essa é uma tarefa puramente geométrica.

Em primeiro lugar, deve ser estabelecida a posição do sol em relação à janela. O ângulo horizontal de sombra (AHS) no momento em questão é a diferença azimute entre a direção do sol e da orientação (verificar a planilha de Método M.1.1). A altitude solar (ALT) deve ser projetada sobre um plano perpendicular à janela, para obtenção do ângulo vertical de sombra (AVS, como mostrado, por exemplo, na Fig. 1.49 e na planilha de Método M.1.1). Uma vez determinados esses dois ângulos, a penetração do sol, a trajetória da luz do sol sobre o piso ou sobre o plano de trabalho, pode ser traçada, como mostra a Fig. 2.38.

Um feixe de radiação solar incidindo sobre o vidro de uma janela pode produzir uma irradiância de até mais de 450 W/m².

*Isso depende da latitude geográfica e orientação, por exemplo, em latitudes equatoriais, como Nairóbi, uma parede de frente para leste ou oeste pode receber até 550 W/m², enquanto uma parede de norte ou sul, apenas cerca de 250 W/m², mas, em latitudes mais altas como Estocolmo, uma parede de leste ou oeste pode chegar a apenas 200 W/m², enquanto uma de frente para o sul pode exceder a 350 W/m².*

Com uma transmitância de vidro de 0,78, os 450 W/m² acima seriam reduzidos para 350 W/m². Se a eficácia luminosa disso for considerada como 100 lm/W (como um valor médio), a iluminância produzida será de cerca de 35000 lx. Nesse caso, a iluminância total também será aumentada, talvez para 1000 lx. Assim, o contraste é 35:1. Isso é demasiado excessivo, para haver conforto. Os ocupantes devem ter a opção de algum controle, como uma cortina ou persiana. No entanto, é provável que a irradiância tenha de ser controlada por razões de temperatura, de preferência por algum dispositivo externo de sombreamento, talvez algum mecanismo ajustável.

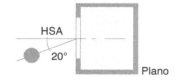

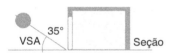

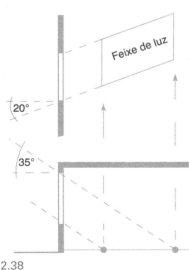

2.38
Construção da penetração do sol: um feixe de luz no chão

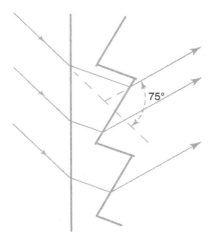

2.39
Vidro prismático para incidência do feixe de luz solar com ângulo divergente de 75°

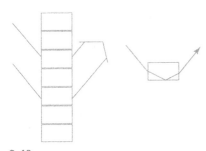

2.40
Chapa acrílica sulcada a laser

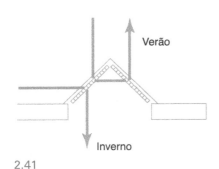

2.41
Claraboia zenital sulcada a laser: em ângulo baixo, o sol é admitido, em ângulo alto, excluído

O uso de vidros coloridos (absorventes de calor ou reflexivos) pode ajudar, evitando o brilho e reduzindo a luz solar. O problema é que eles afetam a luz difusa tanto quanto os feixes de luz, além disso suas propriedades são fixas, sem possibilidade de seletividade nos diferentes momentos do tempo, eles funcionam no inverno da mesma forma que no verão, e assim irão reduzir a iluminação natural, mesmo quando ela é escassa.

Um controle fixo só deve ser usado onde sua necessidade estiver além de qualquer dúvida, caso contrário isso pode ser percebido pelos usuários como "autoritário". Alguns arquitetos adotam a atitude (não apenas no contexto da iluminação) de que sabem melhor que ninguém o que é bom para o usuário. Eles vão argumentar que as pessoas vão ao médico em busca de orientação, e não para dizer a ele/ela qual terapia deve ser prescrita. Outros podem perceber isso como arrogância profissional. É sempre útil permitir algum grau de controle ao usuário, seja por meio de um termostato regulável, um dispositivo de sombreamento ajustável ou apenas um jogo de persianas.

Foi revelado que até mesmo persianas automáticas (motorizadas) são detestadas por ocupantes de escritórios, uma vez que elas parecem tirar a liberdade de escolha dos usuários.

### 2.4.6.1 Feixe de Iluminação solar

O feixe de iluminação solar é muito útil em áreas do edifício que não são atingidas pela iluminação natural através de janelas laterais. Existem várias técnicas em uso:

1 O *vidro prismático* é utilizado com frequência, normalmente para o terço superior de uma janela, para desviar o feixe de luz solar para cima (por refração), para o teto que, por sua vez, irá difundi-lo para a parte posterior do cômodo (Fig. 2.39).
2 *Placas de acrílico estriadas a laser*, divididas em elementos pequenos por cortes a laser, até cerca de 90% da espessura, que vão servir para a mesma finalidade, em parte por refração, mas principalmente por reflexão interna total em cada elemento (Fig. 2.40). Esses têm importância especial para aberturas zenitais em climas de baixa latitude, onde o sol do meio-dia pode ser um grande problema. Em uma abertura zenital prismática, eles podem repelir completamente a radiação de altitude elevada (próximo ao zênite), mas admitir a luz solar da manhã e da tarde (Fig. 2.41).
3 *Prateleiras de luz* têm sido usadas para fins semelhantes durante muitos anos. Em sua forma mais simples, elas se apresentam como elemento horizontal (um pranchão alongado) através da janela a uma altura de cerca de 2,1 m, com uma superfície superior refletora, que dirige a luz para o teto (Fig. 2.42). Funcionam bem em cômodos razoavelmente altos (≈ 3 m). Se montadas externamente, podem servir também como dispositivo de sombreamento para a parte inferior da janela, mas pode ser difícil manter limpa sua superfície superior. O problema é menos grave quando são montadas internamente.

Há muitas variedades dessas prateleiras de luz. Algumas têm uma superfície superior especular, algumas são difusoras. Também têm sido utilizados materiais semi-transparentes parcialmente refletores. Vários perfis engenhosos têm sido desenvolvidos para responder às variações na altitude solar. Outros são ajustáveis, para compensar a diferença verão-inverno na trajetória solar. Um sistema permite o ajuste sazonal, por meio do uso de uma película reflexiva flexível com uma prateleira em forma de "V" (Fig. 2.43).

Luz: O Ambiente Luminoso **171**

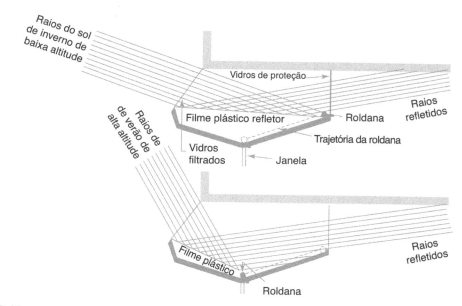

2.43
Uma prateleira de luz inteiramente envolvida com filme refletor (o sistema "Valra")

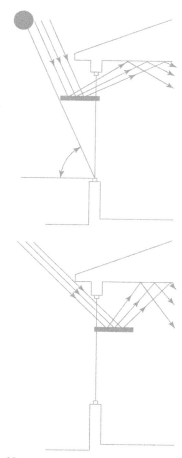

2.42
Prateleiras de luz externas e internas

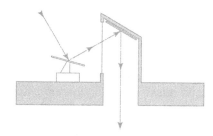

2.44
Heliostato para iluminação por feixe de luz solar

A iluminação por feixe de luz solar é também usada com abertura zenital tipo lanternim. A Fig. 2.44 mostra um helióstato (um sistema motorizado, o espelho segue o sol) e um espelho fixo que pode direcionar o feixe solar para baixo, onde ele pode penetrar no cômodo através de um difusor. Esse tipo de sistema, que serve um edifício de um único andar (ou o último andar de um edifício de vários andares), pode ter uma eficiência em torno de 50%. Isso significa que, se um feixe de luz solar de 60 klx incide sobre o primeiro espelho de 1 m², do fluxo de luz de 60 klm cerca de 30 klm são emitidos pelo difusor no teto, o que pode produzir uma iluminância média de 300 lx sobre uma área de 100 m² do plano de trabalho.

Um sistema de espelhos e "tubos de luz" (ou canos, ou dutos) pode permitir a utilização de tais mecanismos através de vários andares (Fig. 2.45). Esses tubos de luz são feitos de material altamente polido ou revestido com alguma película refletora. Um tubo de luz de uma seção retangular alongada pode ser equipado com espelhos "interceptadores" em vários níveis e, para cada um deles, seu tamanho é reduzido.

Um sistema desse tipo pode ter eficiência superior a 25%, medida da luz incidente sobre o primeiro espelho coletor até aquela emitida por todos os difusores de teto. Essa eficiência depende da qualidade das superfícies refletoras e de quão bem o feixe de luz é colimado. Infelizmente, o sistema só funcionará quando a luz solar clara estiver disponível, assim seu êxito depende em grande parte das condições climáticas. É preciso haver um sistema de iluminação elétrica de reserva. No entanto, em climas razoavelmente ensolarados, esse sistema pode economizar energia operacional e custos.

Uma versão dos tubos de luz é o "teto anidólico" (duto refletor que não forma imagem) Esse tipo de tubo de luz é equipado com um "coletor" voltado para cima na extremidade exterior, um duto de 3-4 m de comprimento no espaço interno do forro (Fig. 2.46) e uma saída de luz no teto, para conduzir luz à parte posterior do cômodo. Isso pode ser eficiente também sob condições de nebulosidade, uma vez que o dispositivo "olha" a parte superior do céu, que é a de maior luminância.

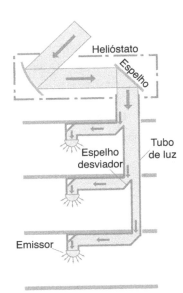

**2.45**
Feixe de iluminação solar por helióstato e tubos de iluminação

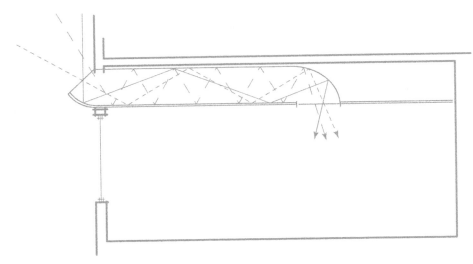

**2.46**
Um duto de forro: forro "anidólico"

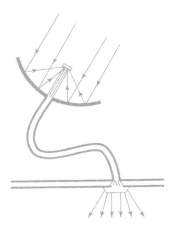

**2.47**
Um concentrador + sistema de iluminação por fibra óptica

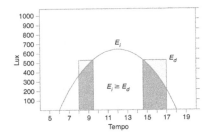

**2.48**
Interpretação do FULD: parte central somente com luz solar, sombreado escuro: luz solar como suplemento

A ideia de utilizar fibras ópticas para transmissão de luz de certa concentração foi sugerida por um grupo de estudantes meus em 1975. A Fig. 2.47 é reproduzida a partir de seu esboço original. Desde então, vários grupos de pesquisa trabalharam nessas ideias e, recentemente, um grupo informou sobre um miniprato desenvolvido com engenharia de precisão (200 mm de diâmetro), conectado a um condutor de fibra óptica de 1 mm de diâmetro, que produziu com êxito um feixe concentrado de 11 kilo-sóis (11000 sóis!) transmitido para um difusor a uma distância de 20 metros. A técnica é, sem dúvida, promissora.

### 2.4.7 Fator de Utilização da Luz Diurna

O FULD introduz o fator tempo na análise de desempenho da iluminação natural/iluminação solar e dos vários sistemas de controle (Robbins, 1986). O espaço (cômodo) analisado é dividido em zonas de controle: a área mais próxima às janelas é a zona 1 e a que recebe menos luz diurna/luz solar é a de maior número. A análise é realizada para cada zona em separado.

Uma iluminância de projeto ($E_d$) é estabelecida. O tempo analisado é o dia útil de trabalho, das 8h00 às 17h00. O termo $fuld_r$ é a fração desse período, quando a luz diurna pode "substituir" (evitar a necessidade de) a iluminação elétrica (Fig. 2.48), quando a iluminância interna ($E_i$) sem iluminação elétrica é adequada ($E_i > E_d$). A fração de tempo em que a $E_i$ fica abaixo de adequada, mas ainda pode fornecer contribuição útil, "complementando" a iluminação elétrica, é denominada $fuld_s$ e o fator de utilização da luz diurna é a soma destes dois:

$$FULD = fuld_r + fuld_s$$

e, por definição, $fuld_r + fuld_s + ND = 1$, onde ND é a fração sem luz do dia. Com base nisso, uma estratégia sofisticada de controle e análises econômicas dos benefícios da iluminação natural podem ser (e vêm sendo) desenvolvidas.

## 2.5 ILUMINAÇÃO ELÉTRICA

Para esclarecer a terminologia: **lâmpada** é a fonte de luz (bulbo ou globo não são termos técnicos). A lâmpada fica em geral no interior de uma **luminária** (que, no passado, muitas vezes era denominada lustre), embora muitas lâmpadas podem ser usadas sem uma luminária, apenas encaixadas num suporte para lâmpada. Os *suportes para lâmpada* são conectores elétricos nos quais a lâmpada é inserida ou atarraxada. Em geral, são utilizados os suportes de EB (encaixe tipo baioneta) ou os de RE (rosca Edison), mas existem muitos outros tipos disponíveis para fins especiais.

### 2.5.1 Lâmpadas

A primeira fonte de luz elétrica foi a lâmpada de arco voltaico, inventada no começo do século XIX. Dois eletrodos bastões de carbono foram conectados à eletricidade em corrente contínua (originalmente duas baterias). Primeiro, eles estavam em contato, para começar o fluxo de corrente, mas então foram afastados, conforme o gás (inicialmente: ar) era ionizado e se formava um arco de descarga elétrica. Vários sistemas automatizados foram desenvolvidos para fazer isso, mas, mais tarde, hastes fixas foram introduzidas, e, em vez de uma diferença variável, uma voltagem variável foi empregada: uma corrente contínua de alta voltagem para começar o arco, depois reduzida a uma tensão de operação normal. Uma resistência variável era frequentemente usada para controlar a corrente da lâmpada. Essa produzia grandes quantidades de luz de uma característica bastante desagradável, então eram usadas principalmente em situações ao ar livre (estações de trem, campos de esporte), ou em fábricas. A primitiva indústria cinematográfica usava essas lâmpadas para iluminação dos estúdios assim como nos primeiros projetores de filme.

Pelo final do século XIX, milhares estavam em uso no Reino Unido, Europa e EUA. Mais tarde, eletrodos de tungstênio substituíram os bastões de carbono e foram fechados em um globo de vidro cheio de argônio (ou algum outro gás inerte), com circuitos complicados de controle. O arco propriamente tem temperatura de vários milhares de graus e o fechamento de vidro pode estar a 500° C. Lâmpadas de arco de argônio (ou de criptônio ou de xenônio) são ainda usadas para aplicações especializadas. A Fig. 2.49 mostra um exemplo de uma lâmpada moderna de arco de xenônio.

Lâmpadas elétricas modernas fazem uso de dois processos diferentes de geração da luz: *termoluminescência* e *eletroluminescência* (por exemplo, descarga de gás). O primeiro é usado em lâmpadas *incandescentes*. Essas lâmpadas têm um filamento de arame fino (normalmente de tungstênio), com alta resistência, que é aquecido pela passagem da corrente elétrica através dele. Funcionam numa temperatura em torno de 2700-3000°K. Para impedir a oxidação, o filamento é colocado num invólucro de vidro, no vácuo ou vácuo parcial, com uma pequena quantidade de gás inerte (criptônio, argônio ou xenônio). A expectativa de vida útil dessas lâmpadas é de cerca de 1000 horas.

A maior parte da emissão das lâmpadas incandescentes (até 95%) se encontra na região do infravermelho, isto é, calor radiante. Sua eficácia luminosa é de 10-18 lm/W.

Durante o funcionamento, parte do tungstênio evapora e condensa no interior do bulbo de vidro, provocando ligeiro escurecimento. Para permitir funcionamento em temperatura mais elevada (e lâmpada de menor tamanho), elementos halógenos (bromo, iodo) podem ser acrescentados. Esses elementos adsorvem o vapor de tungstênio e o depositam de volta no filamento. O envoltório dessas lâmpadas de tungstênio-halogênio é o quartzo, que suporta temperaturas altas e mudanças rápi-

2.49
Uma lâmpada arco de xenônio de 2 kW: XE/D

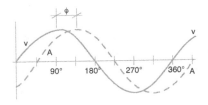

**2.50**
O efeito da carga indutiva: a corrente é atrasada

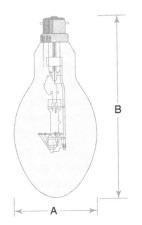

**2.51**
Uma lâmpada de mercúrio típica, 160W; A = 76 mm, B = 175 mm

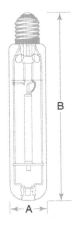

**2.52**
Uma lâmpada de sódio tubular de alta pressão (SONT, 70 W); A = 71 mm, B = 154 mm

das de temperatura. Elas estão disponíveis tanto na forma tubular (dupla terminação) quanto na de terminação única (dois pinos), em versões tanto para a tensão da rede (120-240 V) quanto para baixa voltagem (12-24 V), com potência de 20 W até 2000 W. Sua eficácia é levemente melhor à mencionada acima: 16-23 lm/W.

Lâmpadas de descarga de gás são uma aplicação da eletroluminescência. Elas não têm filamentos; a luz é produzida pela excitação do gás ou vapores metálicos (mercúrio ou sódio) contidos na lâmpada. O tubo fluorescente comum é de fato um arco elétrico cheio de vapor de mercúrio. Essas lâmpadas precisam de um dispositivo que dê início à descarga entre os eletrodos. A descarga é uma reação em cadeia que aumenta exponencialmente, assim é necessário um dispositivo para limitar a corrente, caso contrário, a lâmpada produzirá um curto circuito. Esse dispositivo pode ser um lastro resistente ou uma carga indutiva com alta impedância. Se este último for o utilizado, será necessário um dispositivo de correção do fator de potência (ver Fig. 2.53).

*Na corrente contínua, $V \times A = W$ (a potência é o produto entre a corrente e o potencial). Com uma corrente alternada e uma carga indutiva (um motor ou uma bobina eletromagnética) isso irá retardar a corrente atrás das variações de voltagem (Fig. 2.50), assim a carga útil real (W) será menor que o produto $V \times A$. Se o ciclo completo é 360°, o ângulo de atraso ou fase é $\phi$, e $\cos \phi$ será designado como fator de potência. Assim*

$$\text{Fator de potência} = \cos \phi = \frac{\text{carga útil real (W)}}{\text{carga aparente (V} \times \text{A)}}$$

*Sem atraso de fase $\phi = 0$, $\cos \phi = 1$, mas com carga indutiva pesada, o ângulo de atraso, $\phi$, pode chegar até 60° e o fator de potência pode decrescer até 0,5. A maioria das autoridades em abastecimento estabelece um limite de 0,9. Um dispositivo de correção é um capacitor conectado em paralelo, que acelera a corrente em relação à voltagem.*

As lâmpadas de mercúrio têm um espectro muito descontínuo, mas uma alta eficácia (até 85 lm/W). O espectro pode ser melhorado com um revestimento fluorescente da superfície interna das lâmpadas de vidro. Um filamento de tungstênio pode melhorar a extremidade vermelha do espectro e servir como dispositivo de limitação da corrente.

A Fig. 2.51 mostra uma lâmpada de mercúrio típica e a Fig. 2.52 uma lâmpada (tubular) de vapor de sódio de alta pressão (SONT), que fornece um espectro um pouco melhor que o das lâmpadas de baixa pressão SOX, que são praticamente amarelas monocromáticas. A eficácia é de 90-140 lm/W.

A Fig. 2.53 mostra um circuito de controle para lâmpadas fluorescentes, mas muitos outros são possíveis. As lâmpadas fluorescentes de tubo são, na verdade, lâmpadas de mercúrio de baixa pressão, emitindo radiação UV. Um revestimento fluorescente no interior do tubo absorve essa radiação UV e a reemite em comprimentos de onda visíveis.

As lâmpadas são caracterizadas por sua carga elétrica (W) e por sua emissão de luz, tanto em quantidade quanto em qualidade. A medida quantitativa é sua emissão de luz em lúmens (a expressão *lúmens da lâmpada* é frequentemente usada). A Planilha de dados D.2.10 apresenta alguns valores típicos. A medida qualitativa é a aparência de sua cor e – mais importante – sua reprodução da cor.

As lâmpadas incandescentes têm espectro contínuo de emissão e são adequadamente caracterizadas pela temperatura de cor. Ela é de 2700-3000°K para lâmpadas incandescentes para serviços gerais e de até 3200°K para lâmpadas (halógenas) de estúdio fotográfico ou de TV.

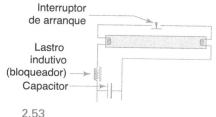

2.53
Circuito de controle para uma lâmpada fluorescente

Lâmpadas de descarga de gás têm espectro descontínuo, muitas vezes com "picos". O caso extremo é a lâmpada de vapor de sódio de baixa pressão, que tem uma emissão praticamente monocromática na faixa de 580-590 nm, que parece ser uma cor amarelo-alaranjada e tem as piores propriedades de reprodução da cor. A emissão de uma lâmpada de descarga é determinada pelo gás e pelo vapor metálico utilizado, que está principalmente na faixa do UV, mas modificada por um revestimento fluorescente (fósforo) no interior do invólucro de vidro. Esse absorve o UV e reemite a mesma energia em comprimentos de onda visíveis, (dependente do composto de fósforo), daí a larga gama disponível de cores de lâmpada.

Diversos índices de reprodução de cor estão em uso, alguns bastante complexos, mas, para fins gerais, é suficiente um conjunto de adjetivos simples, como aqueles usados na Tabela 2.4. O índice de reprodução de cor (IRC) da CIE tem uma escala de até 100. A Tabela 2.5 mostra como o IRC corresponde às cinco categorias de tarefas do ponto de vista da reprodução da cor e a Tabela 2.6 indica os valores de IRC de vários tipos de lâmpadas.

Uma aplicação desenvolvida recentemente da eletro-luminescência é a lâmpada de LED. Diodos emissores de luz (LEDs) são dispositivos semicondutores em estado sólido (por exemplo, ligas de silício, fosfeto de índio (InP), nitreto de gálio (GaN) ou fosfeto de arsenieto de gálio (GaAsP). Esses devem ter uma lacuna ou um "buraco de um elétron" separado dos elétrons por (por exemplo) uma "junção p – n". Quando ligados, os elétrons ficam "excitados", e recombinam com o buraco e, no processo, prótons são emitidos.

**Tabela 2.4** Propriedades de cor das lâmpadas fluorescentes tubulares

| Nome da lâmpada | Reprodução | Aparência da cor | TCC (K) | Eficácia EL (lm/W) | Usos/observações |
|---|---|---|---|---|---|
| Branco | Razoável | Média | 3400 | 70 | Mais eficiente para iluminação geral |
| Extra branco | Boa | Média | 3600 | 67 | Iluminação geral, boa reprodução da cor |
| Branco quente | Razoável | Quente | 3000 | 69 | Iluminação geral, boa eficiência |
| Luz diurna (branco frio) | Razoável | Fria | 4300 | 67 | Iluminação geral, para misturar com a luz diurna |
| "Natural" | Boa | Média | 4000 | 52 | Iluminação geral para lojas, escritórios |
| Natural de luxo | Boa | Quente | 3600 | 38 | O mesmo, com conteúdo vermelho, para lojas de alimentos |
| ColorRite | Excelente | Média | 4000 | 46 | A melhor reprodução da cor para iluminação geral |
| Northlight (correspondência de cor) | Excelente | Fria | 6500 | 42 | Para correspondência de materiais, cores |
| Luz do dia artificial | Excelente | Fria | 6500 | 30 | Para correspondência analítica da cor |
| Homelite | Boa | Quente | 2600 | 62 | Para criar uma atmosfera "calorosa" |

**Tabela 2.5** Categorias de Tarefas de Reprodução Cromática (o Que é Necessário)

| | Tarefa | IRC |
|---|---|---|
| 1A | Correspondência precisa de cores | 90–100 |
| 1B | Boa reprodução das cores | 80–89 |
| 2 | Reprodução moderada das cores | 60–79 |
| 3 | Reprodução das cores de pouca relevância | 40–59 |
| 4 | Reprodução das cores de nenhuma relevância | 20–39 |

**Tabela 2.6** Índices de Reprodução Cromática de Alguns Tipos de Lâmpadas

| Tipo de lâmpada | IRC |
| --- | --- |
| Incandescente | 100 |
| Halógena de tungstênio | 100 |
| Fluorescente, branca (pior) | 15 |
| Fluorescente, northlight "correspondência de cor" (melhor) | 85 |
| Vapor de sódio, alta pressão (melhor) | 70 |
| Vapor de sódio, baixa pressão (pior) | 0 |
| LEDs de vários tipos (branca) | 70-85 |

2.54
Alguns tubos de LED múltiplo

Um dispositivo de LED é muito pequeno, menos de 1 mm2. LEDs vêm sendo usados em mostradores eletrônicos, por exemplo, calculadoras, desde cerca de 1968. Posteriormente muitas invenções tornaram os LEDs usáveis em monitores (substituindo o tubo de raios catódicos) e também para expressivas emissões de luz, combinando muitos LEDs em uma lâmpada. A cor da luz emitida depende da "faixa de intervalo". Luz branca foi produzida inicialmente combinando LEDs vermelhos, verdes e azuis, mas, posteriormente, revestimentos de fósforo foram introduzidos para absorver a emissão colorida e reemiti-la como luz branca (como acontece também nas lâmpadas fluorescentes).

Hoje lâmpadas de LED estão disponíveis em muitas formas, para substituir lâmpadas incandescentes (encaixe baioneta ou rosca) ou como alternativa aos tubos fluorescentes, assim como encaixes por pinos para servir em luminárias de lâmpadas halógenas. Enquanto a eficácia luminosa das lâmpadas incandescentes é 14-18 lm/W, a Tabela 2.4 mostra a eficácia das lâmpadas fluorescentes: 30-70 lm/W, mas as lâmpadas LED estão entre 70 e 100, e podem chegar a 150lm/W. Elas usam apenas de 10 a 20% da energia elétrica utilizada pelas lâmpadas incandescentes para produzir a mesma quantidade de luz. Seu "rastro de carbono" também é reduzido em cerca de 85%. Sua expectativa de vida é em torno de cem vezes maior. Elas agora são amplamente empregadas, por exemplo, para luzes sinalizadoras de carro e até em faróis. Numerosas administrações municipais introduziram as lâmpadas de LED para iluminação pública e algumas afirmam que seu consumo de energia foi reduzido em 80%.

Foi sugerido que o rápido crescimento da produção e venda de lâmpadas de LED sinaliza o fim da era da lâmpada incandescente (a "boa e velha lâmpada") que dominou o cenário da iluminação por cerca de 125 anos (Edison a patenteou em 1878). Comparada a essas, a emissão de CO2 devido à iluminação de LED é reduzida em 85% (para 15%). A Fig. 2.54 mostra alguns exemplos de lâmpadas LED disponíveis agora em composição tubular, e a Fig. 2.55 mostra-as em forma de "bulbo". Esse é um campo em rápido desenvolvimento e novos produtos são esperados com frequência crescente. Essas lâmpadas incluem todos os circuitos de controle necessários.

### 2.5.2 Luminárias

Em sua forma mais simples, a lâmpada é sustentada por um suporte, sem qualquer dispositivo de invólucro, sombra, ou direcionamento da luz. É o que acontece com as lâmpadas (refletoras) prateadas internamente, que podem ser holofotes de foco estreito ou refletores de abrangência mais ampla (as lâmpadas espelhadas são

2.55
Algumas lâmpadas de LED múltiplo

Luz: O Ambiente Luminoso **177**

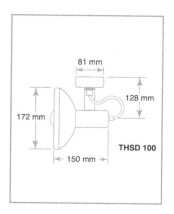

2.56
Um spot de feixe estreito, topo prateado

usadas com um refletor parabólico raso como holofotes de foco estreito. Ver Fig. 2.56). Há uma enorme variedade de luminárias disponíveis e muitas vezes a escolha é (infelizmente) baseada no "visual", na aparência das mesmas, e não em seu desempenho na iluminação. Essencialmente, existem dois tipos básicos de luminárias: aquelas com lâmpadas completamente envolvidas num invólucro e aquelas com invólucro parcial ou dispositivo direcionador da luz.

As lâmpadas mais populares são os tubos fluorescentes de 1200 mm, e a maior variedade de luminárias está disponível para elas. Os antigos tubos de 40 W/38 mm de diâmetro foram amplamente substituídos pelos de 36 W/26 mm, mas eles usam os mesmos terminais de pino duplo, têm o mesmo rendimento em lúmens e se encaixam nas mesmas luminárias.

Em termos fotométricos, as luminárias podem ser caracterizadas com relação ao rendimento em lúmens das lâmpadas nelas contidas, pela taxa de emissão de luz (TEL):

$$TEL = \frac{\text{saída de fluxo da luminária}}{\text{saída de fluxo da lâmpada (−s)}} \quad \text{expresso usualmente em \%}$$

e isso pode ser dividido em partes ascendentes e partes descendentes (divididas pelo plano horizontal que atravessa o centro da lâmpada), por exemplo:

| | | | |
|---|---|---|---|
| rendimento da lâmpada | 1000 lm | | 100% |
| ascendente | 300 lm | TELA | 30% |
| descendente | 500 lm | TELD | 50% |
| rendimento da luminária | 800 lm | TEL | 80% |
| (absorvido na luminária | 200 lm | | 20% |

Alternativamente, o rendimento da luminária pode ser tomado como base (os 100%) e as frações de fluxo podem ser definidas como ascendentes FFA e descendentes FFD, definindo a razão da fração de fluxo

$$RFF = \frac{FFA}{FFD}$$

p. ex., continuando o exemplo acima:

| | | | |
|---|---|---|---|
| rendimento da luminária | 800 lm | | 100% |
| fluxo ascendente | 300 lm | FFA | 37,5% |
| fluxo descendente | 500 lm | FFD | 62,5% |
| razão da fração de fluxo | $RFF = \frac{37,5}{62,5} = 0,6$ | | |
| (a mesma razão é dada pela forma de cima | $\frac{TELA}{TELD} = \frac{30}{50} = 0,6$ | | |

A Fig. 2.57 mostra alguns termos descritivos gerais usados para luminárias e os símbolos usados para eles nas plantas.

Uma definição mais precisa de uma combinação lâmpada/luminária (ou uma lâmpada que funciona como luminária) é dada pelas curvas polares (ou diagramas polares de intensidade). Para luminárias de forma rotacional (simétrica em relação a qualquer plano vertical traçado através do eixo da luminária), utiliza-se um diagrama polar semicircular sobre o qual é traçada a intensidade da fonte (cd) vista a partir de diferentes direções (ângulos de visão) (Fig. 2.58). Para luminárias alongadas, coloca-se dois desses semicírculos juntos, o lado esquerdo para a seção transversal, e o lado direito mostrando a distribuição longitudinalmente (ao longo do plano vertical longitudinal) (Fig. 2.59).

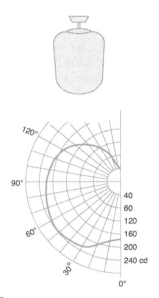

2.58
Uma luminária difusora e sua curva polar

2.57
Tipos de luminárias e suas frações de fluxo

Para uma única lâmpada ou para uma luminária com uma lâmpada específica, as curvas polares fornecem os valores efetivos de intensidade da fonte. Nos casos em que a mesma luminária pode ser usada com vários tipos de lâmpadas (por exemplo, diferentes tubos fluorescentes), as curvas polares fornecem os valores de rendimento da lâmpada por 1000 lm, o que tem então que ser ajustado para o rendimento em lúmen da lâmpada usada. A Planilha de dados D.2.8 apresenta as curvas polares para algumas luminárias/lâmpadas típicas.

---

**EXEMPLO 2.2    LEITURA DAS CURVAS POLARES**

A partir da curva polar (Fig. 2.59), lê-se a intensidade da fonte num ângulo de visão de 20° como sendo de 1950 cd (interpolado entre os arcos de 1800 e 2100 cd). Se for utilizada uma lâmpada "branca quente", que dá um rendimento de 2700 lm, a intensidade terá de ser ajustada como

$$I_{20} = 1950 \times \frac{2700}{1000} = 5265 \text{ cd},$$

mas se ela for utilizada com um tubo de "ColorRite", que tem um rendimento de 1800 lm (planilha de dados D.2.9), então

$$I_{20} = 1950 \times \frac{1800}{1000} = 3510 \text{ cd}$$

---

2.59
Uma luminária de canaleta aberta e suas curvas polares

Nos últimos trinta anos aproximadamente, tornou-se disponível uma série de lâmpadas fluorescentes compactas (Fig. 2.60). Essas lâmpadas se encaixam em soquetes comuns para lâmpadas tipo EB ou tipo RE e agora podem ser inseridas na maioria das luminárias originalmente projetadas para lâmpadas incandescentes. Sua eficácia luminosa é cerca de cinco vezes a das lâmpadas incandescentes, por exemplo, o mesmo rendimento de fluxo é obtido a partir dos dois tipos.

| Fluorescentes compactas | Incandescentes |
|---|---|
| 10 W | 50 W |
| 15 W | 75 W |
| 18 W | 90 W |

Nessas lâmpadas, todos os mecanismos de controle (arranque, bloqueador, corretor do fator de potência) estão incorporados na base da lâmpada. A vida útil atri-

2.60
Lâmpadas fluorescentes compactas

buída a elas é cerca de oito vezes maior que a das lâmpadas incandescentes, cerca de 8000 horas. A utilização dessas lâmpadas fluorescentes compactas (no lugar das incandescentes) pode resultar numa economia de energia de até 80%, o que é uma importante contribuição para a sustentabilidade.

### 2.5.3 Iluminação Local: O Método Ponto a Ponto

O projeto quantitativo de iluminação local a partir de uma única fonte consiste na simples aplicação da lei do inverso do quadrado (equação do exemplo 2.3), corrigida pela lei do cosseno para o ângulo de incidência.

---

**EXEMPLO 2.3   ILUMINAÇÃO COM FOCO DIRECIONADO DE UMA SUPERFÍCIE HORIZONTAL**

Para um projetor de luz dirigido para um ponto sobre uma superfície horizontal (Fig. 2.61), obtemos na Planilha de dados D.2.8 a intensidade de I = 3800 cd ao longo do eixo da lâmpada (0° de ângulo de visão) e, se o ângulo de incidência for de 45°, de uma distância de 3 m, temos uma iluminância

$$E = \cos INC \times \frac{I}{d^2} = \cos 45° \times \frac{3800}{3^2} = 299 \text{ lx}$$

---

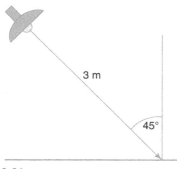

2.61
Spot sobre uma superfície horizontal (exemplo 2.3)

**EXEMPLO 2.4   ILUMINAÇÃO DIFUSA SOBRE UMA SUPERFÍCIE HORIZONTAL**

Uma luminária com difusor opala está montada em 1,75 m acima do plano de trabalho, com seu eixo vertical e a iluminância a 1 m para um dos lados do ponto de mira a ser determinada (Fig. 2.62). Encontrar primeiramente o ângulo de visão:

$$\theta = \arctan \frac{1}{1,75} = 30° \text{ a geometria é tal que INC} = \theta = \mathbf{30°}$$

e a distância é $d = \sqrt{1^2 + 1{,}75^2} = 2$ m

a partir da curva polar (Figs. 2.58), verifica-se que a intensidade da fonte é de $I_{30}$ = 230 cd

$$E = \cos 30 \times \frac{230}{2^2} = 50 \text{ lx}$$

---

Para uma fonte de luz linear (de comprimento "infinito"), a iluminância é proporcional à distância, assim, em vez da lei do inverso do quadrado, temos a lei do inverso da distância: $E = \frac{I}{d}$.

---

**EXEMPLO 2.5   LÂMPADA LINEAR PARA UM QUADRO DE AVISOS**

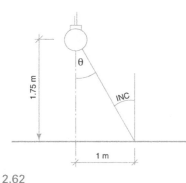

2.62
Difusor iluminando uma superfície horizontal (exemplo 2.4)

Temos um quadro de avisos iluminado por uma fileira de lâmpadas tubulares de uma distância de 2,5 m, que é contínua para além das bordas do quadro no mesmo comprimento que a distância de 2,5 m (assim ela pode ser considerada como "infinita"). A intensidade da fonte é lida na Planilha de dados D.2.9 como 150 cd, corrigida para uma lâmpada branca quente:

$$I = 150 \times \frac{3800}{1000} = 570 \text{ cd} \qquad \theta = 30°$$

num determinado ponto no quadro, no qual o ângulo de incidência é de 30°, a iluminância será

$$E = \cos 30 \times \frac{570}{2,5} = 197 \text{ lx} \qquad INC = \theta$$

Se duas ou mais lâmpadas/luminárias contribuem na iluminação de um ponto, a iluminância de cada uma tem que ser calculada e essas iluminâncias são simplesmente somadas. Essa é a base do método ponto a ponto de elaboração de projeto de iluminação. Isso é bastante simples e viável para o cálculo de uma ou duas lâmpadas, contribuindo para a iluminação de (digamos) um quadro de avisos, mas se tivermos um grande cômodo (por exemplo, um escritório ou uma sala de aula), com muitas fontes de luz, o cálculo para todo o plano de trabalho se torna trabalhoso. No entanto, o método pode fornecer o algoritmo para um programa de computador.

**Tabela 2.7** Potência requerida de Lâmpada: O método de Watt

| Tipo de lâmpada | | $W/(m^2 lx)$ |
|---|---|---|
| Incandescente | Refletor esmaltado aberto | 0,150 |
| | Difusão geral | 0,175 |
| Mercúrio | Refletor industrial | 0,065 |
| Fluorescente, branca | Canaleta aberta | 0,040 |
| | Difusor fechado | 0,050 |
| | Protegida por grelha, embutida | 0,055 |
| Branco quente fluorescente De luxe | Difusor fechado | 0,080 |
| | Protegida por grelha, embutida | 0,090 |

Para a iluminação geral, pode-se obter uma estimativa aproximada pelo método Watt. Esse se baseia numa tabela (como a Tabela 2.7), que fornece o requisito de potência da lâmpada (W) por unidade de área de piso, por lux de iluminância exigido.

---

**EXEMPLO 2.6  O MÉTODO WATT**

Supondo-se um grande escritório geral de 120 m², a partir da planilha de dados D.2.6, a iluminância necessária é de 400 lx. Escolhemos lâmpadas fluorescentes brancas em luminárias difusoras fechadas. A potência total da iluminação será:

120 m² × 400 lux × 0,050 W/(m²lx) = 2400 W.

Se forem utilizadas lâmpadas fluorescentes de 40 W, vamos precisar de 2400/40 = 60 e, com luminárias tubo duplo, precisamos de 30.

---

Algo semelhante é o conceito de "densidade de potência unitária" (DPU) em W/m² e longas tabelas fornecem os valores de DPU para diferentes usos de cômodos (Robbins, 1986). Esses valores são na verdade produtos da iluminância recomendada e dos fatores watt fornecidos na Tabela 2.7. No caso do Exemplo 2.6, a DPU é dada como 14-25 W/m², sem distinção de tipo de lâmpada e luminária.

A alternativa é a utilização do método lúmen de projeto de iluminação geral.

### 2.5.4 O Método Lúmen

O método lúmen (ou método de fluxo total) para projeto de iluminação geral aplica-se quando um arranjo regular de luminárias produz uma iluminação uniforme sobre o plano de trabalho. O critério de uniformidade é que, no ponto de menor iluminância, esta não seja inferior a 70% da iluminância máxima. Na prática, isso é obtido por meio da limitação do espaçamento entre as luminárias a 1,5 vezes a altura das luminárias em relação ao plano de trabalho, ou seja, a altura da montagem ($H_m$).

Para um dado sistema, calcula-se o rendimento total das lâmpadas em lúmens, o que é designado como fluxo instalado ($\Phi_i$), sendo que o fluxo recebido no plano de trabalho será (Fig. 2.63):

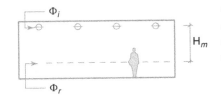

2.63
Interpretação do fluxo instalado e do fluxo recebido

$$\Phi_r = \Phi_i \times FU \times FM$$

Então a iluminância é

$$E = \frac{\Phi_r}{A} \qquad (2.17)$$

em que FM é o fator de manutenção, para levar em conta a deterioração da lâmpada, da luminária e das superfícies do cômodo. Na ausência de dados mais precisos, esse valor é considerado como 0,8. O FU é o fator de utilização e o método consiste em encontrar o valor apropriado do FU.

A magnitude do FU depende dos seguintes fatores:

1. Propriedades da luminária: luminárias fechadas ou com refletância interna menos que perfeita terão um valor muito menor do que uma lâmpada exposta.
2. TELD (taxa de emissão de luz descendente) da luminária: a luz ascendente emitida irá alcançar o plano de trabalho apenas após reflexões nas superfícies do recinto e parte dela será absorvida nessas superfícies. Uma TELD maior normalmente significa um FU maior.
3. Refletância das superfícies dos cômodos, que é mais importante se a TELD for menor, mas pode influenciar a iluminação mesmo com valores elevados de TELD.
4. Proporções geométricas do cômodo, como expressas pelo índice do cômodo: a razão entre as áreas horizontais $L \times W \times 2$ e as áreas verticais $(L + W) \times 2 \times H_m$, onde $H_m$ é a altura da montagem, ou seja, do plano de trabalho para a luminária (o multiplicador 2 é anulado).

$$IC = \frac{L \times W}{(L + W) \times H_m} \qquad (2.18)$$

5. Razão direta: quanto da luz emitida descendente atinge o plano de trabalho diretamente (Fig. 2.64). Tem valor baixo no caso de cômodos estreitos e altos (IC baixo), mas tem valor alto no caso de cômodos amplos (IC alto) e de luminárias do tipo que lança iluminação descendente.

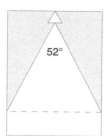
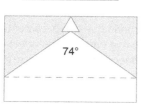

2.64
Interpretação da razão direta

A Planilha de dados D.2.9 fornece os valores do FU para algumas luminárias típicas com a TELD especificada, para diversas refletâncias de cômodo e índices de cômodo. A maioria dos catálogos de luminárias fornecem tabelas similares. Se uma instalação deve ser projetada, a equação (2.17) acima é invertida:

- se for necessária uma iluminância E, ela deverá ser multiplicada pela área do plano de trabalho, para obtenção do fluxo *a ser recebido*, $\Phi_r$;
- o tipo de luminária está selecionado e o FU é conhecido;
- o FM é considerado como 0,8 (mais alto em espaços muito limpos, mais baixo quando houver poeira ou sujeira, ou na ausência de limpeza regular);
- assim, o fluxo *a ser instalado* será

$$\Phi_i = \frac{\Phi_r}{FU \times FM}$$

Combinando esses passos temos uma única expressão:

$$\Phi_i = \frac{E \times A}{FU \times FM} \qquad (2.19)$$

Assim, temos que trabalhar de volta: dividir $\Phi_i$ pelo rendimento de uma lâmpada, para obter o número de lâmpadas necessárias, determinar se a luminária utilizada vai ser de uma ou duas lâmpadas, criar o leiaute da luminária (uma planta do teto) e verificar os limites de espaço.

---

**EXEMPLO 2.7  ILUMINAÇÃO GERAL PARA UM ESCRITÓRIO**

Um espaço de escritório geral é de 12 m × 9 m e 2,7 m de altura. A iluminância necessária (com base na planilha de dados D.2.6) é de 400 lx. As refletâncias são: teto 0,7, paredes 0,5. Se o plano de trabalho está a 0,8 m e devem ser usadas luminárias montadas no teto, então $H_m$ = 2,7 − 0,8 = 1,9 m, de modo que o índice do cômodo será:

$$IC = \frac{12 \times 9}{(12 + 9) \times 1,9} = \frac{108}{39,9} = 2,7$$

Selecionamos uma luminária tipo difusor fechado de plástico, que tem uma TELD de 0,5. Na planilha de dados D.2.9, localizamos a coluna de título teto $\rho$ 0,7 e, nessa, o sub-título para as paredes $\rho$ 0,5. Há linhas para o IC 2,5 e 3, assim anotamos ambos os valores do FU de 0,55 e 0,58 e interpolamos:

$$\frac{0,58 - 0,55}{3 - 2,5} \times 0,2 = 0,012$$

o que deve ser acrescentado ao valor mais baixo de modo que

FU = 0,56 (uma precisão de dois decimais é suficiente)

Pela equação (2.14), o fluxo a ser instalado é:

$$\Phi_i = \frac{400 \times 12 \times 9}{0,56 \times 0,8} = 96\,429 \text{ lm}$$

Para uniformidade, o limite de espaçamento (planilha de dados D.2.6) é de 1,5 × $H_m$ = 1,5 × 1,9 = 2,85 m. Com base na planilha de dados D.2.10, verificamos que lâmpadas fluorescentes de 1200 milímetros estão disponíveis com rendimento de 1120 a 2800 lm e selecionamos uma qualidade média para boa reprodução de cor: por ex., a lâmpada ColorRite com um rendimento de fluxo de 1800 lm. Devemos precisar de 96.429/1800 = 54 lâmpadas. Vamos utilizar luminárias de tubo duplo, assim precisamos de 27 destas. Podemos ter sete fileiras de quatro luminárias, de modo que o espaçamento entre elas pode ser de 1,7 m no comprimento de 12 m (0,9 m a partir das paredes) e, na largura de 9 m, o espaçamento de 2,25 m (dando um pouco mais de 1 m entre as extremidades de luminárias). Em ambos os casos, estamos dentro do limite de 2,85 m.

---

Uma economia significativa de energia pode ser obtida com um esquema de iluminação composta (nível baixo geral + local) projetado da forma apresentada na planilha de método M.2.6.

### 2.5.5 Ofuscamento em Interiores Iluminados Artificialmente

O ofuscamento, como um fenômeno que afeta a visão, foi discutido na Seção 2.2.4. Enquanto na iluminação natural ou iluminação solar é difícil quantificar o ofuscamento (apesar de haver alguns métodos quantitativos), sendo melhor lidar com o problema em termos qualitativos, no caso da iluminação elétrica, todos os fatores que contribuem no processo são identificáveis e controláveis. Por isso, os métodos quantitativos bem desenvolvidos são descritos agora. Essa abordagem se apoia no

> Alguns sutentam que não existe tal coisa como luz "artificial", assim esse título devia ser "interiores iluminados por eletricidade".
>
> A **luz** pode não ser artificial, mas a **iluminação** sem dúvida é, seja elétrica ou a gás, ou utilizando-se lâmpadas de pressão a óleo. O termo é utilizado em contraposição ao termo iluminação do dia, ou iluminação "natural".

fato de que, sob condições de iluminação "natural", as pessoas parecem ser mais tolerantes e adaptáveis, enquanto em ambientes internos iluminados artificialmente o ofuscamento é mais prontamente percebido e não é tolerado de bom grado. Um método quantitativo é desenvolvido com base no seguinte raciocínio:

**1** O ofuscamento (o) é uma função das taxas de luminância dentro do campo de visão, mas é influenciado por outros fatores:

$$o = f \frac{L_1}{L_2}$$

onde $L_1$ é a luminância mais alta, da fonte potencial de ofuscamento.

$\frac{L_1}{L_2}$ é a mais baixa, a luminância de fundo.

**2** O coeficiente f depende de vários fatores:
o tamanho da fonte de ofuscamento, medida pelo ângulo visual (ângulo sólido, ω) subentendido pela área da fonte, ω:

$$\omega = \frac{\text{área da fonte de ofuscamento (m}^2)}{\text{quadrado da sua distância (m}^2)}$$

**3** A posição da fonte de ofuscamento, conforme medida pelo índice de posição (p) derivado do ângulo horizontal (φ) e vertical (θ) de deslocamento a partir da linha de visão: p (φ, θ), de modo que a expressão acima é empiricamente modificada:

$$o = \frac{L_1^a \omega^b}{L_2 p^c}$$

e os valores para os três expoentes, sugeridos por vários pesquisadores são:

a = 1,6 a 2,2; b = 0,6 a 1,0; c = 1,6

A IES (Illuminating Engineering Society) adotou a seguinte expressão para a *constante de ofuscamento*:

$$o = \frac{L_1^{1,6} \omega^{0,8}}{L_2 p^{1,6}} \quad (2.20)$$

Em muitas situações em que a linha de visão do observador não pode ser determinada, pode-se omitir o termo índice de posição (p).

A "ofuscabilidade" de um determinado espaço pode ser expressa pelo índice de ofuscamento (IO), após o cálculo da constante de ofuscamento (o) para cada fonte potencial de ofuscamento:

$$IO = 10 \times \log_{10} (0{,}478 \times \Sigma o) \quad (2.21)$$

As respostas subjetivas prováveis para as situações descritas nesse índice de ofuscamento são

IO = 0–10: imperceptível
IO = 10–16: perceptível
IO = 16–22: aceitável
IO = 22–28: desconfortável
IO > 28: intolerável

O menor incremento significativo no IO é 3.

O nível aceitável de ofuscamento depende da tarefa visual e da iluminância. Normalmente, numa tarefa mais exigente, a iluminância mais alta atrairá um limite de ofuscamento mais rigoroso. Os limites recomendados são:

IO = 25: para a maioria das tarefas industriais
IO = 22: para tarefas industriais exigentes
IO = 19: escritórios e inspeção
IO = 16: estúdios de desenho e salas de aula
IO = 13: costura
IO = 10: instrumentos muito pequenos

A Planilha de dados D.2.6 fornece os limites recomendados para o índice de ofuscamento junto com os valores de iluminância. A Planilha de método M.2.4 fornece detalhes do método de cálculo.

O sistema de índice de ofuscamento acima descrito foi desenvolvido ao longo da década de 1950 e teve aceitação geral após a publicação do Technical Report n. 10 da IES, em 1967. Nos EUA, diversos métodos eram usados: o sistema Visual Comfort Probability (VCP) e o método Discomfort Glare Rating (DGR). A fórmula Cornell é na verdade bastante semelhante à equação 2.20, acima:

$$o = \frac{L_1^{1,6} \omega^{0,8}}{L_2 + 0,07 \times \omega^{0,5} \times L_1}$$

A CIE está se empenhando em conciliar o método do índice de ofuscamento britânico com a fórmula Einhorn escandinava e o sistema VCP norte-americano. Sua proposta atual de um sistema unificado de avaliação do ofuscamento Unified Glare Rating (UGR) também é semelhante à equação (2.20), acima:

$$UGR = 8 \times \log \frac{0,25 \times L_1^2 \times \omega}{L_2 \times p^2} \qquad (2.22)$$

O padrão Australian Standard 1680 utiliza um método limitador de luminância. São fornecidas tabelas para os limites de luminância da superfície da fonte para várias situações e para a visão longitudinal e transversal das luminárias entre 1 e 16 kcd/m². Para evitar reflexões que toldam a vista, a Tabela 2.8 reproduz, a partir do padrão, os limites mínimos para a razão E/L:

$$\frac{E}{L} = \frac{\text{iluminância da tarefa}}{\text{fonte de luminância}} = \frac{lx}{kdc/m^2}$$

Esse é, contudo, um método de seleção de luminária, e não uma avaliação do ofuscamento.

A total eliminação do ofuscamento nem sempre é desejável. Em algumas situações, a monotonia e a uniformidade podem ser abrandadas por uma quantidade controlada de ofuscamento, que pode criar interesse ou "brilho". Projetistas sem escrúpulos podem usá-lo para criar impressionantes efeitos psicológicos ("ofuscando" o espectador), como uma janela de altar voltada para o leste (iluminada pelo sol) em

**Tabela 2.8** Razões E/L mínimas para limitar reflexões ofuscantes

| | |
|---|---|
| Tarefas com cores claras com bom contraste; detalhes apenas ligeiramente brilhantes p. ex., lápis sobre papel branco, como em escritórios ou escolas | 80 |
| Tarefas com cores claras com bom contraste, com brilho geral p. ex., lápis sobre papel colorido ou quadriculado, leitura em papel brilhante | 160 |
| Tarefas com cores escuras com brilho geral e tarefas com cores claras com pouco contraste, p. ex. fotos brilhantes, meios tons sobre papel brilhante | 800 |

uma igreja no todo escura ou o uso de pequenos holofotes expostos de alto brilho (tungstênio-halogênio) com superfícies cromadas em uma loja de moda pop (um pesquisador chegou mesmo a criar uma expressão matemática – apenas em parte brincando – para o "quociente de brilho"). O mais extremo uso deliberado do ofuscamento é em clubes noturnos pouco iluminados, com holofotes ofuscantes, talvez com luzes estroboscópicas, para produzir um efeito intoxicante, quase narcótico.

Para evitar o efeito oposto, ou seja, superfícies aparentando "muita escuridão", o código CIBSE (Chartered Institute of Building Services Engineers) para iluminação interna recomenda que em escritórios, se a iluminância do plano de trabalho for $E_w$ = 1, então as paredes devem receber 0,3 a 0,7 $E_w$, o teto 0,3 a 0,9 $E_w$, o piso 0,2 a 0,4 $E_w$ e a parede que contiver uma janela ao menos 0,6 $E_w$.

### 2.5.6 Integração/Discussão

Em cômodos iluminados lateralmente, o nível da iluminação natural cai rapidamente com o aumento da distância desde a janela. Muitas vezes a iluminação natural perto da janela é suficiente, mas não no fundo do cômodo. A parte posterior do cômodo pode ser usada para armazenamento (por exemplo, armários de arquivo) ou funções menos exigentes visualmente (por exemplo, fazer chá), mas ainda assim as áreas de trabalho podem ficar com luz diurna insuficiente. Provavelmente, o sistema de iluminação elétrica completo seria ligado. A necessidade de economia de energia (e, assim, de sustentabilidade) exige que a iluminação natural seja utilizada sempre e tanto quanto possível.

Uma solução simples é organizar a iluminação elétrica em fileiras paralelas à parede da janela e acender essas fileiras apenas se e quando necessário (Fig. 2.66). É raro encontrar espaços iluminados lateralmente em que apenas a luz do dia seja suficiente além de uma profundidade de cerca de 2,5 vezes a altura do topo da janela (a partir do plano de trabalho). Nesse caso, pode-se utilizar alguma iluminação elétrica permanente na parte traseira do cômodo, daí a sigla IACPI (iluminação artificial complementar permanente do interior).

Foi demonstrado que as pessoas preferem luz do dia à luz artificial, e que gostam (talvez até mesmo precisem) do contato visual com o mundo exterior e suas condições de iluminação em constante mudança. Por todas essas razões, foram estabelecidos como princípios da IACPI:

1 utilizar a luz do dia, tanto quanto possível;
2 utilizar a iluminação elétrica para complementar a luz do dia nas partes interiores do cômodo;
3 projetar a iluminação de tal forma que seja mantido o caráter de iluminação essencialmente natural do recinto.

O último desses princípios estabelece um requisito tanto qualitativo quanto quantitativo. Luz mais quente (temperatura de cor mais baixa) é aceitável com baixos níveis de iluminância. Neste caso, ela deve ser comparável à luz diurna, que tem temperatura de cor de 5000-6500°K. Em situações em que as tarefas visuais são muito importantes (escritórios de desenho, laboratórios), para o trabalho de precisão e boa reprodução das cores, é aconselhável uma lâmpada de "luz diurna artificial" (de 6500°K). Em situações menos críticas, um "branco frio" (de 4300°K) é aceitável.

A iluminância fornecida pela iluminação suplementar deve se equiparar à quantidade de luz do dia disponível próximo à janela, para FLD de 2% no entorno. Acima disso, não deve haver iluminação complementar e, abaixo, devemos tentar elevar a iluminância pelo acréscimo de luz artificial. A magnitude disso pode ser avaliada da seguinte forma:

1. determinar a zona de luz do dia, para FLD de 2%, ou tomar o FLD a uma distância da janela de 0,2 H e multiplicar esse número por 0,1 (onde H é a altura entre o plano de trabalho e o topo da janela)
2. calcular a média do $FLD_{med}$ para o restante do cômodo
3. a iluminância a ser acrescentada a essa área é de $E_{acr} = 500 \times FLD_{med}$

Um benefício adicional do IACPI é o de corrigir o vetor de iluminância. Foi mencionado (na Seção 2.3.2) e mostrado (Fig. 2.18) que, a certa distância da janela, o vetor se torna quase horizontal (enquanto a preferência das pessoas é de uma altitude do vetor de pelo menos 15° a 20°.

A Fig. 2.65 é um lembrete da adição de quantidades vetoriais e permite observar que a luz quase vertical que provém das luminárias instaladas no teto na parte de trás do cômodo irá aumentar a altitude do vetor.

A Fig. 2.66 fornece uma configuração prática, em termos diagramáticos. As luminárias da iluminação elétrica estão organizadas (por exemplo) em 5 fileiras. À noite, uma lâmpada (ou linha de lâmpadas) em cada fileira vai ficar em funcionamento. Durante o dia, as fileiras 1 e 2 ficarão DESLIGADAS. As fileiras 3 a 5 ficarão LIGADAS. O fator de luz diurna a $0,2 \times H$ é 20%, esse valor vezes 0,1 é 2%, o que, neste caso, fica na distância de 2 H. Para o restante do cômodo, o $FLD_{med}$ é de cerca de 1%. A $E_{acr} = 500 \times 1 = 500$ lx. Isso deve ser fornecido por três lâmpadas, mas, na fileira 3, apenas 2 lâmpadas são usadas, a fim de proporcionar uma transição suave, já que ali o FLD é de cerca de 1,5%.

Edifícios comerciais (por ex. nos EUA) usam cerca de 35 a 50% do consumo total de eletricidade para fins de iluminação. Contando com a iluminação natural (sempre que disponível), até 50% desse gasto poderia ser economizado. O National Institute of Building Sciences (dentro de seu programa "edifício inteligente") introduziu controles de iluminação elétrica "responsáveis pela iluminação diurna", para alcançar tal economia. Com uma tal redução no uso da eletricidade, a geração de calor também é reduzida, então, uma redução de 10 a 20% na carga de refrigeração do ar-condicionado também é obtida. Um belo exemplo de integração.

2.65
Adição de vetores (o paralelogramo dos vetores)

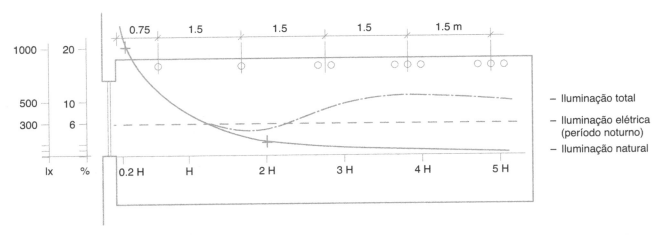

2.66
Arranjo dos comutadores em fileiras de luminárias, por PSALI

A integração do controle da luz diurna com o controle da entrada de radiação solar (por razões térmicas) é uma questão importante. Isso vale para climas frios ou temperados, onde algum sistema de aquecimento solar passivo pode ser usado (talvez durante parte do ano), o que pode criar condições de brilho excessivo, mas é importante, em especial, em climas quentes, onde o sistema de sombreamento muitas vezes é superdimensionado para excluir o aquecimento solar. O projetista quer estar do "lado seguro".

Isso é tão ruim quanto o sombreamento inadequado. Podemos dizer que, se a luz diurna é reduzida enquanto o ganho de calor é reduzido, então, que seja, mas o cômodo pode ficar excessivamente escuro e a iluminação elétrica pode ter que ser usada o dia todo. Isso não é apenas desperdício de energia na iluminação, mas também pode provocar um acréscimo significativo na carga térmica. Infelizmente, o motivo é a falta de conhecimento e habilidade do projetista. A sustentabilidade pode demandar que o controle solar seja feito "na medida exata".

Se a orientação estiver correta e a janela ficar voltada para o equador, será fácil projetar um dispositivo para correto sombreamento, com o uso de um ajuste sazonal automático. Com orientação menos que perfeita, com frequência é necessário um certo grau de concessão.

O projetista deve buscar um equilíbrio entre os benefícios e as desvantagens. O que é pior: ter uma penetração solar indesejável durante algum tempo do ano ou ter um sombreamento projetado acima das exigências, sofrendo, assim, de luz do dia insuficiente durante o restante do ano?

Além da iluminação e do ganho de aquecimento solar, talvez seja necessário incluir outras questões na equação de equilíbrio, como a vista externa, ou a vista do ambiente interno (privacidade?), ou mesmo o efeito desses dispositivos sobre a ventilação natural. O projetista deve ser capaz de quantificar todos os termos dessa equação, mas a experiência pode tanto ajudar a desenvolver um senso de relevância desses fatores quanto na tomada de decisões fundamentadas em termos qualitativos, sem a necessidade de cálculos meticulosos (e longos?) a cada instância.

O efeito da luz diurna além do físico não deve ser esquecido. Em alguns estudos franceses, foi mostrado que em várias populações de pássaros a privação da luz diurna e da luz do sol levou à perda do impulso sexual e reduziu a multiplicação. Populações humanas não são imunes aos efeitos de tal privação.

Alguns anos atrás, como parte do projeto SER (Schools Environment Research) na Universidade de Michigan, Ann Arbor, EUA, verificou-se que o desempenho de aprendizagem dos alunos era muito melhor em salas de aula sem janelas com iluminação elétrica do que em outras, com janelas e iluminação natural. A explicação oferecida foi que os alunos não eram distraídos pela paisagem através das janelas. No entanto, também foi verificado que a estadia prolongada em tais salas de aula sem janelas levava a efeitos nocivos psicologicamente, possivelmente causando sintomas de comportamento neurótico.

Tentativas de explicar esses efeitos foram pura especulação, mas a necessidade de iluminação natural, de contato com as mudanças naturais, para vivenciar o ritmo circadiano, está bem estabelecida.

Felizmente, essa necessidade psicológica coincide com a necessidade de conservação de energia, para benefícios ecológicos bem como econômicos. Essa é uma necessidade que deve ser considerada quando as primeiras ideias de projeto são formuladas. O reconhecimento de tais necessidades levou ao desenvolvimento de uma ferramenta de pré-projeto, um método de "análise prospectiva" (conforme nomeado por Otto Koenigsberger), especificamente o método TL (Térmico e luminoso), que é o assunto da próxima seção.

## 2.5.7 O Método TL

Iluminação é o segundo maior consumidor de energia em muitos edifícios. Em termos de porcentagem do uso total de energia, temos:

|  | % |
|---|---|
| Hotéis | 9 |
| Escolas | 9-12 |
| Supermercados | 11 |
| Fábricas | 15 |
| Bancos | 19 |
| Escritórios | 20-50 |

Como os escritórios estão entre os maiores usuários de iluminação, frequentemente durante o dia, foi desenvolvido o método TL para edifícios de escritórios (Baker & Steemers, 1995). Não é realmente uma ferramenta de projeto de iluminação, mas oferece uma orientação pré-projeto do potencial de economia de energia da iluminação natural (está aproximadamente no mesmo nível do método ZCP para o projeto térmico, ver Seção 1.5.1). Ele se baseia no pressuposto de que a iluminação natural pode economizar energia que seria utilizada na iluminação elétrica, mas que ela irá, provavelmente, aumentar a carga térmica (inclusive solar). Daí o nome: análise de Luz (natural)/Térmica (TL).

Esse método destina-se ao projeto de edifícios de escritório e leva em conta a "zona passiva", isto é, a área na distância de até 6 m das paredes externas. Foi desenvolvido um programa complexo, que leva em conta os fluxos de energia (calor) (ver Fig. 2.67) afetados pela fenestração para essa área passiva. Ele vai mostrar o consumo de energia (o requisito) como uma função da área da janela, expressa como uma porcentagem da "taxa de envidraçamento", na forma de gráfico, como mostra a Fig. 2.68. Foi produzida uma série de gráficos desse tipo para escolas, universidades, escritórios e edifícios institucionais, para a região norte e sul do Reino Unido, para diferentes orientações, para iluminância de 150 a 500 lux e vários níveis de carga interna (de 10 a 50 W/m$^2$). O modelo também está disponível na forma de planilha.

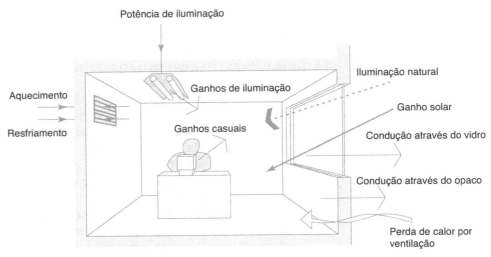

2.67
Fluxos de energia considerados no modelo TL (Baker et al. 1999)

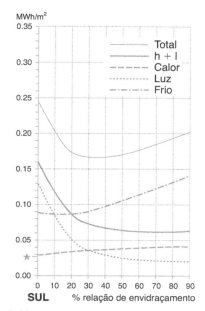

2.68
Um gráfico TL típico

A Fig. 2.68 é um exemplo típico desse tipo de gráfico para um escritório (para a região sul do Reino Unido, com uma janela voltada para o sul e área passiva adjacente, iluminância de 300 lux e carga interna de 15 W/m², ganhos ocasionais). Ela mostra que a carga de resfriamento aumenta substancialmente com o aumento da taxa de envidraçamento, enquanto a carga de iluminação e de aquecimento decresce. A curva da carga total mostra um ponto ótimo (neste caso) em torno de 30-40% de taxa de envidraçamento. O eixo vertical corresponde ao consumo de energia anual em MWh/m².

Foram produzidas várias versões modificadas da planilha TL, como a LTr, para reforma de edifícios não residenciais ou o modelo para climas quentes, LTV, que também leva em conta a ventilação natural.

### 2.5.8 Estratégias de Projeto de Iluminação

Para edifícios residenciais, os fatores térmicos são dominantes, a iluminação não é tanto um problema. Para edifícios institucionais e de escritórios, o projeto térmico e de iluminação têm aproximadamente o mesmo peso. Projeto térmico de controle passivo e projeto de iluminação natural contribuem para a sustentabilidade:

- **Projeto térmico**: a integração de controles ativos e passivos foi discutida na Seção 1.6.5. Coordenação com os engenheiros de AVAC associado a métodos naturais é essencial.
- **Projeto de iluminação**: a integração da iluminação natural e da iluminação elétrica foi esboçada na Seção 2.5.6.

O método TL fornece alguma orientação pré-projeto para edifícios de escritório, válidos para os pressupostos indicados, mas mesmo que não seja diretamente aplicável, vale a pena considerar o pensamento por trás do método formal.

# PLANILHAS DE DADOS E PLANILHAS DE MÉTODOS (LUZ)

## PLANILHAS DE DADOS

| | | |
|---|---|---|
| D.2.1 | Iluminação luz do dia: fatores de utilização para aberturas zenitais | 192 |
| D.2.2 | Iluminação luz do dia: fatores de correção | 194 |
| D.2.3 | Transferidor n. 2 do fator de luz do dia BRS/British Research Station | 195 |
| D.2.4 | Fator de luz do dia: nomograma para o CRI | 196 |
| D.2.5 | Diagrama de Pleijel para o fator luz do dia | 197 |
| D.2.6 | Valores recomendados de iluminância e do limite do índice de ofuscamento | 198 |
| D.2.7 | Fatores recomendados de luz do dia | 200 |
| D.2.8 | Características da luminária: curvas polares | 201 |
| D.2.9 | Fatores de utilização de luminárias típicas | 202 |
| D.2.10 | Características das lâmpadas | 203 |

## PLANILHAS DE MÉTODOS

| | | |
|---|---|---|
| M.2.1 | Disponibilidade de luz do dia | 205 |
| M.2.2 | Sombreamento: um levantamento do local | 206 |
| M.2.3 | Construção da perspectiva interna (para o diagrama de Pleijel) | 207 |
| M.2.4 | Cálculo do índice de ofuscamento | 208 |
| M.2.5 | Indicadores de altura admissível | 210 |
| M.2.6 | Comparação de dois esquemas de iluminação alternativos | 211 |

## PLANILHA DE DADOS D.2.1

Iluminação do dia: fatores de utilização para aberturas zenitais

| | Refletâncias de superfície | | | | | | | | |
|---|---|---|---|---|---|---|---|---|---|
| teto | 0,7 | | | 0,5 | | | 0,3 | | |
| paredes | 0,5 | 0,3 | 0,1 | 0,5 | 0,3 | 0,1 | 0,5 | 0,3 | 0,1 |
| IC | Fatores de utilização | | | | | | | | |

**COBERTURA DE GALPÃO (TELHADOS PARALELOS DE DUAS ÁGUAS)**

Considerado uniforme se
$s_1/h_1 <= 1,4$
$s_2/h_2 <= 1.9$
$s_3/h_1 <= 21.2$

| IC | | | | | | | | | |
|---|---|---|---|---|---|---|---|---|---|
| 0,6 | 0,34 | 0,30 | 0,27 | 0,34 | 0,30 | 0,27 | 0,30 | 0,27 | 0,27 |
| 0,8 | 0,40 | 0,39 | 0,36 | 0,40 | 0,39 | 0,36 | 0,39 | 0,36 | 0,35 |
| 1,0 | 0,45 | 0,423 | 0,41 | 0,44 | 0,42 | 0,41 | 0,42 | 0,41 | 0,38 |
| 1,25 | 0,50 | 0,47 | 0,46 | 0,50 | 0,47 | 0,45 | 0,47 | 0,45 | 0,44 |
| 1,5 | 0,52 | 0,49 | 0,47 | 0,51 | 0,49 | 0,47 | 0,49 | 0,46 | 0,46 |
| 2,0 | 0,57 | 0,55 | 0,53 | 0,56 | 0,53 | 0,52 | 0,53 | 0,52 | 0,51 |
| 2,5 | 0,59 | 0,56 | 0,55 | 0,59 | 0,56 | 0,55 | 0,55 | 0,52 | 0,52 |
| 3,0 | 0,62 | 0,60 | 0,59 | 0,62 | 0,59 | 0,58 | 0,59 | 0,58 | 0,56 |
| 4,0 | 0,64 | 0,63 | 0,61 | 0,64 | 0,63 | 0,61 | 0,61 | 0,60 | 0,60 |
| 5,0 | 0,68 | 0,65 | 0,65 | 0,66 | 0,65 | 0,63 | 0,63 | 0,62 | 0,62 |
| Infinito | 0,76 | 0,76 | 0,76 | 0,74 | 0,74 | 0,74 | 0,73 | 0,73 | 0,71 |

**COBERTURA TIPO DENTE DE SERRA (VERTICAL)**

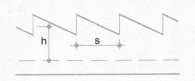

Considerado uniforme se
$s/h <= 1.5$

| IC | | | | | | | | | |
|---|---|---|---|---|---|---|---|---|---|
| 0,6 | 0,07 | 0,06 | 0,04 | 0,07 | 0,05 | 0,04 | 0,05 | 0,03 | 0,03 |
| 0,8 | 0,11 | 0,08 | 0,07 | 0,10 | 0,08 | 0,06 | 0,08 | 0,06 | 0,05 |
| 1,0 | 0,14 | 0,11 | 0,10 | 0,13 | 0,10 | 0,09 | 0,10 | 0,08 | 0,07 |
| 1,25 | 0,16 | 0,13 | 0,12 | 0,15 | 0,13 | 0,11 | 0,12 | 0,10 | 0,09 |
| 1,5 | 0,17 | 0,15 | 0,13 | 0,16 | 0,14 | 0,12 | 0,13 | 0,12 | 0,10 |
| 2,0 | 0,19 | 0,17 | 0,16 | 0,18 | 0,16 | 0,15 | 0,15 | 0,14 | 0,12 |
| 2,5 | 0,21 | 0,20 | 0,18 | 0,20 | 0,18 | 0,17 | 0,17 | 0,16 | 0,14 |
| 3,0 | 0,22 | 0,21 | 0,19 | 0,21 | 0,19 | 0,18 | 0,18 | 0,17 | 0,15 |
| 4,0 | 0,24 | 0,22 | 0,21 | 0,22 | 0,21 | 0,20 | 0,19 | 0,18 | 0,17 |
| 5,0 | 0,25 | 0,24 | 0,23 | 0,23 | 0,22 | 0,21 | 0,20 | 0,18 | 0,18 |
| Infinito | 0,30 | 0,30 | 0,30 | 0,29 | 0,29 | 0,29 | 0,27 | 0,27 | 0,27 |

**COBERTURA TIPO DENTE DE SERRA (INCLINADO)**

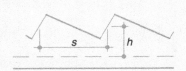

Considerado uniforme se
$s/h <= 1.5$

| IC | | | | | | | | | |
|---|---|---|---|---|---|---|---|---|---|
| 0,6 | 0,19 | 0,16 | 0,15 | 0,19 | 0,16 | 0,17 | 0,16 | 0,14 | 0,14 |
| 0,8 | 0,25 | 0,21 | 0,20 | 0,25 | 0,21 | 0,20 | 0,21 | 0,20 | 0,18 |
| 1,0 | 0,30 | 0,26 | 0,25 | 0,29 | 0,26 | 0,24 | 0,25 | 0,24 | 0,21 |
| 1,25 | 0,31 | 0,30 | 0,27 | 0,31 | 0,29 | 0,26 | 0,27 | 0,26 | 0,24 |
| 1,5 | 0,34 | 0,31 | 0,30- | 0,32 | 0,31 | 0,29 | 0,30 | 0,27 | 0,26 |
| 2,0 | 0,36 | 0,35 | 0,32 | 0,36 | 0,34 | 0,32 | 0,34 | 0,32 | 0,29 |
| 2,5 | 0,39 | 0,38 | 0,35 | 0,38 | 0,36 | 0,34 | 0,35 | 0,32 | 0,31 |
| 3,0 | 0,40 | 0,39 | 0,38 | 0,40 | 0,36 | 0,36 | 0,36 | 0,35 | 0,32 |
| 4,0 | 0,42 | 0,41 | 0,40 | 0,41 | 0,40 | 0,39 | 0,39 | 0,38 | 0,35 |
| 5,0 | 0,44 | 0,42 | 0,41 | 0,42 | 0,41 | 0,40 | 0,40 | 0,39 | 0,36 |
| Infinito | 0,49 | 0,49 | 0,49 | 0,48 | 0,48 | 0,48 | 0,45 | 0,45 | 0,42 |

## Planilha de dados D.2.1 (continuação)

| | Refletâncias de superfície | | | | | | | | |
|---|---|---|---|---|---|---|---|---|---|
| teto | 0,7 | | | 0,5 | | | 0,3 | | |
| paredes | 0,5 | 0,3 | 0,1 | 0,5 | 0,3 | 0,1 | 0,5 | 0,3 | 0,1 |

**COBERTURA COM LANTERNIM (VERTICAL)**

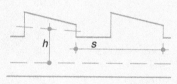

Considerado uniforme se s/h <= 2.0

| 0,6 | 0,07 | 0,05 | 0,04 | 0,06 | 0,05 | 0,04 | 0,05 | 0,04 | 0,03 |
| 0,8 | 0,09 | 0,07 | 0,06 | 0,09 | 0,07 | 0,06 | 0,07 | 0,06 | 0,05 |
| 1,0 | 0,12 | 0,10 | 0,08 | 0,11 | 0,09 | 0,08 | 0,09 | 0,08 | 0,07 |
| 1,25 | 0,14 | 0,12 | 0,10 | 0,13 | 0,11 | 0,10 | 0,11 | 0,10 | 0,09 |
| 1,5 | 0,15 | 0,13 | 0,12 | 0,15 | 0,13 | 0,12 | 0,13 | 0,11 | 0,11 |
| 2,0 | 0,17 | 0,15 | 0,14 | 0,16 | 0,15 | 0,14 | 0,15 | 0,13 | 0,13 |
| 2,5 | 0,18 | 0,17 | 0,15 | 0,18 | 0,16 | 0,15 | 0,16 | 0,15 | 0,14 |
| 3,0 | 0,20 | 0,18 | 0,17 | 0,19 | 0,18 | 0,17 | 0,17 | 0,16 | 0,16 |
| 4,0 | 0,21 | 0,20 | 0,19 | 0,20 | 0,19 | 0,19 | 0,19 | 0,18 | 0,17 |
| 5,0 | 0,22 | 0,21 | 0,20 | 0,21 | 0,20 | 0,19 | 0,20 | 0,19 | 0,18 |
| Infinito | 0,25 | 0,25 | 0,25 | 0,25 | 0,25 | 0,25 | 0,24 | 0,24 | 0,23 |

**COBERTURA COM LANTERNIM (VERTICAL DESIGUAL)**

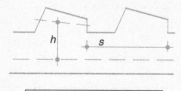

Considerado uniforme se s/h <= 2.0

| 0,6 | 0,07 | 0,05 | 0,04 | 0,07 | 0,05 | 0,04 | 0,05 | 0,04 | 0,04 |
| 0,8 | 0,10 | 0,08 | 0,06 | 010 | 0,07 | 0,06 | 0,07 | 0,06 | 0,06 |
| 1,0 | 0,13 | 0,11 | 0,08 | 0,12 | 0,11 | 0,08 | 0,11 | 0,08 | 0,08 |
| 1,25 | 0,16 | 0,13 | 0,11 | 0,14 | 0,13 | 0,11 | 0,13 | 0,11 | 0,10 |
| 1,5 | 0,17 | 0,14 | 0,12 | 0,16 | 0,14 | 0,12 | 0,13 | 0,12 | 0,12 |
| 2,0 | 0,19 | 0,17 | 0,16 | 0,18 | 0,17 | 0,16 | 0,16 | 0,14 | 0,14 |
| 2,5 | 0,20 | 0,18 | 0,17 | 0,19 | 0,18 | 0,17 | 0,18 | 0,17 | 0,16 |
| 3,0 | 0,22 | 0,19 | 0,18 | 0,20 | 0,19 | 0,18 | 0,19 | 0,18 | 0,17 |
| 4,0 | 0,23 | 0,22 | 0,20 | 0,23 | 0,22 | 0,20 | 0,20 | 0,20 | 0,19 |
| 5,0 | 0,24 | 0,23 | 0,22 | 0,24 | 0,23 | 0,22 | 0,22 | 0,22 | 0,20 |
| Infinito | 0,29 | 0,29 | 0,29 | 0,27 | 0,27 | 0,27 | 0,27 | 0,27 | 0,26 |

**COBERTURA COM LANTERNIM (VERTICAL E INCLINADO)**

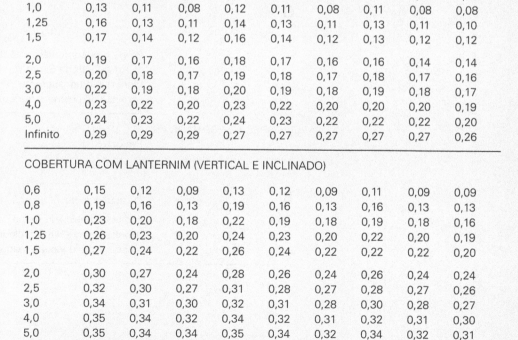

Considerado uniforme se s/h <= 2.0

| 0,6 | 0,15 | 0,12 | 0,09 | 0,13 | 0,12 | 0,09 | 0,11 | 0,09 | 0,09 |
| 0,8 | 0,19 | 0,16 | 0,13 | 0,19 | 0,16 | 0,13 | 0,16 | 0,13 | 0,13 |
| 1,0 | 0,23 | 0,20 | 0,18 | 0,22 | 0,19 | 0,18 | 0,19 | 0,18 | 0,16 |
| 1,25 | 0,26 | 0,23 | 0,20 | 0,24 | 0,23 | 0,20 | 0,22 | 0,20 | 0,19 |
| 1,5 | 0,27 | 0,24 | 0,22 | 0,26 | 0,24 | 0,22 | 0,22 | 0,22 | 0,20 |
| 2,0 | 0,30 | 0,27 | 0,24 | 0,28 | 0,26 | 0,24 | 0,26 | 0,24 | 0,24 |
| 2,5 | 0,32 | 0,30 | 0,27 | 0,31 | 0,28 | 0,27 | 0,28 | 0,27 | 0,26 |
| 3,0 | 0,34 | 0,31 | 0,30 | 0,32 | 0,31 | 0,28 | 0,30 | 0,28 | 0,27 |
| 4,0 | 0,35 | 0,34 | 0,32 | 0,34 | 0,32 | 0,31 | 0,32 | 0,31 | 0,30 |
| 5,0 | 0,35 | 0,34 | 0,34 | 0,35 | 0,34 | 0,32 | 0,34 | 0,32 | 0,31 |
| Infinito | 0,40 | 0,40 | 0,40 | 0,40 | 0,40 | 040 | 0,39 | 0,239 | 0,38 |

## PLANILHA DE DADOS D.2.2
### Iluminação do dia: fatores de correção

Esses fatores de correção são aplicáveis tanto ao método de fluxo total quanto ao método da BRS de fluxo dividido da previsão da luz do dia. Com este último, eles devem ser aplicados à soma dos três componentes (CC + CRE + CRI)

**FATORES DE MANUTENÇÃO**

**M**

| Localização | Inclinação | Utilização do cômodo | |
|---|---|---|---|
| | | *Limpo* | *Sujo* |
| Área não industrial | Vertical | 0,9 | 0,8 |
| | Inclinada | 0,8 | 0,7 |
| | Horizontal | 0,7 | 0,6 |
| Área industrial suja | Vertical | 0,8 | 0,7 |
| | Inclinada | 0,7 | 0,6 |
| | Horizontal | 0,6 | 0,5 |

**FATORES DE VIDRO**

**G**

| | |
|---|---|
| Vidro transparente, liso ou comum (tipo Float) | 1,00 |
| Vidro liso aramado polido | 0,95 |
| Vidro moldado aramado | 0,90 |
| Vidro martelado ou texturizado | 0,95 |
| Vitral ou vidro de catedral | 1,00 |
| Vidros figurativos | 0,80–0,95 |
|     Decorado – estrias verticais | 0,95 |
|     Tipo marroquino | 0,90 |
| Película de sombreamento de 6 mm | 0,85 |
| "Calorex"MR de 6 mm | 0,55 |
| Vidro duplo transparente | 0,85 |
| Lâminas de polímero transparente | 0,65–0,90 |

**FATORES DE ESQUADRIAS OU CAIXILHOS**

Em geral

$$B = \frac{\text{área livre de vidro}}{\text{área total da janela}}$$

**B**

Na ausência de informação precisa:

| | |
|---|---|
| Todas as janelas de metal | 0,80–0,85 |
| Janelas de metal em molduras de madeira | 0,75 |
| janelas e molduras de madeira | 0,65–0,70 |

## PLANILHA DE DADOS D.2.3
### Transferidor n. 2 do fator de luz do dia BRS

para janelas verticais, céu nublado da CIE

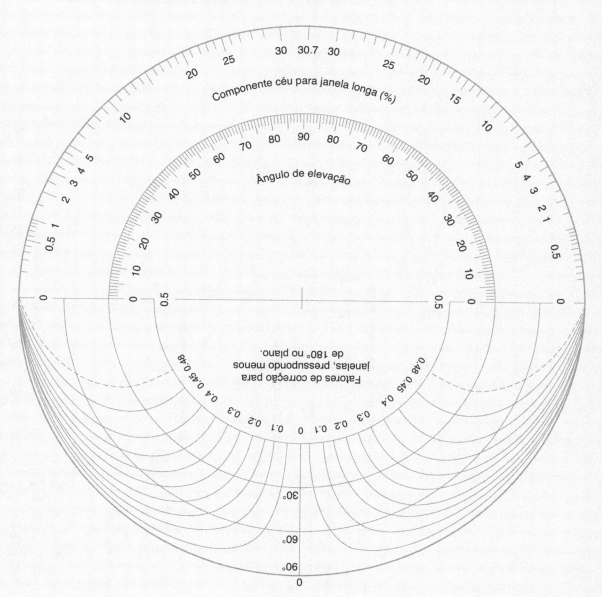

Para uso com a seção e planta do cômodo e janela
Como descrito na Seção 2.4.2 e Figs. 2.27–2.28

## PLANILHA DE DADOS D.2.4

Fator de luz do dia: nomograma para o CRI (componente refletido internamente) o uso do nomograma é explicado na Seção 2.4.2 e Fig. 2.29

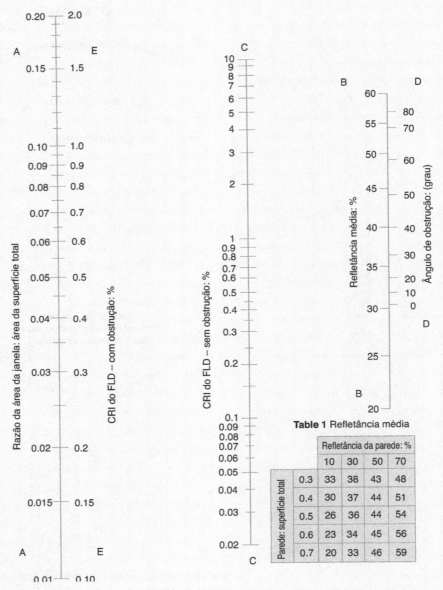

**Table 1** Refletância média

| Parede: superfície total | Refletância da parede: % |
|---|---|

|  | 10 | 30 | 50 | 70 |
|---|---|---|---|---|
| 0.3 | 33 | 38 | 43 | 48 |
| 0.4 | 30 | 37 | 44 | 51 |
| 0.5 | 26 | 36 | 44 | 54 |
| 0.6 | 23 | 34 | 45 | 56 |
| 0.7 | 20 | 33 | 46 | 59 |

o uso do nomograma é explicado na Seção 2.4.2 e Fig. 2.29

**Tabela 2** fatores-D para deterioração de superfícies

| Local | Uso do recinto | |
|---|---|---|
|  | Limpo | Sujo |
| Limpo | 0,9 | 0,7 |
| Sujo | 0,8 | 0,6 |

Luz: O Ambiente Luminoso **197**

## PLANILHA DE DADOS D.2.5
O diagrama de Pleijel para o fator luz do dia:

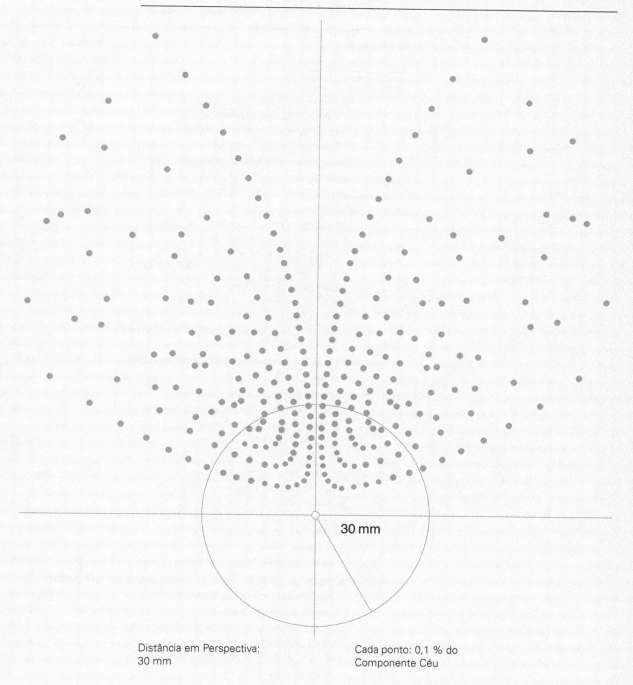

Distância em Perspectiva: 30 mm

Cada ponto: 0,1 % do Componente Céu

Para uso com a perspectiva interna de uma janela, desenhado para uma distância perspectiva de 30 mm, como mostra a planilha de método M.2.2.

O círculo de raio de 30 mm indica um cone de visão de 45° em toda circunferência (são mostrados um cone com a altura de 30 mm, que é a distância perspectiva, e o círculo de base).

## PLANILHA DE DADOS D.2.6
Valores recomendados de Iluminância e do limite do índice de ofuscamento

| Tarefa visual | Iluminância | Limite do Índice de ofuscamento |
|---|---|---|
| Olhar casual | 100 lx | |
|     vestiário, depósito, toalete, banheiro, auditórios, saguão de entrada | | sem limite |
|     sala de caldeira ou forno, armazenamento de volumes | | 28 |
|     corredor, escada rolante, escadas | | 22 |
|     enfermaria | | 13 |
|     galeria de arte (iluminação geral) | | 10 |
| Tarefa simples, detalhes grandes | 200 lx | |
|     armazém, oficina de trabalho simples | | 25 |
|     elevador, cozinha, sala de jantar | | 22 |
|     farmácia, biblioteca, leitura casual | | 19 |
|     sala de conferência, cirurgia, central telefônica | | 16 |
| Tarefa corriqueira, detalhes médios | 400 lx | |
|     áreas de recepção, loja de produtos alimentares | | 22 |
|     escritório geral, trabalho com teclado, painéis de controle | | 19 |
|     estúdio de desenho, dispensário, laboratório, leitura | | 16 |
| Tarefa relativamente difícil, detalhes pequenos | 750 lx | |
|     oficina mecânica, artesanato em madeira, pintura, trabalho de inspeção | | 22 |
|     sala de computação, costura | | 19 |
|     bordado, sala de atividade artística | | 16 |
| Tarefa difícil e prolongada, detalhes pequenos | 900 lx | |
|     Disposição produtos de supermercado | | 25 |
|     trabalho eletrônico ou trabalho de envernizamento e montagem mecânica fina | | 22 |
|     fábrica de instrumentos, pintura fina, inspeção de cores | | 19 |
|     fábrica joias ou relógios, leitura de provas | | 16 |
| Tarefa muito difícil e prolongada, detalhes muito pequenos | até 2000 lx | |
|     triagem, classificação de couro, tecidos, costura à mão, gravação | | 19 |
|     instrumento de precisão ou montagem de componentes eletrônicos | | 16 |
|     lapidação de pedras preciosas, avaliação de peças muito pequenas | | 10 |
| Tarefa excepcional, detalhes diminutos | 3000 lx | |
|     trabalho com instrumentos diminutos usando apoio óptico | | 10 |

Estas são recomendações gerais compiladas de diferentes fontes. O padrão Australian Standard 1680 e o código da IES para a iluminação interior fornece tabelas extensas e vários processos industriais, bem como para edifícios públicos e educacionais.

## Planilha de dados D.2.6 (continuação)

**Espaçamento recomendado de luminárias** (para a uniformidade da iluminação geral)

| Tipo de luminária | Máximo | Última luminária até a parede | Posição de trabalho junto à parede |
|---|---|---|---|
| Difusão geral ou direta | 1,4 $H_m$ | 0,75 $H_m$ | 0,5 $H_m$ |
| Luminárias refletoras de concentração | $H_m$ | 0,5 $H_m$ | 0,5 $H_m$ |
| Indireta, semi-indireta, (montada 0,25–0,3 Ht abaixo do teto) | 1,5 $H_t$ | 0,75 $H_t$ | 0,5 $H_t$ |

$H_m$ = altura da montagem, do plano de trabalho até a luminária, $H_t$ = do plano de trabalho até a altura do teto)

## PLANILHA DE DADOS 2.7
Fatores recomendados de luz diurna

| | | |
|---|---|---|
| Residências e hotéis | Salas de estar | 1% sobre pelo menos 8 m² e metade da profundidade da sala |
| | Dormitórios | 0,5% sobre pelo menos 6 m² e metade da profundidade do quarto |
| | Cozinhas | 2% sobre pelo menos 5 m² e metade da área total do piso |
| Escritórios | Escritórios geral | 2% |
| | Digitação, computadores | 4% |
| Escolas, faculdades | Salas de reunião, salas de aula | 2% |
| | Salas de arte | 4% |
| | Laboratórios (em bancadas) | 3% |
| | Escritórios de funcionários, salas de uso comum | 1% |
| Hospitais | Recepção, salas de espera | 2% |
| | Enfermarias | 1% |
| | Farmácias | 3% |
| Cirurgias | Recepção, salas de espera | 2% |
| | cirurgia | 2% |
| | Laboratórios | 3% |
| Edifícios de esportes | Quadras | 2% |
| | Piscina, superfície da piscina | 2% |
| | Entorno da piscina | 1% |
| Aeroporto, Estações rodoviárias | Recepção, salões de atendimento | 2% |
| | Áreas de circulação, espera | 1% |
| Salas de congresso e salas de concerto | Auditório e foyer | 1% |
| | Corredores | 0,5% |
| | Escadas, rampas | 1% |
| Bibliotecas | Estantes | 1% |
| | Mesas de leitura | 1% |
| Museus, galerias | Geral | 1% |
| | Observar exigências especiais de conservação | 1% |
| Igrejas | Corpo da igreja | 1% |
| | Púlpito, atril, coro | 1,5% |
| | Altar, mesa de comunhão | 3 – 6% |
| | Sacristias | 2% |
| | vestries | 2% |

## PLANILHA DE DADOS D.2.8
Características da luminária: curvas polares

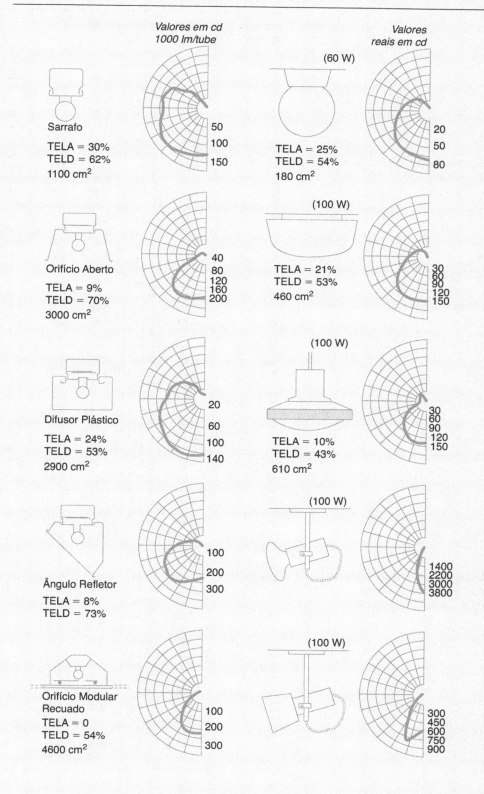

## PLANILHA DE DADOS D.2.9
Fatores de utilização de luminárias típicas

| Índice do cômodo | Refletância do teto e das paredes |||||||||
|---|---|---|---|---|---|---|---|---|---|
| T: | 0,7 ||| 0,5 ||| 0,3 |||
| P: | 0,5 | 0,3 | 0,1 | 0,5 | 0,3 | 0,1 | 0,5 | 0,3 | 0,1 |
| 0,6 | 0,29 | 0,24 | 0,19 | 0,27 | 0,22 | 0,19 | 0,24 | 0,21 | 0,19 |
| 0,8 | 0,37 | 0,31 | 0,27 | 0,35 | 0,30 | 0,25 | 0,31 | 0,28 | 0,24 |
| 1,0 | 0,44 | 0,37 | 0,33 | 0,40 | 0,35 | 0,31 | 0,35 | 0,32 | 0,29 |
| 1,25 | 0,49 | 0,42 | 0,38 | 0,45 | 0,40 | 0,36 | 0,39 | 0,36 | 0,33 |
| 1,5 | 0,54 | 0,47 | 0,42 | 0,50 | 0,44 | 0,40 | 0,43 | 0,40 | 0,37 |
| 2,0 | 0,60 | 0,52 | 0,49 | 0,54 | 0,49 | 0,45 | 0,48 | 0,44 | 0,41 |
| 2,5 | 0,64 | 0,57 | 0,53 | 0,57 | 0,53 | 0,49 | 0,52 | 0,48 | 0,45 |
| 3,0 | 0,67 | 0,61 | 0,57 | 0,60 | 0,57 | 0,53 | 0,56 | 0,52 | 0,49 |
| 4,0 | 0,71 | 0,66 | 0,62 | 0,64 | 0,61 | 0,57 | 0,59 | 0,55 | 0,52 |
| 5,0 | 0,74 | 0,70 | 0,66 | 0,68 | 0,64 | 0,61 | 0,62 | 0,58 | 0,54 |
| 0,6 | 0,36 | 0,31 | 0,28 | 0,35 | 0,31 | 0,28 | 0,35 | 0,31 | 0,28 |
| 0,8 | 0,45 | 0,40 | 0,37 | 0,44 | 0,40 | 0,37 | 0,44 | 0,40 | 0,37 |
| 1,0 | 0,49 | 0,45 | 0,40 | 0,49 | 0,44 | 0,40 | 0,48 | 0,43 | 0,40 |
| 1,25 | 0,55 | 0,49 | 0,46 | 0,53 | 0,49 | 0,45 | 0,52 | 0,48 | 0,45 |
| 1,5 | 0,58 | 0,54 | 0,49 | 0,57 | 0,53 | 0,49 | 0,55 | 0,52 | 0,49 |
| 2,0 | 0,64 | 0,59 | 0,55 | 0,61 | 0,58 | 0,55 | 0,60 | 0,56 | 0,54 |
| 2,5 | 0,68 | 0,63 | 0,60 | 0,65 | 0,62 | 0,59 | 0,64 | 0,61 | 0,58 |
| 3,0 | 0,70 | 0,65 | 0,62 | 0,67 | 0,64 | 0,61 | 0,65 | 0,63 | 0,61 |
| 4,0 | 0,73 | 0,70 | 0,67 | 0,70 | 0,67 | 0,65 | 0,67 | 0,66 | 0,64 |
| 5,0 | 0,75 | 0,72 | 0,69 | 0,73 | 0,70 | 0,67 | 0,70 | 0,68 | 0,67 |
| 0,6 | 0,27 | 0,21 | 0,18 | 0,24 | 0,20 | 0,18 | 0,22 | 0,19 | 0,17 |
| 0,8 | 0,34 | 0,29 | 0,26 | 0,32 | 0,28 | 0,25 | 0,29 | 0,26 | 0,24 |
| 1,0 | 0,40 | 0,35 | 0,31 | 0,37 | 0,33 | 0,30 | 0,33 | 0,30 | 0,28 |
| 1,25 | 0,44 | 0,39 | 0,35 | 0,40 | 0,36 | 0,33 | 0,36 | 0,33 | 0,31 |
| 1,5 | 0,47 | 0,42 | 0,38 | 0,43 | 0,39 | 0,36 | 0,38 | 0,35 | 0,33 |
| 2,0 | 0,52 | 0,47 | 0,44 | 0,47 | 0,44 | 0,41 | 0,41 | 0,39 | 0,37 |
| 2,5 | 0,55 | 0,51 | 0,48 | 0,50 | 0,47 | 0,44 | 0,44 | 0,42 | 0,40 |
| 3,0 | 0,58 | 0,54 | 0,51 | 0,52 | 0,49 | 0,47 | 0,47 | 0,45 | 0,43 |
| 4,0 | 0,61 | 0,57 | 0,54 | 0,55 | 0,52 | 0,50 | 0,49 | 0,47 | 0,45 |
| 5,0 | 0,63 | 0,59 | 0,57 | 0,57 | 0,55 | 0,53 | 0,51 | 0,49 | 0,47 |
| 0,6 | 0,21 | 0,18 | 0,16 | 0,21 | 0,18 | 0,16 | 0,20 | 0,18 | 0,16 |
| 0,8 | 0,28 | 0,24 | 0,22 | 0,27 | 0,24 | 0,22 | 0,26 | 0,24 | 0,22 |
| 1,0 | 0,32 | 0,29 | 0,26 | 0,31 | 0,28 | 0,26 | 0,30 | 0,28 | 0,26 |
| 1,25 | 0,35 | 0,32 | 0,29 | 0,34 | 0,31 | 0,29 | 0,32 | 0,30 | 0,28 |
| 1,5 | 0,37 | 0,34 | 0,31 | 0,36 | 0,33 | 0,31 | 0,34 | 0,32 | 0,30 |
| 2,0 | 0,41 | 0,37 | 0,35 | 0,39 | 0,37 | 0,34 | 0,38 | 0,36 | 0,34 |
| 2,5 | 0,43 | 0,40 | 0,38 | 0,42 | 0,39 | 0,37 | 0,40 | 0,38 | 0,37 |
| 3,0 | 0,45 | 0,42 | 0,40 | 0,44 | 0,41 | 0,40 | 0,42 | 0,40 | 0,39 |
| 4,0 | 0,47 | 0,44 | 0,43 | 0,46 | 0,44 | 0,42 | 0,44 | 0,42 | 0,41 |
| 5,0 | 0,49 | 0,46 | 0,45 | 0,47 | 0,46 | 0,44 | 0,46 | 0,44 | 0,43 |
| 0,6 | 0,23 | 0,18 | 0,24 | 0,20 | 0,16 | 0,12 | 0,17 | 0,14 | 0,11 |
| 0,8 | 0,30 | 0,24 | 0,20 | 0,27 | 0,22 | 0,18 | 0,22 | 0,19 | 0,16 |
| 1,0 | 0,36 | 0,29 | 0,25 | 0,31 | 0,26 | 0,22 | 0,26 | 0,23 | 0,19 |
| 1,25 | 0,41 | 0,34 | 0,29 | 0,35 | 0,30 | 0,26 | 0,29 | 0,26 | 0,22 |
| 1,5 | 0,45 | 0,39 | 0,33 | 0,39 | 0,34 | 0,30 | 0,31 | 0,28 | 0,25 |
| 2,0 | 0,50 | 0,45 | 0,40 | 0,43 | 0,38 | 0,34 | 0,34 | 0,32 | 0,29 |
| 2,5 | 0,54 | 0,49 | 0,44 | 0,46 | 0,42 | 0,38 | 0,37 | 0,35 | 0,32 |
| 3,0 | 0,57 | 0,52 | 0,48 | 0,49 | 0,45 | 0,42 | 0,40 | 0,38 | 0,34 |
| 4,0 | 0,60 | 0,56 | 0,52 | 0,52 | 0,48 | 0,46 | 0,43 | 0,41 | 0,37 |
| 5,0 | 0,63 | 0,60 | 0,56 | 0,54 | 0,51 | 0,49 | 0,45 | 0,43 | 0,40 |

lâmpada desprotegida no teto ou adaptada no sarrafo
TELD = 65%

refletor esmaltado ou orifício aberto
TELD = 75%

difusor plástico embutido
TELD = 50%

difusor modular recuado em teto raso montado em painel difusor
TELD = 50%

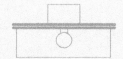

difusor prismático opala embutido
TELD = 45%

## PLANILHA DE DADOS D.2.10
Características da lâmpada

| Tipo de lâmpada | | Potência | Balastro | Rendimento em lúmens |
|---|---|---|---|---|
| Incandescente (240 V) | forma de pera | 25W | - | 200 |
| | | 40 | - | 325 |
| | | 60 | - | 575 |
| | | 100 | - | 1160 |
| | | 500 | - | 7700 |
| | Forma de cogumelo | 40 | - | 380 |
| | | 60 | - | 640 |
| | | 100 | - | 1220 |
| Sódio# | LPS/SOX (baixa pressão) | 35 | 20 | 4200 |
| | | 90 | 25 | 12500 |
| | HPS/SON (alta pressão) | 70 | 25 | 5300 |
| | | 250 | 30 | 24000 |
| Mercúrio# | MB | 80 | 15 | 2700 |
| | MBI (halogeneto de metal) | 400 | 50 | 24000 |
| | MBF (fluorescente de mercúrio) | 50 | 15 | 1800 |
| | MBT (mercúrio/tungstênio) | 100 | - | 1250 |
| Fluorescente ("branca") | 0,6 m | 20 | 5 | 1050 |
| | 0,6 m | 40 | 8 | 1550 |
| | 1,2 m | 40 | 10 | 2800 |
| | 1,5 m | 50 | 20 | 3100 |
| | 1,5 m | 80 | 15 | 4850 |

Nota: # são apresentadas as menores lâmpadas de cada tipo. O limite superior é de cerca de 200k.

### CORREÇÕES NO RENDIMENTO DE LÂMPADAS FLUORESCENTES

| Tipo de lâmpada | Correção | Lúmens (1200 / 40 W) |
|---|---|---|
| Branca | 1,00 | 2800 |
| Branca quente | 0,96 | 2700 |
| Luz do dia | 0,95 | 2660 |
| Natural | 0,75 | 2100 |
| Tom quente | 0,70 | 1960 |
| Branca quente De luxe | 0,67 | 1950 |
| Cor 32 e 34 | 0,65 | 1820 |
| Correspondência de cores | 0,65 | 1820 |
| ColoRite | 0,65 | 1800 |
| Natural De luxe | 0,55 | 1500 |
| Softone 27 | 0,55 | 1500 |
| Trucolor 37 | 0,55 | 1500 |
| Luz do dia artificial | 0,40 | 1120 |

## Planilha de dados D.2.10 (continuação)

Lâmpadas de LED
Essas consistem de vários diodos pequenos, permitindo uma grande variedade de lâmpadas, na forma de bulbos, lâmpada de embutir ou tubulares

| | | |
|---|---|---|
| De | 12V/6W – 420 lm | Substitui a lâmpada incandescente de 60W |
| Até | 240 V/ 12 W – 800 lm | Substitui a lâmpada incandescente de 80 W |
| Ou tubular | 240 V /22 W – 2200 lm | Substitui a fluorescente de 65W |

## PLANILHA DE MÉTODO M.2.1
### Disponibilidade da luz diurna

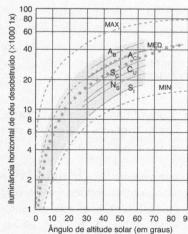

A

**1 DADOS DE MEDIÇÃO DE ILUMINÂNCIA**

O mais útil formato de apresentação dos dados é o diagrama de distribuição de frequência, por exemplo, o apresentado na Fig. 2.14 (apenas luz difusa, excluindo-se o feixe de luz solar), ou Figura A, aqui (iluminância global), com base em medições de longo prazo. Essas medidas são para o dia, em geral das 9h00 às 17h00. A frequência de ocorrência é apresentada contra a iluminância horizontal.

**2 CONVERSÃO A PARTIR DOS DADOS DE RADIAÇÃO SOLAR**

Esse é um bom modo de estimar a iluminância, com base na eficácia luminosa da radiação solar. Essa eficácia (EL) pode variar entre 90 e 150 lm/W (ver Seção 2.3.1 e Tabela 2.3). Se a altitude solar for superior a 10°, ela será de pelo menos 100 lm/W. Em vez de tentar adivinhar, podemos calcular esse valor de eficácia a partir do ângulo de altitude solar. Infelizmente, as equações de correlação são específicas ao local e também mudam com as estações do ano.

Por exemplo, a eficácia da radiação global para Lagos
em termos de média anual
$$EL = 61{,}3113 + 1{,}969176\ AAS - 0{,}019501\ AAS^2$$
estação chuvosa:
$$EL = 76{,}7868 + 1{,}21599\ AAS - 0{,}012755\ AAS^2$$
e para a estação seca
$$EL = 51{,}88835 + 2{,}347397\ AAS - 0{,}021422\ AAS^2$$
Para Garston (Reino Unido)
a eficácia global horizontal foi verificada como
$$EL = 104{,}4 + 0{,}18\ AAS - 0{,}0009\ AAS^2$$
p. ex., para AAS = 45°   EL = 110,7
ou simplesmente  EL = 106 + 0,009 AAS   p. ex., para 45°   EL = 106,4
onde AAS é fornecida em graus e EL é lm/W

**3 ESTIMATIVAS PARA OS CASOS EM QUE NÃO HÁ DADOS MEDIDOS**

Onde não existem dados medidos seja da iluminância seja da radiação solar, a iluminância pode ser estimada a partir do ângulo de altitude solar. A relação mais simples foi proposta por Hopkinson (1966) para a Europa:

| | | | |
|---|---|---|---|
| Céu escuro | E = 215 × AAS lx | p. ex. para 45° AAS: | E = 9.675 lx |
| Céu nublado | E = 538 × AAS lx | | E = 24.210 lx |

Para Nakamura e Oki (1979), no Japão foram verificados

$E_{max} = 2 + 80 \times sen(0{,}8 \times AAS)$ para 45°:   $E = 49$ klx
$E_{min} = 15 \times sen(1{,}2 \times AAS)$   $E = 12{,}1$ klx
$E_{med} = 0{,}5 + 42{,}5 \times senAAS$   $E = 30{,}5$ klx

O gráfico (B) assinala os resultados das últimas quatro equações (e algumas outras) e propõe uma média considerada (a linha de pontilhado destacado) que poderá ser utilizada com bastante segurança, quando não houver melhores dados disponíveis.

B

## PLANILHA DE MÉTODO M.2.2
### Sombreamento: um levantamento in loco

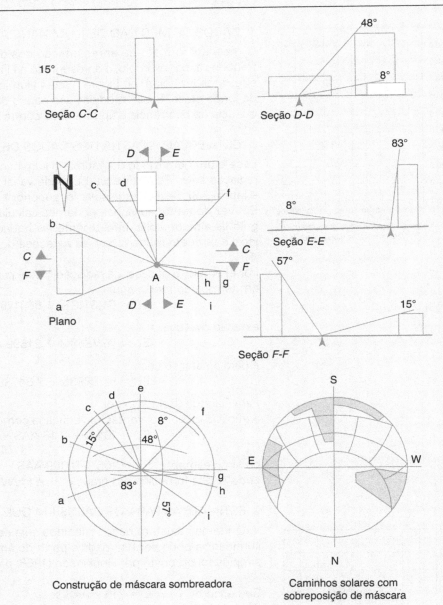

Construção de máscara sombreadora

Caminhos solares com sobreposição de máscara

O ponto A é cercado por três edifícios. Na planta, traçar linhas radiais até cada canto de cada edifício (de "a" até "i") e transferi-las para o diagrama abaixo. A partir da seção C-C, a parte superior do edifício leste apresenta uma altitude de 15°. Com o transferidor voltado para leste, traçar o arco de 15° de "a" até "b".

A seção D-D mostra que o edifício sul apresenta uma altitude de 48° entre "d" e "e" e 8° para o bloco inferior (de "c" até "f"). Com o transferidor voltado para o sul, traçar os arcos correspondentes. A seção E-E confirma a altitude de 8° para o canto "f" e apresenta 83° para o canto "h". Traçar o arco de 83° entre "g" e "h". A seção F-F apresenta 57° para o canto 'h'; traçar o arco de 57° entre "h" e "i".

## PLANILHA DE MÉTODO M.2.3
Construção da perspectiva interna para o diagrama de pleijel

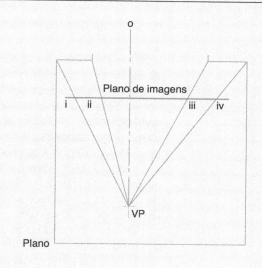

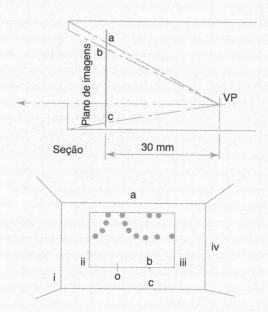

A distância entre o ponto em questão (o ponto de vista, PV) e o plano de imagens deve ser de 30 mm, independentemente da escala da planta e da seção, quer o plano de imagens caia ou caia fora (para o PV mais próximo da janela, o plano de imagens será o lado externo).

Marcar os pontos da largura (i-iv) sobre a planta do plano de imagens, bem como o ponto O. Marcar os pontos da altura ("a" até "c") na seção, bem como o ponto O. Transferir isso para a perspectiva, para a esquerda e à direita, para cima e para baixo a partir do ponto O.

Essa é uma perspectiva de um único ponto, sendo que o ponto O é também o ponto de fuga.

## PLANILHA DE MÉTODO M.2.4
### Cálculo do Índice de Ofuscamento

A constante de ofuscamento é (conforme equação 2.20) $o = \dfrac{L_1^{1,6} \times \omega^{0,8}}{L_2 \times p^{1,6}}$

$L_1$, a luminância da fonte de ofuscamento, pode ser determinada como a intensidade da fonte (a partir da direção de visão) dividida pela área aparente da fonte.

Por exemplo, temos um tubo fluorescente aparente de 40 W (sem refletor, difusor ou aletas), a uma distância horizontal de 4,6 m do observador e 1,4 m acima do nível dos olhos. A distância real é d = 4,8 m. Com base na planilha de dados D.2.7, a área projetada dessa lâmpada é de 1100 cm², isto é, 0,11 m², assim o ângulo visual (ângulo sólido) que a lâmpada abrange é $\omega$ = área/d² = 0,11/4,8² = 0,0048 sr

O ângulo de deslocamento vertical é $\theta$ = arctan (1,4/4,6) = 17°, isto é, em relação ao eixo vertical da luminária, a direção de visão é de 73°. A curva polar na planilha de dados D.2.7 fornece uma intensidade da fonte para essa direção de 125 cd para lâmpada de 1000 lumens.

Para uma lâmpada branca quente de 40 W, a planilha de dados D.2.9 apresenta um rendimento de 2700 lm, assim a intensidade real da fonte é I = 125 × 2700/1000 = 337,5 cd e a luminância da fonte será

$L_1$ = 337,5/0,11 = 3068 cd/m²

$L_2$, a luminância de fundo, pode ser calculada com base na refletância média e na iluminância média do campo de visão.

Por exemplo, se as superfícies têm valor de Munsell de cerca de 4, então (pela equação 2.2) $\rho$ = 4 × 3/100 = 0,12 e, se a iluminância for E = 400 lx, então a luminância será $L_2$ = 400 × 0,12 = 48 asb ou 48/$\pi$ = 15,2 cd/m2. Se a lâmpada estiver diretamente na linha de visão ($\phi$ = 0), com um ângulo de deslocamento vertical de 17°, o índice de posição (com base na tabela abaixo) será de 0,67.

Então $o = \dfrac{3068^{1,6} \times 0,0047^{0,8}}{15,2 \times 0,67^{1,6}} = 661$

Se houver várias luminárias/lâmpadas no campo de visão, a constante de ofuscamento (o) de cada uma delas deverá ser determinada e sumarizada.
O índice de ofuscamento será

IO = 10 × $\log_{10}$(0,478 × $\Sigma$)

e, nesse caso,

IO = 10 × log(0,478 × 661) = 25

Em termos dos valores-limite definidos na Seção 2.5.5, (ou na planilha de dados D.2.6), isso é aceitável para um contexto industrial, mas não no caso de um escritório.

## Planilha de método M.2.4 (continuação)

### Índices de Posição (p)
Como determinado pelos ângulos de deslocamento

Ângulo de deslocamento vertical (θ) →

Ângulo de deslocamento horizontal (φ)

| ↓ | 0 | 6° | 10° | 17° | 22° | 27° | 31° | 35° | 39° | 42° | 45° | 50° | 54° | 58° | 61° | 68° | 72° |
|---|---|----|-----|-----|-----|-----|-----|-----|-----|-----|-----|-----|-----|-----|-----|-----|-----|
| 62° | – | – | – | – | – | – | – | – | 0,02 | 0,02 | 0,02 | 0,02 | 0,02 | 0,02 | 0,02 | 0,02 | 0,02 |
| 61° | – | – | – | 0,02 | 0,02 | 0,02 | 0,02 | 0,02 | 0,02 | 0,02 | 0,02 | 0,02 | 0,02 | 0,02 | 0,02 | 0,02 | 0,02 |
| 58° | 0,03 | 0,03 | 0,03 | 0,03 | 0,03 | 0,03 | 0,03 | 0,03 | 0,03 | 0,03 | 0,03 | 0,03 | 0,03 | 0,03 | 0,03 | 0,03 | 0,03 |
| 54° | 0,04 | 0,04 | 0,04 | 0,04 | 0,04 | 0,04 | 0,04 | 0,04 | 0,04 | 0,04 | 0,04 | 0,04 | 0,04 | 0,04 | 0,04 | 0,03 | 0,03 |
| 50° | 0,05 | 0,05 | 0,06 | 0,06 | 0,06 | 0,06 | 0,06 | 0,06 | 0,06 | 0,06 | 0,06 | 0,05 | 0,05 | 0,05 | 0,05 | 0,04 | 0,04 |
| 45° | 0,08 | 0,09 | 0,09 | 0,10 | 0,10 | 0,10 | 0,10 | 0,09 | 0,09 | 0,09 | 0,08 | 0,08 | 0,07 | 0,06 | 0,06 | 0,05 | 0,05 |
| 42° | 0,11 | 0,11 | 0,12 | 0,13 | 0,13 | 0,12 | 0,12 | 0,12 | 0,12 | 0,11 | 0,10 | 0,09 | 0,08 | 0,07 | 0,07 | 0,06 | 0,05 |
| 39° | 0,14 | 0,15 | 0,16 | 0,16 | 0,16 | 0,16 | 0,15 | 0,15 | 0,14 | 0,13 | 0,12 | 0,11 | 0,09 | 0,08 | 0,08 | 0,6 | 0,06 |
| 35° | 0,19 | 0,20 | 0,22 | 0,21 | 0,21 | 0,21 | 0,20 | 0,18 | 0,17 | 0,16 | 0,14 | 0,12 | 0,11 | 0,10 | 0,09 | 0,07 | 0,07 |
| 31° | 0,25 | 0,27 | 0,30 | 0,29 | 0,28 | 0,26 | 0,24 | 0,22 | 0,21 | 0,19 | 0,18 | 0,15 | 0,13 | 0,11 | 0,10 | 0,09 | 0,08 |
| 27° | 0,35 | 0,37 | 0,39 | 0,38 | 0,36 | 0,34 | 0,31 | 0,28 | 0,25 | 0,23 | 0,21 | 0,18 | 0,15 | 0,14 | 0,12 | 0,10 | 0,09 |
| 22° | 0,48 | 0,53 | 0,53 | 0,51 | 0,49 | 0,44 | 0,39 | 0,35 | 0,31 | 0,28 | 0,25 | 0,21 | 0,18 | 0,16 | 0,14 | 0,11 | 0,10 |
| 17° | 0,67 | 0,73 | 0,73 | 0,69 | 0,64 | 0,57 | 0,49 | 0,44 | 0,38 | 0,34 | 0,31 | 0,25 | 0,21 | 0,19 | 0,16 | 0,13 | 0,12 |
| 11° | 0,95 | 1,02 | 0,98 | 0,88 | 0,80 | 0,72 | 0,63 | 0,57 | 0,49 | 0,42 | 0,37 | 0,30 | 0,25 | 0,22 | 0,19 | 0,15 | 0,14 |
| 6° | 1,30 | 1,36 | 1,24 | 1,12 | 1,01 | 0,88 | 0,79 | 0,68 | 0,62 | 0,53 | 0,46 | 0,37 | 0,31 | 0,26 | 0,23 | 0,17 | 0,16 |
| 0° | 1,87 | 1,73 | 1,56 | 1,36 | 1,20 | 1,06 | 0,93 | 0,80 | 0,72 | 0,64 | 0,57 | 0,46 | 0,38 | 0,33 | 0,28 | 0,20 | 0,17 |

## PLANILHA DE MÉTODO M.2.5
### Indicadores de Altura Admissíveis

Escala 1:500

o raio do arco mais alto
em cada caso deve ser

D1    46 mm
D2    53 mm
D3    79 mm

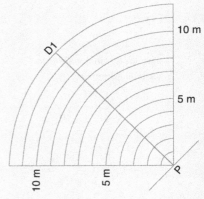

Para uso com o método descrito
na Seção 2.4.5
e na Fig. 2.37

Para esse conjunto D, a inclinação do
plano de limitação (dentro dos
limites em "V") é

D1    10°
D2    25°
D3    27,5°

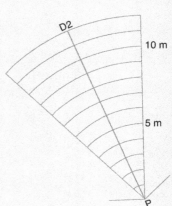

Com base no boletim n. 5 de planejamento do MoHLG (Ministry of Housing and Local Government, Reino Unido), *Planning for daylight and sunlight* (Planejamento para luz do dia e luz solar) e no *Sunlight and daylight* (Luz do dia e luz solar) DoE Welsh Office HMSO, 1971.

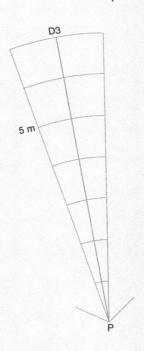

| Pode ser reconstruído para uma escala de 1:200 com os seguintes raios: |       |
|---|---|
| D1 | 116 mm |
| D2 | 133 mm |
| D3 | 198 mm |

## PLANILHA DE MÉTODO M.2.6
### Comparação Entre Dois Esquemas de Iluminação Alternativos

Em algumas situações, pode ser possível substituir um sistema de iluminação (elétrica) geral de nível alto por um de nível baixo complementado por iluminação local onde for necessário, por exemplo, em estações de trabalho individuais. Isso irá produzir uma redução no consumo de energia elétrica, como ilustra o seguinte exemplo:

Supondo-se uma sala de leitura de uma biblioteca, medindo 10 m × 20 m (200 m$^2$) e 2,9 m de altura, que deve acomodar vinte mesas de leitura. Admitindo-se as refletâncias de superfície como sendo de 70% para o teto e 50% para as paredes.

Se a altura da mesa for de 0,8 m e as luminárias estiverem a 0,1 m do teto, a altura da montagem será 2,9 – 0,8 – 0,1 = 2 m, assim o índice do cômodo será

IC = 10 × 20 / (10 + 20) × 2 = 3,33

Usar tubos fluorescentes de 1,2 m em luminárias difusoras de plástico fechadas.

Com base na planilha de dados D.2.8 (primeira coluna, interpolando para IC 3,33 entre 0,58 e 0,61), o fator de utilização será FU = 0,59

Rendimento da lâmpada de (da planilha D.2.9) 2800 × 0,75 (para "natural") = 2100 lm

Esquema **A**: iluminação geral para dar ao plano de trabalho uma iluminância de 400 lux

| | |
|---|---|
| fluxo a ser recebido | $\Phi_r$ = 10 × 20 × 400 = 80000 lm |
| se o fator de manutenção for | M = 0,8 |
| fluxo instalado necessário | $\Phi_i = \dfrac{80000}{0,59 \times 0,8}$ = 169492 lm |
| número de lâmpadas necessárias | N = $\dfrac{169492}{2100}$ = 81 |
| potência instalada: | 81 × (40 + 10) = 4050 W |
| assim, a densidade de potência | $\dfrac{4050}{200}$ = 20,25 W/m$^2$ |

Esquema **B**: iluminação geral de 100 lux + iluminação local para vinte mesas combinando quatro das equações acima

$$N = \dfrac{10 \times 20 \times 100}{0,59 \times 0,8} / 2100 = 20 \text{ lâmpadas}$$

| | | |
|---|---|---|
| potência instalada: | 20 × (40 + 10) = 1000 W | |
| assim, a densidade de potência | $\dfrac{1000}{200}$ = | 5 W/m$^2$ |
| + 20 lâmpadas de mesa | $\Phi_i$ = 20 × 40 = 800 W | |
| assim, a densidade de potência | 800/200 = | 4 W/m$^2$ |
| Densidade de potência total | | **9 W/m$^2$** |

o que é menos da metade do exigido com o esquema A

e se levarmos em conta que as vinte lâmpadas de mesa não serão usadas o tempo todo, a economia de energia é muito maior.

# PARTE 3   SOM, O AMBIENTE SONORO

## ÍNDICE

| | | |
|---|---|---|
| Símbolos e Abreviações | 213 | |
| Lista de Figuras | 214 | |
| Lista de Tabelas | 214 | |
| Lista de Exemplos Trabalhados | 214 | |
| Lista de Equações | 215 | |

**3.1 Física do Som** — 216
    3.1.1 Propriedades do Som — 216
    3.1.2 Os Tons Puros e o Som de Banda Larga — 217
    3.1.3 Propagação do Som — 218
    3.1.4 Quantidades Acústicas — 219

**3.2 Audição** — 222
    3.2.1 A Faixa Audível — 222
    3.2.2 Ruído: Definição e Classificação — 223
    3.2.3 Espectros do Ruído — 227
    3.2.4 Ambiente Ruidoso — 228

**3.3 Controle do Ruído** — 231
    3.3.1 Controle na Fonte — 231
    3.3.2 Transmissão Acústica — 233
    3.3.3 Transmissão em Edifícios — 237
    3.3.4 Controle do Ruído Por Absorção — 242
    3.3.5 Vibrações — 246

**3.4 Acústica do Cômodo** — 247
    3.4.1 Requisitos — 248
    3.4.2 Tamanho e Forma do Cômodo — 249
    3.4.3 Superfícies do Cômodo — 252
    3.4.4 Eletroacústica — 254
    3.4.5 Integração/discussão — 259

**Planilhas de Dados e Planilhas de Método** — 261

## SÍMBOLOS E ABREVIAÇÕES

| | |
|---|---|
| a | acuidade (visual) |
| a | coeficiente de absorção |
| f | frequência (Hz) (ou intervalo da média para $N^{eq}$) |
| $f_c$ | frequência central da banda de oitava |
| h | altura |
| p | pressão do som (Pa) |
| r | raio |
| s | área de superfície |
| v | velocidade |
| Abs | absorção total (m² unidades de janela aberta) |
| SRA | sistema de ressonância assistida |
| C | uma constante |
| TRC (CRT) | tubo de raios catódicos |
| DIN | Deutsche Institut für Normung |
| I | intensidade (W/m²) |
| N | nível do som |
| $N_{eq}$ | nível sonoro contínuo equivalente |
| M | massa, densidade superficial (kg/m²) |
| RMC | reverberação multi-canal |
| CR | critérios de ruído |
| TNR | taxa numérica e de ruído |
| TR | taxa de ruído |
| P | potência acústica (W) |
| R | resposta |
| TR | tempo de reverberação |
| F | fonte do som ou do estímulo |
| NIF | nível de interferência na fala |
| NiA | nível de intensidade acústica |
| NpS | nível da pressão sonora |
| IRS | índice de redução acústica |
| CTS | classe de transmissão sonora |
| PT | perda na transmissão |
| IRT | índice de ruído de tráfego |
| V | volume ou volt |
| $\alpha$ | absortância |
| $\lambda$ | comprimento de onda |
| $\rho$ | refletância ou densidade |
| $\tau$ | transmitância |
| $\Theta$ | ângulo de difração |

# 214 Introdução à Ciência Arquitetônica

## LISTA DE FIGURAS

| | | |
|---|---|---|
| 3.1 | Ondas sonoras: ondas longitudinais (compressão) | 216 |
| 3.2 | Alguns espectros de som típicos | 218 |
| 3.3 | Sombra acústica e difração | 219 |
| 3.4 | Nomograma para adição de dois níveis sonoros | 220 |
| 3.5 | Curvas de mesma sonoridade | 221 |
| 3.6 | Ponderação dos níveis sonoros: A, B e C | 222 |
| 3.7 | O ouvido humano | 222 |
| 3.8 | Presbiacusia: perda auditiva devida à idade | 222 |
| 3.9 | O intervalo dos sons audíveis | 223 |
| 3.10 | Um tom puro, um assobio e um trovão | 223 |
| 3.11 | Espectros de ruído de algumas fontes típicas | 225 |
| 3.12 | As curvas de TR (taxa de ruído) | 225 |
| 3.13 | Avaliação de um ruído de alta frequência e de um de baixa frequência | 226 |
| 3.14 | Curvas CR | 227 |
| 3.15 | Espectros de ruído em alguns ambientes internos | 227 |
| 3.16 | Espectros de alguns ruídos típicos de ambientes externos | 228 |
| 3.17 | Direcionabilidade de algumas fontes | 229 |
| 3.18 | Um registro gráfico do nível sonoro, mostrando $N_{10}$, $N_{50}$ e $N_{90}$ | 229 |
| 3.19 | Um invólucro parcial para controle sonoro | 232 |
| 3.20 | Curvas RC (critérios de cômodo) | 232 |
| 3.21 | O efeito do gradiente de temperatura durante o dia | 234 |
| 3.22 | O efeito da inversão de temperatura à noite em uma onda sonora | 234 |
| 3.23 | O efeito do vento sobre uma onda sonora | 234 |
| 3.24 | Uma barreira de som e seu efeito redutor | 234 |
| 3.25 | Linhas de ruído em rodovias: em nível, rebaixada e elevada | 235 |
| 3.26 | Um edifício como barreira e seu efeito de redução do ruído | 235 |
| 3.27 | Análise espectral para o isolamento necessário | 236 |
| 3.28 | Caminhos da transmissão do som entre dois cômodos | 237 |
| 3.29 | Um exemplo de dois modos de expressar a transmissão | 238 |
| 3.30 | Um gráfico de transmissão: ressonância e coincidência | 239 |
| 3.31 | Um nomograma de controle do ruído | 241 |
| 3.32 | Algumas configurações de "pavimento flutuante" | 242 |
| 3.33 | Som direto e som reverberante num cômodo | 243 |
| 3.34 | Absorventes porosos | 244 |
| 3.35 | Absorventes de membrana | 244 |
| 3.36 | Um absorvente ressonador de cavidade | 244 |
| 3.37 | Um absorvente de painel perfurado | 244 |
| 3.38 | Abafadores absorventes em dutos | 246 |
| 3.39 | Abafador absorvente entre banheiros | 246 |
| 3.40 | Uma cornija absorvente e uma janela de ventilação | 246 |
| 3.41 | Forro absorvente no beiral e venezianas absorventes | 247 |
| 3.42 | Venezianas absorventes | 247 |
| 3.43 | Principais tipos de instalações flexíveis | 247 |
| 3.44 | Registro gráfico do tempo de reverberação | 248 |
| 3.45 | Uma construção de "sala flutuante" completamente isolada | 248 |
| 3.46 | Um eco e um eco repetido | 249 |
| 3.47 | Situações em que pode ocorrer eco | 249 |
| 3.48 | Questões básicas relativas à forma dos auditórios | 250 |
| 3.49 | Volume mínimo de auditórios para música e fala | 250 |
| 3.50 | Tempo de reverberação (TR) recomendado para música e fala | 250 |
| 3.51 | Formas côncavas: risco de focagem | 251 |
| 3.52 | Som recebido pela plateia: considerações seccionais | 251 |
| 3.53 | Reforço acústico por reflexões | 251 |
| 3.54 | Sombra acústica causada por um balcão | 252 |
| 3.55 | Sistemas para proporcionar absorção variável | 252 |
| 3.56 | Direcionalidade de um alto-falante em diferentes frequências | 255 |
| 3.57 | Uma coluna de alto-falantes restringe a distribuição verticalmente | 255 |
| 3.58 | Um sistema de retardo de tempo de disco magnético rotativo | 256 |
| 3.59 | Um sistema de alto-falantes de nível baixo para reforço acústico | 256 |
| 3.60 | Tempo de reverberação no Royal Festival Hall operando com e sem SRA | 257 |
| 3.61 | Um cômodo grande reverberante para teste de absorvente | 258 |
| 3.62 | Salas de teste de transmissão acústica | 258 |
| 3.63 | Máquina de impacto padrão | 259 |

## LISTA DE TABELAS

| | | |
|---|---|---|
| 3.1 | Potência sonora de algumas fontes | 217 |
| 3.2 | Oitavas padrão | 217 |
| 3.3 | Limites do "ruído ocupacional" persistente | 223 |
| 3.4 | Limites do ruído comunitário nas residências | 231 |
| 3.5 | Análise espectral em forma tabulada | 236 |
| 3.6 | Limites de vibração dos equipamentos | 247 |
| 3.7 | Requisitos de potência do alto-falante elétrico | 255 |

## LISTA DE EXEMPLOS TRABALHADOS

| | | |
|---|---|---|
| 3.1 | Somando níveis sonoros | 220 |
| 3.2 | Controle de ruído: análise espectral | 236 |
| 3.3 | O efeito Haas | 256 |

## LISTA DE EQUAÇÕES

| | | | | | |
|---|---|---|---|---|---|
| 3.1 | Comprimento de onda e frequência (λ e f) | 216 | 3.9 | Transmitância (τ) por PT | 238 |
| 3.2 | Pressão do som e intensidade (p e I) | 217 | 3.10 | Lei da massa (elementos pesados) | 238 |
| 3.3 | Lei do inverso do quadrado | 218 | 3.11 | Lei da massa (elementos leves) | 239 |
| 3.4 | Nível de intensidade sonora (NiA) | 220 | 3.12 | Absorção total (Abs) | 243 |
| 3.5 | Nível de pressão sonora (NpS) | 220 | 3.13 | Tempo de reverberação (TR) | 248 |
| 3.6 | Índice de ruído de tráfego (IRT) | 230 | 3.14 | Nível de interferência na fala (NIF) | 249 |
| 3.7 | Nível sonoro equivalente (Neq) | 231 | 3.15 | Absorção total requerida | 252 |
| 3.8 | Perda na transmissão (PT) por transmitância | 237 | | | |

## 3.1 FÍSICA DO SOM

Som é a sensação causada por um meio que vibra ao atuar no ouvido humano. De forma menos rigorosa, o termo também é aplicado à própria vibração que provoca essa sensação. Acústica (do grego, ακουστικοσ) é a ciência do som, das vibrações mecânicas de pequena amplitude.

Um sistema acústico simples consiste de uma fonte, de algum meio de propagação e de um receptor. A fonte é um corpo vibrátil que converte alguma outra forma de energia em vibração (por exemplo, um impacto mecânico sobre um corpo sólido; uma pressão de ar atuando numa coluna de ar, como num apito ou flauta; a energia elétrica atuando sobre uma membrana de aço ou sobre um cristal etc.). A palavra "transdutor" frequentemente é usada para dispositivos que convertem outras formas de energia em som (por exemplo, um alto-falante) ou vice-versa (por exemplo, um microfone). O meio de propagação pode ser um gás (por exemplo, o ar), que transmite a vibração na forma de ondas longitudinais (rarefações e compressões alternadas), ou um corpo sólido, em que vibrações laterais também podem estar envolvidas (por exemplo, uma corda). A Figura 3.1 ilustra as ondas longitudinais (de compressão) e sua representação por uma curva senoidal.

No caso dos edifícios, nossa preocupação é com o som *difundido pelo ar* e com o som *transmitido pela estrutura*, este último sendo propagado pela estrutura material do edifício.

### 3.1.1 Propriedades do Som

Os sons são caracterizados pelo comprimento de onda ($\lambda$ em m), ou frequência ($f$ em Hz), e pelo produto dos dois, a velocidade ($v$ em m/s). Hz = Hertz, o qual, no passado, era chamado de "cps" (ciclos por segundo). A velocidade depende do meio de transmissão. No ar, ela é, em geral, considerada 340 m/s, mas varia com a temperatura e a umidade (mais rápida no ar mais quente, e menos no mais denso).

As equações relevantes são muito semelhantes às indicadas para a luz (equação 2.1):

$$v = f \times \lambda \tag{3.1}$$

da qual:

$$\lambda = \frac{340}{f} \quad e \quad f = \frac{340}{\lambda}$$

A saída (potência, P) de uma fonte de som é medida em W (watts). A Tabela 3.1 fornece alguns valores típicos de potência sonora.

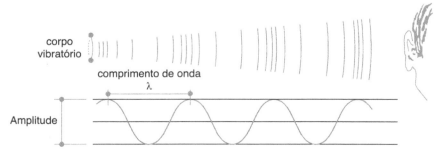

3.1

Ondas sonoras: ondas longitudinais (compressão) e sua representação sinusoidal

Som: O Ambiente Sonoro **217**

**Tabela 3.1** Potência sonora de algumas fontes

| | |
|---|---|
| Avião a jato | 10 kW ($10^4$ W) |
| Rebitador pneumático, motocicleta acelerando | 1 W |
| Ventilador de fluxo axial (elétrico) de 50 kW | 0,1 W ($10^{-1}$ W) |
| Orquestra de grande porte (sinfônica) | 0,01 W ($10^{-2}$ W) |
| Liquidificador, moedor de café | 0,001 W ($10^{-3}$ W) |
| Fala na conversação | 0,00001 W ($10^{-5}$ W) |

> Observe-se que p (em minúscula) indica a pressão do som e P (maiúscula) indica a potência da fonte de som.

A frequência é percebida como altura do som e a "força" do som é medida por sua pressão, p (em Pa), ou por sua densidade de potência ou intensidade, I (em W/m²). Esta última é a densidade da taxa de fluxo de energia. A pressão do som, na verdade, varia dentro de cada ciclo, de zero ao pico positivo e, então, indo de zero até um máximo negativo, de modo que o que medimos é a pressão RMS (raiz quadrada média do quadrado).

A relação entre p e I depende do meio de propagação, mas no ar em "condições padrão" (densidade do ar, $\rho = 1,18$ kg/m³ e v = 340 m/s), ela é, em geral, considerada como:

$$p = 20\sqrt{I} \qquad (3.2)$$

### 3.1.2 Os Tons Puros e o Som de Banda Larga

Um som que pode ser descrito por uma curva senoidal suave e uma frequência particular é designado como *som de tom puro*. Isso somente pode ser gerado eletronicamente. Sons produzidos por instrumentos sempre contêm alguns harmônicos.

*A frequência fundamental em si mesma é o primeiro harmônico. O segundo harmônico é o dobro dessa frequência, o terceiro, é três vezes a frequência fundamental etc.; por exemplo, o Dó médio tem uma frequência de 256 Hz. Seus harmônicos serão:*

*2° = 512 Hz*
*3° = 768 Hz*
*4° = 1024 Hz*

A maioria dos sons contém muitas frequências e são designados como *sons de banda larga*.

Uma oitava vai da frequência f à frequência 2f, por exemplo, de 1000 Hz a 2000 Hz. Uma oitava é normalmente designada por sua frequência central ($f_c$), então os limites são definidos como

$$f_{inferior} = f_c \times \frac{1}{\sqrt{2}} \quad e \quad f_{superior} = f_c \times \sqrt{2}$$

A tabela 3.2 mostra as frequências centrais da oitava padrão e os limites da oitava. Se o som é medido em cada oitava (ou em um terço de oitava) separadamente (pelo uso de "filtros de oitava ou filtros de terço de oitava"), então é possível construir um espectro de som, tal como os mostrados na Fig. 3.2.

**Tabela 3.2** Oitavas padrão (em Hz)

| Centro | 31.5 | 63 | 125 | 250 | 500 | 1000 | 2000 | 4000 | 8000 |
|---|---|---|---|---|---|---|---|---|---|
| Limites | 22 | 44 | 88 | 177 | 354 | 707 | 1414 | 2828 | 5656 | 11 312 |

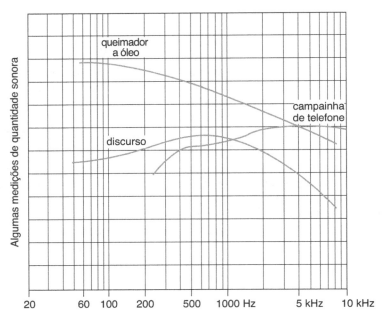

3.2
Alguns espectros de som típicos

### 3.1.3 Propagação do Som

Um campo sonoro é o volume do espaço em que as vibrações emitidas por uma fonte são detectadas. Um *campo livre* é aquele em que os efeitos dos limites são negligenciáveis, onde não há reflexões significativas. Quando uma fonte pontual uniforme emite um som, esse fluxo de energia se difunde radialmente em todas as direções, distribuídas sobre a superfície de uma esfera de raio crescente. Como a superfície de uma esfera é $4\pi r^2$, a intensidade do som (densidade de potência) em qualquer distância $r$ da fonte será

$$I = \frac{P}{4\pi r^2} \ (W/m^2) \tag{3.3}$$

Isso é conhecido como a lei do inverso do quadrado. A intensidade é proporcional ao quadrado da pressão do som, a pressão do som diminui com a distância (e não com o quadrado da distância), como por exemplo:

se a potência, $P = 10$ W

|       | $I\ (W/m^2)$ | $p\ (Pa)$ |
|-------|--------------|-----------|
| a 2 m | 0,2          | 8,94      |
| a 4 m | 0,05         | 4,47      |
| a 8 m | 0,0125       | 2,236     |

Além dessa redução com a distância, ocorrerá alguma absorção molecular de energia no ar, o que é muito pouco perceptível em baixas frequências (até cerca de 1000 Hz), mas bastante substancial, em altas frequências (por exemplo, em 8 kHz, numa distância de 300 m, haveria uma redução de $10^{-4}$ W/m$^2$).

Quando a frente de onda atinge um obstáculo (por exemplo, uma parede ou um anteparo), o padrão original de ondas continua acima da parte superior desse obs-

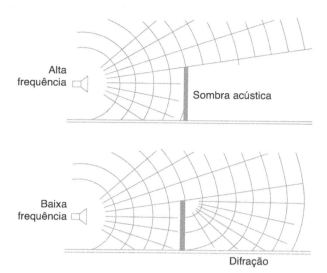

**3.3**
Sombra acústica e difração

táculo, mas vai criar uma *sombra acústica*. Isso pode ser claramente definido para frequências de som muito altas (similar a uma sombra de luz), mas em baixas frequências uma difração ocorre na borda do obstáculo, assim, essa borda se comporta como uma fonte virtual, como mostra a Fig. 3.3.

Se duas fontes contribuem para o campo sonoro, as intensidades se somam, mas, no caso da pressão, os quadrados das pressões contribuintes devem ser somados e o resultado será a raiz quadrada dessa soma:

$$I = I_1 + I_2$$

por exemplo:

$$I = 0,05 + 0,0125 = 0,0625 \text{ W/m}^2$$

mas

$$p = \sqrt{p_1^2 + p_2^2} \qquad \text{por exemplo: } p = \sqrt{4,472^2 + 2,236^2} = 5 \text{ Pa}$$

verificando (a partir da equação 3.2): $p = \sqrt{0,0625} = 5$ Pa

### 3.1.4 Quantidades Acústicas

A lei de Fechner sugere que a resposta humana a um estímulo é logarítmica, em termos gerais

$$R = C \times \log E$$

onde

- $R$ = resposta
- $C$ = uma constante
- $E$ = estímulo (log é de base 10).

Intensidade e pressão são medidas do estímulo. Em intensidades baixas, podemos distinguir diferenças muito pequenas, mas a sensibilidade auditiva diminui com intensidades mais altas. Como uma primeira aproximação da resposta auditiva foi criada uma escala logarítmica: o *nível sonoro*.

O logaritmo da razão $I/I_0$ foi denominado Bel (em homenagem a Alexander Graham Bell), mas, como se trata de uma unidade muito grande, seu submúltiplo, o decibel (dB) é usado. Ele pode ser derivado da intensidade ou da pressão:

Nível de intensidade sonora: $NiS = 10 \times \log \dfrac{I}{I_0}$ (3.4)

Nível de pressão sonora: $NpS = 20 \times \log \dfrac{p}{p_0}$ (3.5)

e os valores de referência foram padronizados como o limiar médio de audibilidade:

$I_0 = 1 \text{ pW/m}^2$ (pico-Watt = $10^{-12}$ W)

$p_0 = 20 \mu \text{ Pa}$ (micro-Pascal = $10^{-6}$ Pa)

Sob condições atmosféricas padrão, ambas as derivações fornecem o mesmo resultado, assim, na prática, ambas podem ser designadas como nível sonoro (N).

As intensidades de dois sons são aditivas, mas não os correspondentes níveis sonoros. Se os níveis sonoros são dados, eles devem ser convertidos em intensi-

---

**EXEMPLO 3.1   SOMANDO NÍVEIS SONOROS**

Dados dois níveis sonoros: $N' = 90$ dB, $N'' = 80$ dB.
  A soma dos dois NÃO é 170 dB!
  A partir da equação 3.4:

$I = 10^{-12} \times 10^{N/10}$

então

$I' = 10^{(9-12)} = 10^{-3} = 0{,}001$

$I'' = 10^{(8-12)} = 10^{-4} = 0{,}0001$

$I' + I'' = 0{,}0011 \text{ W/m}^2$

$N_{sum} = 10 \log \dfrac{0{,}0011}{10^{-12}} = 10 \log(11 \times 10^8) = 10 \times 9{,}04 = 90{,}4$ dB

O nomograma apresentado na Fig. 3.4 pode ser utilizado para a soma de dois níveis sonoros.

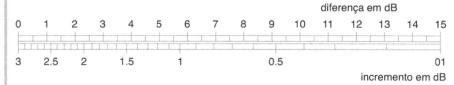

3.4
Nomograma para adição de dois níveis sonoros

Encontre a diferença entre dois níveis na escala superior e some tal diferença ao maior desses dois níveis dados. Em continuidade ao exemplo acima: a diferença é 90 – 80 = 10 dB. No monograma supra, oposto a 10 dB lê-se 0,4, então a soma será 90 + 0,4 = 90,4.

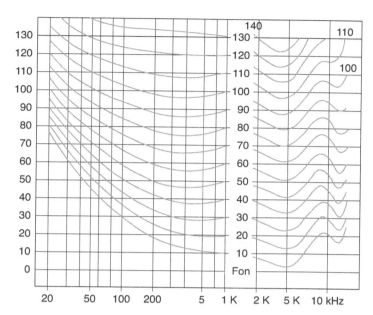

3.5
Curvas de mesma sonoridade: definição das escalas fônicas

dades, essas intensidades podem ser somadas, então o nível sonoro resultante deve ser encontrado.

O passo seguinte na quantificação da resposta auditiva reconhece que a sensibilidade do ouvido varia com a frequência do som. Ele é mais sensível em torno de 4 kHz (4000 Hz). A sensibilidade a vários sons de tom puro foi traçada em um gráfico de frequência (logarítmica), que dá as *curvas isofônicas* para sons de tom puro (Fig. 3.5). Essas curvas são designadas pelo nível sonoro em 1 kHz e definem a escala do nível de intensidade sonora (fon) (isto é, as escalas do nível sonoro e do nível de intensidade sonora coincidem na frequência de 1 kHz).

Por exemplo, tomando a curva de 30 fones. Ela indica que em 1 kHz um nível sonoro de 30 dB é percebido como nível de intensidade sonora de 30 fon, mas 30 dB em 100 Hz dão apenas 10 fon, enquanto em 4 kHz ele é percebido como nível de intensidade sonora de cerca de 37 fon. Inversamente, um nível de intensidade sonora de 40 fon é produzido por (por exemplo) cada um dos seguintes sons:

| em 40 Hz ... | 70 dB |
| em 100 Hz ... | 52 dB |
| em 250 ou 1000 Hz ou 5500 Hz | 40 dB |
| em 4000 Hz ... | 32 dB |

isto é, todos os sons ao longo de uma dessas curvas isofônicas serão percebidos como do mesmo nível de intensidade sonora.

Uma medida verdadeira da sensibilidade do ouvido humano é então encontrada, após dois ajustes:

1 para a resposta logarítmica ao estímulo, o que deu a escala de nível sonoro (dB)
2 para a dependência de frequência de nosso ouvido, o que deu o nível da intensidade sonora (fon).

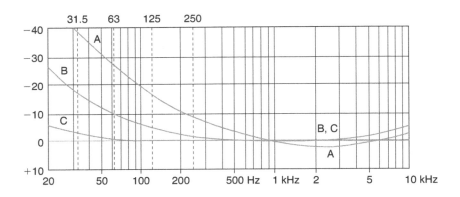

3.6
Ponderação dos níveis sonoros: A, B e C

O fon não pode ser medido diretamente, mas um sistema de ponderação eletrônica fornece uma aproximação. O efeito da ponderação "A" é mostrado na Fig. 3.6. Os níveis sonoros medidos por meio dessa ponderação são designados como dBA (as normas DIN alemãs se referem a tais escalas ponderadas como "instrumento fon"). Existem ainda outras escalas de ponderação, mas elas têm pouca relevância em arquitetura. Esses valores dBA muitas vezes são usados para descrever sons de banda larga com índice de um único número. No entanto, inúmeras combinações de níveis e frequências podem dar o mesmo valor dBA, assim, uma descrição precisa de um som de banda larga somente pode ser dada por seu espectro.

## 3.2 AUDIÇÃO

A percepção auditiva (do latim, *auris* = ouvido) começa com o ouvido. Os sons difundidos pelo ar atingem o tímpano através do tubo auditivo e ele começa a vibrar (Fig. 3.7). Essa vibração é então transmitida pelos ossículos (martelo, bigorna e estribo) para a membrana interna da janela oval e através dela atinge o ouvido interno, a cóclea. Cerca de 25 mil terminais (lembrando fios de cabelo) do nervo auditivo estão localizados na cóclea; esses terminais respondem seletivamente a várias frequências e geram impulsos nervosos, que são em seguida transmitidos ao cérebro.

Esses impulsos são interpretados pelo cérebro, mas a primeira seleção ocorre no ouvido interno. O ouvido é, então, não apenas um microfone muito eficiente, mas também um analisador. A maioria das funções auditivas do cérebro envolve reconhecimento de padrões, filtrando o que é relevante, e interpretação, baseada na memória, isto é, na experiência passada.

3.7
O ouvido humano

### 3.2.1 A Faixa Audível

O ouvido humano é sensível a vibrações entre 20 Hz e 16 kHz, mas esses limites também dependem da "força" do som. A faixa audível de frequências também pode ser reduzida (especialmente em altas frequências) pelo estado de saúde do ouvinte e, sem dúvida, pelo avanço da idade. A Figura 3.8 mostra que, com a idade de sessenta anos, as pessoas podem esperar por uma perda auditiva de 70 dB em 16 kHz, mas apenas uma perda de cerca de 10 dB, em 1 kHz.

3.8
Presbiacusia: perda auditiva devida à idade

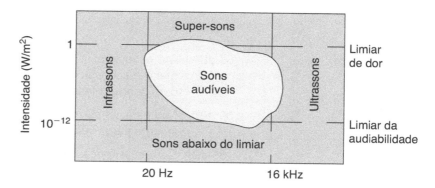

3.9
O intervalo dos sons audíveis

A Figura 3.9 ilustra o alcance dos sons audíveis, tanto em termos de frequência quanto de "força". A força é medida por três escalas: pressão, intensidade e nível sonoro. Observe-se que as partes superior e inferior do contorno correspondem às curvas isofônicas (em 0 e 120 fon). A figura também mostra que existem vibrações abaixo e acima dos limites: são designadas como *infrassons* e *ultrassons* (vibrações infrassônicas e ultrassônicas). A parte inferior da zona audível é o *limiar de audibilidade* e a parte superior é o *limiar da dor*. Acima deste último, pode haver super-sons, mas não existe um termo específico para os sons abaixo do limiar (para fins de cálculo, ambos os limites são fixados em termos de intensidade, pressão ou nível sonoro, independentemente da frequência).

Se a altura é a interpretação subjetiva da frequência de um som, ela sem dúvida está relacionada aos sons de tom puro (ou quase tom puro). Os sons complexos são fisicamente determinados por seu espectro, enquanto o termo subjetivo para a "coloração" de um som de determinada altura é o *timbre*. Diversas expressões do cotidiano podem se relacionar a certos tipos de som, por exemplo, a Fig. 3.10 mostra um tom puro, um som sibilante e um ronco. O som sibilante (assobio) é produzido por muitos sobretons de alta frequência, como mostra a curva média.

### 3.2.2 Ruído: Definição e Classificação

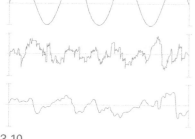

3.10
Um tom puro, um assobio e um trovão (gravação de nível gráfico)

Uma tentativa de definição de ruído em termos objetivos é: "vibrações aleatórias que não apresentam padrão regular algum". No entanto, o ruído é um fenômeno subjetivo, o som agradável para uma pessoa pode ser o barulho para outra. Assim, a única definição de ruído que pode ter algum sentido é: "som indesejado". Isso se assemelha à definição em telecomunicações, onde *sinal* se distingue de *ruído*, que é tudo mais.

O termo *ruído branco* é usado para um conjunto de vibrações que contém quantidades iguais de energia em todos os comprimentos de onda (por analogia com a *luz branca*, que inclui todos os comprimentos de onda visíveis da luz). É uma falácia comum acreditar que o ruído branco pode eliminar ou suprimir ruídos: ele somente reduz a inteligibilidade desse som indesejado (caso ele tenha algum conteúdo de informação).

**Tabela 3.3** Limites do "ruído ocupacional" persistente (em Hz)

| Frequência central (Hz) | 63 | 125 | 250 | 500 | 1000 | 2000 | 4000 | 8000 |
|---|---|---|---|---|---|---|---|---|
| Nível máximo (dB) | 103 | 96 | 91 | 87 | 85 | 83 | 81 | 79 |

Em termos gerais, podemos distinguir os seguintes efeitos do ruído:

65 dBA*   Até esse nível, o ruído ou som indesejado pode criar irritação, mas o efeito é apenas psicológico (efeitos nervosos). Acima desse nível, podem ocorrer efeitos fisiológicos, como fadiga física e mental.

90 dBA   Muitos anos de exposição a esses níveis de ruído em geral provocam alguma perda auditiva permanente.

100 dBA   Curtos períodos de exposição a ruídos desse nível podem prejudicar temporariamente a acuidade auditiva (ATLA, alteração temporária no limiar auditivo), e a exposição prolongada irá provavelmente causar danos irreparáveis aos órgãos auditivos.

120 dBA   É dolorosa.

150 dBA   Provoca a perda instantânea da audição.

Em termos mais precisos, a composição espectral do ruído também deve ser levada em conta. Em oposição à indicação do limite acima de 90 dBA, níveis "seguros" de exposição contínua a ruídos ocupacionais podem ser especificados para cada banda de oitava (Tabela 3.3).

O nível aceitável de ruído depende não apenas de fatores objetivos, físicos, mas também de fatores subjetivos, psicológicos. Depende do estado mental e das expectativas do ouvinte. Num trem-leito, o ruído monótono de 65-70 dBA não perturba, mas numa residência tranquila, para uma pessoa "mal sintonizada", o tique-taque de um relógio a 25 dBA pode provocar irritação.

O ruído pode afetar negativamente a concentração, em particular, se o ruído tem conteúdo de informação. Numa situação de trabalho, a mudança da atenção do trabalhador da tarefa para o ruído e de volta à tarefa pode levar vários segundos, e afetaria o desempenho no trabalho. O efeito mais evidente do ruído é sua interferência na comunicação auditiva. Isso será discutido com algum detalhe na Seção 3.4.1. Um som muito alto, (tal como música popular) pode ter um efeito psicológico direto (quase narcótico), enquanto para outros é apenas barulho.

Um som de tom puro pode ser descrito e quantificado usando-se a escala fon, mas isso somente será possível se tanto seu nível (dB) quanto sua frequência forem conhecidos. Um som complexo pode ser descrito em termos de seu nível sonoro ponderado A (dBA), mas essa é apenas uma descrição simplificada. Para um quadro completo, é necessária uma análise de banda de oitava (mais precisamente: uma análise de terça de oitava), que irá produzir seu espectro.

A Figura 3.11 apresenta os espectros de ruídos produzidos por algumas fontes do cotidiano.

Uma descrição de um único número desses ruídos de banda larga pode ser obtida em termos de sua *avaliação de ruído* (AR). Uma família de curvas (as curvas AR, Fig. 3.12) (ou, nos EUA, o muito similar "noise criteria [critério de ruído]", as curvas de NC, que ainda são usadas lá) deve ser colocada sobre o espectro do ruído e a curva que apenas toca o espectro em seu ponto (relativamente) mais alto fornece a classificação daquele ruído. A Figura 3.13 indica que um ruído de alta frequência tem um efeito maior na AR que um ruído com espectro dominantemente de baixa-frequência.

---

    * A – ponderação A, pontuação que considera o 'baixa sensibilidade' da orelha se houver frequência de áudio (há outras ponderações B, C...) [N. da T].

Som: O Ambiente Sonoro **225**

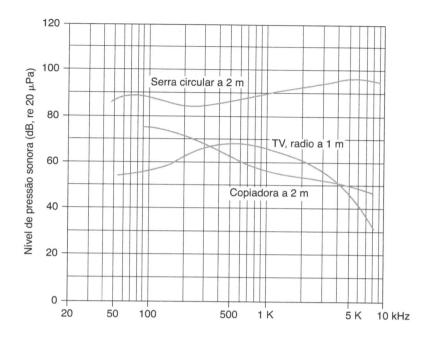

3.11
Espectros de ruído de algumas fontes típicas

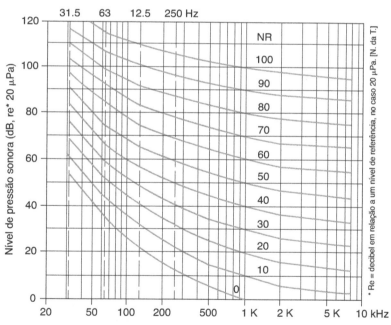

3.12
As curvas de TR (taxa de ruído)

A avaliação subjetiva do barulho de uma dada situação está estreitamente relacionada a seu número AR. Em geral, as pessoas avaliam a situação como

    AR 20–25        muito silenciosa
    AR 30–35        silenciosa

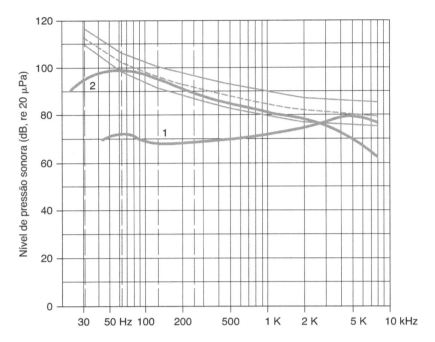

3.13
Avaliação de um ruído de alta frequência e de um de baixa frequência: curvas de TR de 80 e de 90.
(1) serra circular a 16 m, toques TR de 85 a 5000 Hz e
(2) tráfego rodoviário pesado, toques TR de NR 84 a 125 e 250 Hz

AR 40–45        moderadamente barulhenta
AR 50–55        barulhenta
AR 60 e acima   muito barulhenta.

Não existe uma conversão precisa de AR para dBA (ou vice-versa), uma vez que ela depende do espectro. Embora o dBA seja uma média ponderada, a AR é um limite superior do espectro. No entanto, em geral (e aproximadamente) pode ser considerado como dBA = AR + 10. Por outro lado, se a medição for feita em dBA, ela pode ser convertida como AR = dBA − 5.

Embora o número AR possa ser usado para descrever o grau de ruído de uma situação, ele também pode ser empregado como um critério para especificar o nível de ruído aceitável num determinado espaço, por exemplo, como um item da especificação estabelecida na instrução de um projeto de edifício. Para alguns usos mais comuns de cômodo, são recomendáveis os seguintes critérios:

| | |
|---|---|
| Estúdio, sala de concertos | AR 15 |
| Sala de conferências, sala de audiências, igreja | AR 25 |
| Lojas e lojas de departamentos | AR 35–50 |

(Ver também planilha de dados D.3.1)

As curvas CR (critério de ruído) foram desenvolvidas nos EUA para uso em taxa de barulho de ar-condicionado (Fig. 3.14) e são amplamente utilizadas para especificar o limite tolerável de ruído, numa forma similar às curvas AR. Note que as curvas AR coincidem com e são calibradas pelo nível de pressão sonora em 1000 Hz e as NC em 2000 Hz. Um conjunto de requisitos ligeiramente relaxado (as curvas NCA) é mostrado em linhas tracejadas.

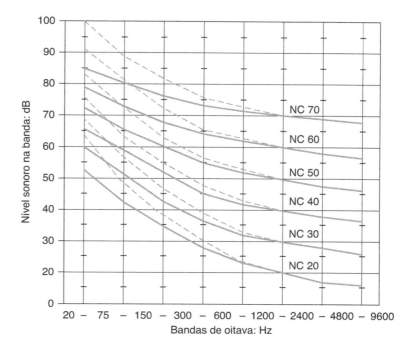

3.14
Curvas de critérios de ruídos (CR)

### 3.2.3 Espectros do Ruído

No interior de um edifício (campo fechado) com muitas fontes de baixas tendências direcionais, com múltiplas reflexões, o campo sonoro seria bastante uniforme e tanto um valor dBA ou um número AR dariam uma indicação razoável do ambiente sonoro. A Figura 3.15 mostra os espectros de ruído típicos de alguns ambientes internos.

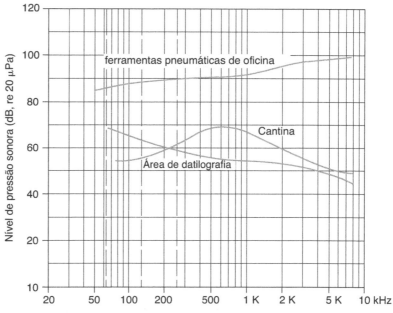

3.15
Espectros de ruído em alguns ambientes internos

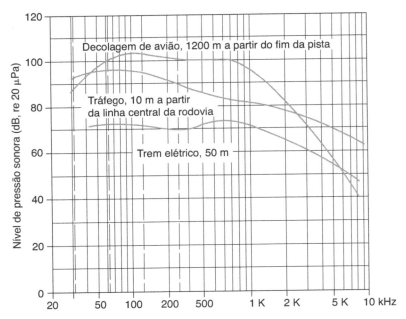

3.16
Espectros de alguns ruídos típicos de ambientes externos

Sob as condições do ambiente externo, ao ar livre, não havendo reflexões, o som diminui com a distância a partir da origem. Qualquer medição deve se relacionar a um ponto específico, isto é, à distância e à direção a partir da fonte ou localização nocional da fonte. Por exemplo, para o ruído do tráfego, a linha central da rodovia é muitas vezes considerada como a fonte linear do ruído. A Figura 3.16 apresenta os espectros de alguns ruídos típicos do ambiente externo, como medidos na distância especificada a partir da fonte.

Enquanto algumas fontes emitem sons de forma bastante uniforme em todas as direções, outras têm fortes tendências direcionais. Em um campo aberto, tais tendências direcionais devem ser determinadas e podem ser descritas na forma de curvas polares (em certa medida, similares às curvas polares de intensidade luminosa usadas para a emissão de luz de luminárias, ver Seção 2.5.2).

A Figura 3.17 apresenta duas formas de representação:

1 mostrando os valores em dB em diferentes direções a partir da fonte (em relação a um eixo especificado) a uma certa distância especificada ou
2 a redução relativa em dB em diferentes direções a partir do valor de pico ao longo do eixo direcional.

É notável, na segunda delas, que os sons de alta frequência tenham direcionalidade muito mais forte que os de baixa frequência (como mencionado com relação a barreiras e mostrado na Fig. 3.3).

### 3.2.4 Ambiente Ruidoso

Todas as medidas e toda a discussão até agora se relacionam a uma condição de ruído instantâneo, como se fossem apenas "instantâneos fotográficos". Se a variação no tempo deve ser considerada, é preciso registar o ruído. Uma amostra de registro gráfico desse tipo é apresentada na Fig. 3.18. Um registro desse tipo em geral é tomado em dBA, para trazer diferentes frequências a um denominador co-

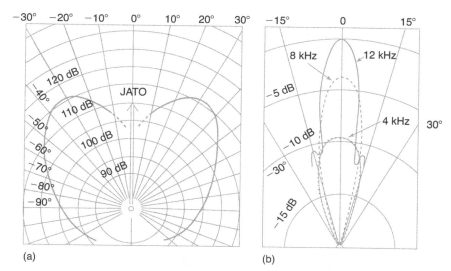

**3.17**
Direcionabilidade de algumas fontes:
(a) níveis de ruído a 30 m vindo de um jato e
(b) níveis relativos vindos de um megafone em alto volume.

mum, mas dessa forma toda indicação de frequência é perdida. Será útil caracterizar um ambiente ruidoso onde a composição do espectro de ruído não varia significativamente (por exemplo, o ruído do tráfego).

Mesmo se o registro for mantido por apenas 24 horas, vai ser necessário utilizar métodos estatísticos para obter algum significado a partir dele. Pode-se produzir um diagrama de distribuição de frequência (por exemplo, uma curva de Gauss) e é possível calcular vários valores percentuais do nível sonoro. A Figura 3.18 mostra o seguinte:

$N_{10}$: o nível do som excedeu em 10% do tempo, isto é, em termos estatísticos, o nível percentual de 90 – uma indicação dos valores de pico.

$N_{50}$: o nível percentual de 50, que é o valor médio para o período da medição.

$N_{90}$: o valor excedeu em 90% do tempo, ou o percentual de 10 do nível sonoro, que pode ser tomado como o nível médio do som de fundo.

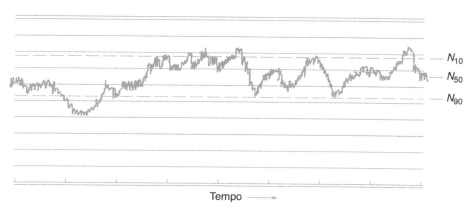

**3.18**
Um registro gráfico do nível sonoro, mostrando L10, L50 e L90

Instrumentos modernos podem produzir automaticamente análises desse tipo. Tanto o intervalo de amostragem (por exemplo, 1 segundo) quanto a "largura do intervalo" podem ser definidos (por exemplo, contando-se o número de ocorrências em faixas de largura de 5 dB e colocando-se os valores medidos em "intervalos" de largura de 5 dB).

Tais análises estatísticas podem constituir a base de várias medidas para descrição de ambiente ruidoso. Elas podem ser de dois tipos:

1 Índices, isto é, medidas de base física, sobre as quais outros fatores podem ser aplicados, em geral obtidos por métodos (de pesquisa) das ciências sociais.
2 Escalas, nas quais vários fatores físicos que afetam as respostas das pessoas são combinados em um período de tempo. Exemplos disso são o nível sonoro equivalente ou nível médio de energia, o nível efetivo de ruído percebido e o nível equivalente ponderado de ruído contínuo percebido.

Essas escalas de ambiente ruidoso estão além do âmbito deste trabalho, mas dois índices frequentemente usados são introduzidos aqui. Primeiro, o *índice de ruído de tráfego* (IRT) é uma expressão empírica de 24 horas de ambiente ruidoso numa determinada situação, em que o principal contribuinte é o tráfego rodoviário. Ele se baseia nos valores $N_{10, L50}$ e $N_{90}$, acima:

$$IRT = 4(N_{10} - N_{90}) + N_{90} - 30 \qquad (3.6)$$

Verificou-se que essa expressão fornece a melhor correlação com o incômodo do ruído do tráfego. Algumas das leis britânicas utilizam uma derivação similar, baseada em apenas dezoito horas de registro do ambiente ruidoso (excluindo as seis horas "quietas" da noite).

Vários estudos mostraram que o ruído do tráfego é o mais invasivo e o que recebe a maior parte das queixas como fonte de incômodo, mas é seguido de perto pelo ruído dos aviões em áreas próximas a aeroportos. Neste último caso, o fator influente não é apenas o ruído gerado pelos voos, mas também a frequência ou o número de voos. Assim foi criado a *taxa numérica e de ruído* (TNR), baseada em registros entre as 6h00 e 18h00, quando os fatores contribuintes são o número de voos (NV) e o nível do pico de ruído produzido pelo voo de cada avião. Esse índice utiliza a escala RPdB (nível de ruído percebido) e a expressão empírica fornece a melhor correlação com o efeito perturbador constatado por métodos da pesquisa social.

Ruído comunitário é um termo geral, que inclui o tráfego e o ruído de aeronaves acima, mas também o ruído industrial e o "ruído da vizinhança" (de cortadores de grama a festas, o televisor do vizinho, o trabalho de construção civil e até o ar-condicionado ou os ruídos de ventilação) – na verdade, qualquer ruído que possa existir num determinado ambiente.

Critérios diferentes serão aplicáveis, pois esses ruídos afetam

- as pessoas em suas casas, invadindo sua privacidade auditiva;
- as pessoas em situações de trabalho;
- as pessoas em espaços públicos.

O efeito de tal ruído depende em grande parte das expectativas das pessoas: os que se encontram diretamente envolvidos em um ruído particular podem quase não notar, podem até apreciar (por exemplo, a multidão num estádio de futebol ou os participantes de uma festa barulhenta), enquanto outros podem se sentir bastante incomodados. A grande complexidade do problema torna os controles legislativos difíceis. Consideração por outras pessoas, razoabilidade e bom senso provavelmente seriam uma solução melhor que o controle legal. Infelizmente o "bom senso" é uma mercadoria escassa.

As pessoas em suas casas terão o mais baixo limiar de tolerância. Como guia geral, os seguintes níveis de ruído em $N_{10}$ (percentual de 90) não devem ser excedidos no interior de qualquer unidade residencial (Tabela 3.4).

**Tabela 3.4** Limites do ruído comunitário nas residências (dBA)

|  | *Dia* | *Noite* |
|---|---|---|
| Áreas rurais | 40 | 30 |
| Áreas suburbanas | 45 | 35 |
| Áreas centrais da cidade | 50 | 35 |

A ISO (International Standards Organization), já em 1971, recomendava o uso de um único índice, o $N_{eq}$ (nível sonoro contínuo equivalente) para medição e classificação dos ruídos em áreas residenciais, industriais e de tráfego. O $N_{eq}$ é um nível de som nocional que causaria a mesma energia sonora a ser recebida (medida em dBA) que aquela devida ao som real durante um período de tempo. Se a variabilidade de um som "regular" está dentro de ± 4 dB, numa leitura de um sonômetro, definido para resposta "lenta", a média visualmente pode ser considerada como $N_{eq}$.

A gravação contínua apresenta amostras a intervalos fixos de tempo (i). O nível sonoro médio (Ni) é tomado como a média aritmética entre as medições nos pontos extremos do intervalo (em dBA). O intervalo (f) é expresso como uma percentagem do tempo total (T) de medição. Então $N_{eq}$ (ou, mais precisamente: $N_{AeqT}$) será

$$N_{eq} = 10\ log_{10}\ [0,01 \sum f \times 10^{(Ni/10)} \tag{3.7}$$

tal como definido pela ISO 1999:1990, que também prevê a inclusão dos efeitos de ruído de impulso. Isso foi endossado pela União Europeia e também vem conquistando popularidade no Reino Unido.

## 3.3 CONTROLE DO RUÍDO

Os princípios básicos do controle de ruído (ou redução do ruído) são resumidos no acrônimo FMR, que significa "Fonte, Meio de Propagação e Receptor". Isso fornece a estrutura da presente seção.

### 3.3.1 Controle na Fonte

É muito mais fácil (e muito menos caro) controlar o ruído na fonte ou próximo à fonte do que a certa distância dela. Muitas vezes, o ruído gerado é um subproduto evitável de algum processo. Um projeto cuidadoso pode eliminar ou pelo menos reduzir o problema. Muitas vezes, um componente mecânico gera uma vibração (que pode ficar abaixo da faixa audível) transmitida, por exemplo, para algum componente em chapa de metal, que talvez irá vibrar em alguns harmônicos superiores à frequência original e emitir som. É função dos projetistas de equipamentos evitar vibrações (por exemplo, por meio de um bom balanceamento) e impedir a transmissão de tais vibrações (por exemplo, usando guarnições ou conectores flexíveis em dutos ou tubulações).

O *ruído de impacto* pode ser reduzido no ponto em que o impacto irá transmitir energia mecânica na estrutura do edifício, por meio de, por exemplo, um revestimento amortecedor. A forma mais comum desse tipo de revestimento é a utilização de tapetes com forro de feltro.

A emissão de *ruído por via aérea* a partir de uma fonte pode ser reduzida empregando-se algum tipo de invólucro (possivelmente parcial). Um invólucro completo e pesado seria o mais eficiente. Se tiver algumas aberturas (respiradouros, por exemplo), então a parte interna pode ser forrada com materiais absorventes para reduzir o campo sonoro. Se for necessário o acesso (por exemplo, para um operador de alguma máquina), pode-se instalar uma caixa de quatro lados, com um lado aberto, revestida com materiais absorventes. A Figura 3.19 mostra um possível invólucro parcial e seu efeito de redução de ruído em termos direcionais.

Em uma situação industrial, em que as fontes de ruído estão no mesmo espaço que os receptores, as curvas de RC (*room criteria*, critérios de cômodo) norte-americanas (Fig. 3.20) podem ser aplicáveis. Essas são similares às curvas CR (Fig. 3.14) mas são estendidas até a extremidade da baixa-frequência (16 Hz), coincidem com e são calibradas pelo nível dB a 1000 Hz, não se estendem acima de 4000 Hz e incluem o intervalo de RC25 a RC50 apenas. Além desse intervalo, as curvas de TR são mais aplicáveis. Para inteligibilidade da fala, RC35 não deve ser excedido. Acima

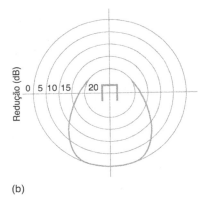

3.19
Um invólucro parcial para controle sonoro e seus efeitos na distribuição de som (curva polar)

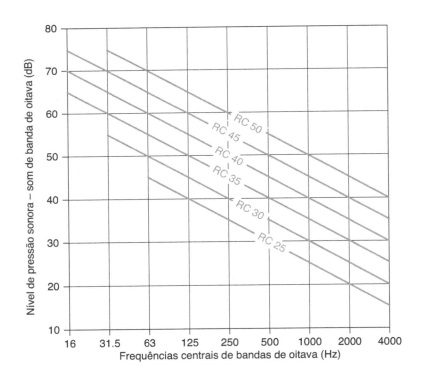

3.20
Curvas RC (critérios de cômodo)

disso, o som terá um efeito de mascaramento, que pode ser desejável para propósitos de privacidade. Se no final da baixa-frequência a curva especificada for excedida por mais de 5 dB, isso será percebido como um "ronco", e tal excesso dando-se no final da alta frequência será julgado como um "sibilo".

O termo "ruído ambiental" é frequentemente usado para ruído que escapou de sua fonte e existe no ambiente geral, possivelmente de fontes numerosas, principalmente

- Indústria
- tráfego rodoviário
- tráfego aéreo.

A redução do ruído industrial é principalmente uma tarefa da engenharia: tornar a maquinaria menos barulhenta. Confinamento (como Fig. 3.19) ou encerramento das fontes antes que o barulho escape para o ambiente pode envolver o projetista do edifício.

Aviões voando alto (ao redor de 10 Km) têm pouco efeito sobre o ruído ambiental no nível do solo. O problema é mais grave próximo aos aeroportos, na medida em que as aeronaves voam baixo para aterrissar e, ainda mais, para decolar. Apenas medidas reguladoras e de planejamento podem ter os efeitos desejados, como a proibição da movimentação de aeronaves entre (digamos) 23h00 e 05h00, exigindo-se que as aeronaves utilizem potência abaixo da máxima (e, assim, abaixo do ruído máximo) na decolagem (por exemplo, a medição do nível sonoro no final da pista, com penalidades previstas caso algum limite de ruído seja excedido). Medidas de planeamento podem incluir, em primeiro lugar, a localização dos aeroportos em áreas não sensíveis, por exemplo, numa península ou onde pelo menos a principal rota de decolagem fique sobre água ou áreas não residenciais (por exemplo, áreas industriais e agrícolas).

Medidas de planejamento podem reduzir em muito o problema do ruído, se as zonas industriais produtoras de ruído forem mantidas afastadas de áreas sensíveis ao ruído, por exemplo, áreas residenciais. No posicionamento de indústrias (e outras fontes de ruído), a direcionalidade da fonte deve ser levada em conta, a fim de apontá-la para longe de zonas sensíveis ao ruído e com o vento soprando para longe dessas zonas (obs.: isso também deve ser feito por razões de poluição do ar). O controle do ruído comunitário, como discutido na Seção 3.2.4 acima, é uma questão de regulamentação e dependente em grande parte de bom senso, de uma atitude responsável e de consenso em relação à geração de ruído.

### 3.3.2 Transmissão Acústica

O som é transmitido através de um meio que pode vibrar: na maioria das vezes, estamos preocupados com o som transmitido pelo ar, mas ele também pode ser transmitido por líquidos ou sólidos. Ruído ambiental pode ser ubíquo, mas identificar os percursos de transmissão pode fornecer oportunidades de controle.

- *Ao ar livre*, o som diminui com o quadrado da distância a partir da fonte. Isso significa que, para cada duplicação da distância, o nível do som é reduzido em 6 dB (se a intensidade é reduzida por um fator de 4, então $N = 10 \times \log 4 = 6$ dB). A absorção molecular adicional no ar a altas frequências é mostrada na planilha de dados D.3.2. Essa absorção molecular vai alterar o espectro sonoro, filtrando os componentes de frequência mais alta (por exemplo, enquanto o trovão nas

**3.21**
O efeito do gradiente de temperatura durante o dia

**3.22**
O efeito da inversão de temperatura à noite em uma frente de onda sonora

proximidades soa como um "som alto, metálico e ressonante", a uma distância maior ele soa mais como um ronco).

- *A cobertura do solo* sobre a qual o som viaja pode provocar atrito superficial, reduzindo assim o som, o que será perceptível se tanto a fonte quanto o receptor estiverem próximos do nível do solo. As superfícies pavimentadas não provocam uma redução desse tipo, mas o efeito da grama alta, de arbustos e de árvores pode ser bastante significativo, como indica a tabela fornecida na planilha de dados D.3.2.

- *Gradientes de temperatura* podem ter um efeito. Durante o dia, a temperatura próxima ao solo é mais elevada, o som viaja mais rápido, assim o som numa camada mais baixa ultrapassa o som nas camadas mais altas, de modo que o "raio de som" se curva para cima: no nível do solo, numa dada distância, o nível sonoro será menor do que o que ele seria no ar de temperatura uniforme (Fig. 3.21). Durante a noite, quando ocorre inversão térmica (a superfície do solo é resfriada devido à perda de radiação térmica), é nas camadas mais elevadas (mais quentes) que o som viaja mais rapidamente, de modo que os "raios de som" são defletidos para baixo, reforçando o som próximo ao nível do solo (Fig. 3.22).

- *O vento* reduz o som quando sopra do receptor para a fonte e o aumenta quando sopra da fonte para o receptor, não apenas devido ao efeito da velocidade, mas também devido à distorção da frente de onda esférica. Na Fig. 3.23 as setas mostram os hipotéticos "raios de som" conforme são defletidos. O pequeno diagrama de vetor é uma ampliação da parte superior de uma frente de onda. O resultado disso é que parte do som que, no ar parado, viajaria para cima é defletida e reforça o som no nível do solo.

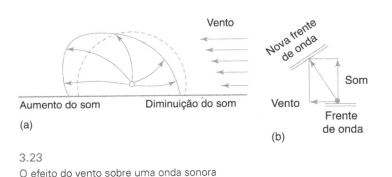

**3.23**
O efeito do vento sobre uma onda sonora

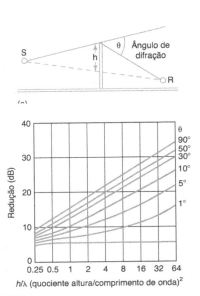

**3.24**
a: uma barreira de som, definindo h e θ;
(b) seu efeito redutor

Mesmo se não "controlados", alguns ruídos podem ser atenuados por barreiras. *Barreiras*, como paredes, anteparos ou outros objetos (inclusive edifícios), criam uma sombra acústica. A atenuação dentro dessa sombra depende da frequência do som. Enquanto os sons de alta frequência se comportam de forma semelhante à luz, em baixas frequências pode ocorrer muita difração no limite da barreira, o que vai reduzir o efeito de sombra. Um método de prever esse efeito de sombra requer o cálculo do quociente de $h/\lambda$ (altura/comprimento de onda) e a determinação do "ângulo de difração" ($\theta$) relativo ao ponto do receptor (ver Fig. 3.24a).

Note que a "altura" é tomada apenas acima da reta que conecta a fonte ao receptor. A redução (em dB) pode então ser lida a partir do gráfico (Fig. 3.24b). Este mostra que o efeito é muito maior com um ângulo θ maior (barreira mais próxima ou mais

Som: O Ambiente Sonoro **235**

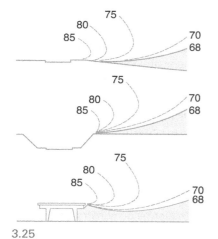

3.25
Linhas de ruído em rodovias: em nível, rebaixada e elevada (contornos em dBA)

alta) e em razões h/λ maiores (comprimentos de onda mais curtos). Outros métodos para estimar o efeito barreira são apresentados na planilha de método M.3.2.

Para qualquer barreira de ruído ser efetiva, ela deve ter uma densidade de superfície de pelo menos 20 kg/m². Um painel de concreto denso de 10 mm de espessura, placas de fibrocimento de 15 mm ou tábuas de madeira de lei de 30 mm satisfariam esse requisito.

Os efeitos do ruído proveniente de uma rodovia podem ser reduzidos se essa for colocada em um recorte ou numa elevação. A Figura 3.25 mostra (em seção) os contornos de ruído esperados nas proximidades dessas rodovias.

Se houver um local amplo disponível, o primeiro passo será colocar o edifício o mais longe possível da fonte de ruído. Se possível, qualquer edifício deverá situar-se fora do contorno de 68 dBA. A área entre os edifícios e a fonte de ruído pode ser densamente ocupada com vegetação. O efeito de redução do ruído desses "cinturões de árvore" é dado na planilha de dados D.3.2. Configurar o terreno formando, por exemplo, um morro ou uma colina pode prover um efeito barreira.

Em alguns empreendimentos residenciais próximos a ruas movimentadas (autoestradas, por exemplo), alguns blocos de apartamentos são projetados para atuar como blocos barreira (Fig. 3.26). Esses terão todos os cômodos habitáveis voltados no sentido contrário à rodovia fonte do ruído, e áreas de serviço situadas no lado voltado para a rodovia, com janelas bem pequenas. O melhor arranjo é se o bloco ficar paralelo à rodovia. A diferença em exposição ao ruído entre os dois lados de tal bloco pode ser de até 30 dBA. Se o lado protegido estiver em ângulo com a rodovia, a redução será menor, como indicado pela Fig. 3.26.

No caso de edifícios com problemas de acústica mais sérios, será preciso realizar uma análise espectral completa. Isso é mais bem ilustrado por um exemplo.

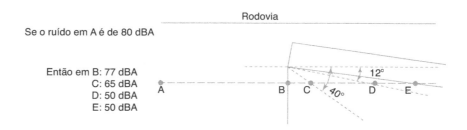

3.26
Um edifício como barreira e seu efeito de redução do ruído

### EXEMPLO 3.2 CONTROLE DE RUÍDO: ANÁLISE ESPECTRAL

A análise pode ser realizada graficamente (Fig. 3.27) ou na forma de tabelas (Tabela 3.5). Um bloco de sala de conferência deve ser construído próximo a uma rodovia movimentada. O limite do espectro de ruído (10 m a partir da linha central da rodovia) é considerado como aparece na Fig. 3.15 (linha 1). O local é amplo o suficiente para permitir a colocação do edifício a uma distância de 40 m de distância da rodovia. Isso significa duas "duplicações" da distância, isto é, uma redução de 12 dB. O espectro reduzido é indicado na linha 2. A exigência é de que o ruído que penetra não ultrapasse o AR 25 (da planilha de dados D.3.1). Esse está desenhado como linha 3. A diferença entre as linhas 2 e 3 determina o requisito de isolamento do ruído, que é agora traçado a partir da linha de base (linha 4). O passo seguinte é selecionar (por exemplo, na planilha de dados D.3.3) uma forma de construção que forneça os valores de PT exigidos em cada oitava. Vamos verificar que, para 1000 Hz e acima, o apropriado seria uma parede de tijolos de 110 mm, mas o ruído do tráfego é forte em frequências baixas. A oitava crítica será 125 Hz, então deve ser usado um tijolo de 220 mm. Os valores da PT na banda de oitava estão traçados e fornecidos na Tabela 3.5.

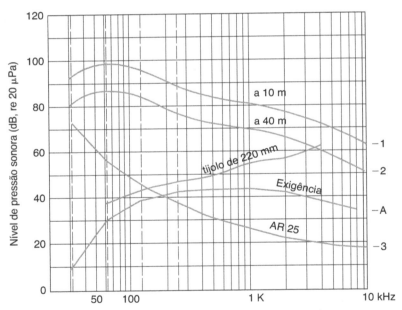

3.27
Análise espectral para o isolamento necessário

**Tabela 3.5** Análise espectral em forma tabulada (em Hz)

| Centros de banda de oitava (Hz) | 63 | 125 | 250 | 500 | 1000 | 2000 | 4000 | 8000 |
|---|---|---|---|---|---|---|---|---|
| 1. A 10 m da rodovia | 98 | 95 | 89 | 85 | 81 | 77 | 71 | 64 |
| 2. a 40 m da rodovia | 86 | 83 | 77 | 73 | 69 | 65 | 59 | 52 |
| 3. AR 25 | 55 | 44 | 35 | 29 | 25 | 22 | 20 | 18 |
| 4. Isolamento necessário | 31 | 39 | 42 | 44 | 44 | 43 | 39 | 34 |
| 5. PT da alvenaria de 220 mm |  | 41 | 45 | 48 | 56 | 58 | 62 |  |

Se todas essas medidas forem insuficientes, então o próprio revestimento do edifício deverá ser o isolante do ruído. Se o edifício estiver dentro do contorno de 68 dBA (Fig. 3.27), a perda de transmissão do revestimento deverá ser de pelo menos 20 dB, mas, de preferência, 25 ou 30 dB. A planilha de dados D.3.3 mostra que a maioria dos elementos de parede é mais que adequada. No entanto, os pontos mais fracos são os tijolos vazados, as aberturas de ventilação e as janelas. Se o isolamento do ruído no geral não for suficiente, as medidas mais econômicas serão melhorar esses pontos fracos. Uma janela com vidro simples, com PT = 22 dB, seria apenas o suficiente, mas aberturas devem ser evitadas.

### 3.3.3 Transmissão em Edifícios

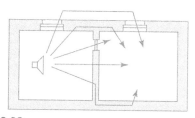

3.28
Caminhos da transmissão do som entre dois cômodos

Medidas no projeto do edifício consistirão em ter edifícios selados na área afetada pelo ruído, com bom isolamento do ruído, o que implicará no uso de ventilação mecânica ou ar-condicionado. Falhando isso, algum controle parcial da admissão de ruído ainda é possível. Com frequência, o problema não é tanto a entrada de ruídos externos (ambientais), mas se a fonte de ruído está dentro do edifício, então o problema é sua transmissão de um cômodo para outro. O som pode ser transmitido não apenas através de divisórias, mas através de uma série de rotas pelos flancos, como indica a Fig. 3.28. As propriedades de isolamento do som de paredes ou divisórias podem ser expressas de duas formas:

1. como índice de redução sonora (IRS) ou perda na transmissão (PT) – os dois termos significam o mesmo – em unidades de dB;
2. como transmitância ($\tau$), que é um coeficiente de intensidade (I) ou taxa de transmissão de energia.

De forma similar à transmissão da luz, a energia sonora incidindo sobre um objeto sólido (como uma divisória) será distribuída de três maneiras: parte dela pode ser refletida ($\rho$), parte dela, absorvida ($\alpha$), sendo o restante transmitido ($\tau$). A soma dos três componentes é a unidade:

$$\rho + \alpha + \tau = 1$$

Se a intensidade do som do lado da fonte é I', a intensidade do som transmitido (recebido) será

$$I'' = I' \times \tau$$

mas se o nível sonoro do lado da fonte é N', então o nível sonoro do lado da recepção será

$$N'' = N - PT$$

assim $PT \propto (1/\tau)$ (ou a perda é proporcional ao NÃO transmitido). Fig. 3.29 é um exemplo de duas formas de expressar a transmissão do som.
A relação é

$$PT = 10 \log (1/\tau) = 10(-\log \tau) \tag{3.8}$$

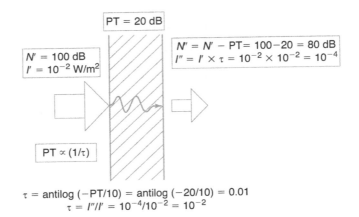

3.29
Um exemplo de dois modos de expressar a transmissão

Inversamente

$$\tau = \frac{1}{\text{antilog}\frac{PT}{10}} = \text{antilog}\frac{-PT}{20} \tag{3.9}$$

A lei da massa estabelece que cada duplicação da densidade de superfície (ou massa por área unitária) de uma divisória aumenta a PT em 6 dB e

PT ≈ 20 log M

onde M é a densidade de superfície em $kg/m^2$.

Na prática, devido a várias imperfeições, o aumento na PT pela duplicação da massa é possível que seja de apenas 5 dB, então PT ≈ 17 log M.

A transmissão também depende da frequência. Se uma molécula de um corpo tem que vibrar mais rápido (a uma frequência mais alta), seu efeito de amortecimento será maior. Assim, a lei da massa também estabelece que a PT vai aumentar em 6 dB a cada duplicação da frequência. Dessa forma, o gráfico da PT como uma função da frequência mostrará uma inclinação ascendente. Essa PT, no entanto, será reduzida pela a. ressonância e pela b. coincidência. A primeira, a *região ressonante*, depende da frequência de ressonância da parede. Para sons nessa frequência (ou seus harmônicos superiores), a PT é muito reduzida.

A segunda é a *região de coincidência*, que depende também do ângulo de incidência do som, à medida que as frentes de ondas incidentes varrem a superfície da parede. Como a Fig. 3.30 indica, é provável que a. ocasione problemas em edifícios nas baixas frequências e b. nas altas frequências. A *lei da massa* será plenamente operativa apenas nas frequências médias. O objetivo dos melhoramentos de isolamento acústico é empurrar a região ressonante para baixo e a região de coincidência para cima.

A planilha de dados D.3.3 fornece os valores de PT de vários elementos do edifício para diferentes frequências e uma média geral.

Algumas expressões empíricas simples para a média de PT de elementos homogêneos sólidos, são:

$$PT = 18 \log M + 8 \text{ se } M > 100 \text{ kg/m}^2 \tag{3.10}$$

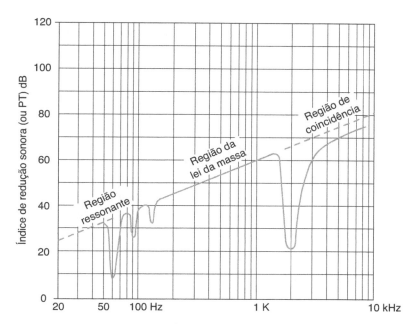

3.30
Um gráfico de transmissão: mostrando regiões de ressonância e coincidência

e

$$PT = 14{,}5M + 13 \text{ se } M < 100 \text{ kg/m2} \qquad (3.11)$$

ou para a PT em qualquer banda de oitava

$$PT_f = 18 \log M + 12 \log f_c - 25$$

onde $f_c$ = frequência central da banda de oitava.

O valor de PT mais alto alcançável é de 55 ou 60 dB. Quando a PT de uma divisória atinge cerca de 50 dB, as rotas de transmissão pelos flancos se tornam cada vez mais dominantes.

A planilha de método M.3.1 mostra o cálculo dos valores médios da PT para um elemento divisório que consiste de diferentes componentes, por exemplo, uma partição com uma porta ou uma parede com uma janela. Ela mostra que a "corrente é tão boa quanto seu elo mais fraco", que, por exemplo, uma abertura relativamente pequena pode destruir a PT de uma parede grossa. Para partições ou paredes divisórias duplas (desde que as duas bandas não estejam conectadas), o valor da PT será de cerca de 8 dB mais alto do que se a mesma massa fosse utilizada em uma partição simples, por exemplo,

| | |
|---|---|
| 110 mm alvenaria | PT = 45 dB |
| 220 mm alvenaria | PT = 50 dB |
| 270 mm parede dupla com vão central | PT = 58 dB |

Esse melhoramento fica, no entanto, reduzido na frequência de ressonância, sendo que nessa frequência a PT da parede dupla com vão central pode se tornar menor que a da parede maciça de espessura dupla.

Para melhores resultados, o vão deve ter pelo menos 100 mm, uma vez que a frequência de ressonância desse vão seria mais baixa. Com materiais leves, a frequência de ressonância pode ficar bem dentro da faixa audível, assim o vão deve ser mais largo. O acoplamento das duas superfícies por um campo sonoro ressonante no vão pode ser evitado pela introdução de algum absorvente poroso (por exemplo, uma manta de lã de vidro). Isso pode melhorar a PT em cerca de 5 dB.

Um caso especial de paredes duplas é a janela de vidro duplo. Aqui, o ponto mais importante é evitar o acoplamento acústico das duas camadas. O vão deve ter pelo menos 200 mm de largura, caso contrário, a ressonância do vão ficará bem dentro da faixa audível. O fechamento hermético de ambas as folhas é importante, sendo que as camadas devem ser revestidas com um material absorvente para reduzir qualquer ressonância do vão. Para reduzir ainda mais a probabilidade de acoplamento acústico, as duas folhas de vidro devem ter espessura diferente e, assim, diferentes frequências de ressonância e coincidência.

Ao examinar a planilha de dados D.3.3 é evidente que nenhuma janela poderá satisfazer os requisitos de isolamento, assim não poderá haver janelas nessa parede (mais exposta). Em muitos países, as normas de construção estabelecem exigências de isolamento do som transmitido pelo ar entre diferentes tipos de ocupação, tais como paredes divisórias em casas geminadas e apartamentos, bem como pisos entre apartamentos ou em casas geminadas de dois ou mais pavimentos.

Algumas normas especificam apenas os valores de *classe de transmissão sonora* (CTS) para esses elementos de separação, mas isso não substitui uma análise de banda de oitava. A CTS é um índice de um único número, baseado em medições da PT para cada terça de oitava entre 125 e 4000 Hz, o número dado pela PT medida em 500 Hz. As tabelas fornecem os valores-limite para cada uma das dezesseis medições, sendo que a soma dos desvios com relação a esses valores não deve exceder a 32 dB.

O som pode ser prontamente transmitido por um duto de ar-condicionado ou de ventilação, ambos da própria construção (por exemplo, ruído de ventilador) ou de um cômodo para outro. Isso pode ser reduzido revestindo o duto com material absorvente. Um revestimento de material fibroso de 25 mm pode fornecer as seguintes reduções em dB por metro linear:

|  | 125 Hz | 250 Hz | 500 Hz | 1000 Hz | 2000 Hz | 4000 Hz |
|---|---|---|---|---|---|---|
| Metal sem revestimento | 0,3 | 0,3 | 0,3 | 0,3 | 0,3 | 0,3 |
| Com revestimento absorvente | 0,9 | 2,4 | 5,7 | 16 | 15 | 8 |

A australiana EBS (experimental building station – estação de construção experimental) produziu um "nomograma de controle do ruído", que mostramos na Fig. 3.31. A primeira coluna mostra a fonte de ruído num espaço e a última mostra as funções do espaço receptor. Uma régua colocada transversalmente mostrará na coluna do meio qual construção será adequada para separar os dois.

### 3.3.3.1 Isolamento do Som Proveniente da Estrutura

O isolamento do som proveniente da estrutura é um problema completamente diferente. Enquanto o ruído transmitido pelo ar que impacta a superfície de um edifício vai gerar alguma vibração, isto é, algum som proveniente da construção, esse será de nível negligenciável. O som proveniente da construção é significativo quando for gerado por impactos mecânicos ou vibração. (O ruído de impacto é muitas vezes confundido com ruído baseado na estrutura, porque ambos estão

Som: O Ambiente Sonoro **241**

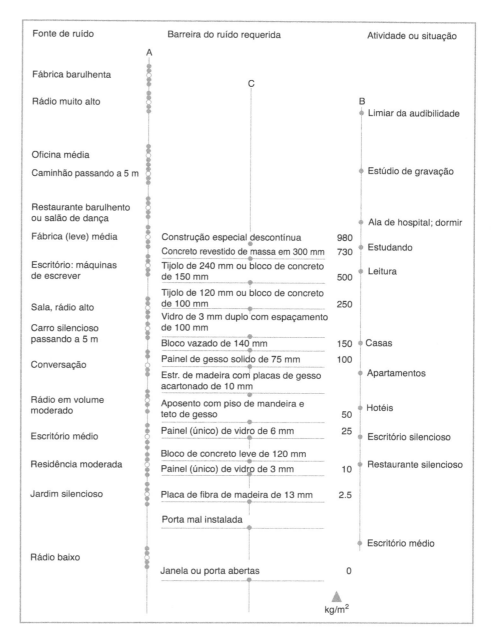

3.31
Um nomograma de controle do ruído

fortemente ligados: o impacto é a fonte, a estrutura transmite o ruído). Os impactos são a principal fonte do som proveniente da estrutura, mas não a única fonte. Eles podem ser reduzidos na fonte por revestimentos de superfície resilientes (por exemplo, tapetes) e sua transmissão pode ser impedida (ou reduzida) por descontinuidade estrutural.

As fontes mais prováveis de som proveniente da estrutura são passos ou objetos caindo num chão duro. A queda de uma colher no chão da cozinha (uma laje de concreto ladrilhada) pode gerar um ruído de mais de 80 dB no cômodo abaixo. Será um ruído curto e transitório, desaparecendo rapidamente, mas pode ser bastante incômodo.

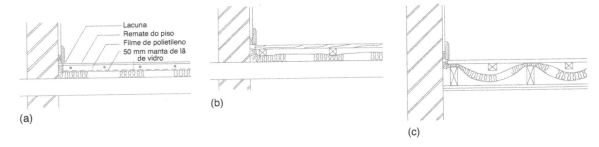

3.32
Algumas configurações de "pavimento flutuante"

A figura 3.32 mostra alguns arranjos para "pisos flutuantes", em que uma camada elástica isola a superfície do piso da laje estrutural sob ela. Algumas normas de construção estabelecem o uso de pisos desse tipo entre ocupações separadas (por exemplo, apartamentos).

Observe-se, no entanto, que o isolamento do som transmitido pelo ar e o isolamento do som proveniente da estrutura são dois problemas separados. A solução apresentada na figura 3.32c pode fornecer descontinuidade, mas não pode dar uma PT adequada para o isolamento do ruído transmitido pelo ar. A tabela de valores de PT apresentada na planilha de dados D.3.3 está relacionada à transmissão do ruído pelo ar.

A descontinuidade estrutural também pode ter um papel nas partições duplas. Uma folha pode estar rigidamente conectada ao piso inferior e superior, bem como às principais paredes adjacentes, mas a segunda folha deve ser assentada em molduras flexíveis e estar isolada em toda a volta dos elementos adjacentes, pelo menos por meio de uma tira de cortiça. Isso irá reduzir a transmissão de vibrações provenientes da estrutura.

Como exemplo, tome uma parede de tijolo maciço de 220 mm, com reboco de ambos os lados, com uma densidade de superfície de 440 kg/m². Compare os melhoramentos possíveis sem alterar a massa da parede:

| | |
|---|---|
| A parede de tijolo maciço original de 220 mm | média de PT = 50 dB |
| Duas bandas de 110 mm do mesmo | média de PT = 53 dB |
| Com uma manta de lã de vidro no vão | média de PT = 58 dB |
| O mesmo, mas com um lado isolado | média de PT = 60 dB |

Teoricamente, o limite possível é uma PT de cerca de 62 dB.

### 3.3.4 Controle do Ruído por Absorção

A tarefa do projetista pode ser reduzir o nível de ruído no cômodo em que está a fonte de ruído. Como mostra a fig. 3.33, o campo sonoro em qualquer ponto de um cômodo consiste de dois componentes: os sons diretos e os reverberantes. o componente direto reduz com o aumento da distância a partir da fonte, mas o componente reverberante (todas as possíveis reflexões e inter-reflexões) é considerado homogêneo em todo o cômodo e depende das superfícies do recinto.

Como mencionado na Seção 3.3.2, o som incidente sobre uma superfície pode ser refletido, absorvido ou transmitido; assim, refletância + absortância + transmitância: $\rho + \alpha + \tau = 1$. Do ponto de vista de um cômodo onde o som é gerado e

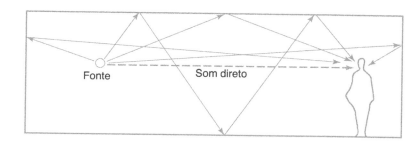

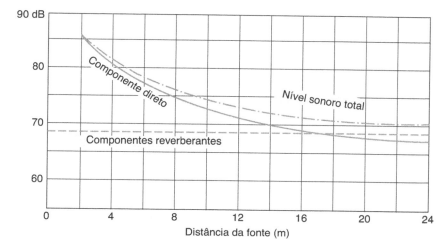

3.33
Som direto e som reverberante num cômodo

considerado, o *coeficiente de absorção* (a) é *tudo o que não é refletido*. Assim, a = 1 − ρ, ou a = α + τ. De fato, a unidade de absorção é a "unidade de janela aberta", que não reflete som algum (a = 1) e é medida em m². A absorção total (Abs) em um cômodo é a soma da área de todos os elementos de superfície (s) × o coeficiente de absorção (a) dos materiais e produtos:

$$\text{Abs} = \sum (s \times a) \tag{3.12}$$

A planilha de dados D.3.5 lista os coeficientes de absorção de vários elementos de superfície e de produtos de diversas marcas. É essa absorção total que determina o componente de reverberação. Se a absorção for duplicada, a potência refletida será reduzida pela metade, o que significará uma redução de 3 dB no nível sonoro (uma vez que 10 log ½ = −3).

Num cômodo com baixa absorção (em que todas as superfícies são duras) pode não ser muito difícil aumentar a absorção por um fator de 8 (três duplicações ou 2³), o que daria uma redução de 9 dB. No entanto, se o cômodo já tiver superfícies altamente absorventes, poderá ser bastante difícil (e caro) obter até mesmo uma duplicação.

Para a maioria das superfícies de cômodos, se a transmitância (τ) for negligenciável:

$$a = \alpha$$

onde α é a absortância, e "a" é o coeficiente de absorção (tudo que não é refletido).

**244** Introdução à Ciência Arquitetônica

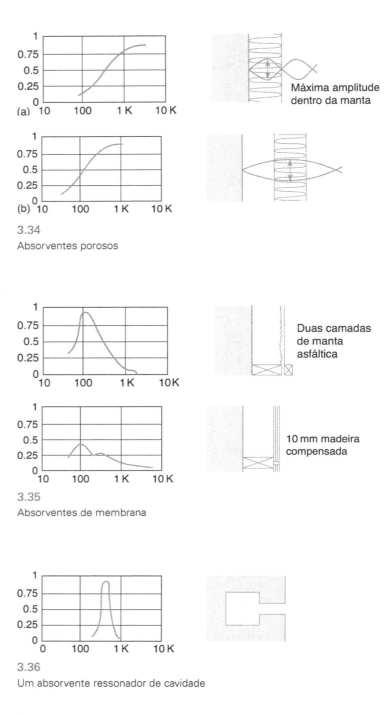

3.34 Absorventes porosos

Máxima amplitude dentro da manta

3.35 Absorventes de membrana

Duas camadas de manta asfáltica

10 mm madeira compensada

3.36 Um absorvente ressonador de cavidade

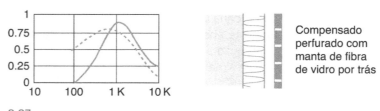

3.37 Um absorvente de painel perfurado

Compensado perfurado com manta de fibra de vidro por trás

Existem quatro tipos básicos de materiais absorventes, de acordo com os diferentes processos de absorção:

1 *Absorventes porosos*, como lã mineral, lã de vidro, aglomerados de fibra ou espumas de poliuretano, que têm estrutura de células abertas (Fig. 3.34a). As vibrações são convertidas em calor, devido ao atrito entre as moléculas de ar vibrando e as paredes celulares. Esses absorventes são mais eficientes para sons de alta frequência (ondas curtas). Se a espessura (b) for inferior a um quarto do comprimento da onda (b < λ/4), eles terão pouco efeito. Se a placa absorvente for fixada a certa distância de uma superfície maciça (Fig. 3.34b), ela terá quase o mesmo efeito que um absorvente mais espesso. Ela será mais eficiente se ¼ do comprimento de onda for igual à distância da superfície sólida até o centro do material absorvente. Nesse caso, a amplitude máxima tanto da onda incidente quanto da onda refletida ocorreria dentro do material poroso.
2 *Absorventes de membrana* podem ser placas flexíveis estiradas sobre suportes ou painéis rígidos montados a certa distância de uma parede maciça. A conversão para calor ocorrerá devido à rápida flexão da membrana e à compressão repetida do ar por trás dela. Esses serão mais eficientes na sua frequência de ressonância, o que depende da densidade da superfície da membrana, da largura do espaço enclausurado e da fixação e rigidez da membrana ou painel. A maioria dos absorventes desse tipo é eficiente na faixa de baixa frequência (Fig. 3.35).
3 *Ressonadores de cavidade* (*Helmholz*) são recipientes de ar com gargalos estreitos (Fig. 3.36). O ar no interior da cavidade tem um efeito similar a uma mola na frequência de ressonância específica do volume de ar enclausurado. Eles têm coeficientes de absorção muito altos em uma faixa de frequência muito estreita. Grandes jarros de cerâmica embutidos em paredes de pedra com sua abertura junto à superfície da parede são os exemplos originais dos anfiteatros gregos.
4 *Absorventes de painel perfurado* combinam todos os três mecanismos acima (fig. 3.37). O painel propriamente pode ser em compensado, aglomerado, placa de gesso ou metal e muitos funcionam sobretudo como um absorvedor de membrana. As perfurações, furos ou fendas, com o espaço de ar por trás deles, atuam como ressonadores de múltiplas cavidades, melhorado por algum absorvente poroso. A maior parte da ampla gama de "materiais acústicos" comercialmente disponíveis (por exemplo, placas de forro) se enquadra nessa categoria.

Existem várias concepções equivocadas prevalescendo nesse contexto. Muitos confundem absorção com isolamento, provavelmente porque alguns dos materiais são empregados para ambos os fins. *Materiais fibrosos* (lã de vidro ou lã mineral) são bons para isolamento térmico, mas inúteis para o isolamento de ruídos. As vibrações do ar irão penetrar esses materiais como se fossem peneira. Se é possível soprar ar através deles, o som viajará através deles com muito pouca perda. Eles podem ser bons absorventes se montados sobre um suporte sólido, reduzindo as reflexões. Para isolamento do ruído, isto é, para impedir que ruído atravesse uma parede ou divisória, massa é a melhor resposta.

O caso é diferente com *materiais porosos*. Para isolamento térmico, os melhores materiais têm estrutura de poros fechados, como o poliestireno, mas esses serão inúteis para absorção acústica, para o que, uma estrutura de poros abertos é mais adequada.

Materiais similares, por exemplo, uma manta de fibra de vidro, podem ser empregados para reduzir a transmissão de ruídos de impacto, por exemplo, para apoiar

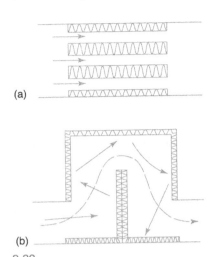

**3.38** Abafadores absorventes em dutos

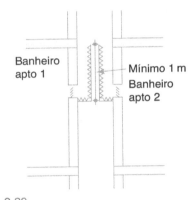

**3.39** Abafador absorvente entre banheiros

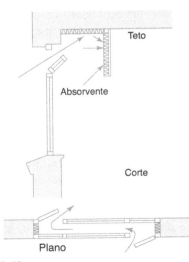

**3.40**
A: uma cornija absorvente;
B: uma janela de ventilação

um pavimento flutuante. Nesse caso, o material não seria usado devido à sua propriedade absorvente, mas apenas para fornecer um suporte flexível para um "piso flutuante", de modo a romper a conexão rígida e, assim, o trajeto de transmissão do som da própria estrutura.

Outro exemplo que pode gerar confusão é o uso de materiais absorventes no interior do vão de uma construção em parede dupla. Nesse caso, o mecanismo de transmissão é aquele em que a camada do lado da fonte vibra, cria um campo sonoro no interior do vão, o qual, por sua vez, produz vibrações na segunda camada. Isso é denominado "acoplamento acústico" das duas camadas. A colocação de algum absorvedor no vão reduzirá a intensidade do campo sonoro e, assim, diminuirá o efeito sobre a segunda camada. O efeito geral é um aumento na PT.

Absorvedores podem ser usados para reduzir o som que atravessa aberturas que devem ser mantidas abertas para fins de ventilação. O exemplo mais comum é o "silenciador" no escapamento de automóveis. Em sistemas de ar-condicionado, um "silenciador" é montado em seguida ao ventilador, para absorver o ruído aerodinâmico criado por esse (Fig. 3.38a). Se um duto de ventilação serve a dois banheiros, uma seção absorvedora pode ser instalada a fim bloquear a travessia dos sons, de modo a garantir privacidade auditiva (Fig. 3.39).

A abertura de ventilação numa janela irá permitir ruído: esse pode ser reduzido com o uso de um bandô revestido com absorvedores ou abafadores (Fig. 3.40). Não se trata de "isolamento acústico", mas sim de uma redução na entrada de ruído por absorção.

Em climas quentes, em que a janela é mantida aberta para ventilação natural, um revestimento absorvente sob o beiral ou no teto próximo à janela pode fornecer alguma redução do ruído transmitido (Fig. 3.41). Mesmo as persianas usadas na janela para ventilação podem ser guarnecidas com esse tipo de revestimento absorvente (Fig. 3.42). Até os melhores desses absorvedores em aberturas raramente produzem uma redução no nível sonoro maior que cerca de 6 dB.

A absorção tem um papel na redução do nível de ruído em um determinado espaço no qual se encontra a fonte de ruído (como discutido acima), mas seu papel é mais importante na concepção da acústica dos cômodos que será discutida no capítulo 3.4.

### 3.3.5 Vibrações

O som propriamente é vibração entre 20 Hz e 16 KHz, mas há também vibrações subsônicas e supersônicas (infrassons e ultrassons), como indicado pela fig. 3.9. Geralmente o termo "vibração" é usado para a faixa subsônica.

Em edifícios, uma vibração pode ser causada por equipamento mecânico, como ventiladores de ar-condicionado, compressores, bombas ou maquinário de elevador. A vibração em si raramente é percebida, mas como ela é transmitida pela estrutura do edifício, esse pode causar vibração de alguns componentes nas frequências harmônicas superiores, que são audíveis. Tal ressonância de, por exemplo, divisórias leves ou forros suspensos pode ser bastante desconcertante. O problema é de certa forma similar ao controle do ruído transmitido pela estrutura. A melhor solução é enfrentar o problema na fonte ou próximo a ela.

A vibração da fonte deve ser limitada. A tabela 3.6 lista esses limites recomendados de deslocamento da vibração (pico a pico) de alguns tipos de equipamento (fonte de ruído).

Qualquer vibração inevitável deve ser isolada, por exemplo, colocando o maquinário sobre molduras flexíveis e usando conexões flexíveis (por exemplo, para dutos). Muitos isoladores diferentes estão disponíveis comercialmente, mas a escolha deve ser deixada a cargo de especialistas. A fig. 3.43 mostra os princípios de algumas soluções.

Som: O Ambiente Sonoro **247**

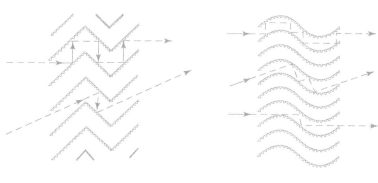

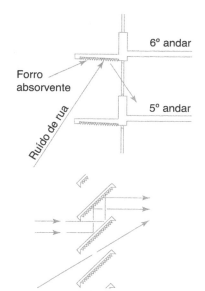

3.42
Venezianas absorventes

3.41
Forro absorvente no beiral e venezianas absorventes

**Tabela 3.6** Limites de vibração dos equipamentos

| Equipamento | Pico a Pico | mm |
|---|---|---|
| Bombas | 1800 RPM | 0,05 |
|  | 3600 RPM | 0,025 |
| Compressores centrífugos |  | 0,025 |
| Ventiladores | Abaixo de 600 RPM | 0,1 |
|  | 600–1000 RPM | 0,075 |
|  | 1000–2000 RPM | 0,05 |
|  | Acima de 2000 RPM | 0,025 |

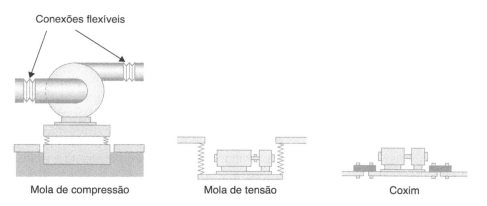

3.43
Principais tipos de instalações flexíveis

## 3.4 ACÚSTICA DO CÔMODO

Num cômodo, quando uma fonte sonora é ligada e opera em nível constante, a intensidade do campo sonoro aumenta (o cômodo – por assim dizer – está sendo preenchido com som) até que a taxa de absorção de energia se iguale à taxa de entrada de energia. Nesse ponto, haverá equilíbrio e o campo sonoro estará estável.

Quando a fonte é desligada, o campo sonoro reverberante persistirá por um pequeno tempo, à medida que declina gradualmente. O tempo necessário para que o

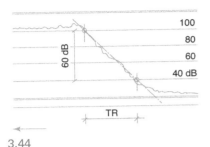

3.44
Registro gráfico do tempo de reverberação

campo sonoro decaia num fator de um milhão ($10^6$), isto é, uma queda no nível sonoro de 60 dB, é designado como *tempo de reverberação* (TR). A duração desse tempo depende do tamanho do cômodo e de suas superfícies. Um pouco de energia é perdida a cada reflexão. Com superfícies duras serão necessárias mais reflexões e, assim, um tempo maior para o som decair. Em cômodos maiores o som viaja um tempo maior entre as reflexões, ocorrem menos reflexões por unidade de tempo, portanto, o tempo de reverberação é mais longo.

Para o cálculo do TR uma expressão empírica simples foi proposta por Sabine (1922):

$$TR = 0{,}16 \times \frac{V}{Abs} \text{ (em segundos)} \qquad (3.13)$$

onde

$V$ = volume do cômodo (m$^3$)
Abs = absorção total no cômodo (m$^2$).

A Figura 3.44 mostra uma tira de papel na qual o nível sonoro é graficamente registado em função do tempo; isso é designado como a "curva de decaimento" que define o TR.

### 3.4.1 Requisitos

Um cômodo onde ouvir o som é uma função importante será qualificado como de "boa acústica" se forem satisfeitas as seguintes condições:

1. Se todo ruído de fundo for baixo o suficiente e o som desejado for alto o suficiente para ser audível, inteligível, agradável e livre de perturbações.
2. Se o campo sonoro for bem difundido, livre de pontos surdos e zonas altas.
3. Se não houver ecos, ecos de vibração, ondas estacionárias ou outras distorções acústicas.
4. Se o tempo de reverberação for apropriado para o objetivo (ver fig. 3.50 na p. 250) e bem equilibrado em todas as frequências audíveis.

A primeira delas é a consideração do receptor. O espaço do indivíduo é tomado como o cômodo "de recepção". Se o ruído foi enfrentado na fonte e na transmissão tanto quanto possível, a última linha de defesa é o próprio cômodo de recepção. Construção maciça por seu fechamento pode minimizar transmissão pelo ar. Ruídos transmitidos pela estrutura do edifício e vibrações podem ser eliminados por construção descontínua.

A última forma de construção descontínua é o "cômodo flutuante", usado para laboratórios acústicos ou outros cômodos extremamente sensíveis ao ruído. Um exemplo disso aparece na fig. 3.45. Trata-se de uma sala dentro de outra sala, onde a casca interna não está em contato rígido com a estrutura externa do edifício, mesmo o piso assenta sobre suportes flexíveis.

Esse tipo de construção foi usado nos estúdios antigos da BBC, em Portland Place, (Londres), para isolá-los do som causado pela vibração do metrô passando logo abaixo e transmitido pela estrutura. No Royal Festival Hall, todo o auditório está apoiado em blocos de borracha flexível e tem uma estrutura de parede dupla, seguindo os princípios indicados pela fig. 3.45. Alguns laboratórios do BRE (Building Research Establishment) em Garston, Watford, seguem esse método e serão discutidos na seção 3.4.4.3 abaixo.

Outras exigências serão descutidas nas seções seguintes.

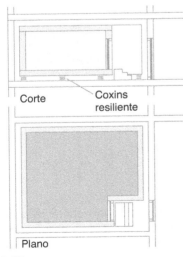

3.45
Uma construção de "sala flutuante" completamente isolada

Em espaços onde a comunicação da voz (ouvir o que se fala) é importante, os limites de ruído podem ser estabelecidos em termos do *nível de interferência na fala* (NIF). Como para a fala humana as frequências mais importantes são 500, 1000 e 2000 Hz, esse nível foi definido como

$$NIF = (N_{500} + N_{1000} + N_{2000}) / 3 \qquad (3.14)$$

ou seja, a média aritmética dos níveis sonoros das três bandas de oitava.

Comparando-se com a fig. 3.12, pode-se observar que as curvas AR formam na verdade uma linha reta de 500 a 2000 Hz e, assim, coincidem com o NIF. O NIF é um sub-conjunto das curvas AR. As frequências abaixo de 500 e acima de 2000 Hz são menos importantes para a inteligibilidade da fala.

### 3.4.2 Tamanho e Forma do Cômodo

Até o volume de cerca de 300 m³ a voz de um indivíduo pode ser ouvida sem dificuldade e sem qualquer tratamento especial das superfícies do recinto. Há pouca probabilidade de ocorrer ecos, mas se uma das dimensões do cômodo tiver menos da metade do comprimento de onda da menor frequência audível (cerca de 8,5 m), ondas estacionárias podem se desenvolver entre superfícies paralelas opostas (reflexivas). Isso provoca ressonância no cômodo, isto é, um aumento na intensidade e no tempo de reverberação (TR) dessa frequência específica.

À medida que o tamanho do cômodo aumenta de 300 para 30000 m³, a necessidade de reforço do som para o público situado na parte posterior da plateia também aumenta. A acústica geométrica ajuda a determinar as superfícies do cômodo para reflexões dirigidas. Em cômodos maiores do que cerca de 8000 m³, um sistema de amplificação pode ser necessário para que uma voz individual seja inteligível. Em auditórios mais amplos, ondas estacionárias são improváveis, mas podem ocorrer ecos. Boa difusão e correto TR serão aspectos críticos. A fig. 3.50 mostra os valores recomendados de TR para fala e música, como uma função do volume do cômodo.

Na fala normal, seis a dez sílabas são pronunciadas por segundo, o que – em média – corresponde a 0,13 segundo por sílaba. O mesmo som pode chegar a um ouvinte primeiro por um trajeto direto e, após uma reflexão, mais uma vez, com um atraso de tempo. Se esse atraso ficar dentro de 0,035 s (35 ms), a segunda chegada não será distinguível da primeira e irá reforçá-la. Se o atraso for maior que cerca da metade do tempo por sílaba (0,06-0,07 s), ele será percebido como uma repetição do mesmo som, isto é, um eco.

Um atraso entre os dois limites (0,035 e 0,07 s) pode provocar uma distorção. A figura 3.46 mostra a curva de decaimento com um eco nítido e uma outra, com um eco de vibração. Este último pode ocorrer em cômodos interligados ou em um cômodo com um nicho (grande), mas também (em frequências específicas) entre superfícies paralelas opostas.

Em 0,06 segundo, o som viajará cerca de 20 m. Se houver uma diferença no comprimento do trajeto entre o som direto e o refletido, um eco será percebido. A figura 3.47 mostra algumas situações em que pode ocorrer eco. Isso pode ser evitado verificando-se a geometria do cômodo tanto na planta quanto na seção, para encontrar qualquer situação em que pudesse ocorrer uma diferença nos comprimentos dos trajetos superior a 20 m e usando materiais de alta absorção nas superfícies que pudessem produzir reflexões indesejáveis. Um caso especial é o *eco de canto*, em cantos retangulares, onde o som pode ser refletido e retornar paralelamente ao original. Esses ecos podem ser evitados, se não houver cantos retangulares e se a parede e uma faixa de 1-2 m do teto forem revestidas com materiais absorventes.

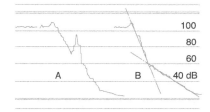

A: Eco
B: Eco de vibração (dupla queda, devido à cômodos interligados ou nichos)

3.46
Um eco e um eco repetido

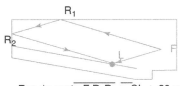

Eco de canto $\overline{F R_1 R_2} > \overline{SL} + 20$ m

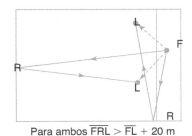

Para ambos $\overline{FRL} > \overline{FL} + 20$ m

3.47
Situações em que pode ocorrer eco

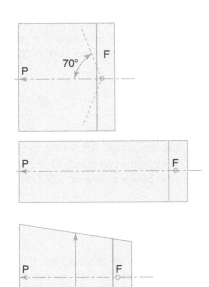

3.48
Questões básicas relativas à forma dos auditórios

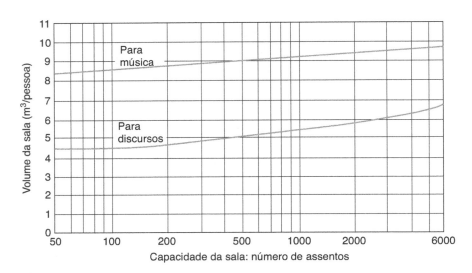

3.49
Volume mínimo de auditórios para música e discurso

A fonte mais provável de problema num auditório é a parede do fundo da plateia, que deve ser tão absorvente quanto possível. Para evitar ecos de vibração ou ondas estacionárias, as paredes laterais não devem ser paralelas mas sim divergentes em pelo menos 2,5-3° em relação ao eixo longitudinal (fig. 3.48).

Por razões de economia e para melhor qualidade do som não amplificado, o auditório deve ser tão pequeno quanto possível, mas um limite inferior é estabelecido devido à necessidade de alguma reverberação. O gráfico da fig. 3.49 indica o volume mínimo para auditórios (como uma função do número de assentos), para discurso e para música. O cômodo pode ser maior que o indicado, desde que se utilizem materiais mais absorventes.

O som de melhor qualidade é recebido no "campo próximo", onde o som direto domina sobre quaisquer reflexões. Isso sugere que a distância desde a fonte de

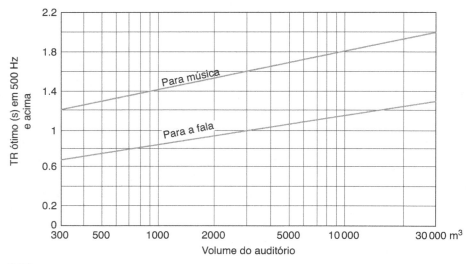

3.50
Tempo de reverberação (TR) recomendado para música e discurso

Som: O Ambiente Sonoro **251**

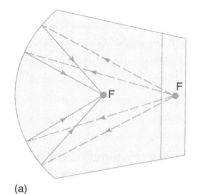

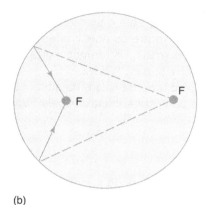

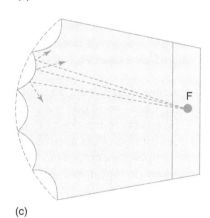

(c)

**3.51**
Formas côncavas: risco de focar e desigualar o campo de som; decompor a parede do fundo em elementos convexos pode ajudar

som deve ser tão pequena quanto possível: um cômodo curto e largo é melhor que a mesma área numa forma alongada. A inteligibilidade é reduzida além de cerca de 70° em relação à direção para a qual a fonte de som está voltada e isso determina o limite da largura. O comprimento deve estar entre 1,2 e 2 vezes a largura do cômodo. Uma planta trapezoidal pode ter diversas vantagens (ver fig. 3.48). A fig. 3.51 mostra outros formatos.

A acústica geométrica ou ótica (com o uso de feixes de luz e analogias de reflexão) pode ajudar a resolver muitos problemas acústicos. O objetivo do projetista é obter para a audiência o máximo do som emitido pela fonte de maneira uniforme e direta. A fig. 3.52 indica que numa sala de conferências com piso plano, o público irá receber o som dentro de um ângulo (vertical) de 17° a partir da fonte. Colocando a fonte sobre uma plataforma, esse ângulo pode aumentar para cerca de 30° e, com um piso inclinado, para 40° e até mais. A inclinação do piso deve ser de pelo menos 8°, mas, em salas de conferências (especialmente se o que está sendo apresentado deve ser visível), uma inclinação de 15° é justificável. A planilha de método M.3.4 apresenta a técnica estabelecida para o que é designado como "inclinação progressiva".

Distorções sérias podem ser causadas pelo efeito de convergência das superfícies côncavas das salas. Uma cúpula ou uma sala circular podem criar um campo sonoro muito irregular, mas uma sala com uma parede traseira curva também pode causar esse efeito de convergência. A figura 3.51 indica isso, mas também mostra que (no último caso), a parede de trás pode ser subdividida em segmentos convexos para difundir o som. Em muitos auditórios (como o Royal Albert Hall, em Londres), a solução foi suspender em muitos pontos do teto discos de diversos tamanhos ("discos voadores", "biconvexos"), para dispersar e difundir o som.

Se a preferência é pelo som direto, o segundo melhor som é o das "primeiras reflexões", isto é, aquele som recebido para ser refletido apenas uma vez (antes de se dissipar no campo de reverberação geral), que irá reforçar qualquer som direto recebido. A figura 3.53 indica como parte do teto pode ser utilizada para dirigir essas reflexões para a parte posterior da audiência, ou como uma *caixa de ressonância* pode ser posicionada acima da fonte, com a mesma finalidade. Também é possível usar um reforço progressivo: uma *caixa de ressonância*, servindo para dois terços

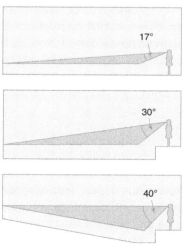

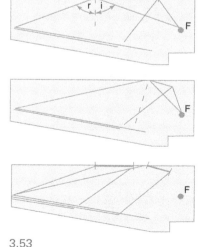

**3.52**
Som recebido pela plateia: considerações seccionais

**3.53**
Reforço acústico por reflexões;
F = Falante ou fonte

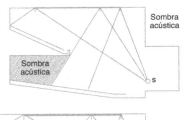
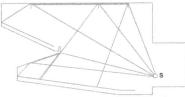

**3.54**
Sombra acústica causada por um balcão e uma forma de evitá-la

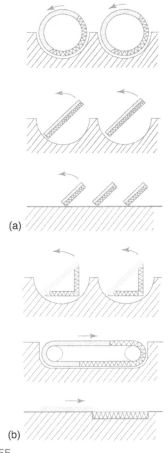

**3.55**
Sistemas para proporcionar absorção variável

da parte posterior, e uma segunda *caixa de ressonância* dirigida para um terço da parte posterior da audiência.

A fonte de som deve ser visível de qualquer parte do auditório, mas sombras acústicas também devem ser evitadas, pois privariam partes da audiência do reforço do som refletido. A figura 3.54 mostra um caso desse tipo, o efeito de sombra provocado por um balcão e como ele pode ser evitado.

### 3.4.3 Superfícies do Cômodo

Para se ouvir a fala, o critério mais importante é a *clareza*. Um tempo de reverberação longo produz um efeito de expansão e isso irá reduzir a clareza. Assim, para a fala, é desejável um tempo de reverberação curto. Para a música, a *plenitude dos tons* é o principal critério. Isso requer um TR mais longo. A figura 3.50 fornece o TR desejável para a fala e para a música de grande orquestra. Para música de câmara ou para salas de múltiplas finalidades, o TR deve estar entre os dois limites. Para música, os tempos indicados são válidos para 500 Hz ou mais. Os tempos indicados devem ser multiplicados por 1,15, para 250 Hz, e por 1,5, para 125 Hz.

Como mostra a equação 3.13, o TR depende do volume da sala e da absorção total. Se o volume for dado, a absorção total exigida pode ser encontrada pela inversão da mesma equação:

$$Abs = (0,16 \times V) / TR \qquad (3.15)$$

Uma grande parte da Abs será a soma dos produtos da área de superfície (s) de cada componente multiplicada por seu coeficiente de absorção (a). Uma outra parte significativa possivelmente considere o que é designado como "conteúdos de sala", que inclui, pelo menos, as pessoas e os assentos, mas (em altas frequências) também o ar da sala. As planilhas de dados D.3.4 e D.3.5 fornecem os coeficientes de absorção de diversos materiais, bem como os valores de absorção total de alguns conteúdos de sala.

A planilha de método M.3.2 mostra um exemplo trabalhado do cálculo do tempo de reverberação para o projeto dos acabamentos da sala. Observe-se que é preciso evitar os valores médios para todas as frequências, e devem ser realizados cálculos para pelo menos três frequências (em distâncias de duas oitavas). Para a realização desses cálculos, estão disponíveis diversos programas simples de computador, que podem envolver um grande número de cálculos recursivos de tentativa-e-erro que talvez sejam bastante demorados, se realizados manualmente.

Não é muito difícil atingir o TR desejável para um uso determinado da sala e para uma hipotética ocupação. Se a sala é destinada a diferentes finalidades, ou se deve funcionar bem para diferentes taxas de ocupação, alguns absorvedores variáveis podem ter de ser utilizados. É habitual projetar um auditório para algo entre 2/3 e 3/4 de assentos ocupados. Para compensar a ausência de corpos humanos, a parte inferior dos assentos virados deve ser absorvedora, mas essa absorção não consegue igualar a de um corpo humano.

Com uma ocupação menor, o TR será mais longo e, com a casa cheia, ele pode ser mais curto que o ideal. Para compensar tal situação, é possível prover uma gama de diferentes superfícies de absorção variável. No caso mais simples, apenas puxar uma cortina (pesada) sobre uma superfície de parede refletora talvez seja uma solução, mas também existe a possibilidade de serem usados painéis reversíveis ou giratórios, como os mostrados na fig. 3.55. Alguns sistemas elétricos, que servem à mesma finalidade, serão discutidos na seção 3.4.4.

### 3.4.3.1 Qualidade Acústica

A qualidade acústica obtida pode ser bastante elusiva. Pode acontecer de todas as quatro exigências listadas na seção 3.4.1 aparentemente terem sido atendidas e as qualidades acústicas da sala ainda serem insatisfatórias. É relativamente fácil fornecer boas condições de audição para a fala, mas garantir a plena apreciação da música não é tarefa simples. Muitos "especialistas em acústica" tiveram problemas com essa tarefa. Alguns, ainda hoje, sugerem que a boa acústica é um acaso da natureza. Para além das quatro exigências discutidas acima, é difícil até mesmo definir o que constitui uma boa acústica. Uma tentativa deve ser feita, pelo menos, para definir alguns dos termos usados.

- *Definição* significa que o timbre pleno de cada instrumento é ouvido claramente, de forma que cada um seja individualmente distinguível e também que as notas sucessivas possam ser distinguidas até mesmo numa passagem rápida (até quinze notas por segundo). Com frequência, o termo *clareza* é usado com o mesmo significado.
- *Mistura* não é o oposto de definição, embora implique que toda uma orquestra seja percebida como uma fonte homogênea e que o som não seja fragmentário.
- *Balanço* é a relação de intensidade de som correta, tal como percebida em qualquer ponto do auditório, tanto entre diferentes frequências quanto entre as diferentes partes da orquestra. Implica em que a sala não afete seletivamente o som.
- *Plenitude do tom* é o termo usado como sinônimo de vigor, "corpo", sonoridade ou ressonância. Está ausente no caso de um instrumento tocado ao ar livre. É a percepção de toda a gama de harmônicos, mas também a persistência desses harmônicos por uns poucos milissegundos. O que a sala faz com a orquestra é semelhante ao que o corpo do violino faz com as vibrações da corda.

No projeto de auditório, com frequência, muita ênfase é colocada no cálculo do tempo de reverberação. O TR pode ser calculado com bastante precisão e de forma bem definida. É um critério importante, mas não é o único. A localização das superfícies absorventes e refletoras é pelo menos tão importante quanto. Se um lado for mais reflexivo que o outro, a difusão do som vai ser prejudicada e até mesmo nosso sentido de localização binaural pode ser enganado e entrar em conflito com o sentido visual. Isso pode ser mais desconcertante para a audiência no fundo da sala, onde o som refletido pode dominar sobre o som direto.

Por exemplo, grandes áreas envidraçadas de um lado podem provocar distorção do espectro. O vidro é altamente reflexivo para sons de alta frequência, mas pode absorver até 30% dos componentes de baixa frequência, atuando como um absorvente em painel. As pessoas na parte de trás podem perder o componente de graves.

Em geral, é melhor usar absorventes em áreas relativamente pequenas, alternando com superfícies refletoras. Em auditórios históricos, a boa difusão foi obtida (muitas vezes talvez inadvertidamente) em razão das superfícies altamente ornamentadas e esculpidas. Em alguns auditórios modernos, com grandes superfícies lisas, o resultado foi um campo de som irregular e mal balanceado.

Há hoje grandes expetativas de que medidas elétricas/eletrônicas possam ser confiáveis para compensar a falta de boa acústica nas salas. Ainda não estou convencido disso.

### 3.4.4 Eletroacústica

A tendência no projeto de salas de cinema é recorrer cada vez mais ao sistema elétrico de som: garantir na própria sala tanta absorção quanto possível (para obter o tempo de reverberação mais curto possível), uma vez que toda a ressonância, a reverberação e os outros efeitos acústicos podem ser produzidos eletronicamente e incluídos na trilha sonora. Foi provavelmente nesse contexto que a eletroacústica começou.

Há três itens normalmente discutidos sob esse título:

- sistemas de reforço de som
- sistemas de correção acústica
- medições acústicas.

Os dois primeiros serão discutidos nesta seção com algum detalhe, mas o terceiro apenas de forma rápida, como suficiente para fins arquitetônicos.

#### 3.4.4.1 Reforço de Som

Reforço de som é sem dúvida necessário em auditórios que acomodam mais de 1500 pessoas ($\approx$ 8500 m$^3$), mas é desejável em salas com capacidade para mais de trezentas pessoas ($\approx$ 1500 m$^3$). Se a sala tiver qualidades acústicas abaixo de perfeitas, ou um ruído intruso estiver acima do AR recomendado (por exemplo, na planilha de dados D.3.1), então esses limites serão muito menores.

Um sistema de reforço tem três exigências principais:

1 Deve proporcionar um nível sonoro adequado, de maneira uniforme por todo o auditório, de modo que não haja "pontos surdos" ou áreas "barulhentas".
2 Não deve acrescentar qualquer ruído perceptível.
3 Precisa preservar as caraterísticas do som original, tanto na composição quanto na localização da frequência.

Um sistema desse tipo é constituído de três partes principais:

- um microfone
- um amplificador
- alto-falante(s)

Esses dispositivos podem ser conectados por "fiação" ou depender de transmissores/receptores de rádio de alta frequência.

*Microfone de fita* ou *microfone de bobina móvel* são baseados em efeitos eletrodinâmicos e usam um imã permanente, que não requer potencial de polarização; sua saída é razoavelmente alta, assim não precisam de um pré-amplificador. Desvantagens: são bastante volumosos e sua resposta à frequência é limitada. São muito pouco utilizados hoje em dia.

*Microfones condensadores* são amplamente utilizados; têm uma boa resposta direta em todas as frequências audíveis e numa ampla gama de níveis sonoros. Sua saída elétrica é baixa, de modo que precisam de um pré-amplificador, bem como de uma carga de polarização estática de cerca de 100 V.

*Microfones de cristal* apoiam-se no efeito piezoelétrico. Podem ser bem pequenos e precisam de um pré-amplificador. São menos vulneráveis que os anteriores e podem ser colocados em líquido (funcionando como hidrofone).

Som: O Ambiente Sonoro **255**

Tabela 3.7   Requisitos de potência do alto-falante elétrico (W/100 pessoas)

| Local | Para fala | Para música | Para música de dança |
|---|---|---|---|
| Salas de alta reverberação | 0,5 | 1 | 2 |
| Salas de baixa reverberação | 1,0 | 2 | 3 |
| Ao ar livre | 5,0 | 2 | 3 |

Existem muitas soluções diferentes para uma montagem de microfones, com distintas caraterísticas de direcionamento. Para medição do som, são empregados microfones onidirecionais (esféricos), mas eles não são adequados para auditórios, pois captam o som dos alto-falantes e podem gerar um efeito de retorno: um ruído estridente e gritante. São preferíveis microfones direcionalmente seletivos.

Amplificadores não são o nosso tema, mas é preciso lembrar que um amplificador superdimensionado, usado em sua capacidade parcial, fornece um som muito melhor do que um menos potente forçado até seu limite.

A potência sonora média em uma sala de porte médio, sem reforço de som, adequada a uma voz humana é de cerca de $3 \times 10^{-6}$ W, mas uma voz alta pode atingir $3 \times 10^{-3}$ (0,003) W. Para alto-falantes, a eficiência da conversão de potência elétrica-para-acústica é de 0,03 a 0,05. Para corresponder a uma voz alta, a potência do alto-falante teria de ser P = 0,003/0,03 = 0,1 W. Um fator de segurança de dez a trinta é em geral aplicado para compensar deficiências de distribuição e evitar o uso do alto-falante próximo a seu limite. A tabela 3.7 fornece a potência elétrica sugerida para alto-falantes, em termos de watts por audiência de cem pessoas.

Os alto-falantes comuns montados em caixas de som tendem a distribuir o som de baixa frequência de forma quase esférica, mas têm fortes propriedades direcionais para frequências mais altas (fig. 3.56). Os "alto-falantes de coluna", isto é, 6 a 10 alto-falantes individuais montados numa linha, produzem forte direcionalidade no plano que compartilham (normalmente, vertical), enquanto sua distribuição lateral é a mesma que a de um único alto-falante (fig. 3.57). A emissão dos alto-falantes superior e inferior "restringe" a emissão dos intermediários. Essa é uma vantagem óbvia (e que economiza energia) em situações ao ar livre ou em grandes salas.

Podemos distinguir dois tipos básicos de sistemas de alto-falantes:

1 Sistema (central) de alto nível, que consiste de alguns alto-falantes (possivelmente, de coluna), posicionados próximo ao tablado ou palco, perto da fonte original, dirigidos para o público, para dar cobertura uniforme;
2 Sistema (distribuído) de baixo nível, que usa muitos alto-falantes de saída de pequeno porte, distribuídos por todo o auditório (em geral, montados no teto).

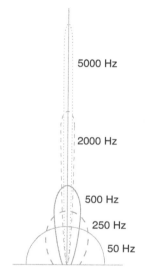

3.56
Direcionalidade de um alto-falante em diferentes frequências

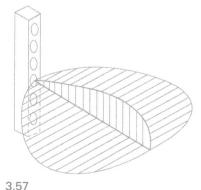

3.57
Uma coluna de alto-falantes restringe a distribuição verticalmente, mas não horizontalmente

O primeiro deles é menos caro, facilmente ajustável, e tem a vantagem de o som amplificado vir da mesma direção do original. Pode ser desastroso em espaços grandes, sem acústica, como o saguão de uma estação ferroviária ou os terminais de aeroporto mais antigos, onde as comunições são simplesmente ininteligíveis.

O projeto de sistemas de baixo nível para auditório se apoia no *efeito Haas*. Trata-se do interessante fenômeno pelo qual a localização (direção) de uma fonte é percebida como a origem do primeiro som que atinge o ouvinte. Se o mesmo som chega com uma demora de 10-30 ms (milissegundos), a energia sonora total é percebida como proveniente da direção do primeiro. Isso acontece mesmo se o segundo som é muito mais forte que o primeiro.

**3.58**
Um sistema de retardo de tempo de disco magnético rotativo

No passado, atrasos de tempo deliberados eram criados por um disco magnético rotativo (fig. 3.58) com uma cabeça de gravação e várias cabeças de captação, em que a distância angular fornecia o atraso de tempo. Isso é agora feito eletronicamente. A saída de cada alto-falante num sistema desse tipo deve ser pequena o suficiente para evitar interferência.

---

**EXEMPLO 3.3 O EFEITO HAAS**

O efeito Haas é usado pelo sistema apresentado em princípio na fig. 3.59 (um corte longitudinal diagramático de um auditório). Há três fileiras de alto-falantes (de baixa potência) de baixo nível. Se a distância para um ouvinte em C (a distância A-C) for de 40 m, o tempo de viagem do som será de 0,12 s e, se a distância com relação ao alto-falante em B (a distância B-C) for de 7 m, o tempo de viagem será de 0,02 s, de modo que a diferença de tempo será de 0,1 s. O sistema de atraso deve fornecer isso mais o atraso pretendido de (digamos) 0,015 s, um total de 0,115 s (115 ms).

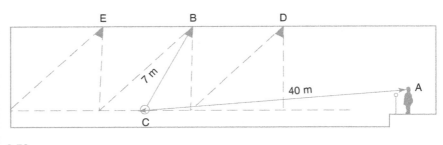

**3.59**
Um sistema de alto-falantes de nível baixo para reforço acústico

---

O princípio é semelhante ao da IACPI (seção 2.5.6), isto é, complementar à luz diurna de modo que isso ocorra de modo quase imperceptível; o caráter da iluminação natural da sala é mantido. No presente caso, o reforço de som é fornecido de tal forma que a audiência não o perceba.

Para o alcance do público (e para sistemas de música de fundo, se for necessário um), o sistema de baixo nível é a única solução satisfatória. Em auditórios, uma outra vantagem desse sistema é que a contribuição dos alto-falantes de baixa potência para o campo reverberante é imperceptível.

### 3.4.4.2 Sistemas de Correção Acústica

Sistemas de correção acústica são projetados para melhorar a acústica de algumas salas de concerto. O primeiro desses sistemas, desenvolvido para o Royal Festival Hall (Londres), foi eufemisticamente denominado *sistema de ressonância assistida* (SRA). Esse sistema é formado por 172 canais separados, sintonizados em faixas de frequência muito estreitas (4 Hz) de 20 a 700 Hz (acima de 700 Hz, a ressonância da sala era satisfatória), cada qual constituído pelos seguintes componentes:

- um microfone condensador em um tubo ou caixa de ressonância (com uma resposta de frequência muito estreita);
- um pré-amplificador com controle de aumento e mecanismo de atraso e filtros para eliminar quaisquer harmônicos captados pelo microfone no ressonador (um ressonador responde a uma frequência específica, mas também a seus harmônicos superiores);

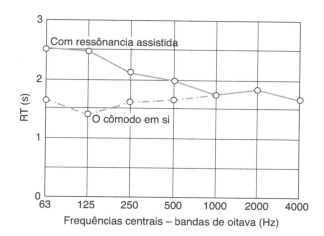

3.60
Tempo de reverberação no Royal Festival Hall operando com e sem SRA

- um amplificador de 20 W;
- um alto-falante de diâmetro de 250-300 mm.

Um complexo painel de controle permite ajustar e balancear as ressonâncias de baixa frequência. A sala de concertos propriamente, com seu curto TR para baixas frequências, era muito boa para a inteligibilidade da fala, mas não para a música de orquestras de grande porte. Por exemplo, na oitava de 125 Hz, o TR da sala é de 1,4 s. Com o SRA, ele pode ser aumentado para 2,5 s. A figura 3.60 mostra a variação no espectro do TR no Royal Festival Hall operando sem assistência e com o apoio do SRA.

Sistemas de *reverberação multi-canal* (outra sigla: RMC) estão agora disponíveis comercialmente e muitas vezes inclusos no projeto original de auditórios (e não como uma "correção"), para produzir propriedades acústicas variadas, por exemplo, para salas com múltiplas finalidades.

Um outro tipo de "correção" é o projeto e uso de *sistemas de ruído de mascaramento*. Esses sistemas foram desenvolvidos e são utilizados sobretudo em grandes escritórios de planta livre. Sons com conteúdo informativo são muito mais perturbadores que um zumbido constante. Ruídos de mascaramento podem suprimir a inteligibilidade dos sons recebidos, mas também dão a garantia de privacidade auditiva para quem conversa e não quer ser ouvido por acaso. "Ruído branco" tem sido usado para essa finalidade, mas verificou-se que sons de banda larga são mais eficazmente mascarados por ruídos de frequência mais baixa. Por isso, a tendência mais recente é usar um "ruído rosa" de um espectro contínuo com uma queda de 3 dB por oitava (por analogia a: luz rosa com espectro contínuo, mas tendendo levemente para comprimentos de onda mais longos: isto é, vermelho suave).

Em muitas situações práticas, difusores de ventilação ou de ar-condicionado são deliberadamente projetados para fornecer um ruído de 45 dB em cerca de 1000 Hz, para dar um efeito de mascaramento, mas, com maior frequência, o ruído de mascaramento é produzido por um sistema de gerador-amplificador-alto-falante.

*3.4.4.3 Medições Acústicas*

Medições acústicas são baseadas num medidor de nível sonoro, usando um microfone condensador. Esses medidores possuem incorporado um retificador do RMS (raiz quadrada média do quadrado – valor eficaz) e um dispositivo de leitura. Em geral, têm um seletor de escala que opera em incrementos de 10 dB. O segundo dígito é dado por um voltímetro. A maioria deles tem um conjunto de circuitos de ponderação comutáveis (a ponderação "C" é praticamente linear, cf. a fig. 3.6). Muitos têm acoplado um filtro de banda de oitava (medições mais precisas usam filtros de terça de oitava). A saída de medidores desse tipo pode ser gravada, graficamente, em fita magnética ou eletronicamente. Analisadores estatísticos podem produzir diversos índices de ambiente ruidoso, como os mencionados na Seção 3.2.4.

Medidores e filtros, acoplados a um monitor de TRC (tubo de raios catódicos), podem produzir espectrogramas em tempo real. Gravadores gráficos podem ser usados para produzir versões impressas deles. Gravadores gráficos de nível podem ser usados para medir o tempo de reverberação, utilizando ou um tiro de pistola para medições de banda larga ou um gerador de ruído com um conjunto de filtros, produzindo ruídos de banda de oitava com um interruptor "sem ruído" (interrupção limpa) para corte. Este último deve produzir uma curva de decaimento para cada oitava em sequência (em geral, 8 oitavas). Isso deve fornecer os valores de espectro do TR, como os apresentados na fig. 3.60.

Existem dois tipos de laboratórios acústicos utilizados para testar as propriedades dos materiais, elementos ou produtos.

- *Câmaras reverberantes* são empregadas para testar as propriedades de absorção de amostras de materiais para incidência aleatória, inclusive os coeficientes de absorção dependentes da frequência. Essas câmaras devem ser bastante amplas em comparação com o comprimento da onda sonora da menor frequência utilizada. Por exemplo, o comprimento de onda de um som de 125 Hz é de 2,72 m e, para esse valor, seria necessária uma câmara de 180 m³. A câmara deve ter superfícies duras e refletoras, tem que ter forma irregular e incluir superfícies difusoras convexas, para gerar um campo sonoro homogêneo (fig. 3.61). Aqui, o TR é medido (para a câmara tanto vazia quanto com a presença da amostra absorvente) e, com base nisso, a absorção de uma amostra pode ser determinada.
- *Laboratórios de teste de transmissão* são em geral formados por três câmaras. Essas câmaras são de construção descontínua e muito pesada, para eliminar a transmissão flanqueadora. Duas câmaras ficam situadas lado a lado, divididas por uma parede de construção pesada e com uma abertura, onde o elemento a ser testado é montado. O som gerado na "câmara fonte" é medido na câmara de recepção, para que seja possível determinar a PT ou o IRS. A terceira câmara muitas vezes fica acima da câmara de recepção, e o piso divisório tem uma abertura na qual pode ser montada uma amostra de teste de piso (fig. 3.62). As fontes de ruído são alto-falantes para transmissão por via aérea e uma máquina de impacto padrão (fig. 3.63) para testar a transmissão de ruído de impacto.

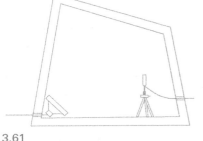

3.61
Um cômodo grande reverberante para teste de absorvente

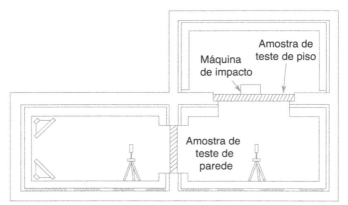

3.62
Salas de teste de transmissão acústica

3.63
Máquina de impacto padrão

### 3.4.5 Integração/Discussão

O tratamento analítico do calor, luz e som e sua relação com os seres humanos, acima examinado, é apenas uma linha de abordagem. Todos os três conjuntos de influências físicas afetam a uma e mesma pessoa. Como mostra a psicologia da Gestalt, a totalidade da experiência é o que conta. Os efeitos componentes devem ser estudados para aumentar o entendimento, mas "o todo é mais que a soma de suas partes". Os efeitos psicológicos e as interconexões subconscientes são apenas raramente identificáveis, mas existem. Alguns exemplos podem servir de ilustração:

1. Se um quarto tem iluminação elétrica intensa e brilhante, um ruído será percebido como mais alto do que o mesmo ruído em um cômodo com menor iluminância produzida por luzes "quentes" (por exemplo, incandescentes).
2. Em climas quentes, um cômodo bem sombreado e fracamente iluminado será percebido como mais frio do que outro, com mesma temperatura, mas intensamente iluminado.
3. Um nível baixo de iluminância é relaxante, mas a atividade de trabalho exige níveis mais elevados: a baixa iluminância de um local de trabalho funciona como soporífero.

Até mesmo motivação, atitude e os relacionamentos pessoais podem influenciar a percepção e a resposta.

- Um professor que realizava uma pesquisa de conforto térmico em um país africano recebeu respostas inacreditáveis a um questionárioe, numa verificação complementar, descobriu que os entrevistados (seus alunos) estavam tentando adivinhar as respostas que ele esperava, uma vez que gostavam dele e queriam agradá-lo.
- O exemplo clássico é o *efeito Hawthorn* descoberto por Elton Mayo, em 1927, nas instalações de Hawthorne da Western Eletric Company, na cidade de Cicero (Illinois). Os trabalhadores da linha de produção interpretaram as melhoras ambientais como "cuidado" e "receber atenção" e isso afetou a produtividade mais que um aumento nos salários. Numa outra fábrica, com relações de trabalho corroídas, as mesmas melhoras tiveram o efeito oposto. O estudo mostrou que os efeitos das mudanças ambientais foram interpostos por atitudes individuais e processos grupais.

Skinner e a escola behaviorista, por meio de seus experimentos com ratos, podem ter identificado várias relações simples de estímulo-resposta, mas como observou Sommer (1969), experimentos rigorosos de laboratório não são substitutos para estudos de campo e de relações importantes em condições naturais. Esses são, no entanto, sem significado se o observador não entender os processos envolvidos. Ele sugere deixar os experimentos de laboratório de variáveis simples para a física e a química. O trabalho do projetista está mais próximo das ciências da vida (daí a arquitetura *bioclimática*), de modo que a observação sistemática pode nos fornecer melhores resultados.

# PLANILHAS DE DADOS E PLANILHAS DE MÉTODOS (SOM)

## PLANILHAS DE DADOS

| | | |
|---|---|---|
| D.3.1 | Avaliação de Ruído (AR) e Nível de Interferência na Fala (NIF) | 000 |
| D.3.2 | Atenuação por cobertura do solo e absorção por via aérea | 000 |
| D.3.3 | Perda na Transmissão (dB) em Alguns Edifícios | 000 |
| D.3.4 | Coeficientes de Absorção (a) de Materiais e Componentes | 000 |
| D.3.5 | Coeficientes de Absorção (a), Continuação, e Absorção dos Conteúdos do Cômodo | 000 |
| D.3.6 | Isolamento Acústico de Pisos | 000 |

## PLANILHAS DE MÉTODOS

| | | |
|---|---|---|
| M.3.1 | Média da PT Para Diferentes Áreas de Parede | 000 |
| M.3.2 | Redução do Ruído do Tráfego Por uma Barreira | 000 |
| M.3.3 | Cálculo do tempo de reverberação | 000 |
| M.3.4 | Escalonamento progressivo e princípios da acústica ótica | 000 |

## PLANILHA DE DADOS D.3.1
Avaliação de Ruído (AR) e Nível de Interferência na Fala (NIF)

| Uso do cômodo | TR Máximo |
|---|---|
| Estúdios de gravação e difusão | 15 |
| Salas de concerto | 15 |
| Teatros pequenos | 20 |
| Teatros grandes | 25 |
| Salas de música | 20–25 |
| Estúdios de TV | 20–25 |
| Igrejas | 25 |
| Tribunais de justiça | 25 |
| Auditórios sem amplificação | 25 |
| Cinemas | 25 |
| Salas de aula | 30 |
| Enfermarias ou salas de operação em hospital | 30 |
| Salas de ambulatório ou salas de tratamento em hospital | 35 |
| Restaurantes pequenos | 35 |
| Restaurantes grandes | 45 |
| Lojas sofisticadas | 35 |
| Lojas de departamentos | 40 |
| Supermercados | 45 |
| Lojas em geral | 50 |
| Bancos | 50 |
| Escritórios: Executivos | 20 |
| Salas de conferência (máximo de 50 pessoas) | 25 |
| Escritórios privados | 30 |
| Salas de recepção | 30 |
| Salas de conferência (máx. de 15 pessoas) | 35 |
| Escritório geral | 40–45 |
| Operadores de teclado, impressoras | 50–55 |
| Residências | 25–35 |
| Área de convivência | 30 |
| dormitórios | 25 |
| Hotéis Preferível | 25 |
| Aceitável | 35 |

LIMITES DOS NÍVEIS DE INTERFERÊNCIA NA FALA

| Distância de audição | NIF Máximo (dB) |
|---|---|
| 0,2 m | 69 |
| 0,4 m | 63 |
| 0,6 m | 59 |
| 1,0 m | 54 |
| 2,0 m | 48 |
| 3,0 m | 45 |
| 4,0 m | 42 |

AJUSTES
| | |
|---|---|
| Para voz feminina | – 5 dB |
| Para voz elevada | + 6 dB |
| Para voz muito alta | + 12 dB |
| Para o grito | + 18 dB |

## PLANILHA DE DADOS D.3.2

Atenuação Por Cobertura do Solo (Cinturões de Árvores) e Absorção Por Via Aérea

### ATENUAÇÃO EM dB POR DISTÂNCIA DE 100 m

| Cobertura do solo | 125 | 250 | 500 | 1000 | 2000 | 4000 Hz |
|---|---|---|---|---|---|---|
| Grama rala, 0,1–0,2 m | 0,5 | 0,5 | 1 | 3 | 3 | 3 |
| Grama espessa, 0,4–0,5 m | 0,5 | 0,5 | 0,5 | 12 | 14 | 15 |
| Árvores perenes | 7 | 11 | 14 | 17 | 19 | 20 |
| Árvores sazonais/deciduous | 2 | 4 | 6 | 9 | 12 | 16 |

### ABSORÇÃO POR VIA AÉREA EM dB POR DISTÂNCIA DE 100 m

| Condições climáticas | | 1000 | 2000 | 4000 | 8000 Hz |
|---|---|---|---|---|---|
| 21°C | 40 % RH | 0,3 | 1,3 | 3,3 | 13 |
|  | 60 % RH | 0,3 | 0,6 | 1,6 | 8 |
|  | 80 % RH | 0,3 | 0,6 | 1,6 | 5 |
| 2 °C | 40 % RH | 1 | 3,3 | 5 | 8 |
|  | 60 % RH | 0,6 | 1,6 | 5 | 13 |
|  | 80 % RH | 0 | 0,3 | 3,3 | 8 |

## PLANILHA DE DADOS D.3.3
Perda na Transmissão (dB) em Alguns Edifícios

|  |  | Média | 125 | 250 | 500 | 1000 | 2000 | 4000 Hz |
|---|---|---|---|---|---|---|---|---|
| **PAREDES** | | | | | | | | |
| 1 | tijolo de 110 mm, rebocado | 45 | 34 | 36 | 41 | 51 | 58 | 62 |
| 2 | concreto de 150 mm | 47 | 29 | 39 | 45 | 52 | 60 | 67 |
| 3 | tijolo de 220 mm, rebocado | 50 | 41 | 45 | 48 | 56 | 58 | 62 |
| 4 | tijolo de 330 mm, rebocado | 52 | 44 | 43 | 49 | 57 | 63 | 65 |
| 5 | blocos de concreto vazado de 130 mm | 46 | 36 | 37 | 44 | 51 | 55 | 62 |
| 6 | montantes de 75 mm, placas de gesso de 12 mm | 40 | 26 | 33 | 39 | 46 | 50 | 50 |
| 7 | montantes de 75 mm, compensado de 6 mm de ambos os lados | 24 | 16 | 18 | 26 | 28 | 37 | 33 |
| 8 | O mesmo, mas escalonando montantes e compensados | 26 | 14 | 20 | 28 | 33 | 40 | 30 |
| **PISOS** | | | | | | | | |
| 9 | Assoalho T&G, forro em gesso | 34 | 18 | 25 | 37 | 39 | 45 | 45 |
| 10 | O mesmo, mas o assoalho suspenso em lã de vidro | 42 | 25 | 33 | 38 | 45 | 56 | 61 |
| 11 | O mesmo, mas com lã de rocha de 75 mm no forro | 39 | 29 | 34 | 39 | 41 | 50 | 50 |
| 12 | Como o ítem 10, + 75 mm lã de rocha no forro | 43 | 27 | 35 | 44 | 48 | 56 | 61 |
| 13 | Como o ítem 10, + 50 mm amortecedor de areia | 49 | 36 | 42 | 47 | 52 | 60 | 64 |
| 14 | Laje de concreto reforçado de 125 mm | 45 | 35 | 36 | 41 | 49 | 58 | 64 |
| 15 | Como o ítem 14, + piso flutuante | 50 | 38 | 43 | 48 | 54 | 61 | 65 |
| 16 | Laje vazada de 150 + assoalho | 43 | 36 | 38 | 39 | 47 | 54 | 55 |
| **JANELAS** | | | | | | | | |
| 17 | vidro simples, normal | 22 | 17 | 21 | 25 | 26 | 23 | 26 |
| 18 | vidro duplo de 4 mm, absorvente de 200 | 39 | 30 | 35 | 43 | 46 | 47 | 37 |
| 19 | o mesmo, mas com panos de vidro de 10 mm | 44 | 31 | 38 | 43 | 49 | 53 | 63 |
| **DIVISÓRIAS** | | | | | | | | |
| 20 | Duas placas de compensado de 10 mm, com vão entre elas de 38 mm | | 20 | 25 | 23 | 43 | 47 | |
| 21 | o mesmo + 10 kg/m² de chumbo nas superfícies internas | | 25 | 31 | 38 | 57 | 62 | |
| 22 | o mesmo, mas também absorvente de fibra de vidro no vão | | 29 | 42 | 49 | 59 | 63 | |
| 23 | Montantes, placa de gesso de 10 mm de ambos os lados | | 16 | 35 | 38 | 48 | 52 | 37 |
| 24 | o mesmo + 13 mm de fibra de vidro sob a placa de gesso | | 22 | 39 | 46 | 56 | 61 | 50 |
| 25 | o mesmo, mas esquadrias independentes escalonadas | | 34 | 40 | 53 | 59 | 57 | 58 |

# Som: O Ambiente Sonoro

## Planilha de dados D.3.3 (continuação)

| | Média | \|Frequências centrais de oitava\| | | | | | |
|---|---|---|---|---|---|---|---|
| | Média | 125 | 250 | 500 | 1000 | 2000 | 4000 Hz |
| **DIVISÓRIAS** | | | | | | | |
| 26 Montantes de 75 mm, 2 × (chapa de fibra de alta densidade de 5 mm) | | 12 | 21 | 25 | 40 | 46 | 48 |
| 27 o mesmo, mas 2 × (chapa de aglomerado de 13 mm) | | 15 | 25 | 37 | 51 | 51 | 51 |
| 28 Montantes de 100 mm, 2 × (chapa de fibra de alta densidade de 5 mm) | | 9 | 19 | 28 | 39 | 51 | 60 |
| 29 o mesmo, mas 2 × (chapa de fibra de alta densidade de 6 mm) | | 13 | 30 | 32 | 38 | 41 | 44 |
| 30 Blocos vazados de concreto de 200 mm | | 35 | 35 | 40 | 47 | 54 | 60 |
| 31 Painel de concreto pré-moldado de 100 mm | | 36 | 39 | 45 | 51 | 57 | 65 |
| 32 Tijolo de 110 mm, (2 × reboco de12, 50 × montantes de 12, chapas de aglomerado de 12, chapa de fibra de alta densidade de 6 mm colada) | | 35 | 43 | 54 | 65 | 73 | 80 |
| **PORTAS** | | | | | | | |
| 33 Madeira sólida de 50 mm, pendurada normalmente | 18 | 12 | 15 | 20 | 22 | 176 | 24 |
| 34 o mesmo, mas com vedação hermética | 22 | 15 | 18 | 21 | 26 | 25 | 28 |
| 35 com 50 mm de vão interno, pendurada normalmente | 15 | | | | | | |
| 36 o mesmo, mas com vedação hermética | 20 | | | | | | |
| 37 Madeira sólida dupla de 50 mm, vedação hermética, espaço absorvente (entrada) | 45 | | | | | | |
| **PLACAS** | | | | | | | |
| 38 Placa de lã de vidro de 50 mm (26 kg/m$^2$) | 30 | 27 | 23 | 27 | 34 | 39 | 41 |
| 39 Fibrocimento ondulado (34 kg/m$^2$) | 34 | 33 | 31 | 33 | 33 | 42 | 39 |
| 40 placa de gesso de 25 mm (laminado de 2 × 12,5) | 30 | 24 | 29 | 31 | 32 | 30 | 34 |
| 41 placa de gesso de 50 mm (laminado de 4 × 12,5) | 37 | 28 | 32 | 34 | 40 | 38 | 49 |

## PLANILHA DE DADOS D.3.4
Coeficiente de Absorção (a) dos Materiais e Componentes

|  | Frequência central de oitava |  |  |
|---|---|---|---|
|  | 125 Hz | 500 Hz | 2000 Hz |
| MATERIAIS DE CONSTRUÇÃO |  |  |  |
| Forro de tábuas de uma cobertura inclinada | 0,15 | 0,1 | 0,1 |
| Revestimento de madeira em montantes de 20 mm sobre parede sólida | 0,3 | 0,1 | 0,1 |
| Alvenaria exposta | 0,05 | 0,02 | 0,05 |
| Concreto clínquer aparente | 0,2 | 0,6 | 0,5 |
| Concreto ou pedra talhada | 0,02 | 0,02 | 0,05 |
| Piso: cortiça, linóleo, piso de vinil, blocos de madeira (tacos) | 0,02 | 0,05 | 0,1 |
| Placas de cortiça de 25 mm sobre fundo sólido | 0,05 | 0,2 | 0,6 |
| Chapa de aglomerado de 13 mm sobre fundo sólido | 0,05 | 0,15 | 0,3 |
| O mesmo, mas pintado | 0,05 | 0,1 | 0,1 |
| Chapa de aglomerado de 13 mm sobre montantes de 25 mm sobre parede sólida | 0,3 | 0,3 | 0,3 |
| O mesmo, mas pintado | 0,3 | 0,15 | 0,1 |
| Piso: cerâmica rígida ou cimento queimado | 0,03 | 0,03 | 0,05 |
| Vidro em janelas, 4 mm | 0,3 | 0,1 | 0,05 |
| O mesmo, mas 6 mm em panos grandes | 0,1 | 0,04 | 0,02 |
| Azulejos de vidro ou cerâmica vitrificada, mármore | 0,01 | 0,01 | 0,02 |
| Reboco sobre suporte sólido (gesso ou calcário) | 0,03 | 0,02 | 0,04 |
| Estuque, vão de ar, suporte sólido | 0,3 | 0,1 | 0,04 |
| Forro de gesso ou placa de gesso, grande vão de ar | 0,2 | 0,1 | 0,04 |
| Compensado ou chapa de fibra de alta densidade sobre montantes, fundo sólido | 0,3 | 0,15 | 0,1 |
| O mesmo, mas absorvente poroso no vão de ar | 0,4 | 0,15 | 0,1 |
| Superfície líquida exposta (piscinas) | 0,01 | 0,01 | 0,02 |
| Assoalho de madeira sobre vigas ou caibros | 0,15 | 0,1 | 0,1 |
| ABSORVENTES COMUNS |  |  |  |
| Fibras nebulizadas de 25 mm sobre fundo sólido | 0,15 | 0,5 | 0,7 |
| Tapete fino, p. ex., Axminster | 0,05 | 0,1 | 0,45 |
| Tapete médio | 0,05 | 0,15 | 0,45 |
| Tapete espesso | 0,1 | 0,25 | 0,65 |
| Tapete, pesado, sobre forro grosso | 0,1 | 0,65 | 0,65 |
| Cortina, trama média, sobre suporte sólido | 0,05 | 0,15 | 0,25 |
| O mesmo, mas com pregas soltas | 0,05 | 0,35 | 0,5 |
| Lã de vidro de 25 mm sobre fundo sólido, revestimento de trama aberta | 0,15 | 0,7 | 0,9 |
| O mesmo, com revestimento em chapa de fibra de alta densidade, perfurada a 5% | 0,1 | 0,85 | 0,35 |
| O mesmo, com revestimento perfurado a 10% ou revestimento com ranhuras a 20% | 0,15 | 0,75 | 0,75 |
| Lã de vidro de 50 mm sobre fundo sólido, revestimento de trama aberta | 0,35 | 0,9 | 0,95 |
| O mesmo, com revestimento em chapa de fibra de alta densidade perfurada a 10% ou com ranhuras a 20% | 0,4 | 0,9 | 0,75 |
| Chapa de fibra de alta densidade de 3 mm, forro de feltro batido sobre vão de ar de 50 mm sobre parede sólida | 0,9 | 0,25 | 0,1 |
| Duas camadas de feltro betuminoso sobre vão de ar de 250 mm, fundo sólido | 0,5 | 0,2 | 0,1 |
| Placa de poliestireno de 25 mm sobre vão de ar de 50 mm | 0,1 | 0,55 | 0,1 |

## Planilha de dados D.3.4 (continuação)

|  | Frequência central de oitava |  |  |
|---|---|---|---|
|  | *125 Hz* | *500 Hz* | *2000 Hz* |
| Espuma de poliuretano de 50 mm sobre fundo sólido | 0,25 | 0,85 | 0,9 |
| Placa de lã de madeira de 25 mm sobre fundo sólido | 0,1 | 0,4 | 0,6 |
| O mesmo, mas sobre montantes de 25 mm | 0,15 | 0,6 | 0,6 |
| O mesmo, mas revestido com gesso, com lã mineral no vão | 0,5 | 0,2 | 0,1 |
| ABSORVENTES REGISTRADOS |  |  |  |
| Chapa de cimento fibroso de 6 mm sobre montantes | 0,23 | 0,5 | 0,2 |
| Chapas perfuradas de metal Burgess, lã de vidro de 38 mm | 0,15 | 0,7 | 0,8 |
| Caneite, placas de aglomerado de 20 mm sobre parede sólida | 0,15 | 0,45 | 0,8 |
| Celotex, placas perfuradas de 13 mm sobre parede sólida | 0,1 | 0,4 | 0,45 |
| O mesmo, mas sobre montantes de 25 mm | 0,1 | 0,45 | 0,4 |

## PLANILHA DE DADOS D.3.5

Coeficientes de Absorção (a), Continuação, e Absorção dos Conteúdos do Cômodo

|  | Frequência central de oitava |  |  |
|---|---|---|---|
|  | 125Hz | 500Hz | 2000Hz |
| **ABSORVENTES REGISTRADOS (continuação)** |  |  |  |
| O mesmo, mas com 32 mm de espessura, sobre montantes de 25 mm | 0,25 | 0,85 | 0,55 |
| Placas de gesso perfurado Echostop, lã mineral de 22 mm | 0,45 | 0,8 | 0,65 |
| Manta de lã de vidro Euphone, 25 mm sobre montantes de 25 mm | 0,3 | 0,85 | 0,85 |
| O mesmo, mas com 38 mm em rede metálica | 0,5 | 0,9 | 0,9 |
| Fibra de vidro de 25 mm, em resina sobre montantes de 25 mm | 0,1 | 0,55 | 0,75 |
| O mesmo, mas com espessura de 50 mm sobre montantes de 50 mm | 0,2 | 0,7 | 0,75 |
| Fibra de vidro, placas de 25 mm sobre parede sólida | 0,1 | 0,6 | 0,6 |
| Painel metálico perfurado Frenger, lã de vidro de 20 mm | 0,2 | 0,65 | 0,35 |
| Placas de lã de madeira Gypklith de 25 mm sobre montantes de 25 mm | 0,1 | 0,6 | 0,6 |
| Placa de gesso perfurada Gyproc de 10 mm sobre montantes de 50 mm | 0,1 | 0,4 | 0,15 |
| Placa de gesso ranhurada Gyproc sobre montantes de 50 mm | 0,05 | 0,25 | 0,15 |
| O mesmo, com forro em fibra de vidro de 25 mm | 0,15 | 0,8 | 0,25 |
| Fibrocimento Paxfelt, 25 mm sobre montantes de 25 mm | 0 | 0,55 | 0,7 |
| Placa de fibrocimento perfurada Paxtile, 13 mm sobre montantes de 50 mm | 0,2 | 0,5 | 0,75 |
| Placa de fibra de madeira perfurada Perfonit, vão de ar de 25 mm | 0,2 | 0,7 | 0,75 |
| Placa de resina Semtex de 25 mm sobre montantes de 25 mm | 0,2 | 0,5 | 0,3 |
| Aglomerado Stramit de 50 mm sobre vigas de 50 mm | 0,25 | 0,35 | 0,45 |
| Aglomerado termoacústico de lã de madeira, 50 mm em parede sólida | 0,2 | 0,8 | 0,75 |
| Reboco Tyrolean Callumix, 13 mm sobre parede sólida | 0,05 | 0,15 | 0,35 |
| O mesmo, mas com 20 mm | 0,1 | 0,2 | 0,45 |
| Unitex, placa perfurada de fibra de madeira, 13 mm | 0,2 | 0,6 | 0,65 |
| O mesmo, mas com 20 mm de espessura | 0,25 | 0,65 | 0,8 |
| Feltro revestido em musselina W Callum sobre parede sólida | 0 | 0,75 | 0,7 |
| Metal perfurado W Callum + 75mm de lã de rocha em chita | 0,4 | 0,2 | 0,15 |

ABSORÇÃO DOS CONTEÚDOS DO CÔMODO (ABS) EM UNIDADES DE JANELA ABERTA POR m²

|  | Frequência central de oitava |  |  |
|---|---|---|---|
|  | 125 | 500 | 2000 Hz |
| Ar (por m³) | 0 | 0 | 0,007 |
| Audiência em assentos estofados (por pessoa) | 0,186 | 0,4765 | 0,51 |
| Audiência em assentos de madeira ou acolchoados (por pessoa) | 0,158 | 0,4 | 9,436 |
| Assento, não ocupado, estofado | 0,121 | 0,279 | 0,316 |
| Assento, não ocupado, de madeira, acolchoado ou em lona | 0,075 | 0,149 | 0,177 |
| Músico de orquestra com instrumento (média) | 0,37 | 1,07 | 1,21 |
| **Nota:** |  |  |  |
| A absorção do piso deve ser reduzida, caso "sombreada" pelos assentos (sua eficácia é reduzida) por | 20% | 40% | 60% |

Som: O Ambiente Sonoro **269**

## PLANILHA DE DADOS D.3.6
### Isolamento Acústico de Pisos

O isolamento do som que vem pelo ar é dado em termos de PT (perda de transmissão), da mesma forma que as paredes (p. ex., como na planilha de dados D.3.3). O isolamento do ruído de impacto é medido como o nível do som transmitido quando o impacto é gerado por uma máquina de impactos padrão. São distinguidos apenas dois graus (no Reino Unido) como indica a Fig. 3.64 (o padrão ISO é mostrado para comparação).

|  | PT (dB) |  |
|---|---|---|
| Laje de concreto+, pavimento flutuante | >48 | Grau I |
| Laje de concreto, tipo balsa de madeira flutuante | >48 | Grau I |
| Laje de concreto pesada*, acabamento flexível | >48 | Grau I |
| Laje de concreto, forro suspenso | >48 | Grau I |
| Concreto, contrapiso leve, acabamento flexível | >48 | Grau I |
| Viga-calha de concreto, pavimento flutuante, forro em placa de gesso | >48 | Grau I ou II |
| Vigas de madeira, tipo balsa flutuante, amortecedor de areia | >48 | Grau I |
| Concreto, acabamento rígido | 45 | Grau II |
| O mesmo, mais forro suspenso | 48 | Pior que Grau II |
| Concreto, acabamento flexível | 45 | Grau I |
| Concreto, acabamento rígido, contrapiso leve | 48 | Pior que Grau II |
| Concreto pesado*, acabamento rígido | 48 | Pior que Grau II |
| Concreto, acabamento rígido | 42 | Pior que Grau II |
| Concreto, acabamento rígido, forro suspenso | 45 | Pior que Grau II |
| Concreto, acabamento em madeira | 48 | Pior que Grau II |
| Viga de aço, piso de madeira, acabamento flexível com forro suspenso | 48 | Grau I |
| Vigas de madeira, piso de madeira, forro em placa de gesso | 35 | Pior que Grau II |
| Vigas de madeira, piso de madeira, forro de lâminas e gesso | 40–45 | Pior que Grau II |
| O mesmo com amortecedor de areia | 45–48 | Grau II |
| Vigas de aço, unidades de concreto pré-moldadas, contrapiso leve, acabamento flexível, forro suspenso | 49 | Grau I |

\* Pesado: > 365 kg/m², +normal: >220 kg/m².

Uma máquina de impacto padrão (medição de ruído)

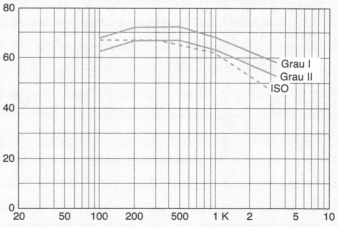

Limites dos níveis sonoros de banda de oitava gerados pela máquina de impacto.

## PLANILHA DE MÉTODO M.3.1
### Média da PT Para Diferentes Áreas de Parede

**1**

Uma parede de 15 m² consiste de 14 m² de alvenaria de 220 mm (PT = 50 dB) e uma única janela envidraçada de 1 m² (PT = 22 dB). Qual a média da PT?

Os valores da PT devem ser primeiro convertidos em transmitâncias (τ), a transmitância média da área ponderada encontrada e convertida novamente em PT.

Da equação (3.8): $\tau = \text{antilog} \dfrac{-PT}{10}$

Para a parede de tijolo: $\tau_t = \text{antilog} \dfrac{-50}{10} = 0{,}00001$

Para a janela: $\tau_j = \text{antilog} \dfrac{-22}{10} = 0{,}00631$

Média $\tau = \dfrac{14 \times 0{,}00001 + 1 \times 0{,}00631}{15} = 0{,}00043$

Da equação (3.7): PT = 10 × (− log τ)
PT = 10 × (3,367) = **33,67 dB**

A janela tem influência dominante, mesmo que seja de apenas 1 m².

**2**

Se tivermos a mesma parede, mas com uma abertura não envidraçada de 1 m², o resultado é ainda mais impressionante:

$\tau_t = 0{,}00001$ como acima
$\tau_o = 1$ por definição

Média $\tau = \dfrac{14 \times 0{,}00001 + 1 \times 1}{15} = 1{,}00014/15 = 0{,}06668$

PT = 10 x (-log 0,06668) = 11,76 dB

O resultado não será muito melhor se a abertura for de apenas 0,25 m²:

Média $\tau = \dfrac{14 \times 0{,}00001 + 0{,}25 \times 1}{15} = 0{,}2514/15 = 0{,}01668$

PT = 10 x (−log 0,01668) = **17,78 dB**

Uma conclusão a extrair com base nesses exemplos é a de que, para melhorar o isolamento do ruído, o componente com menor PT deve ser corrigido primeiro.

## PLANILHA DE MÉTODO M.3.2
### Redução do Ruído de Tráfego Por uma Barreira

Um método para determinar o efeito de redução de ruído de uma barreira é apresentado na seção 3.3.3. Uma alternativa é empregar um termo "u" para determinar o efeito de redução do ruído.

**1**

Primeiro, o valor do "u" deve ser determinado a partir da geometria de barreira:

$$u = \frac{1{,}414\,h}{\sqrt{\lambda}} \times \sqrt{\frac{a+b}{a \times b}}$$

em seguida, esse valor é localizado no eixo x e é lida a redução no eixo Y.

**2**

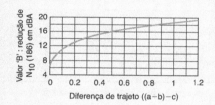

Tanto o método acima quanto o apresentado na seção 3.3.3 são específicos para comprimento de onda. Um terceiro método se aplica para o ruído do tráfego e vai dar a redução em dBA do ruído $N_{10}$ (18–h)

Diferença de trajeto (a + b) – c

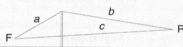

Primeiro, calcule a diferença no comprimento da trajetória do som a partir da geometria da barreira, em seguida, localize esse valor no eixo X e leia a redução do ruído do tráfego sobre o eixo Y. O valor encontrado é válido para uma barreira muito longa. Para barreiras de comprimento finito aplica-se a seguinte correção.

**3**

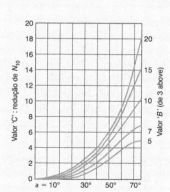
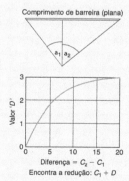

Primeiro o ângulo $\alpha_1$ ($= \alpha_1 + \alpha_2$) no ponto receptor, a partir do plano e o localize no eixo X do gráfico 3. Selecione a curva correspondente à redução a partir de uma barreira infinita (de cima). Leia o valor 'C'. Repita o procedimento para $\alpha_2$ e obtenha a diferença entre os dois valores C. Localize-o no eixo X do gráfico 4. A partir da curva, leia o valor 'D' no eixo Y e o acrescente ao maior valor C para obter o efeito corrigido de redução do ruído do tráfego em dBA.

## PLANILHA DE MÉTODO M.3.3
### Cálculo do Tempo de Reverberação

Uma sala de conferência retangular simples deve ser projetada para acomodar 120 pessoas. A figura 3.49 sugere um volume de 4,5m³/pessoa, o que daria 540m³. Se a altura escolhida for 2,7m, isso dará uma área de piso de 200m². Para facilidade de acesso, esse valor é aumentado para 240m². Se as dimensões do piso forem consideradas como 20 × 12m, então o volume será de 20 × 12 × 2,7m = 648m³.

O tempo de reverberação desejável para o volume dessa sala é sugerido pela fig. 3.50 como **0,8s**. Como a sala é utilizada para ouvir a fala, não há necessidade de aumentar o TR nas frequências mais baixas. Invertendo a equação (3.11), pode-se encontrar a absorção necessária:

$$Abs = 0{,}16\,V/TR = 0{,}16 \times 648/0{,}8 = 129{,}6\,m^2$$

A absorção total dada na sala é calculada para um formato tabulado. Os coeficientes de absorção são obtidos da planilha de dados D.3.4 e a absorção dos conteúdos da sala, da planilha de dados D.3.5. Supondo-se que a sala está ocupada em 2/3 de sua capacidade:

|  |  | 125 Hz a | Abs | 500 Hz a | Abs | 2000 Hz a | Abs |
|---|---|---|---|---|---|---|---|
| **Conteúdo da sala:** |  |  |  |  |  |  |  |
| Pessoas em assentos duros | 80 | 0,158 | 12,64 | 0,4 | 32 | 0,436 | 34,88 |
| Assentos não ocupados | 40 | 0,075 | 3 | 0,149 | 5,96 | 0,177 | 7,8 |
| ar | 648m³ | – | – | – | – | 0,007 | 4,54 |
| **Superfícies:** |  | a | Abs | a | Abs | a | Abs |
| Paredes, tijolo, reboco | 168m² | 0,02 | 3,36 | 0,02 | 3,36 | 0,04 | 6,72 |
| Portas | 4,8m² | 0,3 | 1,44 | 0,1 | 0,48 | 0,1 | 0,48 |
| Forro, placa de gesso | 240m² | 0,2 | 48 | 0,1 | 24 | 0,04 | 9,6 |
| Piso de vinil sobre concreto– | 240m² | 0,05 | 12 | 0,05 | 12 | 0,1 | 24 |
| – menos sombreamento pelos assentos |  | 20% | – 2,4 | 40% | – 4,8 | 60% | – 14,4 |
| Totais |  |  | 78,04 |  | 73 |  | 72,9 |

Como a absorção necessária para todas as frequências é de 129,6m², são necessárias algumas melhorias, de modo bastante uniforme em todas as frequências. A parede traseira não deve ser refletora, assim ela pode ser forrada com um absorvente. Sua área é de 32,4m², mas inclui as duas portas, de modo que a área efetiva é de 32,4 – 4,8 = 27,6m². A segunda melhoria pode ser atapetar o piso:

| | | | | | | | |
|---|---|---|---|---|---|---|---|
| Placas de lã de madeira | 27,6m² | 0,15 | | 0,6 | | 0,6 | |
| – menos original | | <u>–0,02</u> | | <u>–0,02</u> | | <u>–0,04</u> | |
| | | 0,13 | 3,59 | 0,58 | 16,01 | 0,56 | 15,46 |
| Tapetes | 240 m² | 0,1 | 24 | 0,25 | 60 | 0,33 | 80 |
| – menos sombreamento pelos assentos | | 20% | –4,8 | 40% | –24 | 60% | –48 |
| – menos originais | | | –9,6 | | –7,2 | | –9,6 |
| Novos totais | | | 91,23 | | 117,81 | | 110,76 |

## Planilha de método M.3.3 (continuação)

Os dois absorventes indicados são mais eficientes em frequências altas, de modo que a absorção está agora bastante desigual. Algumas correções são ainda necessárias nas frequências mais altas, mas muito mais na faixa de 125 Hz. Parte do forro pode ser substituída por um painel absorvente de fibra de alta densidade revestida com feltro. Isso pode desequilibrar no sentido contrário, de modo que o ajuste final é feito colocando-se uma cortina sobre parte da parede, o que é mais eficiente do lado mais alto:

|  |  | **125 Hz** |  | **500 Hz** |  | **2000 Hz** |  |
|---|---|---|---|---|---|---|---|
| Painel de fibra de alta densidade | 50m² | 0,9 |  | 0,25 |  | 0,1 |  |
| – menos forro original |  | −0,2 |  | −0,10 |  | −0,04 |  |
|  |  | 0,7 | 35 | 0,15 | 7,5 | 0,06 | 3 |
| Cortina, solta | 32 m² | 0,05 |  | 0,15 |  | 0,5 |  |
| – menos parede original |  | −0,02 |  | −0,02 |  | −0,04 |  |
|  |  | 0,03 | 0,96 | 0,13 | 4,16 | 0,46 | 14,72 |
| Novos totais |  |  | 127,19 |  | 129,47 |  | 127,48 |
| Verificação do TR = 0,16V/A = 103,68/A: |  |  | 0,81s |  | 0,8s |  | 0,81s.: O K |

## PLANILHA DE MÉTODO M.3.4
### Escalonamento Progressivo e Princípios da Acústica Óptica

O objetivo dos assentos escalonados é garantir para todos os membros da audiência uma linha ininterrupta de visão da fonte do som (ou, por exemplo, a base de uma tela de projeção). Ao mesmo tempo, a inclinação não deve exceder o necessário.

Numa seção longitudinal do auditório, localizar o ponto F (foco), em geral, 0,8–1m acima do nível do palco. Localizar uma linha vertical representando a primeira fileira de assentos e traçar, para cada fileira de assentos no auditório, linhas verticais a distâncias correspondentes ao espaçamento entre as fileiras.

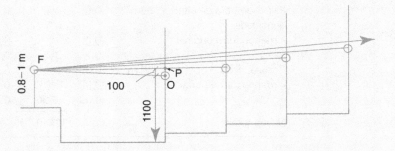

Marcar o nível teórico dos olhos (ponto O) para a fileira da frente a 1100mm acima do piso.

Marcar um ponto P a 100mm acima de O. Traçar uma linha a partir do ponto F até esse ponto P e estender até a segunda fileira. Sua interseção com a vertical dará o segundo ponto O. Repetir esse procedimento da segunda fileira para a terceira, e assim com todas as fileiras. Isso irá localizar o nível dos olhos para cada fileira, sendo que, para determinar o nível do piso para cada fileira, a medida deverá ser 1100mm abaixo do nível dos olhos correspondente.

Num auditório com um piso nivelado (onde a fonte e os ouvintes estão aproximadamente no mesmo nível), a instalação de um refletor de teto é bastante fácil. Por exemplo, se for decidido que os ouvintes da parte de trás devem receber reforço refletido a partir do teto, medir a distância entre a fonte e o ouvinte mais distante e dividir essa distância pela metade, para situar a extremidade da caixa de ressonância mais afastada do palco. Repetir a operação para o ponto médio, sendo que dividir essa distância pela metade dará a extremidade da caixa de ressonância mais próxima do palco. O teto horizontal entre os dois pontos deve ser tratado como uma caixa de ressonância.

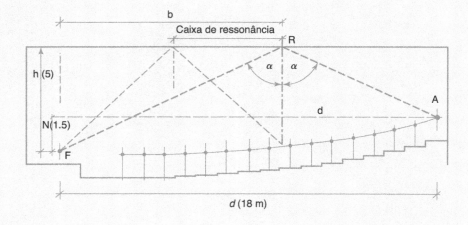

## Planilha de método M.3.4 (continuação)

Com assentos escalonados há duas possibilidades:

1. A distância entre a fonte e a última fileira de assentos pode ser dividida pela metade, para marcar a extremidade da caixa de ressonância. Como o "feixe sonoro" que incide sobre o painel e o feixe refletido não são simétricos, o ângulo entre os dois deve ser dividido pela metade e a caixa de ressonância deve ficar perpendicular a essa linha divisória. A caixa de ressonância terá que ficar ligeiramente inclinada.
2. Se a caixa de ressonância tiver que ser mantida na posição horizontal, a posição da extremidade da caixa de ressonância mais distante do palco (o ponto de reflexão R) pode ser determinada como se segue:

- a distância horizontal entre a fonte-falante (F) e a linha posterior da audiência (A) é $d$
- a diferença de nível entre A e F é N
- a altura do teto a partir do ponto F é $h$
- a distância horizontal entre F e R é $b$
- então b pode ser determinado: temos dois triângulos, onde o ângulo de incidência e o ângulo de reflexão no ponto R devem ser idênticos, digamos $\alpha$, então, $\tan(\alpha) = b/h = (d - b) / (h - N)$
  $d$, $h$ e N são conhecidos; digamos, $d = 18m$, $h = 5m$ e $N = 1,5m$,

  então $b$ deve ser determinado
  $b/5 = (18 - b)/(5 - 1,5)$, logo $3,5b = 5(18 - b) = 90 - 5b$
  $8,5b = 90$, assim $b = 90/8,5 = 10,6$ m

Repetir o mesmo para a extremidade da caixa de ressonância mais próxima do palco.

# PARTE 4  RECURSOS

## ÍNDICE

| | |
|---|---|
| **Símbolos e Abreviações** | **277** |
| **Lista de Figuras** | **278** |
| **Lista de Tabelas** | **279** |
| **4.1 Água e Resíduos** | **280** |
| 4.1.1 Água | 280 |
| 4.1.2 Resíduos | 285 |
| **4.2 Energia** | **290** |
| 4.2.1 Formas de Energia | 291 |
| 4.2.2 Fontes de Energia | 293 |
| 4.2.3 Conversão de Energia | 297 |
| **4.3 Energia Renovável** | **302** |
| 4.3.1 Energia Solar | 303 |
| 4.3.2 Energia Eólica | 315 |
| 4.3.3 Outras Fontes Renováveis | 319 |
| 4.3.4 Armazenamento de Energia | 322 |
| 4.3.5 Resumo | 326 |
| **4.4 Uso de Energia** | **327** |
| 4.4.1 Uso de Energia em Geral | 327 |
| 4.4.2 Uso de Energia em Edifícios | 328 |
| 4.4.3 Conservação de Energia | 333 |
| 4.4.4 Classificação dos Edifícios pelo Desempenho Energético | 336 |
| 4.4.5 Outros Métodos | 341 |
| **4.5 Questões de Sustentabilidade** | **342** |
| 4.5.1 Contexto Histórico | 342 |
| 4.5.2 Base Filosófica | 343 |
| 4.5.3 Implicações Sociais | 344 |
| 4.5.4 O Que os Arquitetos Podem Fazer? | 345 |
| 4.5.5 Sistemas de Classificação Complexos | 351 |
| 4.5.6 Economia | 353 |
| **Planilhas de Dados e Planilhas de Método** | **357** |

## SÍMBOLOS E ABREVIAÇÕES

| | |
|---|---|
| c | velocidade da luz |
| v | velocidade |
| A | área, ampere |
| CA | corrente alternada |
| BCA | Building Code of Australia, código de construção da Austrália |
| BMAS | Building Material Assessment System (Sistema de Avaliação de Materiais de Construção) |
| BRE | Building Research Establishment (Instituto de Pesquisa em Construção, Reino Unido) |
| BREDEM | Building Research Establishment Domestic Energy Model (Modelo de Cálculo de Energia Doméstica do BRE) |
| BREEAM | Building Research Establishment Environmental Assessment Methodology (Método de Avaliação Ambiental do BRE) |
| DBO | demanda bioquímica de oxigênio |
| FEM | força eletromotriz |
| RM | Resto do Mundo |
| C | energia coulombiana, ou capital |
| SCEC | (sistema de) calor e energia solar combinados/sistema integrado fotovoltaico e térmico |
| CEEC | calor e energia elétrica combinados |
| CoP | coeficiente de desempenho |
| CSIRO | Commonwealth Scietific and Industrial Research Organisation (Organização de Pesquisa Científica e Industrial da Comunidade Britânica) |
| CC | corrente contínua |
| GD | geração distribuída/descentralizada |
| AAR | aquecimento de água residencial |
| GLD | gerenciamento pelo lado da demanda |
| E | energia |
| CTV | coletor tubular a vácuo |
| UE | União Europeia |
| TUG | tomada de uso geral |
| RQS | rocha quente e seca |
| IEA | International Energy Agency (Agência Internacional de Energia) |
| ACV | análise (ou avaliação) do ciclo de vida |
| CCV | custo de ciclo de vida |

## SÍMBOLOS E ABREVIAÇÕES (continuação)

| | | | |
|---|---|---|---|
| PMD | país menos desenvolvido | CGTT | Overall Thermal Transfer Value (coeficiente global de transferência térmica) |
| LEED | Leadership in Energy and Environmental Design (Liderança em Energia e Projetos Ambientais) | P | potência |
| M | massa | REP | requisitos de energia do processo |
| MEC | Model Energy Code, código modelo de energia (EUA) | FV | fotovoltaico |
| MOER | meta obrigatória de energia renovável | SEDA | Sustainable Development Authority (autoridade encarregada do desenvolvimento sustentável – Nova Gales do Sul) |
| NatHERS | Nationwide House Energy Rating Scheme (programa de classificação de energia doméstica de âmbito nacional – Austrália) | GLO | gerenciamento pelo lado da oferta |
| | | STE | solar-termoelétrico |
| AVAC | aquecimento, ventilação e ar-condicionado | DTTE | diferença de temperatura total equivalente |
| OUCNF | obrigação de utilização de combustíveis não fósseis | UNCED/ CNUMAD | UN Conference on Environment and Development (Conferência das Nações Unidas Sobre o Meio Ambiente e o Desenvolvimento) |
| NHER | National Home Energy Rating (classificação do consumo de energia residencial nacional – Reino Unido) | UNEP/ PNUMA | UN Environment Program (Programa das Nações Unidas para o Meio Ambiente) |
| NREL | National Renewable Energy Lab. (Laboratório Nacional de Energia Renovável – Colorado) | V | volt |
| | | VAWT/TEEV | Vertical Axis Wind Turbine (turbina eólica de eixo vertical) |
| O | energia operacional | $\Omega$ | ohm, resistência (elétrica) |
| ETO | energia térmica dos oceanos | $\Phi$ | ângulo de fase |

## LISTA DE FIGURAS

| | | |
|---|---|---|
| 4.1 | Caixa de abastecimento combinada a tanque reserva de incêndio | 285 |
| 4.2 | Um tanque séptico doméstico construído no local | 287 |
| 4.3 | Uma instalação giratória de aeração | 287 |
| 4.4 | Uma calha de lixo e sua porta funil | 288 |
| 4.5 | O sistema Garcey de eliminação de resíduos | 289 |
| 4.6 | Cargas indutivas, capacitivas e resistivas e seu efeito na corrente | 292 |
| 4.7 | Uso mundial da energia primária por fontes, 2009 | 293 |
| 4.8 | Fornecimento de energia primária por região | 293 |
| 4.9 | Produção mundial de energia, 1971-2009 | 294 |
| 4.10 | Produção de petróleo por região, 2011 | 294 |
| 4.11 | Reservas estimadas de petróleo por região | 294 |
| 4.12 | Histórico e previsão da produção mundial de petróleo e reservas | 295 |
| 4.13 | Diagrama do sistema de uma usina nuclear | 296 |
| 4.14 | O ciclo do combustível nuclear | 297 |
| 4.15 | Fluxo de energia e matéria nos ecossistemas | 298 |
| 4.16 | Geração de energia elétrica trifásica | 298 |
| 4.17 | Cogeração em alguns países | 301 |
| 4.18 | Taxonomia dos sistemas de energia solar | 304 |
| 4.19 | Um aquecedor solar de água por termossifão | 305 |
| 4.20 | Um sistema de aquecimento solar de água acionado a bomba | 305 |
| 4.21 | Um aquecedor solar de água de acoplamento fechado | 305 |
| 4.22 | Um sistema de aquecimento do ambiente por energia solar com caldeira auxiliar | 306 |
| 4.23 | Um sistema de ar-condicionado abastecido por energia solar | 306 |
| 4.24 | Produção mundial do coletor solar de placa plana | 307 |
| 4.25 | O crescimento de coletores térmico-solares | 307 |
| 4.26 | Um sistema de aquecimento de ar solar | 308 |
| 4.27 | Um grande arranjo de CTVs (coletores tubulares a vácuo) | 308 |
| 4.28 | Um CTV com tubos de calor | 308 |
| 4.29 | Principais tipos de sistemas passivos de aquecimento solar | 309 |
| 4.30 | Uma área de calhas parabólicas | 310 |
| 4.31 | Um sistema "torre de energia" | 310 |
| 4.32 | Um sistema de torre de energia na Espanha | 311 |
| 4.33 | Um concentrador tipo "prato grande" | 311 |
| 4.34 | Um sistema de grande escala de calhas coletoras de concentração | 311 |
| 4.35 | O Ivanpah, St Bernardino, projeto de energia solar concentrada | 312 |
| 4.36 | A usina Andasol, concentração de energia solar | 312 |
| 4.37 | A produção mundial de células fotovoltaicas em MWp até 2006 | 313 |
| 4.38 | Um sistema fotovoltaico para a sede da Google | 313 |
| 4.39 | Bridgewater, instalação de fotovoltaicos concentrados | 314 |
| 4.40 | Hotel Crown Plaza em Alice Springs | 315 |
| 4.41 | Cobertura da Universidade de Queensland, sistema fotovoltaico | 316 |
| 4.42 | Um moinho de vento para bombeamento de alta solidez | 316 |
| 4.43 | Geradores eólicos (aerogeradores) de tipo hélice | 316 |
| 4.44 | O rotor Darrieus | 316 |
| 4.45 | O rotor Savonius | 316 |

## LISTA DE FIGURAS (continuação)

| | | |
|---|---|---|
| 4.46 | Taxa anual de instalações de turbinas eólicas | 318 |
| 4.47 | Um parque eólico de grande escala | 318 |
| 4.48 | Capacidade instalada e fornecimento de eletricidade | 318 |
| 4.49 | Um gerador a metano com alimentação sólida | 319 |
| 4.50 | Um gerador a metano com alimentação líquida | 319 |
| 4.51 | Processos de conversão de biomassa | 321 |
| 4.52 | Princípios de um sistema geotérmico RQS | 322 |
| 4.53 | Produção de hidrogênio renovável | 325 |
| 4.54 | Unidade consumidora com fusíveis e disjuntores | 331 |
| 4.55 | Uma planta elétrica | 332 |
| 4.56 | Símbolos gráficos para instalações elétricas | 332 |
| 4.57 | Uma conexão do fornecimento de gás | 332 |
| 4.58 | Arranjos possíveis de dutos de exaustão para aquecedores a gás | 333 |
| 4.59 | A eficiência dos motores elétricos | 334 |
| 4.60 | Um rótulo de classificação de desempenho energético | 335 |
| 4.61 | O símbolo "Energy Star" | 337 |
| 4.62 | … e qual é o seu uso por metro quadrado? | 338 |
| 4.63 | Horizontes humanos | 344 |
| 4.64 | Fluxos de energia na economia nacional | 355 |

## LISTA DE TABELAS

| | | |
|---|---|---|
| 4.1 | Uso de água per capita (média nacional) | 281 |
| 4.2 | Países com maior capacidade de dessalinização | 283 |
| 4.3 | Prefixos para unidades do SI: múltiplos e submúltiplos | 290 |
| 4.4 | Algumas unidades obsoletas de energia ainda em uso | 291 |
| 4.5 | Eficiências de conversão de vários processos | 299 |
| 4.6 | Custo médio de eletricidade em vários países | 300 |
| 4.7 | Eficiência e emissões de sistemas geradores | 300 |
| 4.8 | A parcela/contribuição das fontes renováveis, dados de 2009 | 303 |
| 4.9 | Emissões de gás de efeito estufa devido aos sistemas de AAR | 305 |
| 4.10 | Capacidade instalada total de coletores térmicos de chapa plana, 2011 | 307 |
| 4.11 | Capacidade instalada de geração eólica, 2009 e 2011 | 319 |
| 4.12 | Produção de eletricidade geotérmica, 2005 | 321 |
| 4.13 | Crescimento da produção de eletricidade por fontes renováveis | 322 |
| 4.14 | Materiais com mudança de fase | 325 |
| 4.15 | Fornecimento mundial de energia | 327 |
| 4.16 | Uso de energia pelas principais categorias | 328 |
| 4.17 | Cores padrão para cabos elétricos | 331 |
| 4.18 | Uso de energia e emissões de gás de efeito estufa | 336 |
| 4.19 | A necessidade de energia no processo de alguns materiais de construção | 347 |
| 4.20 | Energia incorporada de alguns materiais de construção | 348 |
| 4.21 | Valores caloríficos de alguns combustíveis | 349 |
| 4.22 | BMAS: Building Material Assessment System (Sistema de Avaliação de Materiais de Construção) | 350 |
| 4.23 | Limites de emissão de $CO_2$ para classificação referente ao efeito estufa | 352 |

## 4.1 ÁGUA E RESÍDUOS

Água é um dos nossos recursos mais preciosos. Parece ser o mais abundante, mas a água disponível para uso é muito pouca. A Terra como um todo tem cerca de 1338 milhões km³ (1338 EL) de água, mas a maior parte (97%) é água salgada, que forma todos os mares e oceanos. O remanescente 3%, 40,14 EL (exalitros), é água doce.

Da qual:

| % | EL | Está na forma de |
|---|----|-----|
| 68,7 | 27,571 | Gelo (calotas polares, geleiras) |
| 30,1 | 12,082 | Águas subterrâneas (em aquíferos) |
| 0,3 | 0,120 | Águas na superfície |
| 0,9 | 0,361 | Em minerais ou na atmosfera como vapor |

Dos 0,120 EL ou 120 PL da água na superfície

| % | PL | É encontrada em |
|---|----|-----|
| 87 | 104,4 | Lagos |
| 11 | 13,2 | Pântanos ou charcos |
| 2 | 2,4 | Rios |

L = litro
KL = m³
ML = 1000 m³
GL = $10^9$ L = 1000 ML = $10^6$ m³
TL = $10^{12}$ L = $10^9$ m³ = km³
PL = $10^{15}$ L = $10^{12}$ m³
EL = $10^{18}$ L = $10^{15}$ m³ = $10^6$ km³

### 4.1.1 Água

O corpo humano precisa de um mínimo de 1 litro de água por dia para seu funcionamento normal. A ingestão habitual é de cerca de 2 litros/dia, na forma de comida e bebida*. O consumo *per capita* de água para todos os usos (Tabela 4.1) numa grande cidade pode chegar a 2000 litros (2 kL = 2 m³). Como são utilizados os restantes 1998 litros? A resposta é que (em países desenvolvidos) eles são usados sobretudo pela indústria e o comércio, mas também para alguns outros fins (em média):

|  | % |
|---|---|
| Edifícios residenciais | 44 |
| Indústria | 22 |
| Comércio | 18 |
| Instalações de saúde | 5 |
| Parques e ruas | 7 |
| Agricultura na borda urbana | 4 |

No entanto, essas proporções são altamente variáveis, por exemplo, em uma grande cidade com pouca ou nenhuma indústria, os edifícios residenciais podem usar até 56% do total, enquanto em uma cidade com industrias pesadas o uso residencial pode ser de apenas 12%.

Nos edifícios residenciais, apenas, o uso *per capita* pode exceder 800 litros/dia, embora esse valor possa também variar entre 300 e 900 L/dia e ser grandemente determinado por atitudes do usuário.

---

* Algumas modas de saúde recomendam 3 L/dia.

**Tabela 4.1** Uso de água *per capita* (média nacional)

| Localização | Litros por pessoa por dia |
|---|---|
| África | 10-40 |
| América do Sul, Ásia | 50-100 |
| França | 130-250 |
| Alemanha, Áustria | 250-350 |
| Canadá, Japão | 400-600 |
| Austrália | 500-800 |
| USA | 800-1600 |

Esse consumo doméstico se divide aproximadamente da seguinte forma:

| | % |
|---|---|
| Banho e instalações sanitárias | 36% |
| Cozinhar, lavar a louça, lavanderia | 23% |
| Jardins domésticos | 41% |

Obviamente há grandes variações dependendo do tipo de unidade residencial (uma casa com jardim, ou um apartamento num bloco de muitos andares) e onde há um jardim, também varia de acordo com o clima. Em climas secos há um uso maior na jardinagem. Uma piscina doméstica pode perder 5–10 mm de água por dia devido à evaporação, dependendo do tempo (mais em dias secos, quentes e com vento), o que, numa piscina de 30 m$^2$, pode acrescentar até 150 a 300 litros/dia. Isso pode ser reduzido com o uso de uma cobertura de piscina flutuante removível (similar a um plástico bolha).

Uma banheira pode usar mais de 100 L de água, enquanto uma ducha apenas 30-40 L. Uma única descarga de banheiro usa entre 7 e 25 L de água. Em algumas cidades da Austrália, restrições severas de água foram introduzidas (devido à seca sem precedentes): o limite estabelecido é de 140 litros/(pessoa.dia), acima do qual são aplicadas penalidades na tarifa. A água realmente consumida é menos que 1% do total da reserva pública de água.

O uso comercial é constituído de componentes como

| | |
|---|---|
| Escritórios | 120 litros/pessoa.dia |
| Hotéis | 1500 litros/apartamento, dia |
| Restaurantes | 10 litros/refeição servida |
| Lavanderia | 40 litros/kg de roupa |

A atividade que sozinha mais consome água é a agricultura. Foi estimado que são usados cerca de 4000 L de água para produzir 1 Kg de milho e cerca de 2500 L para fazer crescer o grão para um pão*. Para produzir o alimento diário de uma pessoa seria preciso cerca de 33 m$^3$. A produção de um único ovo vai precisar de aproxima-

---

* Não é tão ruim quanto parece: um ha (hectare) de terra pode produzir 2000 Kg de milho, então isso irá necessitar de 4000 × 2000 L, isto é, 8000 m$^3$ de água. No entanto, numa área de chuvas médias (1 m por ano, 1 m/a) um ha irá receber 10000 m$^3$ de chuva em um ano, que será suficiente (a menos que seja um clima seco) se cair no tempo certo e escorrer de forma mínima.

damente 1000 L de água. O uso industrial pode ser inesperadamente grande, por exemplo, leva 300 m³ de água para produzir uma tonelada de aço, para produzir um carro leva 75-150 m³ de água. Estações de energia gastam acima de 500 m³ de água enquanto queimam 1 tonelada de carvão. Para refinar 1 L de óleo cru leva 44 L de água. Para produzir 1 L de biocombustível é preciso entre 1000 e 4000 L de água.

O uso da água está crescendo rapidamente. Em países da OCDE (Organização para a Cooperação e Desenvolvimento Econômico), este número é de apenas 18% ao ano, mas em países em desenvolvimento (começando de uma base muito baixa) ele excede 50% em um ano. No entanto, há ainda cerca de 2,6 bilhões ($2,6 \times 10^9$) de pessoas ao redor do mundo sem abastecimento de água e saneamento adequados.

### 4.1.1.1 Fontes

Toda nossa água doce é produto da energia solar. Essa provoca a evaporação, em grande parte das superfícies do oceano, e dá início ao ciclo hidrológico. As nuvens e o ar carregado de vapor são transportados pelos ventos (que por sua vez são produzidos por diferenças no aquecimento solar). A precipitação (chuva, neve) também ocorre sobre as áreas de terra. Parte dela pode escoar e formar riachos e rios, parte pode ficar retida no solo, parte pode se infiltrar em camadas porosas do subsolo. Podemos canalizar qualquer dessas fontes, mas toda essa água vem de precipitação.

As áreas de terra secas do planeta recebem (em média) precipitações de aproximadamente 1000 mm por ano, mas esse valor pode variar entre aproximadamente 200 mm (p. ex., no norte da África) e 2600 mm (na região oeste da Índia e na América Central). Ele também varia de um ano para outro. É tão variável que uma variação anual de mais ou menos 20 % é considerada estável e altamente previsível. Algumas áreas de deserto podem receber chuva uma vez em dez anos.

A obtenção de água pode assumir diversas formas, da coleta da água do telhado em tanques a grandes represas que recebem o escoamento proveniente de sua bacia hidrográfica. A água subterrânea próxima da superfície pode ser recolhida por meio de poços rasos. A água retida em camadas mais profundas (por exemplo, bacias artesianas) pode ser explorada por meio de perfurações estreitas e profundas. Fontes naturais podem ser usadas. Os rios podem fornecer água por meio de bombas de superfície, de poços próximos ao leito ou pela construção de represas para formar reservatórios de água. Represas ocupam grandes áreas, que podem ser de terra agrícola valiosa, elas também podem ter fortes efeitos ambientais (muitas vezes positivos), além disso, podem assorear ao longo dos anos, reduzindo assim a quantidade e qualidade do reservatório.

As autoridades de vales ribeirinhos ou outros órgãos responsáveis pela administração dos recursos hídricos podem exercer controle rigoroso tanto sobre a alocação e uso da água disponível quanto sobre as fontes possíveis de poluição da água. Em alguns casos, toda a bacia hídrica do reservatório de água é controlada. É uma luta constante tanto a preservação da qualidade quanto a divisão equitativa da água disponível entre os potenciais usuários. A água usada para irrigação agrícola perfaz uma quantidade enorme e o direito a seu uso é, muitas vezes, disputado.

Qualquer que seja a fonte, a água potável (para consumo humano) deve satisfazer os seguintes critérios:

- Deve ser límpida, livre de barro ou sedimentos suspensos. Muitas fontes naturais fornecem a água turva. A turvação pode ser controlada por meio de filtragem.
- Deve ser livre de sabor ou odor. O gosto e o cheiro são causados por material estranho, que não pode estar presente na água.

- Não pode conter produtos químicos em quantidades perigosas ou nocivas. Há níveis máximos admissíveis (em ppm, isto é, partes por milhão) estabelecidos para muitas das possíveis substâncias. A análise frequente deve garantir que esses limites não sejam ultrapassados.
- Deve ser livre de bactéria e outros microrganismos. Quantidades mínimas de alguns deles são toleráveis, mas esses devem ser verificados por contagens frequentes. O mais comum deles é o bacilo *E. coli*, que causa enterocolite. Uma contagem de 100/mL é o limite aceitável.

Os serviços de água em geral são operados por autoridades locais ou conselhos de água, um consórcio entre diversas autoridades locais. Os serviços de água incluem bombeamento, filtragem e instalações de tratamento da água. Isso pode incluir floculação, que é um método de filtragem usado em muitos processos industriais. Sulfato de alumínio ("alume") é acrescentado à água na forma de flocos. Partículas suspensas, turbidez, coloração, mesmo alguns solutos são removidos aderindo ao alume. Forma-se uma espuma que pode ser removida da superfície da água. Qualquer resíduo é filtrado. Os filtros de areia podem remover partículas sólidas até o tamanho de aproximadamente 0,1 mm. Como a maioria das bactérias adere à superfície dessas partículas, elas também serão removidas. As bactérias isoladas têm tamanho de aproximadamente 1 μm e não podem ser removidas por filtragem. Se essas bactérias forem encontradas após a filtragem, a água deve ser desinfetada muitas vezes pela adição de 1 ppm (1 g/m$^3$) de cloro. Nos pontos de saída, o cloro não pode exceder os 0,2 ppm, pois ele pode provocar um gosto desagradável. O tratamento com ozônio é igualmente eficaz; é sem gosto e sem efeitos nocivos, mas é caro.

Na ausência de rios, lagos ou água subterrânea adequada, a última medida é a dessalinização da água salgada ou salobra. A tabela 4.2 lista os principais usuários dessa tecnologia. A maior parte dessas plantas opera usando um processo de osmose reversa. Se uma membrana semipermeável separa duas soluções de concentrações diferentes, o solvente irá passar através da membrana até que as concentrações equalizem.

Se uma pressão externa for aplicada à solução de concentração mais alta, a osmose reversa irá ocorrer. Uma planta moderna irá usar 6 kWh de eletricidade para produzir 1 m$^3$ (1 kL) de água dessalinizada da água do mar. A disposição de resíduo altamente concentrado é um problema à parte a ser resolvido em cada caso.

**Tabela 4.2** Países com maior capacidade de dessalinização (m$^3$/dia)

| | | | |
|---|---|---|---|
| Arábia Saudita | 5.600.194 | Hong Kong | 183.079 |
| Estados Unidos | 2.799.000 | Omã | 180.621 |
| Emirados Árabes | 2.134.233 | Cazaquistão | 167.379 |
| Kuwait | 1.284.327 | Malta | 145.031 |
| Líbia | 638.377 | Singapura | 133.695 |
| Japão | 637.900 | Rússia | 116.140 |
| Espanha | 492.824 | Índia | 115.509 |
| Irã | 423.427 | México | 105.146 |
| Bahrein | 282.955 | Egito | 102.051 |
| Coreia | 265.957 | Israel | 90.378 |
| Argélia | 190.837 | Austrália | 82.129 |

Dutos de longa distância são projetados para fornecer um fluxo contínuo desde a fonte até os reservatórios do serviço de água local. A função desses é equilibrar as flutuações da demanda. Em alguns países (p. ex., no Reino Unido) muitas autoridades transferem o equilíbrio do fluxo para a tubulação local: qualquer unidade residencial pode ter apenas um tubo de conexão de 13 mm e uma torneira na cozinha com água da rede, todas outras saídas de água devem ser abastecidas por uma caixa ou cisterna de armazenamento em nível elevado, para servir de reserva. Em horários de pico, essas podem ficar quase vazias e voltarão a encher apenas lentamente, sob o controle de uma boia.

### 4.1.1.2 Abastecimento de Água

Nos edifícios, o fornecimento da água deve estar disponível para as seguintes finalidades:

- **domésticas**: beber, cozinhar, descarga nos banheiros, assim como fornecimento de água quente e fria para banheiras, duchas, lavatórios, pias de cozinha e lavanderia;
- **serviço contra incêndio**: sistema de aspersão automática contra incêndio, hidrantes (para uso do corpo de bombeiros) e carretéis de mangueira (para o uso dos ocupantes);
- **comercial**: cozinhas de restaurante, balcões de serviço, banheiros e lavatórios;
- **planta ambiental**: limpeza e umidificação do ar, resfriamento evaporativo e transporte do calor (inclusive torres de refrigeração);
- **externas**: aspersores e mangueiras de jardim, lavagem de carro etc.;
- **industrial**: água para resfriamento e para processos industriais de diversos fins.

O projeto e a instalação do sistema hidráulico (na escala doméstica) muitas vezes são deixados por conta de um encanador autorizado, que deverá encarregar-se de todos os acessórios indicados na planta arquitetônica. Em edifícios de maior porte, um engenheiro consultor pode realizar esse trabalho. Contudo, é responsabilidade do arquiteto indicar quais acessórios devem ser instalados e onde. Vale a pena lembrar alguns poucos pontos:

1. Agrupando todas as áreas "molhadas" é possível reduzir tanto a tubulação de água quanto a de drenagem necessárias.
2. É ao mesmo tempo irritante e um desperdício abrir uma torneira de água quente e ter que esperar pela chegada da água quente enquanto deixamos correr a água fria que estava parada no cano. Isso é um desperdício não apenas de muita água, mas também de energia. Após um curto uso da água quente, o cano ficará cheio da água quente que em pouco tempo perderá seu calor, mesmo que o cano seja isolado. Numa unidade residencial, é na cozinha que pequenas quantidades de água quente são usadas com bastante frequência. Assim é aconselhável que o sistema de água quente fique próximo da cozinha.
3. Em um hotel ou hostel, toda uma série de pontos de saída de água pode ser abastecida por um circuito de água quente. A água quente circula lentamente (uma pequena bomba pode ser usada) e vai estar disponível assim que uma torneira for aberta. Para isso, o encanamento deve ter bom isolamento. Mesmo nesse caso, algum calor pode ser perdido, mas muita água será economizada. Isso foi mencionado na Seção 1.6.2 (distribuição de água quente) e mostrado na Fig. 1.109.
4. Em edifícios de mais de um ou dois andares, é indicado ter, no nível mais elevado, um tanque cheio de água como "reserva para incêndio". Em muitos locais,

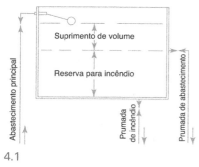

4.1
Caixa de abastecimento combinada a tanque reserva de incêndio

essa é uma exigência legal. Nos casos em que o serviço de armazenamento de água é também uma exigência, os dois podem ser combinados usando-se uma tubulação configurada tal como mostra a Fig. 4.1.

5 Até a metade do século XX, a tubulação amiúde era instalada no exterior do edifício (muitas vezes essa instalação era uma ideia tardia, ou um acréscimo posterior na "modernização"). Mesmo nos invernos relativamente brandos de Londres, isso muitas vezes levava ao congelamento da água na tubulação e – como a água expande conforme congela – com frequência isso causava rachaduras nos canos, e consequentes vazamentos. Hoje todos os canos estão localizados internamente, mas o apropriado é não "enterrar" os canos na construção, mas colocá-los em dutos de serviço ou deixá-los acessíveis por outros meios (p. ex., usando placas de revestimento removíveis). Os consertos no encanamento podem provocar danos adicionais, muito mais caros que o próprio conserto no encanamento. Mesmo a melhor das tubulações tem pouca probabilidade de ser imune a problemas após mais de trinta anos aproximadamente, enquanto mesmo os edifícios mais frágeis e baratos têm uma expectativa de vida de pelo menos três vezes isso.

### 4.1.2 Resíduos

Nossa civilização, em especial nossas cidades e metrópoles, produz uma enorme quantidade de resíduos. Isso inclui resíduos sólidos, líquidos e gasosos e, na sequência, vamos examinar cada um deles.

*4.1.2.1 Resíduos Gasosos*

Os resíduos gasosos hoje compõe-se, em sua maior parte, de emissões de veículos motorizados e da descarga das usinas de energia e da indústria pesada. No passado, esses consistiam principalmente de fumaça visível, sobretudo cinza volante, fuligem e (com motores de combustão interna) algumas partículas metálicas: chumbo, mercúrio, cádmio. As milhares de chaminés soltando fumaça nos bairros residenciais, as torres das chaminés industriais e os motores a vapor das ferrovias eram as principais causas da poluição do ar, em especial dos nevoeiros de Londres e do escurecimento encardido e fuliginoso das cidades industriais dos séculos XVIII e XIX.

A lei britânica de 1956 denominada Clean Air Act e a lei de 1963 de mesmo nome nos EUA (e legislações similares em muitos outros países) mudaram radicalmente a situação. Os combustíveis foram modificados, (por ex. "combustíveis sem fumaça), novas tecnologias foram introduzidas, os governos instituíram agências de controle e as emissões foram drasticamente reduzidas. Os filtros catalizadores reduziram as emissões dos veículos motorizados e as usinas de energia começaram a construir torres de chaminés altíssimas (até 300 sm). Estas últimas ajudaram a melhorar a atmosfera local, mas produziram efeitos de longa distância, como as chuvas ácidas na Escandinávia, causadas pelas emissões das altas chaminés das usinas de energia do norte da Inglaterra.

É interessante observar como nossa compreensão e nossas reações mudam. Na década de 1950, todos os edifícios de apartamentos em Sidney deviam ter um incinerador (!), para redução dos resíduos sólidos domésticos, ignorando (ou desconsiderando) as emissões gasosas e os efeitos da poluição do ar. Hoje esses dispositivos são proibidos e o ar é muito mais limpo, às expensas dos problemas crescentes de disposição de resíduos sólidos. Os edifícios atuais emitem muito pouco resíduo gasoso (se é que emitem algum), mas as emissões foram apenas deslocadas: o consumo de eletricidade nos edifícios é responsável por enormes quantias de emissões de $CO_2$, $NO_x$ (óxidos de sódio) e $SO_x$ (óxido sulfúrico) na planta geradora.

Muito pode ser feito para reduzir essas emissões. Ao longo da última década, o uso de vários catalisadores (platina, alumínio) reduziu, nas turbinas a gás, as emissões de enxofre, nitrogênio e monóxido de carbono de 25 para 2 ppm.

O aquecimento global é um fenômeno atmosférico, causado pelo "efeito estufa", conforme introduzido na Seção 1.3.2 e Fig. 1.36. Sua causa principal é o aumento do $CO_2$ atmosférico e alguns outros gases de efeito estufa (ver planilha de dados D.4.1). Em edifícios, as emissões de $CO_2$ são causadas por aparelhos a gás ou utensílios que usam combustível líquido ou sólido, ou, indiretamente, pelo uso de eletricidade. A taxa de emissão de $CO_2$ de edifícios é frequentemente indicada como "rastro de carbono", algumas vezes dada por área unitária de piso, $CO_2/(m^2.y)$.

Uma boa regra prática é que cada kWh consumido é responsável pela emissão de 1 Kg de $CO_2$. Na realidade, isso depende de como a eletricidade é gerada. A Tabela 4.7 na p. 300 mostra que a emissão varia desde o carvão marrom a 1,23 Kg/kWh, até 0,26 Kg/kWh com cogeração a gás. Dados sobre emissões de $CO_2$ são poucos e distanciados (e não são confiáveis) mas podem ser estimados como uma função do uso de energia. Em edifícios, a maneira mais efetiva de reduzir as emissões de $CO_2$ é reduzir o consumo de energia.

A agricultura, sobretudo a pecuária (produção de metano intestinal ou "fermentação entérica" do gado), é a maior produtora de metano, mas grandes quantidades são produzidas por depósitos de lixo ou aterros sanitários. As emissões de metano só nos EUA são equivalentes a 600 milhões de toneladas de $CO_2$. Metano pode ser um combustível valioso, conforme descrito na próxima seção. O metano persiste na atmosfera por 10 – 15 anos. A concentração atual está próxima de 1,8 ppm.

*4.1.2.2 Resíduos Líquidos*

Os resíduos líquidos dos edifícios são em grande parte produto de nossa estrutura sanitária. Desde o século XIX nossos sistemas de saneamento, tanto as instalações sanitárias quanto a canalização de apoio, melhoraram imensamente. Até a década de 1950, o sistema de tubulação duplo era usado de modo geral; este separava os canos de águas residuais (a ejeção da água de banheira, duchas, bacias, pias de cozinha e tanques de lavanderia) dos canos de esgoto (servindo vasos sanitários, mictórios, pias hospitalares). Mais tarde ele foi substituído pelo sistema de tubulação única e as instalações se tornaram muito mais simplificadas. Com o sistema único, foi exigida tubulação de 100 mm para esgoto e 50 mm para águas residuais, hoje, 90 mm e 38 mm, respectivamente, são de uso comum.

Atualmente, pelo menos em escala doméstica, é considerado desejável (e começa a ser adotado) separar a "água cinza", o que era anteriormente denominada "água usada", e utilizá-la para descarga no banheiro, regar o jardim, ou limpeza da rua. Isso sem dúvida requer um tanque de armazenamento e tubulação separada. A "água negra", a água eliminada pelas instalações de esgoto, deve ser conectada ao sistema público de esgoto, para ser tratada nas estações de tratamento de esgoto. Em áreas menos densamente construídas, ou em casas isoladas, essa água pode ser tratada no próprio local, em fossas sépticas.

Essas fossas sépticas em escala doméstica e as usinas públicas de tratamento de esgoto se baseiam nos mesmos princípios. A Figura 4.2 mostra uma seção e a planta de uma fossa séptica doméstica. A primeira câmara é apenas um tanque de retenção, às vezes denominado "câmara de liquefação", onde as bactérias anaeróbicas decompõem a matéria orgânica (consumindo aproximadamente 30% dos sólidos orgânicos), o que constitui o tratamento primário. São produzidos o metano ($CH_4$) e o $CO_2$ e eles devem ser liberados na atmosfera. Uma configuração ligeiramente diferente pode permitir coletar o metano para sua utilização como combus-

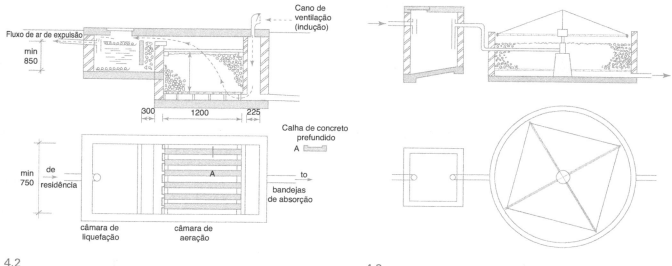

4.2
Um tanque séptico doméstico construído no local

4.3
Uma instalação giratória de aeração

tível (ver Seção 4.3.3.1), sobre a conversão de biomassa. Em algumas usinas de grande porte para o tratamento de esgoto, o metano coletado é usado na geração de eletricidade numa ordem de magnitude de megawatts. Uma usina em Sidney opera um sistema de CEEC (calor e energia elétrica combinados) alimentado por metano, produzindo 3 MW de eletricidade e 3 MW de energia térmica. Muitos sistemas assim (e maiores) estão em operação no mundo todo. Em sistemas de pequena escala, a Índia é a líder.

O tratamento secundário é produzido na câmara de aeração que (neste caso) é uma série de bandejas que permitem que o efluente seja borrifado sobre um leito de cascalho (ou rocha triturada) onde, na superfície das partículas de cascalho, as bactérias aeróbicas se reproduzem. Elas vão consumir outros 60 % da matéria orgânica. Deve ser garantida uma boa ventilação dessa câmara. Uma alternativa para essa câmara (para sistemas de maior porte) é um leito de cascalho circular, aberto, com sistema de borrifação girando lentamente (Fig. 4.3) para distribuição do efluente que sai do tanque anaeróbico.

O efluente eliminado nesse estágio é rico em fosfatos e nitratos: um bom fertilizante. Ele pode ser usado para rega, mas não pode atingir os cursos naturais de água, pois pode causar o desenvolvimento de algas. Estas têm uma grande DBO (demanda bioquímica de oxigênio), desoxigenam a água, que pode em consequência deixar de sustentar vida aquática e se tornar abiótica.

Um *tratamento terciário* do esgoto (um processo mais complexo não é praticável na escala de uma residência individual) pode extrair os fosfatos e nitratos e produzir um fertilizante comercializável. O resíduo sólido (lodo) do tratamento primário e secundário pode ser seco e incinerado. As cinzas restantes podem ser usadas para aterro ("concentração e confinamento") ou colocadas em barcaças e lançadas ao mar ("diluição e dispersão").

### 4.1.2.3 Resíduos Sólidos

Resíduos sólidos (dejetos ou lixo) são normalmente coletados por caminhões especiais (com o emprego de diversos sistemas mecanizados). A média de resíduos produzidos é de aproximadamente 1 kg/pessoa.dia no Reino Unido, 1,5 kg/pessoa.

dia na Austrália e até 2,5 kg/pessoa.dia nos EUA. A coleta, manejo e disposição desse lixo são um grande problema. Depósitos de lixo foram criados em escavações, pedreiras ou poços de argila em desuso, preenchidos, compactados e cobertos com terra. Em áreas planas, foram criados morros de lixo bastante grandes, cobertos com terra e tratamento paisagístico. Contudo, estamos ficando sem espaço para criação desses depósitos de lixo.

Têm sido construídos incineradores de lixo em larga escala, alguns dos quais podem ser usados para gerar vapor e alimentar um sistema de geração de eletricidade. As autoridades locais (e seus empreiteiros) estão bastante desesperados e tentando reduzir a maior parte dos resíduos. Diversos níveis de procedimentos de reciclagem foram introduzidos. No nível mais básico, solicita-se à população que separe os resíduos recicláveis dos não recicláveis (os recicláveis serão depois separados nas estações de processamento de lixo), em outros casos, papel, vidro, metais e plásticos são coletados separadamente (colocando o ônus da classificação nos moradores) e enviados a diferentes instalações de reciclagem. As indústrias de reciclagem de papel são hoje bastante significativas, mas apenas algumas são comercialmente bem-sucedidas. A maioria necessita de alguma forma de auxílio por parte dos órgãos públicos, ao menos para iniciar. Elas agora são impulsionadas pelos usuários: mais e mais pessoas estão usando papel reciclado.

A possibilidade de coletar o gás metano gerado nos depósitos de lixo é mencionada na Seção 4.3.3.1 (gás metano por conversão de biomassa). A disposição de resíduos industriais tóxicos também é um grande problema, mas além do escopo deste trabalho. A coleta de resíduos sólidos dentro de um projeto de edifício deve ser considerada no estágio de projeto. No caso mais simples, (de uma casa suburbana) ela pode não ir além de prover um local para a lata de lixo (frequentemente o latão) que será esvaziada (por ex. uma vez por semana) pela administração local ou caminhão de lixo da empreiteira do serviço.

Uma **calha de lixo** frequentemente é prevista num bloco de apartamentos, se não servindo cada cozinha, ao menos uma boca a cada piso (Fig. 4.4). A boca deve ter uma porta selada e de fechamento automático. Conforme ela é aberta, outra aba deve fechar a calha. A calha deve ser circular, com pelo menos 375 mm de diâmetro (450 mm se servir a mais de dez andares), com uma superfície interna lisa (por ex. concreto pré-fabricado ou elementos vitrificados de argila). O espaço entre a calha circular e as paredes retangulares ao redor é frequentemente preenchido com uma mistura fraca de concreto, para ajudar no isolamento do som. A parede que separa a calha de um cômodo habitável deve ter uma massa de ao menos 600 kg/m² (340 mm de tijolo ou 250 mm de concreto), mas para qualquer outro cômodo adjacente, 110 mm de tijolo é adequado. Essa calha leva a um ponto central de coleta (por ex., no piso subsolo), alimentando um grande contêiner. A base da calha deve ter uma tampa deslizante, para fechá-la enquanto o contêiner estiver sendo esvaziado ou substituído.

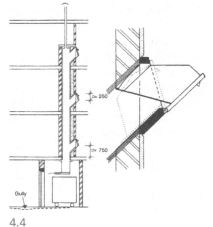

4.4
Uma calha de lixo e sua porta funil

No Reino Unido, um contêiner cilíndrico de 1-3 m³ com rodas é normalmente usado. Na Austrália, um contêiner de aço em forma de cubo de cerca de 1,5 m³ é frequentemente usado, chamado "caixa industrial". Essa deve ser acessível para o caminhão especial de coleta. A administração local que opera esse caminhão deve ser consultada em relação a requisitos especiais. A forma da coleta para lixo industrial e comercial depende do sistema de disposição comunal, mas deve ser considerado no estágio de projeto.

**Trituradores de lixo** sob a pia tornaram-se muito populares alguns anos atrás. Nos EUA, cerca de 50% das casas têm um; muito menos no Reino Unido (6%) e menos ainda na Austrália. A saída da pia deve ter 90-100 mm de diâmetro, mas a conexão de esgoto normal de 38 mm é adequada. o triturador tem um motor elétrico de 500-1500 W, e uma série de características de segurança. Eles podem triturar o lixo normal de cozinha (que é em torno de 15% de todo o refugo) a partículas menores que 2 mm, mas não podem aceitar quaisquer metais, vidros, plásticos, material de fibras ou corda. Usam água à taxa de 0,12 L/s em operação, ou uma média diária de 7 L/pessoa servida. Unidades maiores são disponíveis para uso em hospitais ou cozinhas de restaurante, que necessitam de tubulação de 100 mm conectada à tubulação de esgoto.

Os trituradores agora estão fora de moda, devido ao barulho, uso de água e eletricidade e utilidade limitada, e eles tendem a sobrecarregar as estações de tratamento de esgoto.

O sistema Garcey é independente de drenagem. Uma saída de 100 mm leva a um contêiner (tomando cerca de 50% do lixo doméstico). Quando este está cheio, seu conteúdo é empurrado com água através de um tubo de 100 mm (não mais que 1 m de comprimento) em um duto vertical de 150 mm, que leva a uma câmara de coleta (tanque) no subsolo, que também coleta água usada. Esta é esvaziada a intervalos determinados por um caminhão tanque, que é equipado com um carneiro hidráulico que espreme o excesso de água, descarregando-o no sistema de drenagem (Fig. 4.5).

Diversos tipos de sistemas de disposição do lixo, pneumáticos ou hidráulicos, foram testados e alguns estão disponíveis no mercado, como:

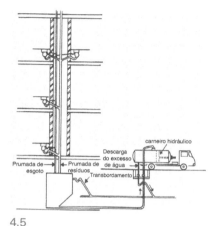

4.5
O sistema Garcey de eliminação de resíduos

- **Sistema de contêiner flutuante.** Resíduos são comprimidos a cerca de um-terço do volume original e forçados em contêiners à prova de água de 150 mm de diâmetro e 400 mm de comprimento. Quando cheios, eles são selados e empurrados no sistema de drenagem do solo (que precisa ser aumentado em tamanho). No ponto de coleta (do Estado ou da vizinhança), os contêiners podem, por um mecanismo simples, ser separados do efluente e esvaziados. A disposição final é a mesma de qualquer método convencional.

- **Sistema de transporte pneumático bruto.** O **Centralsug** foi desenvolvido na Suécia. Uma calha coleta o refugo no fundo, 3 m ou algo assim. A intervalos estabelecidos (por ex. duas vezes por dia) a válvula de placa abre, o refugo cai em um cano horizontal de transporte de 600 mm, onde ele é carregado por um fluxo de ar de alta velocidade (25-28 m/s) até um ponto de coleta, onde é depositado na boca de um incinerador. Os turbo-extratores do cano de transporte operam continuamente durante o dia, as válvulas de placa dos braços de conexão abrem sucessivamente. Adequado para empreendimentos habitacionais de alta densidade.

- **Sistema de transporte de lodo.** Esse usa um triturador a cada ponto de entrada, que quebra os refugos (incluindo vidro e metais) em finas partículas. Água é acrescentada e uma bomba, depois do triturador, empurra o lodo por um cano de 50 mm para um principal de 100 mm. A entrada de cada braço é equipada com uma válvula anti-retorno. As bombas individuais fornecem a força motriz ao longo dos principais. Bombeamento público é introduzido após cerca de 1 km. Esse é comercializado e está disponível nos EUA. O maquinário de trituração e bombeamento é bastante volumoso para uma cozinha doméstica. Assim o sistema é principalmente empregado em situações comerciais e industriais.

- **Sistema de transporte pulverizado.** Calhas de lixo alimentam um triturador pulverizador, onde o refugo é quebrado em partículas de cerca de 10 mm, que são então sopradas ao longo de um cano de 75 mm por uma pequena distância e depositadas. A intervalos estabelecidos, uma válvula abre e o refugo é admitido em um cano de transporte de 225 mm, onde ar em alta velocidade (sucção) leva-o para um ponto de coleta a cerca de 1 km de distância. Então o refugo é transferido para um cano de pressão positiva, o qual sopra as partículas para a estação de tratamento, possivelmente vários km além. O tratamento final pode ser incineração ou compostagem.

Um estudo comparativo de alguns anos atrás considerou custos de investimento bem como de operação, incluindo disposição final, e comparou com o método corrente de coleta manual. Isso produziu os seguintes resultados:

| | |
|---|---|
| Prática corrente: método de coleta manual semanal | 1 |
| Sistema de contêiner flutuante | 1,41 |
| Trituradores sob a pia de uso geral | 1,59 |
| Sistema de transporte pneumático bruto | 1,62 |
| Sistema de transporte de lodo | 1,88 |
| Sistema de transporte pneumático pulverizado | 2,88 |

O estudo, no entanto, não considerou quaisquer benefícios indiretos: em alguns casos obviando a necessidade de caminhões de lixo, redução de tráfego e uso de combustível ou a eliminação da poluição sonora resultante da coleta manual (por ex. batidas de latas quando esvaziadas), ou a higiene melhorada.

## 4.2 ENERGIA

Energia é o potencial de execução de trabalho e é medida na mesma unidade: J (joule). A taxa de fluxo de energia é medida com a unidade W (watt), que é o fluxo de 1 J por 1 segundo (J/s). O watt também mede a capacidade de realizar trabalho (J) em unidade de tempo (s), isto é, potência. Como energia e trabalho têm a mesma unidade (J), então potência e taxa de fluxo de energia têm a mesma dimensão física, portanto, a mesma unidade (W).

Uma unidade de energia aceita é o Wh (watt-hora), isto é, a energia que iria fluir se a taxa de 1 W fosse mantida por 1 hora. Como há 3600 segundos em uma hora, 1 Wh = 3600 J, ou 1 kWh = 3600 kJ = 3,6 MJ (Megajoules). A Tabela 4.3 lista os prefixos usados para quaisquer unidades do SI, tanto submúltiplos quanto múltiplos.

Uma série de outras unidades de energia ainda se encontra em uso (alguns poderosos usuários especializados se recusam a adotar o SI (Sistema Métrico Internacional), mas neste trabalho todas elas foram convertidas para unidades do SI, para garantir comparabilidade e permitir o desenvolvimento de um senso da magnitude dos números. A Tabela 4.4 fornece alguns fatores de conversão.

Tabela 4.3    Prefixos para unidades do SI: múltiplos e submúltiplos

| *Submúltiplos* | | | | *Múltiplos* | | | |
|---|---|---|---|---|---|---|---|
| deci | d | $10^{-1}$ | 0,1 | deca | da | 10 | 10 |
| centi | c | $10^{-2}$ | 0,01 | hecto | h | $10^2$ | 100 |
| milli | m | $10^{-3}$ | 0,001 | kilo | k | $10^3$ | 1000 |
| micro | m | $10^{-6}$ | 0,000001 | mega | M | $10^6$ | 1000000 |
| nano | n | $10^{-9}$ | 0,000000001 | giga | G | $10^9$ | 1000000000 |
| pico | p | $10^{-12}$ | 0,000000000001 | tera | T | $10^{12}$ | 1000000000000 |
| femto | f | $10^{-15}$ | | peta | P | $10^{15}$ | 1000000000000000 |
| atto | A | $10^{-18}$ | | exa | E | $10^{18}$ | |

**Tabela 4.4** Algumas unidades obsoletas de energia ainda em uso

| | | | | |
|---|---|---|---|---|
| Barril de petróleo | brl[1] | $6 \times 10^9$ J | 6 GJ | 1663 kWh |
| Giga barril (de petróleo) | Gbrl | $6 \times 10^9$ GJ | 6 EJ | 1663 TWh |
| Tonelada de petróleo equivalente | TOE | $4,1868 \times 10^{10}$ J | 41,868 GJ | 11630 kWh |
| Megatonelada de petróleo equiv. | Mtoe | $4,1868 \times 10^{16}$ J | 41,868 PJ | $11,63 \times 10^9$ kWh |
| Tonelada de carvão equivalente | TCE | | 29 GJ[2] | 8056 kWh |
| Kilo-caloria | kcal | | 4,1848 kJ | 1,16 kWh |
| Unidade térmica britânica | Btu | | 1,055 kJ | 0,293 kWh |
| Caloria (grama-caloria) | Cal | | 4,1848 J | 1,16 Wh |

Notas:
1 Estritamente falando, um barril é uma unidade volumétrica (=159 L), mas considerando a densidade do petróleo como 0,899 kg/L ele terá 143 kg (ou 0,143 TOE) e seu valor calorífico será de 11,63 kWh/kg então 1 barril irá corresponder a $143 \times 11,63 = 1663$ kWh.
2 Algumas fontes usam 26 GJ (7222 kWh): isso depende da qualidade do carvão tomado como base (IEA, International Energy Agengy, Statistics, 2002), o qual, no entanto, usa Mtoe como a unidade básica.

### 4.2.1 Formas de Energia

A energia não pode ser criada nem destruída (exceto nos processos subatômicos), mas pode ser convertida de uma forma para outra. Algumas formas de energia frequentemente encontradas são revistas nesta seção.

**Calor**, como forma da energia, foi discutido detalhadamente na Parte 1.

A energia mecânica pode assumir duas formas principais:

**Energia cinética** é a energia de que é dotado um corpo em movimento, sendo que ela é proporcional à massa do corpo (M) e ao quadrado de sua velocidade (v):

$$E_k = 1/2 \, M \, v^2$$

Um exemplo corriqueiro da energia cinética de que se faz uso com muita frequência é o vento. Se a densidade do ar é considerada como 1,2 kg/m³, então a taxa de fluxo de massa é

$$M = A \times 1,2 \, v \quad (m^2 \times kg/m^3 \times m/s = kg/s)$$

assim, a potência do vento sobre a área atingida A é

$$P_k = 1/2 \times A \times 1,2 \, v \times v^2 = 1/2 \, A \, 1,2 \times v^3$$
$$(kg/s \times (m/s)^2) = kg \cdot m^2/s^3 = W$$

assim diz-se que a potência do vento é proporcional à velocidade ao cubo.

A **energia potencial** (ou energia posicional) é aquela de que é dotado um corpo que estará livre para cair numa distância vertical (altura, h), isto é, a altura em relação a um nível de referência

$$E_p = M \, g \, h$$

onde g é a aceleração gravitacional, 9,81 m/s²

$$(kg \times m/s^2 \times m = kg \cdot m^2/s^2 = J)$$

Um exemplo dessa energia potencial no uso cotidiano é o da água em uma represa elevada; p. ex. com uma diferença de nível de 100 m, 1 m³ (1 kL) de água tem uma energia potencial de

$$E_p = 1000 \times 9{,}81 \times 100 = 981\,000 \text{ J} = 981 \text{ kJ}$$

e se esse 1 m³ de água fluísse em 1 s, ele teria a potência de 981 kW (quilowatts).

A **energia química** também é uma quantidade relativa. A ligação química de moléculas representa uma certa quantidade de energia armazenada que foi necessária para produzir aquele composto a partir de seus constituintes básicos. As operações químicas que precisam de entrada de energia (calor) são denominadas endotérmicas e as que liberam energia são chamadas de exotérmicas. Os combustíveis são compostos com alto teor de energia química que pode ser liberada pela combustão (um processo exotérmico). O fornecimento de uma certa quantidade de calor pode ser necessário para dar início ao processo (ignição), mas depois disso o processo é autossustentável. A energia que pode ser assim liberada é o valor calorífico desse combustível, medido em Wh/m³ ou Wh/kg. Do ponto de vista da energética (a ciência da energia), os combustíveis são designados como transportadores de energia.

**Energia elétrica.** A presença de elétrons livres em um corpo representa uma carga, um potencial elétrico. Esses elétrons tendem a fluir de uma zona potencial mais alto para uma de potencial mais baixo. A unidade da carga elétrica é o coulomb (C). A taxa de fluxo da eletricidade (corrente) é o ampere (amp, A):

$$A = C/s \text{ e, inversamente, } C = A \times s$$

Existe uma diferença de potencial ou força eletromotriz (FEM) de 1 volt (V) entre dois pontos, quando a passagem de 1 coulomb constitui 1 J

$$V = J/C$$

A corrente elétrica fluirá através de um corpo, se seu material tiver elétrons livres ou deslocáveis. Os metais são os melhores condutores (prata, cobre, alumínio) que têm apenas um elétron na camada mais externa de elétrons do átomo. Em gases ou líquidos, a eletricidade pode fluir na forma de partículas carregadas, os íons.

Mesmo os melhores condutores têm alguma resistência ao fluxo dos elétrons. A unidade disso é o ohm ($\Omega$), a resistência que permite o fluxo (corrente) de um ampere causado por 1 volt.

$$\Omega = V/A \text{ e, inversamente, } A = V/\Omega$$

A taxa do fluxo de energia na corrente (ou potência elétrica) é o watt (W)

$$W = V \times A$$

uma unidade que é usada para todos os tipos de fluxo de energia.

Isso tudo é válido no caso da corrente contínua (CC), isto é, quando a corrente flui numa direção. A corrente alternada (CA) é produzida por geradores rotativos, onde a polaridade resultante é invertida 50 vezes por segundo, isto é, na frequência de 50 Hertz (na maioria dos países, exceto nos EUA, onde ela é de 60 Hz). Com a corrente alternada, a relação acima é influenciada pelo tipo da carga conectada ao circuito. Vale para cargas puramente resistivas, como uma lâmpada incandescente ou um aquecedor de resistência. Aí, as variações na corrente são sincrônicas com as variações na voltagem (Fig. 4.6a). Com uma carga indutiva, como um motor ou

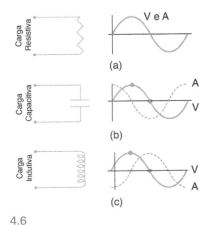

4.6
Cargas indutivas, capacitivas e resistivas e seu efeito na corrente

aparelhos que incorporam bobinas eletromagnéticas, a corrente sofre atraso em relação às variações na voltagem (Fig. 4.6c). Se um ciclo completo é 360°, o atraso é medido pelo ângulo de fase Φ e a potência real será

$$W = V \times A \times \cos \Phi$$

O termo cos Φ é designado como *fator de potência*. Se o atraso de fase for de 90°, então, cos 90° sendo 0 (zero), não haverá fluxo de corrente. Esse atraso de fase pode ser corrigido introduzindo-se um capacitor, que tem o efeito oposto (Fig. 4.6b). Isso foi discutido com relação às lâmpadas elétricas de descarga de gás na Seção 2.5.1. Por essa razão, a potência da corrente alternada é designada como VA ou kVA (e não como W ou kW).

### 4.2.2 Fontes de Energia

A partir do século XVIII, o carvão se tornou a mais importante fonte de energia; pode-se dizer que nossa civilização industrial foi construída sobre o carvão. A produção de petróleo começou no início do século XX e, com a introdução do motor de combustão interna, foi usado em carros, caminhões, aviões, mas também em equipamentos estacionários; seu uso cresceu rapidamente. Em 1966, a produção de petróleo ultrapassou a do carvão (em termos de energia) e, em 2012, a produção de gás também excedeu a do carvão.

A Figura 4.7 mostra o suprimento mundial de energia por fonte e a Fig. 4.8, por região. A Fig. 4.9 indica o crescimento do suprimento de energia primária desde 1970, por tipo de combustível expressa em Mtoe (megatoneladas equivalentes de petróleo):

1 Mtoe = 11,63 TWh

Vale a pena notar que a produção de energia ao longo daquele período mais que dobrou e que, no último ano, houve uma queda acentuada na contribuição nuclear. Tanto isso como a Fig. 4.7 indicam que o petróleo se tornou o principal componente.

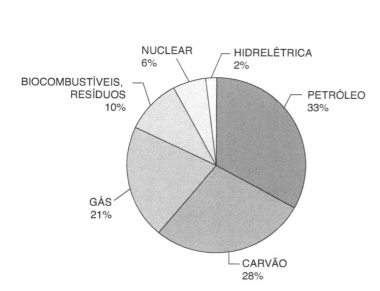

4.7
Uso mundial da energia primária por fontes, 2009

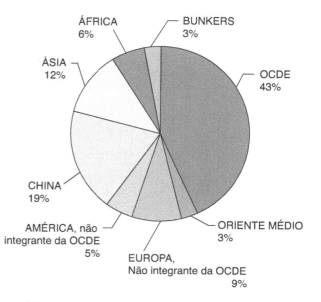

4.8
Fornecimento de energia primária por região

**294** Introdução à Ciência Arquitetônica

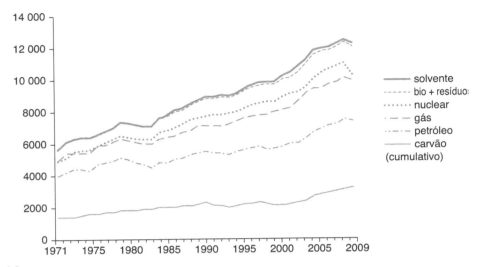

4.9
Produção mundial de energia, 1971-2009, por fontes. Total de 12 150 Mtoe (o gráfico é cumulativo, i. e. a curva do topo é a soma de todas as seis abaixo)

*Petróleo* é nosso combustível mais importante, não apenas por ser a maior fonte unitária de energia, mas também porque é praticamente o único combustível do transporte (bem como materia-prima da indústria petroquímica, especialmente para produtos plásticos).

A produção de petróleo por região é apresentada na Fig. 4.10 e a Fig. 4.11 mostra uma estimativa das reservas de petróleo, também por região.

O atual consumo de energia na forma de petróleo é de $128 \times 10^9$ kWh (11 Mt, megatoneladas) por dia (!) e $46{,}7 \times 10^{12}$ kWh = (4015 Mt) por ano. O estoque de petróleo do planeta é avaliado em

$1600 \times 10^{12}$ kWh (139000 Mt) (Fig. 4.11)

Dividindo o estoque pelo consumo anual temos o "índice estático", dessa forma:

$1600 \times 10^{12}$ kWh/$46{,}7 \times 10^{12}$ kWh/y = 34,6 anos ou
139000 Mt/4011 Mt/y = 34,6 anos

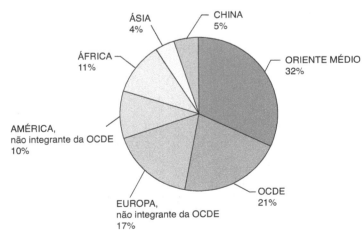

4.10
Produção de petróleo por região, 2011

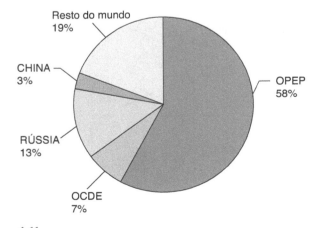

4.11
Reservas estimadas de petróleo por região. Total mundial: $960 \times 10^9$ barris = 139 mil. Mt = $1\,600 \times 10^{12}$ kWh

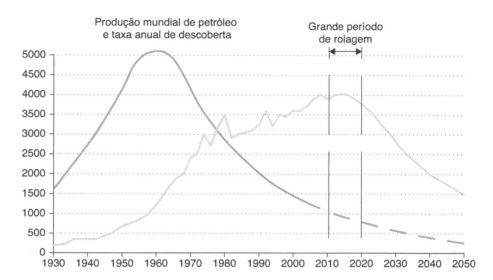

4.12
Histórico (até 2012) e previsão (depois de 2012) da produção mundial de petróleo em Mt (Megatoneladas) (a previsão é composta de seis estudos diferentes) e reservas: taxa anual de descoberta

o que significa que, se a presente taxa de consumo for mantida, o estoque irá se esgotar em pouco mais de 34 anos. Isso tem pouca probabilidade de acontecer. À medida que o suprimento for diminuindo, os preços do petróleo irão aumentar. Isso, de um lado, irá reduzir o consumo e, de outro, tornará competitivas as alternativas de energia renovável (algumas das quais são hoje ainda excessivamente caras).

Um "período de rolagem" (roll-over) (Fig. 4.12) de um mercado comprador para um mercado vendedor, de acordo com o IEA, começou agora e durará cerca de uma década. Depois de cerca de 2022 haverá uma produção em rápida diminuição.

Uma rolagem similar para o carvão está prevista para a metade do século XXII. A preocupação ainda maior é que o carvão e o petróleo são não apenas nossas fontes de energia primária, mas também as matérias-primas de muitas de nossas indústrias químicas. O fato mais preocupante é que a taxa de descoberta de novas reservas de petróleo está rapidamente diminuindo: de um pico de 5294 Mt/y (58 × $10^9$ barris) em 1965 para 1416 Mt/y (12 × $10^9$ barris) em 2002 (também mostrado na Fig. 4.12).

A consideração de fontes de energia não estará completa sem mencionar alguns desenvolvimentos recentes: a recuperação do gás das camadas de carvão e extração de óleo de certos tipos de xisto. O último já está dando uma contribuição significativa na economia dos EUA, o primeiro está causando grave tensão entre fazendeiros e produtores de gás em várias áreas da Austrália, não apenas no que diz respeito à "invasão" legal na superfície, mas também à tecnologia de extração que afeta severamente os aquíferos.

As únicas outras fontes práticas são a energia nuclear e a renovável. Esta última será objeto da Seção 4.3, a primeira será rapidamente discutida a seguir.

A **energia nuclear** constitui de fato um uso muito primitivo de uma parte minúscula de materiais fissionáveis convertidos em energia térmica para produzir calor, gerar vapor e acionar uma turbina comum a vapor.

*Quando certos átomos fissionáveis, como o urânio, U235, são cindidos em consequência do bombardeamento por nêutrons, a massa total dos produtos*

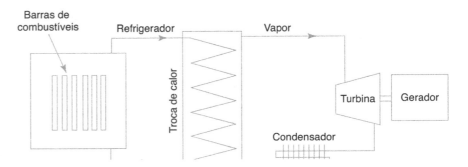

4.13
Diagrama do sistema de uma usina nuclear

*da fissão é ligeiramente menor que a massa do átomo original (cerca de 0,1 %). A massa perdida é convertida em energia, de acordo com a fórmula de Einstein, $E = M \times c^2$ (onde o M é a massa em quilogramas e c é a velocidade da luz: $3 \times 10^8$ m/s). Para 1 kg de $U_{235}$, $E= 0,001 \times (3 \times 10^8)^2$ J $= 9 \times 10^{13}$ J.*

*Alguns nêutrons também são liberados os quais irão cindir outros átomos, produzindo assim uma reação em cadeia. Os nêutrons são desacelerados e o processo é controlado pela inserção de cilindros de carbono (na forma de grafite) entre os cilindros de combustível.*

A energia é liberada na forma de calor e esse é extraído por meio de uma substância arrefecedora. A substância arrefecedora circulante fornecerá seu calor através de um permutador de calor para a água, gerando vapor, que acionará a turbina. A Fig. 4.13 fornece um diagrama esquemático do sistema.

Há muitos tipos diferentes de reator nuclear e todos produzem resíduo radioativo. O descarte desses resíduos ainda não foi satisfatoriamente resolvido. Enormes quantidades deles estão em armazenamento "temporário": parte deles permanece radioativa por centenas de anos.

Há mais de 430 usinas nucleares em atividade em mais de trinta países; 57% delas são reatores de água pressurizada (RAP), 22% são reatores de água em ebulição (RAE) e cerca de 8% são reatores arrefecidos a gás (RAG).

A energia nuclear constitui menos de 9% do consumo nacional total de energia primária tanto no Reino Unido quanto nos EUA. Isso pode corresponder a mais de 18% da eletricidade produzida no Reino Unido e cerca de 20% nos EUA. De acordo com as estatísticas da IEA – International Energy Agency, a Lituânia é o país que mais depende de energia nuclear para geração de eletricidade (76% – uma herança da era soviética), seguido de perto pela França (75%); a Bélgica é o próximo, com cerca de 51%. Em termos de consumo nacional de energia, essas são percentagens bastante pequenas. A França é o maior produtor de eletricidade gerada por energia nuclear, com uma capacidade de mais de 60 GW. As estatísticas de 2005 mostram que as usinas nucleares contribuem com 15,8% da produção mundial de eletricidade e cerca de 6% do uso total de energia (Fig. 4.7).

Cerca de 125 usinas nucleares foram desativadas em razão de diversas falhas, mas sua desmontagem vem sendo adiada devido aos problemas com a radioatividade: apenas dezessete (6300 MW) foram desarmadas. Muitos países (p. ex., a Alemanha) decidiram não mais construir usinas nucleares e eliminar progressivamente as existentes. Essa decisão foi fortemente apoiada pelo argumento econômico. Quando se

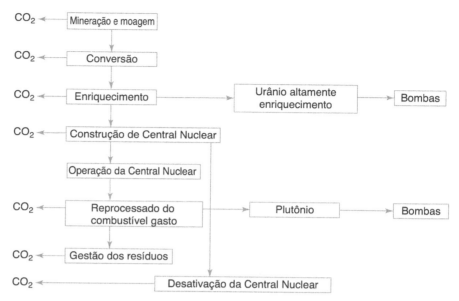

4.14
O ciclo do combustível nuclear (segundo Diesendorf, 2007)

leva em conta os custos com a geração de eletricidade a partir de cilindros de combustível já prontos para uso, elas podem ser competitivas, mas, quando se leva em conta a mineração do urânio, seu refinamento, a produção de concentrado de urânio, a fabricação do cilindro de combustível, bem como os custos com o manejo e o armazenamento dos resíduos nucleares durante muitos anos, então a geração nuclear de energia se revela a alternativa mais cara, tanto em termos monetários quanto em termos de uso da energia antes e depois da fase ativa, de geração de energia. A previsão é que por volta de 2030 apenas 220 reatores permanecerão em operação.

A energia nuclear é promovida por alguns como "sustentável", com o argumento de que é a única fonte substancial de geração de eletricidade sem qualquer emissão de $CO_2$. Isso pode ser verdadeiro para a usina nuclear propriamente, mas se revela equivocado quando todo o processo é levado em conta. A Fig. 4.14 mostra que ocorrem emissões de $CO_2$ a cada passo do processo. Ela também indica os pontos potenciais de derivação para objetivos militares.

### 4.2.3 Conversão de Energia

O mais importante processo de conversão de energia na Terra é a fotossíntese, que converte algumas substâncias, através da radiação eletromagnética do sol, em matéria vegetal. A fotossíntese feita pelas plantas e algas é a base da cadeia alimentar para todos os animais: herbívoros, carnívoros e os maiores carnívoros, os humanos.

A Fig. 4.15 é uma representação muito simples e esquemática da cadeia alimentar, mas é suficiente para demonstrar que o conteúdo material dos seres vivos pode ser reciclado (linha tracejada), porém a energia flui apenas numa direção: "para baixo" (linha contínua), desde a radiação eletromagnética (solar) de alta energia para o calor de grau muito baixo produzido por decompositores, sendo por fim dissipada e novamente irradiada pelo planeta para o espaço ao redor. Essa conversão fotoquímica produz toda a biomassa (madeira e matéria vegetal) e foi ela que produziu, ao longo de uma escala geológica de tempo, todos os nossos combustíveis fósseis. Os efeitos térmicos da radiação solar impulsionam o sistema climático da Terra, causam os ventos e o ciclo hidrológico que podemos explorar e utilizar.

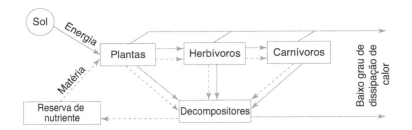

4.15
Fluxo de energia e matéria nos ecossistemas

Os processos de conversão de que fazemos uso são químico-em-térmico, térmico-em-mecânico, mecânico-em-mecânico (p. ex., pressão para rotação) e mecânico-em-elétrico. O fogo é a forma mais antiga de conversão de *químico-em-térmico*, mas todos os nossos motores térmicos se baseiam nele, seja gerando vapor para acionar turbinas ou motores alternativos, seja por meio de motores de combustão interna de vários tipos. Essa conversão de *térmico-em-mecânico* aciona a maior parte de nossos sistemas de transporte, assim como a produção de eletricidade via conversão de *mecânico-em-elétrico* (a geração de eletricidade envolve uma tripla conversão: de químico-em-térmico-em-mecânico-em-elétrico).

Um grande número de outros processos de conversão é utilizado em menor escala (mas alguns deles estão conquistando importância cada vez maior). As células solares convertem energia *radiante-em-elétrica* por meio de processos fotovoltaicos. As células termoelétricas convertem diretamente *calor-em-eletricidade*. As pilhas de célula seca e as células a combustível convertem energia *química-em-elétrica*.

A **eletricidade** é, por larga margem, a forma mais conveniente de energia, que pode ser usada para todo e qualquer de nossos objetivos do dia a dia. Motores dos mais variados tipos podem produzir energia mecânica e trabalho. Lâmpadas elétricas podem produzir luz. A eletricidade propulsiona nossos sistemas de comunicação e nossos computadores. Sem eletricidade, todas as nossas cidades entrariam em colapso (conforme demonstrado pela sequela de algumas grandes catástrofes naturais recentes) – a vida moderna é simplesmente impensável sem eletricidade. A eletricidade pode ser usada até mesmo para produzir outros portadores de energia, sobretudo combustíveis líquidos ou gasosos, por conversão de energia *elétrica-em-química*, p. ex., a geração de hidrogênio por eletrólise.

A eletricidade é gerada principalmente por usinas termoelétricas: turbinas a vapor acionando geradores. A geração hidroelétrica é importante em alguns países em que a geografia garante grandes quantidades de água disponíveis em altitudes elevadas (com grande diferença de nível) para acionar as turbinas hidráulicas (conversão de energia posicional-em-mecânica-em-elétrica). Os processos de conversão elétrica são de altíssima eficiência, mas a geração de eletricidade, a conversão de outras formas em trabalho mecânico é muito ineficiente. A Tabela 4.5 apresenta um resumo de várias eficiências de conversão. A eficiência total da conversão de combustível químico em energia elétrica é com frequência considerada como 0,33, assumindo que uma unidade de eletricidade requer a entrada de três unidades de energia primária (embora ela possa variar de 0,36 até 0,28).

A maior parte da eletricidade é produzida na forma de CA, uma vez que nessa a voltagem pode ser facilmente convertida para cima ou para baixo por transformadores. A Fig. 4.16 mostra os princípios da geração trifásica, neste caso, um fornecimento de 240/415 V (fase-a-fase 415 V, fase a neutro 240 V). Para transmissão de

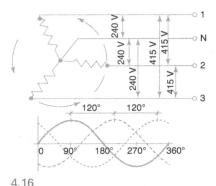

4.16
Geração de energia elétrica trifásica

fornecimento trifásico, são necessários quatro condutores. Se a carga estiver bem equilibrada entre as fases, o neutro pode ser bastante pequeno e, às vezes, omitido (conectado à terra). Normalmente (no consumidor final), para fornecimento de uma única fase, são usados dois condutores: um de fase e o outro neutro. Para fornecimentos pequenos a longas distâncias, recorre-se às vezes ao sistema monofilar com retorno por terra (MRT).

**Tabela 4.5** Eficiências de conversão de vários processos

| Conversão | Dispositivo | Eficiência, $\eta$ |
|---|---|---|
| Química-em-calor | Lareira | 0,30 |
| | Caldeira a carvão, alimentação manual | 0,60 |
| | Caldeira a carvão, automática | 0,70 |
| | Caldeira a óleo | 0,70 |
| | Caldeira a gás | 0,75 |
| Calor-em-mecânica | Motor de pistão a vapor | 0,05-0,20 |
| | Turbinas a vapor | 0,20-0,50 |
| Química-em-mecânica | Motor a gasolina | 0,20-0,28 |
| | Motor a diesel | 0,32-0,38 |
| | Turbinas a gás | 0,30-0,35 |
| Elétrica | Gerador de CA | 0,97 |
| | Motor CA | 0,92 |
| | Transformador | 0,98 |
| | Bateria chumbo-ácido (entrada-saída) | 0,75 |
| | Aquecimento elétrico | 0,99 |

O tamanho exigido para o cabo é determinado pela corrente a ser transmitida. Se a corrente for muito grande para um dado condutor, ele irá aquecer, provocando perda de potência. Para transmissão de uma determinada potência com alta voltagem, a corrente será menor, de modo que um cabo menor poderá ser utilizado. Assim, para transmissões de longa distância, utiliza-se voltagem mais alta. A voltagem do fornecimento normal no Reino Unido e na Austrália é de 240 V, nos EUA, 110 V. Na Europa continental, 220 V é mais frequente e, no Japão, o fornecimento de 100 V é o mais habitual. A rede de distribuição local está usualmente em 5000 V, ou 11 kV (11000 V). A rede de distribuição primária no Reino Unido opera em 132 kV, mas a rede elétrica do país usa 275 kV. Para transmissão de longa distância (na "super-rede") usa-se 400 kV. Na Austrália, para transmissão de longa distância são usadas linhas de 132 kV, 275 kV e 330 kV; algumas ainda operam em 66 kV e algumas linhas novas usam 500 kV.

O custo da eletricidade mostra grandes diferenças em todo o mundo. Em áreas rurais e remotas, ela em geral é mais cara. Os preços muitas vezes incluem um custo fixo pela disponibilidade do serviço, e a cobrança, pelo consumo efetivo. Alguns fornecedores estimulam o uso da eletricidade pela redução da tarifa. Em outros casos, é cobrada uma taxa fixa até um determinado limite, além do qual é aplicada uma taxa de penalização (para encorajar a conservação de energia). A Tabela 4.6 compara preços médios de fornecimento em alguns países para uso residencial e industrial (em grandes áreas urbanas). Esses preços são frequentemente ditados por políticas, antes que por fatores econômicos.

Recentemente, alguns governos introduziram uma forma de taxa por emissão de $CO_2$ (levando ao "comércio de carbono"). Outros agitaram uma reação quase histérica, culpando essa "taxa de carbono" pelo aumento nos preços de eletricidade. Alguns órgãos de fornecimento de eletricidade ou companhias responderam mostrando que

**Tabela 4.6** Custo médio de eletricidade em vários países (em ¢/kWh)

| País | Residencial | Industrial |
|---|---|---|
| Dinamarca | 46 | 13 |
| Itália | 34 | 34 |
| Irlanda | 32 | 21 |
| Japão | 29 | 20 |
| Bélgica | 29 | 18 |
| Portugal | 28 | 26 |
| Espanha | 26 | 12 |
| Reino Unido | 26 | 16 |
| Finlândia | 21 | 12 |
| Suíça | 20 | 12 |
| França | 20 | 13 |
| Austrália | 19 | 9 |
| Nova Zelândia | 19 | 9 |
| EUA | 15 | 9 |
| Coreia do Sul | 10 | 8 |

Fonte: IEA (2009)

no pagamento dos consumidores, 9% é devido às cobranças de carbono, 20% é o custo de geração, 20% é o custo de varejo (serviço e financiamento de energias renováveis) e 51% é o custo de "postes e fios", que é transmissão e distribuição.

### 4.2.3.1 Cogeração

A cogeração, também denominada calor e energia elétrica combinados (CEEC), é baseada na segunda lei da termodinâmica, que estabelece que a produção de trabalho mecânico a partir de calor é inerentemente um processo de baixa eficiência e que a energia térmica deve fluir de uma fonte para um sumidouro e apenas parte desse fluxo pode ser convertida em trabalho.

A geração de eletricidade por geradores térmicos é apenas cerca de 33% eficiente. Os restantes 67% consistem em calor desperdiçado, no passado, dissipado no ambiente: a atmosfera ou os corpos de água. Dependendo da situação, conforme a demanda local de aquecimento, até 75 % do calor disponível (isto é 50% da energia combustível) pode ser utilizado, resultando numa eficiência total de até 80 %. A Tabela 4.7 apresenta um resumo dos valores de eficiência e emissão de $CO_2$ de vários sistemas geradores.

**Tabela 4.7** Eficiência e emissões dos sistemas geradores

| | Tipo de combustível | Eficiência geral (%) | Emissão de $CO^2$ kg/kWh |
|---|---|---|---|
| Convencional | Térmica: carvão marrom | 29 | 1,23 |
| | Térmica: carvão preto | 35 | 0,93 |
| | Térmica: gás natural | 38 | 0,49 |
| | Turbina a gás (330 MWe) | 48 | 0,39 |
| Cogeração | Gás (40 MWe) | 72 | 0,29 |
| | Gás (120 MWe) | 77 | 0,26 |

Nota: MWe significa megawatt, elétrica.
Fonte: Australian Cogen Association, paper 4.

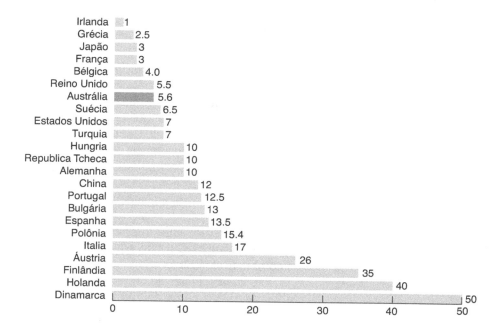

4.17
Cogeração em porcentagem do total de produção de energia em alguns países
(International Cogen Alliance, 2000)

Até recentemente, apenas os sistemas de grande porte se revelavam econômicos, mas, nos últimos anos, foram introduzidas várias unidades de menor porte. Existe uma unidade operando a gás GLP (Gás Liquefeito de Petróleo), com o tamanho de um frigobar, que pode fornecer 3,7 kW de eletricidade e aquecer à taxa de 8 kW. É chamado de SGE, ou sistema geral de energia. Em alguns países, a cogeração já é uma parte muito substancial da produção total de eletricidade, p. ex., na Dinamarca ela alcançou 50 % (Fig. 4.17). No Reino Unido, mais de 150 usinas de geração de CEEC contribuem com aproximadamente 5% da produção total de eletricidade no país. Na Austrália, existem cerca de 130 usinas, com uma produção agregada de 1500 MW (a maior parte delas está na faixa de 1-10 MW) e uma capacidade similar está atualmente sendo instalada.

Um sistema CHAPS (*combined heat and power solar* – calor e energia solar combinados) para uso doméstico foi desenvolvido na ANU (Universidade Nacional da Austrália). O sistema possui dois espelhos parabólicos rasos (2 m² cada) com um sistema de rastreamento de eixo duplo e uma fileira de células FV (fotovoltaicas) na linha de foco, que são refrigeradas a água por circulação acionada a bomba. Ele contribui com água quente para um sistema de água quente residencial e gera eletricidade. O rendimento das células fotovoltaicas será drasticamente reduzido sob temperaturas elevadas; esse sistema evita esse superaquecimento. O rendimento máximo do sistema é de 700 W.

### 4.2.3.2 Células a Combustível

As células a combustível foram construídas pela primeira vez por volta da metade do século XIX, mas apenas recentemente se tornaram fontes viáveis de eletricidade e estão sendo cada vez mais utilizadas. Uma célula a combustível é basicamente um dispositivo que converte a energia química de algum combustível diretamente em eletricidade. Em princípio, ela se assemelha à bateria de célula seca, mas enquanto nesta última é incorporada uma quantidade finita de ingredientes, nas células a combustível, o combustível e o oxigênio são fornecidos continuamente. As células a combustível são usadas em naves espaciais, com absorção de oxigênio e hidrogênio líquido, e uso de eletrodos de platina. Nas aplicações terrestres, metanol, produtos de petróleo, gás natural e gás GLP podem servir como combustível, bem como hidrogênio, contando com o ar como oxidante.

O Programa Federal de Gestão de Energia nos EUA (FEMP) descreve células de combustível como tendo dois eletrodos e um eletrólito. O combustível é alimentado no anódio (+) e ar é alimentado no catódio (-). Na presença de um catalisador, elétrons e prótons são separados, os primeiros levados através de um circuito externo de volta ao eletrólito, ao catódio, para reformar o hidrogênio, que então recombina com oxigênio, para formar $H_2O$. Vários tipos de células a combustível estão em desenvolvimento: MEP (membrana de eletrólito polimérico ou membrana de permuta de prótons), CCMD (células a combustível de metano direto) ou CCA (células a combustível alcalino).

Hoje várias células a combustível estão disponíveis comercialmente em tamanhos de 1kW a cerca de 200 kW. Algumas são apropriadas para cogeração, isto é, o calor produzido também pode ser utilizado. Esses sistemas de células a combustível de CEEC têm alcançado eficiência de mais de 70%. Na maioria das células a combustível modernas, os eletrodos são estruturas de carbono ou de metal poroso e utilizam alguma forma de catalisador. Recentemente a CSIRO (Organização de Pesquisa Científica e Industrial da Comunidade Britânica) da Austrália desenvolveu uma célula a combustível cerâmica que utiliza gás natural como combustível. Carros movidos por motores elétricos operados por células a combustível estão ainda no estágio de protótipo e a produção em larga escala é esperada em poucos anos.

Informação sobre células a combustível está disponível em www.energylocate.com. Um dos mais importantes desenvolvedores de células a combustível é o Connecticut Center for Hydrogen Fuel Cell Coalition (www.chfcc.org.).

Grandes conferências internacionais sobre células a combustível tiveram lugar em Londres (2010) e em Berlim (2012). Nessas conferências, os subtópicos geralmente são:

1 células a combustível no transporte, híbridos, unidades auxiliares de energia;
2 células a combustível estacionárias de grande porte para uso comercial/industrial
3 células a combustível residenciais e portáteis de pequeno porte
4 microcélulas a combustível e eletrônicos de consumo
5 combustíveis para aplicação em células a combustível.

## 4.3 ENERGIA RENOVÁVEL

O termo inclui todas as fontes de energia que não são de um estoque finito, mas estão continuamente disponíveis. Isso pode incluir a energia solar e eólica e os e sistemas hidroelétricos, além de outros, como a energia das marés ou a geotérmica, a geração por biomassa e metano. A Tabela 4.8 mostra a contribuição das fontes renováveis no uso mundial de energia.

Outra forma de aferir a contribuição das tecnologias de energia renovável é pela comparação das capacidades instaladas. De acordo com o relatório IEA*, a capaci-

---

* International Energy Agency, Global status Report (GSR, 2012).

**Tabela 4.8** A contribuição das fontes renováveis, dados de 2009

| | | | |
|---|---|---|---|
| Suprimento total de energia primária (12717 Mtoe) | | 147,9 × 1012 kWh | 16,7% |
| Da qual contribuem fontes renováveis | | 24,7% × 1012 kWh | |
| Dessas | Hidráulica (incluindo geotérmica, oceano) | 5,24 × 1012 kWh | 21,2% |
| | Biomassa (inc. bio-diesel, etanol) | 1,38 | 5,6% |
| | Solar (água quente, FV [Fotovoltaico], CSP [Concentrador de Energia Solar]) | 0,371 | 1,5% |
| | Vento (aerogeradores) | 0,766 | 03,1% |
| | Combustíveis (lenha, resíduos) | 16,943 | 68,6% |
| | | 24,7 × 1012 kWh | 100% |

dade instalada total de energia renovável (excluindo a hidráulica) é 390 GW (390 × $10^9$ kW), divididos entre as tecnologias renováveis como:

| | GW |
|---|---|
| Vento | 240 |
| Solar fotovoltaico | 70 |
| Biomassa | 70 |
| Térmica geo e solar | 10 |
| Total | 390 |

Os sete países principais são:

| | País | GW |
|---|---|---|
| | China | 70 |
| | EUA | 68 |
| | Alemanha | 61 |
| | Espanha | 28 |
| | Itália | 22 |
| | Índia | 20 |
| | Japão | 11 |
| Total | | 280 |
| Resto do mundo | | 110 |
| Capacidade instalada total | | 390 |

Nos últimos nove anos, a taxa de crescimento foi de 6,5 % ao ano nos EUA, mas acima de 30 % nos países da União Europeia e China. Fotovoltaicos (FV) são a tecnologia que cresce mais rapidamente. O preço destes caiu 50% em 2011, enquanto o preço dos aerogeradores caiu 10%.

As fontes mais importantes de energia renovável são o sol e o vento, mas todas (exceto a geotérmica) são derivadas da energia solar. A Fig. 4.18 tenta resumir as tecnologias e finalidades da utilização da energia solar de forma direta ou indireta.

### 4.3.1 Energia Solar

A radiação solar é a força motriz de todos os sistemas de energia terrestre. De fato, toda matéria vegetal e todo ser vivo, todo petróleo, gás e carvão constituem na

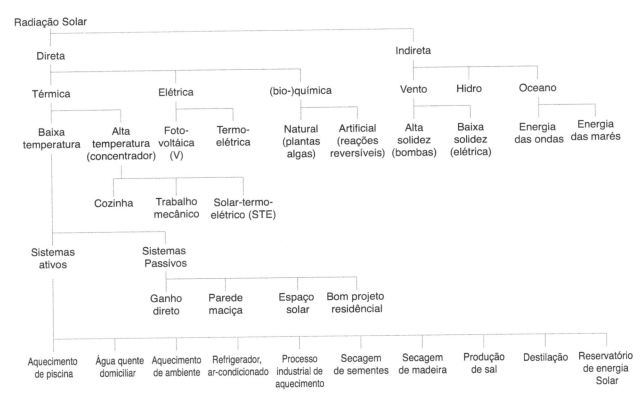

4.18
Taxonomia dos sistemas de energia solar

verdade energia solar acumulada. Aqui discutimos o uso atual da energia solar. A Fig. 4.18 resume as diversas tecnologias e finalidades da utilização da energia solar. Os usos indiretos, como a energia eólica, a energia hidráulica e a energia das marés, serão discutidos adiante, após uma breve revisão das formas diretas de utilização.

Três processos de conversão principais podem ser distinguidos: térmico, elétrico e químico (incluindo bioquímico). Este último inclui processos naturais, isto é, o crescimento de plantas e algas (também designado como produção de biomassa), bem como as reações químicas artificiais reversíveis. Para conversão em eletricidade, as duas rotas principais são os dispositivos fotovoltaicos e os termoelétricos. As aplicações térmicas diretas incluem os sistemas mais diversos. É importante distinguir entre aplicações de baixa temperatura e os dispositivos de concentração que produzem altas temperaturas. Entre estes últimos estão vários fornos solares, concentradores para produção de trabalho mecânico e sistemas solar-termoelétricos (STE). Uma subcategoria desse último é o sistema Concentrador de Energia Solar (CES).

### 4.3.1.1 Sistemas Térmicos de Baixa Temperatura

Dentro dessa categoria, distinguimos os sistemas *ativos* e os *passivos*. Não existe uma divisão nítida, mas os limites abaixo foram propostos de acordo com o sistema CoP (coeficiente de performance):

- sistema passivo se CoP > 50
- sistema híbrido se 20 < CoP < 50
- sistema ativo se CoP < 20.

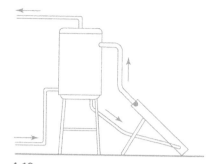

4.19
Um aquecedor solar de água por termossifão

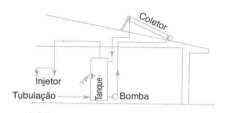

4.20
Um sistema de aquecimento solar de água acionado a bomba

(a)

(b)

4.21
Um aquecedor solar de água de acoplamento fechado (ver também Seção 1.6.2)

Onde

$$CoP = \frac{\text{energia de origem solar fornecida}}{\text{energia parasitária utilizada}}$$

sendo que energia parasitária é a energia usada por bombas, ventiladores e controles para operar o sistema.

O sistema de conversão mais simples é o coletor de placa plana, que pode ser usado para finalidades térmicas de baixa temperatura (<100°C): aquecimento de água ou do ar. Trata-se de um painel de metal (em geral cobre) com alguns circuitos para água (ou uma rede de tubos ou canaletas formadas entre duas lâminas) ou dutos de ar, com uma superfície preta (em produtos de melhor qualidade, uma superfície seletiva: alto $\alpha_{solar}$ mas baixo $\varepsilon_{<100°C}$), proteção isolante e uma cobertura de vidro (ver a planilha de método M.4.2, para os cálculos de desempenho do coletor). Se o tanque de água for montado em posição mais elevada que o coletor, uma circulação por termossifão vai se desenvolver (Fig. 4.19) e o tanque de água vai aquecer. Se os coletores estiverem no telhado e o tanque no nível do piso, será necessária uma pequena bomba para fazer a água circular (Fig. 4.20); isso pode ser considerado como um sistema híbrido.

A maioria dos sistemas é acompanhada de um aquecedor elétrico auxiliar de imersão, para uso em situações de clima mais rigoroso. Os sistemas acoplados têm um tanque cilíndrico horizontal na borda superior do painel coletor (Fig. 4.21). Existe disponível um grande número de sistemas diferentes, classificados de acordo com a pressão, o sistema de circulação e a forma de aquecedor auxiliar.

O uso desses aquecedores solares de água é obrigatório para sistemas DHW (domestic hot water [aquecimento de água domésticos]) em alguns países (p. ex., Israel), estimulado por abatimentos de impostos (p. ex., nos EUA) ou recebem subsídios governamentais de aproximadamente 30% do custo (p. ex., na Austrália). A justificativa é a de que esse suporte é necessário para restaurar as "condições de igualdade", de outra forma distorcidas pelos muitos incentivos ocultos que os sistemas convencionais de energia recebem dos governos. Em muitos países, a fabricação de aquecedores solares de água é uma indústria próspera e bem estabelecida.

Sem dúvida, o sistema termossifão doméstico de aquecimento de água é "passivo", mas os sistemas DHW solar têm um aquecedor (intensificador) auxiliar, que ainda é responsável por significativas emissões de gás de efeito estufa, como mostra a Tabela 4.9.

Enquanto os sistemas DHW podem utilizar coletores de placa plana de 2 a 6 m², conjuntos de coletores de uma ordem de magnitude maior podem ser usados para aquecimento de espaços ou para finalidades de aquecimento no processo industrial. Precisam utilizar bombas, tanto nos circuitos de coleta quanto nos de fornecimento de calor e, dessa forma, estão na categoria dos "sistemas ativos". A Fig. 4.22 é o diagrama do sistema de uma instalação doméstica de aquecimento de ambiente.

Tabela 4.9 Emissões de gás de efeito estufa devido aos sistemas DHW (tonelada/ano)

|  | Clima quente | Clima frio |
|---|---|---|
| Solar com intensificador a gás | 0,3 | 0,5 |
| Aquecedor a gás "cinco estrelas" | 1,3 | 1,6 |
| Aquecedor a gás "duas estrelas" | 1,6 | |
| Intensificador elétrico, solar | 1,2 | 1,9 |
| Elétrico | 4,8 | |

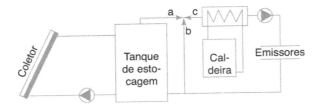

4.22
Um sistema de aquecimento do ambiente por energia solar com caldeira auxiliar

O emissor pode ser tanto um radiador de painel, ou uma unidade ventilador-serpentina, ou um sistema embutido de serpentinas para aquecimento do piso. Este último é particularmente bem-sucedido, pois pode operar com temperaturas de água bastante baixas, usando como emissor a grande superfície do piso. A eficiência do coletor é muito maior em temperaturas mais baixas. O aquecedor auxiliar pode ser a gás ou a óleo ou pode ser um aquecedor elétrico de imersão, ou até mesmo uma velha lareira com uma caldeira no fundo.

Em climas em que pode haver risco de congelamento da água nos painéis ou dutos dos coletores, um sistema de drenagem é usado com frequência para esvaziar os coletores durante períodos com risco de congelamento, p. ex. durante a madrugada. Ou então pode-se acrescentar um pouco de etilenoglicol à água em circulação. Devido à natureza tóxica desse composto, toda conexão com o sistema doméstico de aquecimento de água deve ser feita por um permutador de calor de parede dupla.

A Fig. 4.23 mostra um sistema de ar-condicionado por energia solar baseado num sistema de refrigeração por absorção (LiBr/$H_2O$: brometo de lítio/água). Os princípios dos refrigeradores que funcionam por absorção foram discutidos na Seção 1.6.3.2 (e Fig. 1.117), onde foi descrito um sistema amônia/água. Aqui, o $H_2O$ é o componente refrigerante e o LiBr é o absorvente.

Para um melhor desempenho, o ângulo de inclinação dos coletores solares deve ser igual à latitude do lugar (com isso ele receberá a maior quantidade dos feixes de radiação solar, enquanto com uma inclinação menor receberia mais da radiação difusa), mas também pode ser adaptado de acordo com a necessidade dominante: mais inclinado para aquecimento no inverno e mais plano para resfriamento no verão. A orientação deve ser para o sul (no hemisfério do norte) e para o norte (no hemisfério sul). As condições climáticas locais podem influir nisso; p. ex., se forem comuns manhãs nebulosas, a orientação deve ser ligeiramente para oeste. Em localizações equatoriais, as variações sazonais devem determinar o ângulo de inclinação, mas ele deve ser quase horizontal.

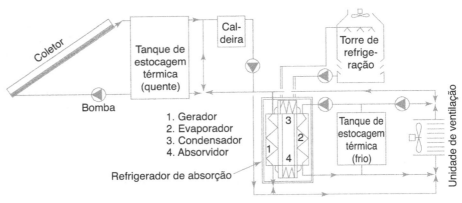

4.23
Um sistema de ar-condicionado abastecido por energia solar

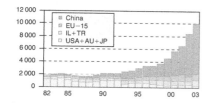

4.24
Produção mundial do coletor solar de placa plana, 1982-2003 (em MWtermal)

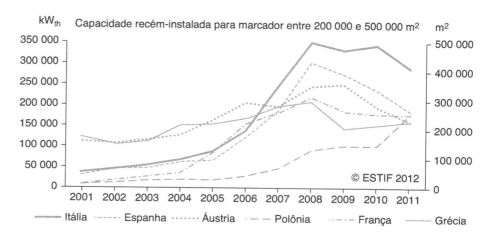

4.25
O crescimento de coletores térmico-solares instalados todos os anos em alguns países até 2011 em kWtermal para cada mil habitates

O uso de coletores solar-térmicos de chapa plana é o mais difundido, especialmente para o suprimento doméstico de água quente. Em muitos lugares, esses são agora competitivos com aquecedores elétricos. A Fig. 4.24 mostra o crescimento da produção desses coletores até 2003 em termos de rendimento (térmico) classificado em MW, e a Fig. 4.25 é um gráfico do crescimento anual de instalações em alguns países em termos de $kWh_{th}$, ou $m^2$. Em 2006, a produção de coletores na União Europeia atingiu 2,1 $GW_{th}$, levando a capacidade instalada total a 13,5 $GW_{th}$ e em 2009 essa excedeu 22 $GW_{th}$. A tabela 4.10 mostra a capacidade instalada total de tais coletores (em $kW_{térmico}$) bem como em termos *per capita* ($kW_{th}$/1000 pessoas ou $W_{th}$/pessoa).

Os coletores solares podem utilizar o ar como fluido de transporte do calor e, em vez de bombas, ventiladores para impelir a circulação. Esses sistemas de aquecimento a ar alimentados por energia solar muitas vezes são usados para o aquecimento de ambientes (uma de suas vantagens é não oferecer risco de congelamento durante a noite), mas também para diversas finalidades industriais, como secagem de cultivos ou de madeira. Uma camada de rochas trituradas (ou pedregulhos) pode ser usada para armazenamento do calor. A Fig. 4.26 mostra um sistema de aquecimento a ar alimentado por energia solar e seu sistema de dutos.

Os painéis de aquecimento a ar dos coletores de chapa plana também podem ser utilizados para fins industriais, como a secagem de culturas ou de madeira.

Tabela 4.10  Capacidade instalada total de coletores térmicos de chapa plana, 2011

| | $kW_{th}$ | $W_{th}$/pessoa |
|---|---|---|
| Alemanha | 8896300 | 108,5 |
| Áustria | 2517812 | 301,3 |
| Itália | 1404361 | 23,4 |
| Espanha | 1262516 | 27,5 |
| Grécia | 2851940 | 253,3 |
| França | 1371370 | 21,2 |
| Suíça | 538095 | 69,9 |
| Portugal | 345338 | 32,5 |
| Polônia | 356902 | 9,4 |
| Reino Unido | 332514 | 5,4 |
| Chipre | 514640 | 645,8 |
| Dinamarca | 330.946 | 60,0 |
| União Europeia total | 22137251 | 43,56 |

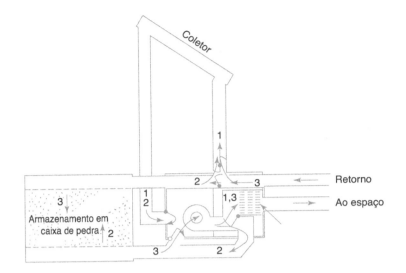

**4.26**
Um sistema de aquecimento de ar solar
1. coletor para circuito espacial (possivelmente um aquecedor auxiliar)
2. coletor para armazenamento de calor em cama de pedra
3. armazenamento – (possivelmente um aquecedor auxiliar) – para espaço.
O contorno duplo indica uma unidade pré-fabricada: o ventilador, aquecedor auxiliar e todas os amortecedores

**4.27**
Um grande arranjo de CTVs (coletores tubulares a vácuo)

**4.28**
Um CTV com tubos de calor

Um desdobramento relativamente recente é o uso de ETCs (*evacuated tubular collectors,* [CTV, coletores tubulares a vácuo]). Esses coletores empregam um tubo de vidro de 75-100 mm de diâmetro, que abriga uma lâmina de cobre absorvente. A superfície seletiva desta reduz perdas de radiação, e o vácuo no interior do tubo elimina em grande parte a perda de calor por convecção; dessa forma, podem ser alcançadas temperaturas bastante altas e alta eficiência (Fig. 4.27).

Uma versão avançada desses coletores usa um tubo de aquecimento selado dentro de um tubo de vidro a vácuo. Esse contém uma pequena quantidade de fluido de transferência de calor. Quando esquentado pelo sol, este evapora e dispara até a extremidade superior, a qual está inserida em um tubo de comunicação, onde o calor é transferido para a água em circulação. O fluido condensado gravita de volta para a parte baixa do tubo. Esse é um sistema automático de transferência de calor extremamente eficiente (Fig. 4.28)

O aquecimento de piscinas pode exigir enormes quantidades da energia e, como requer aquecimento apenas de baixa temperatura, o uso de eletricidade ou gás com essa finalidade é considerado por muitos como francamente "imoral". Um sistema de aquecimento solar de baixo custo (e baixa eficiência) realizará a tarefa muito bem. Muitas vezes um coletor sem a cobertura de vidro, consistindo em lâminas pretas de HDP (*high density polyethylene* [polietileno de alta densidade]) com múltiplos dutos para água pode realizar a tarefa. Tubos de PVC comuns são usados como tubos de transferência e a bomba de filtro da piscina pode acionar a circulação.

Foi demonstrado que, na Austrália, a produção de sal utiliza mais energia solar que todas as outras aplicações em conjunto: essa envolve a evaporação da água marinha de tanques rasos, restando o sal que é raspado com o uso de maquinaria pesada.

A Fig. 4.29 mostra uma série de sistemas passivos usados em edifícios. Esse tipo de categorização sistemática era valorizado vinte anos atrás. Agora esses po-

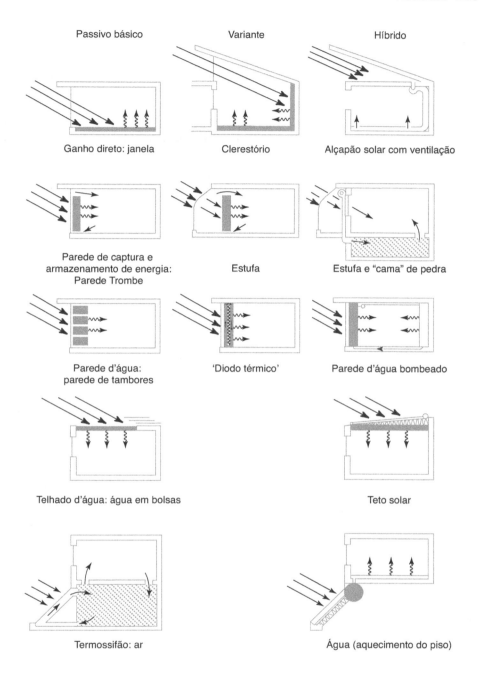

4.29
Principais tipos de sistemas passivos de aquecimento solar
• A janela de ganho direto e o clerestório não são mais que uma janela de orientação correta e uma massa no chão ou na parede para absorver e armazenar o calor solar.
• A parede Trombe e a estufa solar foram discutidas na seção 1.5.1.1.
• A parede de tambores os usa como armazenamento de calor. O diodo térmico circula água pelo termossifão, do coletor externo para o tanque de armazenamento interno, em sentido horário; uma válvula não retornável no topo impede a circulação reversa.
• O teto solar tem cerca de 200mm de água em bolsas; inverno: coberto por painéis isolantes à noite, exposto a entrada solar durante o dia; verão: exposto à noite para dissipar o calor por radiação para o céu, coberto durante o dia para prover um teto resfriado.
• O sistema de ar por termossifão usa um armazenamento de cama de pedra. O sistema de água possui um circuito emissor bombeado para aquecer o chão.

dem ser usados (na melhor das hipóteses) para orientação, uma vez que há uma variedade praticamente ilimitada de sistemas similares possíveis. Além disso, consideramos que a distinção entre um "sistema passivo de aquecimento solar" e um edifício termicamente bem projetado é quase impossível. Todas as casas são coletores solares potenciais, seu êxito ou fracasso depende do projeto. Na verdade, alguns desses sistemas foram discutidos na Seção 1.5.1.1 no contexto de projeto térmico de edifícios, sob o título de "controle passivo dos fluxos de calor".

O **direito à luz solar** foi discutido na Seção 2.3.4 (e na planilha de método M.2.2) no contexto da iluminação de edifícios. Do ponto-de-vista da utilização da energia solar, isso pode se tornar um problema sério em termos legais e econômicos. Dizendo isso de forma simples: se eu investir num sistema de aquecimento solar (seja ativo, seja passivo, seja fotovoltaico) e mais tarde meu vizinho construir um edifício alto que vai sombrear meus coletores, vou ter alguma proteção legal? A questão é séria em condições urbanas (e mesmo suburbanas), em especial no caso de instalações domésticas de pequeno porte.

Nos EUA, diversos estados (p. ex., o Novo México) introduziram uma legislação inspirada na antiga lei do "direito à água", essencialmente o primeiro usuário estabelece o direito à fonte. Logo, essa lei teve que ser revogada, pois conduzia a reivindicações exorbitantes (e até vexatórias), p. ex., um coletor barato de manufatura doméstica montado no nível do solo podia impedir o vizinho de construir qualquer edifício de porte substancial. Knowles, no artigo "Solar Energy, Building and the Law", desenvolveu um trabalho importante a esse respeito, elaborando o conceito de "envoltória solar", que conduziu à legislação de acesso à radiação solar (p. ex., na Califórnia, cf. Robert L. Thayer, em *Solar Access: It's the Law*).

### 4.3.1.2 Sistemas Térmicos de Alta Temperatura

Os melhores coletores de placa plana podem aquecer a água (ou o ar) a mais de 90°C, mas temperaturas muito mais altas podem ser produzidas por coletores de concentração. Todos eles usam algum espelho, ou na forma de uma calha parabólica de curvatura simples ou na forma de "prato" de curvatura dupla. O primeiro tem foco linear, o último tem um ponto focal (ou quase focal). Ambos operam em geral a temperaturas de 500–800°C e podem produzir vapor super-aquecido. Áreas de vários hectares podem ser cobertas com esses coletores para fins de geração de eletricidade. Esses coletores são frequentemente designados pelo termo genérico de sistemas solar-termoelétricos, ou STE. A Fig. 4.30 é um diagrama de um campo de calhas parabólicas com uma sala central de caldeira/turbina (ver também a Fig. 4.34). Frequentemente, a abreviação/acrônimo para tais sistemas é CST (concentração solar-térmica). Um tipo particular de sistema CST é denominado "torre solar", o qual tem um grande campo de espelhos individualmente direcionados por heliostato, todos focalizados num receptor central montado sobre uma torre (Fig. 4.31). Protótipos em grande escala tanto da torre solar quanto do campo de coletores em calha parabólicos foram construídos tanto na Califórnia quanto para a União Europeia na Espanha, e fornecem eletricidade para a rede (Fig. 4.32, 4.33 e 4.34). Os geradores CST são todos sistemas de alta temperatura.

Governos conservadores cautelosos tendem a desprezar as energias solar e eólica como incapazes de fornecer "carga básica" de energia. O fato é que usinas CST com uma produção da ordem de centenas de MW estão em operação e uma usina com capacidade de produção da ordem de GW está em etapa de planejamento. Está sendo sugerido seriamente que mesmo os países mais industrializados poderiam eliminar a geração de energia alimentada por carvão, por meio de tais sistemas solares, sem recorrer à energia nuclear.

O maior sistema de torre solar está em construção (com o suporte do Departamento de Energia dos EUA) em Ivanpah, São Bernardino, Califórnia, com uma saída

4.30
Uma área de calhas parabólicas conectadas por uma caldeira/gerador central

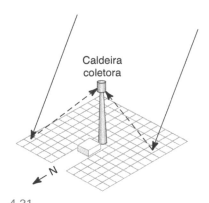

4.31
Um sistema "torre de energia": um campo de espelhos com uma caldeira central montada em torre, e a casa do gerador

Recursos **311**

**4.32**
Um sistema de torre de energia de 11MW na Espanha (próximo a Sevilha) em uma torre de 15 m de altura

**4.33**
Um concentrador tipo "prato grande"

**4.34**
Um sistema de grande escala de calhas coletoras de concentração, de foco linear

projetada de 370 MW, ocupando uma área de quase 1500 ha (quase 4 km × 4 km) (Fig. 4.35). Essa é uma importante contribuição em direção ao objetivo de produzir 33% da eletricidade da Califórnia em 2020.

O primeiro projeto importante de torre de energia solar foi o "Solar One" no deserto de Mojave, com capacidade de 10MW, mais tarde ampliado para o "Solar Two" – agora fora de serviço. Algumas outras grandes instalações operando CSP (Concentrated Solar Power [energia solar concentrada]) são:

| *Calhas parabólicas* | MW | *Torres solares* | MW |
| --- | --- | --- | --- |
| Deserto de Mojave, Califórnia | 354 | Indiantown, Flórida | 75 |
| Solnova, Sanlucar, Espanha | 150 | PS20, Sevilha, Espanha | 20 |
| Andasol, Guadix, Espanha (Fig. 4.36) | 150 | Gemasolar, Fuentes, Espanha | 20 |
| Extersol, Torre de Miguel, Espanha | 100 | PS10, Sevilha (Fig. 4.32) | 11 |
| Nevada Solar One, Boulder, Nevada | 64 | Sierra, Lancaster, EUA | 5 |

4.35
O Ivanpah, St Bernardino, projeto de energia solar concentrada (em construção)

4.36
A usina Andasol, na Espanha, com concentração de energia solar de 150 MW

A usina de Andasol (Fig. 4.36) é inovadora na medida em que envolve armazenamento de calor em sal fundido a mais de 1000 MWh$_t$, o que é suficiente para 7,5 horas de funcionamento a plena carga das turbinas. Isso permite o armazenamento de calor excedente durante os períodos de pico de luz solar, para uso à noite.

O maior sistema de torre solar do mundo, de 2000 MW, está em construção na China, no deserto Mongol.

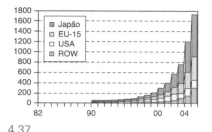

4.37
A produção mundial de células fotovoltaicas em MWp até 2006

### 4.3.1.3 Sistemas Fotovoltaicos (FV)

Células fotovoltaicas são usadas para conversão direta da radiação solar em eletricidade, recorrendo a algum tipo de semicondutor. As mais amplamente usadas são as células de silício, que podem ser de um único cristal (extraído na forma de cilindro e cortado em lâminas finas) de silício policristalino ou amorfo. As células de um único cristal na produção comercial excederam 24% na eficiência de conversão (mas o limite teórico é 40%).

A Fig. 4.37 mostra o crescimento da produção anual de módulos fotovoltaicos no mundo desde 1976 (os três principais países produtores + o resto do mundo, RM). O custo desses módulos mudou no sentido oposto: em 1973, era de cerca de US$ 120 por Wp, isso era quando nós começamos a falar sobre "aplicações terrestres" dos fotovoltaicos, e agora ele é de aproximadamente US$ 2-3 por Wp. (O tamanho das instalações de fotovoltaicos é dado usualmente em termos de sua potência de pico considerada [watt, pico, Wp], sob irradiação padrão, e seu custo é expresso em $/Wp.)

As células policristalinas, com sua eficiência de 15 a 19 %, têm custo muito mais baixo. Estas têm sido utilizadas em grandes redes, montadas sobre uma armação no nível do solo, mas recentemente os sistemas fotovoltaicos integrados com construção (principalmente cobertura) tornaram-se amplamente usados (Fig. 4.38). Filme fino fotovoltaico é ainda menos caro (e menos eficiente), mas apenas recentemente instalado em quantidades maiores.

Diversos governos têm programas de grande porte. A Alemanha lançou seu programa "mil coberturas solares" há cerca de dez anos e um programa de continuação de 100 mil coberturas solares está em andamento. Os EUA lançaram seu programa "um milhão de coberturas solares" (embora isso inclua coletores térmicos de placa plana).

A Austrália oferece um subsídio direto de cinco dólares por Wp (watt-pico) a qualquer instalação fotovoltaica em escala doméstica. O estímulo mais efetivo é o preço de recompra garantido, com sistemas pequenos conectados à rede, pago pelo fornecedor de eletricidade (subsidiado pelo governo) para toda a energia que retorna à rede. Isso é baseado numa medição bidirecional. Como resultado de tais políticas, a capacidade doméstica fotovoltaica instalada na Austrália nos últimos dois

4.38
Um sistema fotovoltaico de 1.6 MW para a sede da Google em San Rafael, Califórnia: um telhado sobre uma área de estacionamento

anos é superior a 100 MW. Tudo isso está conectado à rede, então a rede é usada como armazenamento. O alvo a ser atingido em 2020 é 20% de geração de eletricidade por fontes renováveis.

De todos os sistemas de energia renovável, o fotovoltaico é o de crescimento mais rápido. Ele superou a geração eólica apenas em 2011. Algumas das maiores instalações são:

| Nome | País | MW |
| --- | --- | --- |
| Westlands Solar Park | EUA | 2700 |
| Ordos Solar Project | China | 2000 |
| Calzadilla de los Barros | Espanha | 400 |
| Charanka Park, Gujerat | Índia | 214 |
| Golmud Solar Park | China | 200 |
| Mildura, CPV plant | Austrália | 185 |
| Neuhardenberg | Alemanha | 145 |
| Toul-Rosiers Solar Park | França | 115 |

Enquanto as células solares fotovoltaicas de silício dominam o mercado atualmente, muitos outros semicondutores produzem um efeito fotovoltaico e têm sido usados experimentalmente, por ex., arsenieto de gálio (GaAs), sulfeto de cádmio (CdS), telureto de cádmio (CdTe), germânio (Ge), selênio (Se). Há também alguns desenvolvimentos promissores em outras direções. Células de óxido de titânio ($TiO_2$), usando um corante organo-metálico, são ditas muito mais baratas e produzem um rendimento mais alto que as células de silício (Si), especialmente em níveis baixos de radiação, assim elas podem ser empregadas também para usos em ambientes internos.

Fotovoltaicos também podem ser usados com dispositivos de concentração, tais como lentes Fresnel ou espelhos. O prato parabólico heliostato do sistema CS500 CPV* consiste de 112 espelhos curvos dando uma concentração de quinhentas vezes no ponto focal. As células fotovoltaicas GaAs resistentes ao calor são refrigeradas a água. Cada unidade produz 32 kW de eletricidade. Uma pequena instalação

4.39
Bridgewater, instalação de fotovoltaicos concentrados

---

* CPV = Concentrating photovoltaic, "fotovoltaicos concentrados". (N. da T.)

4.40
Hotel Crown Plaza em Alice Springs

perto de Alice Springs na Austrália central consiste de seis dessas unidades, produzindo 192 kW, que é suficiente para ser usada no pequeno vilarejo de Hermannsburg. Em Bridgewater, em Victoria, uma usina usa oito unidades similares (aperfeiçoadas) e produz 500 kW (Fig. 4.39).

Esses sistemas (assim como o "grande prato", Fig. 4.33) têm rastreamento em dois eixos, o que significa que o coletor sempre está voltado para o sol, garantindo a máxima entrada de radiação solar possível. Uma solução mais simples é o rastreamento de eixo único: painéis fotovoltaicos de forma oblonga, alongados, são montados num eixo fixo inclinado num ângulo igual à latitude, e girado do leste para o oeste, desde o nascer do sol ao pôr do sol (e então reiniciado para o próximo dia). Uma grande usina (180MW) em Moree, na Austrália, agora em construção, usará esse sistema. Ainda não está claro se os benefícios desse sistema irão compensar pelo custo do sistema mecânico de rastreamento, com uso associado de energia e manutenção.

Sistemas fotovoltaicos de placa plana são altamente competitivos. Há agora, por ex., mais de 1 milhão de sistemas fotovoltaicos de cobertura em escala doméstica e conectados à rede na Austrália, com capacidade de 2 a 5 kW. Há numerosos sistemas de grande porte, como aquele em um hotel em Alice Springs (Fig. 4.40) e a maior instalação de eixo único está na Universidade de Queensland: um sistema fotovoltaico de cobertura de 1,2 MW com mais de 5000 painéis, totalizando 8200 m² (Fig. 4.41). Resultados medidos indicam que isso fornece 5% da carga de pico e 3% do uso total de eletricidade, economizando, para a Universidade, $6,5 milhões por ano.

Avalia-se que no mundo as instalações fotovoltaicas estão ao redor de 35000 MWp, e esse número está crescendo rapidamente. Por comparação, a maior usina de energia nuclear é de 7900 MW e a usina hidroelétrica Três Gargantas na China terá uma capacidade instalada de 22500 MW.

### 4.3.2 Energia Eólica

Esta parece ser no momento a mais competitiva das alternativas em energia renovável e a mais amplamente utilizada (talvez com a exceção dos aquecedores de água solares domésticos). De 2000 a 2006, a capacidade total instalada no mundo

4.41
Cobertura da Universidade de Queensland, sistema fotovoltaico

quadruplicou e desde então triplicou. Além dos moinhos de vento tradicionais e dispositivos de movimento lento acionados por grandes "velas" (p. ex., em Creta e na Holanda, mas já usados na China e na Babilônia há mais de 2000 anos atrás), dois tipos de dispositivos eólicos, os de eixo horizontal e os de eixo vertical, vêm sendo usados por bem mais de cem anos.

Nos tipos de eixo horizontal temos rotores de alta solidez (Fig. 4.42), (isto é, visto de frente o rotor é quase inteiramente sólido), usados principalmente para o bombeamento de água, e os tipos de baixa solidez (hélice), usados para geração de eletricidade (Fig. 4.43). Nos tipos de eixo vertical, temos o rotor Savonius de alta solidez (Fig. 4.45) e rotores de baixa solidez, desenvolvidos por Darrieus, também

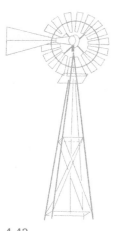

4.42
Um moinho de vento para bombeamento de alta solidez

4.43
Geradores eólicos (aerogeradores) de tipo hélice

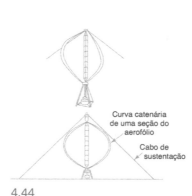

4.44
O rotor Darreius

4.45
O rotor Savonius

designados como "batedeiras de ovos" (Fig. 4.44). Até a década de 1970, a maioria dos geradores à hélice era da ordem de 1-2 kW e, desde então, esse tipo de gerador se tornou o mais desenvolvido em grandes unidades com capacidade de 500 kW a 1,5 MW. O maior deles até agora é a unidade Nordex N80, com uma produção nominal de 2,5 MW e um rotor com 80 m de raio, que é o mesmo que a envergadura da asa do Airbus A380. A envergadura do Boeing 747 é de 64 m e do novo 777 é de 60 m.

Uma turbina eólica de 5 MW (Beatrice) foi instalada nas águas profundas de Moray Firth (nordeste da Escócia) como parte de um projeto da União Europeia. Os maiores parques eólicos no mar estão na Dinamarca, produzindo quase 30% do fornecimento de eletricidade do país. A capacidade de geração eólica instalada no mundo aumentou de menos de 1 MW em 1980 para quase 203000 MW (203 GW) em 2011 (ver Fig. 4.46 e Tabela 4.11). A energia elétrica produzida cresceu de 1 GWh para 375 TWh ($10^{15}$ Wh) por ano (Fig. 4.47). A Fig. 4.46 mostra a capacidade instalada anualmente de geração eólica desde 1996 nos cinco maiores países usuários e a Fig. 4.48 mostra os totais mundiais até 2011.

No Reino Unido, em 2001, estavam operando geradores eólicos com uma produção total de 422 $MW_e$, sendo que os projetos em curso e em planejamento deviam elevar essa capacidade para mais de 6000 $MW_e$. Isso já foi excedido: 6470 MW. A meta do Reino Unido era que, até 2010, os renováveis estivessem contribuindo com 10% da produção total de eletricidade (o que não foi atingido, apenas 4,2%, ver Tabela 4.8).

A capacidade total instalada de geração eólica mundial atingiu os 75 GW em 2006 e em 2011 quase 203 GW. Uma proporção crescente desse total consiste de parques eólicos ao largo da costa marítima, muito mais favoráveis, pois sobre a superfície da água o vento é muito menos turbulento que sobre a terra. A WindForce10, uma aliança internacional, estabeleceu a meta para 2020: 20% de toda a eletricidade produzida deve vir de geradores eólicos (meta até agora só ultrapassada pela Dinamarca). A meta australiana é muito conservadora: apenas 2%, embora o senado federal tenha votado o aumento da MRET (Mandatory Renewable Electricity Target [Meta Compulsória de Eletricidade Renovável]) para 5% até 2020, o governo ainda não se decidiu.

Da mesma forma que com os fotovoltaicos e sistemas termo-solar-elétricos, os desenvolvimentos em grande escala são igualados pelos pequenos, os geradores eólicos de escala doméstica. Uma multidão destes pode competir com os poucos sistemas muito grandes. Recentemente, tornou-se disponível uma TEEV (turbina eólica de eixo vertical) apropriada para montagem em coberturas: um dispositivo de baixa solidez, que serve ao consumidor individual. Existem disponíveis unidades com saída de 1,2 a 2 kW, com diâmetro de 0,8 a 1,5 m, e com condicionamento de corrente adequado, elas podem ser utilizadas como um dispositivo conectado à rede (um sistema independente precisaria de baterias para armazenamento de reserva, para garantir a disponibilidade de energia na ausência de vento.) Essas até agora não chegaram nem perto de ser tão bem-sucedidas como as instalações fotovoltaicas de pequena escala.

O maior parque eólico do mundo funciona em King Mountain, próximo a McCamey, Texas, e consiste de 160 turbinas, cada uma com capacidade de 1,3 MW, num total de mais de 200 MW. Ao que parece, a legislação do Texas exige que 1,5% da eletricidade seja produzida a partir de fontes renováveis até 2013, chegando a 3 % até 2019.

Parece haver um mercado muito menor, mas significativo, para turbinas eólicas pequenas. A TEEV (turbina eólica de eixo vertical), mencionada acima, é um bom exemplo, mas três outras devem ser mencionadas:

1 A "Air 403", da Southwest Windpower, EUA, 400 W, de 1,15 m de diâmetro, com três lâminas estreitas;

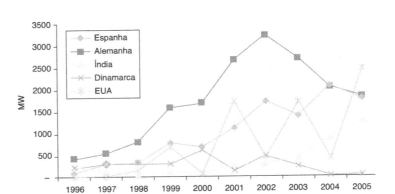
4.46
Taxa anual de instalações de turbinas eólicas em cinco países

4.47
Um parque eólico de grande escala com turbinas de 1MW

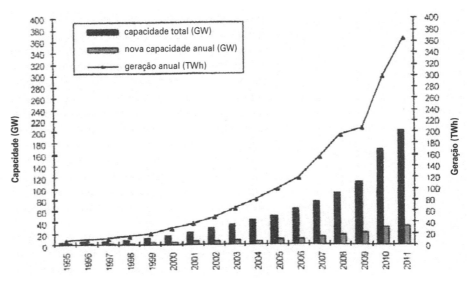
4.48
Instalações anuais, capacidade acumulada e fornecimento de energia por geradores eólicos

**Tabela 4.11** Capacidade instalada de geração eólica e sua porcentagem no fornecimento de eletricidade, 2005 e 2011 (em MW)

|  | 2005 | % | 2011 | % |
|---|---|---|---|---|
| Alemanha | 18445 | 6 | 29075 | 7,6 |
| Espanha | 10027 | 16,4 | 21673 | 16,3 |
| EUA | 9181 | 2,3 | 46916 | 2,9 |
| Índia | 4253 |  | 16084 |  |
| Dinamarca | 3087 | 21,9 | 3952 | 28,6 |
| Itália | 1713 | 2,6 | 6878 | 3,0 |
| Reino Unido | 1336 | 2,6 | 6470 | 4,2 |
| China | 1264 | 1,2 | 62364 | 1,6 |
| Holanda | 1221 | 4,2 | 2368 | 4,2 |
| Japão | 1159 | 0,4 | 2501 | 0,5 |
| UE total |  |  | 96000 | 6,3 |
| Total global |  |  | 202976 |  |

2 A "Rutland 913", da Marlec, Reino Unido, 90 W, de 0,9 m de diâmetro, com seis lâminas;

3 A "Enflo Systems 0060/05", da Suíça, 500 W, um rotor de cinco lâminas de 0,6 m de diâmetro, dentro de um difusor tubular com diâmetro de 0,8 m.

Para todas as três, a velocidade nominal do vento considerada é de 12,5 m/s e todas as três podem ser conectadas à rede por meio de um inversor apropriado e um condicionador de potência.

Do ponto de vista arquitetônico (ou da construção), dispositivos fotovoltaicos fixos de chapa plana são do maior interesse, uma vez que podem ser incorporados no projeto do edifício, como elementos de superfície (principalmente para coberturas). Grandes turbinas eólicas estão além do escopo de um projeto de edifício individual, mas geradores eólicos de pequena escala, como acima, podem ser considerados mesmo em edifícios na escala doméstica.

Em nível global, em termos de capacidade total instalada, os geradores eólicos dominam, mas em termos de taxa de crescimento anual, pela primeira vez, em 2011, os geradores eólicos (21,4%) foram ultrapassados pelas instalações fotovoltaicas (46,7%). Nos últimos poucos anos, os preços de fotovoltaicos caíram 50%, enquanto os dos geradores eólicos apenas 10%.

### 4.3.3 Outras Fontes Renováveis

O crescimento das árvores é produção de biomassa e a queima de sua madeira é a mais antiga forma de conversão de biomassa em energia. A queima de bagaço (resíduo de cana de açúcar) é o mesmo processo, para gerar vapor e produzir eletricidade. Existem muitas outras técnicas de conversão à disposição.

#### 4.3.3.1 Gás Metano

A geração de gás metano ($CH_4$) pode ser considerada como conversão de biomassa. Basicamente ela consiste na digestão anaeróbica de subprodutos de fazenda, p. ex., a palha e o estrume. A proporção *carbono-nitrogênio* da matéria-prima é importante. Um excesso de carbono (matéria vegetal) vai produzir $CO_2$ em excesso e pouco $CH_4$ (Figs. 4.49 e 4.50). Um pouco de estrume irá ajudar a restaurar a proporção carbono/nitrogênio ao ideal de 25 a 35. O metano gerado é facilmente armazenado (p. ex., em gasômetros) e pode ser usado em queimadores.

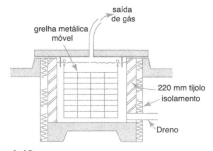

4.49
Um gerador a metano com alimentação sólida

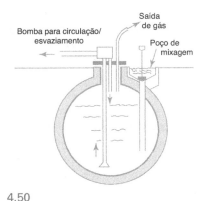

4.50
Um gerador a metano com alimentação líquida

O uso do metano em larga escala é possível em usinas de tratamento de esgoto, onde uma quantidade suficiente de metano pode ser gerada e coletada para produzir vapor, acionar turbinas e gerar eletricidade na ordem de dezenas de MW. No Reino Unido, a capacidade instalada de geração de eletricidade à base de metano é de aproximadamente 13,4 MW.

Um recente desenvolvimento é a captura e uso do metano gerado em aterros sanitários. O aterro, após esgotar sua capacidade, pode ser coberto por um filme de polietileno, antes da colocação da camada de terra habitual. Quantidades significativas de gás podem ser coletadas no decorrer de muitos anos e utilizadas para geração de eletricidade.

Esses sistemas têm a vantagem adicional de reduzir o efeito estufa. O metano é um gás que contribui na formação do efeito estufa com um efeito equivalente a 21 vezes o do $CO_2$ (em parte por permanecer muito mais tempo na atmosfera). Ele, de qualquer forma, seria produzido e dissipado na atmosfera. Ao ser oxidado (queimado), fica reduzido a água e um pouco de $CO_2$, então o uso do metano devia ser encorajado.

### 4.3.3.2 Cultivos de Energia

A agricultura tem condições de produzir muitas plantas (biomassa) que podem então ser convertidas em formas factíveis de energia utilizáveis. Uma importante história de sucesso é a produção de etanol (álcool) a partir da cana de açúcar no Brasil. Existem carros produzidos para utilizar etanol em vez de gasolina, mas foi demonstrado que todo carro pode utilizar até 30% de etanol misturado com gasolina. O etanol pode ter um valor calorífico ligeiramente mais baixo que o da gasolina, mas tem melhores propriedades de ignição, assim seu consumo é quase o mesmo que o da gasolina pura. Nos EUA, o milho tem sido usado na produção de etanol, a tal ponto que a escassez do grão está se tornando uma preocupação. O sorgo (painço indiano) e o *miscanthus* (capim elefante) também são usados na produção de etanol.

Na produção de etanol a partir da cana-de-açúcar, o Brasil é de longe o líder. Na Austrália, a produção de etanol pode ser salvadora da indústria da cana-de-açúcar, quando ocorre excesso de oferta do açúcar nos mercados mundiais. Os fabricantes de carros e o *lobby* do petróleo armaram contra o etanol uma campanha de pânico (risco de corrosão do motor), mas uma mistura de 10% é hoje aceita. O etanol tem uma longa história: na Europa, nas décadas de 1920 e 1930, quase todo posto de gasolina oferecia uma mistura vendida como "motalco" (motor-álcool).

O biodiesel é outro combustível líquido produzido a partir da biomassa. O produto preferido é o óleo de colza, mas muitos outros óleos vegetais podem ser tratados para servir como combustível diesel. Em alguns países, a produção de biomassa para conversão em combustível se tornou um negócio tão lucrativo que a produção agrícola de comida começou a sofrer. Uma nova expressão criada para designar essa atividade é "cultivar combustível". A Fig. 4.51 indica as várias fontes de biomassa, os processos de conversão e os produtos finais e usos da conversão da biomassa.

### 4.3.3.3 Mar e Terra

Estão também disponíveis fontes marítimas e terrestres de energia e os sistemas para sua utilização estão em vários estágios de desenvolvimento.

A **energia das marés** pode ser utilizada por uma diversidade de técnicas. O fluxo das marés pode ser usado para acionar turbinas, sendo que esses sistemas são factíveis em locais geograficamente favoráveis, onde as variações da maré são grandes. Se for construída uma barragem, p. ex., através do estuário de um rio, pode-se utilizar tanto a subida da maré quanto seu recuo.

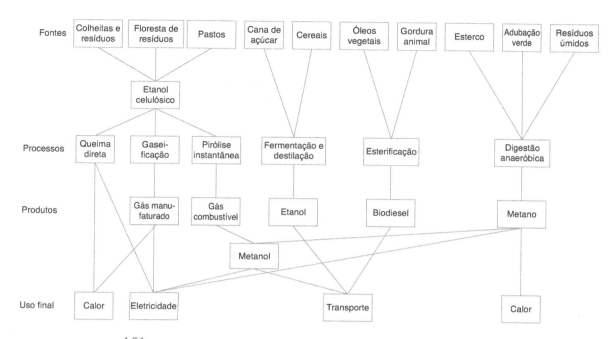

4.51
Processos de conversão de biomassa

Um grande número de soluções mecânicas engenhosas foi proposto para fazer uso da **energia das ondas**. Sem dúvida, a energia disponível nas ondas é enorme, mas até agora nenhum desses sistemas é um claro vencedor e muito poucas instalações de grande porte estão em operação.

A **energia térmica oceânica** (OTE, Ocean Thermal Energy) constitui uma abordagem completamente diferente. Ela faz uso das diferenças de temperatura entre as camadas de águas profundas (vários milhares de metros) e as camadas superficiais. É uma energia de grau baixo, mas as quantidades são enormes. Têm sido feitas tentativas de acionar diversos motores térmicos com essa relativamente pequena diferença de temperatura.

**Energia geotérmica** é o calor do interior da Terra. Ela pode ser usada de várias formas. A utilização na superfície é possível em fontes quentes ou gêiseres. A primeira usina de energia geotérmica foi instalada na Itália, em 1913, com uma capa-

**Tabela 4.12** Sumário da produção de eletricidade geotérmica, 2005

| País | Instalada $MW_e$ | Produção anual GWh/ano |
|---|---|---|
| EUA | 2534 | 17840 |
| Filipinas | 1930 | 9253 |
| México | 953 | 6282 |
| Indonésia | 797 | 6085 |
| Itália | 791 | 5340 |
| Japão | 535 | 3467 |
| Nova Zelândia | 435 | 2774 |
| Islândia | 202 | 1483 |
| Costa Rica | 163 | 1145 |
| El Savador | 151 | 967 |
| Quênia | 129 | 1088 |

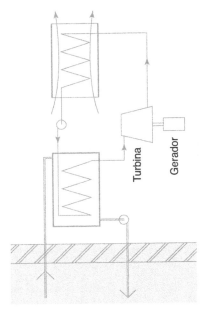

4.52
Princípios de um sistema geotérmico RQS

cidade de 250 kW. Usinas de tamanho cada vez maior foram construídas desde então (em sua maioria, após a Segunda Guerra Mundial) em muitos países, como sumariza a Tabela 4.12. Exemplos notáveis são a de Rotorua, na Nova Zelândia, e a de Yellowstone no Wyoming, nos EUA. O sistema geotérmico considerado o "mais eficiente" do mundo está na Indonésia, em Darajat (próximo ao vulcão de Monte Kendang, Java Central), produzindo 81 MW de eletricidade. Uma segunda unidade similar está em construção.

Na Austrália, o calor das camadas profundas é coletado através de perfurações que transportam a água quente ou pela tecnologia da "rocha quente e seca" (RQS) (hot-dry rock, HDR): o bombeamento da água através de uma perfuração e a coleta de água quente a temperaturas bastante elevadas (Fig. 4.52). Uma unidade de 13 MW está em operação na bacia de Cooper e uma usina de 100 MW está em fase de preparação. Aqui, a uma profundidade de 3,5 km, granito sólido é encontrado em temperaturas acima de 250°C. Cada um desses métodos pode produzir vapor para acionar turbinas ou, em temperaturas abaixo do ponto de ebulição, acionar alguma forma de motor térmico, como "parafusos expansores", usando um fluido orgânico.

Energia geotérmica de grau baixo também pode ser usada. A temperatura da terra a uma profundidade de 2 a 3 m é praticamente constante durante todo o ano tendo, aproximadamente, a temperatura média anual da atmosfera do local (ou ligeiramente mais quente). Uma serpentina tubular enterrada nessa profundidade pode produzir água morna nessa temperatura aproximadamente. Um método similar economiza no trabalho de escavação, pela realização de um grande número de perfurações e colocação de um tubo em U em cada uma delas com o mesmo objetivo, atuar como fonte de calor. Uma bomba de calor (ver Seção 1.6.1.1 e Fig. 1.98) pode ser usada para elevar a temperatura a um nível adequado para o aquecimento de espaços (pelo menos 30°C). Esse sistema é às vezes designado como "sistema ativo acoplado à terra", ou sistema de "bomba geotérmica de calor". Algumas versões dessas instalações também podem servir como sumidouro de calor, quando a bomba de calor é usada ao contrário, como uma técnica de resfriamento.

Nos últimos trinta anos, a geração de eletricidade a partir de fontes renováveis (principalmente a energia solar e a eólica) passou por taxas de crescimento muito altas, embora a partir de uma base muito reduzida em 1971 (praticamente nada, em 1970). Isso está resumido na Tabela 4.13. A União Europeia propôs uma meta compulsória de que 20% do consumo total de energia (não apenas eletricidade) seja obtido a partir de fontes renováveis em 2020.

**Tabela 4.13** Crescimento da produção de eletricidade por fontes renováveis (como % da geração total nacional)

| Região | 2000 | 2030 Extrapolação | 2030 Com novas iniciativas |
|---|---|---|---|
| EUA e Canadá | 2 | 7 | 11,5 |
| Europa | 3 | 11 | 25 |
| Japão, Austrália e Nova Zelândia | 2 | 5 | 7,5 |

### 4.3.4 Armazenamento de Energia

Essa é uma grande questão com relação à maioria dos sistemas de energia renovável, devido ao descompasso no tempo entre a disponibilidade do suprimento e sua demanda. As exigências de armazenamento podem ser de curto prazo (p. ex., um ciclo de 24 horas) ou de longo prazo (inter-sazonais). Muito trabalho tem sido dedicado a esta última, em especial em climas de inverno frio (p. ex., a Escandinávia), com o objetivo de armazenar o calor acumulado no verão para estar disponível no inverno. Esse armazenamento deve ser pouco dispendioso. O armazenamento subterrâneo de calor tanto em reservatórios feitos pelo homem ou em formações naturais, ou até mesmo no aquífero, parece ser a solução mais promissora.

A energia pode ser armazenada pelo bombeamento da água até um reservatório elevado a fim de ser utilizada para acionar uma turbina quando necessário. A produção de ar comprimido é uma alternativa que pode acionar uma turbina ou motor de pistão para recuperar energia. O armazenamento de energia cinética é realizado por grandes volantes, acelerados por uma entrada e acionando um gerador para recuperação da energia. Calor de grau baixo pode ser armazenado nos elementos da construção do edifício, muitas vezes sem qualquer custo adicional, em elementos que são instalados com outras finalidades, como a laje de concreto de um piso ou as diversas paredes de alvenaria. É decisão do arquiteto ou projetista conceber esse potencial quando e como for necessário.

O armazenamento de curto prazo do calor de baixa temperatura é bem desenvolvido em sistemas de água quente do tipo reservatório ou em aquecedores de bloco (unitários) para aquecimento de espaços. A eletricidade produzida por geradores eólicos ou fotovoltaicos pode ser armazenada em baterias recarregáveis, mas seu custo é elevado e sua vida útil é limitada (um máximo de dez anos). Muito esforço de pesquisa é devotado a sistemas de bateria alternativos, mas as baterias de chumbo-ácido (melhoradas) ainda são as mais confiáveis. Se os geradores (fotovoltaicos ou eólicos) forem conectados à rede, a própria rede assume o papel de armazenamento da energia.

Muitos países agora regulamentam a situação dos "pequenos produtores" de eletricidade conectados à rede. A companhia (ou órgão) de fornecimento elétrico local deve comprar a eletricidade oferecida por esse produtor de pequeno porte. Ele pode ser o proprietário de uma residência que tem alguns dispositivos fotovoltaicos na cobertura ou um pequeno aerogerador no quintal. Ou pode ser uma empresa proprietária de um edifício de escritórios ou alguma indústria que dispõe de dispositivos desse tipo, ou mesmo um fazendeiro que tem um microgerador hidroelétrico instalado em sua propriedade. Um sistema de medição bidirecional é instalado. A companhia de eletricidade pode pagar ao fornecedor apenas o preço de atacado, mas cobrará a tarifa normal de varejo pelo que for consumido. Contudo, na maioria dos casos, o preço é o mesmo de ambos os lados. Por ação governamental (e subsídio), a tarifa de recompra pode até ser mais alta que a do fornecimento, para funcionar como um incentivo.

Fornecedores de eletricidade fazem a distinção entre carga básica e carga variável. A primeira é a carga mais baixa, que deve ser atendida em qualquer momento e precisa estar confiavelmente disponível. Em caso de uma área pequena ou de usuários similares (por ex., um subúrbio residencial), todos os usuários trabalham no mesmo padrão de tempo. Numa área maior, usuários muito diferentes podem ser incluídos (por ex., comercial, industrial), a carga é mais diversificada. O termo *fator de diversidade* (fd) significa a razão entre a carga total conectada e a carga máxima simultânea que ocorre realmente. Se toda a carga conectada for ligada ao mesmo tempo, o fator de diversidade é 1 (um). Em todos os outros casos ele é maior que 1.

$$fd = \frac{\text{carga total conectada}}{\text{carga máxima real}}$$

A recíproca disso é o "fator de demanda", que é sempre menor ou igual a 1.

Os mesmos conceitos podem ser aplicados ao lado do fornecimento.

Geração convencional de turbinas a vapor por queima de carvão é adequada para a carga básica. Frequentemente, quando a demanda cai, algumas turbinas poderiam ser pausadas, mas isso raramente é feito, uma vez que leva um longo tempo para reiniciar a turbina. Se ela for mantida em operação, é referida como "reserva rotativa", que economicamente é indesejável.

A *gestão do lado da demanda* tenta deslocar alguma carga para o período fora de pico. Um exemplo disso é o aquecedor de água tipo reservatório, controlado por um temporizador. Uma versão mais atual disso é o "fornecimento interruptivo", em que um interruptor de pulso na caixa de medição do consumidor é ativado por um sinal de alta frequência (pulso) enviado através da fiação de alimentação. Isso dá uma grande flexibilidade ao fornecedor, assim a eletricidade é vendida a taxas reduzidas (por ex. por 15 ¢/kWh ao invés do valor "normal" de 23 ¢).

Um novo e interessante desdobramento é a introdução da "medição pela hora do dia", tornada possível pelos novos medidores eletrônicos. O custo reduzido da eletricidade fora dos horários de pico está bem estabelecido. Agora o dia pode ser dividido em diversas faixas de horário, cada faixa acarretando uma tarifa diferente. Custos muito altos irão se aplicar aos períodos de pico da demanda. Isso favorece em muito os proprietários de sistemas fotovoltaicos em climas quentes, de céu claro. A demanda de pico se deve ao uso de ar-condicionado, que ocorre no período mais quente do dia, em geral, no início da tarde. Mas esse é também o horário de pico na produção dos sistemas fotovoltaicos individuais, e a eletricidade realimentada para a rede irá acarretar um preço igualmente alto.

A *gestão do lado da oferta* pode envolver o uso de geradores com turbina a gás, que têm curto tempo de arranque, permitindo assim um grau de capacidade de resposta. Outra possibilidade é a conexão de redes por longas distâncias na direção Leste-Oeste, abrangendo dessa forma diferentes fusos horários (por ex., a conexão França-Inglaterra sob o Canal da Mancha), que aumenta grandemente o fator diversidade. Outra possibilidade é a diversificação de "pequenos produtores" ou instalações de energia renovável, tais como usinas de energia solar ou eólica, uma vez que as variações de fornecimento dessas são bem escalonadas. No entanto, se um grande número de pequenos produtores confia na rede como "armazenamento" ou usinas de energia renovável forem conectadas a uma rede, isso pode causar problemas ao fornecedor. Muito trabalho de pesquisa e desenvolvimento está em curso em relação à integração de diversas usinas de energia conectadas a uma rede de demanda variável. Se tudo o mais falhar, alguma forma de armazenamento de energia terá que ser invocada, tal como o sistema de armazenamento por sal fundido, usado na usina Andasol CSP (Seção 4.3.1.2).

### 4.3.4.1 Reações Químicas Reversíveis

As reações químicas reversíveis são uma das tecnologias mais promissoras de armazenamento de longo prazo da energia de grande porte. O amoníaco ($NH_3$) é um dos candidatos. Com introdução de altas temperaturas, ele pode ser cindido em nitrogênio e hidrogênio (dissociação térmica), os dois gases são armazenados separadamente e podem ser recombinados (na presença de algum catalisador) quando necessário, o que constitui um processo altamente exotérmico.

Eletricidade (CC – corrente contínua) pode ser usada para decompor a água em H e O. O hidrogênio pode ser armazenado ou enviado por tubulação para onde necessário e pode ser empregado em motores de combustão interna ou em células a combustível para produção de eletricidade. Na verdade, a "economia do hidrogênio" é uma das tecnologias mais promissoras do futuro. O hidrogênio é um excelente portador de energia e pode ser usado para alimentar células a combustível, e ser então convertido diretamente em eletricidade.

A única emissão nesses processos é de $H_2O$, isto é, um pouco de vapor de água. A "economia do hidrogênio" somente será viável (e desejável) se a eletricidade usada na eletrólise for gerada a partir de fontes renováveis. A Fig. 4.53 mostra que o hidrogênio pode ser gerado com o uso de energia renovável, sendo o mais adequado dos portadores de energia (e armazenador), pois não produz emissões de gás de efeito estufa.

4.53
Produção de hidrogênio renovável

Há trinta anos, o professor Bockris (de Adelaide) vislumbrou grandes áreas do deserto australiano usadas para instalação de dispositivos fotovoltaicos, gerando corrente contínua CC a ser usada na eletrólise da água, para produzir hidrogênio que poderia ser bombeado para as principais cidades. A fragilização do aço (dos tanques ou tubulações) pelo hidrogênio e sua natureza explosiva foram os problemas identificados. O primeiro deles foi resolvido pelo uso de várias camadas de revestimento no interior dos tanques ou tubulação (por ex., epóxi), sendo que o hidrogênio pode ser armazenado com segurança na forma de hidretos de metal, ou armazenado e transportado na forma líquida sob uma pressão de 200-300 kPa/quilo pascais. O hidrogênio é especialmente atrativo como combustível de avião, uma vez que seu conteúdo energético por unidade de massa é muito mais elevado que o dos combustíveis líquidos (ver a Tabela 4.21 na Seção 4.5.4.2).

Recentemente o NREL (National Renewable Energy Laboratory [Laboratório Nacional de Energia Renovável], no Colorado) começou um projeto para empregar eletricidade (CC) gerada por energia eólica a fim de produzir hidrogênio, e utiliza este tanto como combustível de motores de combustão interna ou em células a combustível, para produção direta de eletricidade.

Diversas outras reações químicas e eletroquímicas reversíveis foram ou estão sendo examinadas, testadas e desenvolvidas.

### 4.3.4.2 Materiais que Mudam de Fase

Os materiais que mudam de fase, em adição a qualquer variação térmica sensível, podem utilizar seu calor latente de mudança de fase. O calor latente que foi necessário para uma mudança ascendente será liberado durante a correspondente mudança descendente.

A aplicação mais simples está no armazenamento do gelo: produção de gelo por meio de um resfriador de compressão utilizando a eletricidade de baixo custo dos horários fora de pico, que requer a extração de calor (aproximadamente 335 kJ/kg) e a utilização desse gelo para o condicionamento do ar (refrigeração) durante o dia, produzindo por sua vez um efeito de refrigeração de aproximadamente 335 kJ/kg (93 Wh/kg). Aqui a temperatura de mudança ("transição") de fase é de 0°C. A Tabela 4.14 lista alguns materiais com temperaturas de transição possivelmente úteis para aplicação em edifícios.

**Tabela 4.14** Alguns materiais com mudança de fase (hidratos de sal) para armazenamento de calor latente

|  |  | Temperatura de transição °C | Calor latente da Reação Wh/kg |
|---|---|---|---|
| $CaCl_2.6 H_2O$ | cloreto de cálcio | 29-39 | 48 |
| $Na_2CO_3.10 H_2O$ | carbonato de sódio | 32-36 | 74 |
| $Na_2HPO_4.12 H_2O$ | fosfato de sódio | 36 | 73 |
| $Ca(NO_3)_2.4 H_2O$ | nitrato de cálcio | 40-42 | 58 |
| $Na_2SO_4.10 H_2O$ | sulfato de sódio (sal de Glauber) | 32 | 67 |

Em muitos casos, cera de parafina foi usada para armazenamento térmico. Ao que parece, sua temperatura de transição (ponto de fusão) pode ser estabelecida cortando-se a molécula de cadeia no comprimento apropriado. Materiais que mudam de fase desse tipo são frequentemente usados em conjunto com sistemas passivos de aquecimento solar. A maneira mais efetiva de armazenar grandes quantidades de calor a alta temperatura é por sais fundidos (mudança de fase) como, por ex., na usina Andasol CSP (acima de 1000 $MWh_{th}$).

**Tanques solares** são dispositivos de coleta/armazenamento situados na parte inferior da escala, produção/armazenamento de calor de baixo grau. São coletores solares de baixo custo, que ocupam uma grande área. Quando um tanque de água é aquecido, a água mais quente (sendo mais leve) sobe à superfície e rapidamente dissipa seu calor por convecção e evaporação e, então, desce novamente. Ocorre então circulação indesejável por termossifão. Isso pode ser evitado pelo uso de água muito salgada para a camada do fundo e uma camada superior de água doce. A água salgada, mesmo em temperaturas próximas do ponto de ebulição, é mais pesada que a água doce e permanece no fundo.

A água pode ser submetida a circulação através de uma serpentina, e o calor assim recuperado pode ser usado para acionar algum tipo de máquina térmica, um "parafuso expansor", talvez até mesmo uma turbina, onde o fluido circulante pode ser algum líquido orgânico de baixo ponto de ebulição.

### 4.3.5 Resumo

Um relatório importante da IEA sobre energias renováveis (citado na Tabela 4.8) mostra as parcelas de várias fontes contribuindo para o consumo final de energia como:

|  | % |
|---|---|
| Combustíveis fósseis | 80 |
| Renováveis | 16,7 |
| Nuclear | 2,7 |
| Total | 100 |

Dos 16,7% renováveis "modernos", energia solar, eólica, biocombustíveis e hidro constituem 10,2%. Isso é usado como

|  |  | % |
|---|---|---|
| Biomassa, solar, geotérmica | Como calor | 4,9 |
|  | Para geração de eletricidade | 1,1 |
|  | Biocombustíveis | 0,7 |
| Hidrelétrica |  | 3,5 |

A taxa de crescimento anual (em 2011) é talvez de maior interesse:

|  | % |
|---|---|
| Fotovoltaico solar | 74 |
| Energia térmica solar | 35 |
| Aquecimento solar e água quente | 27 |
| Energia eólica | 20 |
| Biodiesel | 16 |

É interessante notar que no período de cinco anos, de 2006 a 2011, a produção de biodiesel cresceu 27% e a produção de etanol 17%, mas esse último foi efetivamente reduzido em 0,5% em 2011. Forças do mercado parecem ter uma influência crescente além das ações governamentais.

## 4.4 USO DE ENERGIA

### 4.4.1 Uso de Energia em Geral

De acordo com o Anuário Estatístico da ONU (2003) a produção mundial de energia nas seis principais formas de fornecimento foi (e é estimada em como será) como mostra a Tabela 4.15 (Mtep convertidas em kWh).

Os termos *primário* e *secundário* são com frequência usados em relação à energia. Carvão, petróleo e gás natural e muitos renováveis são fontes primárias. Qualquer um deles pode ser usado para gerar eletricidade, que é uma forma secundária da energia. É usual considerar que na geração convencional de eletricidade por queima de carvão, uma unidade de eletricidade (energia secundária) é equivalente a três unidades de energia primária. Se a gaseificação do carvão for a fonte do suprimento de gás, esse gás também será considerado como energia secundária. No caso do gás e, em particular, em sistemas de eletricidade, é preciso observar onde a quantidade é medida, na usina de geração ou no ponto final de uso.

Se, em escala nacional, as principais categorias de uso de energia forem consideradas como indústria, transporte e edifícios, em termos de energia primária obtêm-se os valores apresentados na Tabela 4.16. É evidente que o clima e a geografia são influências importantes. Na Austrália, o clima é brando, dessa forma o uso da energia nos edifícios é relativamente menor; mas existem grandes distâncias entre as grandes cidades e as pequenas, assim uma grande quantidade de energia é empregada no transporte. No Reino Unido, grande parte das construções existentes é antiga e inadequada termicamente, daí o grande uso de energia nos edifícios. Mas o país é relativamente pequeno, em comparação à sua população, e as distâncias de viagem, desse modo, não são muito grandes. Além disso, no Reino Unido, assim como na Alemanha e na França, as ferrovias atendem boa parte das exigências de transporte e são muito mais eficientes em termos de consumo de energia que o transporte rodoviário (ver planilha de dados D.4.1).

Tabela 4.15 Fornecimento mundial de energia (em $10^{12}$ kWh) (última coluna conforme previsto em 1999)

|  | 1973 | 2000 | 2005 | 2010 | 2020 |
|---|---|---|---|---|---|
| Carvão | 17,49 | 27,22 | 33,65 | 32,73 | 38,90 |
| Petróleo | 33,49 | 43,04 | 46,55 | 53,21 | 63,68 |
| Gás | 11,39 | 24,43 | 27,53 | 31,58 | 41,14 |
| Nuclear | 0,62 | 7,86 | 8,37 | 8,07 | 7,23 |
| Hidro | 1,29 | 2,63 | 2,93 | 3,32 | 3,96 |
| Renováveis | 7,87 | 13,33 | 13,95 | 15,30 | 17,21 |
| Total | 72,14 | 118,51 | 132,98 | 144,21* | 172,12 |

* Observe que a quantidade previstas em 2010 foi suplantada: 147,9; ver tabela 4.8 à p. 303 supra.

**Tabela 4.16** Uso de energia em alguns países pelas principais categorias (como % do total)

|  | Edifícios | Transporte | Indústria | Fonte |
|---|---|---|---|---|
| Austrália | 25% | 30% | 45% | |
| França | 37 | 21 | 42 | |
|  |  |  |  | *Anuário estatístico da ONU 1992* |
| Canadá | 37 | 24 | 39 | |
| EUA | 39 | 27 | 34 | |
| Alemanha | 41 | 17 | 42 | |
| Reino Unido | 43 | 21 | 36 | |
| Mundo 1973 | 39,8 | 22,9 | 37,3 | IEA Energy |
| Mundo 2000 | 42,4 | 25,9 | 31,7 | Stats. 2002 |
| Mundo 2009 | 36,7 | 32,5 | 30,8 | Stats. 2009 |

Nota: inclui as pequenas quantidades da categoria "outros setores".

### 4.4.2 Uso de energia em edifícios

Um edifício, por si mesmo, não precisa de qualquer energia. Conceitualmente, a necessidade é para que os edifícios forneçam condições adequadas aos ocupantes e suas atividades. Se isso requer o uso de alguma fonte de energia é uma outra questão. Podemos recorrer a controles térmicos passivos garantidos por uma casa bem projetada (tanto quanto possível), em vez de instalações de AVAC (aquecimento, ventilação e ar-condicionado) que dependem de energia, ou à iluminação natural, em vez da iluminação artificial (pelo menos durante parte do tempo).

Podemos indicar três razões para dar preferência aos controles passivos:

1 **econômica**: o funcionamento dos controles ativos custa dinheiro; controles passivos são mais econômicos, mesmo que o investimento inicial seja um tanto mais alto (o que é não necessariamente o caso);
2 **ambiental**: os controles ativos consomem energia; controles ativos reduzidos (ou evitados) resultam em economia de energia, levando, assim, à preservação dos recursos e à redução das emissões;
3 **estética**: um edifício projetado para se adaptar ao clima local tem maior probabilidade de estar em harmonia com seu ambiente em termos formais que a caixa de vidro ubíqua ou as formas da moda globalmente imitadas.

A extensão da redução dos controles ativos varia com o clima e fatores locais, mas é muito dependente da habilidade do projetista e do usuário. Alguma forma e quantidade de consumo de energia será necessária.

Energia pode ser fornecida aos edifícios na forma de combustíveis sólidos (carvão, coque, mas também lenha), combustíveis líquidos (querosene, óleo de parafina aquecida), gás ou eletricidade.

O **gás** era a principal fonte de energia para iluminação no século XIX, mas, para essa finalidade, a eletricidade é usada quase exclusivamente em todos os países industrializados. O abastecimento de "gás de cidade" (ou gás de carvão) encanado para iluminação e para cozinhar (numa parcela menor, para aquecimento) era disponível na maioria das cidades relativamente grandes. Em muitos lugares, à medida em que o fornecimento de gás natural foi se tornando disponível, os velhos aparelhos (fogões e fornos) tiveram de ser convertidos, pois o gás natural tem valor calorífico muito mais alto: 33,5–44,7 MJ/m³*(normalmente 37–39 MJ/m³) em comparação com o gás de carvão: 14–20 MJ/m³. O preço do gás foi reduzido e seu uso no aquecimento de espaços aumentou a partir da década de 1960. Com a pronta disponibilidade de gás natural encanado, caldeiras de grande porte passaram a ser utilizadas em conjunto com carburadores a gás e instalações de CEEC (calor e energia elétrica combinados, como, p. ex., geradores de turbinas alimentadas a gás com aquecimento urbano) foram então ganhando terreno.

**Combustível líquido** ainda é usado em pequenos aparelhos portáteis, para aquecimento e para cozinhar, mas também com fornecimento por tubulação. Muitas vezes, num empreendimento habitacional, é instalado um tanque de armazenamento central (normalmente subterrâneo) que será mantido cheio por uma companhia petrolífera. A partir dele é fornecido abastecimento encanado para cada casa ou apartamento, onde ele é medido e pago pelos ocupantes como qualquer outro serviço público. Em grandes edifícios (ou complexos, como hospitais) pode haver uma caldeira central alimentada a diesel que fornece água quente para uso direto ou para aquecimento de espaços, bem como vapor, p. ex., para esterilizadores. Deverá ser previsto o armazenamento do óleo. O sistema pode prover uma oportunidade para a cogeração, para instalações de CEEC (ver a Seção 4.2.3.1).

**Combustível sólido** era praticamente o único combustível para aquecimento de espaços disponível no século XIX. Era ineficiente, irregular, sujo e inconveniente e foi rapidamente substituído no uso doméstico à medida que outros combustíveis ficaram disponíveis. Na década de 1950, combustível sólido ainda era usado em alguns grandes edifícios ou em caldeiras de aquecimento central em grandes propriedades (em regimes de aquecimento urbano) ou na indústria. Exigia instalações para o manejo, armazenamento, para o transporte do armazenamento até a (s) caldeira (s), bem como para a remoção e eliminação dos produtos da combustão (cinzas).

O uso de carvão para o transporte (locomotivas a vapor) e para fins residenciais desapareceu em quase toda parte, mas ele ainda é usado na indústria e é a principal fonte primária de energia para geração de eletricidade. Para isso, enormes quantidades de carvão são manejadas por um sistema completamente mecanizado, mas a eliminação das cinzas ainda permanece um problema. Muitas tentativas foram feitas para seu reuso (p. ex., como agregado na produção de concreto leve ou de blocos de concreto), mas essa é uma parcela mínima do total de produção de cinza.

As estações de energia alimentadas por carvão são os maiores emissores de $CO_2$ e outras formas de poluição atmosférica. A eficiência geral da conversão de carvão em eletricidade é de aproximadamente 0,33, assim, utilizar 1 kWh de eletricidade significa o consumo de 3 kWh de energia química (o que significa cerca de 0,36 kg do melhor carvão), cuja queima libera aproximadamente 1 kg de $CO_2$ (um pouco mais no caso do carvão marrom e do linhito).

A **eletricidade** (uma forma de energia secundária) é uma forma muito conveniente de transmissor de energia para os pontos finais do uso. É limpa, está disponível a um toque do interruptor, sua eficiência de conversão é alta para a maioria das finalidades e a grande variedade de aparelhos elétricos disponíveis torna seu uso viciante. Tendemos a considerá-la como garantida e a desperdiçá-la de maneira pródiga.

As necessidades de energia dos edifícios são crescentemente supridas pela eletricidade. Por exemplo, na Austrália, mais da metade de toda a *energia gerada* é usada em edifícios (27,6% em edifícios residenciais e 23,1% em edifícios comerciais), a indústria é o segundo maior usuário de eletricidade (46,4%), com muito pouco uso na agricultura (1,6%) e no transporte (1,4%). Infelizmente, as estatísticas globais da IEA distinguem apenas três categorias de usuários de eletricidade:

---

* International Energy Agency, *Global Status Report* (GSR; 2012).

|  | 1973 (%) | 2009 (%) |
|---|---|---|
| Indústria | 53,4 | 40,2 |
| Transporte | 2,4 | 1,6 |
| Outro | 44,2 | 58,2 |

Edifícios estão incluídos na categoria "outro", mas são a maior parte dessa, uma vez que agricultura e serviços públicos são usuários menores. Isso parece indicar que a medida australiana de 50,7% deve estar muito próxima da média global. A contribuição da eletricidade no uso total de energia está crescendo: 9,4% em 1973, 17,7% em 2010 (quase dobrou). Petróleo vem em segundo em termos da quantidade utilizada, mas sua parcela, na verdade, está diminuindo: 48,1% em 1973 para 41,2% em 2010.

As seções que seguem abordam as instalações de fornecimento de eletricidade e de gás em edifícios.

### 4.4.2.1 Instalações Elétricas

A rede local de distribuição de eletricidade opera normalmente com potencial de 5 ou 11 kV. Trata-se normalmente de uma alimentação de quatro fios (três fases mais o neutro, como na Fig. 4.17). Alguns grandes consumidores podem adquirir o fornecimento nessa voltagem e usar seu(s) próprio(s) transformador(es) para reduzi-la à voltagem padrão (240/415V ou 220/360V ou 110/180V). Em áreas residenciais a agência (ou companhia) responsável pelo fornecimento deve ter os transformadores e fornecer, para cada cliente, a voltagem padrão. Enquanto a distribuição da alta voltagem utiliza cabos aéreos (em postes ou torres) em quase todo lugar (exceto nas áreas de alta densidade dos distritos comerciais centrais), os cabos de fornecimento de baixa voltagem são cada vez mais instalados no subterrâneo.

Uma casa normalmente será conectada à rede em monofase (uma das três fases mais o neutro) com um cabo de dois núcleos: fase e neutro. O *equilíbrio de cargas* entre as fases é feito pelo fornecedor (p. ex., duas ou três casas na fase 1, duas ou três outras na fase 2 etc.). Um prédio de apartamentos pode ser conectado a uma rede em trifase (um cabo de quatro núcleos: três núcleos para as três fases mais um núcleo pequeno para o neutro), o equilíbrio sendo feito no interior do edifício, entre os apartamentos. Num sistema bem equilibrado, o neutro vai transportar pouquíssima corrente, possivelmente nada em absoluto.

No passado, em um prédio de apartamentos, um *cabo secundário* era levado a cada apartamento ou unidade, e cada um deles era tratado como consumidor individual, da mesma forma que numa casa. A tendência agora é deixar todos os medidores em um mesmo local, p. ex., numa sala de comutadores elétricos, próximos à entrada principal do bloco, e levar os cabos de fornecimento separadamente até cada apartamento, onde cada um terá uma *unidade consumidora* no interior do apartamento, diversificada em vários circuitos, cada qual por meio de um disjuntor. Os usos em comum (de "uso coletivo dos proprietários", como escadarias ou iluminação de saguões, elevadores, bombas etc.) serão medidos separadamente e pagos pelo "condomínio" (em unidades residenciais) ou pelo proprietário/gerente do edifício (no caso de apartamentos alugados).

Em residências, a conexão é feita no painel medidor (na caixa externa do medidor) seguida por um quadro de luz, que pode ficar no interior. Os medidores de eletricidade medem a voltagem e a corrente e exibem o produto dos dois em kWh.

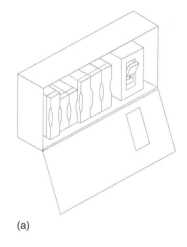

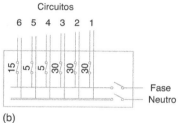

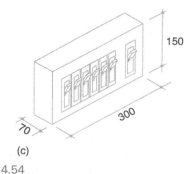

**4.54**
Unidade consumidora com fusíveis e disjuntores

Os medidores mais antigos dispõem de uma série de ponteiros giratórios, 0–9, para cada dígito de consumo cumulativo (isso é muito confuso, pois alguns giram no sentido horário, alguns no sentido anti-horário, à medida que engrenagens se encaixando consecutivamente dividem a rotação por dez). Os mais modernos têm até seis discos com números no exterior, como os odômetros dos carros, ou fechos de combinação das pastas executivas, mas o desenvolvimento mais recente é o uso de um visor (cristal líquido) digital.

No passado a unidade consumidora incluía uma série de fusíveis (do tipo reconectável ou do tipo cartucho) que fundiam (queimavam) caso a corrente excedesse um determinado limite. Hoje disjuntores automáticos são usados quase que exclusivamente (Fig. 4.54). Há em geral um disjuntor principal para toda a instalação, em seguida a fiação se divide em vários circuitos, digamos, dois de iluminação e dois de saída de tomadas, cada um com seu próprio disjuntor. O forno e o sistema de água quente (A/Q) têm seus próprios circuitos separados. Os disjuntores são classificados de acordo com a corrente que eles deixam passar antes de provocar interrupção, como 5, 8, 15, 20 ou 30 (ampères).

Enquanto os disjuntores protegem a instalação contra sobrecarga (que pode provocar incêndio), o aterramento ("grounding" nos EUA) é usado como dispositivo de segurança para proteger o usuário (proteção contra choque). Se o isolamento estiver defeituoso e o condutor ficar exposto ou o corpo metálico do aparelho ficar "carregado" e for tocado pelo usuário, uma corrente fluirá pela via de menor resistência.

O fio terra, conectado às partes metálicas, é em geral um condutor de múltiplos filamentos de cobre, não isolado, que conduz a um eletrodo enterrado no solo. Ele tem (esperamos) uma resistência menor do que a do corpo humano, assim recebe a carga da corrente, a menos que o corpo humano esteja bem "aterrado", p. ex., com os pés sem sapato num piso molhado. Nesse caso, a entrada de 240 V pode produzir uma corrente letal através do corpo.

Cada vez mais são utilizados *disjuntores diferenciais residuais de fuga para terra*, que devem ser ativados assim que houver corrente atravessando o fio terra ou se a corrente no fio ativo for diferente de neutro.

A fiação elétrica no interior de uma casa (ou apartamento) em geral é feita por cabos de PVC de três núcleos isolados duplamente. O condutor ativo ou de fase e o neutro são isolados separadamente e, com o acréscimo do fio de cobre nu para aterramento, o conjunto é revestido por uma proteção de PVC. Esses cabos muitas vezes são chamados de RTP (revestimento termoplástico). Nos cabos flexíveis expostos, o fio terra também fica isolado. A cor dos núcleos isolados é hoje padronizada, mas alguns cabos antigos de cor diferente ainda estão em uso, como mostra a Tabela 4.17.

Embora esses cabos possam passar livremente por uma parede ou piso pré-fabricado e possam ser embutidos em lajes de concreto, a melhor prática é instalar conduítes (com um arame para puxar) que permitem recabeamento, em caso de necessidade.

**Tabela 4.17** Cores padrão para cabos elétricos (núcleos isolados)

| Condutor | Cor padrão | Cor antiga |
| --- | --- | --- |
| Fase (linha, ativa, com carga) | Marrom | Vermelho |
| Neutro | Azul | Preto |
| Fio terra (descoberto ou) | Verde + listras amarelas | Verde |

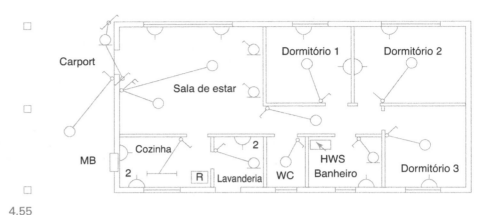

4.55
Uma planta elétrica: locais das lâmpadas, interruptores etc. (padrão americano).

Luminária (teto)
Luminária (parede)
Luminária com interruptor
Luminária fluorescente
Luminária fluorescente dupla
Interruptores, 1, 2, 3-paralelos
Interruptores tomadas
Tomada
Tomada comutada

Eletrodomésticos
 eg: HWS serviço de água quente
  R   fogão
  EF  exaustor
  AC  ar-condicionado

Quadros
 eg: MB  quadro de medição
  MSB quadro de distribuição principal
  DSB quadro de distribuição
  CP  painel de controle

Dimmer switch
Saída para telefone (parede)
Saída para telefone (piso)
Campainha

4.56
Símbolos gráficos para instalações elétricas

Em projetos de grande porte, um consultor em eletricidade deve projetar o sistema, numa casa simples isso geralmente é deixado para um eletricista autorizado, mas em ambos os casos o arquiteto/projetista deve estabelecer a "interface humana", a posição dos interruptores, dos pontos de luz, das TUGs (tomadas de uso geral = saídas de energia) e de todo aparelho fixo (p. ex., fogões elétricos ou acumuladores de água quente).

As exigências podem ser mostradas em uma planta, que não é um diagrama de circuito (como Fig. 4.55), utilizando os símbolos elétricos padrão (Fig. 4.56). O arquiteto (em consulta com o cliente) normalmente seleciona as luminárias. É importante considerar as características de iluminação dessas (distribuição da luz, luminância da superfície e, assim, o risco de ofuscamento, o tamanho das lâmpadas que serão usadas, ver Parte 2, Seção 2.5) e não escolher puramente com base na aparência.

### 4.4.2.2 Instalações de Fornecimento de Gás

Em locais em que o fornecimento de gás encanado não está disponível, o gás pode ser adquirido em bujões ou cilindros. Esses recipientes devem ficar localizados do lado de fora da residência e ser conectados a uma mangueira que conduz o gás até os pontos de uso. O gás engarrafado muitas vezes é usado para cozinhar e tem sido empregado em refrigeradores (para acionar máquinas de refrigeração por absorção). Para usos de maior porte, p. ex., o aquecimento de espaços, pode-se adotar o gás somente se houver disponível uma rede de tubulação.

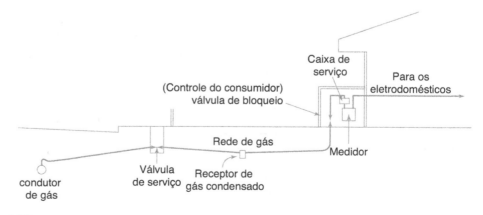

4.57
Uma conexão do fornecimento de gás

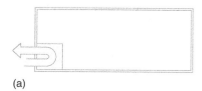
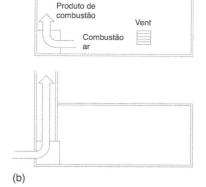

**4.58**
Arranjos possíveis de dutos de exaustão para aquecedores a gás

A partir da rede de gás, um *duto de serviço* se conecta ao medidor (Fig. 4.57) e então a tubulação pode se ramificar, p. ex., para o fogão, para o sistema de água quente e para a caldeira de aquecimento central. Existem hoje caldeiras disponíveis numa forma parecida com um painel de radiador ligeiramente mais robusto, que podem ser instaladas em qualquer cômodo habitável.

Um sistema maior de água quente ou caldeira de aquecimento central devem ter um duto de escape (Fig. 4.58). As caldeiras devem ser localizadas junto a uma parede externa e ter um *duto de escape balanceado* (p. ex., a Fig. 1.97 mostra um aquecedor por convecção alimentado a gás). A certa altura, foi muito popular instalar bicos de gás em antigas lareiras, até mesmo na forma de "lenha" artificial, para imitar chamas de madeira ou brasas artificiais ardendo, de modo a parecer uma lareira a carvão, talvez inclusive com luz bruxuleante. Esses dispositivos podem dar um "toque divertido" (para alguns), mas são ineficientes como equipamentos de aquecimento.

O principal problema no caso das instalações de gás é o risco de vazamento. Qualquer pequena quantidade de gás vazando tem a possibilidade de formar uma mistura explosiva com o ar, que pode ser inflamada por uma pequena faísca, p. ex., a de um interruptor de luz ou mesmo um termostato. Os argumentos contra o uso de gás, citando os muitos incêndios e explosões catastróficas de gás que regularmente ocorrem, são em geral rebatidos pela referência aos igualmente (se não mais) numerosos incêndios provocados por problemas elétricos.

A conclusão a ser extraída dessa discussão é que há riscos com todo tipo de sistema de energia, seja a gás, seja elétrico, e até mesmo com lareiras de combustível sólido; uma casa pode ser incendiada por fogo iniciado por uma vela – tudo que o projetista, o fornecedor e o responsável pela instalação podem fazer é *reduzir os riscos ao mínimo*. Instruções de uso devem ser fornecidas junto com qualquer sistema desse tipo, vários dispositivos de segurança instalados, mas não há substituto para razão e senso comum; a responsabilidade última vai estar com o usuário.

### 4.4.3 Conservação de Energia

O termo se refere à conservação das fontes de energia convencionais, não renováveis, e muitos preferem a expressão *uso racional da energia*, aplicado a todas as formas da energia.

O objetivo da conservação de energia pode ser alcançado por:

- Redução da necessidade de energia;
- Substituição por energia renovável sempre que possível.

O uso da energia em construções é determinado por quatro conjuntos de decisões:

1. **estabelecimento dos padrões ambientais**: os esforços de conservação não implicam em abaixar os padrões, mas o estabelecimento de padrões sensatos, p. ex., não colocar o termostato em 25°C durante o inverno, quando 22°C seria adequado, e não resfriar o edifício até 22°C no verão, quando 27°C pode ser bastante confortável, isto é, confiar no modelo de adaptabilidade do conforto térmico (ver Seção 1.2.4). Da mesma forma, na iluminação: uma iluminância de 800 lx vai requerer duas vezes mais energia que 400 lx, quando 400 lx pode ser bastante apropriado para a maioria das tarefas típicas de um escritório.
2. **forma e elementos construtivos do edifício**: o efeito desses foi discutido de forma bastante detalhada na Parte 1 (Calor).
3. **instalações de controle ambiental**: nessa área, temos de nos apoiar em grande parte nas orientações da engenharia, mas muitas vezes o arquiteto pode influenciar nas decisões do projeto e obter maiores eficiências, evitar desperdício

4.59
A eficiência dos motores elétricos

de energia (p. ex., o uso de motores mais eficientes, Fig. 4.59). Exemplos disso podem ser a escolha de lâmpadas fluorescentes compactas ou de LED em vez de incandescentes, ou garantir que o condensador da unidade de ar-condicionado não fique exposto à entrada de calor solar.

4 **escolha da fonte de energia, inclusive as renováveis**: a decisão relativa a isso muitas vezes depende do cliente e pode ser baseada em considerações econômicas. Isso será discutido na Seção 4.5.6, mas o arquiteto deve considerar as possibilidades, examinar a viabilidade de uma técnica escolhida e aconselhar o cliente de forma adequada.

Uma possível lista de medidas de conservação de energia foi sugerida numa conferência recente:

| *Construção* | *Instalações* |
|---|---|
| – iluminação diurna | – controles dos sistemas de AVAC |
| – sombreamento | – AVAC eficientes em termos de energia |
| – ventilação natural | – ciclo econômico |
| – isolamento | – recuperação do calor do ar de exaustão |
| – massa térmica | – lâmpadas energeticamente eficientes |
| – (pré-) aquecimento do ar por energia solar | – redução no vazamento dos dutos |
| – janelas melhoradas | – fotovoltaicas |
| – controle da infiltração do ar | – aquecimento da água por energia solar |
| – aquecimento solar passivo | – geradores alimentados por energia solar/eólica |

A lista não é de forma alguma completa, mas inclui a maioria das principais medidas. São mencionados abaixo alguns aspectos adicionais que o arquiteto pode levar em conta e aconselhar seu cliente ou lembrar ao engenheiro encarregado.

A eficiência dos motores elétricos varia entre limites bastante amplos, em especial para os de menor porte (72-96%), como mostra a Fig. 4.59. Para conservação da energia, o uso de motores de alta eficiência deve ser uma exigência. Seu custo inicial pode ser ligeiramente mais elevado, mas em termos da análise do CCV (custo do ciclo de vida), eles são bastante superiores.

Em um sistema de abastecimento de eletricidade, não apenas a carga total e o consumo são críticos, mas também sua disponibilização no tempo. A geração de eletricidade em horário de pico é muito mais cara que o fornecimento da carga de base. Como o sistema deve ter capacidade de satisfazer a demanda no pico (mesmo que o pico ocorra apenas por um curto período), há muita capacidade de geração que fica ociosa a maior parte do tempo. Pode levar até doze horas para pôr em funcionamento um conjunto gerador acionado por turbina a vapor, assim não tem sentido interromper seu funcionamento durante períodos fora do horário de pico. Isso é muitas vezes denominado *reserva circulante*.

O *gerenciamento pelo lado da demanda* (GLD) tem por objetivo nivelar a carga, em especial por meio de várias estratégias de preços, como:

- tarifas dos horários fora de pico, muito mais baratas que o normal, para fins não dependentes do horário, como o sistema de AAR (aquecimento de água residencial) do tipo armazenável ou os aquecedores de "bloco" do tipo armazenável ou, na verdade, sistemas de "armazenamento de gelo" para o ar-condicionado (ver abaixo);
- interrupção do fornecimento: o fornecedor pode enviar um sinal de alta frequência pelos cabos de fornecimento para acionar um comutador na caixa de medição do consumidor, que pode cortar (ou reverter) os circuitos não essenciais durante os períodos de pico;

- tarifas em duas partes, onde o consumidor paga uma taxa fixa por toda a eletricidade utilizada (tarifa de energia), mas também paga de acordo com a carga máxima atingida durante o período de faturamento. Em alguns casos, quando não estão disponíveis essa medição e registro da demanda máxima, pode haver uma cobrança de acordo com a "carga total conectada".
- o mais recente incremento é a medição digital, que permite a cobrança de tarifas de acordo com a "hora do dia": preços mais altos em horários de pico, preços mais baixos nos horários "de baixa", talvez em diversos patamares.

Um único consumidor pode ter pelo menos dois medidores, um para consumo "normal" (iluminação e tomadas) e outro para "tarifa especial", para o AAR (aquecimento de água residencial) e para o aquecimento do ambiente (aquecedores de bloco ou de unidade) fora dos horários de pico ou para interrupção do fornecimento. Em edifícios comerciais e de escritórios, um grande tanque de água pode ser congelado durante a noite, utilizando eletricidade barata fora dos horários de pico e, no dia seguinte, o derretimento desse gelo (um processo endotérmico) irá fornecer água gelada para o sistema de ar-condicionado (isso é, fazendo uso mudança de fase por aquecimento da água/gelo).

Tentativas de nivelar a taxa de utilização de energia ao nível do consumidor individual foram feitas nas décadas de 1960 e 1970 pelos chamados sistemas de *redução do fornecimento*. Todas as cargas elétricas na casa deviam ser classificadas numa ordem de prioridade e agrupadas em circuitos separados. Uma carga máxima era estabelecida e, quando fosse atingida, a carga de prioridade mais baixa "caía", isto é, esse circuito era desligado. Sistemas desse tipo estão agora disponíveis numa versão eletrônica denominada IHG (Intelligent Home Gateway [Portal Residencial Inteligente]).

O *gerenciamento pelo lado da demanda* (GLD) deve reduzir a demanda total, mas certamente cortar os picos, para evitar a necessidade de construir novas usinas de geração. A Califórnia, p. ex., evitou a construção de uma usina de 1000 MW recorrendo a medidas de GLD, como o aconselhamento técnico aos consumidores, o financiamento de estudos de viabilidade, o subvencionamento, ou mesmo o financiamento direto, de equipamentos mais eficientes, como as lâmpadas fluorescentes compactas, ou as mais recentes de LED. Fornecedores de eletricidade também encorajam o uso de aparelhos eficientes em termos de baixo gasto de energia, aqueles classificados em pelo menos quatro estrelas. A Fig. 4.60 mostra um rótulo de tal classificação por consumo de energia, emitido por uma instituição de teste autorizada.

Os sistemas de *gerenciamento pelo lado da oferta* (GLO) incluem vários arranjos para utilização da capacidade excedente em horários fora de pico (por exemplo, grandes sistemas de estoque regulador) e seu uso em horários de pico, como:

- sistemas de bombeamento de retorno, que podem ser usados se a rede tiver componentes de geração hidroelétrica: a capacidade excedente pode ser usada para bombear de volta a partir de um reservatório (pequeno) em nível inferior até o reservatório principal, para reutilização no acionamento das turbinas em períodos de pico;
- outros dispositivos de armazenamento, que incluem baterias, reações químicas reversíveis (p. ex., a dissociação da amônia), calor latente por mudança de fase de vários sais, ar comprimido, os volantes e o armazenamento de energia magnética por supercondutividade (AEMS);
- geração distribuída (GD), o que significa a incorporação de diversos geradores de pequeno porte na rede, de microturbinas hidroelétricas ou turbinas eólicas a sistemas fotovoltaicos montados nos edifícios. Isso muitas vezes é considerado como utilização da rede para armazenamento, o que é viável devido aos fatores de diversidade favoráveis (ver Seção 4.3.4 acima), de geradores bem pequenos (p. ex., o vento em geral é mais forte quando há pouca ou nenhuma radiação solar).

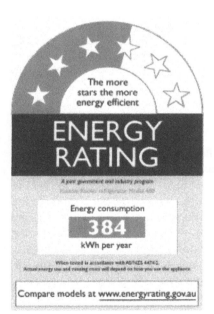

4.60
Um rótulo de classificação de desempenho energético (padrões AS/NZs 44742)

**Tabela 4.18** Relação do uso de energia e emissões de gás de efeito estufa (% dos totais nacionais)

| Uso final | Consumo de energia (%) | Emissões de efeito estufa (%) |
|---|---|---|
| Edifícios | 46 | 54 |
| Estabelecimentos de defesa | 37 | 40 |
| Transporte | 15 | 5 |
| Outro | 2 | 1 |

Fonte: WOGER: Whole Government Energy Report, Canberra (2002).

A conservação de energia e a substituição por fontes de energia renováveis são imperativas, não apenas em razão da disponibilidade finita do petróleo e do carvão, mas também devido à poluição atmosférica, sobretudo as emissões de $CO_2$, em decorrência de seu uso. A magnitude das emissões de gases do efeito estufa não é diretamente proporcional ao uso de energia, mas sem dúvida o uso de energia é responsável pela maior parte das emissões de gás de efeito estufa. Isso pode ser bem ilustrado pelas estatísticas do governo australiano, apresentadas na Tabela 4.18 como uma porcentagem de todo o emprego de energia e emissões pelas propriedades e atividades do governo.

Vários governos estabeleceram um esquema de "comércio de carbono", conforme acordado no Protocolo de Kyoto (1997). Aqueles responsáveis por emissões significativas de $CO_2$ devem comprar "créditos de carbono" ou EUAs (concessões da União Europeia). O esquema de comércio de licenças de emissão da União Europeia (ETS) é o mais bem-sucedido (ver Planilha de dados D4.1). CERs (Certificado de Emissões Reduzidas) são emitidos como créditos negociáveis. A taxa em 2009 era $26 por tonelada de $CO_2$, mas ela flutua conforme o mercado cresce. Em 2006, o volume total de comércio era $21 bilhões ($10^9$), crescendo para $31 bilhões no ano seguinte e para $126 bilhões em 2008. O comércio é internacional, conforme previsto em Kyoto.

### 4.4.4 Classificação dos Edifícios pelo Desempenho Energético

A avaliação do desempenho energético dos edifícios teve início no começo da década de 1980. Diversas autoridades em muitos países perceberam que regulamentações construtivas não são suficientes para alcançar uma redução no uso de energia. A Califórnia introduziu um código de consumo de energia para construções já em 1978, que estabeleceu um padrão de abordagem dupla: regulamentações *prescritivas* ou regulamentações *baseadas no desempenho*. A primeira forma de regulamentação recomendava em detalhe muitos dos atributos do edifício projetado e seus componentes (como o isolamento térmico), enquanto a última comparava o uso previsto de energia com o "direito à energia" (por unidade de área de piso) para diferentes tipos de edifício e uma série de zonas climáticas. Quem requeresse uma autorização de construção podia optar por cumprir a parte prescritiva ou então deveria comprovar, usando um programa aprovado de simulação por computador (como os discutidos na Seção 1.4.4.2) que o edifício projetado não excederia seu direito de energia anual.

#### 4.4.4.1 Os EUA

O Departamento de Energia (DOE) foi criado pelo presidente Carter em 1977 e desde então se transformou numa organização enorme e pesada, que lida com todos os assuntos relacionados a energia (desde nuclear, petróleo e elétrica até renováveis) e conservação. Sua divisão EERE (Eficiência Energética e Energia Renovável) é a mais relevante para a presente discussão. Eles gerem uma série de leis, como a ECPA (Energy Conservation and Production Act, 1978 – Lei de Produção e Conservação da Energia), a NAECA (National Appliance Energy Conservation Act 1987 – Lei Nacional de Conservação de Energia de Aparelhos) e o EPAct (Energy Policy Act, 1992 – Lei de Política Energética).

O EERE criou uma série de "programas", tais como o FEMP (Federal Energy Management Program – Programa Federal de Gestão de Energia) e o BECP (Building Energy Codes Program – Programa de Códigos de Energia Para Edifícios). Esse estabelece regulamentos compulsórios para edifícios do governo federal, bem como vários "códigos modelo de energia" (MEC – Model Energy Codes) para governos estaduais (incluindo códigos de combate a fogo, gás, encanamento etc.). Quase cada estado é diferente, mas muitos adotam o MEC como base para suas regulamentações.

O MEC também admite três alternativas de cumprimento das exigências:

1 seguir o pacote de prescrições;
2 a abordagem de compensações;
3 a abordagem por software.

4.61
O símbolo "Energy Star"

Junto com a *Environmental Protection Agency* (Agência de Proteção Ambiental) eles criaram, a partir de 1995, o padrão de qualidade para desempenho energético "Energy Stars", principalmente para aparelhos domésticos, versões dessa classificação adotadas desde então na União Europeia, Canadá, Austrália, Nova Zelândia, Japão e Taiwan. Edifícios são classificados numa escala de 1 a 100, e aqueles classificados com 75 ou mais se qualificam para o "Energy Star" (Fig. 4.61). O ICC (International Code Council – Conselho Internacional do Código) foi criado em 2000 e produziu o IECC (International Energy Conservation Code – Código Internacional de Conservação de Energia). A ferramenta principal para classificação é o programa DOE2, que é também o aparato de simulação da ferramenta de projeto eQUEST (James Hirsh Associates, Califórnia)*. Esses são programas de "domínio público", mas o último está apenas disponível em unidades I-P (libra-polegada) (parece que o sistema internacional não atingiu a Califórnia). Uma alternativa é usar o programa EnergyPlus.

O IECC é uma referência em muitos níveis: ele regulamenta o envelope do edifício, bem como as instalações de AVAC (aquecimento, ventilação e ar-condicionado), de SAA (serviço de aquecimento de água) e de iluminação. É chamado "internacional", mas, ao que parece, é um código dos EUA. Ele faz referência aos padrões da ASHRAE (American Society of Heating, Refrigerating, and Air Conditioning Engineers – Sociedade Americana de Engenheiros de Aquecimento, Refrigeração e Ar-Condicionado) e da IES (Illuminating Engineering Society – Sociedade de Engenharia de Iluminação) e divide os EUA em 38 zonas climáticas.

Uma pesquisa no cenário internacional identificou cerca de trinta programas de avaliação desse tipo em operação, a maioria deles em diferentes estados dos EUA. Uns poucos são revistos na sequência.

### 4.4.4.2 A União Europeia

O Parlamento Europeu e o Conselho da União Europeia emitiram a "Diretriz" 2002/91/EC para o Desempenho Energético dos Edifícios (EPBD – Energy Performance of Buildings) em 2002. Essa exige o *certificado de energia* dos edifícios e deve ser baseada numa auditoria de energia de edifícios existentes ou em uma simulação por computador de um edifício planejado. Os países-membro devem es-

---

* Disponível em http: <//www.doe2.com> e <http://www.EnergyDesignResources.com>.

tabelecer padrões para a eficiência energética de novos edifícios, incluindo o estabelecimento de metas e a determinação de métodos de previsão do uso de energia. Os elementos a serem contabilizados nos cálculos devem incluir aqueles listados no Anexo 1 como:

1. Características térmicas dos elementos construtivos do edifício, incluindo estancamento do ar;
2. Sistema de aquecimento e fornecimento de água quente, incluindo seu isolamento;
3. Instalações de ar-condicionado;
4. Ventilação;
5. Instalação embutida de iluminação;
6. Posição e orientação em relação a dado clima;
7. Sistemas passivos de irradiação solar e proteção solar;
8. Ventilação natural e iluminação natural;
9. Condições climáticas internas, incluindo o clima interno projetado.

As metas de uso de energia devem ser revisadas a cada cinco anos, à luz dos desenvolvimentos tecnológicos. A meta geral estabelecida prevê a redução no uso de energia em 20% em 2020 bem como contribuição de 20% de fontes renováveis.

### 4.4.4.3 Alemanha

A Universidade Bauhaus (Weimar) propôs um " passaporte da edificação", do qual uma parte significativa é a classificação de energia. Ele foi adotado pela diretriz da União Europeia: a partir de 2006, todo edifício da Finlândia a Portugal, ao ser vendido ou alugado, deve ter tal passaporte. Na Alemanha isso é administrado pela DENA (Deutsche Energie-Agentur, Agência Alemã de Energia) e um "Energiepass" foi introduzido para casas e outros tipos de residência (Fig. 4.62). Os proprietários podem obter os serviços de uma pessoa autorizada para fazer uma auditoria de energia e emitir tal "passaporte". A parte crucial disso é o consumo anual de energia expresso em $kWh/m^2y$. As residências mais antigas, que não receberam melhoramentos, estarão na faixa de 400-550 $kWh/m^2y$, enquanto as novas residências não devem exceder a 100 $kWh/m^2y$, mas devem de preferência ficar na faixa de 30–60 $kWh/m^2y$. (Compare esses valores com aqueles apresentados na planilha de dados D.4.2). Com base nisso (e numa avaliação qualitativa da sustentabilidade), será atribuída à casa uma "classe de eficiência" numa escala de A a I (sendo que A significa o máximo de eficiência).

Essa avaliação é influenciada também pela expectativa de vida do edifício. Isso pode variar de 25 anos no Japão, 50 anos, nos EUA, e 75 anos, no Reino Unido. Esse passaporte de energia torna-se uma parte importante das informações para o proprietário ou para um potencial comprador ou inquilino. Ele também irá influir no preço.

### 4.4.4.4 Dinamarca

Um sistema semelhante ao descrito acima está em operação na Dinamarca desde 1997, com o nome: "Energiemærke". Deve estar disponível em todos os pontos de venda da casa, mas para edifícios maiores a avaliação deve ser realizada anualmente, com base nos registros efetivos de consumo de energia.

### 4.4.4.5 Reino Unido

Com base no método BREDEM (ver a Seção 1.4.4.2), a Open University desenvolveu o MKECI (Milton Keynes Energy Cost Index – Índice do Custo da Energia de Milton Keynes) e uma versão modificada dele é o sistema NHER (National Home

4.62
... e qual é o seu uso por metro quadrado?

Energy Rating – Classificação Nacional do Uso de Energia em Habitação), que é a base do programa de computação *Home Rater*. NHER pertence ao NES (National Energy Services – Serviço Nacional de Energia). A escala de classificação vai de 0 a 20. A maioria das moradias existentes no Reino Unido se classifica entre 4,5 e 5,5 dessa escala. Uma classificação de 10 será alcançada por (exemplo) uma casa de alvenaria semi-destacada, aquecida a gás, que cumpre com a parte L1 dos Regulamentos de Edificações. Uma classificação de 20 será obtida com zero emissões de $CO_2$ e zero uso de energia operacional.

Três métodos podem ser usados para satisfazer esses regulamentos:

1 *método elementar*: cada elemento do revestimento do edifício deve atender os valores U prescritos e o tamanho das janelas é limitado a 22,5% da área do piso;
2 *método da "meta valor U"*: é prescrita a média ponderada do valor U e os cálculos devem mostrar que ela é atendida; devem ser demonstradas as medidas adotadas contra pontes térmicas e para controle de infiltração,
3 *método de avaliação da energia*: que inclui a ventilação/infiltração bem como o SAA (serviço de aquecimento de água).

A exigência do valor U é bastante rigorosa: um máximo de 0,25 W/m²K é permitido para a cobertura, e 0,35 W/m²K para as paredes (compare esses com os valores dados na Tabela 1.5).

O documento L1 dos regulamentos de construção pode ser atendido com o uso de "detalhes de construção credenciados" (por ex., valores "U", a parte prescritiva) ou pelo uso da classificação de desempenho SAP (Standart Assessment Procedure). NHER é mais completo que SAP; ele leva em conta clima e meio ambiente, seus efeitos no uso da energia, aquecimento da água e do ambiente, bem como cozinhar, iluminação e aparelhos. SAP tem uma escala de 0 a 100+. Uma classificação de 92 coloca o edifício na Faixa "A". SAP usa um clima padrão (East Pennines), ocupação padrão e uso padrão, assim ele classifica o edifício propriamente, enquanto NHER fornece uma previsão de uso de energia mais realística que pode ser esperado em dada localização, com o padrão de uso real.

### 4.4.4.6 França

Na França, o esquema de classificação QUALITEL é baseado numa avaliação qualitativa, mas também depende da previsão do uso de energia. A classificação deve ser divulgada (no anúncio) de qualquer propriedade oferecida para venda ou aluguel. A classificação deve ser feita e um certificado é emitido (*étiquette énergie*) por uma pessoa autorizada, por meio de uma pesquisa e usando uma planilha eletrônica. RT2012 (*Réglementation Thermique*) estabelece as categorias para consumo de energia e emissões de $CO_2$:

| Faixa | kWh/m²y | kgCO₂/m²y |
|---|---|---|
| A | < 5 | <5 |
| B | 51-90 | 6-10 |
| C | 91-150 | 11-20 |
| D | 151-230 | 21-35 |
| E | 231-330 | 36-55 |
| F | 331-450 | 56-80 |
| G | > 451 | > 80 |

Uma boa classificação (*l'eco-prêt à taux zero*) atrai créditos fiscais e, para melhoramentos construtivos relacionados à energia, "empréstimos-ecológicos" são disponibilizados.

### 4.4.4.7 Portugal

Em Portugal, as Regulamentações sobre o comportamento térmico dos revestimentos de edifício (RCCTE) são uma combinação de regulamentos prescritivos para construção e uma classificação de energia. O uso máximo permitido de energia é estabelecido e os dados do edifício podem ser inseridos em uma planilha eletrônica, que fará a previsão do uso de energia esperado (de modo algum uma simulação em grande escala). Se ficar abaixo do limite estabelecido, um certificado de construção será emitido, junto com uma classificação em uma escala de razoável/bom/excelente. A implementação desse sistema é por enquanto voluntária, mas o plano é que se torne compulsória no futuro.

### 4.4.4.8 Austrália

O primeiro programa de classificação na Austrália foi lançado em 1986, como o FSDR (Five Star Design Rating – Classificação de Cinco Estrelas Para Projetos). Sua "ferramenta de simulação" era o programa CHEETAH de simulação de energia e resposta térmica da CSIRO. Este foi mais desenvolvido e oficialmente adotado em 1993 como NatHERS (Nationwide House Energy Rating Scheme – Programa de Classificação de Energia Residencial de Âmbito Nacional). Diversas autoridades exigem que essa avaliação seja realizada e divulgada se e quando a casa for colocada no mercado (por exemplo, com base na *Trade Descriptions Act* [Lei de Descrições do Comércio]). Uma necessidade de divulgação semelhante refere-se aos edifícios comerciais, já que um BEEC (Building Energy Efficiency Cetificate – Certificado de Eficiência Energética do Edifício) precisa ser apresentado.

Alguma preocupação foi expressa no sentido de que as classificações baseadas em simulação podem ser válidas para edifícios que funcionam como uma "caixa selada" (em climas frios), mas não para os trópicos, onde as casas são usadas de forma completamente aberta, com ventilação cruzada. Então o AccuRate foi produzido pela CSIRO em 2000, o qual inclui uma rotina de ventilação cruzada. Foi pensado para uso nos climas úmidos e quentes do norte da Austrália, contando com o aparente efeito de resfriamento do movimento do ar produzido por ventilação cruzada ou por ventiladores de teto. Desde então NatHERS tornou-se a estrutura para classificação, usando diversos programas para os cálculos necessários. Três desses programas são credenciados agora: FirstRate, BERS (Programa de classificação energética do edifício) e AccuRate. A nova versão deste último, "AccuRate Sustainability", é ampliado para incluir emissões de $CO_2$, uso da água e iluminação. BERSpro é um pacote produzido pela Solar Logic. Ele é muito fácil de usar e totalmente credenciado. FirstRate é um programa produzido pelo estado de Victoria.

O órgão federal ABCB (Australian Building Codes Board – Conselho Australiano de Códigos de Construção) formulou uma modificação em relação à energia para o BCA (Building Code of Australia – Código de Construção da Austrália). Isso deve ser adotado, ou possivelmente modificado, pelos governos estaduais. Para qualquer projeto de casa nova, o Território da capital da Austrália, a Austrália Meridional, Queensland e Victoria estabeleceram a exigência em 6 estrelas, o Território do Norte e a Tasmânia em 5 estrelas (numa escala de 0 a 10 estrelas), e Nova Gales do Sul exige um certificado BSIX (Building Sustainability INdex – Índice de Sustentabilidade do Edifício). Dez estrelas implicaria uma necessidade zero de energia. O uso de energia é expresso em termos de MJ/m²y.

O BCA (Código de Construção da Austrália, pt. 3.12) distingue oito zonas climáticas, desde o norte, quente e úmido, às zonas "alpinas" da Tasmânia frio-temperada e a área montanhosa de sul/leste (Nova Gales do Sul e Victoria). NatHERS usa mais de sessenta zonas, que são selecionadas por código postal. Os "requisitos de desempenho" especificados são exclusivamente qualitativos e podem ser atendidos tanto pelo cumprimento das exigências a serem satisfeitas (construção aceitável) ou por meio de "soluções alternativas" demonstradas como equivalentes às primeiras, seja por um programa de computador reconhecidamente aprovado ou por uma "opinião especializada".

Em geral, as exigências do BCA para construção aceitável são bastante tímidas (ver Tabela 1.5). O objetivo declarado não é alcançar a "melhor prática", mas apenas eliminar a "pior prática". Um aperto gradual e progressivo das exigências está previsto. Um aspecto interessante é o de que, para coberturas, nas zonas ao norte, o fluxo térmico descendente é considerado como crítico, enquanto, no sul, o fluxo térmico ascendente é controlado.

### 4.4.4.9 Nova Zelândia

O sistema regulatório adotado na Nova Zelândia é similar ao da Austrália, apenas a terminologia é diferente. Os três métodos destacáveis são: método de tabela, o método de cálculo e o método de modelagem. Este último requer a utilização de um programa de simulação da resposta térmica e do uso de energia do edifício. As exigências de isolamento não são tão rigorosas quanto no Reino Unido: até na mais fria das três zonas climáticas significativas, o valor prescrito é de R2,5, para coberturas, e R1,9, para paredes, o que corresponde a valores U de 0,4 e 0,52 respectivamente.

### 4.4.5 Outros Métodos

Uma alternativa à simulação é um *método de pontuação*, no qual até mesmo o usuário não profissional pode responder a uma série de perguntas (em sua maioria, de múltipla escolha) sobre a residência, sendo que cada resposta resulta num certo número de pontos. O número de pontos atribuídos a cada atributo da edificação foi determinado por um estudo paramétrico baseado em um grande número de simulações. As categorias são estabelecidas em termos do número de pontos alcançados, para atribuição de um determinado número de estrelas (ver, p. ex., a planilha de dados D.4.2). Diversos estados (tanto na Austrália quanto nos EUA) adotam tais métodos e o dinamarquês *Positive List Method* (Método de Lista Positiva) é semelhante.

Algumas autoridades responsáveis pelo controle das edificações (sobretudo no sudeste da Ásia) usam o CGTT (coeficiente global de transferência térmica) para estabelecer as características térmicas do revestimento do edifício. Esse valor pode ser considerado como um valor U médio para o todo do revestimento do edifício, incluindo os efeitos da radiação solar. Seu cálculo é baseado na seguinte equação (a soma de três componentes: ganho do revestimento, condução pelas janelas e ganho solar das janelas, dividido pela área total):

$$CGTT = \frac{A_w U_w TD_{eq} + A_f U_f DT + A_f SC \times SF}{A_t}$$

onde

$A$ = área de cada elemento
$A_t$ = área de revestimento total
$U$ = valor U de cada elemento
$TD_{eq}$ = diferença de temperatura equivalente
$DT$ = $T_o - T_i$ (médias)
$SC$ = coeficiente de sombreamento
$SF$ = fator solar (W/m$^2$)

e os subscritos

w = paredes
f = fenestração (janelas)

O cálculo de $TD_{eq}$ é bastante complexo (considera uma quota pela entrada de energia solar). É um derivativo do método TETD/TA (total equivalent temperature differential – diferencial total de temperatura equivalente)*, onde TA indica a média de tempo. O método se apoia em grande parte em tabelas apresentando valores empíricos (simplificados) e está caindo em descrédito. Além disso, o conceito SF não é mais utilizado (ver a Seção 1.4.1.3).

## 4.5 QUESTÕES DE SUSTENTABILIDADE

### 4.5.1 Contexto Histórico

A degradação ambiental já era o tema principal na conferência do Programa das Nações Unidas para o Meio Ambiente (PNUMA), em Estocolmo, em 1972. Barbara Ward e René Dubos sumarizaram muito bem a situação em seu livro *Only One Earth* (Uma Terra Somente). No ano seguinte, o embargo do petróleo realizado pela OPEP gerou a percepção da natureza finita de nossas reservas de combustível fóssil. As três principais áreas de problemas identificados foram

- explosão demográfica
- esgotamento dos recursos
- degradação ambiental.

Já em 1973, o RIBA (Royal Institute of British Architects – Instituto Real de Arquitetos Britânicos, sendo então presidente Alex Gordon) deu início ao movimento LL/LF/LE (long life, loose fit, low energy [longa vida, livre adaptabilidade, baixa energia]). Sua base filosófica era a de que seria ecologicamente produtivo construir edifícios que duram, projetados de modo a permanecer adaptáveis a mudanças na utilização e que consomem pouca energia em seu funcionamento. O termo "sustentabilidade" não existia então, mas esse era um programa pela arquitetura sustentável.

A visão extrema era de que qualquer "desenvolvimento" prejudicaria o meio ambiente, mas também reconhecia que os PMDs (países menos desenvolvidos) tinham de fato o direito de se desenvolver, como exige o ideal da equidade. A discussão foi concluída com a aceitação da necessidade do desenvolvimento, desde que sustentável. O relatório Brundtland (ONU, 1987) introduziu o termo e deu sua definição como:

*Desenvolvimento sustentável é o desenvolvimento que atende as necessidades do presente sem comprometer a capacidade de futuras gerações de atender suas próprias necessidades.*

O último ponto foi chamado "equidade inter-gerational".

Em 1987 o Protocolo de Montreal estabeleceu o acordo sobre a eliminação progressiva dos fluoretos orgânicos, que afetam a camada de ozônio e, em consequência, permitem a entrada de maior quantidade de radiação UV (contribuindo também na produção do efeito estufa). Em 1990, o IPCC (Intergovernmental Panel on Climate Change – Painel Intergovernamental de Alterações Climáticas) relatou e estabeleceu categoricamente que o clima está mudando e que isso é em grande parte de origem antropogênica, causado pela emissão de gases do efeito estufa pela humanidade.

A ECO-92 (CNUMAD, Conferência das Nações Unidas sobre o Meio Ambiente e o Desenvolvimento, 1992) considerou a degradação ambiental juntamente com o esgotamento dos recursos e ampliou o discurso na Agenda 21 e, com a "Declaração do Rio", estabeleceu os princípios do desenvolvimento sustentável.

---

\* Cf. ASHRAE, *Ashrae Handbook of Fundamentals*.

A equidade de toda a humanidade é um dos objetivos da Agenda 21 (em referência ao novo século), mas a equidade intergeracional é talvez até mesmo mais importante.

A Convenção das Nações Unidas sobre a Mudança do Clima (UNFCCC) convocou uma reunião em Quioto, em 1997, para refletir sobre a mudança climática e o controle de emissões, que chegou a um acordo muito brando: a redução do nível de emissões de $CO_2$ de 1990 em 5% até 2012. Cerca de 170 países ratificaram o acordo em dezembro de 2008, com a notável ausência dos maiores emissores: os EUA, a China e a Índia. Foi necessária uma mudança de governo na Austrália para ratificá-lo em 2008.

A arquitetura se juntou ao movimento com a *Declaração de Interdependência Para um Futuro Sustentável* no Congresso de Chicago da UIA (União Internacional dos Arquitetos) em 1993. Muitos organismos nacionais e instituições de arquitetura adotaram essa declaração e produziram políticas energéticas e ambientais. Tais declarações e afirmações políticas são apenas belas palavras, mas mesmo não sendo eficazes de imediato, elas têm uma significação: implicam um compromisso que os indivíduos devem reconhecer sob o risco de se mostrar "politicamente incorretos"; os indivíduos devem se comprometer com elas pelo menos da boca para fora e, com a repetição frequente, elas de fato se tornam a norma aceita. Mesmo que um indivíduo falhe em agir de acordo com elas, pelo menos ele/ela terá a consciência culpada por isso.

A Conferência seguinte em Copenhague (2009) não foi além de declarações de intenções. As conferências subsequentes da ONU, em Doha (2012) e em Durban (2013), não foram muito mais longe do que estender o Protocolo de Quioto.

### 4.5.2 Base Filosófica

Alguns autores (p. ex., Radford e Williamson, no artigo "What Is Sustainable Architecture?") argumentam que a noção de sustentabilidade (e, assim, de arquitetura sustentável) é uma construção social, que envolve um plano de ação e, assim, deve ter uma base ética. Um bom materialista racional iria sugerir que isso é uma inversão: a necessidade física de sobrevivência é que deve ditar uma nova ética, uma ética ecológica ou ambiental. Em termos marxistas: o resto é "superestrutura". Na hierarquia de Maslow referente a necessidades humanas (ver a caixa de texto na Seção 1.2.2), as físicas/biológicas estão no topo.

Alguns professores de estúdio/design argumentam que o ensino de ciência ambiental (ou arquitetônica) não tem lugar nos cursos de arquitetura ou, no melhor dos casos, é uma questão secundária. O contra-argumento é o de que a ciência ambiental/arquitetônica trata de questões de sobrevivência, enquanto eles falam da cereja do bolo. Eles tocam violino, enquanto Roma está em chamas. Não percebem a urgência do combate ao incêndio.

Os sistemas éticos podem se basear em alguma (suposta) proclamação ou declaração "divina" (p. ex., os dez mandamentos de Moisés), ou alguma noção especulativamente estabelecida do dever (como o *imperativo categórico* de Kant), ou algum outro conjunto de valores compartilhados pelo grupo, por uma corporação de profissionais, ou pela sociedade como um todo. A maioria desses diferentes sistemas éticos é construída sobre areia movediça. Em ambas as guerras mundiais do século XX, ambos os lados lutaram em nome do mesmo Deus cristão, ou hoje os xiitas e sunitas lutam em nome do mesmo Alá.

Surgem conflitos não apenas entre nações diferentes, sistemas sociais diferentes, religiões diferentes (ou outros sistemas irracionais de crença), mas também no âmbito de uma sociedade democrática liberal, p. ex., entre diferentes grupos de interesse. Essa é uma questão de horizonte. A sobrevivência e o bem-estar individuais dependem da sobrevivência social. A sobrevivência das sociedades depende da existência do nosso ecossistema global. Foi sugerido que, se a humanidade deve sobreviver, nosso comportamento deve ser governado por uma ética ambiental fundamentada globalmente.

Mais de quatro décadas atrás foi reconhecido que a sobrevivência da humanidade estava ameaçada pelas três tendências mencionadas acima (na Seção 4.5.1). No âmbito da terceira delas, a degradação ambiental, o aquecimento global tornou-se a ameaça dominante. Os problemas ambientais locais são importantes, mas devem ser vistos no contexto do problema global, o problema da sobrevivência.

Essa preocupação pela sobrevivência da humanidade foi acusada de ser "antropocêntrica", sugerindo que se trata de um "especismo", tão ruim quanto o racismo, e que é nosso dever e obrigação proteger a natureza, a fauna e a flora. Termos como "dever" e "obrigação" sugerem alguma prescrição ou ordem exterior. Não há necessidade alguma de postular uma ordem desse tipo. Podemos professar sem vergonha sermos antropocêntricos, ao mesmo tempo compreendendo que fazemos parte de um sistema global e que a preservação desse sistema, da biodiversidade e do ambiente natural está voltada ao nosso, egoisticamente percebido, melhor interesse.

Essa ética ambiental estabelece que nosso comportamento e nossas ações devem contribuir com a sustentabilidade do nosso hábitat e, de forma alguma, prejudicá-la. É, portanto, uma ética bastante racional e pragmática.

### 4.5.3 Implicações Sociais

A Fig. 4.63, conforme proposta por Meadows e Meadows, em *The Limits to Growth*, indica que a vasta maioria das pessoas se preocupa principalmente com o aqui e agora (escala espacial vertical, escala de tempo horizontal), em parte porque tem de lutar para sobreviver no dia a dia, mas em parte também devido a uma visão e compreensão muito limitadas. Poucas pessoas têm um horizonte mais amplo e visão de longo prazo. Mesmo os que têm uma perspectiva global e olham para o futuro distante precisam pensar no minuto seguinte e no próximo passo, a maior parte do tempo. Contudo, esse passo seguinte deveria ser governado por uma visão global.

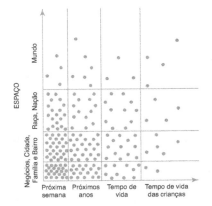

4.63
Horizontes humanos

A "globalização" é uma questão altamente controversa. Ela é uma necessidade inevitável, mas seu significado deve ser esclarecido. Ela é a palavra de ordem "trabalhadores do mundo, uni-vos!" da "ditadura do proletariado"? Ou significa o mercado global desenfreado das corporações multinacionais? A globalização, da forma como ela se dá hoje, tem na verdade visão bastante estreita. Sua força motriz é o indivíduo, ou o pequeno grupo de interesse (dos acionistas), o lucro de curto prazo. Isso pode ser aceitável, se ficar no interior de uma estrutura estabelecida por governos de visão ampla que representam o povo. Aceitável, desde que se compreenda que há outras medidas de valor além do dinheiro. Aceitável, desde que essas não estejam em conflito com o interesse global de sobrevivência da humanidade e com o objetivo "da maior felicidade para o maior número"*.

As ditaduras muitas vezes são invejadas por serem capazes de produzir resultados rápidos e significativos, mudanças sem procrastinação; mas mudanças benéficas e duradouras somente podem ser baseadas em consenso. Foi dito que a democracia é um luxo ao qual boa parte do mundo não se pode permitir. É dolorosamente difícil chegar a tal tipo de consenso e a cooperação internacional é ainda mais difícil, como mostrou o Protocolo de Quioto (1997). Após mais de dez anos, ele ainda não foi ratificado pelos maiores produtores de $CO_2$ do mundo (os EUA e a China).

---

* F. Hutcheson, *An Inquiry Into the Original of Our Ideas of Beauty and Virtue Treatise 2*.

Contudo, não há outro caminho. A globalização, no sentido de democracia com cooperação internacional, é o único caminho possível de evitar a destruição global. O papel de um governo nacional é assegurar o bem-estar de seu povo sem prejudicar outros, em harmonia com o ecossistema global. Qualquer outra coisa seria suicídio.

Existem milhões de interesses conflitantes, e grupos de interesse em ação. Esses podem ser resolvidos e canalizados na direção do interesse global por meio de informação, educação e esclarecimento. Existem sinais encorajadores. A informação está influenciando a opinião pública e os políticos dependem da opinião pública. Nesse contexto, é possível esclarecer e influenciar nossa própria profissão?

### 4.5.4 O Que os Arquitetos Podem Fazer?

Os edifícios e seus usos associados são responsáveis por uma grande parte da carga ambiental causada pela humanidade:

- 46% de todo o consumo de energia;
- 54% de todas as emissões atmosféricas;
- 30% de todas as matérias-primas usadas;
- 44% do consumo de água;
- 25% dos resíduos sólidos;
- 20% dos resíduos líquidos.

Todos esses fatores podem ser fortemente influenciados pelos arquitetos e projetistas.

A principal questão prática é como as nobres ideias acima apresentadas podem ser traduzidas em ações no nível da realidade cotidiana. O projeto pode sofrer pressões de clientes e entidades reguladoras. Contudo os arquitetos operam em muitos níveis e podem influenciar no processo de desenvolvimento. Arquitetos podem ser empregados por organizações clientes. Como gestores de instalações, eles podem influenciar o cliente quanto às exigências do edifício. Eles podem estar envolvidos na seleção do local e nos estudos de viabilidade. Têm a possibilidade de participar da formulação do programa de necessidades, que pode envolver uma série de estudos prévios acerca de aspectos organizacionais e sociais, bem como dos requisitos ergonômicos e ambientais.

O processo que vai do programa até o projeto é iterativo. O arquiteto deve pedir esclarecimentos sobre o programa e influenciar na decisão do cliente, fornecendo assessoria profissional. O projeto conceitual, frequentemente, é separado do projeto de detalhamento dos elementos construtivos e da documentação do contrato. Ele pode até mesmo ser feito por um outro arquiteto ou firma de arquitetos. A supervisão e gestão do contrato das obras de construção é uma tarefa distintamente separada. Mesmo que todo o processo seja executado por uma única firma, indivíduos diferentes podem se especializar em certas tarefas.

Muitas empresas de construção empregam seus próprios arquitetos. Muitos arquitetos se especializam em projetos de interior para lojas, em projetos de vitrines de lojas ou de equipamentos para interiores de escritórios. Alguns se tornam escritores, críticos, jornalistas, educadores ou teóricos. Arquitetos podem trabalhar para as autoridades locais e exercer uma influência no planejamento da cidade e no projeto urbano, ou podem assumir diversas tarefas reguladoras. Eles têm a possibilidade de ter um papel no processo de aprovação dos edifícios, que não é apenas uma tarefa de sim ou não, mas deve envolver negociações com o projetista e o empreendedor para modificar a proposta em interesse do "bem público".

Em cada um desses níveis, problemas ambientais e de energia estão envolvidos e devem ser levados em conta. As decisões iniciais podem ter consequências imprevisíveis: talvez impeçam mais tarde decisões ambientalmente acertadas. Cada ação pode ter consequências ambientais. Questões ambientais e de sustentabilidade são questões de sobrevivência, assim devem ter alta prioridade e um papel decisivo. Concessões de "menor" monta devem ser evitadas, pois elas podem se somar e tornar um projeto completamente insustentável. Entre os muitos papéis que o arquiteto tem a capacidade de desempenhar, a tarefa central é o projeto dos edifícios. O projeto domina o *éthos* arquitetônico. Contudo, o projeto é muito mais que apenas a "aparência" do produto, originalidade ou moda.

A sustentabilidade, como o edifício funciona, como ele usa os recursos, pode ser considerada sob quatro rubricas: *local, energia, materiais e resíduos*, assuntos das subseções seguintes.

### 4.5.4.1 Local

A terra é preciosa, não apenas em termos monetários. Toda atividade de construção perturba a terra, o local. Essa perturbação deve ser minimizada. A terra não perturbada, que serve de suporte a uma ecologia intacta, é especialmente valiosa. Se possível, seu uso devia ser evitado. Isso pode ser um passo pela preservação da biodiversidade. O uso de terra já perturbada, possivelmente deixada ao abandono, seria preferível. A reabilitação de terra perturbada ou negligenciada é desejável.

Os edifícios devem se adequar a seu ambiente: se possível, a terraplenagem em larga escala deve ser evitada. Se a terraplenagem for inevitável, o solo das camadas superiores, que é um valioso sistema vivo, deve ser preservado, acondicionado e utilizado no ajardinamento. Todas as medidas possíveis para impedir a erosão do solo têm que ser tomadas, promovendo a conservação da terra e do solo e, sempre que possível, sua melhora.

A seleção do local também tem consequências no planejamento. Há uma dicotomia e argumentos:

- de um lado, o *lobby* dos construtores e investidores para conseguir o rezoneamento da terra, para empreendimento residencial, para subdivisão: eles afirmam que a não disponibilidade de terras é a causa dos altos preços da terra e da escassez habitacional;
- de outro, os planejadores geralmente concordam com o fato de que densidades residenciais mais altas são desejáveis, para reduzir distâncias entre casa e trabalho e reduzir, de modo geral, todas as necessidades de deslocamento (tornando assim possível um bom sistema de transporte público), a fim de reduzir o custo dos serviços públicos de tubulação e cabeamento, mas também para preservar a terra não tocada (ou agrícola) e impedir o espalhamento urbano.

Esse último argumento está mais em sintonia com o ideal de sustentabilidade.

Os arquitetos podem ter uma influência nesse argumento, mas também podem criar soluções para tornar a vida em locais de alta densidade mais aceitável e, até mesmo, desejável.

### 4.5.4.2 Energia

A energia é usada nos edifícios em dois níveis:

1. *Energia operacional* (O), usada ao longo do ano para aquecimento, refrigeração, ventilação, iluminação e manutenção do edifício. Isso foi discutido na Seção 4.4 acima e, na verdade, em todo este livro.

**2.** *Energia capital* (C), ou energia embutida nos materiais e processos de construção. É interessante observar que, no início da década de 1970, quando a análise de energia da construção estava em sua infância, a razão C/O estava em torno de cinco, isto é, o edifício usava em cinco anos tanta energia quanto a empregada na produção de seus materiais e em sua construção. Para edifícios de construção muito pobre, essa proporção era de apenas 2,5 (isto é 2,5 anos). As análises recentes mostram razões de trinta a quarenta. Um estudo chegou mesmo a concluir que era de cinquenta.

A razão para isso é dupla: edifícios foram melhorados e essas melhoras aumentaram a energia capital (energia embutida), p. ex., o isolamento térmico, mas também muitos produtos plásticos e de metal. Ao mesmo tempo, edifícios melhores resultaram em uma redução no consumo de energia operacional. Na década de 1970, os esforços se concentraram na redução do uso de energia operacional. Agora a principal preocupação se deslocou e são feitos esforços para reduzir a energia incorporada.

A energia incorporada, ou, para maior precisão: os "requisitos de energia do processo" (REP) de alguns materiais é mostrada na Tabela 4.19.

**Tabela 4.19** Os requisitos de energia do processo de alguns materiais de construção em kWh/kg

| | |
|---|---|
| Madeira de lei serrada seca no ar | 0,14 |
| Terra estabilizada | 0,19 |
| Blocos de concreto | 0,39 |
| Concreto pré-moldado | 0,52 |
| Concreto moldado in loco | 0,47 |
| Concreto pré-moldado curado a vapor | 0,55 |
| Madeira de lei serrada seca em estufa | 0,56 |
| Tijolos de barro | 0,69 |
| Argamassa de gesso | 0,80 |
| Madeira de conífera seca em estufa | 0,94 |
| Concreto celular autoclavado | 1,00 |
| Placa de argamassa | 1,22 |
| Cimento | 5,60 |
| Fibro-cimento | 2,11 |
| Placas de granito | 1,64 |
| Painel de madeira aglomerada | 2,22 |
| Madeira compensada | 2,89 |
| Madeira laminada | 3,05 |
| Painel de fibra de média densidade (MDF) | 3,14 |
| Vidro | 3,53 |
| Painel rígido de fibra de madeira comprimida (HDF) | 6,69 |
| Aço carbono | 9,44 |
| Aço carbono galvanizado | 10,55 |
| Tinta acrílica | 17,08 |
| Zinco | 14,17 |
| PVC | 22,22 |
| Plásticos em geral | 25,00 |
| Cobre | 27,78 |
| Borracha sintética | 30,56 |
| Alumínio | 47,00 |

Existem grandes diferenças nos dados publicados relativos à energia incorporada dos materiais, em parte devido a diferenças locais nos processos industriais, mas em parte também devido a métodos de cálculo diferentes. Por exemplo, alguns resultados publicados na Índia mostram o cimento como consumindo 1,86 kWh/kg (e não os 5,6 mostrados na Tabela acima) e o PVC como consumindo 44 kWh/kg (em vez dos 22,22). A mesma fonte, em vez dos 9,44 kWh/kg mostrados para o aço carbono, distingue as vigas: 7,83, RSJs: 11,9 e RHS 18,14 kWh/kg. Em termos gerais, dois métodos de cálculo podem ser destacados:

1 o *método analítico* segue os processos desde a obtenção da matéria-prima, através dos vários estágios de manufatura e transporte, até a instalação no produto final: o edifício, e soma toda a energia empregada;
2 o *método estatístico* examina uma determinada indústria de um país, estado, ou região, tenta estabelecer o uso total de energia nessa indústria bem como sua produção total; dividindo-se este último valor pelo primeiro obtém-se a energia incorporada por unidade de massa (ou outra unidade de produção).

É provável que os melhores dados sejam a integração dos resultados dos dois métodos.

A Tabela 4.20 se baseia numa série de fontes diferentes e agrupa os materiais de construção em três grandes categorias: materiais de baixa, média e alta energia. Diferenças entre as duas tabelas são uma boa ilustração desse ponto. A Tabela 4.19 é mais detalhada, mas note que os valores (dois decimais) sugerem uma precisão que é improvável que exista.

Se um edifício existente deve ser melhorado, o primeiro passo é determinar o uso operacional de energia, realizar uma auditoria de energia. Isso também segue uma abordagem dupla:

1 Listar todas as instalações, equipamentos ou aparelhos que usam energia, estabelecer sua taxa de uso de energia (W) e a duração do uso (h), para obter um

**Tabela 4.20** Energia incorporada de alguns materiais de construção

| | | |
|---|---|---|
| Baixa < 1 kWh/kg | areia, cascalho | 0,01 |
| | madeira | 0,1 |
| | concreto | 0,2 |
| | blocos de cal e areia | 0,4 |
| | concreto leve | 0,5 |
| | medium plasterboard | 1.0 |
| | brickwork | 1.2 |
| Média 1-10 kWh/kg | placa de argamassa média | 1,0 |
| | tijolo | 1,2 |
| | Cal | 1,5 |
| | Cimento | 2,2 |
| | madeira mineralizada | 3,9 |
| | Vidro | 6,0 |
| | Porcelana | 6,1 |
| Alta > 10 kWh/kg | plásticos | 10 |
| | aço | 10 |
| | Chumbo | 14 |
| | Zinco | 15 |
| | Cobre | 16 |
| | Alumínio | 56 |

**Tabela 4.21** Valores caloríficos de alguns combustíveis

| Combustível | Valor energético | Unidade |
|---|---|---|
| Óleo combustível leve | 10,6 | kWh/L |
| Óleo combustível pesado | 11,7 | |
| Gás natural | 10,6 | |
| Propano | 12,9 | |
| Butano | 12,8 | |
| Carvão | 7,5-8,3 | kWh/kg |
| Carvão marron | 4,5-6,3 | |
| Coque | 7,9 | |
| Metano | 15,4 | |
| Hidrogênio | 34,2 | |

valor de consumo de energia (Wh ou kWh). A base temporal é normalmente o período de um ano.

2 Resumir todas as "importações" de energia, contas de gás e eletricidade, qualquer combustível sólido ou líquido utilizado. Para comparabilidade, todos eles devem ser convertidos em unidades de kWh. Para isso, podem ser usados os fatores de conversão (valores caloríficos) dados na Tabela 4.21.

Os resultados das duas abordagens devem ser idênticos; caso não, então eles devem ser reexaminados e reconciliados. A abordagem (1) deve ser reveladora: ela mostra os itens excessivamente altos em consumo de energia e devem ser melhorados.

Alguns autores distinguem três tipos de auditorias de energia: preliminar, direcionada e abrangente. Uma *auditoria preliminar* envolve uma inspeção de visita e a coleta das contas de consumo de energia; ela é rápida e pode ser usada como estudo de viabilidade para uma auditoria mais detalhada. Uma *auditoria dirigida* pode resultar do estudo preliminar, caso ele tenha identificado algumas deficiências importantes ou selecionado um sistema, p. ex., a instalação de iluminação ou o sistema de caldeiras de aquecimento. Ela vai fornecer recomendações de modernização ou melhoramentos.

Uma *auditoria abrangente* é a mais completa e a que mais exige tempo (mas também a mais cara). Ela envolve o rastreamento dos fluxos de energia e pode envolver medições extensas. Essa auditoria de energia também será a base de um programa de gestão de energia. Muitos países têm padrões para a metodologia das auditorias de energia (p. ex., o AS.2725, ou BS EN 16247-1, em resposta à Diretriz da União Europeia e ISO 50 001: 2011 ou o sistema credenciado de auditoria de energia DOE dos EUA).

### 4.5.4.3 Materiais

A seleção dos materiais deve ser influenciada por essa energia incorporada, mas também por uma série de outros aspectos que afetam a sustentabilidade de seu uso. Um sistema de avaliação típico BMAS (Building Material Assessment System – sistema de avaliação de materiais de construção) usa catorze critérios, como mostra a Tabela 4.22. Na utilização dessa tabela para avaliar um material, uma pontuação de 0 a 5 é atribuída para cada critério, classificando seu impacto ambiental. Assim, 0 corresponde a nenhum impacto, 5 corresponde a muito impacto. Existem tabelas "auxiliares" disponíveis para ajudar nessa avaliação. Em seguida, cada valor é elevado ao quadrado (para obter uma melhor resolução) e os fatores de ponderação (mostrados na Tabela 4.22) são aplicados a cada valor.

**Tabela 4.22** BMAS: Building Material Assessment System

| Grupo | Critério | Ponderação | GRP – Ponderação do Grupo |
|---|---|---|---|
| Origem | 1 dano ao meio ambiente na extração da matéria-prima | 3 | |
| | 2 extensão do dano em relação à quantidade de material produzido | 2 | |
| | 3 abundância da fonte ou material passível de ser renovável | 4 | |
| | 4 teor reciclado | 3 | 12 |
| Manufatura | 5 resíduos sólidos e líquidos na manufatura e produção | 3 | |
| | 6 poluição do ar na manufatura e produção | 4 | |
| | 7 energia incorporada (energia usada na sua produção) | 5 | 12 |
| Construção | 8 energia usada no transporte até o local | 3 | |
| | 9 energia usada no local para montagem e construção | 1 | |
| | 10 resíduos no local, inclui embalagem | 2 | 6 |
| No uso | 11 manutenção necessária durante o ciclo de vida | 3 | |
| | 12 efeitos no ambiente durante o ciclo de vida (p. ex., emissões tóxicas) | 3 | 6 |
| Demolição | 13 uso de energia na demolição e efeitos da mesma ao final do ciclo de vida | 2 | |
| | 14 possibilidade de ser reciclável do material de demolição | 4 | 6 |

A soma das catorze pontuações elevadas ao quadrado e ponderadas é o "fator ecológico" (FE) do material. Não se pretende que esse seja mais que um valor de orientação qualitativa. A pontuação pode ser tendenciosa e os fatores de ponderação foram estabelecidos buscando um "consenso de especialistas". Contudo, esse é o sistema mais abrangente para avaliar materiais de construção do ponto de vista da sustentabilidade.

Vale a pena observar que os critérios são fortemente interligados, p. ex., embora a madeira tenha baixa energia incorporada, ela terá uma eco-classificação baixa somente se for proveniente de fontes renováveis, isto é, se for madeira de cultivo. Se vier de florestas nativas, extraídas por um método de simples derrubada, possivelmente causando erosão do solo, seu FE será bastante alto.

Um método mais simples, desenvolvido por Lawson (1996), fornece uma "classificação ambiental" de diversos produtos de construção numa escala direta de 5 pontos:

1: ruim, 2: razoável, 3: boa, 4: muito boa e 5: excelente

Ver também a planilha de dados D.4.3.

### 4.5.4.4 Resíduos

Os resíduos foram considerados com algum detalhe na Seção 4.1.2, acima, e é evidente, a partir da discussão aí desenvolvida, que os arquitetos podem exercer forte influência sobre como os resíduos são eliminados.

Além disso, é preciso que sejam feitos esforços para reter o máximo possível da água pluvial no local: por meio da coleta e armazenamento da água dos telhados, pelo uso de superfícies macias de solo em vez de pavimentação, para promover a infiltração, essas encorajam a absorção da água na terra (e o reabastecimento da reserva de água no solo). A redução da enxurrada também irá ajudar na conservação de solo, prevenindo a erosão.

### 4.5.5 Sistemas de Classificação Complexos

Muitos sistemas de classificação energética de edifícios estão em uso por todo o mundo, mas recentemente eles foram expandidos para incorporar a "classificação efeito estufa" e outras questões ambientais. A emissão dos gases do efeito estufa é uma importante medida da sustentabilidade, mas ela pode apenas ser estimada. O uso de energia pode ser calculado com razoável precisão e é frequentemente empregado para calcular as emissões de $CO_2$. É sugerido que, ao nível do edifício, os seguintes fatores de conversão podem ser utilizados para as diversas formas de energia consumida:

|  | Kg/kWh |
|---|---|
| eletricidade (média) | 0,72 |
| combustível sólido (carvão, coque) | 0,34 |
| óleo combustível (parafina, querosene) | 0,29 |
| gás (natural) | 0,21 |

Muitos sistemas de classificação da sustentabilidade de edifícios foram imaginados em diversos países, mas até agora não há sinal de que esteja surgindo um consenso.

Nos EUA, o sistema de classificação LEED (Leadership in Energy and Environmental Design, Liderança em Energia e Projetos Ambientais) foi criado pelo USGBC (US Green Building Council, Conselho de Construção Sustentável dos EUA) e está em uso. Também está disponível através da Wikipédia.

O método de classificação sueco *EcoEffect* se baseia numa análise do ciclo de vida (ACV). Ele leva em conta o uso de energia, o uso de materiais, o ambiente interno e externo. Os diferentes efeitos são ponderados com o uso de um complexo "processo hierárquico de análise". É enfatizado que o índice produzido, de único número, oculta as causas e os problemas, assim, ele deve ser complementado por "perfis ambientais", que explicitam os critérios e os pesos utilizados.

O método britânico de atribuição de pontos denominado BREEAM* (Building Research Establishment Environmental Assessment Method, Método de Avaliação Ambiental do Instituto de Pesquisa em Construção) é abrangente, mas se apoia em avaliações muito qualitativas. O uso de energia e as emissões de $CO_2$ são quantificadas. Assessores são licenciados pelo BRE.

A rede europeia CRISP (Construction and City Related Sustainability, Indicadores de Sustentabilidade Relacionados à Construção e à Cidade) inclui 24 organizações de dezesseis países. Ela se baseia no trabalho do CIB (Comission Internationale du Bâtiment, Comissão Internacional da Construção), sobretudo seu projeto CIBW 082. Seu objetivo é a criação de terminologia e metodologia padronizadas, medidas de sustentabilidade e um banco de dados.

Na Austrália, o ABERS (Australian Building Environmental Rating Scheme, Programa Australiano de Classificação Ambiental de Edifícios) foi recentemente introduzido. Esse considera, em edifícios existentes, dados medidos de energia, água,

---

\* Não deve ser confundido com o BREDEM (BRE Domestic Energy Model, o modelo de cálculo de energia doméstica do BRE), ver Seção 1.4.4.2.

resíduos e emissões, ambiente interno e concede pontuação de 1 a 6 estrelas. Edifícios existentes pontuam, na média, 2,5 estrelas.

Um órgão do governo estadual denominado SEDA (Sustainable Development Authority of NSW, Autoridade Para o Desenvolvimento Sustentável de Nova Gales do Sul) emprega o sistema BGR (Building Greenhouse Rating, Classificação de Edifícios Por Efeito Estufa) para edifícios comerciais, atribuindo de 1 a 5 estrelas para edifícios ruins até excepcionalmente bons. Esse (similar ao ABERS) distingue o uso de energia pelos condôminos e pelos serviços comuns e a WBR, ou Whole Building Rating (Classificação do Edifício Inteiro). Seu principal componente é o uso de energia, mas o sistema inclui as emissões de gás do efeito estufa, pelo menos em termos qualitativos. A classificação por estrelas está baseada nos seguintes critérios:

- 1 estrela – RUIM: *Mau gerenciamento da energia ou sistemas obsoletos*. O edifício está consumindo muita energia desnecessária. Há mudanças economicamente vantajosas que podem ser implantadas para melhorar o consumo de energia, cortar custos operacionais e reduzir as emissões de gás do efeito estufa.
- 2 estrelas – BOM: *Desempenho do edifício dentro da média*. O edifício dispõe de alguns elementos de eficiência de energia e reflete a média de mercado atual. Há ainda espaço para melhoras economicamente vantajosas, sendo que mudanças de menor porte podem melhorar os custos operacionais e de energia.
- 3 estrelas – MUITO BOM: *A melhor prática do mercado atual*. O edifício oferece sistemas e práticas de gerenciamento muito bons e reflete uma consciência em termos dos benefícios econômicos e ambientais da otimização do uso de energia.
- 4 estrelas – EXCELENTE: *Alto desempenho*. Excelente desempenho no uso da energia, devido a projeto e práticas de gerenciamento ou sistemas e equipamentos de alta eficiência e suprimento de combustível de emissão reduzida de gases do efeito estufa.
- 5 estrelas – EXCEPCIONAL: *Desempenho máximo da construção*. A construção é a melhor possível, devido a seu projeto integrado, funcionamento e gerenciamento e escolha do combustível.

A avaliação das emissões de $CO_2$ é um importante fator na Classificação dos Edifícios Por Efeito Estufa e, em alguns casos, os limites de classificação são dados diretamente em termos de $CO_2/m^2$, sem referência ao uso de energia.

A tabela 4.23 fornece um sumário desses limites numéricos de emissões de $CO_2$ em termos de $CO_2/m^2$, com base no qual a classificação por estrelas pode ser atribuída aos edifícios de escritórios. Isso é em grande parte uma função do clima e, como uma indicação, são apresentados valores para três cidades: Darwin, no Território do Norte (clima quente e úmido), Brisbane, no estado de Queensland (clima cálido e úmido, temperado), Melbourne, no estado de Victoria (clima temperado e frio).

Uma medida popular de sustentabilidade é o "rastro de carbono". Originalmente foi concebido como um método para comparar a sustentabilidade de diferentes populações ou dos estilos de vida dos indivíduos. É na verdade uma medida da

Tabela 4.23 Limites da emissão de $CO_2$ para classificação referente ao efeito estufa em $kg.CO_2/(m^2 y)$

|  | Darwin | | | | | Brisbane | | | | | Melbourne | | | | |
|---|---|---|---|---|---|---|---|---|---|---|---|---|---|---|---|
| Estrelas | 1 | 2 | 3 | 4 | 5 | 1 | 2 | 3 | 4 | 5 | 1 | 2 | 3 | 4 | 5 |
| Base edif. | 148 | 124 | 101 | 77 | 53 | 215 | 181 | 146 | 112 | 77 | 225 | 194 | 163 | 132 | 101 |
| Condôminos | 116 | 96 | 76 | 56 | 36 | 172 | 142 | 112 | 82 | 53 | 160 | 137 | 115 | 92 | 70 |
| Edif. total | 264 | 220 | 177 | 133 | 89 | 387 | 323 | 259 | 194 | 130 | 385 | 331 | 278 | 224 | 171 |

carga ecológica que um objeto (um projeto, um estabelecimento, um subúrbio ou na verdade uma cidade) pode impor ao ambiente, vinculada à área de terras agrícolas que seria necessária para fornecer todos os materiais usados e a energia consumida por esse objeto*.

Existem muitos métodos de cálculo para ele e não há nenhum consenso. Há quase tantos críticos de todo o conceito quanto há usuários dele. No melhor dos casos, pode servir de apoio na comparação qualitativa de objetos não muito diferentes. Também pode ser usado como ferramenta educacional. Existem vários métodos de autoavaliação disponíveis na Web. Um exercício sugere que uma cidade como Sidney precisaria de uma área 27 vezes maior que sua área real. O rastro de um indivíduo é avaliado em termos de sua alimentação, abrigo, transporte e uso de mercadorias/serviços. Uma pessoa razoavelmente frugal teria um rastro de aproximadamente sete hectares, mas algumas podem chegar a trinta hectares.

### 4.5.6 Economia

A ecologia e a economia muitas vezes são vistas como estando em oposição recíproca. Vale a pena observar que ambos os termos derivam da palavra grega οικοσ (*oikos*), que significa casa, hábitat ou lar. A terminação *-logia* significa *estudo de ...* enquanto a terminação *-nomia* significa *lei de*. Assim, ecologia é o estudo e economia é a lei de nosso lar ou da administração da casa. Talvez os dois lados de uma mesma moeda?

Existem muitos exemplos em que ambos apontam na mesma direção, por ex., quando um pequeno aumento no investimento (custo de capital) vai resultar em economia substancial no custo de funcionamento. Pode ser fácil convencer um cliente de mente racional, quando projetando a própria casa, a gastar um pouco mais de dinheiro, digamos, com o isolamento térmico, que irá mais tarde reduzir as despesas com o aquecimento.

Podem surgir problemas quando um investidor constrói um edifício para venda imediata e não tem interesse na redução dos custos operacionais. É preciso assinalar que os compradores hoje também têm uma atitude crítica e podem calcular o valor adicional de um edifício ambientalmente saudável, ou "sustentável". Há também um valor de prestígio acrescentado a esses edifícios. Contudo, se o arquiteto está atuando como consultor para o comprador, ele ou ela deve ser capaz de avaliar se o edifício é de fato bom e "sustentável" ou está apenas sendo anunciado como tal. De fato, os diversos sistemas de classificação de energia (discutidos na Seção 4.4.4) podem dar uma indicação da qualidade da residência que está sendo considerada.

A avaliação das propostas de investimento em geral se baseia em uma análise de custo/benefício, que compara o custo de investimento com o benefício de longo prazo. Seu resultado depende em grande parte do "horizonte contábil" escolhido, da estimativa de vida útil e da limitação dos custos indiretos e dos fatores externos considerados. Com frequência, o período de retorno do investimento bruto ou simples é usado na análise econômica ou nas decisões de investimento. Decisões devem ser baseadas em informação e, na compra de uma casa, sua demanda de energia é uma informação importante. Portanto, os vários requisitos de divulgação são tão importantes quanto a lista de conteúdo ao comprar um item de comida pré-embalada.

Métodos mais sofisticados levam em conta o "custo do dinheiro", isto é, quanto de juros seria pago se a soma a ser investida fosse emprestada, ou os juros que o dinheiro investido poderia render se fosse aplicado de outra maneira. Essa comparação pode ser feita utilizando-se uma técnica de fluxo de caixa descontado, para encontrar o *valor presente* de economias futuras, a fim de compará-lo com o capital

---

* M. Wackernagel; W.E. Rees, *Our Ecological Footprint: Human Impact on the Earth*.

investido. Tanto as taxas de juros ("desconto") quanto qualquer taxa de inflação devem ser levadas em conta. A planilha de método M 4.1 apresenta os detalhes desse método.

Uma alternativa para obtenção de cálculos de equivalência é o ACV, ou análise do custo do ciclo de vida. Isso pode incluir não apenas a comparação direta dos custos, mas também os custos de manutenção das alternativas e sua expectativa de vida. Com muita frequência, a aparência, a qualidade perceptível, o valor de prestígio das alternativas e o valor esperado de revenda futura também devem levados em conta.

O arquiteto, seja como responsável pela tomada de decisões seja como consultor, também deve estar plenamente consciente dos subsídios vigentes e localmente aplicáveis, os programas de incentivo ou os incentivos fiscais que podem ser aplicáveis a uma das alternativas, mas não à outra.

O argumento econômico não deve ser necessariamente o dominante. O Property Council (Conselho da Propriedade, antigamente BOMA, Building Owners and Managers Association, Associação de Proprietários e Administradores de Edifícios) da Austrália verificou que apenas 9% dos pesquisados acreditam que questões ambientais e de energia são irrelevantes para seus negócios e que, para os demais, as principais razões para implantação de políticas de gestão ambiental e de energia são

|  | % |
|---|---|
| relações de comunidade | 39 |
| competitividade | 24 |
| oportunidades de mercado | 23 |
| pressão dos acionistas | 5 |
| sem relevância | 9 |

Por outro lado, os ocupantes estão ansiosos por obter melhores condições de iluminação e aquecimento (para maior produtividade) e por reduzir o consumo de energia (e, assim, os custos operacionais).

Cerca de 39% dos pesquisados acredita que as relações de comunidade e questões sociais são importantes para elaboração de políticas. De fato, Ernst Friedrich Schumacher, já em 1973, deu o subtítulo *A Study of Economics As If People Mattered* (Um Estudo da Economia Como se Pessoas Importassem) a seu livro, *Small Is Beautiful* (O Negócio É Ser Pequeno)

O balanço financeiro dessas comparações de custo/benefício muitas vezes é designado como "ponto crucial". Recentemente foi introduzido um novo termo: "triplo ponto crucial". Isso significa uma avaliação do *valor social* e da *ecoeficiência*, além do balanço econômico/financeiro convencional (Fig. 4.64)

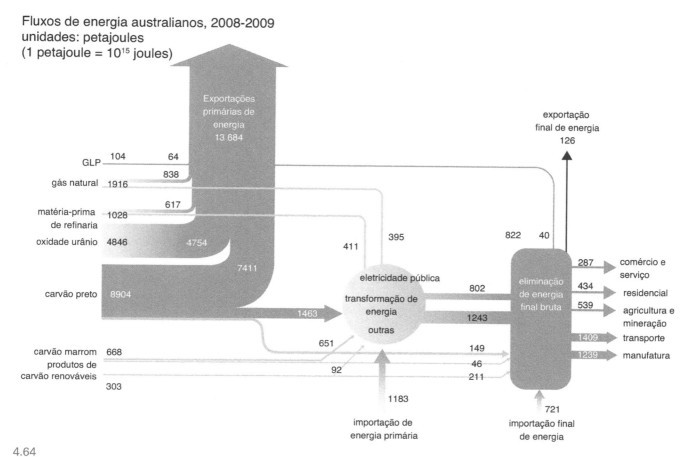

4.64
Um bom exemplo demonstrando fluxos de energia na economia (diagrama de Sankey)

# PLANILHAS DE DADOS E PLANILHAS DE MÉTODO (RECURSOS)

## PLANILHAS DE DADOS

| | | |
|---|---|---|
| D.4.1 | Intensidade energética do transporte e emissões de CO² | 358 |
| D.4.2 | Intensidade energética anual de diversos tipos de edifício | 359 |
| D.4.3 | Classificação ambiental de alguns materiais | 360 |

## PLANILHAS DE MÉTODO

| | | |
|---|---|---|
| M.4.1 | O "valor presente" e o método de fluxo de caixa descontado | 361 |
| M.4.2 | Desempenho dos coletores solares de placa plana | 362 |

## PLANILHA DE DADOS D.4.1
Intensidade energética do transporte e emissões de $CO_2$

| Transporte de passageiros | |
|---|---|
| Ar | 1,2–1,6 kWh |
| Carro, rodovia | 0,6-0,7 |
| Carro, urbano | 1,4-1,6 |
| Motocicleta | 0,5-0,8 |
| Ônibus, rodovia | 0,08-0,3 |
| Ônibus, urbano | 0,6-0,8 |
| Bonde, veículo leve sobre trilhos | 0,05-0,2 |
| **Transporte de mercadorias** | |
| Veículos leves (vans) | 0,6-1,5 kWh |
| Caminhões médios (3-5 toneladas) | 1,3 |
| Caminhões pesados (distâncias longas) | 0,5-0,8 |
| Trens | 0,1-0,2 |
| Embarcação | 0,1-0,15 |

Medido em kWh por pessoa-km (p.km) ou por tonelada-km (t.km)

**$CO_2$ emissões devido ao uso de energia**

| Forma de fornecimento | $CO_2$ kg/kWh |
|---|---|
| Eletricidade (média)* | 0,72 |
| Combustível sólido | 0,34 |
| Petróleo | 0,29 |
| Gas | 0,21 |

**Potencial dos gases para aquecimento global**

| | |
|---|---|
| $CO_2$ | 1 |
| Metano ($CH_4$) | 21 |
| Óxido nitroso | 290 |
| CFC 11 | 1500 |
| CFC 12 | 4500 |

**O sistema europeu de crédito de carbono** (ver Seção 4.4.3, p. 333)
A União Europeia opera um sistema de "limite e troca". Fábricas, usinas de geração de eletricidade e outros poluidores importantes recebem um "limite" – o máximo de emissões permitidas. Dentro disso elas recebem "licenças de emissão". Tais licenças são negociáveis. A cada ano, as fábricas e usinas devem entregar licenças de emissão iguais às suas emissões totais. Se elas economizam energia e reduzem suas emissões, podem vender suas licenças de emissão excedentes. Se excederem seu limite estabelecido, eles precisam conseguir licenças para cobrir o excesso. De outra forma, devem pagar multas pesadas. Os limites alocados são revistos (reduzidos) anualmente.

O sistema opera em trinta países (27 membros + Islândia, Noruega e Lichtenstein).

---

* Para detalhes, ver Tabela 4.7: função do modo de geração.

# PLANILHA DE DADOS D.4.2
Intensidade anual da energia em kWh/(m²y) para diversos tipos de edifício*

| | | |
|---|---|---|
| **Escolas** | Ensino fundamental, anos iniciais, sem piscina | 370–430 |
| | Ensino fundamental, anos iniciais, com piscina | 180–240 |
| | Ensino fundamental, anos finais, sem piscina | 230–310 |
| | Ensino fundamental, anos finais, com piscina | 190–240 |
| | Ensino fundamental, anos iniciais, com centro esportivo | 250–310 |
| | Educação especial, não residencial | 250–280 |
| | Educação especial, residencial | 250–340 |
| | Ensino médio | 380–500 |
| | Universidades | 230–280 |
| | universities | 325–355 |
| **Hotelaria** | Restaurantes | 410–430 |
| | Bares | 340–470 |
| | Restaurantes fast-food | 1450–1750 |
| | Áreas de serviço em rodovias | 880–1200 |
| | Hotel, pequeno | 240–330 |
| | Hotel, porte médio | 310–420 |
| | Hotel, grande porte | 290–420 |
| **Lojas** | Lojas de departamento | 520–620 |
| | Lojas de produtos não alimentares | 280–320 |
| | Lojas pequenas de produtos alimentares, geral | 510–580 |
| | Lojas pequenas de frutas & vegetais | 400–450 |
| | Lojas de produtos variados | 720–830 |
| | Supermercados | 1070–1270 |
| | Supermecado com padaria | 1130–1350 |
| | Bancos | 180–240 |
| **Escritórios** | Pequeno, <2000 m², ventilação natural | 200–250 |
| | Grande, >2000 m², ventilação natural | 230–290 |
| | Pequeno, <2000 m², ar-condicionado | 220–310 |
| | Grande, >2000 m², ar-condicionado | 250–419 |
| | Salas de computação | 340–480 |
| **Esporte** | Centro esportivo, sem piscina | 200–340 |
| | Centro esportivo, com piscina | 570–840 |
| | Piscina | 1050–1390 |
| **Edifícios com intenso fluxo de público** | Biblioteca | 200–280 |
| | Museu, galeria de arte | 220–310 |
| | Teatro | 600–900 |
| | Cinema | 650–780 |

* "faixa de desempenho satisfatório", de acordo com a associação CIBSE, Chartered Institution of Building Services Engineers (Instituição Certificada de Engenheiros de Serviços de Construção).w

**SLimites da faixa de estrelas para o programa australiano de classificação NatHERS**
– Número de estrelas concedidas até esses limites em kWh/(m²y)

| Estrelas: | 1 | 2 | 3 | 4 | 5 |
|---|---|---|---|---|---|
| Darwin | 242 | 94 | 133 | 117 | 103 |
| Brisbane | 80 | 44 | 33 | 25 | 17 |
| Sydney | 130 | 91 | 58 | 40 | 30 |
| Melbourne | 119 | 94 | 78 | 64 | 51 |
| Hobart | 205 | 129 | 110 | 86 | 60 |

Comparem-se esses dados com os limites alemães de 30-60 kWh/(m²y) para casas novas, como descreve a Seção 4.4.4.

## PLANILHA DE DADOS D.4.3

Classificação ambiental de alguns materiais (numa escala de 5 pontos)

A escala de classificação de 5 pontos é:

1: ruim, 2: razoável, 3: bom, 4: muito bom e 5: excelente

Qualquer material ou produtos deve ser classificado por sete categorias ou atributos, como mostrado abaixo
(18 materiais apresentados, mas o método pode ser empregado para qualquer outro material)

Colunas:
1. Disponibilidade de matéria-prima
2. Impacto ambiental
3. Energia incorporada
4. Vida útil do produto
5. Livre de manutenção
6. Potencial de reúso do produto
7. Possibilidade de reciclar o material

| Material | 1 | 2 | 3 | 4 | 5 | 6 | 7 |
|---|---|---|---|---|---|---|---|
| Madeira cultivada serrada | 4 | 4 | 4 | 3 | 2 | 2 | 1 |
| Madeira de lei de florestas nativas | 2 | 2 | 5 | 4 | 3 | 4 | 1 |
| Compensado de fibra de madeira | 4 | 4 | 2 | 3 | 2 | 1 | 3 |
| MDF – media densidade painel de fibras | 5 | 4 | 3 | 3 | 3 | 3 | 2 |
| Painel de lascas | 5 | 4 | 3 | 3 | 3 | 1 | 4 |
| Madeira compensada | 4 | 4 | 3 | 4 | 3 | 3 | 1 |
| Madeira laminada colada | 4 | 4 | 4 | 4 | 3 | 4 | 2 |
| Plásticos (polímeros sintéticos) | 3 | 2 | 3 | 4 | 4 | 1 | 3 |
| Terra estabilizada (cimento/betume) | 4 | 5 | 4 | 3 | 3 | 1 | 5 |
| Pedra de construção (serrada) | 3 | 2 | 3 | 4 | 4 | 4 | 3 |
| Tijolos de barro | 4 | 3 | 4 | 5 | 5 | 2 | 3 |
| Produtos de cimento-concreto | 3 | 3 | 4 | 5 | 5 | 1 | 3 |
| Fibro-cimento (fibra de pinho) | 4 | 4 | 3 | 5 | 5 | 1 | 1 |
| Vidro | 3 | 3 | 3 | 5 | 4 | 3 | 4 |
| Aço | 4 | 3 | 3 | 4 | 3 | 3 | 5 |
| Alumínio | 4 | 1 | 1 | 5 | 4 | 2 | 5 |
| Cobre | 2 | 1 | 2 | 5 | 5 | 1 | 5 |
| Chumbo e zinco | 2 | 1 | 2 | 5 | 5 | 1 | 5 |

Não deve ser feita tentativa de adicionar esses números.
A classificação é puramente qualitativa e no original nenhuma numeração é usada.
É simplesmente uma conveniência ou abreviação para identificar a classificação qualitativa.

## PLANILHA DE MÉTODO M.4.1
### O "valor presente" e o método de fluxo de caixa descontado

**1)** A pergunta é qual opção eu iria preferir: ganhar 100 dólares agora, ou 150 dólares em três anos? Ou, em termos mais formais: qual o *valor presente* de 150 dólares pagáveis em três anos? Isso pode ser aferido usando-se a fórmula de juros compostos invertida:

um montante investido no presente (P) a uma taxa de juros anual (j) durante um determinado número de anos (a) irá render um montante (M) igual ao montante investido mais os juros compostos ganhos:

$$M = P + (1+j)^a \qquad (1)$$

De onde P pode ser expresso como

$$P = M \times (1+j)^{-a} \qquad (2)$$

onde P é designado como o valor presente de um montante M pagável (ou economizado) em a anos.

> P. ex., se j = 6%
> a soma acrescida será
> $M = 100 \times (1 + 0{,}06)^3 = 119{,}10$
> $119{,}1 < 150$
> o valor presente de 150 dólares será
> $P = 150 \times (1+ 0{,}06)^{-3} = 125{,}94$
> $125{,}94 > 100$
> Ambos sugerem que 150 dólares em 3 anos seria um ganho maior

**2)** Se tivermos uma soma anual regular (B, benefício) economizado (ou pagável) anualmente, seu valor presente será

$$P = B \frac{(1+j)^a - 1}{j(1+j)a} = B \frac{1 - (1+j)^{-a}}{j} \qquad (3)$$

a última parte dessa expressão é designada como *fator de valor presente*

$$F = \frac{1 - (1+j)^{-a}}{j} \qquad (4)$$

**3)** Se um investimento de capital (C) resulta num benefício anual (B), então o *período de retorno simples do investimento* é o número de anos em que os benefícios acumulados se tornam iguais ao investimento:

$$C = B \times a, \text{ de onde o } a \text{ pode ser expresso como } a = C/B \qquad (5)$$

Economia total:

$E = B \times F$, onde F é encontrado com base na equação (4)
O investimento vale a pena se $E > C$

> Por exemplo, quero comprar um aquecedor solar de água. Preço: 2300 dólares, menos o subsídio do governo de 500 dólares, assim, valor líquido C = 1800 dólares. Com isso, eu economizaria anualmente 235 dólares em eletricidade. Meu critério é o de que ele deve pagar seu próprio valor em 10 anos (período de amortização).
> Economia total: $E = 235 \times 10 = 2350$, assim, $E > C$, $2350 > 1800$ está OK.
> No entanto, a uma taxa de juros de 8%, $j = 0{,}08$ o fator de valor presente seria
> $F = \frac{1 - 1{,}08^{-10}}{0{,}08} = 6{,}71$
> assim, a economia será
> $E = 235 \times 6{,}71 = 1576$; assim $E < C$, $1576 < 1800$, não está OK.
> assim, $E < C$, $1576 < 1800$ não está OK

**4)** Em clima inflacionário, a taxa antecipada da inflação anual (t) deve ser levada em conta. A equação (4) se tornará

$$F' = \frac{1}{j-t}\left[1 - \left(\frac{1+t}{1+j}\right)^a\right] \qquad (6)$$

mas se a inflação fizer com que o benefício anual B (ou custos operacionais) também aumente, então

$$F'' = \frac{1+t}{j-t}\left[1 - \left(\frac{1+t}{1+j}\right)^a\right] \qquad (7)$$

> Se a inflação anual for levada em conta e a tarifa for $t = 0{,}04$ (com base na equação 6)
> $F' = \frac{1}{0{,}04}\left[1 - \left(\frac{1{,}04}{1{,}08}\right)^{10}\right] = 7{,}85$
> $E = 235 \times 7{,}85 = 1844{,}75$
> assim, $E > C$, $1844{,}75 > 1800$ está OK (marginalmente)

> se o aumento inflacionário do benefício anual também for levado em conta, então (equação 7)
> $F' = \frac{1{,}04}{0{,}04}\left[1 - \left(\frac{1{,}04}{1{,}08}\right)^{10}\right] = 8{,}17$
> $E = 235 \times 8{,}17 = 1920$
> assim, $E > C$, $1920 > 1800$ está OK
> o investimento vale a pena

## PLANILHA DE MÉTODO M.4.2
### Desempenho dos coletores solares de placa plana

Para se compreender o funcionamento de um sistema, sugerimos os três passos seguintes:

1 descrever o sistema
2 identificar os mecanismos envolvidos em seu funcionamento
3 analisar o funcionamento, a fim de construir um modelo do sistema.

O coletor solar de placa plana para aquecimento de água é utilizado como exemplo.
1) O coletor consiste numa placa absorvente (em geral, de cobre), com uma superfície na cor preta e canaletas acopladas termicamente (tubulação); isolamento na parte de trás e nas bordas laterais, com cobertura transparente (em geral, vidro) e algum tipo de revestimento.
2) A radiação solar incidente é absorvida pela placa, que é então aquecida, sendo o calor transferido para o fluido que circula na tubulação. O isolamento da parte de trás e das bordas laterais impede (reduz) a perda de calor e a cobertura de vidro impede perdas convectivas do absorvente.
3) $G \rightarrow$ é a irradiância solar global ($W/m^2$).

$Qs = A.G$ é a entrada de calor solar (W) se A for a área de abertura do coletor
$A.G.\tau$ é a radiação transmitida pelo vidro de transmitância $\tau$
$A.G\,\tau\,\alpha$ é o calor absorvido pela placa de absortância $\alpha$
$Qin = A\,G\,F\,\tau\,\alpha$ é o calor transmitido para o fluido (F = fator de remoção do calor)

Se $mr$ for a taxa do fluxo de massa do fluido (kg/s) e o aumento da temperatura do fluido da entrada até a saída for $T_{saída} - T_{entrada}$, então o calor útil produzido será
$Quse = mr\,(T_{saída} - T_{entrada})\,c_p$
onde $cp$ é o calor específico do fluido; para a água $c_p = 4187$ J/kg.K (1,16 Wh/kg.K)
dimensionalmente: $kg/s \times K \times J/kg.K$, por cancelamentos: $J/s = W$

A eficiência do coletor será

$$\eta = \frac{Quse}{Qin} = \frac{mr(T_{saída} - T_{entrada})\,c_p}{A\,G}$$

Analiticamente: a entrada de calor para o fluido será reduzida por perdas causadas pela diferença de temperatura entre o fluido Tf e a temperatura do ar exterior Ta. Logicamente, a temperatura média do fluido deve ser considerada, como $Tf = (T_{entrada} + T_{saída})/2$, então a perda será $U'(Tf - Ta)$, mas como $T_{saída}$ (e então, Tf) são desconhecidas, a diferença pode ser considerada como $\Delta T = (T_{entrada} - Ta)$ e a perda será alterada por F, assim $Qperda = F\,A\,U'\,\Delta T$

O ganho útil será

$Quse = A\,G\,F\,(\tau\,\alpha) - F\,A\,U'\,\Delta T = A\,F\,[G\,(\tau\,\alpha) - U'\,\Delta T]$

Pode-se determinar $\eta$ para um coletor específico, por meio de teste. O principal determinante de $\eta$ é o termo $\Delta T/G$.
Se muitos pontos de teste (valores de $\eta$) forem traçados como função de $\Delta T/G$, uma função linear poderá ser determinada, na forma de $y = a - b\,x$, aqui

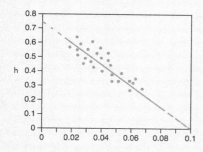

A eficiência, como uma função da regressão e pontos de dados $\Delta T/G$: aqui $\eta = 0,75\,(\Delta T/G)$

$$\eta = F - B\,(\Delta T/G)$$

onde $F$ é a *eficiência sem perda*, quando $U' = 0$ (interceção do eixo Y) e $B$ é o coeficiente de inclinação ($U'$)
quando $\eta = 0$, isto é, $F = B\,(\Delta T/G)$
  obtemos a *temperatura de estagnação* (interceção do eixo X)
  Assim, as "constantes do coletor", $F$ e $B$, podem então ser determinadas por meio de teste e então utilizadas na simulação de desempenho do coletor sob quaisquer condições de temperatura e irradiância.
  O desempenho será melhorado se:

- $\tau$ aumentar
- $\alpha_{solar}$ aumentar enquanto $\varepsilon_{<100°C}$ for reduzido (superfície seletiva de "baixo-e")
- $U'$ for reduzido (a temperatura mais baixa reduz o $\Delta T$), melhora a eficiência da coleta.

(Notas)
1 Estritamente falando, um barril é uma unidade volumétrica (=159 L), mas tomando a densidade do petróleo como 0,899 kg/L esse terá 143 kg (ou 0,143 TOE) e seu valor calorífico como 11,63 kWh/kg então 1 barril irá corresponder a 143 × 11,63 = 1663 kWh.

2 Algumas fontes usam 26 GJ (7222 kWh): isso depende da qualidade do carvão tomado como base (IEA, International Energy Agengy, Statistics, 2002), o qual, no entanto, usa Mtoe como a unidade básica.

3 Notar que quantidades previstas para 2010 foram suplantadas: 147,9, ver tabela 4.8.

4 Inclue quantidades pequenas da categoria "outros setores".

5 Inclue quantidades pequenas da categoria "outros setores".

# LEITURAS COMPLEMENTARES

CALOR

BANHAM, R. *Architecture of the Well-Tempered Environment*. London: Architectural Press, 1969.

BEDFORD, T. *Warmth Fator in Comfort at Work*. Med. Res. Council, Relatório 76. London: HSMO, 1936.

DIESENDORF, M. *Greenhouse Solutions With Sustainable Energy*. Sidney: University of NSW Press, 2007.

DRYSDALE, J. W. *Designing Houses for Australian Climates*. Boletim 6. Sydney: CEBS (Commonwealth Experimental Building Station), 1952/1975.

EGAN, M. D. *Concepts in Termal Comfort*. New Jersey: Prentice-Hall, 1975.

EVANS, M. N. *Housing, Climate and Comfort*. London: The Architecture Press, 1980.

FANGER, P. O. *Thermal Comfort*. Copenhagen: Danish Technical Press, 1970.

FLOHN, H. G. *Climate and Weather*. Transcrição por E. D. Walden. London: Weidenfeld & Nicholson, 1969.

GAGGE, A. P., GONZALEZ, R. R. e NISHI, Y. Physiological and Physical Factors Governing Man's Thermal Comfort and Heat Tolerance. In: *Build International*, v. 7, 1974, p. 305–331.

GEIGER, R. *The Climate Near the Ground*. Cambridge: Harvard University Press, 1957.

GIVONI, B. *Man, Climate and Architecture*. New York: Van Nostrand Reinhold, 1969.

_____. *Passive and Low Energy Cooling of Buildings*. New York: Van Nostrand Reinhold, 1994.

GRIFFITHS, I. *Thermal Comfort Studies in Buildings with Passive Solar Features*. Report to the Commission of the European Community, ENS35090, Reino Unido, 1990.

HOUGHTEN, F. C., YANGLOU, C. P. Determination of Comfort Zone. *Journal of American Heating and Ventilating Engineers*, v. 29, 1923, p. 361.

HOUGHTON, J. T. et. al. (eds). *Climate change: The IPCC Scientific Assessment*. Cambridge: Cambridge University Press, 1990.

HUMPHREYS, M. Outdoor Temperatures and Comfort Indoors. *Building, Research & Practice* v. 6, n° 2, 1978, p. 92-105.

HUTCHESON, F. *An Inquiry Into the Original of Our Ideas of Beauty and Virtue.* Treatise 2, 3: 1725, p. 8.

KOENIGSBERG, O. H. et. al. *Manual of Tropical Housing and Building: pt. 1: Climate Design.* London: Longman, 1973.

MUNCEY, R. W. R. *Heat Transfer Calculations for Buildings.* London: Applied Science Publishers, 1979.

NICOL, F., ROAF, S. Pioneering New Indoor Temperature Standards: the Pakistan Project. In: *Energy and Buildings*, v. 23, 1996, p. 169-174.

OLGYAY, V. *Design with Climate: Bioclimatic Approach to Architectural Regionalism.* Princetion: Princeton University Press, 1963.

SAINI, B. S. *Building Environment: an Illustrated Analysis of Problems in Hot Dry Lands.* Sydney: Angus and Robertson, 1973.

THRELKELD, J. L. *Thermal Environment Engineering.* Englewood Cliffs: Prentice-Hall, 1970.

VERNON, H. M., WARNER. C. G. The Influence of Humidity of the Air on Capacity of Work at High Temperatures. In: *Journal of Hygiene*, Cambridge, v. 32, 1932, p. 431.

WATSON, D., LABBS, J. *Climate Design.* New York: McGraw-Hill, 1983.

YAGLOU, C. P. The comfort zone for man. In *Journal of Industrial Hygiene*, v. 9, 1927, p. 251.

## LUZ

BAKER, N., STEEMERS, K. *Daylight Design of Building.* London: James & James, 1999.

HOPKINSON, R. G., PETHERBRIDGE, P. e LONGMORE, J. *Daylighting.* London: Heinemann, 1966.

PRICHARD, M. D. W. *Lighting.* London: Longman, 1969.

ROBLEDO, L. et. al. Natural Light and Daylighting Research at the School of Architecture, Madrid. In: SZOLOKAY, S. V. (ed.) *Sustaining the Future.* Conferência PLEA'99, 1999.

YAMAGUCHI, T. *Windows for Passive Buildings and Daylighting.* Tese de Pós-Doutorado. Brisbane: University of Queensland, 1983.

## SOM

LAWRENCE, A. *Architectural Acoustics.* London: Elsevier Applied Science, 1970.

LANG, M. *Architectural Acoustics.* Amsterdam: Elsevier Applied Science, 2006.

MOORE, J. E. *Design for Good Acoustics.* London: Architectural Press, 1961.

_____. *Design for Noise Reduction.* London: Architectural Press, 1966.

RODDA, M. *Noise and Society.* Edinburgh: Oliver & Boyd, 1967.

SMITH, B. J. *Acoustics.* London: Longman, 1971.

## FONTES

ALLSOP, B. *Ecological Morality*. London: Frederick Muller, 1972.

ANLUK, D. et al. *The Handbook of Sustainable Building*. London: James & James, 1995.

BEGGS, C. *Energy Management and Conservation*. Oxford: Architectural Press, 2002.

BOCKRIS, J. O'M. *The Solar Hydrogen Alternative*. London: Architectural Press, 1974.

BURT, W. et al. *Windows and Environment*. Newton-le-Willow: Pilkington/McCorquondale, 1969.

CLARKE, J. A. *Energy Simulation in Building Design*. Bristol: Adam Hilger, 2001.

EDWARDS, B. *Sustainable Architecture: European Directives and Building Design*. Oxford: Architectural Press, 1998.

FARMER, J. *Green Shift*. Oxford: Architectural Press, 1999.

GUNN, A. S., VESILIND, P. A. *Environmental Ethics for Engineers*. Chelsea: Lewis Publishers, 1986.

MACKENZIE, D. *Green Design: Design for the Environment*. London: Laurence King, 1991.

MEADOWS, D. H., MEADOWS, D. L. *The Limits to Growth*. Club of Rome, Potomac Associates. London: Earth Island Ltd., 1972.

ROAF, S., HANCOCK, M. (eds.) *Energy Efficient Building: a Design Guide*. Oxford: Blackwell, 1992.

SMITH, P. F., PITTS, A. *Concepts in Practice: Energy, Building for the Third Millenium*. London: Batsford, 1997.

UN WORLD COMMISSION ON ENVIRONMENT AND DEVELOPMENT. *Our Commom Future*. The Brundtland Report. Oxford: Oxford University Press, 1987.

WARD, B., DUBOS, R. *Only One Earth: the Care and Maintenance of a Small Planet*. Harmondsworth: Penguin, 1972.

## GERAL

BAIRD, G. *Sustainable Buildings in Practice*. London: Routledge, 2010.

BROPHY, V., LEWIS, J. O. *A Green Vitruvius: Principles and Practice of Sustainable Architectural Design*. London: Earthscan, 2011.

COWAN, H. J. *Handbook of Architectural Technology*. New York: Van Nostrand Reinhold, 1991.

DUFFIE, J. A., BECKMAN, W. A. *Solar Engeneering of Thermal Processes*. New York: John Wiley, 1991.

JOHNSON, S. et. al. *Greener Building, Environmental Impact of Property*. Basingstoke: Macmillan, 1993.

PAPANEK, V. *The Green Imperative: Ecology and Ethics in Design and Architecture*. London: Thames & Hudson, 1995.

ROAF, S., FUENTES, M. e THOMAS, S. *Ecohouse: a Design Guide*. Oxford: Architectural Press, 2001.

SCHUMACHER, E. F. *Small is Beautiful: a Study of Economics as if People Mattered*. London: Abacus/Penguin, 1973/1988.

SENOSIAN, J. *Bio-Architecture*. Oxford: Elsevier/Architectural Press, 2003.

SLESSOR, C. *Eco-Tech: Sustainable Architecture and High Technology*. London: Thames and Hudson, 1997.

SMITH, P. *Architecture in a Climate of Change*. Oxford: Architectural Press, 2001.

SZOKOLAY, S. V. (org.) Sustaining the Future: Energy – Ecology – Architecture. In: *Proceedings of PLEA' 99 Conference*. Brisbane: PLEA International, Department of Architecture, University of Queensland, 1999.

VALE, B., VALE, R. *Green Architecture: Design for a Sustainable Future*. London: Thames & Hudson, 1991.

# BIBLIOGRAFIA

### INTRODUÇÃO

BANHAM, R. *Architecture of the Well-Tempered Environment*. London: Architectural Press, 1969.

BEGGS, C. *Energy Management and Conservation*. Oxford: Architectural Press, 2002.

BROPHY, V., LEWIS, J. O. *A Green Vitruvius: Principles and Practice of Sustainable Architectural Design*. London: Earthscan, 2011.

FARMER, J. *Green Shift*. Oxford: Architectural Press, 1999.

OLGYAY, V. *Design with Climate: Bioclimatic Approach to Architectural Regionalism*. Princetion: Princeton University Press, 1963.

ROAF, S., FUENTES, M. e THOMAS, S. *Ecohouse: a Design Guide*. Oxford: Architectural Press, 2001.

SMITH, P. *Architecture in a Climate of Change*. Oxford: Architectural Press, 2001.

VALE, B., VALE, R. *Green Architecture: Design for a Sustainable Future*. London: Thames & Hudson, 1991.

### CALOR

ASHRAE. *ASHRAE Handbook of Fundamentals*. Atlanta: American Society of Heating, Refrigerating and Air-Conditioning Engineers Inc., 1997.

ATKINSON, G. A. Tropical Architecture and Building Standards. In: *Proceedings on the 1953 Conference on Tropical Architecture*. London: Architectural Association, 1954.

AULICIEMS, A. Towards a Psycholo-Physiological Model of Thermal Perception. In: *International Journal of Biometeorology*, v. 25, 1981, p: 109-122.

AUSTRALIA BUREAU OF METEOROLOGY. *Climatic Averages, Australian*. Canberra: Bureau of Meteorology, 1988.

BEDFORD, T. *Warmth Fator in Comfort at Work*. Med. Res. Council, Relatório 76. London: HSMO, 1936.

CIBSE. *Guide A: Environmental Design*. Chartered Institution of Building Services Engineers. New Haven: The Yale Press, 1999.

DANTER, E. Periodic Heat Flow Characteristics of Simple Walls and Roofs. In: *J. IHVE*, Julho, p. 136-146.

DEDEAR, R. J., BRAGER, G. e COOPER, D. *Developing an Adaptive Model of Thermal Comfort and Preference*. Relatório final ASHRAE, RP-884, Macquarine University.

DU BOIS, D., DU BOIS, E. F. A Formula to Estimate Approximate (Body) Surface Area if Weight and Height are Known. In: *Archives of Internal Medicine*, Tomo 17, p. 863-871.

GAGGE, A. P., FOBELETS, A. P. e BERGLUND, L. G. A Standard Predictive Index of Human Response to the Thermal env. *ASHRAE Transcripts*, v. 92, n. 2, 1986, p. 709-731.

GAGGE, A. P., GONZALEZ, R. R. e NISHI, Y. Physiological and Physical Factors Governing Man's Thermal Comfort and Heat Tolerance. In: *Build International*, v. 7, 1974, p. 305–331.

GRIFFITHS, I. *Thermal Comfort Studies in Buildings with Passive Solar Features*. Relatório para EC. ENS35090. United Kingdom, 1990.

HONG, T., CHOU, S. K. e BONG, T. Y. Building Simulation: An Overview of Developments and Information Sources. *Building & Environments*, v. 35, 2000, p. 347-361.

HUMPHREYS, M. Outdoor Temperatures and Comfort Indoors. In: *Building, Research & Practice*, v. 6, n. 2, 1978, p. 92-105.

KÖPPEN, W., GEIGER, R. *Handbuch der Klimatologie*. Berlin: Borntrager, 1936.

MASLOW, A. H. Higher and Lower Needs. *Journal of Psychology*, v. 25, 1948, p. 433-436.

MILBANK, N. O., HARRYNGTON-LYNN, J. *Thermal Response and the Admittance Procedure*, BRE. CP 61/74. Garston: Building Research Establishment, 1974.

NICOL, F., ROAF, S. Pioneering New Indoor Temperature Standards: the Pakistan Project. *Energy and Buildings*, v. 23, 1996, p. 169-174.

OLGYAY, V. *Bioclimatic Approach to Architecture*. Building and Research Advising Board, Conf. Report nº 5. Washington: National Research Council, 1953.

PETHERBRIDGE, P. *Limiting the Temperatures in Naturally Ventilated Buildings in Warm Climates*, BRE. CP 7/74. Garston: Building Research Establishment, 1974.

PHILLIPS, R. O. *Sunshine and Shade in Australia*. T3 23 e também Boletim 8, 1963, CEBS. Sidney: Commonwealth Experimental Building Station, 1948.

SZOKOLAY, S. V. *Environmental Science Handbook For Architects*. Lancaster: Longman/Construction Press, 1980.

_____. *Thermal Design of Buildings*. Red Hill: RAIA, ACT, 1995.

THAYER, R. L. *Solar Access: It's the Law*. Env. Quality Series 34. Davis: Institute of Government Affairs/Institute of Ecology, University of California, 1981.

## LUZ

BAKER, N., STEEMERS, K. *The LT Method*. Cambridge: RIBA/Martin Centre, 1995.

IES (The Illuminating Engineeres Society). *Evaluation of Discomfort Glare: the Glare Index System*. Technical Report nº 10. London: The Society, 1967.

LONGMORE, J. BRS Daylight Protractors. In: *Building and Research Station*. London: HMSO, 1968.

PAIX, D. *The Design of Buildings for Daylighting*. Boletim 7. Canberra: Experimental Building Station, AGPS, 1962/1982.

ROBBINS, C. L. *Daylighting, Design and Analysis*. New York: Van Nostrand Reinhold, 1986.

## SOM

HUMPHREYS, H. R., MELLUISH, D. J. *Sound Insulation in Buildings*. London: HSMO, 1971.

PARKIN, P. H., HUMPHREYS, H. R. *Acoustics, Noise and Buildings*. London: Faber & Faber, 1958.

SABINE, W. C. *Collected Papers*. Cambridge: Harvard University Press, 1922.

SMITH, B. J. *Acoustics*. London: Longman, 1971.

SOMMER, R. *Personal Space: The Behavioral Basis of Design*. Englewood Cliffs: Prentice-Hall, 1969.

## FONTES

BERGE, B. *Ecology of Building Materials*. Oxford: Architectural Press, 2001.

BOYLE, G. (ed.) *Renewable Energy; Power for a Sustainable Future*. Oxford: The Open University/Oxford University Press, 1996.

DIESENDORF, M. *Greenhouse Solutions with Sustainable Energy*. Sidney: University of NSW Press, 2007.

HUTCHESON, F. *An Inquiry Into the Original of Our Ideas of Beauty and Virtue*. Treatise 2, 3: 1725, p. 8.

KEATING, M. *Agenda for Change (a Plain Language Version of Agenda 21 and other Rio Agreements)*. Genebra: Centre for Our Common Future, 1993.

KNOWLES, R. I. Solar Energy, Building and the Law. In: *Journal of Architectural Education*. Fev. 1977.

LAWSON, B. L. *Building Materials, Energy and The Environment*. Canberra: RAIA, 1996.

MEADOWS, D. H., MEADOWS, D. L. *The Limits to Growth*. New York: Universe Books, 1972.

RADFORD, A., WILLIAMSON, T. What is Sustainable Architecture? In: *Proc. ANZAScA 2002 conf*. Science Association/Deakin University Geelong, 2002.

SOMMER, R. *Personal Space: The Behavioral Basis of Design*. Englewood Cliffs: Prentice-Hall, 1969.

STEELE, J. *Sustainable Architecture, Principles, Paradigms and Case Studies*. New York: McGraw-Hill, 1997.

SZOKOLAY, S. V. *Architecture and Climate Change*. Canberra: Red Hill/RAIA, 1992.

THAYER, R. L. *Solar Access: It's the Law*. Env. Quality Series 34. Davis: Institute of Government Affairs/Institute of Ecology, University of California, 1981.

UN WORLD COMMISSION ON ENVIRONMENT AND DEVELOPMENT. *Our Commom Future.* The Brundtland Report. Oxford: Oxford University Press, 1987.

WACKERNAGEL, M., REES, W. E. e TESTERNAL, P. *Our Ecological Footprint: Human Impact on the Earth.* Vancouver: New Society, 1997.

# ÍNDICE

ABCB Australian Building Codes Board/ Conselho Australiano de Códigos de Construção 340
ABERS Australian Building Environmental Rating Scheme/ Programa Australiano de Classificação Ambiental em Construção 351
Aberto, sistemas de ciclo 97, 98
    Unidades de janelas (acústica) 243
Absorção (a) 242
Absorção (Abs) (som) 243, 252
Absorção (radiação) 10, 39, 148
Absorção de moléculas (de som) 218, 234
Absorção total (acústica) 252
Absorventes de membranas 245
Absorventes de painel perfurado 245
Absorventes porosos 245
Absorventes (sons) 244
Aceleração 5
Aclimatação 18
Acomodação (visão) 149
    de serviços 99
Acústica geométrica 251
Acústica de transmissão 233
    Perda 238
Adaptabilidade 19
Adaptação (visão) 149, 159
Adequação (de iluminação) 150, 152
Admissível, indicadores de altura 168
    Nível de ruído ocupacional 223
Admitância 53, 54
    Procedimento 55
Afélio 22
Agenda 21 342
Agricultura 281
Água 280
    Consumo 280
    Reservatório 284
    Fornecimento 284
    Tratamento 283

Trabalhos 283
Água cinza 286
Água negra 286
Água quente, *loop* (secundário) 91, 92
    Fornecimento 89-91
Ajuste vasomotor 18
Alta, solidez (moinho de vento) 316
    Sistema de alto-falante de alto nível 255
Altitude (solar) 22, 153, 169
Ambiental, instalações de controle 333
    Carga 345
    Ruído 233
    Padrões 333
    Temperatura 17
    Ética (ecológica) 344
Amplificadores 254, 257
Amplitude (fluxo de calor) 51
AMT ver ano meteorológico típico
ANCE ver ano climático para cálculo de energia
Ângulo de incidência 37, 148
Ano climático para cálculos de energia 29
Ano meteorológico típico 29
Ano de teste-referência 29
Ângulo TIL de inclinação 117
APA Agência de Proteção Ambiental (Estados Unidos) 337
Aparência de cor 151
    De luz 142, 144
    Renderização 144, 175
    Temperatura 144
    Roda (Munsell) 145
Apostilb (unidade de medida) 147
Aquecedor auxiliar 305
Aquecimento central 86, 88
    Sistema de autofalante 255
Aquecimento urbano 329
Aquecimento de piso 88, 99, 306
    Teste 258
Aquecedores 84

Aquecimento 12
    Exigências 32, 43, 45, 83
    Sistemas 82, 86
    Construção pesada 62
Aquecimento intermitente 72
Aquecimento espacial 63, 84-89
Ar, mudanças por hora 42
    Fluxo 14
    Unidade de tratamento 97
    Movimento 16, 28, 66, 75
    Efeito de movimento 59, 67
    Vedação 72
Ar condicionado, carga 97, 133
    Sistemas 82, 92, 94-97
ARCHIPAK (pacote arquitetônico) 29, 57, 132
Armazenamento (de calor) em rocha-cama 308
Armazenamento de gelo 325, 334
Armazenamento de sal derretido 324
Árvores caducifólias 80
ASHRAE (American Society of Heating Refrigerating and Air-Conditioning Engineers)/ Sociedade Americana de Engenheiros de Aquecimento, Refrigeração e Ar Condicionado 16, 39
Aterramento 331
Atmosfera 11, 27, 152
Atraso 50, 53
Atraso de fase 174
Atrasos de tempo (acústica) 256
ATR ver ano de teste-referência
Auditoria abrangente 349
Auditoria preliminar 349
Audível, faixa 222
    Som 223
Autofalante 255
Azimute 22

Bacilo *E. coli* 283
Bactéria 283

(aeróbica, anaeróbica) 286, 287
Bactéria aeróbica 286
Bactéria anaeróbica 286
Balanceamento de fases
 (eletricidade) 330
Baixa, revestimento de baixa
 emissão 61
 Calor de baixa qualidade
 (energia) 322
 Tipos (de propulsores) de baixa
 solidez 316
 Energia termal de baixa
 qualidade 322
Barreiras (ruído) 234
Baterias recarregáveis 323
BCA Building Code of Australia / Código
 Australiano de Construção 340
Beirais 36
Bell (bel – unidade de medida) 220
BEMS ver building energy management
 system / Sistema de gerenciamento
 de energia da construção Carga de
 base 323, 335
Bioclimática, tabela 20
 Design (arquitetura) 57, 259
Biomassa, energia 320, 321
 Conversão 321
BMAS ver building material assessment
 system/ sistema de avaliação de
 materiais de construção
BRE ver Building Research
 Establishment (Reino Unido)
BREEAM ver Building Research
 Establishment Environmental
 Assessment method
Breu 217, 223
Building Research Establishment (Reino
 Unido) 51, 55
Building Research Establishment
 Environmental Assessment
 method 55
Bulbo úmido, depressão 12
 Temperatura 12

Cabo revestido termoplástico 331
Caldeira 87
Caixa de ressonância 251
Calor 5
 Trocador 93, 97
 Taxa de fluxo (corrente) 6, 7, 51, 53
 Ilhas 80
 Perda 9
 Tubo 308
 Bomba 85, 86

Sistema de recuperação 93
Dissipador 85, 86
Fonte 85, 86
Armazenamento 63, 65, 97, 324, 326
Roda de transferência 93, 98
Fluido de transporte 87
Calor antropogênico 80
Calor e energia combinados 300
Calor latente 6
Calor sensível 12
Camada limite 79
Camadas (em séries) 44, 53
Camada resistente 242
Caminhos paralelos de perda de calor 44
Campo próximo 250
Candela 146
Capacidade de sobrecarga 83
Capacitor 174
Capital, energia (investimento
 energético) 347
 Custo 353
Carga indutiva 174
Carvão 299, 323
Casa com pátio 74
Casa sem uso de energia 82
CC ver critérios de cômodo
CEC ver calor e energia combinados
Células amorfas (silício) 313
Células de silício 314
 Reservatório de serviço 285
 Cano (gás) 332
Células policristalinas 313
Ceras de parafina 326
Céu, componente (de fator de luz do dia)
 159, 161
 Condições 153
Céu intermediário 153
Céu nublado 153, 154, 166
Céus artificiais 164
CGTT Coeficiente Global de
 Transferência Térmica 341
Chiller (refrigerador) 95
Chuva 29
CIE céu nublado 153
Ciclo econômico 97
Ciclo hidrológico 297
Ciclo revertido (ar condicionado) 94
Cinturões de árvores 78, 263
Circulação ciclônica 26, 27
Classificação por estrelas 335
Clean Act Air (lei) 285
Clima 21
 Classificação 33
 Gráfico 30, 34

Dados 28, 29
Climas compostos 34
Clo (roupagem – unidade de
 isolamento) 17
$CO_2$ atmosférico 28
 Depleção de radiação solar 25
Cobertura de monitoramento 193
Cobertura de nuvens 28
Cobertura do solo 81
 Superfície 78, 351
Cóclea 222
Código de energia modelo 337
Coeficiente de absorção (a) (som) 243
Coeficiente de perda de calor linear 61,
 112
Coeficiente de performance 86, 304
Cogeração 300
Coletor tubular à vácuo 308
Combustível, células 301
 Armazenamento 87
Combustíveis sem fumaça 285
Comércio de carbono 299
 Dióxido ($CO_2$) 285, 286, 297, 299, 319
 Taxa de nitrogênio 319
Comida, cadeia alimentar 297, 298
 E bebida 18
Cômodo, acústica 247
 Critério 232
 Conteúdo (absorção) 252
 Índice 158, 181
 Volume (acústica) 249, 250
Componente difuso (radiação) 38
Componente de feixe de luz 38
 Luz solar 166, 169, 170
Componente refletido externamente 160
Componente refletido internamente
 160-163
Compressor 85
Comprimento de onda
 (eletromagnética) 7
 (som) 216
Comprimento de percurso
 (acústica) 249, 256
Computador, gráficos 55
 Simulação 54-56
Comunicação aural 239, 257
 Percepção 222
Conferência de Estocolmo (1972) 342
Concentrando, coletores 310
 Sistemas PV 314, 315
Condensação 76, 77, 127
Condução (termal) 7, 8, 10, 46
 Fluxo de calor 70
Condutância 45

Condutividade 8
    Fatores de correção 8
Cones 149
Conferência de Oxford (1958) 165
Constante de tempo 135
Construção, como barreira de (ruído) 235
    Condutância 32, 42, 48
    Sistema de gerenciamento de energia 97
    Forma e fábrica 70, 333
    (Efeito) em massa 64, 74
    Sistema de avaliação de materiais 349
    Regulações 73
Conservação de energia 333
Conteúdo de informação (ruído) 223, 249
Contornos de alta intensidade 221
Contraste 150
    Classificação 152
    Sensibilidade 150
Controles ativos 81, 82
    Sistemas 99, 305
Controles microclimáticos 78-80
Convecção 7
    Coeficiente 7
Conversão mecânica-a-elétrica 298
Conversão, NR para Db 226
    Eficiência 298, 299
    Processos (energia) 304
Cores complementares 143
Correção eletromagnética (acústica) 254
Corrente (eletricidade) 292
Corrente (fluxo de calor) 7
    Luz 146
    Proporção de fração 177
    Instalada (luz~) 180
    Recebida (luz~) 180
Corrente alternada 298
    Fator de ganho solar 53
Corrente instalada 180
CP ver coeficiente de performance
CRE ver componente refletido externamente
CRI ver componente refletido internamente
CR ver classificação de ruído
Croma 146
CRT ver cabo revestido termoplástico
CTV ver coletor tubular à vácuo
CTS ver classe de transmissão de som
Cultivos crescentes de combustível 320
Curvas polares (som) 228, 2289
    (luminárias) 177

Custo, análise de benefício 353, 354
    De eletricidade 330
    De dinheiro 354
Custo do ciclo de vida 334
    Análise 351

DBO ver demanda bioquímica de oxigênio
Decibel (dB) 220
Declaração do Rio 342
Declinação (solar) 22
Decompositores 297, 298
Definição (em acústica) 253
Demanda bioquímica de oxigênio 287
Densidade (dos materiais) 8
    De fluxo de calor (fluxo) 8
Departamento de Energia (Estados Unidos)
Derramamento de carga 335
Desenvolvimento sustentável 342, 353
Deslocamento de vibração 246, 247
Descendente, fluxo de calor 46
    Proporção de fluxo de luz 177, 181
Descontinuidade, janelas 61
    Em espectro de lâmpada 175
    Estrutural 242, 248
Design, céu 158, 159
    Temperatura 83
Dessalinização 283
Dessecante 98
Desumidificação 14, 98
Diagrama de pimenteiro 164
Diagrama Sankey 355
Diferença potencial 292
Dias-kelvin 32, 116
Difração (som) 234
Difusividade 135
Dinâmica, fluxo de calor 51-53
    Modelo 43, 54
    Propriedades termais 135
Direito a luz 168
Direito a luz solar 155, 310
Direto, componente 38, 242
    Corrente 292
    Sistema de ganhos 309
    Proporção 181
    Som 243
Direcionalidade, luz 151
    Som 228, 229, 255
"discos voadores" (acústica) 251
Disjuntores 331
Dispositivos horizontais 36
    Ângulo de sombra 35, 169
Divulgação (em venda ou aluguel) 340

Doméstico, sistema de água quente 89-91
    Geradores eólicos 317, 319
DP ver Departamento de Energia (Estados Unidos)
Duplos, coletores (de pratos) de curvatura 310, 311, 314
    Vidros 61, 62, 240
    Paredes de folha dupla 239, 240
Duto de escape 84, 333
Duto de escape balanceado 333
Dutos (canalização) 99, 100

ECE ver Estação de Construção Experimental
Eclíptica 22
Eco 248, 249
    De canto 249
Economia (s) 353
Edifícios inteligentes 97
Efeito chaminé 14, 122
Efeito Haas 255, 256
Efeito Hawthorne 259
Eficácia 176
Eficácia luminosa 153, 169, 173
    Corrente 146, 147
    Intensidade 146
Eficiência (combustível para eletricidade) 300
Efluente 286
Elementos dos climas 28
Eletricidade 298, 329
Elétrico, aquecedor 84, 85
    Energia 292
    Instalação 330
    Iluminação 173
    Planos 332
    Símbolos 332
Eletro-, acústica 254
    Luminescência 173
Elevada(o), casa 74
    Reservatório 323
Emissões de $CO_2$ 352
Emissões veiculares 285
Emissores 87, 88
Emitância 10, 61
Encanamento 284, 286
Endotérmico 292
Energia 290, 346
    Auditoria 349
    Conservação 155, 167, 333, 336
    Conversão 297
    Cultivo 320
    Passaporte (energiepass) 338

Performance dos prédios 328
Método de classificação (para conformidade) 336
Fontes e fornecimento/abastecimento 293, 327, 334
Estrelas 337
Armazenamento 312, 322, 335
Categorias de uso 327, 328
Energia cinética 291
Energia, fator 174
De fonte de som 217
Estações 298
Torre 310
Energia das marés 320
Energia de onda 320
Energia do oceano 321
Energia geotérmica 321
Energia incorporada 347
Energia nuclear 295, 297
Energia operacional 346
Energia parasitária 305
Energia potencial 291
Energia química 292
Energia renovável 302-327, 336
Entalpia 12
Envelope (construção) 341
Condutância 43
Envidraçamento 39, 61, 188
Equilíbrio (acústico) 253
Equinócio 22
Equivalente, nível de som (contínuo) 231
Diferença de temperatura 341
Escola behaviorista 259
Específico, calor (capacidade) 5
Volume 12
Espectral, análise (som) 236
Emissão 175
Lócus 143, 144
Espectro, (radiação eletromagnética) 7
Som 222, 224
Especular, reflexão 148
Espelhos heliostáticos 170
EST ver eletricidade solar termal
Estação de Construção Experimental 240
Estações de geração 298
Estado estável, fluxo de calor 43
Expressões 47
Modelo 43, 48
Estatística(o), análise 230, 258
Índice 230
Método (para energia incorporada) 348
Estufa, efeito 25, 286
Gases 305

Avaliação do efeito 352
Estufa anexada 63, 309
Estratopausa 28
Etanol de cana-de-açúcar 320
Etilenoglicol 98
Evaporação 16, 59, 68
perda de calor 16
potencial 68
Evaporativo, resfriamento 14, 59, 68, 70
resfriador, direto 68, 97
resfriador, indireto 97
Evaporador 95, 98
Exigência de energia de processo 347
Exigências regulamentarias 59, 73, 233
Exotérmico 14, 98, 292
Expansor de parafuso 326

Fator de decremento 50, 53
Fator de demanda 323
Fator de diversidade 323
Fator de utilização 158, 181
Luz diurna 172
Fator ecológico 350
Rastro 352
FC ver fluodinâmica computacional
FE ver fator ecológico
Fenestração 51, 158
Fermentação entérica 286
Ferramenta de apresentação 166
Fertilizante 287
Filamento 173
Filme fino PV 313
Filtros, em ar-condicionado 94
Luz 144
FLD ver fator de luz do dia
Flexível, montagem 246, 247
Folhas (membranas) 244
Floculação 283
Fluodinâmica computacional 42
Flutuante, piso 242
Cômodo 248
Fluxo de calor ascendente 46
Fluxo de calor médio diário 51
Fluxo de calor periódico 50-52
Fluxo de calor unidimensional 47
Fon 222, 224
Fontes de água 282
Força 5
Força Coriolis 25
Formol 72
Fornecimento, ventilação (plena) 92
Voltagem 330
Gerenciamento de fornecimento lateral 324, 335

Fornecimento de quatro fios 298
Fornecimento ininterrupto 334
Forro absorvente 246
Forro anidólico 172
Fotometria 146
Fotovoltaico 313-315
Frente de onda 218
Distorção 234
Frequência, de luz 216, 223
De som 216, 233
Frequência fundamental 217
Frio (clima) 34, 72
FV ver fotovoltáico
FU ver fator de utilização
FULD ver fator de utilização
Fusíveis 331

Ganho (de calor) interno 43, 69
Gás, lâmpadas de descarga 175
Aquecedores a 84
Principal 328, 332
Tubo de serviço de 332
Armazenamento 87
Resíduos gasosos 285
Gás inerte 173
Gás liquefeito de petróleo 301
Gás metano (sistemas) 288, 319
Geradores de ar (turbinas eólicas) 317, 323
Geração de três fases (fornecimento) 298
Geral, iluminação 180, 182
Tomada de uso 332
Gestalt 259
Gestão do lado da demanda 324, 334, 335
GLD ver gestão de lado da demanda
GLO ver festão do lado da oferta
Glicol 98
Global, irradiância 37
Aquecimento 28, 286
Globalização 344
GLP ver gás liquefeito de petróleo
Grade como armazenamento 323
Graus-dias 32, 116
Graus-horas 32, 124
Guia pré-design 188, 189

Harmonia 217
Hidretos de metal 325
Hidrocarbonetos 85
Hidroeletricidade 298, 303
Hidrogênio, economia 302, 324, 325
Fragilização 325
Higrômetro 12
Hipermetria 18

Hipotermia 18
Hora do relógio ver hora local
Horas-kelvin 32, 124
Holofotes 17
IACPI ver Iluminação Artificial
  Complementar Permanente do Interior
Iglus 72
Iluminação artificial complementar
  permanente do interior 185
Iluminação e método termal 187-189
Iluminação superior 157, 171, 172, 192
Iluminância 146, 150-154, 159
  Vetor 154, 186
Iluminância escalar 154
Iluminância esférica 154
Iluminação lateral 185
Iluminância plana 154
Incinerador 288
Incompatibilidade (oferta e procura) 322
Índice de renderização de cor 175
Índice de posição 183
Índice estático 294
Índice de ruído de trânsito 230
Industrial, ruído 232, 233
  Aquecimento processual 305
Infiltração 41, 72
Infrassons 223
Infravermelho 7
Integração (luz natural elétrica) 185
  Em equipamento 99
  Em performance 99-100
Intensidade, (luminosa) 146
  De som 217
  Nível de (som) 220
Intensidade do ruído 221
Interruptor de partida 175
Inversão (temperatura) 79
Invólucro parcial (controle de ruído) 232
Irradiância 24
Irradiação 24, 29
IRC ver índice de renderização de cor
IRN ver índice de ruído e número
IRS ver índice de redução de som
IRT ver índice de ruído de trânsito
Isolamento capacitivo 50, 53, 71, 72
Isoladores, materiais 8, 47
  Persianas 62
Isolamento refletivo (de folha reflexiva)
  45, 71
Isolamento resistivo 46, 71
Isolamento, termal 45, 53, 59, 72
  Ruído 237, 240-242
Isotermos 131
IT ver iluminação e método termal

Janela 61, 62, 75
Janela condensatória 78

Kelvin (escala) 5

Lâmina de alumínio 45
Lâmpada 173
  Características 203
  Suporte 173
  Lúmens 174
Lâmpada halógena 173
Lâmpada de mercúrio 174
Lâmpada de sódio 174
Lâmpada de tungstênio-halogênio 173
Lâmpada refletora prateada 176
Lâmpadas fluorescentes 177
Lâmpadas fluorescentes
  compactas 179
Lâmpadas incandescentes 173
Lastro 174
Latitude 306
LED ver lâmpadas de diodo emissoras
  de luz
Lei do cosseno 25, 148
Lei de Fechner 219
Lei do quadrado inverso 148, 218
Limiar de incomodo (ruído) 224
Limite, de audibilidade 223
  De dor 223
Linha de base tripla 354
Líquido, combustíveis 325
  Resíduos 286
Lixo, calhas 288
  Lixeiras 288
Local, iluminação 179
  Hora 23
  Aquecimento 84
Localização das superfícies
  absorventes 253
Locus de Planck 143, 144
Longitude 23
Lugar 346
  Pesquisa (ofuscamento) 156
Luminância 147, 153
  Distribuição 153-155, 164
  Método limitador 184
  Proporção 155, 183
Luminância zênite 166
Luminária 173, 176
Luz 142
  Lâmpadas de diodo emissoras de
    175-176
  Taxas de saída 177

  Prateleiras 170, 171
  Tubos 171, 172
Luz do dia 152, 153, 155, 157
  Diagramas de design 158
  Distribuição 167
  Fator 157, 159, 165
  Contornos 167
  Transferidor 160, 161
  Penetração 166
  Fator de utilização 192
Luz monocromática 175
Luzes de telhado 170, 192

Manutenção 100
  Fator de 158, 163, 181
Máquina de impacto 258
Maslow, A. H. 16, 343
Massa, efeito 53, 59, 64-66
  Lei (som) 239, 239
  Sistema de aquecimento de parede
    em massa 63
Massa corporal (humana) 17
Materiais de mudança de fase 325, 335
Material de fechamento 70
Matiz 146
Média, temperatura radiante 17, 74
  Iluminância esférica 154
Medição bidirecional 323, 335
Medição digital 335
Medição em hora do dia 335
Medidas de planejamento 168
Megatoneladas equivalentes de
  petróleo 293
MEP ver megatoneladas equivalentes
  de petróleo
Met 17
Meteonorm 30
Método analítico (para energia
  incorporada) 348
Método de corrente total 158
Método de diferença infinita 54
Método de fluxo dividido 159-163
Método de meta U-value (para
  conformidade) 339
Método de pontuação 341
Método elementar (para conformidade)
  339
Método lúmen 180
  (corrente) saída 177, 203
Método ponto-a-ponto 179
Microclima 78
Microfones 216, 254
Mistura (em acústica) 253
Modelos 164, 165

Modelos físicos 164
Motalco 320
Múltiplos de unidades SI 290
MRT ver monofilar com retorno por terra
Munsell, designação 146
    Sistema 144, 145

NatHERS Programa de Classificação de Energia Doméstica de Âmbito Nacional (Austrália) 340
Neq ver Nível equivalente de som (continuo)
NHER Classificação do Consumo de Energia Residencial Nacional (Reino Unido) 338, 339
Nit (cd/m²) 147
Nível de interferência na fala 249
Nível de pressão sonora 220
Nível de ruído percebido 230
Níveis sonoros ponderados 222
Nomograma (níveis de ruído adicional) 220
Nomograma CRI 162, 196
Noturna, descarga de ar 97
    Ventilação 65
NRP ver nível de ruído percebido

Ofuscamento 151, 182
    Constante 183
    Índice de 152, 183
Ofuscamento desconfortável 152
Ofuscamento incapacitante 151
Oitava 217
    Filtros de banda 217
    Frequência central e limites 217
Óleo (e petróleo), aquecedores 84
    Produção 294
    Reservas 295
    Fornecimento 293
Óleo de colza 320
Olho 149
Opacos (elementos) 40
Órbita 22
Orientação 70, 169, 187
Osmose reversa 283
Ossículos 222
Óptica, condutor de fibra 172
Ótica, acústica (geométrica) 251
Ouvido 222

Papel do arquiteto 345
Paredes de ala 75
Parede Trombe-Michel 63, 309
Parques eólicos 317
Passivo, resfriamento (estratégia) 75

Controle 59, 328
    Sistemas solares 309
Pérgula 80
Periélio 22
Período de retribuição 352
Permeabilidade 78
Permeação 78
Perfuração de poços 282
Perspectiva (projeção) 164
PFLD ver proporção de fluxo de luz descendente
Piranômetro 28
Piscinas 308
Pistol shot 258
Placa do permutador de calor 97
Placas estriadas a laser 170
Plenitude de tom 252, 253
Poços rasos 282
Ponderação-A (som) 222
Pontos de retirada 91, 92
Ponto de status (psicrometria) 12, 13
Postes e fios 300
Prato plano, coletor 92, 305, 307
    Dispositivos PV 315
Precipitação 28
Prefixos no SI 290
Presbiacusia 222
Presbiopia 150
Pressão (som) 217, 218
Pressão barométrica 13
Primeira lei da termodinâmica 85
Princípios FCR (fonte, caminho, receptor) 231
Projeção estereográfica 23
Produção de sal 304
Produção fotorrealista 166
Proporção 70
Proporção de crescimento 294, 295, 318
Proporção vetor/escala 154
Protocolo de Montreal 342
Protocolo de Quioto 344
Psicologia da percepção 149
Psicrometro 12
Psicrometria 11
    Tabela 11-14, 59, 76
    Processos 12
PT ver perda de transmissão
Pupila 149

QUALITEL 339
Quente-seco (clima) 34, 74
Quente-úmido (clima) 34, 74
"Quociente de brilho" 185

Radiação 10, 27
Radiação eletromagnética 7
Radiadores 89
Radônio 72
RCE ver regime de comércio de emissão
Reabilitação 346
Reações químicas reversíveis 324
Reciclagem 288
Reconhecimento de padrão 222
Refletância 11, 39, 148, 158, 162
Refletido, componente (radiação solar) 38
    Som (acústica do cômodo) 243
Refletor parabólico 310
Refrigerante 85
Região de coincidência 238
Regulamento (BCA) 340, 341
Relação estímulo-resposta 150, 219
Relatório Brundtland 342
Reserva de fogo 285
Reserva giratória 334
Resfriador de absorção (mudar na página, está "de água") 95
Resfriador de evaporação indireta (resfriamento) 97
Resfriamento 14
    Efeito do movimento de ar 16, 42
    Torre 100
Resfriamento adiabático 14
Resfriamento fisiológico 72
Resíduos 285, 350
Resíduos radioativos 297
Resistência (térmica) 44
    (elétrica) 331
Resistência ar-ar 44
Respiração 16
Resposta (a estímulo) 219
Resposta, fator 54, 65
    Método de fator 54
Ressonador de cavidade (Helmholz) 245
    Resistência (termal) 44
Ressonadores Helmholz 244, 245
Ressonância 238, 256, 257
Retina 149
Reverberante, componente 242
    Cômodo 258
Roldanas 149
Rotor Darreius 316
Rotor Savonious 316
Ruído 223
    Índice de (ruído) e número 230
    Limites 235
    Clima 228, 229
    Controle 231-247

Nomograma de controle 241
Taxa (TR) 224
Efeitos 224
Isolamento 237, 240-242
Classificação (CR) 224
Espectro 227, 228
Ruído branco 223, 257
Ruído da comunidade 230
Ruído de aeronave 230
Ruído de impacto 232, 240
Ruído de mascaramento 257
Ruído ocupacional 223
Ruído rosa 257
R-value ver resistência térmica

Sabine 248
Sala (de aula) sem janelas 187
Saturação, brilho 151
Umidade 11
Pressão de vapor 11
SC ver componente de céu
Seca, Bateria de célula 302
Seco, temperatura de bulbo 12
Temperatura resultante 17
Segunda Lei da Termodinâmica 6
Seleção dos materiais 349
Semicondutores 314
SEP ver sistema de endereço público
Sequência de camadas 44, 53
Silenciador 246
Silvo 223, 233
Simulação 54
Programas 55-56
SI Sistema Internacional de Unidades 5
Sistema acoplado (H/M solar) 92
Sistema aéreo 95
Sistema (refrigeração) de amônia (NH3) 95
Sistema de autofalante distribuído 255
Geração 335
Sistemas de correção acústica 254, 255
Acoplamento 246
Laboratórios 258
Medições 257
Qualidade 253
Sombra 219
Sistema 216
Sistema de duto duplo 88, 97, 286
Sistema de endereço público 256
Sistema de esgoto 286
Sistema de indução (ar-condicionado) 96
Sistema de ressonância assistida 156
Sistema de reverberação multicanal 257
Sistema de rocha quente-seca 322

Sistema de transporte pneumático (de resíduos) 289
Sistema de transporte pulverizado 289
Sistema de tubo único 88, 286
Sistema Garcey 289
Sistema principal em anel 88
Sistemas ligados em rede (pequenos produtores) 323
Small is Beautiful ("O Negócio é Ser Pequeno) 354
Sol 21
Penetração 169
Luz 152, 156, 169
Diagrama de caminho solar 22, 118
Solar, acesso 310
Ar condicionado 306
Tabela 23
Chaminé 15
Coletores 305
Constante 24
Controle 35
Vidros de controle 41
Energia 303, 304
Fator de ganho 39, 53
Geometria 117
Ganho de calor 38, 39, 69
Coeficiente de ganho de calor 38, 39
Aquecimento 62, 64
Lagoas 326
Radiação 25, 28, 78, 120
Sistemas de eletricidade solar-termal 310
Hora 23
Torres (de energia) 310-312
Aquecedor de água 92, 305
Sólido(s), ângulo 146
Combustíveis 84
Resíduos 287-290
Solstício 22
Som difundido pelo ar 216, 222, 232
Som, difusão 251
Campo 218, 248
Nível de intensidade 220
Medidor de nível sonoro 258
Energia 216-218
Nível de pressão 220
Reforço 254
Índice de redução 237
Classe de transmissão 240
Som difuso 251
Som de banda larga 217, 222
Som de tom puro 217, 221, 224
Som estruturado 216, 240
Somando níveis sonoros 220

Sombreamento 156, 157
Sombreamento, coeficiente 39
Design 35-37, 69
Máscara 36
Sótão, ventilador ver espaço de ventilação de casa inteira 46
Sons inteligíveis 223
SQAD ver sistema doméstico de água quente
SRA ver sistema de ressonância assistida
SRMC ver sistema de reverberação multicanal
SRQS ver sistema de rocha quente-seca
Steradian 17
Subaquecimento 34
Sub-principal 330
Superaquecimento 34
Superfície, cores 144
Densidade 235
Qualidade 71
Resistência 10, 44
Temperatura 40
Proporção superfície-volume 70
Superfícies pavimentadas 78
Superfícies seletivas 10
Sustentabilidade 187, 343, 346
SVV ver sistema de volume variável

Tabela de cromaticidade 142-143
Tanque séptico 286, 287
Tarifa em duas partes 335
Tarifa (eletricidade) fora de pico 334
Taxa de fluxo volumétrico 42, 87
Tarifa de recompra 323
Taxa metabólica 17
TBU ver temperatura de bulbo úmido
TCC ver temperatura de cor correlata
Tela de Stevenson 28
Telas anti-insetos 71
Telhado dente de serra 192
Telhado de galpão 192
Temperado (clima) 73
Temperatura 5, 7, 28, 29, 34
Diferença 9, 10
Gradiente 48, 126
Temperatura de cor correlata 144
Temperatura de neutralidade 230
Temperatura do globo 17
Temperatura do ponto de condensação 14, 77
Temperatura efetiva 20
Temperatura padrão efetiva 13, 20
Temperatura sol-ar 40
Tempo de reverberação 248, 249

Teq ver diferença de temperatura equivalente
Termal/térmico, sistema (solar) 304, 310
    Equilíbrio 15, 16, 35, 48, 49
    Ponte 47, 48, 60, 61, 112
    Capacidade 50, 51
    Conforto 15, 20
    Índice de inércia 135
    Massa 65, 82
    Neutralidade 19
    Propriedades 102-109
    Dinâmica 135
    Resistência 9, 44, 46
    Massa de armazenamento 65, 97
    Sistema 35
Termossifão 92, 305
Termodinâmica 6, 85
Termoluminescência 173
Teoria das três cores 142
Terra 27, 28
    Disjuntor de vazamento 331
    Órbita 22
    Raio 25, 27
    Cúpula 342
TFF ver taxa de fração de fluxo
Timbre (som) 223TL média 239
Topografia 78
TPE ver temperatura padrão efetiva
TR ver taxa de ruído
TR ver tempo de reverberação
Transdutor 216
Transferidor, fator de luz do dia (ver também ângulo de sombra) 160, 161
Transferidor de máscara de sombra 35, 119, 156
Translúcido 148
Transmitância, (radiação) 39, 148
    (termal/térmica) 8, 9, 44, 61, 73
Transmissão flanqueadora 237
Transparente (elemento) 38, 148
Tratamento primário (de efluente) 287
Tratamento secundário (de efluente) 287
Tratamento terciário (de efluente) 287
Trituradores de lixo 288
Trópico de Câncer 22
Troposfera 28
Trovão (rumble) 223, 233
TRM ver temperatura radiante média
TSL ver taxa de saída de luz

Tubo auditório (ouvido) 222
Turbidez 282
Turbinas de ventos menores 316-319

UE União Europeia 337
Ultrassons 223
Ultravioleta 7
Umidade, conteúdo 8, 98
    Produção 110
    Roda de transferência 98
Umidade absoluta 11
Umidade relativa 11, 28
Umidificação 14
Únicos, cristais (PV) 313
    Monofilar com retorno por terra (sistema) 299
Unidade consumidora 330
Unidade de ventilador-serpentina 306
Universidade Bauhaus 338
Usinas nucleares 296
U-value ver transmitância (termal)

Valor (Munsell) 146
Valor calorífico 349
Valor presente 353, 361
Valores fotométricos 147
Vapor, pressão 11
    Resitência 110, 126
Variação sazonal 34, 187
Variável, absorvente (acústica) 252
    Sistema de volume (ar-condicionado) 95
Vasoconstrição 18, 19
Vasodilatação 18
Vegetação 80
Velocidade, de fluxo de ar 14, 67
    De som 216
    De luz 142
Ventilação 41, 72, 78
    Condutância 41, 42, 45
    Perda ou ganho de calor 41, 42, 70, 93
    Exigências 42, 114
Ventilação central 65
Ventilação cruzada 75
Ventiladores 93
Ventiladores centrífugos 93
Ventiladores de propulsão 93
Vento, dados 31
    Efeito 14, 122, 234

Energia 315
Capacidade geradora 317, 319
Rosa 31
Túnel 42
Turbinas 317
Perfis de velocidade 79
Vento catabático 79
Ventos costeiros 79
Vertical, turbina de vento de eixo 317
    Dispositivos (sombreamento) 35
    Ângulo de sombra 36, 157, 169
Vibração-eco 249
Vibrações 246
Vida-longa, forma solta, movimento de baixa energia 342
Vidro 170
    Fator de 158, 183
Vidro comutável 41
Vidro fotocrômico 41
Vidro prismático 170
Vidro termocrômico 41
Vidros especiais 41
Visão escotópica 149
Visão heliocêntrica 22
Visão fotóptica 149
Visão lococêntrica 23
Visual, ângulo (sólido) 146
    Acuidade 150
    Percepção 149
    Performance 150
VL/FS/MBE ver vida-longa, forma solta, movimento de baixa energia
Volume mínimo (auditoria) 250

Watt 6, 7
    Hora 7
    Método 180

ZCIT ver zona de convergência intertropical
ZCP ver zona de controle potencial
Zona de conforto 19, 57, 58, 128
    Índice(s) 19, 20
Zona de controle potencial 59, 64, 67, 68, 128
Zona de convergência intertropical 26
Zona de pressão negativa 15, 75
    Zoneamento (de construção) 97

# ANOTAÇÕES